統治の抗争史

フーコー講義1978-79

重田園江

Foucault 1978-79

勁草書房

はじめに——本書はどのような著作なのか

本書は、ミシェル・フーコーが一九七〇年代に行った「統治 gouvernement」についての研究を主題としている。以下ではとくに、一九七八年一月から一九七九年四月までに行われた、コレージュ・ド・フランスにおける二年度にわたる講義を中心に取り上げる。

読者の興味はさまざまだと思われるが、主に次の三つの層を想定している。一つはフーコーの思想の中で、権力や統治、政治や社会をめぐるテーマに興味がある人。もう一つは近世、近代の政治社会思想に興味がある人。最後に科学認識論、あるいは概念史的な研究手法に興味がある人。言い換えると、本書はこの三つのテーマやアプローチが重なり合う形でできあがっている。フーコーの議論をかなり複雑な概念史的・歴史的文脈と関連づけて論じており、また近世近代政治思想のあるラインからの再解釈になっている。そのため、出てくる思想家やテーマが通常の政治思想史とはやや異なるが、それがここ数十年の政治思想の語りとどのような関係にあるかはできるかぎり明示してある。また、科学認識論的な論じ方をしている箇所が、とりわけ第Ⅱ部に多く含まれている。これまで科学認識論の中で論じられてきたワードやテーマが、統治の歴史のうちに位置づけなおされていると言ってもよい。

第Ⅰ部は、フーコーを通じた近世政治思想の再解釈が中心であり、政治思想のごく普通の議論と最も接点が多い部分である。しかしそれを、「統治術」「国家理性」「クーデタ」「ウェストファリア的秩序」「ポリス」「規律」

といった、あまりなじみのないキーワードで描いていく点に特徴がある。つまりこの部分は、近世政治思想を、主権論、支配の正統性論、法権利の理論ではなく、統治の観点から見たらどうなるかを示したものである。

第Ⅱ部では、「ポリスから自由主義へ」というフーコーの議論にしたがって、一八世紀に登場する新たな統治技術をさまざまな領域について見ていく。キーワードは「都市計画」「病と衛生」「接種」「人口」「古代近代論争」「確率・統計」である。ここはフーコーの統治をめぐる研究の中で、最も特徴的でよく知られた部分かもしれない。しかし実は難解なテーマが多く、深く掘り下げられてこなかった。とくに人口と確率・統計をめぐる研究はあまりない。この時代には、新しい対象と同時に新しい認識枠組がさまざまな領域で一挙に出てくる。その同時代性とそれがどのような意味で新しかったかが、第Ⅱ部の最大のテーマとなっている。

第Ⅲ部は、「自由主義の誕生」に焦点を当てている。はじめに「穀物ポリス」という、一八世紀フランスの食糧政策において論争の中心となった主題を取り上げ、その中に「穀物自由化論」を位置づける。このあたりは歴史的・思想史的な叙述を通じて、新しい統治のテクノロジーの出現を跡づけている。それをふまえて、次にフーコーの自由主義解釈を取り上げる。ここでは「ホモ・エコノミクス」「エコノミー」「市民社会」という三つのキーワードを、思想史、とりわけ概念史研究を参照しながら検討する。それによって、フーコーの歴史像がどのような特徴をもつかを示すとともに、彼がこれらの重要概念をめぐる概念史を刷新したことを確認する。

本書は、メインテーマとサブテーマが何度も入れ替わりながら全体を形づくるため、一直線にストーリーが進んでいくわけではない。しかし全体を通じて「国家理性から自由主義へ」という大きな流れは維持されている。また、第Ⅰ部が主に一七世紀を扱うのに対し、第Ⅱ部と第Ⅲ部は一八世紀、とくにその半ばあたりを中心にしている。これは「古典主義時代から近代の入口でなにが起こったのか」という、フーコーが生涯もちつづけた関心に沿ったものである。統治性の研究も、ふり返ってみればこの観点から近代とはなにかを探求する試みであった。

なお、本書はフーコーの統治性講義の忠実な再現ではない（二年度の講義との対応関係は序章二を参照）。たとえば、古代から中世にかけての統治（魂のオイコノミア）、また現代の自由主義（オルド自由主義とシカゴ学派）には、関連箇所で簡単に触れるにとどまっている。そのため本書は、統治性講義の特定部分に焦点を当てた一解釈である。だが一方で、本書で論じた部分を中心として統治性の講義ができあがっていることもたしかである。したがって読者がどの時代、どの領域に関心がある場合でも、本書で取り上げている時代や対象から出発してフーコーの統治についての議論を読みはじめることが、理解のための近道であると思われる。

また文献表の中で、読者の興味をひくような書誌的事実についても記述しておいた。そのため本書は、期せずして一七・一八世紀西欧思想の読書案内ともなっている。

序章二で詳しく見ていくが、この二年度のコレージュ講義は議論の順序が前後し、錯綜している。私自身、大学の講義で何度か解説を試みてきたが、とくに国家理性とポリスに関わる部分は、学生たちには相当にハードルが高いようである。そのため本書ではやや俯瞰的な書き方を試みる。フーコーによる一六―一七世紀の統治についての議論は、対象の選別と取り上げ方に際立った特徴がある。彼は近世の統治をめぐる研究動向やその中での自分の位置を明言していない。だがおそらく意識的に、ある特定の対象やテーマだけに焦点を当てている。たとえば彼は国家理性論とマキャヴェリを截然と区別する（本書第二章）。また統治論としてラ・ペリエール、国家理性論としてボテロ、ヘムニッツ、パラッツォを取り上げ（第二章）、そこにノーデとベイコンのクーデタ論、反乱論を組み入れている（第三章）。さらにポリス論者としてテュルケ・ド・マイエルヌ、ユスティ、ドラマールを取り上げるが、新ストア主義者のリプシウスは出てこない[1]（第五章）。またボダンを主権概念の考案者として、

（1） ただし講義には、「一六世紀におけるストア主義への回帰」（Foucault 1978, p. 92, 一一〇頁）の指摘がある。

ホッブズを支配の正統性の理論家として、つまりフーコーの図式では統治の問題と対比される法と主権の思想家としてのみ取り扱う（主に第四章）。さらに、統治については古代の司牧以来の系譜をたどっているが（第一章）、国家理性論を中世と接続することはせず、むしろその新しさを強調している（第二、三章）。

また、一八世紀の政治経済学については、フランスのグルネーサークルとフィジオクラシーの議論が中心となる（第一二、一三章）。これはポリスの統治が展開する中で重視されるようになった「人口 population」という対象をめぐる新たな統治性の一部として、経済学の生誕を捉えていることによる（第八、九、一三章）。この時期の統治を理解するために注目すべき概念はエコノミーと人口で、とくにエコノミーの語義の変遷の重要性は、統治という観点を採ることではじめて明らかになる部分がある（主に第一五章）。しかし、第Ⅱ部で述べるとおり、新たな知と統治の出現の場面を再現しようとするフーコーの関心から、彼はむしろ人口を重視している。そこに『狂気の歴史』以来の彼の関心の継続を見出すことができる。彼が興味をもつのは、たとえば重商主義から自由主義へといった経済学の展開ではなく、規律から集合的な生へ、また家から経済への変化と相即した新たな統治のあり方、人を管理し秩序を作り上げる新しい技術と手法の出現である。人口はそうした技術と手法によって形成された、新たな実在なのである。

フーコーが選んだ対象やテーマ、ある思想家を取り上げる場合の強調点、あるいはあえて言及しない選択などに注意をはらうことで、彼が統治についてなにを強調したかったのかが明らかになってくる。こうしたやり方で、近世の政治思想や国家論、また経済学生誕期の議論に詳しくない読者にも、ある程度彼の位置を見定めながら理解してもらうことを試みる。

そのため本書は、フーコーの講義録を読みたいと考えているが、思考の跳躍と独特の用語の駆使、そして世界観と言いたくなる彼の対象への迫り方の好みに翻弄されてしまいそうな読者に、一つの道案内として、あるいは辞書代わりに使ってもらうための本になる。著作ではフーコーはきわめて念入りな校訂と書き直しを行ったようだが、講義では流れに任せることで新しいアイデアを次々と生み出していく。それらの関連を何度も修正しながら巨大な構想へと結びつけ、徐々に全体像を浮かび上がらせるという体裁をとっている。波のように躍動するダイナミックな思考の展開をつかまえるためには、読み手の側がある深さへと到達することと、雑多な知識ともいえる周辺事項についてある程度知ることが同時に必要になる。

本書では、読者がフーコーの講義にアプローチする際に手がかりとなる参照文献を指示し、主要な事柄については研究史と研究の現状にも言及する。また、歴史的な背景をもつキーワードはそれを念頭に置いて解説を加える。このことを通じて、二年度の講義の最低限どこに注意して読まなければならないか、いわば巨大な思考の波のどこに乗るかを示す、あるいは岩盤にいくつかのフックをかけるというイメージで本書は書き進められる。フーコーの思想は、ざっと読むと八割は分からずあとの二割は彼がときおり差しはさむ大胆な意味づけや一見単純に見えるフレーズの寄せ集めしか残らない場合が多い。偉大な思想家の例に漏れず、彼の考えもまた要約には適さない。かといって、テキストをひたすら細かく読んでいてもなかなかその深さに到達できない。一つの原因は、彼が歴史の見方を変えるそのやり方、あるいはこれまで語られてきたことについて、違う道を通ってそれを語りなおすことの意味がなかなかつかめないところにある。

もちろん、長い間研究してきても私にもまだよく分からないことばかりである。しかし本書を辞書代わりにフーコーを読んでみた人たちが、また新しい時代の風をつかんだ新たな辞書を作ってくれるに違いない。私自身もたとえばフーコーの講義録の編者たちから計り知れないものを与えられた。文献考証や引用注をはじめとする彼らの地道な苦労がなければ、本書の執筆自体が不可能であった。フーコーが絶大な影響を受けたジョルジュ・カンギレムが言うように、「フーコーはあたかも過去を最も薄い「格子」を通して読み解くことを望んでいるかの

図１　ニューヨークのフーコー
（左奥は貿易センタービルのツインタワー）

ように原テキストのみを引用している」(2)。彼は過去の言説の息づかいに直接触れ、そこから世界を再構成するのだ。膨大な歴史文書を前にした彼の自由な枠組は、原典および研究文献によるある程度の裏づけや位置づけを通ってふたたびそこに戻ってくることでしか、理解し堪能することが難しい。そのための辞書として、フーコーを通じて新たに世界を捉え返すための手がかりとして、役立つ書物となることが本書の最大の目的である。

資料の扱いとしては、講義以外も含め、さまざまな場面での「統治」をめぐるフーコーの発言を組み合わせるというやり方はとらない。もっぱら二年度の講義に照準を定め、その中でなにが言われたかを見ていく。すでに述べたように、統治性の講義は出てくる順番もテーマも錯綜しており、以前に論じたことを別の文脈で再度位置づけるといったことがくり返される。それをでき上がった体系として描くのではなく、統治というテーマが彼の中でわき上がり、講義を通じて錬成され、それによってはじめのもくろみとは異なるしかたでより深く広い射程のテーマがつかみだされていく、そのプロセスの再現を試みる。

このことは、講義がなされた日付順に解説を加えながら祖述することでは達成されない。むしろ説明の順序は入れ替え、核心的な発言の周囲にその思考が形をなすまでのプロセスを配置し、読者に大きな流れと主要概念を理解してもらうことを重視する。講義は著書とは異なり、構成を組み立てた上でなされたものではない。その分思考の誕生に立ち会えるのだが、それを伝えるにはこちらがある程度の構成や枠を与えながら、そこにフーコーの思考を載せていかなければならない。

そうした意味で「ミシェル・フーコーの統治性研究」を論じた先行研究に私はこれまで出会うことができなかった。二〇年以上前にフーコーの声をもとに講義の大まかな再構成を試みてから、だれかがそれを書くのを待っていたのかどうか、自分でも分からない。いずれにせよ本書は私にとって、フーコーを使うだけでなく読まなければならないという思いと、フーコーを読むことがこんなにも世界の見方を深め、広げてくれることを伝えたいという思いを集めたものである。そしてもちろん、彼の思想の一番の魅力は、世界をこれまでと違ったしかたで見せること、あったのに見えていなかった世界が眼前に展開しはじめるところにある。本書を通じてそれを読者に届けたい。

(2) Canguilhem 1967. 一九七五年講義の編者であるV・マルケッティとA・サロモーニはこれを引用し、自分たちの編集プロセスがこのカンギレムの発言を再確認することになったとする (Foucault 1975, p. 335, 三八三頁)。これはフーコーがこれまでの研究蓄積を無視しているという意味で理解されてはならない。彼の思想の特徴は既存の見方からの自らの引きはがしの距離と角度にある。それが可能なのは、ある種の構想力と構築力、そしてなによりその力が発揮される動機としての、現在についての切迫した危機意識と社会変革への強い意欲によるのである。

目次

凡例

・文献注の参照指示は、初版あるいは執筆の年を優先して表記し、末尾の「参考文献」内に各文献の出版事情を記した。
・引用・参照した原著のページを算用数字で、日本語訳のページを漢数字で示した。
・訳書のページが明記されている文献については、日本語訳を参照した上で、文脈に応じて著者が日本語に訳した。
・とりわけフーコーの講義録については、日本語訳を参考にしたが、用語について変更したものもある。また、著者がこれまで書いた論考とは異なる訳語を用いた場合もある。
・アンシャン・レジーム期の官職や組織の名称については、これまで必ずしも訳語が統一されてこなかった。オリヴィエ＝マルタン『フランス法制史概説』および『ロベール仏和大辞典』、また先行研究を参照しながら、本書の記述との整合性を考えて訳語を選択した。

序章　統治性研究を位置づける

一　統治の出現経緯をたどる

フーコーが近代の統治をめぐる研究を行ったのは、一九七八年一月一一日から一九七九年四月四日までの二年度にわたるコレージュ・ド・フランス講義においてであった[1]。その前々年の一九七六年、講義は政治を戦争の言語で捉える思想の系譜をたどるものだった。「性の歴史」シリーズの第一巻となる『知への意志』を刊行したこの年の講義は、「抑圧の仮説」とは異なる発想で権力を捉えるために、新しい権力の語り方を模索するものと位置づけられる。つまりフーコーは、戦争によって政治を語る伝統が、現代の権力をつかむために利用できるかを試したのである[2]。しかし彼はこの権力モデルの追求に見切りをつけ、一年の慌ただしいサバティカルを経て[3]、全く別のモデルの探求を開始する。それが「統治」であった。

このように言うと、統治をめぐる講義はかなり唐突にはじまったように見える。しかし、彼の博士学位主論文

(1)　フーコーの講義は毎年一一月から一月にはじまり、講義とゼミナールの配分や講義に充てられる期間は年によって変動がある。この二年度に関しては、講義は一月にはじまり四月に終わる。したがって便宜的に「一九七八年講義」「一九七九年講義」と呼ぶことにする。これは年度としては一九七七〜七八年度、一九七八〜七九年度にあたり、講義録や講義要旨ではこの正確な名称が採られている。

(2)　講義の内容よりその意図が難解なこの年の講義については、重田 2007 で解説を試みた。また、本書第三章四も参照。

であり、一九六一年に出版され思想家としての出発点となった『狂気の歴史』（Foucault 1961a）に立ち返ると、この印象は変わってくる。ここで彼はすでに、国家あるいは行政による人々の「閉じ込め」に関心を寄せていた。そもそもこの著作は、狂人たち、貧者たち、病人や浮浪者といった人々の扱いを通じて、近代がなによりもよく理解できるという認識で書かれている。しかもそれを制度史としてではなく、実践の歴史、あとからふり返るなら統治の歴史として描いているのである。

『狂気の歴史』にはたとえば次のような一節がある。「監禁、この大規模な事実の兆候は一七世紀にはヨーロッパ中に見られるものだが、これは「ポリス」〔本書第五章を参照—引用者〕の管轄事項である。ポリスは、古典主義時代における精確な意味で、労働なしに生活することができないすべての人に、労働が可能となりまた必要となるようにするための方策全体を指す(5)」。また、「慈善院では生活と意識に秩序を与えるために最大の関心が払われるようになり、一八世紀には、こうした秩序維持がますます明確に監禁の存在理由をなすことになる(6)」として、監禁を社会秩序の問題の内部に位置づける。さらに「監禁とは一七世紀に固有の制度上の創造物である。それはすぐに、中世に実践されたような投獄とは全く共通の次元をもたないしかたで広がった。経済的方策ならびに社会的な予防策として、ポリスはこの時代の発明といってよい価値を持っていた(7)」と述べて、社会経済的な必要に応えるため、ポリスを通じた監禁の実践が行われたことを示している(8)。

一九七五年の『監獄の誕生』で、フーコーはふたたび閉じ込めの歴史を取り上げた。この著作は「規律」を閉じ込めと結びつけて徹底的に分析している。注目すべきは、ここでフーコーが規律という介入形式を技術あるいはテクノロジーの観点から捉えようとしている点である。このことは権力をその技術のあり方の観点から問うというその後の彼の関心へとつながり、それが彼に統治という問題系を発見させることになった。また彼はこれら二冊の本の中で、ドラマールの『ポリス概論』に数回言及、引用している(9)。『ポリス概論』は、一九七八年の統治性講義においてフーコーが国家理性とポリスの統治について説明する際に取り上げた主要著作の一つである（本書第五～六章を参照）。

（3）サバティカル期間中、フーコーはいくつかの文章を書き対談を行い、政治的な発言や活動も残っている。しかし、エリボンの評伝（Eribon 1989）などでもこの年は記述が乏しく、彼がほんとうはなにをしていたのか、このときの思想的転回がどのようにしてなされたのかは不明である。出版物やインタビュー、テレビ出演等を含む公の活動に関しては、日時を含めた詳しい記録がドゥフェールらによって残されている（Defert 1994, Lagrange 1994）。当時の政治的な状況とフーコーの立ち位置は、スネラールによる一九七八年講義の「講義の位置づけ」冒頭に書かれている（Foucault 1978, pp. 381-392, 四五三－四六二頁）。

（4）フーコーは『狂気の歴史』以来、ルネサンスと近代にはさまれたアンシャン・レジーム期を「古典主義時代」と表現している。一七世紀初頭から一八世紀末ごろまでを指すが、著作によってまた扱う対象によって若干前後する。この時代の代表的思想家はデカルト、ホッブズなどであり、科学史の中ではちょうど科学革命期にあたる（詳細は『言葉と物』（Foucault 1966）を参照）。フーコーは多くの著作で古典主義時代に注目するが、この時代は思考のあり方が独特で、一見近代の「前史」のように見える種々の概念が独特の認識論的な布置の中で用いられるので、単純に近代的な見方を投影すると理解が難しい。

（5）Foucault 1961a, p. 75, 八二頁。ここでフーコーはポリスを当時の労働に関する思考、たとえば「よい貧民／悪い貧民」といった区別と関連づけている。

（6）*ibid.*, p. 89, 九四頁。

（7）*ibid.*, p. 90, 九五頁。

（8）また、一九六三年に出版された『臨床医学の誕生』（Foucault 1963）でも、第二章で医療ポリスに言及している。同書巻末の文献表には「Ⅱ　医療ポリスと医療地理学」の項目があり、五七点の文献が挙げられている。

（9）『狂気の歴史』第一部第一章注5、第二章注71、114、第三章注23、50、『監獄の誕生』第三部第一章注14、第三章注23と対応する本文を参照。

では規律と統治の関係について、一九七八年の講義以前にフーコーはなにか言っているだろうか。これについては、彼が規律というテーマを統治の展開の下に捉えていたことを示す発言がある。一九七五年一月一一日のコレージュ・ド・フランス講義（講義タイトルは『異常者たち』）で、以下のように語っている。「〔古典主義時代は次のような権力の技術を発明しました。―講義録編者〕それは、国家装置や〔非国家的―引用者〕諸制度や家族といったさまざまな制度的支えへと移植されうるようなものです。つまり古典主義時代は「統治術」と呼べるものを磨き上げたのです。ここで統治という語を当時の意味そのままに理解しなければなりません。子どもの「統治」、狂人の「統治」、貧民の「統治」、そしてとりわけ労働者の「統治」といった意味です(10)」。『監獄の誕生』出版直前の講義でフーコーはこのように述べており、これは彼が規律化の展開を描く中で統治の問題にすでに遭遇していたことを示している。

つまり、狂気、大いなる閉じ込め、感化院、一般施療院、封印状、監獄、受刑者、収容者、貧民、パノプティコンなどの描写を通じて、彼は近代における統治の歴史をずっと描いてきたともいえるのだ(11)。それを「統治」という用語の下に包括的に論じ、またその展開として近代の政治と国家を論じたのが、一九七八年、七九年の二年にわたる統治性についての講義であった。

二　一九七八年、七九年講義

統治性についてのフーコーの講義はあまりにも有名になっているが、その公開過程と研究史について、ここで簡単に述べておく。

フーコーは一九七〇年四月一二日にコレージュ・ド・フランス教授に選出され、その年の一二月二日に開講講演を行い、一九八四年三月二八日までサバティカルの一年を除いて毎年講義を行った（同年六月二五日死去）。この講義はコレージュ・ド・フランスの定めにより毎年その要旨が報告され（Foucault 1989）、また一部に加筆修正がなされ講演や論文として発表されたものもある。しかし講義全体は生前には公刊されなかった。さらに「死後出版を行わない」というフーコーの遺言[12]にしたがって死後も講義は出版されず、そのためとくに「統治性」についての二年度の講義は聴講者を中心に噂となり、講義中に録音されたテープをもとにした講義の部分的再現もなされた。「講義を生前の刊行物と見なす」という取り決めの下、一九七六年の講義『社会は防衛しなければならない』が一九九七年にはじめて出版された。そこから順次講義録が出版され、二〇〇四年に統治を主題とする二年度分の講義も、それぞれ『セキュリティ・領土・人口』『生政治の誕生』のタイトルで出版に至った。

しかしそれ以前は、講義の全貌を知る唯一の手段は、一九七〇年代末以降フーコーが古代および初期キリスト教の豊富な文献と静かな環境に惹かれてしばしば利用した、ドミニコ会のソールショワール図書館 Bibliothèque du Saulchoir Pères Dominicains に保管された講義のカセットテープを聴くことであった[13]。私自身この図書館で

(10)　Foucault 1975, p. 45, 五三頁。

(11)　この点に関しては、あとで論じるポリス論とりわけドラマールとの関係でこれまでにも指摘されてきた。たとえば北田 2001、白水 2004、また Foucault 1978, p. 336, n. 1, 四〇六頁編者注1を参照。

(12)　この遺言はかなり厳格に守られてきたが、近年変化が見られる。二〇一八年には遺された草稿から『性の歴史Ⅳ　肉の告白』が出版された（Foucault 2018）。また、ドゥフェールは二〇一四年に遺族とともにフーコーの手稿三万七〇〇〇頁分を国立図書館（BN）に売却したと証言している（Defert 2015）。この手稿のカタログはBNのウェブサイトで見られる。コレージュ・ド・フランスの全年度の講義と、それ以前の講義や著書のためのノートなどの手稿が含まれる。http://archivesetmanuscrits.bns.fr/ark:/12148/cc98634s（図2参照）

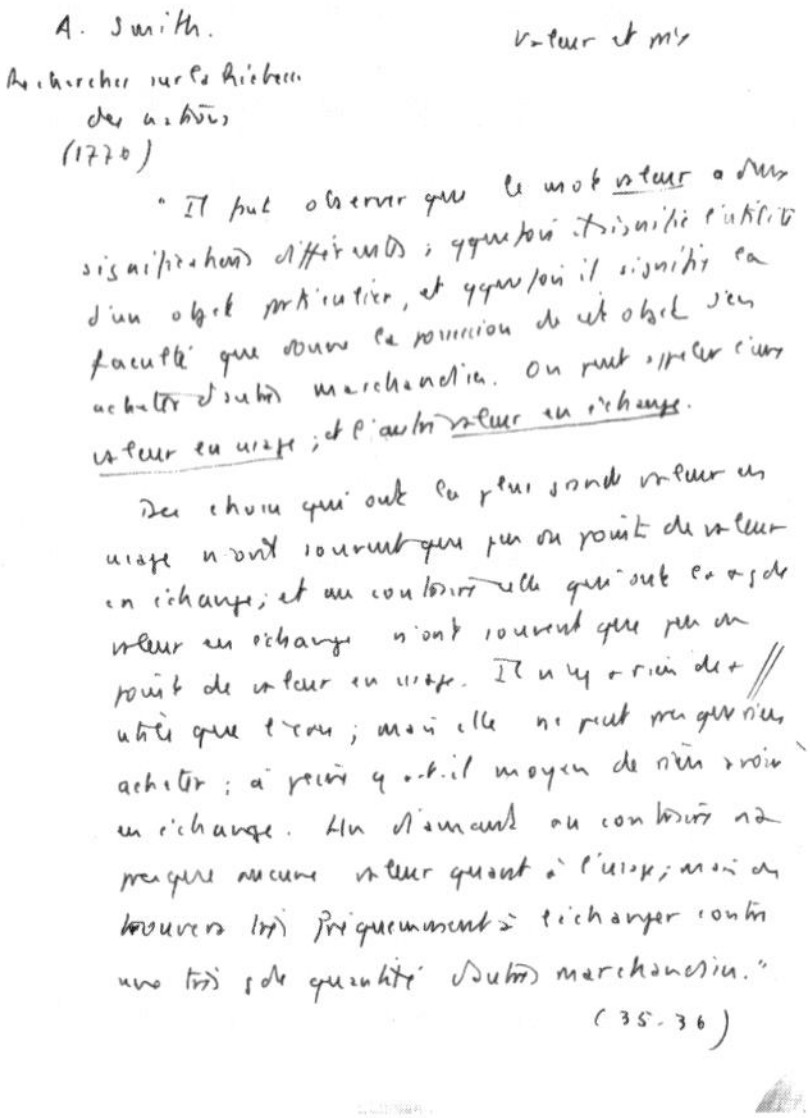

図２　フーコー手稿「アダム・スミス　諸国民の富の研究」

講義を聴いた。またフーコーの講義に参加したあと東京日仏学院でフランス語を教えていたジルベール・ビュルレ Gilbert Burlet 氏による数回分の講義のテープ起こし原稿を氏の好意により見せていただき、さらに講義の一部のカセットテープを貸していただいた[14]。それらをもとにだいたいの内容を理解して書いたのが、重田1996b である。二年度分の講義の内容を年代順に配列しなおして解説したこの論文は、現在でも講義全体をざっと把握するには適している（ただし、訳語については全く前例がなかったこともあり、現在の定訳とは異なるものがある[15]）。

講義の一回ごとの概要は以下のとおりである（【　】内は対応する本書の章を示す[16]）。

一九七八年「セキュリティ・領土・人口」（一月一一日―四月五日）

第一回（一月一一日）セキュリティの装置を法および規律と対比　（１）空間の利用のしかた（例／都市計画）【第六章】

第二回（一月一八日）（２）偶発事の扱い（例／食糧難）【第一一、一二章】

第三回（一月二五日）（３）ノルムに従わせる二つの方法（例／伝染病）【第七、八、補章】

第四回（二月一日）一六世紀における統治の問題／マキャヴェリとペリエール／新たな統治の母胎としての人口／「統治性」という語【第一、八、九、一五章】
第五回（二月八日）統治のテクノロジーの一系譜としての司牧（古代ギリシアとヘブライの比較）【一部は第一章】
第六回（二月一五日）古代ギリシアにおける羊飼いと政治家／キリスト教における司牧【一部は第一章、第一五章】
第七回（二月二二日）三─四世紀におけるキリスト教司牧の特徴【一部は第一五章】
第八回（三月一日）中世における反─司牧の諸形態：禁欲主義、共同体形成、神秘主義、聖書への回帰、終末論【一部

⒀　これは誰にとっても同じで、私はここで講義テープを聴くディディエ・エリボンに遭遇したことがある。
⒁　ＩＭＥＣ（現代出版記念館）所蔵のビュルレ氏のカセットテープはフーコー講義録の音源となっており、そのことが講義録全体の編者によって「緒言」注8で明記されている（一九九九年から二〇〇九年までにフランス語版が刊行された講義録では、氏の名前がGérard/ジェラールと表記されている。それ以前と二〇一〇年以降のものはGilbertと正しく表記されている。一九七八年、七九年講義はいずれも二〇〇四年刊行のため誤っている）。二〇世紀の書籍や雑誌、刊行資料を収集公開する目的で作られたＩＭＥＣは、ソールショワール図書館からフーコー関連文書を引き継ぎ、またフーコーによる著作執筆のための手書きノートの整理、画像化、ネット公開を進めている（現在『言葉と物』について公開がはじまっており、『家族の無秩序』について準備中である）。索引があるのでテーマによる検索が可能である。La bibliothèque foucaldienne: http://lbf-ehess.ens-lyon.fr/pages/index.html
⒂　なお、フーコーは講義に際して詳細な読み上げ原稿を作っていたとの説もあったが、少なくともこの二年度の講義に関しては、箇条書きと文章と引用指示を合わせた草稿、また参照文献に関するメモ書きやテーマごとのメモやノートをもとに、口頭で説明を補いながら講義がなされていたようである。この点は講義録全体の編者による「緒言」および講義で話されなかった草稿部分を補った各巻の編者による補遺から知られる。
⒃　重田 1996b, 九八─九九頁注5に加筆修正したもの。【　】がない部分は本書では取り上げていない。なお、ドイツ・オルド派を中心とする二〇世紀の新自由主義については、重田 1996a で、新自由主義の犯罪政策については重田 2008 で取り上げた。

は第一五章】

第九回（三月八日）司牧の危機と政治的統治の出現／一六世紀の君主権力―世俗国家における統治の問題／国家理性という語（反マキャヴェリ、ヘムニッツ）【第二、八、一五章】

第一〇回（三月一五日）国家理性（1）パラッツォ、ノーデ、ベイコン【第二、三、一〇章】

第一一回（三月二二日）国家理性（2）国家理性論における世界秩序：諸国家の競合とヨーロッパの均衡【第四章】

第一二回（三月二九日）ポリス論（1）テュルケ【第五章】

第一三回（四月五日）ポリス論（2）ドラマール／自由化論者のポリス批判【第五、六、一一、一二章】

一九七九年「生政治の誕生」（一月一〇日―四月四日）

第一回（一月一〇日）国家理性から政治経済学へ：ポリス批判と統治の自己限定【第一一、一二、一三章】

第二回（一月一七日）自由主義の統治術：真理の場としての市場／ユティリティと利益【第一三、一四章】

第三回（一月二四日）自由主義における世界秩序：世界市場と永遠平和／パノプティコンと自由主義【第一四章】

第四回（一月三一日）現代リベラリズム1―ドイツ・オルド派（1）歴史的背景：戦後ドイツ国家の基礎づけ（エアハルト）／社会主義には統治性がない

第五回（二月七日）ドイツ・オルド派（2）ドイツ自由主義の形成／自由主義の重心移動：交換から競争へ

第六回（二月一四日）ドイツ・オルド派（3）リップマン・シンポジウム／独占批判と社会政策（レプケ、オイケン）／社会のモデルとしての企業

第七回（二月二一日）ドイツ・オルド派（4）自由主義における法・権利と経済的自由（ハイエク）

第八回（三月七日）国家嫌悪の広がり／フランスへのドイツ自由主義モデルの移入（ジスカール・デスタン）と社会政策

第九回（三月一四日）現代リベラリズム2―アメリカ新自由主義（1）歴史的背景／人的資本論による分析対象の広

がり（シュルツ、ベッカー）

第一〇回（三月二一日）アメリカ新自由主義（2）新自由主義の犯罪政策：ホモ・エコノミクスとしての犯罪者【一部は第一四章】

第一一回（三月二八日）一八世紀イギリスにおけるホモ・エコノミクスの誕生（ヒューム、スミス、ファーガスン）【第一四章】

第一二回（四月四日）市民社会と自由主義の統治（ファーガスン）【第一六章】

なお、講義と同時並行で行われたセミナーにおいては、一九七八年はポリツァイ学、七九年は一九世紀末の法思想の危機、また八〇年は一九世紀の自由主義思想の諸側面が取り上げられた。

以上の概要を見ると、二年度の講義が歴史的順序を無視したものになっていることに気づかされる。これについてはっきりした理由を確定できるわけではないが、講義をはじめた時点での彼の問題意識からある程度説明することができる。一九七八年の講義は一三回からなる。はじめの三回で一八世紀における「セキュリティの装置」の出現が描かれるが、これは七九年の講義で自由主義の統治として分析しなおされる。四回目からは、一六世紀における国家統治という問題の出現に焦点が当てられる。五回目の途中から統治概念の歴史を遡り、キリスト教における司牧権力が分析されたのち、九回目で再び一六世紀以降に立ち戻り、国家理性とポリス（内政）の展開が描かれる。

こうした構成の中で、フーコーが当初から注目しているのは「人の多さ multiplicité」[17]であった。『狂気の歴

(17) Foucault 1978, p. 13, 一五頁。

史』の閉じ込めにおいても『監獄の誕生』の規律においても、雑多な民衆がたくさん集まっている状態が彼の関心の在処であった。多くの人が集まる場所は危険で無秩序の温床でもあるが、その人たちをうまく配置し、仕事をさせ、収容し、管理することによって、プラスの結果をもたらすこともできる。それこそが統治者の役割であり、もっと遡れば土地ではなく人を支配するキリスト教の司牧にも、あるいは文字通りの羊飼いにも共通する仕事であった。群れを導き正しく配置するという点において、古代の司牧から近代の君主や行政官まで、その役割は同じである。しかし群れを構成する人の数や性質、そして導き手が彼らを連れて行くべき目的（約束の地）は変化してきた。それとともに、統治のテクニックややり方、たとえば魂に働きかけるか身体に働きかけるか、救済を目指すのか勤労による豊かさを目指すのか、神の国か地上の国家か、そうした点は変化していく。その中で彼がとくに関心を持ったのが、一八世紀に「市場」と呼ばれる場が発見されたころ、統治に生じた劇的な変化であった。

これを理解するために、フーコーは初期キリスト教期の司牧にまで遡り、それを古代ギリシアの政治論と比較するところまで行った。しかし彼は、自分の興味関心の中心にあるのが近代における国家統治の展開であり、とりわけその中に市場と自由主義の統治を位置づけることであるという点を強調したいと考えた。そのため一九七八年講義の冒頭数回が一八世紀に割かれ、そこでいわば二年度の講義全体を統括する問題意識を提示し、それから統治の歴史をはるか古代にまで遡ることになったのだ。

七九年の講義は、はじまりは前年の内容と明白なつながりをもっている。また、七八年講義の終わり方は翌年度の講義との接続を十分意識したものである。七九年の講義タイトルが「生政治の誕生」となっているのは、前年の講義冒頭での問題設定、つまり生政治という権力のタイプの一例として市場の統治を取り上げるというねらいを反映している。

実際、最初の三回の講義は前年度の続きといえる内容で、国家理性、外交―軍事装置、そしてポリスによって特徴づけられる市場以前の統治が、どのように批判されどう配置替えされたのかが示される。つまり、それ以前の統治において配備されたさまざまな部品や制度を利用しつつ、新たな統治の合理性が登場する様子が描かれている。

こうした焦点の合わせ方によってすでに、彼の講義テーマは広い意味で、近代の人間と空間の管理技法としての生政治というよりは、はじめはその一例とされていた市場の統治の誕生に特化したものになってきている。四回目の講義からはそれがさらに現代の新自由主義を主題とするものにシフトする。フーコー自身の弁明によると、新自由主義についてそこまで詳細に議論する予定はなかったようだが[18]、実際にはとくに西ドイツのオルド自由主義に割かれた時間が非常に長い。結局フーコーはなかなか一八世紀に立ち戻ることができず、最後から二回目の講義から最終講義において、この年度の講義冒頭、また前年度の講義冒頭の問題設定ともつながる自由主義の統治の誕生を取り上げ、そのまま終わってしまう。次の年度に彼は古代ギリシアと初期キリスト教の話をはじめるので、近代の統治性というテーマはその後講義で取り上げられることはないままとなった[19]。

こうした講義の構成の理由を説明するのは容易ではないが、次のように推測される。フーコーは一九七八年講義の当初は「生政治」に興味を抱き、その概念を使って一八世紀半ばの統治における断絶からはじめ、その後の近代権力の展開を生政治の歴史として描くという展望を抱いたと考えられる。しかし一九七八年の数回の講義を経て、彼は講義全体のテーマを「統治」あるいは「統治性」の歴史として位置づけなおした（本書第一章参照）。そのことによって、一八世紀半ばの政治経済学の誕生、そこでの市場の独特の定義づけと介入の新たな手法が、

(18)　一九七九年三月七日講義冒頭でのフーコーの発言を参照。

講義全体にとって中心的なテーマとして浮上する。さらにその現代版である新自由主義についても、フーコーが講義を行った当時の政治経済状況の中でそれが果たしはじめた役割の重大さが明らかになっていったのではないか。いまとなっては一九八〇年代以降の新自由主義の席巻は既知のものだが、七〇年代という時期を考えるとフーコーの新自由主義への着目はきわめて早く、しかもその着眼点はまさに新自由主義についてその後の批判の中で明かされてきたことの多くを先取りしている。

このように、新自由主義の覇権の予感とその統治のあり方への批判意識をフーコーが強めたことが、二年度の講義をかなり入り組んだものにしたと考えられる。

三　統治性をめぐるこれまでの研究

これまでフーコーの統治性研究はどのように受け止められてきただろうか。この二年度の講義が出版される以前の最も重要な成果は、*The Foucault Effect*（『フーコー効果』）であろう（Burchell *et al.* 1991）。この論文集にはフーコーの一九七八年二月一日の講義の英訳が含まれるだけでなく、当時コレージュ・ド・フランスでのセミナーに参加していた研究者たちの論考が数多く掲載されている。パスカル・パスキーノ、ジョヴァンナ・プロカッチ、ジャック・ドンズロ、フランソワ・エワルド、ダニエル・ドゥフェール、ロベール・カステルのいずれも統治性に関連する重要な論考に加え、イアン・ハッキングの論文も収録されている。ここにピエール・ロザンヴァロン、アレッサンドロ・フォンタナ、アンヌ＝マリー・ムーラン、フランソワ・ドラポルトを加えると、フーコーのセミナーに参加した主要な研究者が網羅される[20]。

同じく講義録刊行前の論集に、*Foucault and Political Reason*（『フーコーと政治的理性』Barry *et al.* ed. 1996）

がある。所収論文はいずれも政治社会的なテーマを扱い、とくに自由主義的統治を中心としている。当時のイギ

（19）この点については、パスキーノの以下の証言がある。「一九八四年四月、つまり死の数ヶ月前、ミシェル・フーコーはコレージュ・ド・フランスで彼が主催する予定であった近代の統治理論研究のための研究会で、一緒に仕事をしようと私を誘った。当初の計画より相当長引いた、性の歴史のプロジェクトが終わりかけていたのだ。……これは読者にはおそらく知られていないが、フーコーが古典古代へと長々と脱線する前にはじめていた、一九七五年から一九八〇年までの講義での研究に戻るチャンスだった」（Pasquino 1993, p. 77）。この発言の中の「性の歴史のプロジェクト」とは、『性の歴史』第二、三巻と、二〇一八年に刊行された第四巻および八〇年代のコレージュ講義を指す。これらは古典古代から初期キリスト教期の自己への配慮を主題としており、そこに七八年講義の中世キリスト教における魂のオイコノミアの研究を加えると、古代ギリシアの自己への配慮から近現代の統治に至る一大研究が歴史的にはつながることになる。なおフーコーは、福祉国家研究も含め、七八、七九年講義で取り上げた近代と戦後の間の時期にあたる一九―二〇世紀前半についての共同研究を計画していた。

（20）Pasquale Pasquino（1948–）は国立科学研究センター主任教授。著書に *Sieyès et l'invention de la constitution en France*, Paris: Ocile Jacob, 1998 など。

Giovanna Procacci はヨーロッパ近現代史研究者、イタリアのモデナ大学教授。著書に *Gouverner la misère. La question sociale en France 1789–1848*, Paris: Seuil, 1993 など。

Jacques Donzelot（1943–）は社会史、都市社会学研究者、パリ第八大学准教授。訳書に宇波彰訳『家族に介入する社会——近代家族と国家の管理装置』新曜社、一九九一年、宇城輝人訳『都市が壊れるとき——郊外に危機に対応できるのはどのような政治か』人文書院、二〇一二年。

François Ewald（1946–）はリスク社会論者、国立工芸院教授、フーコー講義録責任編者。著書に *L'état providence*, Paris: Grasset, 1986, *Aux risques d'innover: Les entreprises face au principe de précaution*, Paris: Autrement, 2009 など。

Daniel Defert（1937–）は社会活動家、元パリ第八大学准教授、フーコーの伴侶、監獄情報グループおよび反エイズ協会創設者。

リスでのフーコー受容のあり方を示す論集である。この論集には『フーコー効果』の編者であるグラハム・バーチェルとコリン・ゴードンのほか、ニコラス・ローズ、アラン・ハント、ミッチェル・ディーン、パット・オマリーらが寄稿している[21]。これら二冊の論集で、フーコーの統治性と関連して出てくる現代社会論や政治理論の分野でのトピックはだいたい出そろったといえる[22]。

また、この二年度のフーコーの講義はさまざまな場で話題となり、はじめイタリア語で出された一九七八年二月一日講義（のちに *The Foucault Effect* に英訳を収録[23]）だけでなく、一九七八年と七九年の初回の講義のカセットテープが発売された[24]。また講義の一部が『リベラシオン』誌に掲載されるなど、講義録刊行前から多くの反響があった。

現在まで、フーコーの統治性そのものをめぐる研究、またそれを現代社会や歴史叙述に適用した研究の両方において、多くの文献が世界中で出版されてきた。それらを網羅的あるいは体系的に整理することは難しいので、ここでは代表的なものだけを挙げる。

フーコーは読むより使う思想家であるという一定の共通認識が英語圏を中心に存在してきたと思われる。そうした意味で彼の発想に刺激を受けた研究は挙げたらきりがない。古くは反精神医学運動やノーマライゼーション

Robert Castel（1933-2013）は社会学者、元社会科学高等研究院主任教授。訳書に前川真行訳『社会問題の変容——賃金労働の年代記』ナカニシヤ出版、二〇一二年、北垣徹訳『社会喪失の時代——プレカリテの社会学』明石書店、二〇一五年など。

Ian Hacking（1936-）はカナダ出身の哲学者、トロント大学教授、元コレージュ・ド・フランス教授。Hacking 1975, 1990 以外では、伊藤邦武訳『言語はなぜ哲学の問題になるのか』勁草書房、一九八九年、渡辺博訳『表現と介入——ボルヘス的幻想と新ベーコン主義』産業図書、一九八六年など多数。

Pierre Rosanvallon（1948-）は近代政治史、歴史社会学研究者、コレージュ・ド・フランス教授。訳書に Rosanvallon 1979, 嶋崎正樹訳『カウンター・デモクラシー――不信の時代の政治』岩波書店、二〇一七年など。

Alessandro Fontana（1939-2013）は哲学者で元リヨン高等師範学校教授、フーコー講義録責任編者。

Anne-Marie Moulin は医学史・熱帯医学、アラブ社会の女性問題研究者、ＣＮＲＳ（国立科学研究センター）主任教授。著書に *Le dernier langage de la médecine: Histoire de l'Immunologie, de Pasteur au SIDA*, Paris: Presses Universitaires de France, 1991、編著に Moulin 1996 など。

François Delaporte（1941-）は科学史科学認識論者、ピカルディ・ジュールベルヌ大学教授。訳書に Delaporte 1989.

（21）Graham Burchell はフーコーの研究者・翻訳家。フーコー講義録の英語版訳者。

Colin Gordon はフーコーの研究者。多数のフーコー関連論集の編者。

Nikolas Rose（1947-）はリスク社会学、バイオポリティクス、哲学研究者。元ＬＳＥ教授、現ロンドンキングス・カレッジ社会科学健康医療学部長。著書は後述本文を参照。

Alan Hunt は歴史社会学と法社会学を混合したユニークな研究者。カールトン大学社会学・人類学部教授。著書に Hunt, Wickham 1994, Hunt 1996 など。

Mitchell Dean はコペンハーゲンビジネススクール政治哲学部教授。現代社会と統治性研究。著書は後述本文を参照。

Pat O'Malley はオーストラリア国立大学社会学部名誉教授。犯罪理論・リスクと統治性研究。著書に *Risk, Uncertainty and Government*, Routledge, 2004 など。

（22）ただし、本章注（27）で示すように、国際関係論やテロと安全、カルチュラルスタディーズに関連する論点を除く。

（23）'La gouvernamentalità,' in *Aut...aut*, No. 167-8, 1978, pp. 12-29（trad. Pasquale Pasquino）. この講義の再現とのちに講義録に掲載される完全版との異同は、講義録の注で編者スネラールによって指摘されている（Foucault 1978, p. 114, n.＊, 一三五頁編者注０、p. 104, n.＊, 一二五頁欄外注＊）。ただし講義全体の大枠の内容は同じである。

（24）*De la gouvernementalité: Leçons d'introduction aux cours des années 1978 et 1979*. Cassette 1: *Sécurité, territoire, population*. Cassette 2: *Naissance de la biopolitique*, Paris: Seuil, 1989. 一九九一年の秋ごろ、私にこのカセットテープの存在を教え、貸してくださったのは、東京大学大学院文学研究科博士課程（当時）の市野川容孝氏であった。この二回の講義を試しに聴いたことで、統治性についての二年度の講義を自ら再現してみようと思い立った。

運動、またＬＧＢＴの権利をめぐる運動に関連する多くの研究、あるいは犯罪と刑罰をめぐる研究も、規律と統治についてのフーコーの議論を参照してきた。ここではフーコー研究にも携わり、フーコーからの影響を明言する研究者の作品として、たとえばニコラス・ローズ『生そのものの政治学——二一世紀の生物医学、権力、主体性』（檜垣立哉監訳、法政大学出版局、二〇一四年）、『魂を統治する——私的な自己の形成』（堀内進之助・神代健彦訳、以文社、二〇一六年）を挙げておく。ローズのような研究者にとって、フーコーは「生権力」「リスク社会」「監視と処罰」そして「統治性」などの用語を通じて、現代における社会秩序と権力の諸相を新たなしかたで切り取るためのアイデアを与えてくれる思想家である。

また、「統治性」そのものをタイトルに冠した研究書も何冊か出ている。たとえばミッチェル・ディーン『統治性』[25]、ウィリアム・ウォルターズ『統治性——フーコーをめぐる批判的な出会い』（阿部潔・清水知子ほか訳、月曜社、二〇一六年）は、フーコーの統治性研究そのものを主題としている。また、『フーコーと新自由主義』[26]など、新自由主義に関連する統治性論も多い。そのほか、「統治性」の観点から社会のさまざまな事象を捉えようとする数多くの研究がある。[27]日本の研究傾向もこれと似ている。統治性を主題とした著書としては、中山元『フーコー——生権力と統治性』（河出書房新社、二〇一〇年）、箱田徹『フーコーの闘争——〈統治する主体〉の誕生』（慶應義塾大学出版会、二〇一三年）、芹沢一也・高桑和己編『フーコーの後で——統治性・セキュリティ・闘争』（慶應義塾大学出版会、二〇〇七年）がある。

このように先行研究をサーヴェイすると分かるのだが、フーコーを「使う」論文や著書は膨大に存在する。それだけ彼の議論が読み手の脳を刺激するもので、周りを見渡すとあちらにもこちらにも、フーコーが描いたこととつながる現象があふれているのだろう。これに対して、彼の思考を「読む」ことは予想以上に難しい。それを理解するだけでなく解釈し位置づけることはなおさらである。そのため本書では、「はじめに」で説明したような論じ方を試みている。以上を念頭に、フーコーが描いた統治の歴史に分け入っていくことにしよう。

（25）Mitchell Dean, *Governmentality: Power and Rule in Modern Society*, London: Sage, 1999.

（26）Daniel Zamora, Michael C. Behrent ed., *Foucault and Neoliberalism*, John Wiley & Sons, 2012.

（27）生権力、生政治に関連してMajia Holmer Nadesan, *Governmentality, Biopower, and Everyday Life*, Routledge, 2010など。国際関係や世界情勢に関連して、ヨーロッパ統合と統治性を論じるWilliam Walters and Jens Henrik Haahr, *Governing Europe: Discourse, Governmentality and European Integration*, Routledge, 2005, また中東情勢を新自由主義の統治性の観点から読み解くEmel Akcali, *Neoliberal Governmentality and the Future of the State in the Middle East and North Africa*, Splinger, 2016など。カルチュラル・スタディーズ関連ではJack Z. Bratich *et al.* ed. *Foucault, Cultural Studies, and Governmentality*, SUNY Press, 2003など。統計と植民地支配の観点からは、U. Kalpagam, *Rule by Numbers: Governmentality in Colonial India*, Lexington Books, 2014. マネジメントや企業統治に関連して、Alan Mckinlay and Eric Pezet ed., *Foucault and Managerial Governmentality: Rethinking the Management of Populations, Organizations and Individuals*, Routledge, 2017など。

また、本書の主題と直接関わる文献として、Iara Vigo de Lima, *Foucault's Archaeology of Political Economy*, Palgrave Macmillan, 2010がある。

第Ⅰ部　国家理性

第一章　統治、統治術、君主鑑

一　統治＝人の導き

第I部では、古典主義時代を中心に、一六世紀初頭から一八世紀半ばにかけて展開した、統治術、国家理性、外交－軍事装置、ポリスについて順を追って解説していく。

以下ではまず、統治、統治術、君主鑑ということばについて、フーコーの叙述を中心にたどっていくことにしよう[(1)]。

二月一日の講義冒頭で、フーコーは「「統治」の問題が一六世紀に突然わき起こる」[(2)]と指摘する。フーコー自身にとっても、「統治」ということばで講義全体を表現するという考えは突然わき起こったようである。「人口について話しているとき、何度も立ち現れることばがありました。誇張でもなんでもなくです。それは「統治」です。人口について語れば語るほど、「主権者」とは言いにくくなりました。なにかかなり新しいもの、ことばや

（1）　本書のテーマは近世以降のヨーロッパに展開した統治とその帰結である。したがってその前史となる古代の司牧、あるいは魂のオイコノミアについては必要最低限の言及しかしない。ただし、このテーマは近年流行を見せており、とくにアガンベン『王国と栄光』（Agamben 2007）によって知られるようになった。

（2）　Foucault 1978, p. 92, 一一〇頁。

現実のレベルではなく、技術として新しいものについて語るように仕向けられたのです」[3]。フーコーは四回目にあたる二月一日講義の終盤にはじめて、この年の講義には「統治性の歴史」という名称がふさわしかったと述べている[4]。

もちろん、支配に際しての君主への忠告である「君主鑑 miroirs des princes / speculum principum」[5]の伝統は古代以来ずっと存在してきた[6]。しかし、君主による国家の統治から個人の魂とふるまいの統治、また子どもの統治に至るまで、いかに統治すべきか、いかに統治されるべきかの問いがいっせいに噴出するのは一六世紀である[7]。この噴出の理由として、フーコーは二つを挙げる。一つは封建制の解体と領域国家あるいは主権国家の形成であり、もう一つは宗教改革である。これによって、領土に住む人を統治しまた魂を統治することが世俗国家の責務と見なされるようになった。

フーコーは「統治する gouverner」とは「君臨する régner」「命令する commander」「法を作る」とは異なった行為であるという[8]。このことばは一六―一七世紀に政治や国家の統治という意味で用いられる以前は、かなり広い範囲をカバーしていた。「道をたどる」「養う（病気の妻を統治する）」「食べ物を供給する（統治するための麦）」「糧を引き出す（毛織物で統治される地域）」「人を導く、魂を統治する」「行いや素行（統治が悪い娘）」「医者が食餌療法を施す」「指導する」「会話する」などである[9]。こうした多様な意味の中に、フーコーはいくつか共通点を見出す。一つは、この語が国家や政治に用いられることはなかったという点、もう一つは、統治の対象となるのはつねに人だという点である。フーコーは、この関係の様式はギリシアでもローマでもなく「地中海の東方 Orient méditerranéen」[10]に起源をもつと考えている。統治は東方ではヘブライだけでなく古代エジプトなどにも見られるが、ヨーロッパにはキリスト教を通じて導入された。これは、一匹の羊と群れ全体に同時に配慮する「全体的かつ個別的 omnes et singulatim」[11]、あるいは「司牧的 pastoral」な権力様式である。そして、統治の語

（3）*ibid.*, pp. 77-78, 九二頁。

（4）*ibid.*, p. 111, 一三二頁。この年の講義録編者であるスネラールは、二月一日講義が二年度の講義にとって「本質的な転換」（*ibid.*, p. 396, 四六五頁）となっていると指摘している。なお、講義録のフランス語版、日本語版の索引項目づくりには苦心のあとが見られるが、この最も重要な箇所に「統治性」の語の独立した参照指示がない。

（5）「君主鑑」については、*ibid.*, p. 114, n. 1, 一三五頁編者注1、Senellart 1995, pp. 47-52, 詳細は柴田 1987-1993 を参照。ミシェル・スネラール（リヨン高等師範学校教授）は統治性についての二年度の講義録の責任編者で、中世から近世の統治や国家理性について多くの著作がある。また、本書でしばしば参照することになる「ドイツ公法史の泰斗」（小川浩三 2016, 四三頁）シュトライスの著書（Stolleis 1988）のフランス語訳者である。フーコーの講義録の中では、高度で専門的な文献考証を行い詳細な注を付している。スネラールにとっては専門外の一九七九年講義の二〇世紀の自由主義経済学についても同様で、必ずしも明確な引用文献や参照指示がない講義でのフーコーの言及に関しても、可能なかぎりの裏づけがなされている。

（6）柴田平三郎は西洋世界における君主鑑の出発点は、神の似姿を人のうちに見るアウグスティヌス『神の国』であるとする（柴田 1987-1993,（三））。また林 2018 によると、中国思想において「鑑」「鏡」の伝統は春秋戦国の昔から存在するという。「鑑」が古く「鏡」は『荘子』以降であるとされる。日本では『大鏡』などの四鏡によって知られている。水に映すことと模範とすることとを重ねる用例は、洋の東西を問わず古くから見られるようである。

（7）一六世紀にこうした切断を見出すことに異論はないだろう。しかしそれがどの程度突然のものだったかは評価が分かれる。中世史の研究者からは、一二、一三世紀ごろに近代国家の萌芽となるいくつかの特徴が現れたとの指摘がなされてきた。たとえばストレイヤー（Strayer 1970）やポウスト（Post 1964）など。スネラールは一二六〇年ごろのアリストテレス再発見によって、フーコーが講義で示したような自己と家と国家の統治の連続性と相違という問題意識が生じたとしている（Senellart 1995, pp. 27-31）。

（8）Foucault 1978, p. 119, 一四三頁。Senellart 1995, pp. 19-31 も参照。

（9）Foucault 1978, pp. 124-126, 一四八―一五一頁。

（10）*ibid.*, p. 128, 一五三頁。

が多様な意味を失い政治的意味に独占されていくのが一六世紀以降、近代国家の成立と重なる時期である。

ここで、本書にとって重要な一つの語について、その出自を述べておくことにする。それは「国家」である。「国家」はいつから用いられるようになったことばなのか。これについては、中世ラテン語の status から、stato（イタリア語）、État（フランス語）、Staat（ドイツ語／オランダ語）、estado（スペイン語）、state（英語）などへの変遷に関して多くの研究文献がある。[12] フランス語については、ボダン『国家論六篇』（Bodin 1576）が、主権を定式化し近代国家を理論化したとされるが、ここでボダンが用いているのは la République である。ただし、ボダンが政体の区分を論じる中で「貴族制国家」「民主制国家」に言及する場合、それらは état と名指されている。また彼は家長が集まって協議する場である「政治社会」を cité と呼んでいる。[13] ホッブズの『リヴァイアサン』では国家は一貫して Commonwealth（res publica の英訳）と呼ばれている。ドイツ語について、キース・トライブ（第五章注28参照）は次のように述べている。「一六五三年にラインキング[14]は、国家という理念をうまくドイツ語に移すのは難しいと述べている。「なぜなら本来のドイツ語にないから」である。一七世紀半ばまで、ラテン語の status は一般的にドイツ語では stat ではなく stand と訳されていた。これはある支配者に関わる条件、関係、制度〔としての宮廷あるいは国家―引用者〕ではなく、支配者を統制し制限する階層的な「身分」諸集団を指していた。一七世紀半ばには Stat は以前よりよく見られるようになるが、二つの意味で用いられた。一つは支配者の宮廷という制度の意味で、もう一つは政治社会、bürgerliche Gesellschaft あるいは societas civilis の意味、つまり政治共同体あるいは政治社会そのものを意味した。ドイツ語での用例はラテン語の伝統から直接由来しており、一八世紀末に至るまでフランス語や英語の「国家」や「市民社会」についての相当異なった理解によって穢されなかった[15]」。

ここでトライブが述べているのは、ドイツでは長い間宮廷あるいは身分秩序としての政治社会という意味での

Stat や bürgerliche Gesellschaft という伝統的な意味が保たれたということである。それは、権力装置としての国家や、また国家と区別される経済社会としての市民社会といった、フランス語や英語での用例が、ドイツでは一八世紀末まで見られないことを意味している。

しかしフランス語で君主の財政を意味する estat、またイギリスでの政府 government の使用も射程に入れた各言語における国家の語の成立史を簡潔に述べることは難しい。そしてこうした国家の語の成立および変遷史の背後にある知と権力の変貌こそが、フーコーの、そして本書の一大テーマとなっている。

二　司牧と近代の統治との異同

近代の統治性が司牧 pastorat からくるというフーコーの考えの根底には、司牧が全体の導きを個の導きとつ

---

(11)　*ibid.*, p. 132, 一五八頁（フランス語版ではここに誤って注番号35が入っている。日本語版では訂正されている）。これと同名タイトルの講演を、フーコーは一九七九年に行っている（Foucault 1979a）。内容は、ここで語られている司牧権力の展開を古代ギリシアのプラトンなどの考えと比較しながら示し、さらに国家理性とポリスについて語るという壮大なものである。

(12)　たとえば Meyer 1950, d'Entrève 1967, 第一部三など。

(13)　成瀬 1985 を参照。

(14)　Dietrich Reinkingk（1590-1664）はドイツの法律家で官吏。Pasquino 1992 で取り上げられている。

(15)　Tribe 1988 p. 28. なお、「政治社会」については本章三、政治社会から市民社会への意味の変遷については第一六章を参照。

ねに結びつける、その独特の統治スタイルへの注目がある。司牧は人に照準し、個としての人を導くことで全体を目的の地まで連れていく。この全体と個の結びつけ方が、近代の統治にも引き継がれるとフーコーは考えている。しかし一方で、司牧の統治と近代の統治には異なる点もある。フーコー自身このことを講義で強調している。分かりやすいところでは、本書第三章で論じる「劇場」的な国家理性が全体のために個を犠牲にする局面である。司牧においてはこの犠牲は最も忌避されるべき事柄である。しかしそれよりももっと微妙で、なおかつ広範に見られる全体と個の関係づけが、フーコーの統治性研究において、それ以前には見られない近代統治に固有の特徴として示されている。それはたとえば、トライブが一八世紀末のポリツァイ学者ゾネンフェルスを論じた次の一節の中に読み取れる事柄である。

「臣民の自由は公共善の命じるところに従属する。つまり、人格の安全の名の下で、自殺、妊娠中絶、子殺しが禁じられる。ただしこれは人口を減らすからであって、個人の道徳性や倫理といった考えは全く見られない。こうした議論をつきつめていくことで、たとえば醜い姿の人や肢体不自由の人は妊婦にショックを与えて流産を引き起こす危険があるので、公共の場には現れないようにさせるといった要求にまで発展した(16)」。

ここで述べられていることを、全体のために個が犠牲にされる、全体の幸福のために個人の幸福がないがしろにされるといった「抑圧」の構図で捉えるべきではない。事態はより根本的な事柄に関わり、抑圧はその帰結であるにすぎない。フーコーの議論を読むときにもそのことに十分な注意が必要である。ポリツァイの規則と実践は、個人に倫理的、道徳的な観点から禁止や抑圧を課すというよりは、個人の生を全体の生という目的と関連づけ、いかようにも無秩序になりうる個人の生に枠組を与えるものなのである。

人間の生が無秩序やカオスへの傾向をはらんだものであるなら、そこになんらかの枠をはめ、あるいは型に入れ、行動をコントロールしなければならない。そのための最適な方法はたえざる規制と監視であり、介入が多ければ多いほど理想の秩序に近づくと考えるのが、後述するポリス的な統治である。これに対して、ポリス的な知の発展の中からそれとは異なる発想をもって出てくるのが自由主義の統治である。ここでは個人と個人の相互行為の内部でなんらかの自己コントロールのメカニズムが働くと捉えられる。ただしこのメカニズムは、個人を通じて作用するが個人が自覚的に従う規範というよりは集合性の次元にある、一種のオートノミーの装置である。

フーコーはこうした介入や調整のあり方の違いに注目し、それらを「統治のテクノロジー」として分析した。このように見てくると、それが全体と個を結びつけることで人々を導く「司牧」という古い統治から発展してきたとされながらも、統治の型にはそれぞれ種別性があり、近代の統治について固有性をふまえてその詳細を描くことが統治性研究の目的であったことが理解できる。

三　君主鑑におけるエコノミー

フーコーはギヨーム・ド・ラ・ペリエール Guillaume de la Perrière（1499?-1565?）の『政治の鑑』[17]を挙げ、

（16）Tribe 1995, p. 23, 二九―三〇頁。

（17）La Perrière, *Le miroire politique, œuvre non moins utile que necessaire à tous monarches, roys, princes, seigneurs, magistrat, et autre surintendants et gouverneur de republiques*, Lyon: Macé Bonhomme, 1555. ラ・ペリエールはトゥールーズに生まれ、フレンチルネサンスの詩人として、また初期の「エンブレムブック」の著者として知られる。書誌情報の詳細は二月一日講義の編者注15（Foucault 1978, pp. 115-116, 一三八頁）を参照。『政治の鑑――国家の君主、王、大公、領主、司法官、その他の監督官や統治者すべてに必要かつ役に立つ作品』というタイトルに、フーコーが講義で述べる、多様にして共通性をもつ統治という領域の特質が表現されている。

一六世紀の国家統治に関する文献の特徴を示す[18]。ここで彼は、統治術の文献をマキャヴェリ『君主論』（Machiavelli 1516）と対照し、また「エコノミー」概念を用いてそれが標定する次元を明らかにしている。

フーコーによると、統治術のテキスト群はマキャヴェリと比較するとかなり「がっかりする」ものらしい。マキャヴェリの流麗な文体と才気あふれる歴史叙述に対して、統治術を主題とする著者たちは退屈で凡庸なくり返しに陥りがちだからだ。しかし彼らの書いていることの方が、その後の近代国家と統治の成り行きに対して重大な意味をもったともいえる。フーコーは、『君主論』における君主は領国 principauté（これは君主国のみを指す）に単独で対置され、外在的で超越的な位置にあるとする。これに対して、統治術は非常に多様で複数性を有し、しかも社会や国家の内部にある。たとえば家を統治するのは家父、修道院を統治するのは修道院長、弟子を統治するのは教師であるというように。これらの多種多様な統治の一つとして、君主は国家を統治するのである。人は自己の魂を統治し（モラル）、家族を統治し（エコノミー）、国家を統治する（政治）。

フーコーはここで、自己をきちんと統治できない君主が一国を統治できるはずがないという、君主への助言や君主鑑の伝統の中でくり返されてきた主題に触れている。ここで「君主鑑」あるいは「鑑」という表現について説明しておく。スネラールによると、鑑としての君主という描き方はキケロの『スピキオの夢』にすでに見られるが、鑑（ラテン語の *speculum*）をタイトルに冠した最初の論考は一一八〇年ごろに登場する[19]。中世における君主鑑はたとえば「アリストテレス『政治学』再発見以前の唯一の市民政府（国家）の体系的理論[20]」であるソールズベリのジョン（ヨハネス）の『ポリクラティクス』（1156–1159）第四篇と第六篇にある[21]。これらの著作で鑑ということばが用いられたのは、毎日鑑に自分の行いを映し、徳あるふるまいができるようチェックするという意味であった。この鑑という語り方が一六世紀にかけて教育や法などさまざまな分野に広がっていく。また、シュトライスによると、宗教改革による教会秩序の動揺に伴って、ドイツでは皇帝と教皇という二つの頂点に代わって、領邦君主（ラント君侯）が聖俗双方の秩序の担い手として立ち現れてくる。その際「家父鑑 Hausväterliteratur」なるものが参照され、家における家父の統治にならって君主の統治が捉えられた。これが一五世紀末以降の「君主鑑」へとつながったとされる[22]。また、古典的な君主鑑は一七世紀になると、一方の皇太子の道徳宗教教育書、他方の人口や行政組織や官吏に関わるマニュアルの二種に分岐する[23]。

フーコーの議論に戻ろう。彼はここで統治に関して重要な指摘を行う。それは、君主の統治のモデルとして、家の統治（エコノミー）が重視されるようになってきたことである。エコノミーの語は現在では「経済」という意味で使われる。「経済的」という形容詞には節約という含意もあるが、いずれにせよ物質的な次元での生産・流通・消費活動に関わっている。だがこのことばは、一六世紀ごろにはかなり異なった意味で用いられていた[24]。君主は自分の魂を統治するために、正しい教育を受けなければならない。また自分の領地や家族を統治するために、エコノミーを確立しなければならない。そしてこのエコノミーを国家統治に導入することが、統治術にと

(18)　スネラールによると、同書は官吏のマニュアルとして書かれた（Senellart 1995, p. 53）。
(19)　Senellart 1995, pp. 47-48. なお、柴田平三郎は君主鑑の「前史」について、キケロ以前の古代ギリシアの作品として、イソクラテス、クセノフォン、プラトンを取り上げている（柴田 1987-1993,（一）（二））。
(20)　Senellart 1989, p. 19.
(21)　将基面貴巳によると、この書を君主鑑の代表例とする見解は多いが、それに疑義を呈する研究者もいるという（将基面 2013, 三五―三六頁）。この書とソールズベリのジョンについては、柴田 2002 を参照。
(22)　Stolleis 1988, フランス語訳 pp. 503-519. 家父鑑（古きエコノミー論）については、本書第一五章三を参照。
(23)　*ibid.*, p. 299.
(24)　エコノミーの意味内容の変遷は、本書の鍵となるテーマの一つである。現代の用例が定着するまでは、多様な意味で使われていた。これについては第一五章で論じる。

っての課題となったのである。[25]

「いかにエコノミーを導入するかが問題でした。エコノミーとは、個人、財産、富を管理するやり方、家庭内でよき家父が行うように、妻、子ども、使用人を指導するやり方のことです。よき家父は家産の殖やし方、財産を殖やすための婚姻関係の結び方を知っています。この注意深さ、細心さ、こうした家族に対する家父の関係に当たるものをいかに国家運営に導入するか。つまり、政治実践の中にエコノミーを導入することこそが、統治に本質的に賭けられていたものだったのです」[26]。

ここで国家統治へのエコノミーの導入について、それをどういう構図で捉えるべきかについて一歩踏み込んだ解釈を試みる。それによってこのあとの議論への見通しをよくするためである。まず中世国家のあり方を、マンフレッド・リーデル『市民社会の概念史』（Riedel 1975）によって次のように把握する。リーデルによるなら、中世ヨーロッパには「国家」は存在しない。あるのはそれぞれに独立した家の集まりとしての「政治社会Bürgerliche Gesellschaft」（フランス語の société civile、英語の civil society）である[27]。この理解は、政治社会とそれを構成する単位としての家を同時に想定しており、このなかで家の統治は家政術すなわちオイコノミアによって取りしきられていた。これが身分制社会を政治社会とその構成単位としての家という観点から捉えた場合の像である。

では、国家統治のモデルとして家が選ばれるとはどういう事態だろうか。これは一方で、国家が一つの家として、つまり統治の場として思念されることを意味する。それ以前の政治共同体がどのように構成されていたかをここで論じることは難しいが、中世政治社会の紐帯は法的、契約的または慣習的なきまりによって成り立っていた。これは中世社会が特権の束であり、また複合的な権利義務関係と多元的な司法制度からなっていたことの言い換えである。家共同体の長 chef の間での権利義務からなる法的関係としての政治社会においては、家の統治というある種の経営モデルが入り込む余地はない。家長は家を統治するが家長間の関係は統治ではなく、法と特権と相互交渉からなるものだからである。

一六世紀にエコノミーが国家統治のモデルとなるというフーコーの指摘は、中世的な政治社会が別のものへと

(25) 国家の統治を家の統治と類比的に理解する考えは、ボダンにすでに見られる（本書四三八頁参照）。ボダンにおける家というテーマは主権論の陰にかくれてきたが、清末 1990 は主権論と統治論（家はこちらに関わる重要な領域である）の両立としてボダン思想全体を読み解いた労作である。主権論そして契約思想とのつながりでのみボダンを捉えることの問題性について、とくにその一七二―一七五頁を参照。また、成瀬 1985, 第二章は国制史研究の観点からボダンにおける国家と家の関係を検討している。また、ボダンの魔女狩り支持はエピソードとしては有名であるが、『魔女の悪魔憑き *De la démonomanie des sorciers*』という題名をもつ悪名高い魔女狩り論を、ボダンの国家論および家論との関連で読み解いたのが、菊池 2007 である。
　フーコーは統治術に関して「ボダンを全く無視しているように見える」（Senellart 1992, p. 24）。以下は推測であるが、フーコーの統治論は法との対比で統治の独自性を示すところに特徴がある。そのためこうした統治術の論じ方の中でボダンを語ろうとすると、主権論と統治論との関係、また国家と家との関係という難問が出てくる。それを避けるために、あえてボダンに言及しなかったのではないか。フーコーは統治性講義の翌年に当たる一九八〇年の『生者たちの統治』講義第一回（一月九日）で、『国家論六篇』における統治術あるいは国家理性と『魔女の悪魔憑き』における魔女狩り論との関係に言及している。ここで彼は真理や知の占有と権力との関係について考察し、ボダンの時代に占い師、魔法使い、占星術師に代わって、大臣（政治家）が宮廷を支配しはじめることを指摘している（Foucault 1980, pp. 10-13, 一一―一三頁）。
(26) Foucault 1978, p. 98, 一一七―一一八頁。
(27) société civile の語義の変化については第一六章で取り上げる。ここではこの語が伝統的には国家と対比される市民社会の意味ではなく、政治社会 societas civilis であったこと、その政治社会は近代的な意味での国家とは異なっていたことだけを指摘しておく。

移行しつつあることを示唆する。それによって政治を法ではなく家モデルで行う、つまり統治する可能性が生まれた。ここで起きているのは、政治社会が独立した家の集まりではなくなると同時に、家の統治の国家への適用がはじまるという事態である。これは、家共同体がかつての自立性と自己完結性を失うことと、国家の家への接近、つまり統治と行政の機構を伴った国家運営の開始とが同時に起こることを意味する。これこそ近代国家のはじまりの一つである。一見逆説的だが、それをよく知られた言い方に変換すると、中央集権的行政国家の形成によって中間諸団体の自立的秩序が破られ、社会の組織化において国家がその権限と役割を拡大していく過程といってよい(28)。

四　法と統治の対比

国家の運営を家の管理に似せる、つまり国家統治にエコノミーを導入するとはどういうことかについて、フーコー自身は次の対比によって説明している。法は、領土とそこに暮らす領民を対象とする。ところが統治は、領土や領民ではなく「物事 choses」に関わる。フーコーによると、法的な主権（至上権）は中世以来、領土と領民に行使されてきた。なお、主権 souveraineté はもともと「より上位の」権力を指すことばで、中世の階層秩序においては君主だけでなく領主や貴族にも広く用いられていた。「法創造」を主権者の徴とするならば、立法権と司法権が分離し、立法行為が独立してなされるようになる近世以降にしか主権は存立しないことになる。逆にいうと、中世において立法は範例や慣習に織り込まれる形で司法の中に溶け込んでおり、両者の区別は困難であった。しかし主権の成立史もまた想像されるとおり複雑で、立法権と司法権の分離によって説明し尽くされるものではない。それはある面では裁判権の掌握により、ある面では宮廷スタッフ（大臣や顧問官）と官吏制度の整備による。立法だけが制度化されてもそれを保障する後ろ盾がなければ主権は成り立たず、またその永続性の主張には王冠や王位継承についての神話が必要とされた[29]。

ここで、法的な権力と法の言語についてのフーコーの理解を簡単に説明しておく。法は禁止するか許可するか、あるいは「死なせるか生きるままに放っておくか[30]」の形式をとる。領土と領民を適用対象として禁止事項を定める法は、それ以外の事柄、法によって禁止も許可もされない事柄については関知しない。これが法的な権力行使の手法であり、フーコーの理解では、中世における平和と安寧とは法が守られていることと同義だった。

法と統治を対比する際、フーコーは中世ヨーロッパの政治秩序がそれに則って語られた司法的な言語と、ボダンによって理論化された主権とを法的権力として一括している。ここでフーコーが慣習的秩序とローマ法・教会法によって特徴づけられる中世の法と、まさしくそうした法を超越することとして定義されるボダンの主権とをひとまとめにすることには疑義もあるだろう。

フーコーが言いたかったことを理解するには、国家や政治秩序がつねに法、合法性、正統性、そして権利といったことばを用いて理解されてきたヨーロッパ政治思想の伝統をふり返る必要がある。フーコーはこうした用語や思考枠組から離れたいと考え、全く異なる観点から近代の国家と政治を理解するために、思い切ってこうした

(28)　こうした全般的な理解を得るために、村上淳一の一連の著作（村上 1973-1974, 1979a, 1979b）が重要である。また村上 1979a と同じ著書に含まれる、二宮宏之「フランス絶対王政の統治構造」（二宮 1979）は、「絶対主義」期フランスにおける多元的な権力状況、その意味での「家」相互の関係としての政治社会の存続を伝えている。村上と二宮の近世ヨーロッパ像はフーコーの議論を理解する上で非常に役立つ。

(29)　南 2007, 第四―六章、Kantorowicz 1957 を参照。

(30)　Foucault 1976a, p. 181, 一七五頁。

雑駁に見えるまとまりを作ってそこから距離を取った。これを別のやり方で説明するなら、『監獄の誕生』で描いた「規律」、そしていま問題になっている「統治」は、明らかに法とは異なった独自の次元にあるということだ。フーコーはそれらを固有のものとして名指すために、法や主権に代わる新しい政治の言語を探していた。一九七〇年代後半、彼はくり返し法と主権による政治理解への違和感を表明し、自身の政治観をそれとの対比で語っている。

法と主権の間にある関係についてさらに述べると、主権は法を作る権能を有することで法を超えるが、他方で法の言語を用いてつねに自らを構成する側面をもつ。この両面性はボダンからルソーに至る主権論に共通しており、主権を緊急事態における全能性だけを強調して捉える理解には偏りがある。この意味で主権は、法とは別種の理性にしたがい法を蹂躙する可能性がある国家理性とは異なる。(31)

以上のように、フーコーによる法の理解は、法的な実践をかなり限定的に、また特殊な歴史的文脈から捉えるものである。(32)それは極端な見方のようだが、大枠としては理解可能である。たしかにフーコーの議論を一般的、理論的な水準で捉えた場合には、法について説明されていないことの多さや、法と統治の内的な関係の諸相への無関心などの問題を指摘できるだろう。

だが、フーコーの議論はつねに一見した以上に深い「歴史性」を帯びている。歴史的に見ると、法と統治の対比は中世から近代への政治社会の転換において、国家統一をもくろむ君主たちが、司法的に構成された（つまり多元的な主体による裁判権の保持と行使によって成り立っていた）旧秩序に対して、行政装置の形成を通じて対抗したという事実を指していると考えられる。この論点はすでに述べた国家と家というテーマに直接関わっている。司法的集合体としての古い政治社会（多くの自立的「家」からなる身分制社会）に代わって、家のモデルを国家統治に適用することを端緒とする行政の浸透（国家の統治化）を通じた近代国家への移行である。司法的多元社会対行政的中央集権国家という対比は、中世と近代を分かつ指標として広く用いられている。フーコーによる法と統治の区別と近代における統治の優位という見方も、このことの言い換えと考えればかなり説得力を増すだろう。

五　統治の対象としての「物事」

話を統治に戻そう。フーコーは法的な権力との対比で、統治に特有の権力行使のあり方を示す。では統治が「物事」に関わるとはどういうことか。ここでいう物事は、たとえば所有権や主権の獲得といった法と権利の対象とは異なる。「ラ・ペリエールが統治は「物事」を統治すると言うとき、何を言っているのでしょう。……統治が関与するのは、領土ではなく人間と物事からなる一連の複合体のことだと思われます。つまり、……人間、ただし富や資源や食糧やもちろん領土といった物事、また国の特徴、気候、旱魃、肥沃度などの物事と絆をもちそれらに結びついた人間です。また、慣習、習俗、マナーや思考様式などとの関係の中にある人間です。さらに、飢餓や疫病や死といった偶発事や不幸といった物事と関わる人間です(33)」。

法との対比をさらに述べるなら、法が事前に一般的な禁止事項を定めるのに対し、統治は物事に寄り添い、そこで生じるすべての可能性、すべての事柄に対処するような関係の様式である。フーコーは典型的な法的思考と

---

(31)　この論点を深く追求した現代の思想家がカール・シュミットである。シュミットとフーコーの主権、統治、国家理性の扱いは触れ合いながら異なっている。ここで詳しく論じることはできないが、最も異なるのは国家理性の「非常事態的」解釈に重きを置くかどうかであろう。大竹 2018 がシュミットの国家理性を主題としている。

(32)　こうしたフーコーの見方の「狭さ」について整理した上で、法学の中から法と統治を関連づけて新たな法の社会学を構築する試みとして、Hunt, Wickham 1994 がある。

してプーフェンドルフを引いて次のように言う。法学者たちにとって、法と主権の目的は共通善であったが、この共通善の中身は結局のところ法への服従である。つまり、法的権力としての主権の設定が目的とするのは、法が守られること、すなわち主権的権力が保たれていることであるという一種の循環になっている。

これに対して、統治の目標とはさきほど挙げたように「物事」である。この場合は統治自体にその目的が循環的に戻ってくるのではなく、それぞれの対象をそれにふさわしい目的へと導くというベクトルをもっている(34)。たとえば、人々が多くの富を生産できるようにし人口を増やすためには、食糧を確保し疫病を予防することが必要である。そのための手法、どうすれば食糧を増産できるか、どうすれば病気の蔓延を防げるかを考え、適切な施策を実行に移すのが統治であり、そのやり方が統治術、統治のテクノロジーなのである。

ここでは効果的に統治するために、統治の対象についてよく知っていることが必要になる。ある地域の人口を増やしたいなら、その地域の気候風土や農産物の特徴、どこに町がありどんな住まい方がされているか、領民と行政当局との関係は良好かなど、細かい実情を知らねばならない。領民の反乱を武力で抑えて支配をゆきわたらせるのとは異なり、統治は対象としての人々や物事についての知を積み上げることで、国を豊かにし発展させることを目指す。こうした対象についての知が、ラ・ペリエールが「物事」と表現したものの内容をなす。

こうした知は、一七世紀以降に発展した君主の行政装置（ポリス／ポリツァイ）と重商主義、そしてこれらの道具となった統計学によって集積され強化されていく。そこで徐々に精緻化され蓄積された人口についての知が、政治経済学の誕生につながるのである。

エコノミーという語と関係づけてこれについて少しだけ先取りしておこう。フーコーの見方では、この時期の国家は統治にとって適切な枠組、対象を捕捉する装置をもちえていなかった。彼の表現によるなら、一方に抽象的で大きすぎ、また対象に即した柔軟な統治に対応できない主権という枠組がある。他方にエコノミー、すなわち家族の統治の小さすぎるモデルがある。ところがいま問題になっているのは、大いなる国家主権でもなければ、家という小さな共同体でもないのだ。その中間地点に固有の次元を発見したとき、統治術ははじめてそれ自体として独自の展開をはじめることができる。

これこそ政治経済学の誕生を徴づける画期であり、このときエコノミーは家の統治の狭い枠から解放され、グローバルに広がりうる経済へと変化する。フーコーはそうした統治に固有の次元の発見が、家や単なる人の集まりに還元できない「人口 population」の掌握を通じて起こったと考えている。つまり、鍵となるのはエコノミーと人口である。しかしその話はまだ早すぎる。「経済学の生誕」を語る前に、政治経済学と市場の統治がどこからきたのかを知らなければならない。ここでふたたび時代を一六―一七世紀に巻き戻し、国家理性とポリスについて話すことにしよう。

（33）　Foucault 1978, p. 100, 一一九―一二〇頁。スネラールはここでのフーコーの choses の語の近代的な解釈を批判している。ここでのラ・ペリエールの「物事の正しい配置」という表現は、アウグスティヌスの『神の国』における「秩序とは類似の物事や類似しない物事をそれぞれが本来属する場所に帰する配置にほかならない」という表現を思わせるからである（Senellart 1995, p. 43, n. 2）。

（34）　スネラールは、「支配 domination / dominatio」と「統治 gouvernement / regimen」を対比し、これに似た指摘をしている。支配はそれ自体を目的とすることで支配者自身に帰る（支配する者が服従によって支配を保障される）のに対し、統治は統治者の外部に対象がある（統治される者がなんらかの目的に達することではじめて完成する）（Senellart 1995, pp. 20–22）。

第二章　国家理性（一）——国家理性とマキャヴェリ

一　国家理性という発明品

フーコーは近代における国家理性を、中世的世界観の代表としてのトマス・アクィナスの統治論と対比している。トマスにおいては、王の統治は巨大な連続的コスモロジーの一部をなしている。神は自然を創造し日々それを統治する。こうした神の統治に似せて、王は世界を統治すべきである。また、神が創造した自然界の生き物たちに似せて、国家を統治し維持しなければならない。一人の人間は自己の善を追求し、王国は国の善を追求する。王は国の中心であり、国に生きる息吹を与える生命の源泉である。さらに王は、信徒を救済へと導く牧者のように統治し、家に至福をもたらす家父のように治めなければならない。ここに、神にはじまり家父へと至る巨大な連続体が存在するとフーコーは述べる。

中世の統治におけるこうした連続性に対して、フーコーは近代の国家理性に一種の断絶を見出す。この断絶は一五八〇年から一六五〇年の間に生じたという。フーコーはここで、世界認識の変化と国家理性の発見を同時代のものとしている。世界認識の変化は、パラケルススからデカルトへの変化、中世・ルネサンスのシーニュ（しるし）から古典主義時代のタブロー（一覧表）への変化を指す[1]。その時期の自然法則の発見は、一方で自然の成り行きに神の介入はなく、神が創造の時点での一般法則の設定者の地位に収まることを意味した（マルブランシュの神[2]）。他方でこれは国家との関係では、国家を神が創った自然の連続体の一部ではなく、それ自体として合理性をもつもの、つまり「国家理性 raison d'État」をもつものとして捉える可能性を拓いた。ここで、神のコスモロジーの終焉と自然の原理（プリンピキア）の発見が、それと同時に国家に固有の理性（ラティオ）の探求の道を作ったことになる[3]。

フーコーは一六世紀末から一七世紀初頭に国家理性は新奇な発明として流行したという。一六四〇年代に偽名で『国家理性 *Ratio status*』という本を書いたヘムニッツ Bogislaw Philipp von Chemnitz（1605-1678）を引用し、フーコーはこのことばが「流行中の新製品」であったとしている[4]。ただし、国家理性ということばは中世にも用いられた[5]。ポウスト（Post 1964）によると、この語をはじめて用いたのはソールズベリのジョンである[6]。では、国家理性の語の近代的な意味での最初の用例はどこにあるか。これについて、マイネッケはフェラーリ『国家理性の歴史』（Ferrari 1860）を典拠として、「副司教で人文主義者たるジョヴァンニ・デルラ・カサがこのできあがった標語の存在を一六世紀半ば頃に初めて確証しているということを、すでに一七世紀における regione di stato のイタリアの著作家たちが知っていた程度にとどまる[7]」と述べている[8]。シュトライスはこのデルラ・カサの文章を特定している[9]。また、それ以前にグイッチャルディーニのうちにこの考えがあったとする[10]。

国家理性の新しさを強調する議論があった反面、国家理性を論ずる者の中にはタキトゥスへの回帰が広範に見られ、古代からあった国家理性を自分たちが再発見したという主張も生まれた。タキトゥスを国家理性論の祖と見なす考えは、それ自体当時の流行で、あとで取り上げるタックをはじめとする政治思想史の国家理性研究では「タキトゥス主義」として知られている。

また、国家理性論とタキトゥス受容との関係については、テュオーが次のように論じている。テュオーによる

（1）『言葉と物』（Foucault 1966）第一部を参照。一九七八年三月八日の講義では、新しい知としてコペルニクス、ケプラー、

ガリレイ、ジョン・レイ（本書第九章注56参照）、ポールロワイヤルが挙げられている。

（2）この考えは「神のデザイン」として、近代科学とキリスト教信仰を両立させる一つの道となった。神を自然法則と同一視する見方はさらに、神が時折チューニングを合わせるように世界を修正するかをめぐって立場の違いを生んだ。これについては第九章および補章で取り上げる。ルネサンスから近代への科学観、真理観の変化について知るには、ハッキング『確率の出現』（Hacking 1975）が『言葉と物』よりよほど分かりやすく、フーコーがここで述べていることもハッキングの議論で十分説明される。

（3）スネラールはここでのフーコーの議論（神からの国家の自立）を批判している。スネラールはリプシウスを論じる中で、マキャヴェリの運命（フォルトゥナ）という異教的な偶然観に対して、見かけの偶然性の背後に神がもたらす合理的形式を発見することが新たな統治術の課題であったとする（Senellart 1995, p. 238, n. 2）（この点は本章注30の新ストア主義の倫理というテーマにも関わる）。それぞれの世界観の根底をなすものは思想史研究において死活の重要性をもつ。だが国の内実を知るという問題意識の下、統計学などの知を発展させていく歴史を国家理性の展開に見るフーコーの理解と、その世界観がもたらしたものは、帰結としてはそれほど異ならないと思われる。

（4）ヘムニッツの略歴はFoucault 1978, p. 257, n. 24, 三一一頁編者注24を参照。ドイツ生まれだがオランダとスウェーデンで軍の将校となった。ここでフーコーが挙げている著書は、『わがドイツ神聖ローマ帝国の国家理性に関する論考』（Chemnitz 1640）である。フーコーはこの著書の重要性に二度言及している（Foucault 1978, p. 245, 二九七頁、p. 261, 三一七頁）。

（5）*ibid.*, p. 246, 二九七頁。直前にフーコーが引用しているのはChemnitz 1640, p. 1で、序文と目次につづく本文の冒頭である。

（6）中世のratio statusについては、Post 1964, Stolleis 1981, Senellart 1995, 小川浩三 2016を参照。小川はポウストとシュトライスの論考を前提として、五世紀から一一四〇年ごろに編纂されたグラティアヌス『教令集』までのstatus ecclesiae概念を、ローマ法からの影響を考慮しながら対訳付きで詳細に検討している。

（7）Meinecke 1924, 六一頁。

（8）典拠となった文はFerrari 1860, p. Ⅳにある。

（9）カール五世に宛てた架空の手紙（Stolleis 1988, p. 294, n. 429）。

（10）*ibid.*, n. 428a.

と、第一・第二帝政下のフランスでタキトゥスは暴君に対立するリベラルとして、スタール夫人やシャトーブリアンに引用された。これに対して一七世紀には、国家理性とリシュリューの支持者がタキトゥスを引用していた(11)。また、シャルル＝ドベールは「タキトゥスは一七世紀前半に、「ポリティーク派」にとって国家主義および国家理性の優位性のシンボルとなった」と述べ、この流行がタキトゥスの著作や注釈、翻訳の出版ラッシュを生んだとしている(12)。一七世紀ヨーロッパにおけるタキトゥス主義については、Tuck 1993 に詳しい。またタキトゥスの戦記や年代記が読まれるようになったのは、そもそもタキトゥス自身がルネサンスにおいて「再発見」されたからである。『歴史（同時代史）Historiae』と『年代記 Annals』はボッカチオによって発見されたとされる(13)。

ここで arcana という重要な用語にも言及しておく。タキトゥス由来の arcanum/arcana（秘密・機密）は国家理性論の鍵概念の一つであった。スネラールによると「王の機密 *arcana regia* の認識はタキトゥスに負う。タキトゥスぬきには統治の学のこの本質的な部分は曖昧なままだったはずだ。タキトゥスはクラプマリウスの国家機密 arcana imperii, 支配の機密 arcana dominationis……などの概念の主要な典拠となり、しばしば引用された(14)」。スネラールによると、このことばを近代の政治の語彙に導入したのはボダン『歴史方法論』（1566）第六章である(15)。

ここにマイネッケの指摘を付け加えるとさらに興味深い。マイネッケは、ボダンには「国制 status ／ état」と区別された「統治の理性 ratio gubernandi」という概念があると指摘する。これは政体区分論では明らかにならない、国家権力の配分のされ方、運用のあり方による政治運営の実際上の区別を指している。たしかにボダンは『国家論六篇』のいくつかの箇所で état と gouvernement を明確に対比し、état（国制）区分によって示すことができない統治の実際について過去の事例を挙げて説明している(16)。つまりボダンは近代の法理論における主権概念の定立者であると同時に、国家理性あるいは支配と統治に関わる「技」についての最初期の理論家でもあることになる。

また、国家機密論として最も知られているのはクラプマリウス Arnoldus Clapmarius（Klapmeier また Arnold Clapmar）（1574-1604）の『国家の秘密六篇』である。[17] 機密／秘密はタキトゥスからクラプマリウスを経てあとで取り上げるノーデのクーデタ論などに引き継がれる。[18]

そしてまた、国家理性は教皇庁によって「悪魔の理性 ratio diaboli」と呼ばれ、フランスでは「ポリティーク派」の系統にあるリシュリューやマザランの時代に隆盛をきわめた。[19] つまり国家理性はなにか非常に新しいスキャンダルであると思われるとともに、古典古代に範をとる人文主義とも結びついており、また無神論とも国家統

（11） Thuau 1966, pp. 33-54 を参照。

（12） Charles-Daubert 1993, pp. XXIII-XXIV.

（13） 古代ローマの諸テキストについて、各地に散在する古代以来の写本・異本の発見と整理をもとにしたテキストの校訂に関して、ペトラルカ Francesco Petrarca（1304-1374）が果たした役割は計り知れないものであるとされる。ペトラルカはとりわけキケロの校訂に精力を注いだ。ボッカチオが見出したタキトゥスのテキストは一五世紀に蒐集家ニッコロ・ニッコリ Niccolò Niccoli（1364-1437）に伝えられ、人文主義者で古典校訂家のポッジオ・ブラッチョリーニ Poggio Bracciolini（1380-1459）がこれを閲覧した（この写本は現在フィレンツェのロレンツォ・メディチ図書館に所蔵されている）。後二者は『ゲルマニア』の存在を知り蒐集を試みたがかなわなかった。Petoletti 2018, Krebs 2011, chap. 2 を参照。

（14） Senellart 1995, p. 263.

（15） Foucault 1978, p. 291, n. 63, 三五一―三五二頁編者注63。

（16） Meinecke 1924, 八三頁。Bodin 1576, pp. 202-203, 248-249（第二篇第二章・第七章）。

（17） *De arcanis rerum publicarum libri sex*, Brême, 1605. クラプマリウスはドイツの法学者で人文主義者。フーコーの講義録に名前は出てこないが、「国家機密」ということばが挙げられている（Foucault 1978, p. 281, 三三九頁）。

（18） これ以降の国家機密の言説の展開は、Stolleis 1988, pp. 501-502 を参照。

治の新たな道具とも見られていたのである。

二　国家理性研究の現状

フーコーによる国家理性についての議論に立ち入る前に、その位置を見定めるため、国家理性論をめぐる現在の研究状況を概観しておく。まず、フーコーが国家理性論に注目した一九七〇年代後半の時点で、この研究は盛んとは言いがたかった。当時までの最も著名な国家理性研究は、マイネッケの『近代史における国家理性の理念』（Meinecke 1924）で、この作品の偉大さは現在でも変わっていない。講義でフーコーが参照しているのはもっぱらテュオー（Thuau 1966）である[20]。もちろん中世・近世史研究の中での国家理性論の研究蓄積は、ドイツとイタリアを中心につづいてきた。しかしこの思想が日本のみならずヨーロッパでも長らく忘れ去られていたこともまた事実である。ダントレーヴは一九六七年の著書で、せっかくクローチェやマイネッケが書架の埃を払ってこの思想に照明を当てたのに、その後再び顧みられなくなってしまったと述べている[21]。実際フーコーが講義を行ったころから現在まで参照されている研究としては、右の二人を除くとフリードリヒ（Friedrich 1956）、ポウスト（Post 1964）、チャーチ（Church 1972）などが挙げられるにすぎない[22]。

ところが、国家理性論は一九九〇年代以降新たに脚光を浴びることになる。これがどのような文脈で生じたかを私の調査能力のかぎりでここに記しておく。一つには、ドイツ法制史・国制史研究の動向である。これはエストライヒに端を発するものである。新ストア主義者リプシウスの再発見、ポリツァイ学と根底的紀律化 Fundamentaldisziplinierung 概念の提唱など、エストライヒの研究はドイツにおいて国家理性論が再度注目される契機となった[23]。

もう一つは、イギリスのケンブリッジ学派によるコンテクスト主義の思想史研究において、共和主義的人文主義および自然法思想と同時代の無視できない動向として国家理性論が注目されてきたことである。これは、古くはスキナーの『近代政治思想の基礎』（Skinner 1978）で、国家理性とマキャヴェリというテーマの中で示された(24)。

（19）自由と良心というより政治秩序の維持の観点から宗教的寛容を主張したとされるポリティーク派については、佐々木 1973, 五八―六四頁を参照。フーコーはポリティークを、政治と宗教の対比ではなく主権と統治の対比において捉えている。「ポリティーク les politiques とは、主権の基礎づけという法―神学的な問題に対比される、統治の合理性のあり方をそれ自体として思考しようとした人々を指します」（Foucault 1978, p. 251, 三〇五頁）。この指摘は、主権論の定立者であるボダンがポリティークの代表的論客であることを考えると興味深い。フーコーがボダンを統治論者と捉えていた可能性を示しているともとれる。

（20）統計学史、ポリス論、またあとで論じるヨーロッパの均衡などの個別の論点については、フーコーが参考にした二次文献をスネラールが注記している（Foucault 1978, pp. 117-118, n. 31, 33, 一四一頁編者注31、33、p. 315, n. 12, 三八〇頁編者注12など）。だが国家理性論と統治術全般についての参照指示はテュオーだけである。スネラールはフーコーが「この主題に関して一九二〇年代以降ドイツとイタリアに現れた多数の文献を考慮していない」（*ibid.*, p. 399, n. 98, 四九一頁編者注98）とする。そして国家理性の問題に関する一九七八年以前および以後の文献の網羅的な目録として、G. Borrelli, *Ragion di stato e Leviatano*, Bologne Il Mulino, 1993, pp. 312-360, 一九九三年以降については*L'Archivio della Ration di Stato*（Naples）の定期刊行を挙げている。

（21）d'Entrève 1967, p. 44, 五三頁。

（22）ただしドイツとイタリアではこの間にも多くの研究論文がある。Stolleis 1981を参照。

（23）エストライヒの論文の日本語訳は、Oestreich 1969a, 1969b, 1980（計五篇）がある。「根底的紀律化」によってドイツ近世史を捉えることはその後の歴史研究の中で批判を受けたが、領邦の国家化の過程で規律が重要な役割を果たしたこと自体は否定されていない。エストライヒの研究によって後述するポリツァイを含めた政治―社会制度や実践の研究が活性化したことはたしかである。佐久間 2006を参照。

また、さらに古いポーコックの『マキャヴェリアン・モーメント』（Pocock 1975）は、マイネッケによって国家理性の祖とされたマキャヴェリを全くの共和主義者として描くことで、逆に国家理性の再解釈を促す意味をもった。この二人のケンブリッジ学派の代表作では国家理性論は前面には出てこないが、そのある種の欠落を埋めるのが、ヴィローリとタックの研究であった（Viroli 1992, Tuck 1993, 1999）。ヴィローリの研究はマキャヴェリに至る「政治」と国家理性とを対立させることで、ポーコックの共和主義的人文主義理解を裏から支える意味をもった。

これに対してタックは、『哲学と統治』では一六―一七世紀におけるタキトゥス主義すなわち新人文主義の成立と伝播を描いている。その中でフーコーと共通の思想家や政治家が数多く取り上げられている。また『戦争と平和の権利』では、近代自然法論と国家理性との親和的関係を問うている。[25] 取り上げる思想家もグロティウス、ホッブズ、プーフェンドルフからルソーとカントに至る。これらの思想家と国家理性の組み合わせは一見不思議であるが、ここでタックは国家理性論を支える根本的な思考のあり方、つまり人間の社会性をどう捉えるかにフォーカスしている（タックについては第四章四で取り上げる）。また、ホント『貿易の嫉妬』（Hont 2005）は、国際的な市場競争が現れてからの国益と国家間対立を描いており、一八世紀以降の国家理性の新たなステージでの展開が隠れたテーマとなっている。[26]

次にフランスにおける国家理性研究についてである。これは直接間接にフーコーの研究から刺激を受けている。[27] フーコー講義録の編者であるスネラールは、マキャヴェリと国家理性という論争的テーマに挑み（Senellart 1989）、また中世における統治術と国家理性がどのようなコスモロジーの下に展開されたかを明らかにした（Senellart 1995）。また、ラゼリとレニエは国家理性に関する二冊の論集を編纂しており（Lazzeri, Reynié 1992a, 1992b）、この中にセグラールによるフーコーの統治性についての論考が収録されている（Séglard 1992）。ザルカは『近代における国家と国家理性』に収められたシュトライスの論考（Stolleis 1981）のフランス語訳を収録した論集（Zarka 1994）を出版しており、二〇〇〇年には責任編集者を務める雑誌『シテ』でフーコーを特集している（Zarka ed. 2000）。また、フーコーやスネラールの影響を受けたデサンドルによるボテロの研究書（Descendre 2009）も出版されている。

最後に日本の研究動向について述べておく。日本では国家理性の研究はあまりさかんではない。マイネッケ『国家理性の理念』の旧版の翻訳は一九四八年に菊盛英夫によって出版されたが（上巻のみ）、最もよく知られている国家理性についての日本語論文は、丸山眞男「近代日本思想史における国家理性の問題」（丸山 1949）であろう。国家理性概念における倫理性と権力性との微妙で危うい均衡に迫ったこの作品のあとも、国家理性研究は

（24）Skinner 1978, 第九章「人文主義と「国家理性」」。

（25）ただしこの論点自体はハンス・マイヤーが一九六六年に指摘している。「レオ・シュトラウス（Leo Strauss）、オットー・ブルンナー（Otto Brunner）およびヴィルヘルム・ヘンニス（Wilhelm Hennis）の研究によって、最近〔一九五〇―六〇年代―引用者〕、国家理性論と近世自然法論との内的連関――これはとくに一七・一八世紀に明確な形をとったものである――が想起せしめられることになった」（Meier 1966, 一五九頁）。

（26）国際経済という新しい舞台上での国家間競争は、それ以前の国家理性とはボキャブラリーもルールも異なる。だがそれは国家理性の嫡子でもある。この連続性と差異はフーコーの統治性研究のテーマにそのまま重なるもので、またホントのケンブリッジ学派の中での特異な位置にも関わる。ホントの議論はつねに「経済における政治」が主題となっており、その点では統治性との関連は興味をひくテーマである。ホント自身はフーコーのセミナー出席者であったパスキーノの著書（*Sieyès et l'invention de la constitution en France*, Paris: Odile Jacob, 1998）を通じてのみフーコーと接点があるとのことであった。『貿易の嫉妬』における国家理性のテーマ化については、伊藤 2012 を参照。

（27）川出 2001, 注11で指摘されている。

低調だったようだ(28)。マキャヴェリとボダンを扱った佐々木毅の著書（佐々木 1970, 1973）が国家理性のテーマに関わっている。だが私が知るかぎり、ヨーロッパの国家理性に関する包括的な研究は、南充彦『中世君主制から近代国家理性へ』（南 2007）以外にない。この著書は君主政における王の問題を多様な角度から考察し、また国家理性について時代を問わず英語ドイツ語フランス語の研究文献を渉猟した力作である。最終章の最後に「フーコー的国家理性」が取り上げられている。また、原典の貴重な翻訳として、ボテロ『国家理性論』（Botero 1589）とフリードリヒ二世『反マキャヴェッリ論』（Frédéric II 1740）が最近出版された(29)。また、二〇一八年に出版された大竹弘二『公開性の根源』（大竹 2018）は、国家理性をテーマの一部としている。

三　フーコーの議論の特徴

こうした研究の中にフーコーの議論を置いてみると、その特徴がはっきりしてくる。まずエストライヒおよびドイツ国制史研究との対比であるが、フーコーのアプローチは「分解的」あるいは「分散的」である。国制史研究では、法制度（立法・司法）および行政制度の成り立ちとその変容を追うことで、近代国家の制度的な形成過程が明らかにされる。一方でフーコーの関心は、たとえば近代的な行政装置や官僚制度の形成ではなく、むしろそうした一見硬質な制度を統治の技法へと分解していくというベクトルをもつ。彼は特定の制度や法に着目するのではなく、似たような統治の技法がさまざまな領域に分散して用いられている様子を描写する。あるいは同時多発的なその出現と相互の影響関係による変容と拡大に注目する。ここでなされているのは、制度や装置を、人の人への関わり方、関係のモード、つまり統治の技法へと開くことである。関係の様式は最終的に制度へと結実するのではなく、制度や装置を横断的に結びつけ関係の網の目を作ることで、それこそが制度を生けるものにする実践の場として捉えられる。

たとえばフーコーの統治の議論は、何度も近代の軍隊をかすめて通る。しかしそれは「近代常備軍における規律化」といったテーマには決して収斂しない。彼の関心が、規律のテクニックを用いた統治の横断的な広がりに向かっているからだ。また、規律がどのような思想的背景をもち、それを考案した人たちがどんな信条や政治的立場にあったかなどにも関心がない。そのため規律の思想的基盤としての新ストア主義哲学といった事柄は素通りしてしまう。[30] フーコーは人間の内面や良心を思想信条の観点からは捉えない。内面も良心も他者関係と実践の中で作られ作りかえられると考えていたからだ。一九八〇年代に古代哲学、ヘレニズム期、そして初期キリスト教における統治を扱う際にも、彼はそこでの日々の実践、自己と他者との関係、また自己と自己との関係の様式を執拗に描写するが、それを支えた哲学的基礎や学派の思想的対立関係などにはほとんど言及がない。その意味でフーコーは奇妙な哲学者なのかもしれない。倫理も哲学も思想や教説に収斂することはなく、さまざまな思想

---

(28)　国家理性という訳語はいつごろから定訳となったのか。これについては手許に資料が乏しく、確定的なことは何も言えない。マイネッケの旧版の菊盛訳「譯者の序」には、「Staatsräson という語は本書の内容が示すであろうごとく、理念史的背景において形成されたものであって、これを日本語にうつすには多くの困難を感ぜさせられる。或いは「國家存在の理由」「國家理由」と譯され、常識的な「國是」の譯語がとられてきたが、最近ではもつぱら史學者の間で「國家理性」という新しい言葉があてられている」（菊盛 1948, 二頁）とある。また、丸山「国家理性の問題」には「国家理性という訳語は、raison という言葉の意味を十分に伝えていないのであまり適当と思われないが、ほかにピッタリした言葉が見当らず、一般にもそういう訳で通っているのでそれに従った」（丸山 1949, 引用は『忠誠と反逆』一九九頁より）とある。

(29)　フーコーは一九七八年の講義でラ・ペリエールの統治術と同じ原則を述べたものとして、フリードリヒ二世の『反マキャヴェリ論』に言及している（Foucault 1978, p. 101, 一二〇―一二一頁）。

的源泉から生み出される関係の様式、そしてそれらの伝播や変容こそが彼の関心の対象だからだ[31]。

フーコーが統治ということばでイメージしていたのは、まさにこうした関係の網の目であった。そしてそれがどのような規則性をもって編まれているかが、統治の技法、統治術、「統治のテクノロジー」と呼ばれ、分析されたのである。近代国家を構成する関係の網の目としての統治の技法を描出すること。これが二年度の講義でのフーコーのテーマであり、それを念頭に置くと、彼が取り上げる理論家たちの選択もある程度理解できるものになる。

もう一つ重要な点として、マイネッケの国家理性研究との対比がある。これはマキャヴェリと国家理性という避けて通ることができないテーマとも直接関わってくる。フーコーとマイネッケの最も目立つ違いは次の点にある。マイネッケに見られる「倫理」と「力」、正しさと政治的必要、あるいは「国家の道義性」と「目的のために法や道義を乗り越える可能性」との間の緊張というテーマは、フーコーには全く見られない[32]。言い換えると、マイネッケの国家理性論は「マキャヴェリズム」との対話、権謀術数との緊張関係によって構築されている[33]。エートス（倫理）とクラートス（力）というこの対立構図[34]はその後の国家理性についての考察においても反復され、

（30）　新ストア主義と規律との関係については、小野紀明がエストライヒおよび山内進による両者の結びつけ方を批判している。簡単に言うと、新ストア主義者リプシウスにおいては、理性はデカルト－ホッブズのような主観化された道具的理性ではなく、自然および他者との関係の中で捉えられた客観的な、その意味で近代以前の世界像と結びついた理性であった。その帰結は重大で、リプシウスにおけるストア派的な倫理観は、即物的な権力国家ではなく、自然の一部である倫理的な秩序へと人々を包摂するような国家像をもたらす。つまり、新ストア主義における国家理性は、理性の客観的自然的な意味を含んだものなのである（小野 1988, 第二章第三節）。

小野のこうした読解によるなら、この先にあるのはエストライヒがリプシウスに読み取った紀律（と訳されてきた

diszipin）が、フーコーのいう「規律」とは似て非なるものであること、とくに倫理や道徳対即物性や道具性という観点からのその差異になるだろう。ここにマイネッケのいうエートスとクラートスとの対立軸が再臨する（この対立については後述する）。

リプシウスの紀律は、やはり倫理性や規範性の観点からフーコーの規律とはかなり違ったものに見える。リプシウスの世界観に、見かけの偶然（マキャヴェリの運命）の下にある神による永遠の秩序という発想があり、それを理性的法則として統治術において実践するという構想があったとするなら（Senellart 1995, pp. 231-233）、そこにはフーコーの規律論とは異なるものが少なからず含まれているからだ。いずれにせよフーコーは、エートスとクラートスの対立に帰結するような問題設定そのものを避け、別の観点から国家理性論を描くことを目指していた。

なお、ハントは奢侈禁止令に関する著書の中で、フーコーとエストライヒの「ポリス」概念にはきわめて包括的で広い意味が込められており、その点で両者が近接していると指摘している（Hunt 1996, pp. 190-191）。

(31) 思想や教説それ自体を問題にしない点は『狂気の歴史』以来一貫しており、『言葉と物』が哲学史としてほかのなににも似ていないのもこのことと関係している。

(32) この違いはあまりにも目立つので二〇年以上前に指摘したが（重田 1996b, 八二―八三頁）、それだけに二人の思想の根本に関わっている。

(33) このことは、マイネッケの読解が旧態依然たるものであることを意味しない。文献の取捨選択はたしかで、用例の指摘も深い知識と幅広い教養に裏打ちされている。またマキャヴェリについては、その「権謀術数」的側面と共和主義的側面との両立という二〇世紀後半に浮上する問いを、すでに明確に提起し解決している。それは、フォルトゥナに直面した人間がヴィルトゥによって対処するために必要 necessità に訴えるというものである（本章注42参照）。これは、作品によって異なって見えるマキャヴェリのヴィルトゥ概念が、徳＝力として一貫しているという解釈につながる。マイネッケはマキャヴェリのヴィルトゥ概念の背後に異教的世界観を透かし見ており、この読解はマキャヴェリ思想全体の核心を捉えているように思われる。

(34) 「エートス ethos」と「クラートス kratos」はマイネッケの表現である。エートス（エトス）はギリシア語の慣習（的なモラル）で、ラテン語の mores, フランス語の mœurs に当たる。クラートス kratos（クラトス）はギリシア神話におけるティターン族の力の神の名である。

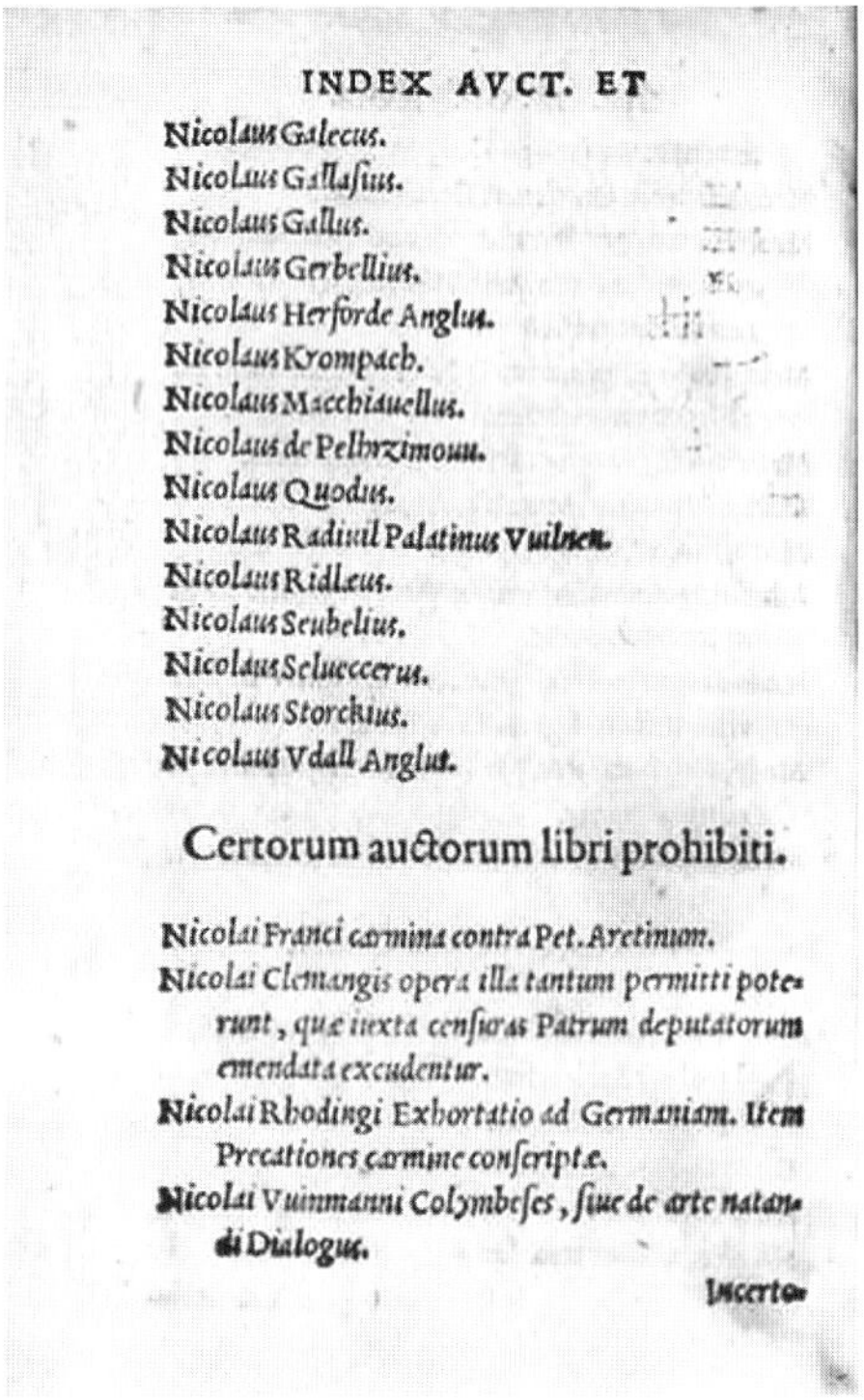
INDEX AVCT. ET
Nicolaus Galecus.
Nicolaus Gallasius.
Nicolaus Gallus.
Nicolaus Gerbellius.
Nicolaus Herforde Anglus.
Nicolaus Krompach.
Nicolaus Macchiauellus.
Nicolaus de Pelhrzimoua.
Nicolaus Quodus.
Nicolaus Radiuil Palatinus Vuilnen.
Nicolaus Ridleus.
Nicolaus Seubelius.
Nicolaus Selueccerus.
Nicolaus Storchius.
Nicolaus Vdall Anglus.

Certorum auctorum libri prohibiti.

Nicolai Franci carmina contra Pet. Aretinum.
Nicolai Clemangis opera illa tantum permitti poterunt, quæ iuxta censuras Patrum deputatorum emendata excudentur.
Nicolai Rhodingi Exhortatio ad Germaniam. Item Precationes carmine conscriptæ.
Nicolai Vuinmanni Colymbeses, siue de arte natandi Dialogus.
Incerto-

図３　1564 年の教皇庁禁書目録（マキャヴェリの名があるページ）

丸山眞男の論考（丸山 1949）も、このマイネッケの図式によって幕末・明治期の日本を分析している。

ところがフーコーは、こうした倫理と力という問いを斥ける。その理由は説明されていない。それどころか、フーコーは国家理性を扱った講義では一度もマイネッケの名を出さず、一九七九年の「全体的かつ個別的に」でも、国家理性についてはマイネッケが書いているから今日は主にポリス論について話しますという言及しかない[35]。この扱いの理由はなんだろう。おそらくフーコーにとって、倫理対力という問いの立て方は「道義性」という唯一の基準によって国家理性の言説をよい面と悪い面に分けることを志向していると映ったのではないだろうか。この問い方は、国家理性を論じるにあたって「「理性一般」ではなくきわめて独特の形態の合理性」に関心をもち、「国家によって生み出された独自の形態の政治的合理性[36]」を、倫理性という基準によらずに明らかにしたいという彼の計画にはふさわしくないものだった。

フーコーが国家理性の倫理性の有無にあまり関心を抱かなかったのは、国家理性論の展開によって生み出された合理性の諸様態を、その多様性のままに描き、それによって新しい統治の技法の姿を捉えたいという願望からである。そのことは、神の庇護を離れた政治と倫理という問いをはじめて立てたとされるマキャヴェリを、国家理性の理論家ではないと見なす理由となった。

四　国家理性とマキャヴェリ

マキャヴェリと国家理性の関係は長く錯綜している。彼自身は国家理性ということばを使っていない。それでもなおマキャヴェリこそが国家理性の発見者、あるいは発明者であるという説は根強い。そもそも一六世紀半ばにマキャヴェリが禁書目録に入れられる際、悪魔の理性を唱える異教的信条の持ち主としてその名はすでに国家理性の教説と結びつけられていた(37)。しかし同時代人はマキャヴェリの著書を必ずしもスキャンダラスなものとは捉えていなかった。一方で、ヨーロッパには反マキャヴェリ的な国家理性論の系列というものが存在してきた。

(35) Foucault 1979a, p. 151, 三五三頁。スネラールは一九七八年「講義の位置づけ」において、「フーコーはこのときはまだ、F・マイネッケの古典的作品『近代史における国家理性の理念』を読んでいないようである」(Foucault 1978, p. 399, n. 98, 四九一頁編者注98)と指摘している。
(36) *ibid*., p. 150, 三五二頁。
(37) 『君主論』あるいはマキャヴェリは、一六世紀半ばごろ反宗教改革の一環で禁書目録が作られるようになった当初からの常連であった。禁書目録のはじまりは一五二〇年代で、Brown 1907 は二六年のイングランドものが最初であろうとする(p. 60)。ローマ教皇庁の禁書目録の公表は一五五九年にはじまる。ペトリナによると、五七年にすでにパウロ四世がマキャヴェリを最初の目録に入れることを決めたという (Petrina 2016, p. 5)。教皇庁にとってマキャヴェリは恰好のターゲットであった。ウェブ上で見られる一五五九年と一五六四年の目録リストには、それぞれ次の箇所に Nicolaus Macchiauellus の名がある。

研究者の中でも、国家理性はマキャヴェリ以前から存在するという説、マキャヴェリこそが国家理性を創設したとする説、マキャヴェリ以降に国家理性が現れたとする説がある。ここには、マキャヴェリとマキャヴェリズムの区別という問題もからんでいる[38]。さらに、現代の研究者の中にはマキャヴェリの「政治」を国家理性と対立させ、国家理性論こそがマキャヴェリに見られるような政治の言説を消滅させたとする読解もある[39]。

このように見てくると、マキャヴェリとはどんな思想家なのかさっぱり分からなくなる。ここはマキャヴェリを論じる場ではないので、その点についてはこれ以上追求しない。こうしたことを一応念頭に置いて、フーコーがマキャヴェリをどのように捉え、国家理性論とどう区別したかを説明することにしよう。

フーコーが講義の中でマキャヴェリを論じているのは、一九七八年二月一日、三月八日、一五日の三回である。二月一日はラ・ペリエールの統治論と対比され、三月八日と一五日は国家理性と反国家理性の話からはじまり、ベイコンの反乱論と対比されている。この中にフーコー自身のマキャヴェリ解釈が書き込まれているのだが、それと前後してマキャヴェリをめぐる一六世紀末以降の論争に言及しているので、話が分かりにくくなっている。

先に当時の論争についてのフーコーの見解を簡単に紹介する。それによると、マキャヴェリは国家理性論者からも反国家理性論者からもだいたいにおいて嫌われていた。フーコーはノーデ、マション、ベイコンという例外を挙げるが、大方の論者はマキャヴェリの悪口を言うことで自らの主張の正しさを際立たせるというレトリックを用いた[40]。それは次のようなものだった。一方で、国家理性を悪魔の理性とする人たちは、国家理性はマキャヴェリだからよくないという。彼らはマキャヴェリを異教的で神を冒瀆し、支配者が権力欲のためになにをやってもよいと言った人物だとして蔑んだ。他方で国家理性の擁護者の多くもまた、悪名高きマキャヴェリから離れることで自らの正しさを証そうとした。彼らはマキャヴェリの国家理性は真の国家理性ではなく、ただのマキャヴェリズムだと主張する。本来の国家理性はキリスト教道徳と両立するもので、地上に平和と秩序をもたらすための統治の技法である。だから悪魔と手を結ぶ必要もないし、権謀術数をめぐらして敵対者を裏切る必要もない。

このようにして、国家理性に反対する側も擁護する側もこぞってマキャヴェリとの違いを強調したのが、一六―一八世紀末までの状況である。(41)

フーコー自身が注目する国家理性論者であるボテロは、こうした意味での反マキャヴェリ的国家理性論を構築

一五五九年の教皇庁による禁書目録：

Index Avctorvm, Et Librorv [m], qui ab Officio Sanctae Rom. & Vniuersalis Inquisitionis caueri ab omnibus et singulis in uniuersa Christiana Republica mandantur..., Roma: 1559.（http://daten.digitale-sammlungen.de/~db/bsb00001444/images/index.html?id=00001444&groesser=&fip=72.234.51.142&no=7&seite=53）画像53。

トリエント公会議を経た一五六四年の禁書目録（後の目録のモデルになったとされる）：

Index Librorum prohibitorum, Colonia: 1564.（http://daten.digitale-sammlungen.de/~db/0003/bsb00031795/images/index.html?id=00031795&groesser=&fip=eayaeayafsdrxdsydxdsydenewqsdaxdsydenen&no=5&seite=60）画像60（図3参照）。

（38）以上については、Senellart 1989, introduction, chap. Ⅱ, Senellart 1992, 南 2007, 第三部を参照。また、マキャヴェリにおける stato 概念の用例については、佐々木 1970, 第三章全体とその第一節注７の参照文献注および第五章第一節、Viroli 1992, pp. 129-131, Senellart 1989, p. 8 を参照。

（39）Viroli 1992.

（40）フーコーは初期の反マキャヴェリ論として有名な、Innocent Gentillet（1535-1588）, *Discours sur les moyens de bien gouverner et maintenir en bonne paix un Royaume ou autre Principauté, divisez en trois parties, à savoir du Conseil, de la Religion et Police que doit tenir un Prince. Contre Nicolas Machiavel Florentin*, Genève, 1576 を挙げている（Foucault 1978, p. 94, 一一二頁）。ジャンティエはフランスの穏健派ユグノーで、聖バルテルミの虐殺後にジュネーヴに逃れた。フーコーは「不幸にも、名前が「かわいらしい（大したことのない）」、名字が「無垢（間抜け）」というイノサン・ジャンティエ」と言っている。ジャンティエのマキャヴェリ論についてはマイネッケが取り上げている（Meinecke 1924, 第二章）。

した人物である。彼の位置づけは、カトリック的秩序と政治における「必要」とを両立させる道としての国家理性の追求者ということになる。

ここで国家理性論のキーワードの一つである必要の語について説明しておく。必要という概念は、ラテン語のnecessitasからヨーロッパ語に移入され、国家に関して用いられる過程で意味が変容したとされる。「国家の必要」は中世には公共善と同義であったが、マキャヴェリを通じて変化する。[42]古い箴言であった「必要は法（正義）を停止させる[43]」は、近代的な国家理性、とくにクーデタ論に極端な形で見られるような力による法の蹂躙の可能性を意味するようになった。後述するとおりフーコーはこれをル・ブレ Cardin Le Bret（1558–1655）『王の主権について』から引用している。[44]

しかしフーコーは、こうした反マキャヴェリ的国家理性論の主張をそのまま取り入れているわけではない。彼にとってのマキャヴェリは、「マキャヴェリには統治術はないと思います[45]」という一言に要約される。ここでフーコーが論じるマキャヴェリは『君主論』のマキャヴェリであって『リウィウス論』のマキャヴェリではない。[46]後者は共和主義的な立場で書かれたとされるが、フーコーがここで念頭に置いているのは、君主が単独で領土と領民からなる領国に対峙する『君主論』のモデルである。フーコーによると、ここでのマキャヴェリのモデルにおいては君主と領国は互いの外部にあり、君主は領国を外から超越的に支配する。「マキャヴェリにとって、君主は自分自身の領国に対して単数性、外在性、超越性という関係にあります[47]」。これはたとえばラ・ペリエールの物事の統治が国家に内在し、統治の対象そのものに向かうのとは対照的である。そのためマキャヴェリの君主にとって領国との結びつきはつねに不安定で脆弱である。そこで君主に必要となるのは、支配を維持するための巧みさである。君主はときに「マキャヴェリズム＝権謀術数」を用いて、領国の内部では貴族や民衆の反乱に対応し、外部では領土欲をもつ敵たち（教皇、皇帝、フランス王、ほかのイタリア都市国家の支配者など）を牽制する。

フーコーはこれを「マキャヴェリが救出し、保護しようとしているのは国家ではなく、君主が支配を行使する対

（41）マキャヴェリはルネサンス期のイタリア人に称賛され、一九世紀にはドイツにおいてマキャヴェリ復権がなされる。フーコーはこのことを、「一六世紀初頭にマキャヴェリに与えられた栄誉と一九世紀初頭になされたこの再発見・再評価のあいだには、長大な反マキャヴェリ文献がありました」と述べている（Foucault 1978, p. 93, 一一二頁）。一九世紀ドイツ国家論とマキャヴェリとの関係については、佐々木 1970 の序説を参照。

（42）マキャヴェリにおける必要 necessità については佐々木 1970, 第三章第二節を参照。

（43）ラテン語の Necessitas non habet legem は一二世紀のグラティアヌス『教法集』などに見られるが、古くはセネカ『論争術』中の断片およびプブリリウス・シルス Publilius Syrys（fl. B. C. 85-43）の格言にこれに似た表現があるとされる（Roumy 2006, pp. 303-304）。

（44）Foucault 1978, p. 269, 三二六頁。フーコーによる引用は 'La nécessité rend muettes les lois' で、これは Thuau 1966, p. 323 に引用されている。同じ表現は、Le Bret 1642, p. 828 にある。ル・ブレはノルマンディの貴族でコンセイユデタ（国王諮問会議）の一員。絶対王政の擁護者として『王の主権について』*De la souveraineté du roi, de son domaine et de sa couronne*, Paris, 1632 の主権の定義がしばしば引用される。

（45）Foucault 1978, p. 248, 三〇〇頁。

（46）Machiavelli 1516, 1517.『マキャヴェリアン・モーメント』（Pocock 1975）以降マキャヴェリ研究はさかんであるが、そこでの基本的な構想は、君主への悪魔の囁きにも読める『君主論』ではなく、共和主義的市民の徳を称揚した『リウィウス論』（ディスコルシ、政略論、ローマ史論とも呼ばれる）を中心にマキャヴェリを読解することである。フーコーは『リウィウス論』に講義の中で『注解』の名で一回言及している。Foucault 1978, p. 250, p. 258, n. 39, 三〇三頁、三一三頁編者注39。

なお、こうしたケンブリッジ学派の動向をふまえ、『君主論』を「新君主」への忠告として位置づけ、彼が置かれた歴史的な政治環境を考慮して他の「君主の鑑」論と比較しているのは、鹿子生 2013 である。

（47）Foucault 1978, p. 95, 一一三頁。

象〔領土や人口―引用者〕[48]とのあいだにもつ関係なのです」[49]と表現している。

つまりフーコーにとって、マキャヴェリには固有の意味での統治術はない。マキャヴェリに国家理性があるかと問われれば、フーコーが考えるような統治術と結びついた国家理性はない。しかし、一六―一八世紀にかけて国家理性について語られる際、必ずといっていいほどマキャヴェリに言及がなされ、マキャヴェリを経由して多くが語られたことをフーコーは認めている。そこでは国家理性に賛成する者も反対する者も、少数の例外を除いて自身の主張とマキャヴェリとの違いを強調したのだ。

五　国家理性論における国家の保守

ではフーコーが考えるような統治術と結びついた国家理性とはどのようなものだろうか。フーコーはこれについて、ボテロ Giovanni Botero（1544-1617）、ヘムニッツ（本章注4参照）、パラッツォ Giovanni Antonio Palazzo（生没年不詳）を挙げて説明している。ボテロは反マキャヴェリ的国家理性論者としてしばしば名前が挙がる人物で、マキャヴェリの物騒な議論で不信感をもたれていた国家理性を多くの人に受け入れられるものに改変し、国家理性論とキリスト教道徳とを和解させた人物と位置づけられてきた[50]。フーコーはボテロから次の引用を行う。「国家とは、人民に対する堅固な支配である」「それ〔国家理性―引用者〕は、こうした支配をうち立て、保守し、拡大するための諸手段の知識である」「この国家理性は、創設や拡大よりも保守に関わり、また創設よりは拡大に関係している」[51]。この引用の中にフーコーが読み取るのは、国家理性が創設の言語や拡大の言語である前に、なによりも保守の言語であるということだ。

ここでフーコーはこれ以上述べていないが、国家の創設の言語としてまず想起されるのは社会契約論をはじめとする政治的支配の正統性論であろう。国家を作るに際して、どのような手続きによれば正統となるのか。神からの授権か人民の合意か。また拡大の言語とは、たとえばマキャヴェリの拡大する国家と新君主の理論であり、征服の歴史的想起であろう。こうした言説では、神や人民や契約や合意といった用語で創設が語られ、また戦争の記憶と歴史の範例を通じて拡大が描かれる。(52) これに対してフーコーが強調するのは、国家理性とはまずなによりも国家を保守するものだということである。つまり、いまだ存在しない国家を創設したり新しい領土を手に入れることよりも、すでにある国家をどのように維持するかが国家理性論の主要テーマなのである。そしてすでに

(48)　ここは人口 population より人民 peuple が適切と思われるが、フーコーは直前の箇所で人口の語を用いている。あるいは貴族と区別された民衆 popolo と被支配者全体との混同を避けるためかもしれない。この時代にはまだ population の語はない。

(49)　*ibid*., p. 248, 三〇〇頁。

(50)　ボテロの生涯、またその主要著作については、『国家理性論』（Botero 1589）日本語訳に付された石黒盛久による解説、また南亮三郎 1963, 七三—八三頁を参照（生年に関する論争も紹介されている）。これらによると、イタリア・ピエモンテ生まれのボテロはイエズス会に入会しフランスに派遣されるが、当時のフランス王室とカトリックとの複雑な関係に巻き込まれる。一度はイエズス会を破門されるが、大司教の秘書に登用され、その後ローマでいくつかの重要な著作を執筆した。

(51)　Foucault 1978, p. 243, 二九四—二九五頁。これは Botero 1589 の第一巻第一章の冒頭部分に当たる。石黒による日本語訳を挙げる。「国家理性とは一つの領国を定礎し、保持しまた拡張するために適した手段に関する教えのことに他ならない。……より限定していえばそれは他の部分に増して領国を保持することを取り扱い、また残りの二つの部分のうちでは、定礎よりむしろ拡張を取り扱うものであるように思われる」（Botero 1589, p. 3, 七頁）。

(52)　以上、創設の言説の一種としての社会契約論については重田 2013 を、拡大する国家についてはたとえば厚見 2007 を、征服と戦争の言説については Foucault 1976 を参照。また歴史を範例とするとは『リウィウス論』をはじめ、広く人文主義の手法を念頭に置いている。

ある国家の維持とは、まさに統治術が対象とするものにほかならない。つまりフーコーにおいて、国家理性論は統治術と地続きであって、ラ・ペリエールを想起するなら、統治の対象としての「物事」が国家理性の対象でもあるということになる。

フーコーはパラッツォの『統治と真の国家理性に関する論考』[53]を挙げ、国家理性とは国家をそっくりそのまま保つために必要なものを指すという。またヘムニッツの「〔国家理性とは──引用者〕公的なすべての事柄、すべての助言や計画において持つべき政治的考慮であり、国家の保守、増強、至福を一心に目指さなければならず、そのために最も容易で迅速な手段をとることを意味する」という定義を引く[54]。これをもとに、フーコーは国家理性が国家の外部に神や自然といった超越的な目的をもたず、それ自体のうちに自足し、また保守的なものであるという。そして国家の保守と維持のために、国家理性にしたがった統治術をつねに、あらゆる場に行きわたらせなければ国家が維持できないことを強調する。つまりあらゆる物事をいつも見張っている国家のイメージである。ここにあるのは、羊に気を配る番人、信徒の世話をする神の僕の形象であると同時に、のちにポリスという行政装置に結実するような監視と規律の近代国家像でもある。

ここで少し原理的な次元の話をしておこう。フーコーにとって国家理性とは、国家の保守を第一目標とし、そこからさまざまな知と権力の装置を生み出す、ある種の起点である。フーコーはこれを、国家が統治理性の「現実の理解可能性 intelligibilité の原理」「統整的理念 idée régulatrice」になると表現する[55]。これは難解な言い方だが、近代国家とその統治術を考える際、なぜ国家理性が重要かをよく示している。まず、国家が理解可能性の原理になるとは、既存のさまざまな要素すべてが、国家との関係で新たな位置づけを与えられることを意味する。王、主権者、行政官、国の機関、法、領土、住民、君主の富などの諸要素が、国家との関連で捉えられるようになる。すでに存在したいくつもの要素は、これ以降国家によってはじめて位置を定められ、諸要素間の相互関係が整序される。こうした意味での国家は、ほかのなににも根拠づけられず、それ自体のうちに自らの根拠をもつ国家理性の理念化によってはじめて存在するようになったというのが、フーコーの理解である。

また、統整的理念というのはカントの概念である[56]。フーコーは一八世紀末に生まれたことばをそれ以前の時代に適用する時代錯誤を詫びながら、国家の目的性とはなにを意味するのかを示すためにこのことばを用いている。ここでフーコーが言っているのは、国家が統治理性の到達目標となること、つまり統治術の合理化が進められる

（53）　Foucault 1978, p. 263, 三一九頁。Giovanni Antonio Palazzo, *Discorso del governe e della ragion vera de Stato*, Napoli: G. B. Sottile, 1604. パラッツォは生没年未詳でその生涯はほとんど知られていない（Foucault 1978, p. 285, n. 2, 三四三頁編者注2を参照）。パラッツォについてはMeinecke 1924 の第五章に言及がある。

（54）　*ibid.*, p. 263, 三一九頁（本章注4を参照）。なお、フーコーのここでのパラッツォとヘムニッツの並置はヘムニッツの意図から外れることをスネラールが指摘している（*ibid.*, p. 285, n. 11, 三四四頁編者注11）。スネラールが指摘する、ヘムニッツがパラッツォの定義を批判する文章は、Chemnitz 1640, p. 6 にある。

（55）　Foucault 1978, pp. 294-295, 三五六―七頁。

（56）　統整的 régulatif/regulativ とそれに対比される構成的 constitutif/konstititiv はカント『純粋理性批判』などで用いられる概念である。構成的原理は経験自体を構成する原理であるが、統整的原理は経験の範囲内で経験をあらかじめ定められた限界なしに拡張しつづけるための原理である。カントは、経験がある種の目的への指向性をもつことと、その目的が経験世界のうちに存在すると見なされることの回避とを両立させるために、この原理を考案したとされる。カント『純粋理性批判』第二部第二章第八―九節を参照。ここでフーコーの念頭にあるのは、国家という目的を与えられることで統治がそれに向かって整備されつづけることであろう。フーコーは博士論文の副論文（主論文は『狂気の歴史』）である『カントの人間学』への序論においてこの対概念を取り上げている（Foucault 1961b, pp. 34-41, 六三―七七頁。日本語訳は小項目に分けられ、当該部分は「5　心と精神」と題されている）。フーコーはここで、心の原理としての精神を、統整的／構成的のどちらでもないとする興味深い解釈を提起している（*ibid.*, p. 37, 七〇頁）。

ことで、国家が多様な統治術に統一性を与えると同時にそれを導く一つの統整的理念となることを意味する。

ここで国家とは、現実がそれに依拠して編成しなおされ、それとの関係で既存のさまざまな事柄（王や法や人々）が位置づけなおされる参照点である。また、それ自体は理念的な地位にありながら現実をある場所に連れて行くような統整的理念でもある。そのため国家は統治の展開の中心にある準拠点として、また統治を導く目的として機能する。

国家の現実性と理念性についてのフーコーのこうした議論は、「国家理性」ということばが担う現実性と理念性、神や自然のような超越的外部と断絶しながら自らがある意味で現実を超え、それを導く存在となる国家を描き出し、その特性を示そうとしたものである。

第三章　国家理性（二）——クーデタと反乱

一　ノーデのクーデタ

フーコーが近世の国家に与えた位置についてはこのくらいにして、ここで思想史的な整理に戻る。彼は、一方にマキャヴェリ、他方に国家理性論の著述家たちを置くことで、国家理性を倫理（エートス）と権力（クラートス）という問いから解放し、近代国家に関する実定的な知の可能性を拓く概念として示した。

フーコーのこうした国家理性解釈が最も鮮明に表れるのが、ノーデのクーデタ論とベイコンの反乱論を合わせてマキャヴェリと対比する場面である。実際ノーデとベイコンへの言及はフーコーの議論の中でも扱いが難しく、なんらかの解釈や意味づけをしなければ宙に浮いたような話である。以下に私の解釈を述べるが、はじめにそのアイデアを簡単に示しておく。

フーコーは、この二人のクーデタと反乱における非人道的あるいは暴力的な手段の容認を、マキャヴェリとは一線を画するものとしながら国家理性論の中に含み込もうとする。ノーデとベイコンはそれだけ取り出して読めば「マキャヴェリズム」[1]に近い見解をとり、フーコー自身もマキャヴェリを称賛する例外的な国家理性論者としてこの二人を挙げている。にもかかわらずフーコーは彼らの主張をマキャヴェリとは区別し、ボテロらの「安全

（1）　Foucault 1976, p. 250, p. 277, 三〇三頁、三三四頁。

な」国家理性論の側に引き寄せて読む。このやり方に注目することで、彼が国家理性論からなにを引き出そうとしたかが明確になるというのが、私のここでの解釈である。

ガブリエル・ノーデ Gabriel Naudé（1600-1653）は『クーデタの政治的考察』（Naudé 1639）を内密に書き、ごく近しい人たちに秘匿された書として読ませた（はじめは一二部ともそれより少し多いともされる）[2]。この書はたしかに国家理性あるいは国家機密に関してかなり危ういところに触れており、国家危急の際には非合法的あるいは法超越的手段がとられてもよいことを弁証している。このことをフーコーは、「クーデタとは一般法を超出するものである」、またラテン語の Excessus iuris communis というノーデからの引用で示す[3]。

ここで断っておくべきは、クーデタの当時の用例が現在とはかなり異なっていることであろう[4]。このことばは現在では主に軍事的な手段によって合法的な政府を転覆させることを指す。そのため暴力を用いない国家転覆や政変の場合には「無血クーデタ」という言い方がされる。しかしノーデの時代には、クーデタは公共善のために法を超越する国家それ自体の行動を指していた。フーコーはさらにヘムニッツをひき、クーデタが国家理性の内部で法よりも国家の救済を優先することを強調している。これはタキトゥスからクラプマリウスに至る「国家機密 arcana imperii/arcana dominationis」に対応し、シャロンの「非常時の思慮 prudence extraordinaire」、リプシウスの「混合的な思慮 prudentia mixta/prudence mêlée」といった、国家理性の中の法超越的、例外的、非常事態に関連する思索において培われてきた面である[5]。ノーデは『クーデタに関する政治的考察』で、リプシウスの混合的な思慮、ボテロの国家理性、そしてクラプマリウスの国家機密を批判しながら、自身の見解を述べている[6]。なお、混合的な思慮は訳すのが困難だが、リプシウスの平時の思慮／戦時の思慮のうち前者に属する。平時の思慮の中で、悪が跋扈する国を統治するためにある種の欺瞞を統治の中に組み込むための思慮である。

フーコーは、クーデタは国家理性がある条件の下で自己を肯定し、「自己表明」したものだという。つまり、クーデタは国家理性から外れるのではなく、その中に含まれ、ある意味でその本質を表現している。これはどういうことか。国家理性とは国家の外部に目的をもたない自己言及的な原理である。そのため国家を救済するという目的を果たすために法が障害となるなら、国家理性は法を超え、法という手段を回避して目的に達しようとする。つまり「必要が法を沈黙させる(7)」のである。

（2）ノーデはクーデタ論よりもまず図書館学を創設したことで有名である。彼はマザランの司書としてその蔵書整理に携わり、図書分類法の基礎を築いた。ノーデのクーデタ論については、マイネッケが『国家理性の理念』第一編第七章で解説している。

（3）以下は対応するノーデの著書からの引用である。「クーデタに関する政治は、国家の箴言と国家理性に与えた定義と同じものの下にある。それは「公共善のための一般法の超出 escessus iuris communis propter bonum commune」であり、フランス語でさらにいうなら、君主が困難な事態や絶望的な状況に際して一般法に反して行使を強いられる大胆で例外的な行動である。たとえ司法（正義）に属するものであってもいかなる命令にも服さず、個別利害を危険にさらしてでも公共善のために余儀なくされる行動である」（Naudé 1639, pp. 65–66）。スネラールによると、この引用のもとになった国家理性の定義はボテロにあり、ボテロはさらにこれをアンミラート Scipione Ammirato（1531–1601）の『コルネリウス・タキトゥス論』*Discorsi supra Cornelio Tacito*, Firenze: G. Giunti, 1594 からとっている（Foucault 1978, p. 286, n. 20, 21, 三四五―三四六頁編者注20、21）。

（4）クーデタの語の最初の用例ははっきりしない。テュオーは一六三一年の誹謗文書であるシルモン『ルイ一三世のクーデタ』を挙げている（Thuau 1966, p. 395）。この出版物はフーコーがノーデとともに講義で名前を挙げている（Foucault 1978, p. 267, 三二四頁）。

（5）佐々木 1986, 一七―二二頁を参照。

（6）Zarka, ed., 1994, pp. 154–160（Zarka, 'Raison d'État, maxims d'État et coups d'État chez Gabriel Naudé'）を参照。

（7）Foucault 1978, p. 269, 三二六頁（ル・ブレからの引用。第二章注44を参照）。

必要はまた暴力の行使をも容認する。フーコーはこの特徴を、はぐれた一匹の羊を探しにいく司牧と対比し、国家理性は「全体のため、国家のために誰かを犠牲にする司牧制[(8)]」であると述べる。つまり国家理性、国家のための理性は、暴力となんら矛盾しない。むしろ通常の状態では法や秩序と調和し、その中に隠れている国家理性がその本性を示すのが、非常事態と暴力の局面であるとも言える。

ここでフーコーは、ノーデとマキャヴェリとの違いに明確には言及していない。この点についてどのような解釈が可能かを提示しておく。一つめに、フーコーが述べていること自体から引き出せるのは、ノーデのクーデタ論が国家理性の問題の内部にあるのに対して、マキャヴェリには国家理性を語るための「国家」に当たるものが存在しない点である。国家を内部から眺め、いわばそこに実体を注入していく国家理性の問題構制は、マキャヴェリの「領国」とは異なるというのがフーコーの理解である。なお、フーコーはマキャヴェリに見られる共和主義的な「祖国」を取り上げないが、これもまた国家理性論における国家とは異質である。祖国は官僚的統治ではなく人々の活動 action によって栄光に包まれる点では君主の領国と同じである。マキャヴェリの祖国／領国は、「栄光」「祖国愛」という異教的倫理を高く掲げており、これは国家理性における国家の目的化とは異なる。

もう一つは、フーコーがここでは論点として追求していない事柄である。それは、マキャヴェリの世界には「法」「正義」とその超出という図式がなじまない点である。マキャヴェリの書き方は古代ローマ史やイタリア史の中に範例を見出し、そこでどのような行動や戦略がとられるべきであったかを述べていくタイプのもので、きわめて人文主義的である。そのためそこには、合法性という意味での正義を基準として議論を行うという発想そのものが欠如している。マキャヴェリの言葉づかいは、たとえば大陸自然法論や暴君放伐論におけるような、「自然法」と慣習的正義をめぐってなされる議論とは全く異なる文法のもとにある。このことは、神の国と地の国の分割およびローマ法継受によって形づくられたスコラ学の標準的な思考法と、マキャヴェリとの著しい対照を説明する。したがって、法を超出するか否かという問いそのものがマキャヴェリの言語とは異質である。

二　ベイコンの反乱

つづいてフーコーは、ベイコン Francis Bacon（1561-1626）の「反乱と騒動について」[9]を取り上げる[10]。つまり国家の頂点にある王からのクーデタにつづいて、今度は服従する側からの反乱である。フーコーはここでベイコンについて、次のように述べる。ベイコンにとって、反乱とは嵐のようなもので、予期していないときに起こる。

（8）*ibid.*

（9）この論考は『随想集』初版（1597）と第二版（1612）には含まれず、一六二五年の第三版にはじめて収録された。*ibid.*, p. 288, n. 40, 三四九頁編者注40を参照。

（10）フーコーは、ベイコンが興味深い思想家であるのに、いまは誰も研究しないと聴講者にベイコン研究を勧めている。フランスではその後一九七〇年代末からベイコン研究がかなり進んだようである（*ibid.*, p. 273, p. 288, n. 39, 三三〇頁、三四八―三四九頁編者注39）。Tuck 1993 はベイコンをイングランドにおけるタキトゥス的人文主義者として捉えている（pp. 105-114）。日本では『ノウム・オルガヌム』の著者として、つまり近代の実験的な科学の方法を語った人物として知られてきた。そのため哲学領域では一定の研究蓄積がある。しかし政治思想家としては研究が少なく、塚田 1993、1996 が先駆的である。塚田 1996 巻末には、「近年、政治思想史研究の対象としてベイコンを論ずる研究が増えている」（二四五頁）とあり、英語の文献紹介がなされている。ケンブリッジ学派によるルネサンス人文主義および共和主義への注目以降の展開をふまえ、ルネサンス期イギリスの知と実践の一つのあり方としてベイコンを描いた木村 2003 が、ベイコン政治思想研究の画期であろう。ここではベイコンにおける「政治的思慮」との関連でタキトゥスと国家理性への言及がある（一一七―一一九頁、一二五―一二九頁）。

そのため平穏さの中にある反乱の兆候を読み取らなければならない。その兆候として、たとえば誹謗文書、政府への不満、命令する者が臆病になり命令を受ける者が図々しくなるという役割の転倒、また命令通りに服従するのではなく、受け取る側が勝手に命令を解釈しはじめることを挙げる。また、身分が高い者たち、つまり君主の側近や大貴族たちが、自分の都合で勝手なふるまいをしはじめることも兆候の一つである。君主がさまざまな党派に対して一段上に立たず、一党派の利害に従っているように見えるときも要注意である。

つづいて反乱の原因として、ベイコンは「腹 Belly と頭」、つまり貧困と臆見 opinion を挙げる。堪えがたい貧困と蓄積された不満は反乱の「燃料 Fuell」となる。また、この燃料にとって一種の着火剤となる直接の動機として、ベイコンはさまざまなものがありうるとする。「宗教における革新、重税、法律や慣習の変更、特権の廃止、広範な抑圧、くだらない人物の抜擢、外国人、食糧不足、除隊兵士、どうにもならない派閥争い[11]」など、社会になんらかの変化があるときに、それがきっかけで不満が一斉に噴出して反乱となることがありうる。

ベイコンによるなら、こうして燃え上がった反乱に対処するには、腹と頭に直接効果を与えなければならない。腹に関わる方では、「通商の拡大とバランス、製造業の育成、怠惰の追放、奢侈禁止令による浪費と放縦の抑制、土地の改良と開墾、販売品の価格調整、税と年貢の軽減[12]」といった措置が必要になる。頭に関わる方では、人民と大貴族を結託させないようにしなければならない。なかでも重要なのは、貴族より人民の不満である。というのは、貴族は手なづけることも首を斬ることもできるが、人民はやり場をなくすと手の施しようがなくなるからだ。

三　ベイコンとマキャヴェリの相違

フーコーはこうしたベイコンの議論を、マキャヴェリに似ているようで全く異なるものだという。すでに述べたとおり、フーコーの読解ではマキャヴェリにおける君主と領国との絆は脆弱で、君主はつねに権力喪失の危険にさらされていた。ところがベイコンの反乱は、国家の内部に、その日々の生活に、つねに存在する可能性として捉えられているという。このことはフーコーが、ベイコンを含む国家理性の言説において、君主の権力の問題ではなく国家の統治の問題が語られていると捉えていることを示している。つまりフーコーは、クーデタや反乱のような国家の緊急時についての言説の中に、倫理と力の緊張関係やマキャヴェリズムが発揮される舞台を見るのではなく、現実に存在し統治の対象かつ目的となる「国家」が前提とされていると考えるのだ。

またフーコーは、マキャヴェリが人民より貴族を危険だとしたのに対して、ベイコンが人民の危険性を強調する点に注目する。マキャヴェリにおける貴族は君主に対抗する存在として人民よりも危険視されていた。しかしベイコンにおいて、問題が支配や領土の獲得ではなくすでにある国家の統治であるなら、その対象として注目されるのは当然ながら大多数をなす人民となる。

最後の対比はきわめて重要である。すでに見たとおり、ベイコンは「腹」に関わる反乱への対処として、貧困の除去や通商、生産や人間の数などに言及していた。これはまさに、この時代以降の重商主義や政治経済学の主題となるものである。ベイコンは、どの国の富の増大も他国の犠牲によって成り立つとし、また労働と輸送（通商）が材料資源よりも国を豊かにするという。それに加えて、財宝や金銭が少数者に集中してはならないと述べている。

（11）Bacon 1625, p. 46, 七三頁。
（12）*ibid*., p. 47, 七三頁。

　ここからはフーコーが述べていることを別の観点から言い換えることになるが、マキャヴェリの君主の計算は古い意味での徳論の反転となっている。君主は徳ある人間であるのとそのような見かけをもつのとどちらがよいか。慈悲深いと思われるのと冷酷だと思われるのとどちらがよいか。こういった発想は、君主鑑の伝統における君主の徳論を裏返しながら、その主題をなぞっている。

　これに対して、浮浪者や貧民を考慮し生産や交易をさかんにし、資源と人の数のバランスに配慮する、こうしたことはマキャヴェリに至る君主の徳の文法とは異質である。ここでフーコーはベイコンを手がかりに、国家理性を起点として生成する新しい知と権力の諸装置を素描する。それはまず重商主義の経済計算であり、次に臆見（＝世論）を操作するプロパガンダであり、国家の内実の客観的認識としての統計学である。

　統計学については第一〇章、重商主義については第一三章で取り上げるので、ここでは世論とプロパガンダについて簡単に述べておく。フーコーが念頭に置いているのはリシュリューの政策である。ルイ一三世治下では「報道官 cabinet de presse」の最初のモデルが作られただけでなく、政権のプロパガンダのために文人が利用された。世論の操作はパンフレットや印刷物だけでなく、唄の歌詞にまでおよんだという(13)。

　なお、ここで臆見と訳した opinion は、古代ギリシア語のドクサに対応するラテン語 opinio からきたことばで、プラトンなどではエピステーメ（確実な知識）よりも低次の感覚的な知や意見などを指した。つまり、絶対確実な知識以外の経験的蓋然的事象すべてが臆見の領域であった。ルネサンス期には、臆見は権威によって（つまり誰が言ったかに応じて）その確からしさを高めるとされたが、証拠概念の変容を通じて、臆見の領域は一方で蓋然性の度合いの計算や確率と確からしさの科学へと発展していく（Hacking 1975）。他方で社会的で間主観的な物事の正しさは世論 opinion publique の問題系を形づくっていく。リシュリューの時代はちょうど転換期にあたり、権威による臆見の信頼性が揺らぎ、出版物とジャーナリズムを通じた世論という移ろいやすく多様な領域が出現しはじめたころであった(14)。

こうした総体の中にあり、それらを用いながら国家の組織化を実現していったのがポリスという行政装置である。第五章でこれについて見ていくことにするが、その前に国家理性に関係するとしばしば思われてきたもう一人の思想家、ホッブズについてのフーコーの扱いを見ておく。それによって、クーデタと反乱についてのここでの議論の意味を、別角度から考察したい。

四　ホッブズの自然状態と内戦について

クーデタと反乱について議論を「平時の」国家理性論の側に引き寄せながらマキャヴェリと対立させる。この捉え方にフーコーの議論の特徴が表れている。これをポリス論へとつなげていくのがフーコーの講義での筋道に忠実なやり方であって、本書もその方向で進めていく。しかしその前に、『監獄の誕生』『知への意志』、また一九七三年と七六年のコレージュ・ド・フランス講義における、「戦争」「内戦」「闘争」についての議論と、ここ

(13)　Thuau 1966, pp. 169-178. リシュリューが出版物を巧みに利用して自身の支持と対立意見を操ったことについては、Church 1972, pp. 236-282 でも指摘されている。旧体制下の世論形成と検閲 censure（第五章四を参照）というテーマは、Catteeuw 2010, Napoli, 2003, chap. 4 でも論じられている。

(14)　また、絶対確実な知識と結びついた論証と、権威による意見である臆見との間に、事実と実験の領域が作り出され、それが近代自然科学のモデルとなっていくことについては、Shapin, Schaffer 1985, とくにその第二章で論じられている。ボイルとホッブズの真空論争を丹念に追ったこの著書において、ホッブズは opinion に反対する絶対確実な知識と論証としての哲学の擁護者であるとされる。第四章注47を参照。

でのフーコーのクーデタと反乱の位置づけを比較し、その意味するところをさらに明確にしておきたい[15]。

年代別の講義の流れを先に確認しておく。一九七三年の講義（Foucault 1973）は、『監獄の誕生』で再説されることになる犯罪者の監禁と規律権力に関する議論をほぼ網羅している。これにはフーコーが「監獄情報グループ」の活動との関係で、『監獄の誕生』の執筆を二年先送りにしたという事情が関係している[16]。そのためおそらく著書の構想は一九七三年の時点でかなり固まっていたと考えられる。この講義の中でフーコーは、ホッブズが自然状態と結びつけて論じている「内戦 guerre civile」が自然状態とは全く異なるものであるとして、ホッブズの内戦論を批判しているのである。

ここでのフーコーの議論を詳細に再現することは本書のテーマから離れるので、要約だけにとどめる。フーコーはホッブズが『リヴァイアサン』で内戦を自然状態への回帰あるいは自然状態の現前として捉えているのを、内戦の理解としてきわめて不適切だと述べている。ホッブズにとって内戦とは、秩序の瓦解あるいはリヴァイアサンの終わりを告げるものである。つまり政治秩序のはじまりと終わりに、自然状態としての万人の万人に対する闘争があり、内戦はそれへと回帰する過程に現れる無秩序状態なのである[17]。

ところがフーコーは、内戦あるいは反乱において生じているのは、こうした無秩序への回帰、あるいは凝集力をもった政治体がバラバラになり、万人の万人に対する闘争が再度出現する状況ではないとする。内戦は個人の個人に対する全般的な戦争状態ではなく、むしろ集団単位で、集団間の闘争として現れる。「実際には、内戦とはつねに、血縁、主従関係、宗教、民族 ethnies、言語共同体、階級といった集団的要素のあいだの衝突なのです[18]」。フーコーは一八世紀の市場をめぐる暴動が政治的な反乱を生み、これが人民あるいは下層民という集合的な力、たとえばサンキュロットの運動をもたらしたという。こうした民衆の反乱においては、ただ権力が解体されるのではなく、彼らはときに権力の仕草を模倣し、権力が「まずく」やった過程を彼らなりのやり方で再演し

「うまく」やり直すといったことが起こる（革命裁判所に対する人民裁判所の再演など）。

反乱の主体についてのこうした記述のあと、フーコーは注目すべき問いを発する。それは、権力と内戦とはつねに対極にあるのか、という問いである。権力は内戦を遠ざけるという主張に反対して、フーコーは次のように述べる。「実際には、内戦は権力に取り憑いているのです。取り憑くといっても内戦の恐怖という意味ではなく、内戦は権力のあらゆる部分に棲みつき、貫通し、それを活気づけ、そこにはびこるのです。内戦の徴は、監視、威嚇、軍事力による監禁など、要するに堅固な権力が実際の権力行使のために設定する強制の装置すべてのうちに見られます。権力の日常的な行使自体が、内戦としての権力であると捉えるべきなのです[19]」。

つまりここでフーコーは、権力とはどのようなものかについての問いに一定の答えを与えている。彼は内戦という現象を手がかりに、権力に刃向かう側についても権力を維持しようとする側についても、互いに敵に対して働きかける、集合的で計算され、ときに形式化と儀礼化を伴った行為として権力を捉えているのだ。「内戦は権

(15)　一九七四年『精神医学の権力』、一九七五年『異常者たち』の講義は、精神医学と精神病、また犯罪者と精神異常を結びつける実践について論じられており、『狂気の歴史』『監獄の誕生』のテーマをさらに深めるものであるが、ここでの議論には直接関わらない。
(16)　これについては、重田 2011, 第一三章、Foucault 1971, p. 174, 六三頁のドゥフェールによる追記を参照。
(17)　ホッブズには政治社会においても自然状態が残存しているという認識があるのだが（この点については、長尾 1992, 第一部を参照）、その場合であってもリヴァイアサンがもたらす秩序と自然状態あるいは内戦の無秩序とは原理的には対極の位置にある。
(18)　Foucault 1973, pp. 29-20, 四〇頁。
(19)　*ibid.*, p. 33, 四四頁。

力という劇場においてくり広げられる」[20]。これが『監獄の誕生』での彼の権力イメージの原像であると考えられる。

さらに一九七六年の講義で、彼は再度ホッブズの戦争理解を取り上げる。そこではホッブズの自然状態が検討され、ホッブズのモデルは戦争のモデルではないとする。というのは、自然状態にいる人間たちは、「もし戦争が起きたら」「もし殺し合いになったら」といった仮想の戦争イメージに基づいてそれを回避しようとするからである。その結果設立され、あるいは承認されるのがリヴァイアサンで、つまりホッブズのモデルは戦争ではなく戦争の回避を主題としているというのだ[21]。

そしてフーコーは、ホッブズのものとは異なる真に戦争モデルと呼ぶべき言説として、オトマンからブーランヴィリエを経てニーチェに至る、歴史上に現存した（とされる）二つの陣営間の対立と戦いを神話化する言説を取り上げる。ここにあるのは戦争の歴史化であり、これはホッブズのように仮想的な始源にある、あるいはローマの建国神話のような有史以前の国家創設に見られる、既存の政治権力の正統性の源泉としての暴力ではない。それはむしろ戦いを仕掛け、敵に対して自らの陣営の正しさを証す言説である。ノルマン人の征服において生じたサクソンとの約束、古ゲルマンの王と諸侯との関係、ローマ人の支配からガリア人を救ったフランク族の英雄的行為など、戦争と征服、支配と隷従の根拠を歴史に求める言説である。

ここでフーコーが展開している戦争の言説の考察をどのように捉えるべきだろうか。これは彼が『監獄の誕生』を書いたあと、権力を抑圧や所有によって捉えるやり方に代わる新しい文法を探す中での試みであった。先ほど論じた内戦の理解、またその理解を下敷きにした『監獄の誕生』の描写には、その後展開される「統治」へとつながる権力の型、モード、社会秩序を作る際の方策や装置についてのアイデアが豊富に含まれている。一方、一九七三年の講義において、戦争と内戦についてのホッブズの見解を批判することを通じて、フーコーは権力をそれへの抵抗と同時に捉える「関係」の視点を獲得していったと考えられる。
権力を戦争の用語で捉えるとは、関係としての権力を闘争や抵抗の側に思いきり引っぱっていった場合の極限である。これはホッブズの権力が権威の樹立として、あるいは闘争の終焉として描かれるのとは対照的である。フーコーは一九七六年の講義でこうした戦争の思考と言説の歴史を再現し、またその可能性と限界を試した。そのなかから「民族闘争 guerre des races」というテーマが現れ、これが生政治の主題化へとつながっていく。
この年の講義における民族闘争の位置づけについてここで整理しておく。race にはもともと「家門」「家系」「血統」といった意味がある。一六世紀末から一八世紀半ばにかけてさかんであった「ノルマン対サクソン」「ゲルマン起源のフランス人」の言説は貴族の出自と王権の正統性をめぐる物語であり、そこで race は貴族の家門や血統と、土地に結びついた固有の生活を営む民族あるいは「〇〇人」といった人間集団を重ね合わせて理解された。ただしフーコーの講義の中では、こうした種族間闘争の言説における race がたとえばナチスやソヴィエトにおける「人種の闘争」とあえて同じ語で表現されている。これは一方で、民族の闘争を記す歴史言説が、二〇世紀に劇的なしかたで政治的ヘゲモニーを獲得し、人種主義へと連なっていくことを示すためである。[22]
だが他方でフーコーは、この言説が人種主義へと反転する一九世紀末までは、それは一つの「対抗史 contre-histoire」を形成していたとして積極的に評価している。[23] フーコーはまた、この歴史言説の発掘がもたらすであ

(20)　*ibid.*, p. 30, 四一頁。
(21)　一九七六年二月四日の講義（Foucault 1976, pp. 77-86, 八九—九九頁）。
(22)　race, peuple, population, nation などの用例から骨相学や社会ダーウィニズムなどの人種差別的言辞が出現するプロセスは、Le Bras 2000b, pp. 24-29 を参照。ル・ブラはミシュレの『タブロー・ド・フランス』（桐村泰次訳『フランス史　中世〈1〉』第三部、論創社、二〇一六年）におけるこれらの語の用例に注目している。

ろう新たな歴史記述の可能性を講義で追求する。それは、一八世紀以降に生じる科学の実証化と専門分化（一七世紀の普遍数学の試みの消失）と同時期に生じた、歴史の学問化に関連している。フーコーにとって、歴史記述とはつねに権力に戦いを挑み既存の正統性を動揺させるものである。「歴史という知は本質的に反国家的である」[24]。そのため国家権力の側に立つ人々は歴史を自らの陣営に奪い返し規律化しようとする。こうしたいわば「歴史をめぐる闘争の歴史」が、一九七六年講義の後半で主題化されている。

しかしこうした一九七六年講義のテーマは、その後の講義にそのまま引き継がれることはなく、一九七八年には唐突にセキュリティと統治についての講義がはじまる。七六年講義と同年に出版された『知への意志』において、生権力、生政治といった用語、また解剖政治と生政治との対比、抑圧対生産という図式などが揺れ動き、安定しないのは、このころのフーコーの理論的な立ち位置の不安定に関係していると思われる。

以上のように彼の思考の展開を捉えた上で、話をクーデタと反乱に戻そう。クーデタと反乱の議論は、支配者の側の内戦的な志向と、反乱という内戦へと拡大しうる民衆の抵抗を、フーコーが統治の内部にどのように位置づけるようになったかを示している。支配者による内戦ともいえるクーデタは、国家理性に基づき法を凌駕する暴力の擁護であり、その暴力性と劇場性は個人の幸福や豊かさと国家の繁栄を結びつける国家理性の統治と地続きである。また反乱の回避は、君主の権力増強というより、国家を維持すること、国家の内実を知りつねにそれを見張ること、通商から保健衛生、人々の暮らしに至るあらゆる要素に秩序と豊かさをもたらすためのたえざる監視と介入の一部とされる。つまり一九七八年の講義でフーコーは、反乱を起こす側、すなわち歴史を通じて支配を転覆しようとする側から離れ、反乱を鎮圧する側へと関心を集中させる。そして内戦を抑止しようとする国家理性の発動が、秩序と幸福と安寧の使者として暴力を運搬するという二面性（内戦の暴力の抑圧と国家的暴力の容認）を示す。それを通じて、統治によって支配を安定させ秩序を維持しようとする側の知と権力のテクニックに迫ろうとしているのである。

以前の講義や著書とのテーマのつながりを以上のような形で押さえた上で、つぎにフーコーによる国家理性の論じ方の特徴を、クーデタと反乱についての議論をふまえてまとめておく。

五　フーコーの国家理性論の特徴

すでに述べたとおり、フーコーはクーデタや反乱への対応という、国家理性がマキャヴェリズムに接近する側面について、マキャヴェリとのちがいを強調している。このことを通じて国家理性とマキャヴェリの再度の切り離しがなされている。これはクーデタや反乱の鎮圧が権力欲や獲得衝動ではなく、なによりも国家の保全を目指すことを強調しているところに見てとれる。こうした線引きとアクセントによって、フーコーが言わんとしていたことはなんだろうか。これについては、国家の保全の議論とクーデタ論とを一体として捉えることではじめて理解できるように思われる。

国家理性の保全の側面、国家の維持と増強の側面は、その後行政装置を通じて現代に至るまで国家統治の主な要素でありつづけている。公共事業、公共サービス、学校や教育、警察、租税、保健サービス、国境管理や経済・財政政策。こうしたものを通じてわたしたちは日々国家統治によって、そのおかげで生活している。しかし考えてみれば、こうした意味での統治は、クーデタや反乱の予防と双生児であり、国家の維持と保全は国家によ

(23)　一九七六年一月二八日の講義。
(24)　Foucault 1976, p. 165, 一八五頁。

る暴力や取締りによって成り立っているのである。

かといって、平穏なときの国家理性は公共善に尽くすよきもので、非常時にそれが恐ろしい別の相貌を顕わすというほど事態は単純ではない。一つには、国家理性論からはじまった、国家が自己目的となるということ、国家の力と繁栄のために国家に含まれるすべてを掌握しようとする知と権力の展開は、それ自体恐ろしいことである。その帰結には、第五章で論じるポリスの実践や統計学による生の掌握が含まれる。のみならず、政治経済学はもちろんのこと、市場と反市場の攻防や国家間の経済競争、また国家理性に代わって用いられるようになった語である「国益」をめぐる政治、そしてグローバル資本主義の中で翻弄される人間たちが服する統治もここに含まれている。フーコーにおいてこれらは、一連の統治性の展開、あるいは国家の「統治性化 gouvernementali-sation」の歴史として捉えられている。[25]

マキャヴェリと手を切ることで国家理性が超えた閾は、国家を構成する人々を含む「物事」についての客観的で継続的な知と権力装置の形成をもたらす。フーコーが問題にしたのはこのことであり、ノーデとベイコンを通じた国家理性の特徴づけは、最終的にこうした知と権力の装置の誕生の場にある冷徹な「理性」を指し示すことになった。「日常」の統治と管理は、予防、取締り、規律、監視、そして突然の暴力や政治のある種の「劇場化」[26]と同時期に、同じ国家理性という思考においてはじまった。ここでフーコーが手に入れようとしたのは、たとえば「共謀罪」による逮捕と人口調査と健康診断と学校での規律化といった一見ばらばらのさまざまな事態を、同時に見渡すことができるような視点であった。そのために彼が注目した一つの「反射プリズム」[27]が国家理性論だったのである。

こうした認識をもとに、フーコーは国家理性のリアリズムと実践への志向が生み出した装置の一つとして「ポリス」に注目する。フーコーのポリス論は、彼自身の思想の展開にとって起爆剤となっただけでなく、その議論自体がその後のポリス研究を刺激した。しかしこれについて述べる前に、ポリスが展開する対外的背景をなす、「外交―軍事テクノロジー」という新しい安全保障の技術について説明しておかなければならない。

（25）Foucault 1978, p. 112, 一三三頁。

（26）*ibid.*, p. 271, 三二九頁。フーコーは「陰謀、失脚、選択、排除、追放」に満ちたルイ一四世の宮廷を劇場にたとえている。そしてコルネイユとラシーヌの悲劇作品をその表現とし、ノーデのクーデタ論をナポレオンと「長いナイフの夜」（一九三四年のナチ突撃隊のヒトラーによる粛清。ヴィスコンティの映画『地獄に堕ちた勇者ども』（1969）の題材となった。名称は、アーサー王伝説における五世紀のザクセン人によるブリテン人のだまし討ちの逸話から）を連想させるものとしている。

（27）Foucault 1978, p. 282, 三四〇頁。

第四章　「ウェストファリア的秩序」

一　諸国家の競合

フーコーは、これまで論じてきた抽象度の高い国家論ではなく、もう少し実践的な次元では、国家理性論に「一つの競合空間の中で諸国家が互いに並び立っているという考え[1]」が見られるとする。国家が国家自体を目的とする国家理性の理論的前提は、外部に目的をもたないため、諸国家が永遠に並び立つ歴史性の空間を拓く。これを終局にある単一の帝国を目指す中世の神学的世界観と対比するなら、「開かれた時間、多様な空間性[2]」ということになる。ここでフーコーは、こうした時間と空間についての見方の転換は、「歴史的現実」としてはウェストファリア条約に見られるもので、これが外交―軍事テクノロジーとポリスという二つの新たな政治テクノロジーを可能にしたという。諸国家が政治あるいは通商上の保守と増強を通じて競合する。この新しい知覚に支えられて国力増強のための実践的具体的な装置が作り出されたということである。

フーコーはここで、諸国家の競合空間という考えの新しさをいくつかの点から説明している。一つめに、これ

（1）　Foucault 1978, p. 297, 三六〇頁。この考えの例として、フーコーはシュリー（本章注30を参照）、リシュリューのテキスト群、『訓令』と呼ばれた官吏向けの文献を挙げている。

（2）　*ibid.*, p. 298, 三六一頁。

は古くからある君主や王朝の関係とは異なる。つまり、「王朝間の対抗 rivalité から諸国家の競合 concurrenceへ」(3)の移行が生じたということだ。そして、スペインをめぐる国家の栄枯盛衰についての思索の中から、国家理性の理論的文献には全く出てこない「力 forces」という概念が現れるという興味深い指摘をする。つまり、国家間の競合が歴史的現実に即して把握されたときにはじめて、国家の力についてのリアルな理解がはじまり、それが国力増強のための政治や通商に関わる装置を生み出したということになる。その一つが外交―軍事装置、もう一つがポリスである。

そのうちの前者、つまり外交―軍事装置について、彼はこれが「ヨーロッパの均衡」(4)を目標とするものであったという。ヨーロッパという考えは一七世紀前半にはきわめて新しく、キリスト教と帝国という発想の外にあるものだった。このころ、「統一されていないが強弱の異なる多数の国家に格差があり、世界の残りの部分との間では利用・植民地化・支配という関係をもつ、地理上の地域としてのヨーロッパ」(5)がはじめて思念されたとする。均衡あるいはバランスについては、勢力均衡論と結びつけて論じている。そしてそれを「諸国家からなる貴族制の構築」(6)と表現し、イギリス、オーストリア、フランス、スペインの間の国力の等しさを保つための均衡政策のうちに見出している。

理論よりも実践に近い政治的思考においてつねに念頭に置かれていた諸国家の競合関係の中でヨーロッパの均衡を実現するための装置として、フーコーは三つのものを挙げる。それが戦争、外交、恒常的な軍事装置（常備軍）である。このとき、法に基づく戦争ではなく国家理性に基づく戦争がはじまり、また常駐の大使を持つような永続的な外交が生まれたという。これらはたしかに、普遍性に訴える正義の戦争を放逐し勢力均衡論を採用したとされる近代戦争の論理(7)や、主権国家間の対等で永続的な関係を表す大使館外交などに対応している。またフーコーは、均衡やバランスが冷徹で客観的な力の計算に基づくようになり、恒常的な軍事装置がその計算の中に組み込まれると捉えている。つまり戦争は外交の延長、継続された政治となり[8]、軍事力は競合関係にある国家の力のバランスを維持するために考慮すべき一要素となるのである。

二　「ウェストファリア神話」

フーコーは諸国家の競合やヨーロッパの均衡という考えがはっきりした形をとり、外交―軍事装置（戦争、外交、恒常的軍隊）が政治テクノロジーとして「結晶化」していくメルクマールとして、ウェストファリア条約とそこで定式化されたヨーロッパ秩序の原則を挙げている。彼は王朝間の対抗から諸国家の競合への移行は複雑で緩慢な経過をたどることを認めながらも、三〇年戦争とそれをめぐる実践家たちの言説に新しい発想（力の合理化による計算と利用）を見出している。また、均衡という概念はグイッチャルディーニ Francesco Guicciardini

（3）*ibid.*, p. 302, 三六四頁。
（4）*ibid.*, p. 305, 三六八頁。
（5）*ibid.*, p. 306, 三七〇頁。
（6）*ibid.*, p. 307, 三七〇頁。
（7）勢力均衡論の消長と正義の戦争との関係については、シュミット『攻撃戦争論』（Schmitt 1945）『大地のノモス』（Schmitt 1950）で論じられている。
（8）フーコーはここでクラウゼヴィッツ Carl Philipp Gottlieb von Clausewitz（Claußwitz）（1780-1831）を想起している（Foucault 1978, p. 313, 三七八頁）。『戦争論』（*Vom Kriege, Hinterlassenes Werk des Generals Carl von Clausewitz*, Bd. 1-3. Berlin: Ferdinand Dümmler, 1832-1834）は一九七六年講義における重要な参照文献であった。

(1483-1540)によって最初にイタリアの現状をめぐって分析されたとした上で、[9]ヨーロッパの均衡はウェストファリアの交渉者たちによって交渉の際の原則として参照されたという。さらにフーコーは、「ヨーロッパ」という考えの表明として一六世紀末のシュリー Maximilien de Béthune, baron (puis marquis 1601) de Rosny, duc de Sully (1559-1641)(本章注31)に遡り、ヨーロッパが一つの社会をなすという発想をビュルラマキ Jean-Jacques Burlamaqui (1694-1748)『自然法および万民法の諸原理』に見出す。[10]また均衡の考えは一八世紀のヴォルフ Christian von Wolff (1679-1754) の『万民法』にも見られるとする。[11]スネラールはヨーロッパの均衡という上記の考えを説明する際にフーコーが依拠した文献として、ドナデューの博士論文とテュオー (Thuau 1966) を挙げている。[12]

このようにフーコーが名前を挙げる人物や典拠を詳しく述べたのには理由がある。それは、近年「ウェストファリア神話」という言い方で、ウェストファリア条約に近代国際関係秩序の原点を見ることが批判されているからだ。一九九〇年代にすでに明石欽司は、ウェストファリア条約の対象が多様な事柄に及んでおり、また条約以前の制度を確認・追認するような条文も多く見られ、通説のような単純な理解を許さないことを指摘していた。[13]その後、ウェストファリア条約の全体像を、条約に参加した当事者、神聖ローマ帝国の対外関係、帝国等族の法的地位、都市関連法規、宗教問題に分けて検討し、さらにはウェストファリア以降の帝国の変容と以後の諸条約におけるウェストファリア条約の扱い、ウェストファリア神話の形成をめぐる文献の検討を行った大著『ウェストファリア条約』(明石 2009) において、「ウェストファリア的秩序」というイメージが多分に「神話」の要素を含むことを明らかにした。[14]明石の詳細な検討を再現することはとうてい不可能だが、フーコーの議論と関わるかぎりでその見解を紹介しておく。

まず、ウェストファリア条約は神聖ローマ帝国とそのうちにある領邦(帝国等族)との関係、および帝国とその他の国（フランス、スウェーデン）との関係を記したものである。だが、そもそも単位となる当事者関係が複雑で、たとえばスウェーデン女王が帝国に属する等族としてその領域を譲り受けたこと、また神聖ローマ帝国内の等族が主権ではなく「領域権 ius territorial/Landeshoheit」(15)を与えられていたこと、そして権利義務関係の当事

（9）Foucault 1978, p. 305, 三六八頁。Guicciardini 1561, pp. 6–7, 三九頁を指す。同じ指摘が Tuck 1993, p. 95 にある。グイッチャルディーニはマキャヴェリの年下の友人で、イタリア人文主義研究と国家理性との関係において近年言及されることが多い政治家・歴史家である。

（10）Foucault 1978, p. 311, 三七五―三七六頁。Burlamaqui, *Principes du droit de la nature et des gens*, 8 vols., ed. André-Marie-Jacques Dupin, Paris: Warée, 1820（新版、初版 1747）。

（11）Foucault 1978, p. 307, 三七〇―三七一頁。Wolff, *Ius gentium methodo scienfica pertractatum*, Halle: Libraria Rengeriana, 1749.

（12）Foucault 1978, p. 317, n. 20, 三八二頁編者注20、p. 306, 三七一頁欄外編者注。ドナデューの博士論文は L. Donnadieu, *La Théorie de l'équilibre, Étude d'histoire diplomatique et de droit international*, Thèse pour doctorat ès sciences politique (Université d'Aix-Marseille), Paris: A. Rousseau, 1900. なお、中世から革命期までの国際関係史の大著があるゼレーは、このドナデューの論文を含むヨーロッパの均衡についての先行研究を、それまでの説を再検討しないままの「受け売り」「専門家以外による」「皮相」な作品と評している（Zeller 1956 p. 25 とくに n. 1）。

（13）明石 1992–1995.

（14）明石は同書で、「或る歴史的事象に関する一つの評価が、当該学問分野の圧倒的多数の研究者にとって「共通認識」として理解されている事柄が、ときとしてなんらの（再）検討も受けることなく通用しつづける」（明石 2009, 三頁）場合に、そのような共通認識を「神話」と呼ぶとしている。

（15）「領域高権」「領邦高権」「封土高権」「邦主権」とも訳される。この権利は帝国と領邦国家との関係を示す鍵概念の一つとしてドイツ国制史研究において言及されてきた。ウェストファリア条約との関連では Oestreich 1969b が論じている。明石 2009, 五四八頁も参照。

者が、皇帝、国王、帝国等族、ハンザ、臣民や都市民など、非常に多様であったことを挙げている。こうした中で、たとえば帝国自由都市は帝国等族とは異なった扱いを受け、また帝国等族に与えられた領域権は、すでに保持していた権利の確認という側面を多分に含んでいた。

このような特徴からすると、ウェストファリア条約は領邦を主権国家と見なし、主権国家間の対等な関係を規定して近代国際秩序の出発点となったとは言いがたい。この条約を特徴づけるなら、むしろ複雑な権力諸単位の間の関係を整理し条文化する現状追認の側面が強いということになる。しかし、一八世紀前半にすでに、ウェストファリア条約を後継諸条約の基礎と見なし、ヨーロッパ全般の平穏をもたらしたとする条約上の文言があらわれる。こうして一八世紀末まで、後継条約中にウェストファリア条約を基礎とし出発点とするという文言が見られる。だが、国際法文献における神話の発生はもっと遅く、ちょうど条約上の言及が消失するころからである。マブリ『条約に基づくヨーロッパ公法』（1747）をさきがけとし、コッホ『講和条約略史』（1796-1797）を経て、主に一九世紀半ばのホィートン『欧州国際法史』（1845）以降に神話が普及した。

勢力均衡については、明石はこれを国際法上はユトレヒト条約（1713）以降の考えであるとする。ウェストファリア条約は「「干渉権」や「同盟権」という勢力均衡の達成・維持のための要素を条文中に不完全なかたちで含むものであるとする理解が正しい」[16]。またそれを「ヨーロッパの」基本法とする考えも後世の学説が作り出したもので、実際には個別の当事者間の関係規定の集まりで、ヨーロッパ全体を想定するような文言は条文中には見られないという。

こうした明石の見解、またたとえばテシィケによる諸国家の競合というより王朝間の対抗関係の表現としてウェストファリア体制を捉える見解も、フーコーのここでの議論と対立している[17]。テシィケの手法はマルクス主義の土地制度や土地をめぐる社会関係への視点に地政学の要素をブレンドしたもので、それによって一六四八年当時のヨーロッパにおける政治社会関係が、諸国家の競合とは言いがたい古さのうちにあったことを示している。その意味では、条約に限定して「ウェストファリア神話」を指摘した明石の論考とあわせてみると、ウェストファリア的秩序という見方が当時の社会的実態にもそぐわないという批判として捉えることができる。(18)

三 フーコーにおける「ヨーロッパの均衡」

こうした批判を考慮に入れるとき、フーコーの議論をどのように読めばいいのだろうか。まず、フーコーが講義の中で挙げているのは、アンリ四世の側近シュリーやルイ一三世の宰相リシュリューのテキスト、そして一七世紀の官吏向けの『訓令』など、フランスで政治と行政実務の中枢に携わった人々の手になる文書である。また フーコーがヨーロッパの均衡についてシュリーを引いている箇所(19)に関連するテュオーの著書を参照すると、そこ

(16) 明石 2009, 四二八頁。
(17) Teschke 2003, 序論を参照。
(18) ウェストファリア神話の形成について、篠田英朗はそれが国際法および国際政治学という新分野の誕生と関わりが深いと指摘している。国際政治学におけるモーゲンソー以来の神話の構築は第二次世界大戦後に誕生した国際政治学における「歴史的変化への無関心、非西欧社会、非国家主体、非近代的社会などへの無関心」(篠田 2014, 八三頁)につながった。しかし篠田は、ウェストファリア条約が近代国際関係を考える上で価値がないとしているわけではない。それは「一七世紀においてすでに「欧州」国際社会が、構成員の合意を文書化するという手続きをへて、自らの構成原理を上位規範化したことを示す歴史的事件」(*ibid.*, 九四頁)であり、関係当事国が一堂に会して新たな秩序を構築した点を評価している。
(19) Foucault 1978, p. 306, 三六九頁。ここでの参照文献は、『王室のエコノミー *Economies royales*』(ここでは広い意味での王の「家政」を指す)あるいは単に『回想録 *Memoires*』と呼ばれる(Sully 1638)。本章注30を参照。

にフーコーが講義の少しあとに引用するクリュセ Émeric Crucé/ de la Croix（1590?–1648）の『新キネアス』が出てくる。[20] クリュセは平和主義者で国際的な平和機構の構想者として知られる。[21] テュオーは勢力均衡について次のように述べている。「ヨーロッパの均衡という考えについて、ゼレーはそれが一六世紀終わりか一七世紀はじめにはガスパール・ド・ソー＝タヴァン Gaspard de Saulx-Tavannes（1509–1573）の『回想録』においてはっきり示されたとする。また、この考えはベイコンの『対スペイン戦争の企図のための政治的考察』での政治の見方の根底にあり、アンリ・ド・ロアン Henri Ⅱ, duke de Rohan（1579–1638）の著書『君主の利益とヨーロッパの諸国家』全体で示されている」[22]。ここで言及されているゼレーの論文には、「この〔国際政治における勢力均衡の──引用者〕理念はルネサンス期に生まれた。西欧に大国際紛争時代が到来した時期である」[23] とあり、フィリップ・ド・コミーヌ Philippe de Comines/Comynes（1446–1511）を例に挙げている。[24] 次にグイッチャルディーニの『イタリア史』を挙げ、ヘンリー八世に言及したあと、一六世紀前半のコニャック同盟（第七次イタリア戦争のときのフランス、教皇クレメンス七世、ヴェネチア、イングランド、ミラノ、フィレンツェによる同盟）に「イタリアの均衡」の文脈の中で引き継がれたとする。一六世紀中葉にはマリア・フォン・エスターライヒ Marie de Hongrie/Marie d'Autriche（1505–1558）によってより広い領域を念頭に志向され、エリザベス一世にもその考えが見られる。一六世紀後半になると、思想家としてはボダン『国家論六篇』（1576）に「均衡 contrepoids」の考えが見られ（第五篇第四章）、政治家ではナヴァル公（のちのアンリ四世）の助言者であったデュプレシス＝モルネ Philippe Duplessis-Mornay（1549–1623）の『スペインの力を弱める手段についての王への進言』（1583）にも見られるという。[25] 次にゼレーが挙げるのが、ソー＝タヴァン、ベイコン、アンリ・ド・ロアンである。[26]

ベイコンについてゼレーは、ヘンリー八世、フランソワ一世、カール五世による闘争の歴史を描く際、ベイコンは彼らの政治の基礎に均衡の模索があったと考えているとする。さらに、「彼〔ベイコン──引用者〕は前の時代の人々のように「対比する（仏 contrepointer/英 counterpoint）」とは言わず、「均衡を回復する（仏 contrepoiser/英 counterpoise）」という[27]と指摘している。このゼレーの注の真意ははっきりしないが、フーコーの議論を読んだあとでは、ベイコンにおいて諸王朝の地図上での領土の取り合い（戦争と婚姻を通じてヨーロッパの地図上の色

（20） Thuau 1966, p. 282. Foucault 1978, p. 316, n. 18, 三八二頁編者注18。Crucé, *Le nouveau Cynée, ou Discours d'Estat representant les occasions & moyens d'établir une paix generalle & la liberté du commerce par tout le monde*, Paris: Jacques Villery, 1623.

（21） Fenet 2004 に生涯と思想の紹介がある。また、この時代に人口調査と統計の重要性を指摘した一人とされる（Perrot 1992, p. 138）。

（22） Thuau 1966, p. 308.

（23） Zeller 1956, p. 28.

（24） コミーヌはフランドル地方のルネスキュール Renescure 生まれの貴族。ルイ一一世、シャルル八世、ルイ一二世の三人の王に仕えた。四〇年にわたって外交に携わり、八巻にわたる『回想録』を書いた。議会主義的立場をとり開明的で、商業の自由、貨幣改革を主張したという。

（25） ソー＝タヴァンはフランスの貴族で軍人。フランソワ一世治下でイタリア戦争に従軍し、フランス内乱ではユグノー迫害の先頭に立ち、一五七〇年大元帥となった。ブルゴーニュの高名なソー一族の出身である。『回想録』の出版は *Mémoires des choses advenues en France ès guerres civiles depuis l'an 1560 jusques en l'an 1596, par Messire Guillaume de Saulx, seigneur de Tavannes. - Advis et conseils du mareschal [Gaspard] de Tavannes donnez au Roy sur les affaires de son temps Advis et conseils... donnez au Roy sur les affaires de son temps*, Paris, 1625 までしか遡れなかった。

（26） アンリ・ド・ロアンは「ロアン公」と呼ばれ、『君主とキリスト教国の利益について』*De l'intérêt des princes et des États de la chrétienté*, 1634（ラザリが一九九五年にPUFから復刻版を出版している）で知られる。同書についてはマイネッケが『国家理性の理念』第一編第六章二でかなり長く解説している。

（27） Zeller 1956, p. 28, n. 3.

分けを変えようとする）から、国の内実を考慮に入れた国力の均衡へと考察が深まっているという指摘であると考えたくなる。

さらに、「ヨーロッパ」という理念について、フーコーの講義や参照文献指示には出てこないが、リュシアン・フェーブル『〝ヨーロッパ〟とは何か？』（Febvre 1944-1945）を用いて補足しておく。フェーブルはヨーロッパという語の出現を次のようにアジアとの対比で語る。「東の地、それはアジアのことであり、アシアあるいはイオニア方言のアシエとは、東の国、日が昇る国のことであった。西の地、それはヨーロッパのことである。エウロペ、ドーリア地方のエウロパとは、フェニキア人がエレブ、オレブ、エロブと呼ぶもの、ギリシア語のエレボス、アラビア語のガルブであり、日が暮れる国、太陽が波間に沈むときに日が黄昏の闇に暮れるのが見える国のことである(28)」。フェーブルはこの考えの出現はかなり遅く、紀元前五二〇年ごろであるとする。そして二つの大陸という考えが、それらの大きさの釣り合いとともに論じられてきたことを確認する。これは取り方次第では均衡論のさきがけである。

しかし一六世紀にもまだ、ヨーロッパという表現は稀にしか用いられない。そしてフェーブルは「決定的なテキスト、何か新しいことを教えてくれ、近代ヨーロッパの響きを持つテキストを見出すのは、一六世紀ではない。さらに時代を一七世紀初頭まで下らなくてはならない(29)」とする。ここで彼が名前を挙げるのがシュリーである(30)。フェーブルは、フーコーがヨーロッパについて説明する際に挙げたのと同じ『王室のエコノミー』（本章注19）を用いて、この著作のいたるところにヨーロッパという語がちりばめられているとする。そして「ここにはじめて現れたヨーロッパの均衡 balance という理念(31)」を確認する。なお、フェーブルは均衡 équilibre とバランスについて、「「均衡」とは、測定し規定し調節する時代のことばである。間もなくそれは「バランス」と言われるようになる。偶然だろうか。これはラヴォアジェの時代、測定し規定し調節することでは飽きたらず、偉大なる科

学革命によって重さを量りはじめた時代のことである」とする。(32)

フランス語の équilibre は英語では balance を指し、フランス語の balance は英語ではまず scale（秤）を指すようである。「重さを量る」は先に示したゼレーのベイコンについての注記、contrepoiser に通じる「重み」のニュアンスであろう。(33)

このように見てくると、フーコーが主にアンリ四世およびルイ一三世治下のフランスにおける国家理性と政治

（28） Febvre 1944-1945, p. 56, 五六頁。

（29） *ibid.*, p. 202, 二一五頁。

（30） シュリーはイル・ド・フランスのロニ・シュル・セーヌ生まれの公爵。王の最高位の直臣にあたり、アンリ四世とともに王国の改革と発展に尽くした。その政治的事業は、宗教戦争の終結、産業振興、パリの都市計画など多岐にわたる。自身もプロテスタントで聖バルテルミの虐殺を逃れたシュリーは、一〇代からアンリ・ド・ナヴァルの盟友となり、のちにカトリックへの改宗を勧めた。「その肩書きはフランス道路管理局長だが、事実上の都市計画大臣であったとされる」（Lavedan 1975, p. 177, 一三四頁）。一方、初期の重商主義者の一人でもある（シュリーの経済思想と同時代のラフーマ Barthélemy de Laffemas（1545-1612）との対立については、Cole 1931, pp. 204-212 を参照）。シュリーと彼がアンリ四世に帰した「大構想 le Grand Dessein」（実際には王に仮託したシュリー自身の考えであるとされる）、それとの関連で捉えられたヨーロッパについては、Puharré 2002 を参照。

（31） Febvre 1944-1945, p. 207, 二二〇頁。

（32） また、均衡の概念は一八世紀にはたとえばチュルゴーによって商業の領域で用いられるようになる。これは初期の「エンジニア・エコノミスト」に引き継がれ、デュポン・ド・ヌムールとダニエル・ベルヌイの共同作業による間接税研究に生かされたという（Perrot 1992, pp. 244-245）。

（33） 日本語の「バランス」には重さを量るという意味はないので、原則として équilibre と balance の両方に「均衡」の訳語を充てた。

の展開の中で、ヨーロッパの均衡という理念が彫琢されていたことを示そうとしていることが分かる[34]。当時の熾烈な王位争奪戦争と宗教戦争、対スペイン戦争や植民地の拡大などの政治環境の中で、シュリーやリシュリューが国家理性や勢力均衡の考えに基づいて「政治家 politiques」として術策をめぐらしたことに異論はないであろう[35]。そしてこの理解は、ウェストファリア条約自体の評価とは本来あまり関係がないのである。

ここでの議論から、当時の「ヨーロッパの均衡」をめぐって、二つの異なる方向を確認することができる。一つはフーコーが取り上げているライン、つまり国家理性―ヨーロッパの均衡―常設の軍隊―外交と軍事による対外政策―重商主義といった、国力と国の威信を相互に競い合う諸国家による力の政治という方向である。もう一つは、ヨーロッパに属する国がこうした競合する国家を超えた一つの秩序に属する、あるいは将来的にそれを作ることができるという意味でのヨーロッパ的国際秩序の理念化である。そもそもウェストファリア条約の中にヨーロッパ的秩序のはじまりを読み込むのは、勢力均衡とそれを超えた「一つのヨーロッパ」という理念との両方が条約に体現されているという理解を意味する。

後者についてはルソー―サン＝ピエールやカントに見られるだけでなく、世界平和の理念を伴って国際連盟、国際連合、そしてＥＵへと引き継がれるものである。注目すべきは競合と統合という二つの構想が同時期に芽生えたことである。両者はシュリーのような論者の中では未分化であった。また、そもそも勢力均衡論は教皇や皇帝による世界制覇の野望への対抗としてイタリア人が考え出したものであることを念頭に置き、均衡をその回復のための暴力の側面ではなく、それによって得られるはずの平和と静けさの側面から捉えるなら、ヨーロッパの均衡と国際平和論とが同時期に表裏の思想として出現したことはそれほど不思議ではない。このことは「万民法と国家理性は共通の根をもつ[36]」というシュトライスの認識にも通じる。

なお、このヨーロッパの均衡の考えについて、フェーブルはメルセンヌを挙げて「一七世紀の外交官の静的な政治世界」[37]としているのに対し、後述のようにフーコーは「動力学」と結びつけている。二人の捉え方の違いは、右に述べたヨーロッパについての二つの見方の対比とつながっているように思われる。この時代の政治イメージを動的と捉えることについては、後で論じる「コナトゥス」概念との関連で運動論的世界観が想起されるべきで

(34) ヒューム『政治論集』(Hume 1752a) には「勢力均衡について」という著名なエッセイがあり、当時すでに勢力均衡が近代の政策として広く知られていたことが分かる。ヒュームはこれが古代にも存在し、政治家たちはこの原則を暗黙裡に考慮に入れていたにちがいないと推論した上で、勢力均衡を国際政策上の原則として推奨している。

これに対して、ヒュームとはけんかするほど仲がいい関係にあるルソーは「サン＝ピエール師の永久平和計画抜粋」で、「ウェストファリア条約がわれわれの間で永遠に政治システムの基礎でありつづける」(Rousseau 1761a, p. 96, 三二四頁) こと、またそれが「単にゲルマン公法であるだけでなく、ある点からするなら全ヨーロッパの公法でもある」(*ibid.*, p. 97, 三二四頁) ことを指摘する。ここでの叙述は、この法がドイツに帝国体制を存続させることでヨーロッパの均衡を維持すると捉えている。しかしルソーはヒュームと異なり、この均衡が主権者にも人民にも消耗を強いるものでしかなく、均衡に代えて「強固で長続きする国家連合 confédération」(*ibid.*, p. 98, 三二五頁) を設立することが重要であると考えていた (「抜粋」がルソー自身の思想であるかについては、ベルナルディの解説 (Bernardi 2008) を参照。またここでベルナルディはルソーに「ヨーロッパ」という概念があったとしている (p. 329))。

ただしヒュームの考察がフランスの封じ込めという具体的政策に焦点を当てたものであるのに対し、ルソーあるいはサン＝ピエールの議論はより一般的な制度論 (ある種のユートピア的構想) である。しかしその前提に、フランスの脅威 (ヒューム) とイギリスの植民地主義 (ルソー―サン＝ピエール) へのドーバー海峡をはさんだ相互の不快感があったことは明らかである。

(35) ここでフーコーが取り上げる思想家や政治家はタキトゥス主義＝新人文主義のフランスの潮流として、Tuck 1993, pp. 82-94 が取り上げている。

(36) Stolleis 1988, フランス語訳 p. 293.

(37) Febvre 1944-1945, p. 211, 二二五頁。

あろう。他方で静的と捉えることについては、フェーブルはメルセンヌの機械論との関係を示唆しており、これはフーコーが『言葉と物』で描いたタブローの世界に相当する。

四　フーコーとタック

ここではさらにフーコーがもっていたこの時代の思想イメージを読者に喚起するため、タックの一風変わった近代政治思想史との対照を試みる。タックは『哲学と統治』（Tuck 1993）および『戦争と平和の権利』（Tuck 1999）において、近代政治思想における統治と国家理性の問題という、フーコーと重なるテーマの思想史を描いている。なかでも『戦争と平和の権利』における議論は、ちょうどフーコーの議論と表裏のような関係になっているので、それについてここで考察を加えておく。

タックが取り上げるのは、懐疑主義、ストア主義、そして人文主義、スコラ主義につづいて、グロティウス、ホッブズ、プーフェンドルフ、ロック、ヴァッテル、ルソー、カントといった思想家たちである。これはフーコーとは対照的な選択である。こうした言ってみれば有名な近代思想家を取り上げて、タックはヨーロッパ国際法秩序形成の思想的背景にあった自然法と自然状態、そして人間本性についての特異な見方の系列を明らかにする。さらにそこに、植民地支配と対外戦争という重要な政策がからんでいたことを示している。

フーコーの議論についてしばしば指摘されるのは、彼が植民地支配や帝国主義など、ヨーロッパの対外政策にほとんど言及しないことである。統治性の講義にもそうした言及はあまりない。その意味で、ヨーロッパの均衡と外交－軍事テクノロジーへの言及は貴重である。しかし考えてみれば、このあと見ていくポリス、そして政治経済学における国富などの統治に関わる概念装置が作られる際、その背後にはつねに国際的な競争や紛争、そして拡大と暴力による国家の増強が動機として働いている。

タックはとくにグロティウスに着目し、国際平和論の嚆矢とされてきた『戦争と平和の法』（1625）の世界観が、実は自己保存を至上原理とし、国際関係において第一に自国の保存を目指す国家理性的なものであったことを示している。さらに、グロティウスはのちのホッブズと同様、人間の本源的社会性という発想に非常に懐疑的で、それに代えて自己保存の原則を国家間関係のみならず個人間関係（つまり国内における人と人との関係）にも同時並行的に適用したとする。また、グロティウスは海洋の権利および未開拓地の占有と所有についての議論を通じて、露骨な形で当時のオランダによる植民地支配を正当化したという。「グロティウスは同時代の諸言説の中で、戦争をはじめる権利を国家に対して最大限認めるものを選択した。とりわけ、処罰する権利と原住民が適切に使用していないと見なされた土地を収奪する権利に関して、国境を越えてこれらを認める強い権利を容認したのである[38]」。

タックのこうしたグロティウス論を読むと、彼のグロティウス像がホッブズに著しく接近させられていることに気づく。実際彼はグロティウスにつづいてホッブズを考察対象とするのだが、ここで注目したいのは、タックは国家が自己保存を至上原理とすることをタキトゥス主義に連なる国家理性として捉えている点である。これは考えてみれば、フーコーが言っている「国家が国家自身を自己目的とすること」「外部に参照点をもたない国家」と同じ事態の言い換えである。そして、国家の自己保存の原理が国家理性とつながっているとするなら、タックが取り上げたようなグロティウスやホッブズなどの近代自然法論、とくにその国際関係についての議論に注目することで、国家理性論の射程の広がりを把握できることになる。つまり、フーコーとタックを併せ読

(38) Tuck 1999, p. 108, 一八七頁。

むと、一方にクーデタからポリスにつながる国家理性の内政的な側面と、他方に戦争と植民地支配をめぐる国家理性の対外的な側面を全体として把握できるのだ。こうした見方をとるなら、フーコーが講義で取り上げたヨーロッパの均衡、またウェストファリア的秩序なるものも、それを当時のヨーロッパの海外進出と植民地化、そこでの収奪と残虐とあわせた形で歴史的背景を伴って理解することができる(39)。

五　力から成る世界

さらにここで、フーコーとタックの議論に共通の背景をなすと思われる、一七世紀のヨーロッパ思想における「力」の概念について検討しておく。

フーコーは政治思想における「力」の出現について、次のような興味深い示唆を与えている。「こうして政治は力の利用と計算を主要目的とする時代に入ります。政治、あるいは政治学は動力学 dynamique の問題に遭遇するのです。……これについては単に指摘するだけにとどめますが、こうした展開は明らかに、歴史的現実と歴史的に標定できる過程、すなわちアメリカの発見、植民地帝国の建設、帝国の消滅、普遍性という教会の役割が後退し消え去ることなどによって生じた事柄です。そしてこうした現象すべてが……政治思想のレベルで力という根本的なカテゴリーを出現させることになります。これらの現象が政治思想に突然変異をもたらし、戦略であると同時に力の動力学でもあるような政治思想をはじめて出現させるのです(40)」。

フーコーは、このように政治学あるいは政治思想において「力」が前面に出てくるのと同時期に、自然科学においても力の概念が重要になるという。「政治的動力学と物理学としての動力学とは非常に近い時代(41)」に生まれたのである。フーコーはライプニッツの名を挙げ、その思想の中に政治的な意味での力の理論と物理学的な意味での力の理論とが共存していると述べる(42)。そしてライプニッツを見るかぎり、「この二つの過程の同質性はこの時代の思考にとっては全く奇妙ではなかった」(43)とする。

ライプニッツとはどんな人物だろうか。ハッキングによると、彼は時代の目撃者、つまり同時代の思考の転換を表現した思想家なのだが（Hacking 1975）、政治思想研究者には敷居が高い(44)。そこでここでは、一七世紀の最も著名な政治思想家、ホッブズを取り上げたい。ホッブズこそ、若きライプニッツが「コナトゥス」に関する書簡を書き送り、その概念をもとにモナド論を展開することになった人物だからである(45)。では、ホッブズをはじめとする一七世紀（古典主義時代）の政治思想の根底にある「力」の概念とはどのようなものだろうか。

---

(39)　植民地支配と対外戦争を国内の政治や政策と対比しながら捉えることの重要性は、一九―二〇世紀前半についてアーレントが『全体主義の起源』（Arendt 1951）で描いた歴史を思い出すといっそう説得力を増す。アーレントはヨーロッパを覆った帝国主義が、西欧では自国と植民地が切り離されていたために国民国家とは別に展開をつづけ、本国の人々が植民地の状況に無知なままであったことを指摘している。植民地での政治的構造を欠いた支配の暴力性が本国へと持ち込まれるのは、フェルキッシュナショナリズムと汎ゲルマン主義という、ドイツなど自国の近辺に侵略地をもった国の新しいイデオロギーを通じてであった。これに対してフーコーの関心は、ヨーロッパ本国なるものがその形成過程で、世界に輸出可能な統治と人間支配の枠組や装置をいかに形づくったか、その歴史を描くことにあった。

(40)　Foucault 1978, pp. 303-304, 三六六―三六七頁。フーコーはここで、進化 évolution（本文中では「展開」と訳した）、突然変異 mutation という用語を使っている。

(41)　*ibid.*, p. 304, 三六七頁。

(42)　dynamique（ラテン語 dynamica）はライプニッツの造語であるという（大橋 2010, 五頁）。また、ニュートンの力学（英語 mechanics ／ラテン語 mechanica）および静力学（フランス語 statique）を含めた思想家の好みの語と世界観との関係は、後述する幾何学派と代数解析派との対立とあわせて当時の言論状況を知るのに重要である。

(43)　Foucault 1978, p. 304, 三六七頁。

『リヴァイアサン』(1651)を読んだことがある人なら、この本が有名な自然状態の議論に入る前に、延々と人間の感覚や推論および言語について考察しているのを知っているはずだ。あれはなにかというと、後で出版される『人間論』(1658)の一部である。その『人間論』は第二章から第九章まで人間の目の動きと視覚についての分析がつづき、その後に言語と欲望や感情についての議論がなされる。さらに『人間論』の前段にあたる『物体論』(1656)では、哲学における論理や計算と因果といった方法に関わる問題につづいて、第三部で運動と面積の問題を扱っている。長々となにを言っているかというと、ホッブズは力と運動に並々ならぬ関心を抱き、彼の世界の根底には力の理念があるということだ。

「力」は国家理性やヨーロッパの均衡といった考えの根底にある世界観をイメージするために非常に重要なので、佐々木力(佐々木 1990)に依拠して少し説明しておこう。佐々木の論考は『物体論』から『人間論』『市民論』そして『リヴァイアサン』に至るホッブズの思想を貫通するものとして、「力」と「運動」の世界像を描出している。それによると、「運動主義者」であったホッブズは、数学においても運動幾何学の陣営に属し、代数解析の手法を用いるデカルトやウォリスと敵対した[46]。ホッブズはウォリスと容赦ない論争を長期にわたって展開していた[47]。佐々木は『物体論』第三部は運動幾何学の論証方法を適用したものだとする。ではこのような「運動主義」と呼びうる考えの核心はなにか。それが「コナトゥス conatus」[48]である。『物体論』第三部冒頭に掲げられたとおり、ホッブズにとっては「運動 Motu」と「大きさ Magnitudine」とが「すべての物体において最も共通する偶有性 corporum accidentibus maxime communibus」[49]である。ではその運動はどこまで小さく分けられるだろうか。その最小単位がコナトゥスである。コナトゥスは「与えられうるものより小さい空間と時間における運動、つまり、示され、また指定された数によって定まるよりも小さい、すなわち点と瞬間における運動」[50]である。佐々木はこのコナトゥス概念が、『リヴァイアサン』にもくり返されることを確認する[51]。コナトゥス概念

（44） ここにはライプニッツがまとまった政治思想の著作を遺さず、法学、神学、歴史学および書簡などの膨大な文章からその構想を再構成しなければならないこと、また彼の哲学的立場の特異性が「近代」の図式にはまらないことなど、いくつかの理由がある。ライプニッツの政治的著作については、パトリック・ライリー編の論集 *Leibniz: Political Writings*, Cambridge University Press, 1988 (2nd ed) がある。また、シュトライス編『一七・一八世紀の国家思想家たち』(Stolleis ed. 1977) にハンス＝ペーター・シュナイダーによるライプニッツ政治論がある。

（45） ライプニッツからホッブズへの書簡に返信はなかったようである。そもそも書簡はホッブズには届かなかったと推測されている。書簡全文は Leibniz 1670 で読める。また伊豆藏 2012 は、唯物論のホッブズから精神一元論ともいえるライプニッツへの一見不思議な影響は、イギリス経験論対大陸合理論という構図をはずしてみると理解が容易になるとする。「デカルト的な二元論を拒絶し、一元的な説明原理に基づいた世界観を組み立てようとした点においては、ライプニッツはデカルトよりはむしろホッブズの方により多くを負っていた」(一三〇頁) からだ。

（46） 幾何学と代数学の推論法の違いとその歴史、またこれに関連して数学における綜合と分析（解析）に関しては、マホーニィ 1982 を参照。ホッブズは政治科学においては革新的な方法を採用したが、数学および物理化学については古典的な方法を強く擁護していた。現在ではかなり異なった評価を与えられている両者が矛盾なくつながっているとホッブズ自身が考えていたことについては、Shapin, Schaffer 1985 を参照。

（47） 王立協会の政治的立場が絡むこの論争については、前掲 Shapin, Schaffer 1985 のほか、Le Bras 2000a でもペティとの関係で取り上げられている。

（48） コナトゥスはラテン語の動詞 conor からくることばである。この語は古代以来動物の生命力、必然性に対する自由、また原初的な欲望と結びつけられ、生の没倫理的な躍動の原初性を強調するポストモダン思想の一部において注目されてきた。近年のスピノザの流行も部分的にはこの傾向に含まれる。

（49） Hobbes 1655, p. 121, 一三八頁。

（50） *ibid.*, p. 122, 一四〇頁。

（51） Hobbes 1651, p. 51, 第一巻九七頁。

に依拠して、自然から人間に至るあらゆるステージが叙述されるのである。[52]『リヴァイアサン』第六章の冒頭は、「動物に固有の二種の運動がある。一つは「生命的 vital」と呼ばれ、……もう一つは自発的運動と呼ばれる」とはじまり、人間を含む動物の生全体を運動の観点から捉えている。その上で、コナトゥスすなわち endeavour を定義し、「人間の身体におけるこうした小さな運動の端緒、歩いたり、話したり、叩いたり、そのほか目に見える行為として表れる以前にあるものは、広く ENDEAVOUR〔コナトゥス―引用者〕と呼ばれる」[53]とある。有名な自然状態の議論も、人は人に対して狼だというような倫理的意味合いがしばしば強調されるが、これは動力学の法則にしたがって運動する物体がぶつかり合うモデルを人間に適用したものと考えることができる。[54]

また、短命であったためその生涯が四二歳年長のホッブズの生存期間のうちにすっぽり収まるスピノザも、「力」の思想家として知られている。彼の一風変わった社会契約論と最高権力論は力の合成論として捉えることができる。柴田寿子はこの思想を、「権利と力と自然法則と自然法を同一視し、自然権から自然法による国家権力の樹立を一貫して自然的な力の運動法則によって説明しようとするスピノザの理論」[55]と述べている。この世界を力と運動という観点から捉え、分析と綜合を通じて力と運動の合理的な編成を考えていくという発想が、当時の物理学と政治学に通底していたというのはさほど奇異な見方ではない。

この時代の思想家たちの考えの根底にあるこうした世界の捉え方は、さまざまな知と実践へと結びついていった。これ以降の物理学と力学の展開についてはよく知られている。政治学の側では、その一つが外交―軍事テクノロジーであり、またポリスであった。古典主義時代は世界を力とそのぶつかり合いとして表象した。法的・制度的な仕組みによってそれらを秩序づけるのが国際法秩序であり、人間の生の躍動をある型へとはめこみ制御するのがポリスなのである。

(52)　佐々木はホッブズのコナトゥス概念がガッサンディとの親交によるエピクロス主義からくると指摘し、エピクロスを後代に伝えたルクレティウスの影響を示唆している（ルクレティウスが「逸れ」（佐々木は「偏り」と訳している）を詠った詩は、岩田義一・藤沢令夫訳「事物の本性について」（世界古典文学全集『ウェルギリウス・ルクレティウス』筑摩書房、一九六五年、三一七―三一八頁）で読むことができる）。エピクロス―ルクレティウスの「逸れ」についてはマルクスが学位論文で取り上げ、またアルチュセールがそれに注目したことで知られている。

(53)　Hobbes 1651, p. 52, 第一巻九八頁。

(54)　このことは、重田 2013 の第一章で述べた。

(55)　柴田 2000、四八頁。柴田はこの理論の批判者としてプーフェンドルフを挙げている。これは力と闘争の思想家としてグロティウスを捉え、その批判者としてプーフェンドルフを位置づけるタックの図式と一定の共通性をもつ。柴田の著作は「主権の民主性」という問題関心から書かれており、タックの議論とは焦点が異なるが、グロティウスの自然状態および自然権についての理解はタックのものに近い。

第五章　ポリス論

一　ポリス論とポリス研究の国際比較

序章で述べたとおり、フーコーのポリスに対する関心は古い。社会の周縁に生きる者への眼差しは彼の研究の出発点からつづくもので、ポリスを「下から」眺める視点へと生かされている。そのポリスを、思い切って国家統治という巨大な枠組へと接続したのが、統治性の講義の中でのポリス論である。

はじめに統治性研究の中でのポリス論の位置を簡単に説明しておく。フーコーのポリス論は統治術と国家理性についての議論の延長上にあり、国家理性に基づく統治実践の具体例、その制度化と浸透として描かれる。それは関連する学である統計学と重商主義の誕生と発達とともに捉えられ、ポリスの歴史的展開の中に現れる新しい諸問題や諸概念が、政治経済学と市場の統治を生み出していく、そういった位置づけになっている。

フーコーのポリスの論じ方の特徴はなにか。具体的には後で内容を見ていきながら説明する。彼が取り上げる理論家や著述家、ポリスの内容の理解はそれほど特異なものではない。最大の特徴は、その意味づけ、講義の主題そのものとの関わらせ方にある。つまり、ポリスを統治のテクノロジーの集合体として捉えるところ、またポリスが市場都市を特権的な対象とすることで、結果として統治をめぐる規制と自由の対立の場を生み出したと考える点にある。

これまでフーコーの統治性が論じられる際、時代の転換点として彼が強調する自由主義の統治の誕生に関心が集まってきた。しかし彼の研究の出発点は古典主義時代の周縁者の閉じ込めの実践にあり、それを担ったポリスという装置についてその後も興味をもちつづけたことが、フーコー自身の思考の歩みの中で統治性への関心が芽生えるきっかけとなった。一七世紀の首都を襲った大いなる閉じ込めと一八世紀半ばの監禁空間への大いなる恐怖の感情、国王の封印状による監禁を求める家族の請願文書、女子修道院における規律の規則などを論じる際、ポリスはいつも彼の歴史叙述の傍らにあった。こうした関心の延長上にある統治性研究において、ポリスの装置とそこでの統治テクノロジーを描く中で、フーコーは政治経済学とそこにおける新しい統治のあり方、介入の作法を発見するのである。これを「生政治の誕生」という統治性研究の当初のプロジェクトの一部と捉えると、ポリス論と市場の統治論との結びつきが改めて際立ってくる。この点については第Ⅲ部で詳しく検討する。以下ではポリスについての講義の内容に入る前に、まず昨今のポリス研究を見ていきながらフーコーの議論を位置づける。

フーコー自身の講義での指摘から出発しよう。彼によると、近世ポリスのあり方は国によって異なっている。まず国家理性論と勢力均衡論の母国イタリアでは、ポリスは発達しなかった。フーコーはこの理由をイタリアの地政学的な状況に求めるが、いずれにせよ、イタリアはポリス国家（現在のことばでは行政国家）になることはなく、つねに「外交国家」でありつづけた(1)。これに対してドイツは、イタリア同様統一国家の形成が遅れたが、それが全く異なる結果をもたらした。ドイツ諸邦においてはポリツァイ学 Policeywissenschaft / Polizeiwissenschaft が発達するのである。これは形成途上の領邦国家における行政ポリツァイが官吏養成という実践的な意図と結びつき、官吏が調達される場となった大学においてさかんに論じられたためである。

フランスはどうだろうか。フーコーはごく一般的な歴史像に則って、王制下で領土の統一が早くから進み行政機関が発達したフランスでは、ポリスは行政の実践の中で制度化され広がっていったとする。そのため学問的反省のようなものはあまり生まれず、ポリス関連文献の書き手も政治家や宮廷の人物、またポリス行政に携わった官吏やポリスの役人であった。(2)

こうしたフーコーの指摘を再説したのは、それが現代のポリス研究をも特徴づけているからである。まず、イタリアには国家理性や国家についての研究は多いが、ポリス研究はあまりない。ポリスの制度がないのだから当然である。そしてドイツのポリツァイ研究は、ポリツァイ学、その母体となったカメラリズム（官房学）（後述一一三頁参照）を対象とし、また国家論や国制論、あるいは法制史研究の中で主に論じられてきた。これは国家理性研究にも共通する傾向である。国制史や法制史において、一冊の本の中で国家理性とポリツァイのテーマが取り上げられることもある。(3)したがってドイツでは、ポリツァイは学・制度・思想としてだけでなく、法律や法学との関連で捉えられ、公法学史の一環として研究されてきた。(4)これは後述するフーコーとの対比にも関係する特徴である。

フランスの場合はこれとは対照的である。フランスでは、アナール学派以来の社会史の中で、都市の人々の日常生活との関連でポリス研究がなされてきた。(5)ちなみにフランスの場合、国家理性研究は政治思想史や学説史の

(1)　Foucault 1978, p. 324, 三九三頁。
(2)　イングランドの状況について、講義では触れられていない。インタヴューで以下の言及がある。「イングランド人はさまざまな理由から、ポリスと比較できるシステムを発達させませんでした。主な理由として、一方に議会の伝統、他方に地方共同体の自律の伝統があり、……また宗教的システムが存在したからです」（Foucault 1982, 引用は *Dits et écrits*, IV, p. 272 七〇頁より）。
(3)　たとえばシュトライス『ドイツ公法史』（Stolleis 1988）。
(4)　一九八〇年までについてであるが、ドイツ国制史におけるポリツァイ研究の動向はクレッシェル 1982 の冒頭にある。

中でなされており、たとえば中世の政治学説との対比で語られる。こうした研究は歴史学の中でも日常史や社会史とは系統が異なるため、アプローチのしかたもかなり異なっている。フーコーはアナール派経由の日常史とは長期にわたって接点をもちつづけたので、利用する資料や描く世界に関して両者が共有するものは多い。そもそも『狂気の歴史』はフィリップ・アリエス監修の叢書の一冊として刊行された。また、ミシェル・ペロ編『不可能な監獄』(Perrot ed. 1980) には、歴史家レオナールによる『監獄の誕生』批判への応答 (Foucault 1980a)、レオナールとのやりとりをめぐる歴史家たちとの討論 (Foucault 1980b)[6]、またアギュロンの批判へのフーコーの返答 (Foucault 1980c) が掲載されている。さらにフーコーは、序章で述べたとおり社会史家のファルジュとともに、バスティーユ文書の封印状嘆願の手紙を復刻した『家族の無秩序』(Farge, Foucault ed. 1982) を出版している[7]。

もちろん都市の自律的発達が著しかったドイツには都市史の伝統があり、その中でポリツァイへの言及が行われてきた。これについては、佐久間弘展が次のように整理している。「ドイツ歴史学界では、一九九〇年代からポリツァイ研究がさかんになってきた。ポリツァイが、近世社会および近世の支配・被支配のあり方を見通す中心的概念として、注目を集めたのである。こうした研究動向は、かつてのM・ウェーバーの「合理化」、N・エリアスの「文明化」、G・エストライヒの「社会的紀律化」にかわる、新たな統合的概念を学術的に打ちたてよ

---

(5) ただし、この傾向は一九七〇年代に現れたものとされる。フーコーの研究はその点で最先端の歴史研究の動向と連動していたともいえる。松本礼子『一八世紀後半パリのポリスと反王権的言動』には次のようにある。「概して、二〇世紀におけるポリスの歴史研究は、マーク・シャセーニュの『パリの警視総監職』(一九〇六年) やアラン・ウィリアムスの『パリのポリス 1718-1789年』(一九七九年) のように、法制史や制度史の視角からなされるものが多く、ポリスの社会的実践よりも制度上の発展やその規定そのものに主眼が置かれていたように思う。同様に、それは特定の要職に就いた人物の伝記的研

究に集約される場合も多く、下級官史の社会的役割などポリス内部の多元性を明らかにしないまま、狭義の政治史に収まりがちであった。

だが、一九七〇年にリチャード・コッブ〔Richard Cobb, *The Police and the People: Frence Popular Protest, 1789–1820*, Oxford University Press. ―引用者〕が司法記録から垣間みられる犯罪以外の情報の豊富さを指摘して以来、ポリスの歴史が歴史家の関心を集めるようになる。コッブはポリスにおける警視 commissaire の役割に着目し、ポリス文書こそが一八世紀のより広範な層の人々の日常生活を把握する上で貴重な資料となりえることを示した。こうした提案に応える形で、一九七〇年代以降、民衆生活や周縁化された人々等に関する研究が発表されることになった。ダニエル・ロッシュやデヴィッド・ギャリオックらに代表されるこれらの研究の主眼は、ポリスの歴史そのものというよりは、司法文書を資料としながらも、むしろパリの民衆世界を把握することにあり、その文化、習慣、実践、社会的結合関係などを明らかにすることを目指した。……一九八〇年代からパリ民衆世界の具体的様相を司法文書から明らかにしてきたファルジュは、……一九九二年の著作〔Arlette Farge, *Le goût de l'archive*, Paris: Seuil, 1989. ―引用者〕において、「民衆の世論」なるものを描いた」（松本礼子 2013, 一六―一七頁）。

（6）参加者は、モーリス・アギュロン、ニコル・カスタン、カトリーヌ・デュプラ、フランソワ・エワルド、アルレット・ファルジュ、アレッサンドル・フォンタナ、カルロ・ギンズブルグ、レミ・ゴゼ、ジャック・レオナール、パスカル・パスキーノ、ミシェル・ペロ、ジャック・ルヴェル、そしてフーコーであった。

またミシェル・ペロとは一九七七年にも鼎談を行っている（Foucault 1977a）。

（7）フーコーはバスティーユ監獄の監禁関連文書や地方のものを含む裁判記録、また一般施療院関連の文書の中から、封印状による収監や裁判記録、被疑者の手記や医学鑑定書関連の文書を復刻する計画をもっていた。このうち一部が実際に出版された。フーコーが直接関わったのは、『家族の無秩序』以外に『ピエール・リヴィエールの犯罪』（Foucault 1973a）『エルキュリーヌ・バルバン、別名アレクシーナ・B』（Foucault 1978a）である。後者はガリマール社から出された叢書『列伝』の一冊目で、叢書全体の序としてフーコーは「汚名に塗れた人々の生」（Foucault 1977c）を『カイエ・ド・シュマン』誌に発表した。叢書自体は同書と Henry Legrand, *Le Cercle amoureux d'Henry Legrand*, Paris: Gallimard, 1979 の二冊の刊行にとどまった。『家族の無秩序』はガリマール社の別の叢書『古文書』（Pierre Nora, Jacques Revel ed.）の一冊として刊行された。

うとする野心的な試みと理解することができる」[8]。さらにこの動向は、国家中心の行政史を避けていた戦後ドイツ歴史学界が、その後生じたアナール派からの影響を相対化する一つのやり方として、近世社会全体を捉える可能性を含むポリツァイ概念への依拠を行っているものと位置づけられている。また、こうした新たなポリツァイ研究にきっかけを与えた著作として、シュトライス『ドイツ公法史』（Stolleis 1988）が挙げられている。

フーコーも指摘していることだが、そもそもポリス／ポリツァイが都市を中心的な対象、介入のモデルとしてきた以上、都市史とポリツァイ研究とが結びつくのは当然とも言える。都市民の生活の視点からのポリツァイ研究と、法制史や公法史における研究との対話の試みも見られ[9]、法学的観点からの研究そのものも力点が変わってきている。たとえばドイツで刊行されている叢書 *Studien zu Policey und Policeywissenschaft* をはじめとする法制史研究においては、「ポリツァイ条令の内容や法体系に関する」従来の法制史における論じ方とは異なり、「成立過程やその実践と効果、意義について論じられ」「ポリツァイ条令をストレートに社会的規律化と結びつけるような議論は後退し、地域行政におけるその実践を含めたより広範で複眼的な視点からの考察が現れている」[10]という。

日本でのポリス／ポリツァイ研究も両国の研究の特徴を反映している。フランスの研究は歴史学の中での社会史・生活史的なものが多く、都市の人々の生活やそれに密着した視点からのポリス研究がなされてきた[11]。これに対し、ドイツについてはポリツァイ学やカメラリズムに関する学史や思想史の研究が公法史や領邦国家の形成史の研究とともに蓄積されてきた[12]。その中で強調されるようになっているのは、これはウェストファリア条約についての明石の研究にも共通する点だが、一八世紀ドイツの国家と法における「帝国 Reich」の重要性である。

神聖ローマ帝国について、ヴォルテールは「神聖でもローマでも帝国でもない」といい、プーフェンドルフは「妖怪のような」存在と表現したという。言い得て妙ではあるが、近年のドイツ史研究においては、帝国の存在

（8）佐久間 2006, 五七頁。
（9）たとえば松本尚子 2012.
（10）柴垣 2012, 四三頁。
（11）たとえば後で取り上げる高澤紀恵『近世パリに生きる』（高澤 2008）、正本忍「フランス絶対王政期の騎馬警察」（正本 2012）、前掲松本『一八世紀後半パリのポリスと反王権的言動』（松本 2013）など。こうした研究は一昔前の日常史のイメージ（戯画化していえば見知らぬ一市井人の日記を延々と読まされるような研究）とは異なり、日常性の把握における数量化やデータによる裏づけ、また日記や行政文書が取り上げられる場合にもそれらが書かれた社会的背景やその中から読み取れる政治と制度の変遷を念頭に置いてなされている。もともと日本では、フランス社会史が導入されたときから優れた紹介や研究が多く、そこでは「全体を見る眼」がはじめから意識されていた。
（12）日本におけるドイツ国家学研究の歴史は古く、どこまでたどれば正当であるかを言うことができない。ロレンツ・フォン・シュタイン Lorenz von Stein（1815–1890）を伊藤博文が招聘しようとしたエピソードは、明治国家体制構築の過程そのものにドイツ国家学の影響が強いことの例証となる。また、一八八七年に東京大学法学部に国家学会が設立されたことは、日本の帝国大学におけるドイツ系学問の優位を示している。東大法学部での国家学研究は南原繁を通じて戦前から戦後に継承されることになった。
　ここではポリツァイとカメラリズムに関連する研究の一部だけを挙げる。まず、栗城壽夫「一八世紀ドイツ国法理論における二元主義的傾向（七）～（一一）」（栗城 1968–1976）は、ゼッケンドルフ、ディットマール、ユスティ、ボップ、ベルクに至るポリツァイ学の形成と転換を描いている。また、玉井克哉「ドイツ法治国思想の歴史的構造」（二）（三）（玉井 1991）は、法治国家理念との関連でポリツァイを分析している。ここでは古いポリツァイから新しい警察への変化、言い換えると一六―一七世紀の警察国家から一九世紀法治国家への転換が一八世紀になされたというテーゼの批判が行われている。これは一八世紀ドイツの政治体制全体をめぐる論争においてポリツァイの位置づけが重要な争点となっていることを意味する。後で取り上げる海老原明夫「カメラールヴィッセンシャフトにおける『家』」（一）―（四）（海老原 1981–1983）は、ユスティの思想を家政学との関連で論じたもので、エコノミー概念のカメラリズムにおける含意を見る上で重要である。また、ポリツァイ学とは若干系統が異なるポリツァイ法学については、松本尚子 2016 で研究されている。

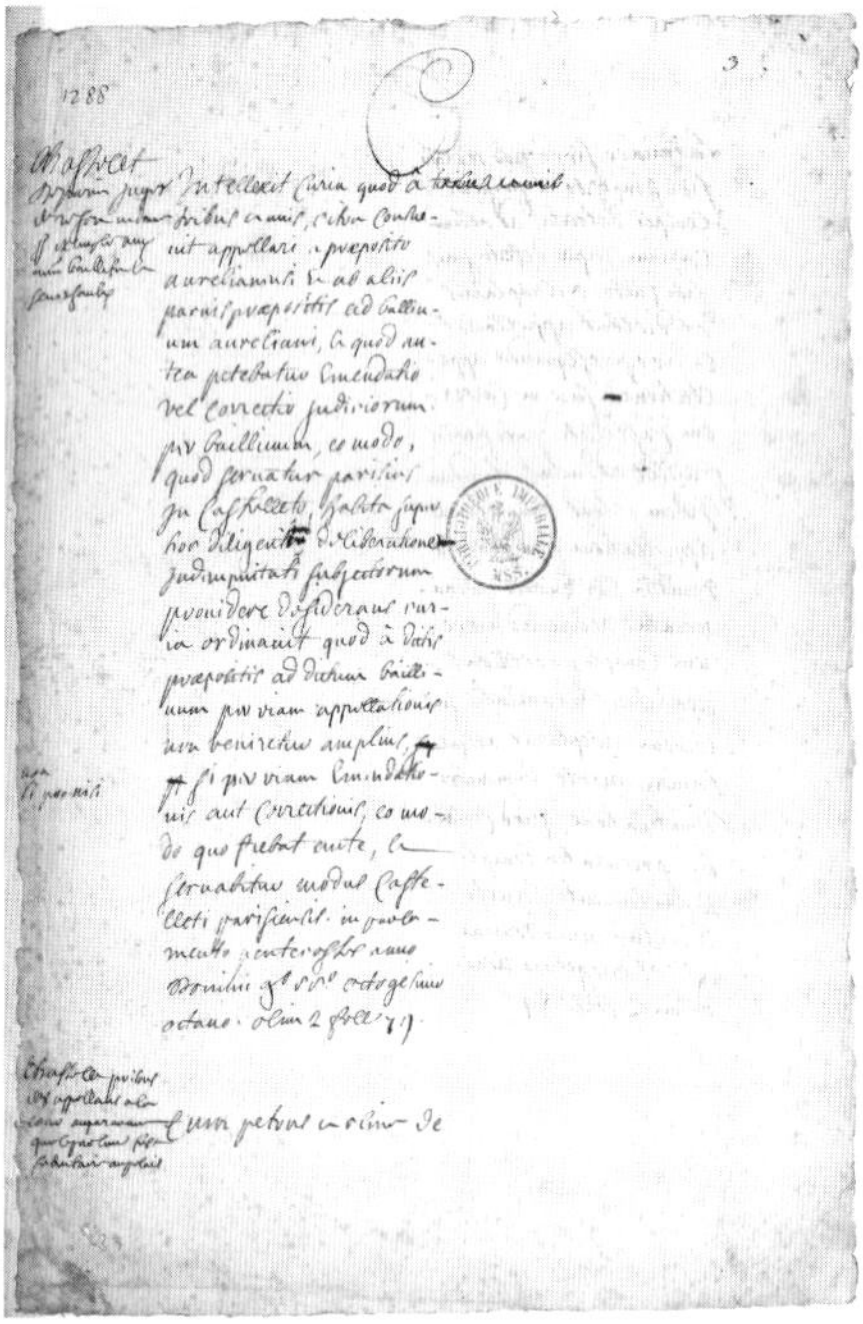

図4　ドラマール文書の一部（No. 21, 570 Chatelêt, pièces diverses の冒頭）

は一八世紀ドイツ社会を理解する上できわめて重要で、なかでも司法的関係において、台頭するいくつかの有力な領邦は、一方に帝国、他方に領邦内の等族や他の中小領邦と対峙せざるをえなかった。それは有力領邦からの一方的な攻勢として捉えきれるものではなく、それらアクターの相互関係の全体が一八世紀ドイツなのである。この意味で当時のドイツは依然として多元的な政治主体からなる「政治社会」であったと言いうるのだろう[13]。

迂回的に見えるかもしれないが、ここでは先に、こうした研究の中で示されているがフーコーの研究では取り上げられないポリス研究の視点や内容を示す。それとの対比でフーコーの研究の特質や着眼点を明らかにしてから、講義の内容に入っていくことにする。

二　仏独ポリス／ポリツァイ研究

まずフランスの社会史的研究手法を用いた重要な作品として、高澤紀恵『近世パリに生きる』（2008）を取り上げたい。この著作は巻末の「史料解題」からも分かるとおり、パリ市当局史料、同時代人の手記、ドラマール文書[14]（図４参照）をはじめとする国立図書館の手稿史料、古文書館の史料などを渉猟し、そこからパリという町が一六―一七世紀にどのような変化を被ったかを住民たちの自治組織の消長を中心に描いている。なかでも注目されるのが、都市のポリスの担い手として当初は都市社団がかなりの役割を果たしていたことを示した点である。

都市社団とは、パリという都市の城壁の内側に長年居住し、地縁的職業的共同体の中で一定の地位を占めた人々を長に頂く集合体である。[15] パリは一六世紀に人口が肥大化し、世界一の巨大都市へと膨張していくが、その過程においてもかなり遅くまで都市民による自警的な「夜回り」や見張りが機能していた。都市住民一人一人の状況の把握においても、街区ごとの調査が都市の自治集団の手により頻繁になされていたという。[16] こうした都市民のつながりによって支えられた一定の武装を伴う自警集団の存在は、たとえばアンリ三世治下でのリーグによる反乱において力を発揮した。[17] だが、城壁外への都市の膨張（フォブールの広がり）、移住者の増大、産業構造の変化と住民の流動化、さらにはプロテスタントからの改宗者アンリ・ド・ナヴァル（アンリ四世）の王位継承に

（13）　本書第一章三を参照。同じことが帝国を欠いたフランスにもある程度あてはまることは、二宮 1979 で描かれている。

（14）　ドラマール文書とは、後述する『ポリス概論』の著者ニコラ・ドラマール（第六章注５参照）が、同書執筆のために古今の史料を集めたものである。高澤 2008, 史料解題二頁、「あとがき」参照。フーコーも国立図書館（ＢＮ）手稿部（リシュリュー館）にあるこのドラマール文書を利用している（『監獄の誕生』第三部第一章原注15を参照）。また、ＢＮのウェブ目録でドラマール文書の詳細な目次が見られる。http://archivesetmanuscrits.bnf.fr/ark:/12148/cc57393q から細目次に入ることができる。なお、手稿の一部は写真がネット公開されている。

（15）　一六―一七世紀半ばのパリの秩序維持システムにおける都市社団の位置づけは、高澤 2008、九二頁に図示されている。

（16）　同、第一章。

（17）　同、第三章。

よって、こうした都市社団の結束はだんだんと過去のものとなる。彼らの役割はアンリ四世治世以降王のポリスへと取って代わられる。そして革命期に王権の行政的監視組織（王のポリス）に反乱を起こすことになるのは、旧都市民とは似て非なるものとしてのパリ民衆であった。

ここではとうてい再現することができない緻密で細やかな史料の読解を通じて描かれるのは、「抵抗する都市民と頑強なカトリックに対し、王権が彼らの権力を取り上げるためにポリスの装置を作った」といった単純な歴史像とは異なるものである。パリという都市における人々の役割の再現を通じて浮かび上がるのは、さまざまな登場人物たちによる、異なる利害や思惑をもった歴史の舞台での行動と、それらが対立と協力をくり返す中で意図せざる形で近代への門戸を開いていくプロセスである。夜回りはスペイン戦争のさなかにパリが攻略されるという現実的な脅威と恐怖によって組織され、その後ポリスが制度化される中でも、都市社団は自らの権益を守り維持するために自警的組織としてその運営に積極的に加わった。彼らは王権による支配をひたすら甘受する受動的な存在ではなかった。王についてもあらかじめの計画どおりにふるまったわけではない。高澤は「アンリ四世をはじめとする歴代の王たちを「王権の伸長」という明確で一貫したプログラムをもった存在と措定することにもためらいを覚える」と述べている。「現在の私たちが、目をふさがれ未知の世界に日々投げ出されているのと同じように、また時代に埋め込まれ有限な選択のなかで生きているのと同じように、国王もパリの市井の人々も、意図せざる結果に翻弄されつつ、一六、一七世紀を生きていた」[18]からである。都市のポリスとそのあり方について、社会史の手法と日常史の視点をもって研究することの意義は、同書の中で鮮明に示されている。

ドイツについては、海老原明夫「カメラールヴィッセンシャフトにおける『家』――J・H・G・フォン・ユスティの思想を中心として」（海老原 1981-1983）と、トライブ『エコノミーを統治する――一七五〇－一八四〇年のドイツにおけるエコノミー言説の変革』（Tribe 1988）を取り上げる。この二つの著作は、ドイツ独特の学問である「カメラリズム（官房学）」を、正反対の角度から取り上げている[19]。

カメラリズムはドイツ語で Kameralwissenschaft / Kameralismus / Kameralistik と呼ばれ、それを講じまた実践する学者や官吏はカメラリストと呼ばれた。camera はラテン語で部屋を意味し、これは英語の chamber、フランス語の chambre、そしてドイツ語の Kammer などの語源となった。これらの語は部屋と同時に会議体を意味したが、ドイツではまた政府の金庫（国庫）および領邦の政治機構としての「官房」を指すようになった[20]。官房学と訳さずカメラリズムとしたのは、近年の研究でこれらが単に大学で講じられた「学」であるのみならず、官吏による実践と深く結びついていたことが強調されているからである。カメラリズムの著書はみな教科書で、講義や実践と直接のつながりをもっていた[21]。カメラリストは独創性より学の継承とさらなる体系化、また時代の変遷に応じたその実践への適用を求めていた。

まず海老原の議論を見ていこう。彼は、一八世紀半ばのカメラリズム最盛期に代表的著作を書いたユスティ Johann Haeinrich Gottlob von Justi（1717?-1771）[22]について、その思想の中にある「家政学」の要素を重視する。

(18) 同、二四九頁。
(19) カメラリズムの古典的な研究書は Small 1909 である（スネラールも一九七八年講義の編者注で参照している。Foucault 1978, p. 27, n. 25, 三二頁編者注25、p. 338, n. 11, 四〇八頁編者注11）。スモールの本は一人一章形式でカメラリストを取り上げたあと、ユスティとゾネンフェルスを詳しく扱った大部の著作である。また、Wakefield 2009, chap. 1 はカメラリズムの研究史とそこでの論点を概観している。
(20) 近年、ドイツ以外のカメラリズム研究も進んでいる。Seppel, Tribe ed. 2017 では、スウェーデン、ロシア、イベリア半島、デンマークのカメラリズムが取り上げられている。
(21) Tribe 1988 を参照。

興味深いのは、ユスティが家政学と家の自立という古い理念をカメラリズムの体系のうちに維持したことによって、自然法論者に抗して、紀律化が家の内部にまで及ぶことに反対しえたという主張である。そもそも自然法論者が行政主導の徹底した紀律化を擁護するということ自体、同時期のフランスやイギリスにおける自然法論に慣れ親しんだ目から見ると理解が難しい。しかもその議論を家政学とカメラリズムの擁護者が批判するというのだから幾重にも分かりにくい。

ここではドイツ自然法論の特異性やカメラリズムとの関係に分け入ることができないので、議論の概要だけを説明しておく。一八世紀ドイツの自然法論としてまず挙げられるのがヴォルフである。ヴォルフの自然法論は公共善と共同の幸福を実現するために広範な私的生活への介入を正当化していた。これは近代人権論の立場から見れば「反動的」だが、さまざまな身分集団による「家」内部の自立的支配の解体と国家によるその役割の肩代わりと考えると、ある意味で近代的である。海老原の議論では、ホーベルクやベッヒャーといった初期のカメラリストが別々に論じていた家政学とカメラリズムは、ゼッケンドルフ、シュレーダー、ディトマールらを経てユスティに至り有機的に結合される。そしてこうしたカメラリズムの体系化の中にポリツァイ学の誕生も位置づけられる。ユスティに至るカメラリズムにおいては、家を解体して個人を直接ポリツァイ的な規制と紀律化の対象とするのではなく、カメラリズムのうちに家政学、ポリツァイ学、財政学の三つの部門を設けるという構成がとられている。その意味でここにはボダンにも見られる国家と家の並立が認められる。(23) ポリツァイ学もまたこうした総合的な学としてのカメラリズムの一部と考えると、その紀律化の側面だけを見てこの時代の領邦国家による一元的かつ一方的な規制や監視を強調するのは理解が単純すぎるということになる。

ただしくり返しになるが、一六世紀の統治術、国家理性論から一八世紀のポリツァイ学に至る家と国家の関係は単純ではない。第一章三で述べたとおり、国家の統治に家のモデルが導入されることと、それ以前の家の自立性が失われることは同時に進んだといえる。しかし一方で国家統治のモデルに家が用いられることによって、ユスティに見られるような家の自立性の一定の擁護や、家政学という学問のカメラリズムにおける生き残りの道が残された。だが他方で、国家は家政をモデルとすることで、その統治の包括性、「国家活動のすべてを網羅的に論ずる学としての資格を要求しえた」[24]。つまり従来は家によって担われてきた領域を含め、国家は領域内のあらゆる事柄に関与する理論的後ろ盾を得たのである。

この点に関連して、都市史の研究から補足しておく。佐久間弘展によると、ポリツァイ立法は頻繁なくり返しと違反の多さによって特徴づけられる。たとえばチューリヒでの傭兵禁止の条令は一六〇〇年までに一二〇回公布され、違反の記録は一〇〇〇を超えるという[25]。これを見るとポリツァイ条令[26]には実質的な効果はあまりなかったように思える。しかし佐久間は、これがポリツァイ条令の実効性のなさに即座に帰結するわけではないとする。お上 Obrigkeit としては違反を承知で条令を公布しつづけることで支配服従関係の存在をくり返し明示したので

---

(22) ユスティの生涯は Reinert 2009 を参照。生年については一七二〇年、一七〇五年の異説がある。ザクセンの宮廷に仕えたあとウィーン、ゲッティンゲン、コペンハーゲンに移り、フリードリヒ二世のもとで鉱山監督局長となった。その後公金横領の罪で訴追されそのまま世を去った。ユスティはドイツカメラリズムが最高潮に達した時期にそれを完成させた人物、つまりドイツカメラリズムおよびポリツァイ学の代表的存在として知られる。Foucault 1978, p. 337, n. 7, 四〇七頁編者注7を参照。

(23) 本書四三八頁を参照。

(24) 海老原 1981-1983,（四）二六頁。

(25) 佐久間 2006, 六六頁。

(26) ポリツァイ条令の実際の条文はどのようなものだったのか。久保正幡先生還暦記念準備会編 1979 に初期ポリツァイ条令の代表例とされる一五七七年の「帝国ポリツァイ条令」の抄訳がある。

あり、領民が金銭的利益と処罰の効果のなさから条令を守らないであろうことは予想の範囲内であった。ここでもポリツァイにおける領邦権力、その他の領主権力、また都市民や民衆との関係の複雑さに留意が必要である。松本尚子 2012 は、ポリツァイ違反を裁くポリツァイ裁判権、さらにはポリツァイ権そのものが一九世紀半ばに至るまで土地に付随して地主（領主）の権利として温存されたことを指摘している[27]。つまりここでも、一方的な強制と規律化ではなく、多様な主体の相互関係の中でポリツァイを捉えねばならないということになる。

これに対して、トライブの議論は伝統の維持とは逆側からカメラリズムの見方を変えるものになっている[28]。それは、カメラリズムとポリツァイ学が一八世紀末にドイツで突然衰退する理由について、新たな説明を与えるものである。世紀半ばには隆盛を極めた学問と実践が、瞬く間に大学からも統治実践としても消え去るというのは非常に不思議な現象である。これについてはこれまで「法治国家思想の高まり」と「アダム・スミスがドイツに与えた衝撃」という二つの説明が与えられてきた[29]。トライブはとくに後者に注目し、もちろんスミス受容の影響は重大であるが、それ以前にカメラリズム自体のうちでエコノミーの領域が扱う内容に変化が見られ、またフランスフィジオクラシーの影響を通じて、カメラリズムがすでに内部から変容しつつあったことを指摘している。トライブの議論によると、カメラリズムの中でエコノミーが扱う対象が、アリストテレスの意味での家政つまり家における人の統治から、農政へと拡充・変化した。トライブは農業領域へのカメラリズムの適用の重要性を強調している。商業の領域については、たとえばゼッケンドルフにおいてはコマースはオイコノミアと区別される。また領邦における税制のような実践のレベルで、とくに啓蒙思想としてのフィジオクラシーの影響を受けた領邦君主によって、フィジオクラットが掲げる農業単一税制導入の試みがあったという。さらにカメラリズムにおけるスミスの受容プロセスも考察されている[30]。

三　フーコーの視点の特徴

こうした研究と比較してみると、フーコーのポリス論の特徴がはっきりしてくる。フーコーは都市社団や教会権力と王権とのせめぎあいといったポリスの担い手をめぐる話はしない。また、ポリツァイ学の教義に関して、その学説史的変遷や実践との関係などを問うこともない。講義での彼のポリスの取り上げ方は、「知と権力」という観点に特化したものである。知の形成への興味はフーコーの研究生活の当初からつづくもので、フランスの科学認識論（エピステモロジー）、とくにカンギレムからの影響が強い。たとえばポリスについては次のような観

（27）　松本 2012, 五九頁。
（28）　トライブ Keith Tribe（1949-）はロンドンに生まれケンブリッジで学位を取り、キール大学（イギリス）で教えながらドイツに滞在し、ドイツ官房学から経済学が誕生する過程を研究してきた。現在は大学を辞めてボートのコーチをしながら研究と翻訳をつづけている。彼はドイツの概念史や国制史の研究、フランスの社会史、ケンブリッジ学派のインテレクチュアルヒストリーのどれからも距離を置く研究者である。
（29）　海老原は官吏登用試験における法律学の採用とその重視の傾向を挙げている（海老原 1981-1983,（四）一七頁）。ここからは、カメラリズムが実用的で、官吏の実践と近かったために、法律学の体系性・理論性に比して「学問」としての意義が低く見積もられたことが想像される。
（30）　Frambach 2017 は、カメラリズム凋落の原因としてスミスのインパクトが強調されすぎてきたことを確認した上で、次のような多様な原因を指摘している。権利論と結びついた新しい自然法論による幸福から自由への価値のシフト、専門官僚制の整備、カメラリズムの実際が公的利益とかけ離れていたこと、宮廷から国家財政への移行、経済と行政の重要性の増大などである。

点から取り上げられる。ポリスは新しい対象としての「人口」を捉えるために統計学の発達を促し、また統計学の発達はポリスの学および実践としての精度を高め、新たな介入領域の開拓と効果的な統制をもたらした。ポリスが内政の多様な対象に関わることで、それぞれの領域についての知が蓄積され、学問が整序されていくのである。

権力については、フーコーがポリスに関心をもつのは、そこで実践される秩序編成のあり方、権力のタイプ、言い換えれば特定の統治のテクノロジーのあり方を描き出すためである。国家理性論から展開したポリスは、その基本的な介入の型として「規制 réglementation」を用いた。それはできるだけ細かく、できるだけ広範囲に、そして常時の規制と監視によって最大の結果を得ようとする。これをフーコーが『監獄の誕生』で明らかにした権力の型でいうなら、ポリスは規律という様式で介入を行うということになる。

このような彼の関心は、ポリスについて論じる際にどの論者を取り上げるかにも表れている。フーコーが取り上げるポリス論者は一見すると手当たり次第である。あとで見ていくが、彼が挙げる人々は、リヨンからジュネーヴに亡命したユグノーのブルジョア、ザクセンの貴族出身の官吏、フランス宮廷に仕えた司祭、フリードリヒ二世治下の官吏、パリ警視総監、クレルモン＝フェランの法学研究者、パリ警視、騎馬警察（マレショーセ、本書第六章参照）隊長など、実にさまざまな経歴の持ち主である。しかしこれはもちろんフーコーが自分の研究の幅広さを示すためではなく、さまざまな立場からポリスやポリツァイを論じた人々が共通してもつ認識、あるいは共有された問題意識や着眼点を示すための選択である。

近世ヨーロッパにおいて広範に見られた規律化というテーマに関連させて、これについて説明を加えておく。規律についてはすでに第二章でも取り上げたが、その知的源泉をたとえば新ストア主義に見る研究がある。また、その起源をプロテスタンティズム、とくにカルヴァン派の教養と実践に見る研究は、マックス・ヴェーバーをはじめとして現在までつづいている[31]。ここでフーコーが宗派や政治的立場、また論者の社会的地位を限定せず広くポリスについての言説を挙げるのは、こうした文化的思想的な限定をはずしてポリスを捉えようとしていたためであろう。このこと自体彼独特の「エピステモロジー」の発想によるものである。つまり、同時代に別々の場所で似た事柄が問題にされ、それらがどのように知の展開と社会の再編成につながっていくのかが、フーコーにとっての関心事であった。

このように、新たに生み出され展開する知と権力のあり方、認識や思考のモードと統治のテクノロジーとの関係を描くのがフーコーの統治性研究であり、ポリス論にもその特徴がはっきりと表れている。

四　フーコーのポリス論――ポリスとはなにか

フーコーはまず、「ポリス」ということばについて説明する[32]。現在では国内の治安と安全を担う警察を意味するポリスが、一七―一八世紀にはかなり異なる意味をもっていたことを示すため、それ以前の一五―一六世紀にまで遡っている。この時代の用例として彼が挙げるのは、「国家 les états、領国、都市、ポリス」「国家 les républiques とポリス」「ポリスと支配 régiment」である[33]。こうした用例からフーコーは、この時期には、政治権力や公的権威が及ぶ集合体（政治体）、支配のための行為の全体、そして支配がうまくなされた結果としての

(31)　なかでも重要なものとして Gorski 2003 がある。同書 pp. 22-33 には、フーコー、ヴェーバー、エストライヒ、ノルベルト・エリアスの規律概念への言及がある。
(32)　以下のポリスの語の出現と変容について、詳細な研究が Napoli 2003, chap. 1 にある。

共同体の状態がポリスと呼ばれていたとする[34]。なお、最後の意味は policé という表現にも見られるものだが、共同体に秩序が保たれている状態を指している。また、ドイツ語の「善きポリッツァイ Gutepolicey」[35]も、ポリッツァイという行政装置の発展以前には、同じように秩序すなわち法が保たれていることを意味した。

ところが一七世紀以降、ポリスは「国家に善き秩序を維持しつつその力を増大させるための手段の総体[36]」を意味するようになる。ここでポリスは、単なる「善き秩序」の状態を示す静的で評価的な形容詞としてではなく、現実的で実践的な活動として、介入の手法や仕組みと結びつけられている。フーコーはこうした意味でのポリスの装置が作られるようになった背景に、前章で挙げた国際環境としての諸国家の競合があったと指摘する。それはヨーロッパの均衡の中で国力増強を目指す各国家が国内で行う努力であり、善きポリスは国家存立のための必須事項となっていく[37]。

フーコーはまた、ヨーロッパの均衡とポリスがともに、統計学という共通の道具を用いることを指摘している。国家についての理論の中で統治が問題にされるとき、当初から古代ローマの監察官 censor によるに調査 census（センサスの語源）に範をとる、フランス語で言うならサンスゥール censure の重要性が説かれていた。ボダン『国家論六篇』にこれについて述べた章がある（第四篇第六章）。ボダンを近代統計のさきがけと見なすのは、たとえば Reynié 1992 である。統治における censure の重要性の指摘は、テュルケ『貴族的民主的な君主制』、モンクレティアン『政治経済論』、ルソー『社会契約論』にも見られる。これらの著書では、人口について統計的に知ること（現在のセンサス）と、習俗の監視や統制（検閲）とが混合した形で censure の内容をなしている[38]。

そもそも均衡が均衡として認知されるには、それぞれの陣営に属する人口、軍隊、天然資源、生産、通商、通貨の流通などについて計算可能でなければならない。均衡は計算によってはじめて成り立ち、またたえざる集計のやりなおしと再計算によってアップデートされる必要がある。この計算を可能にするのが統計学である。では

統計学はどのようにして発達したのか。それはポリスの装置を通じてだというのがフーコーの主張である。(39)

（33）なお、régiment について、Foucault 1978, 四一二頁訳注2は、フランス語 régir の名詞形を示唆しているが、ここでフーコーが念頭に置いているのは régir ではなく「支配」を意味するラテン語 regimen のフランス語訳である。Senellart 1995 は副題にこの語を掲げ、中世のよき政治の言説にしばしば見られるこの語が、近代の統治へと変容していく思想史を描いている。

（34）Foucault 1978, pp. 320-321, 三八八―三八九頁。

（35）Thomas Simon, *Gutepolicey: Ordnungsleitbilder und Zielvorstellungen politischen Handelns in der Frühen Neuzeit*. Frankfurt am Main: Vittorio Klostermann, 2004 は、表題にこのことばを掲げ、ポリツァイ学と善き秩序について考察している。日本語の紹介が、吉田 2005 にある。

（36）Foucault 1978, p. 321, 三八九頁。

（37）こうした説明をされてもポリスとはなにかつかみにくいと思われるので、もう少し具体的な説明を試みる。ポリス／ポリツァイには身分に応じた服装の細かな規定があったことが知られている（松本尚子 2012, コラム2）。ポリスが発達しなかった国を含め、一六―一七世紀にはヨーロッパ中に存在した奢侈禁止令を見ても、そこで服装をめぐるある種の「戦争」があったことがうかがえる（Hunt 1996）。こうしたポリス令や奢侈禁止令による日常生活への介入や規制は、どこか中学校の校則を思わせるものがある。身分と階級が入り混じり社会構造に大きな変動が生じる時代において、現在では中学生にしか適用されないような服装規制が頻繁かつ広範囲に見られることは、それが人間を徴づけることで階層秩序を維持し管理する試みとして、当時のヨーロッパに不可欠の存在であったことをうかがわせる。

（38）ただし、ルソーはここでも例外的で、彼の議論は censure を法の下に服せしめ、それを世論の表明のための媒体として捉えている。ルソーの議論のあり方はある意味で古典的（人文主義的）である意味で近代的（人民主権的）である（『社会契約論』第四篇第七章）。Senellart 2002 は、一六世紀までの censure の概念史とルソー―ロック―マキャヴェリの関係を論じている。

（39）統計の語や統計学の歴史については第一〇章で論じる。

五　ポリスが生み出す対象

こうした点を確認した上で、フーコーはポリス論を取り上げる。彼がはじめに取り上げるのは、ルイ・テュルケ・ド・マイエルヌ『貴族的民主的な君主制』（Mayerne 1611）である。[40]テュルケについて、講義でフーコーはこの本のタイトルの奇妙さに言及している。一九七九年の講演「全体的かつ個別的に」ではこのタイトルについて、「さまざまな政体間での選択よりも、主要目的である国家のために政体を結合することが重要だった」[41]と述べている。

テュルケの著書の歴史的文脈について若干補足しておく。一六―一七世紀の転換期を生きたテュルケはリヨンで聖バルテルミの虐殺に遭遇し自宅を襲撃され、第一子妊娠中の妻とともにジュネーヴに移住する。こうした経験から、フランス王室の改革を望み、その構想をユートピア的に描いたのが六〇〇頁近くの大著『貴族的民主的な君主制』である。政治状況からくる身の危険を避けるため、同書の出版は晩年となった。出版後すぐにパリでは当局の指示で回収され、マリー・ド・メディシス摂政下で逮捕・尋問を受けた。つまりこれはフランスの亡命ユグノーによる王室改革の提言の書ということになる。

フーコーはテュルケのユートピア構想について次のように説明している。テュルケにとってポリスとは「国家Citéに装飾、形式、そして壮麗さsplendeurをもたらすあらゆるもの」[42]である。またテュルケにとってポリスの行使と統治術とは同じものである。フーコーはテュルケが挙げる四つの官吏の部門のうちの一つ、「ポリス保守改革長官」に注目する。この長官の配下に、地域ごとに四つの事務局が配置される。第一のポリス事務局は子どもや若者の教育、職業登録とその管理に携わる。[43]第二の慈善事務局は貧民の救済と授産、また病気や事故や災害を扱い、細民への融資を行う。第三の商人事務局は市場や手工業、通商と交易を受け持つ。第四の領地事務局は土地とその権利や王領地を受け持つ。

フーコーはテュルケの構想が、司法・軍事・財政という伝統的な国家の機能に「ポリス」という第四の部局を付け加えている点に注目する。これはその後「行政」として国家機能の中枢を担うことになる部門である。また、この中で地域に配置される第一の「ポリス事務局」について、フーコーは次のような意味を見出している。この時代まで主権者の関心は人々の身分にあり、またそれぞれの身分に付随することを期待される「徳」にあった。臣民は従順な方がよく、また勤勉であることも求められた。これらは徳に属する事柄である。

しかしテュルケが重視するのは職業である（テュルケはこれを「階級」と呼ぶ）。フーコーの理解では、これはかつての勤勉とは異なる。職業とは人が生涯にわたってそれに関わっていく事柄である。ここでフーコーは、静

(40) Louis Turquet de Mayerne (1533/34-1618) は北イタリアからリヨンに移住した一家に生まれ、プロテスタントに改宗した。聖バルテルミの虐殺後ジュネーヴに移り住んだ。ラテン語からの翻訳と著述、またなんらかの商売に携わったと考えられる。アンリ四世治下のパリに居住したが、国王暗殺によって再び不遇をかこったまま没した。生年について Mousnier 1955 (*La plume, la faucille et le marteau*, Paris 1970 に再録) が誤りであると Greengrass 2007, p. 3. n. 10 が生年の根拠を挙げて指摘している。Soltau 1926 にも同じ誤りがある（この論文はほかにも伝記上の年代の誤りがある）。

(41) Foucault 1979a, フランス語訳 p. 154, 三三八頁。

(42) Foucault 1978, p. 326, 三九五頁。Turquet 1611, Livre I, p. 17.

(43) テュルケの構想においては、身分は廃止され代わって五つの階級 classes が定められる。ここには一種のメリトクラシーの体制が見られる。世襲貴族制は否定され、ある程度の職業選択の自由が認められている。二五歳になると全員が自分の職業を登録する義務がある。これを管理するのがポリス事務局である。フーコーも指摘するとおり、この登録を怠ると市民として扱われない。

的な身分 états（état は静止した状態の意味でもある）と活動的で時間的な広がりをもつ職業を対比していると思われる。つまりテュルケにおいて、ポリスの関心は人間の属性ではなく、その人がなにをするか、ある人の一生を通じた活動にある[44]。そのためポリスは職業だけでなくそれに向けた子どもの教育、また貧困や病気や事故や災害など人間の活動に不都合をもたらす事態、商業や市場や土地など生にとってきわめて重要な活動に関連する事柄すべてに携わることになるのである。

この点に関連して Greengrass 2007 が興味深い指摘をしている。テュルケの著書のタイトルは混合政体論を思わせるもので、たしかに彼のユートピア国家はある種の混合政体である。しかしそれは近世政治思想史において通常イメージされる混合政体論とはかなり違ったヴィジョンを有する。「近世における混合君主制について書かれたものを読む際、わたしたちが通常それを制限された国家〔制限君主制―引用者〕に至る手段として捉えるとするなら、テュルケの論はこれに再考を強いるものである。「ポリス」のような一六世紀の〔新しい―引用者〕概念を適用しようとすることで、テュルケの視点はすべてを掌握する国家という妥協のない構想となる。つまり制限された国家という像とはかけ離れたものになっている[45]」。

ポリスという制度を自らの国家構想に導入することで、テュルケの国家像は著書のタイトルから想像されるものとは違った内実をもつことになった。それは、すみずみにわたって細部をすべて掌握する、監視と管理の国家像だからである。

次にフーコーはテュルケのユートピアを離れ、ホーヘンタール Peter Carl Wilhelm von Hohenthal（1754-1825）[46]、フルリ師 Claude Fleury（1640-1723）[47]、ダルジャンソン Marc-René de Voyer de Paulmy, marquis d'Argenson（1652-1721）（第六章注4参照）、ドマ Jean Domat（1625-1696）（第六章注15参照）、ドラマール Nicolas Delamare（de La Mare）（1639-1723）（第六章注5参照）、ユスティ[48]、そしてモンクレティアン Antoine de

Montchrétien/Montchrestien（1575-1621）（第一三章注12参照）を引いて、ポリスがなにを対象とし、またなにを目的とするかを語っている。

フーコーが挙げるポリスの第一の対象は、人の「数」である。この点に関しては、のちの政治経済学による批判がよく知られているだけに、数だけを問題にするこの時期の考えは素朴なものにも見える。しかしフーコーは、「一七世紀には、国家の力をより強くし最も確実に増大するには、どれだけの数の人がいることが効果的なのか、また人の数と領土の広がりや富の関係はどうあるべきなのかといった問題が立てられるようになる点で〔人の数という問題は―引用者〕明確な意味を帯びはじめます(49)」という。ここで彼が言っているのは、ただ一般的に「人の数が多い方が強国だ」といった主張がなされるのではなく、その人々がどんな生活をし、資源や土地とどのような関係をもち、簡単にいえばどういった活動状態にあるかが問題にされ、統治の対象になるということだ。

（44）フーコーがテュルケの「階級」を「職業」と言い換えているのは、身分に代わって階級が社会階層区分としてリアリティをもつのが一八世紀以降であるからだろう。この点について、Perrot 1968, pp. 243-251, 一一五―一二五頁に簡潔な見取り図が提示されている。

（45）Greengrass 2007, p. 15.

（46）ホーヘンタールはザクセンの貴族で法曹家、また政府の財政・税務に関わる官吏を務めた。フーコーが引用しているのは *Liber de Politia*. Leipzig: Hilscher, 1776 である。Foucault 1978, p. 336, n. 4, 四〇七頁編者注4を参照。

（47）フルリはパリに生まれた司祭。ルイ一四世の子息の教育係として宮廷に仕え、長大な『教会史』で知られる。フーコーが引用するのは、“Avis au Duc de Bourgogne,” in *Opuscules*, 3, Nîme: P. Beaume, 1780 である。Foucault 1978, p. 339, n. 31, 四一〇頁編者注31を参照。

（48）本章注22参照。フーコーが引用するのは *Grundsätze der Policey-Wissenschaft*, Göttingen: Van den Hoecks, 1756 である。

（49）Foucault 1978, pp. 330-331, 四〇〇頁。

フーコーは、ポリスの二番目の対象として生活必需品を挙げる。具体的には、食糧、衣類、住居、そして食糧供給のための農業である。そこから派生してくるのが、物資の流通や備蓄などを含めた「穀物ポリス」である。穀物流通はのちに市場の自由化と商品化をめぐって大きな論争になる分野であるが、これについては第一一章で改めて取り上げる。ポリスの対象として食糧をはじめとする生活必需品がいかに重要であったかは、たとえばドラマール『ポリス概論』(Delamare 1705-1719) の記述の中でのその分量を見るとよく分かる。『ポリス概論』の「食糧 Vivre」の部は、初版三分冊のうち第二分冊と第三分冊のすべて、つまり全体の約三分の二を占めている。

三番目にフーコーが挙げるのは「健康」である。この領域に関するフーコーの関心はかなり古くからのもので、大いなる閉じ込めを論じた『狂気の歴史』にはじまり、一九七七年の「社会医学の誕生」(Foucault 1977b) では集団医療と病院の誕生が論じられている。健康、衛生、都市政策、伝染病、隔離、大気の流れと瘴気、街区と住居の空間配置など、フーコーに親しんだ人ならよく知っている世界であろう。

四番目に流通が挙げられる。これは物理的な次元と規制に関わる次元に分かれる。前者は商品や生産物を流通させるための、道路や運河、河川、橋、広場、公共の場所などに関連する。後者は流通規制を指し、規則や規制によって人や物の流通を制限したり促進したりする。

以上のようにポリスの対象を列挙したあと、フーコーはこれについて「ポリスの根本的な対象は、いってみれば、お互いに対する人間たちの共存の形式全体なのです」という。「人々が共に生きるという事実、繁殖し、一定量の食糧と、呼吸し生を保つための空気を欲するという事実、ともに働くという事実、異なったあるいは似たような仕事をするという事実、流通空間の中にいるという事実。ポリスが関わるのは、当時はまだ使われていないことばですが、こうした社会性の空間すべてなのです」[50]。

フーコーはポリスの膨大な対象を網羅的に列挙しているように見えるが、ここには強調される部分とそうでない部分とがある。フランスにおけるポリス論の中で最も著名なドラマール『ポリス概論』の構成を見ていくと、このことが明らかになる。

ドラマールの巨大な作品は、全体が六部に分かれており、それぞれ「ポリス総論」「宗教」「習俗」「健康」「食糧」「道路」となっている。このうち道路についてはドラマールの死後弟子のブリエによって第四分冊として刊行された。『ポリス概論』序文によると、ドラマールはさらに第一一部までの構想をもってこの本を書きはじめたようである。それぞれ「公共の安寧」「学問と自由学芸」「商業とそれに関連する事項」「製造業と機械工芸」「従僕、使用人、労働者 Manœuvriers」となっている。[51] ドラマールの構想と実現した『ポリス概論』の膨大かつ詳細な記述からは、フーコーが強調するとおり、どんな細部も逃さずすべてを捕捉しようとするポリス警視の執念を思い知らされる。先に述べたとおり、このうち分量が最も多いのは「食糧」で、フーコーが言及しているのはそのほかに「健康」と「道路」である。

「習俗」は服装規制や奢侈禁止令に関連する事柄、売春や放蕩、賭けなどの風紀上よくない行い、また呪術や瀆神など宗教関係の行為に関連している。このうち宗教以外の事柄は、フーコーがポリスを論じる際にしばしば取り上げるもので、これらの事項と商業や流通、また治安や衛生との関係が彼の念頭にあると考えられる。問題はドラマールが総論のすぐあとに置いている宗教である。[52] これは他のポリス論やポリツァイ論でも必ず取り上げ

(50) Foucault 1978, p. 333, 四〇三頁。
(51) それぞれ Delamare 1705-1719, Tome I, préface p. 11, p. 13, p. 13, p. 16, p. 17 で概要が述べられている。
(52) ドラマールは宗教に第一分冊の二六七―三七八頁をあてている。第四部「健康」までを収録する第一分冊六四八頁（補論を除く）のうち約六分の一にあたる。宗教と習俗を中心とした『ポリス概論』の紹介は、松本礼子 2013, 第二章第一節にある。

られたものだが、フーコーは宗教的な取締りについてはほとんど言及していない。これは、当時のフランスでポリスにおける宗教的事項の比重が弱まっていく傾向にあったこと、それに比してドラマールの叙述では「食糧」に分類される、生活必需品の流通、生産、消費また移送や販売、輸出入などの重要性が飛躍的に高まっていたことと関係していると推測される。つまり当時の国家あるいは行政の任務は、宗教的な事柄から離れ、人とモノとの流通、また貧民の生活や農村と都市との関係など、人々の日常の生全般へとその比重を移しつつあった。フーコーのポリスの対象についての取り上げ方は、こうした傾向を反映している。

ここでのポリスの分析とそれを言語化するやり方は、実にフーコーらしいものである。フーコーはあちこちの場所で違った文脈や意図で書かれたポリスについての文献を、彼が自ら用意した「薄い格子」を通して捉えようとする。そこから見えてくるのは、ある場所に生きる人間たちの共存様式、人々の生と活動のすべてが国家の力として認識されるようになる、その瞬間である。人々の生を活用することで国家の力と富を増大させることができる。またそれによってしか国力を高めることはできない。こうした前提に立つことで、ポリスの実践は国家にとって欠くことができないものとなる。それは国家理性の定式化によって自らを目的とし、その外部になんの支えももたなくなった国家が、自己を維持し存続させるための必要不可欠な装置となるのだ。[53]

国家理性―ポリスの統治において、人々のよき生 bien-être、あるいは至福 félicité は、このようにして国家の目的と関連づけられるようになるのである。[54]

（53）　フーコーはモンクレティアンがきわめて早い時期に bien- être の語を用いていることに注目している（*ibid.*, p. 335, 四〇五頁、日本語訳で「芸術」と訳されているのは「技芸」を指す）。この語はのちの福祉国家においては、そこで保障される生を示す際のキーワードとなり、また厚生経済学でも用いられる。厚生は bien-être/well-being の訳語である。ここでフーコーはただ生きるのではなくよく生きることを目的として、ポリスがその介入の場を無際限に拡大していくことを指している。

（54）　félicité は宗教的含意をもち、もともとは来世における救済を指して使われた。しかしフーコーはここで félicité と現世における幸福 heureux とを区別なく用いている。それによって国家が地上の秩序と善き生の保障者として宗教的権威に取って代わることを暗示しているようにも読める。なお、bien-être は heureux との対比では、とくに物質的な生存や安寧に関わる福祉の意味で用いられる。

第Ⅱ部　人口

第六章　ポリス、都市、都市計画

一　ポリスの特権的な場としての都市

フランスにおけるポリスの制度上の整備は一六世紀にはじまる。だが、第五章でパリのポリスについて言及する中で見たとおり、当初それは都市社団や教会など既存の諸団体によって分権的に担われ、ポリスの実践自体がそれら諸集団の権利と権限の源泉ともなっていた。ナポリは次のように言う。「それ以前〔ポリス改革以前―引用者〕は、この部局の権限は、裁判や法制定の特権に関して国王行政官（プレヴォ）と争っていた多数の裁判所に分割されていた。そのためかつてのポリス部局は、諸種の王令を遵守させ、また各関係者が指摘するさまざまな違反を裁定しなければならず、対応の遅い緩慢な組織だった」。さらにその権力は、「高等法院部長法定官または諮問官の一人、コンセイユデタの調査官、民事代官または刑事代官、商人頭（市長）または市参事会員の一人、四人のブルジョア代表、商人以外でシャトレと市の検事を務めるメンバー」によって分有されていた(1)。それを中央集権的な方向に大幅に改革したのが、一六六六年から翌年にかけて行われたポリス改革である。

一四世紀には権勢を誇ったパリ商人頭（prévôt des marchands＝パリ市長）が人事権の掌握を通じて王権の支配

（1）Napoli 2003, p. 45. また同頁 n. 81. ナポリの典拠は Jacques Peuchet, *Collection des lois, ordonnances et règlements de police depuis le XIII*^{e} *siècle jusqu'à l'année 1818*, I, Paris: Lotin, 1818, p. LXXXII である。

下に置かれるようになったことにも見られるように、こうした改革は都市としてのパリの自立性を剝奪し、「王の首都」としてパリを再編するために行われた。ルイ一四世の命の下、コルベールの主導によってなされたポリス改革でパリに警視総監職が創設され[2]、初代総監にはラ・レニ Gabriel-Nicolas de la Reynie（1625–1709）が就任した[3]。第二代がダルジャンソンである[4]。ドラマールは、在職期間がそれぞれ二〇年（1667–1697）、二一年（1697–1718）と長期にわたったこの二人の下で、職務の傍ら『ポリス概論』の執筆編纂に精力を傾けた。

ニコラ・ドラマール[5]は一六七三年、パリのポリスを統括するシャトレ裁判所の警視となった人物である[6]。ポリス論の書物は、フランスだけでなくドイツにおいても官吏が参照する手引きで、それによってポリス業務を学ぶ教科書でもあった。そのため過去の法令（フランスでは王令およびポリス令、ドイツではポリツァイ条令）や事例をできるかぎり収集し、それについて解説を加えながら実務に役立つ先例とする方針で書かれている。結局『ポリス概論』は完成に至らず、高等法院付弁護士のル・クレール・デュ・ブリエが事業を引き継ぎ出版した[7]。

一九七八年講義の最終回で、フーコーはドラマールの『ポリス概論』を改めて取り上げている。『ポリス概論』は、一八世紀初頭までに実践されてきたポリス行政、法令制定の歴史を照会し、関連する法令全文を付した巨大な法令・規則集である[8]。冒頭の総論ではポリスの起源として古代へブライ、ギリシア、ローマにまで遡り、フランスについては古代ガリア、クロヴィスからその歴史をたどっている。各部で取り上げられる法令は一三世紀末

（2）警視総監 lieutenant général de police はポリス（総）代官とも訳される。当時の司法行政官の長は民事代官と刑事代官であったが、そこに新たにポリス代官が加わった。一六六七年のポリス改革によってパリに警視総監（ポリス総代官）職が作られ、一六九九年からは主要都市にも総代官が置かれるようになる。本書の叙述の趣旨から、ポリスの語を残すために一般的には「ポリス総代官」を、パリについては首都の特殊性を表現するため警視総監の訳語を充てる。

（3）ラ・レニはリモージュの大ブルジョアの家に生まれた。親族の男性すべてが行政官か官僚であった。国務諮問会議訴願審

査官 maitre des requêtes au Conseil de roi となり、コルベールに見出され、警視総監に抜擢された。ラ・レニと彼が主導したポリス改革、また彼の下でのドラマールの仕事ぶりは、Saint-Germain 1962 に詳しい。

（4）ダルジャンソンはヴェニスに生まれ、フランスの国務大臣、第二代警視総監、次いで財務長官および大法官を務めた政治家。Foucault 1978, p. 339, n. 37, 四一一頁編者注37を参照。また、Mercier 1782-1788, VIII, pp. 163-175 にダルジャンソン評がある。

（5）ドラマールと『ポリス概論』については、Foucault 1978, p. 55, n. 26, 六六頁編者注26を参照。ドラマールはパリ近郊ノワジー・ル・セックのシャイヨ＝ドラマール家に生まれた。ドラマールの綴りについては、本人はつねに Delamare とつづけてサインしていたことがドラマール文書から知られるという。また彼は非常な悪筆であったようだ（Bondois 1935, p. 313, n. 1）。

ドラマールの生涯については、『ポリス概論』第四巻冒頭にあるル・クレール・デュ・ブリエの賛辞に書かれている内容が事実と異なることについて Dyonet 2004 が指摘し、伝記を訂正している。Musart 1921, Bondois 1935、白水 2004 は賛辞を典拠としているため、事実に即していないことになる。

（6）当時のポリス行政における警視、および警視総監をはじめとするさまざまな職種の役割ついては、松本礼子 2013 を参照。警視総監はパリのポリス実務を指揮する官僚の長であった。警視 comissaires de police は警視総監の下にあり、その任務を現場で遂行する役目を担った。現在の警察官とは異なり、警視は民事的事柄も扱い、それが収入源となっていた（その弊害をドラマールが『ポリス概論』で嘆いている）。警視については、非常に詳細な説明が Kaplan 1981 にある。そのほか、捜査官、蝿 mouches と呼ばれたスパイなどについて、松本 2013, 第一章に詳しい。また、市井に潜む蝿のほかに監獄内に羊 moutons と呼ばれるスパイがいた。警視総監以下ポリス役人による取締りの「実際」については、Mercier 1782-1788, III, pp. 263-267, V, pp. 244-249, VI, pp. 105-111,VII, pp. 53-54、日本語訳では（下）二五九―二七九頁を参照。監禁空間形成によって生じた警察とスパイとの関係については、『監獄の誕生』第四部第二―三章を参照。

（7）なお、『ポリス概論』執筆のためにドラマールは膨大な史料を集めている。これが「ドラマール文書」と呼ばれ国立図書館に保管されている史料群である（第五章注14を参照）。

（8）この点からすると、一九七八年講義日本語訳四二三頁欄外注の recueils de règlements の訳語「統制集」はやや意味が不分明で、むしろ王令、条令、命令などの集成としての「法令・規則集」である。

から一四世紀にはじまり、『ポリス概論』出版直前の一七世紀末に至る。資料あるいは法令集としての価値が高い作品で、フーコーも指摘するとおり、一八世紀末にかけてポリス学がさかんになるドイツ諸邦においてもつねに参照された。

ドラマールは、ドイツ語圏でユスティが占めることになる位置をフランスのポリス論において占めていると言ってもよい。学者であったユスティに対してドラマールがパリの新しいポリス専門部署の役人であったことは、フランスでのポリスとポリス学のあり方を如実に示している。

フーコーは第五章で見たドラマールによるポリスの対象分類に言及したあと、その特徴を次のように指摘する。それは、ポリスの対象が本質的に「都市的 urbains」であるということだ。「ポリスの対象のいくつかは都市にしか存在せず、また都市であるが故に存在するようなものです[9]」。道路、建物、市場、広場、商業、製造業と工芸など、ドラマールは都市特有の多くの事柄を取り上げている。食糧や健康、さらには浮浪者なども、当時は食糧難という喫緊の都市問題と関連づけて理解されており、ポリスは都市を対象とする行政装置であったといえる。また、売買や市場、交換や価格、あるいは生産物と労働者の流通の管理といったのちに経済の領域を形成する事柄も、ポリスの主要な対象であった。

さらにフーコーは、こうしたポリスの実践が依拠する王令（オルドナンス）が、それ以前、つまり一四―一六世紀の各都市において出されてきた王令の王国全体への拡大であると指摘する。このことは第五章で見たドイツのポリツァイ条令についても指摘されるところである。つまり「一七、一八世紀のポリスが行おうとしたのは、都市におけるこうした規制の〔都市の外への―引用者〕一種の拡張[10]」であった。

また、それ以外にポリスが依拠した制度として、フーコーは騎馬警察を挙げている。騎馬警察（マレショーセ）maréchausée はフランス独特の軍事警察制度で、一五世紀以来各地方や都市に設けられた組織である。正本忍によると「マレショーセはプレヴォ・デ・マレショ（prévôt des maréchaux）……を長とし、主に田園地帯、国王道路（grand chemin）（＝幹線道路）上の治安維持を担う警察および国王軍の一部隊（騎馬警察隊）である。同時にマレショーセは、乞食・浮浪者、国王道路上での窃盗、押し込み強盗（vol avec effraction）などプレヴォ先決事件（cas prévôtaux）を最終審として裁く国王の特別裁判所（プレヴォ裁判所）でもあった」[11]。つまり、警察、軍事および軽犯罪に関する国王の権限を地方へと広げていく役割を担う組織ということになる。フーコーは一九七八年最終回（四月五日）の講義で、ドラマールと並んで、イル・ド・フランスの騎馬警察上級班長であったギヨテによるポリスの改革構想を取り上げている[12]。

パリを中心とするポリス改革は、警視総監（ポリス総代官）の下に権限を集中することを目指していた。また一七二〇年には地域ごとにばらばらだった騎馬警察の組織改革による一元化も行われた。こうしてポリスはパリをモデルとしながら発展し、まさに領土を都市化する、あるいは王国全土を都市をモデルに作りかえていく、そ

（9）Foucault 1978, p. 342, 四一六―四一七頁。
（10）*ibid.*, p. 343, 四一七頁。
（11）正本 2012, 七三頁。同書九七頁注1に騎馬警察創設の経緯と管轄についての参考文献が挙げられている。Mercier 1782-1788, IX, pp. 225-232 も参照。
（12）*Mémoires sur la réformation de la police de France, soumis au roi en 1749*, Jean Seznec, ed., Paris: Hermann, 1974. ギヨテの名はジャック＝フランソワともアレクサンドルとも言われる。また姓はギヨテ Guillauté ともギヨット Guillotte ともされる（松本礼子 2013, 七六―七七頁）。現在のマイナンバーカードにも通じるような個人把握のための登録証など、ギヨテの恐ろしいまでの住民掌握方法の提案については、同第二章第二節を参照。一九七八年講義フランス語版では M. Guillauté となっているが、M. の由来は不明である（Foucault 1978, p. 369, n. 21）。日本語訳では「ギヨート」と表記され、注の人名表記が Guillaute となっているがこれは誤りであろう（*ibid.*, 四二二、四四五頁）。

の先鋒を担ったのである[13]。

都市、国王道路（領主所有の「私道」と対置される幹線道路）、市場と市場を結ぶ道路網、これらが都市で発達したポリスが実践される場である。旧体制期のフランスは道路建設がさかんで、運河工事が遅れていた水路に比して発達した道路網を通じて都市や地方が結ばれた。都市間の交通が整備されることで、ポリスはそれを利用してパリのような組織を王国全体に拡大していった[14]。フランス王の領土全体が都市をモデルとして整備しなおされ、都市化されていくのである。フーコーはドマの『自然的秩序における公法・私法論』（1697）を引用し、このことを示している[15]。「ポリスは、通り、公共広場、他の用途のための場所を用いて、都市その他の人々が集い交流する場所を作り出してきた。また国王道路は、都市間、地域間、国家間の交流をもたらしてきた[16]」。

ここでドマが言っていることを、同書の直前の部分の引用を通じて補足しておく。前の文は「自然によって、海、河、その他の河川は、航海を通じて世界の国々をつなぐ航路となるべく神が生み出したものである」とある。先ほどの引用と併せると、自然 nature とポリスが対表現をなしていることが分かる。つまりドマは、ポリスを自然と対置し、それが作り出す人々の交流のための通行網を、神の御業との対比で捉えていることになる。ポリスは、海運にとっての自然の恵みである海や河川に匹敵する、人の手で作られる道路や流通網を建設・維持する。つまりポリスが作る網の目は、港をつなぐ大洋や湾のように、都市を生み出しまた都市間をつなぐ人間の業として表象されているのである[17]。

またフーコーは、ドマの一五〇年後にあたる一八世紀末に六〇〇頁に及ぶポリス辞典を執筆したフレマンヴィル Christophe-Paulin de La Pois de Fréminville（1787–1848）[18]を引用し、そこでパリの都市としてのすばらしさがポリスのすばらしさと完全に重ね合わされているのを見出す。フーコーが引用する箇所は辞典の序文である。そこでフレマンヴィルは、ドラマール『ポリス概論』への賛辞を述べる中で、パリという都市のすばらしさとそれが王国全体の見本としての価値を有することをほめそやしている。「この著者〔ドラマール―引用者〕は、ポリスがその設立以来行ってきたことなしには、パリという都市がこのような壮麗さ grandeur、すばらしさ、そして世界一の都市になることはなかったことを私たちに示してくれている」[19]。このあとに、王令によってすべての都市のポリスがパリに倣うことをルイ一四世が望んだという文が続く。

ここでフーコーは、都市化すること urbaniser が、ポリス化すること Policer と同義であることに注意を促し

(13) ただし、都市や地域権力から王権がポリス権力を完全に奪取できたわけではない。第一一—一二章で見ていくとおり、穀物自由化をめぐる論争と実践において、各地のパルルマン（高等法院）の動静は非常に重要であった。ポリス当局はしばしばパルルマンの裁決や進言に従い、また王権の自由化圧力からポリスを保護する役割をパルルマンに求めた。以下本文ではパリを中心にポリス実践を叙述するが、地域によってポリスのあり方は多様であった。

(14) 道路は都市の近代化を見ていく際に不可欠の要素である。主に一七—一九世紀の道路網の整備については、Cavaillès 1946, 宮崎 1990 を参照。また、ルゲ『中世の道』（Leguay 1984）は、街路 rues に注目して「フィリップ・オーギュストの治世から近代の夜明けにいたる四世紀間の時代」（同書序文）を描いた著作である。

(15) ドマは現在のクレルモン＝フェランに生まれ、当地の次席検察官から法学研究者となった。ジャンセニストでパスカルの友人であった。フーコーが引用するのはその代表的著作『自然秩序における公法と私法』（Domat 1697）である。Foucault 1978, p. 340, n. 39, 四一一頁編者注39を参照。

(16) Domat 1697, Tome IV, p. 225. フーコーの引用で省略された部分を補った。

(17) 神とポリスとの対照は、神が自然界を作ったように人は国家を作ることができるという『リヴァイアサン』序文でのホッブズのたとえを思い起こさせる。

(18) フレマンヴィルはシュヴァリエの称号をえた海軍将校で博物学者、考古学者。非常に多彩な人物で、古代の地方史、地方の旅行記、蛇の生態学など、さまざまな分野の著作を残している。また女装趣味をもち、それについての匿名の著書がある。

(19) Fréminville 1775, p. vi.

ている。policéという形容詞には「洗練された」、すなわち英語のpoliteと同じ意味があるが[20]、ここでのPolicerはもっと具体的な事柄、すなわちポリスが都市の中に配備され、都市全体へと浸透することを指している。都市が都市として成り立つために、ポリスの存在が不可欠であることが示されているのだ[21]。

講義では、ここから都市と市場の不可分の結びつきが考察され、それがポリスと市場の関係、あるいは穀物ポリスの問題へと焦点化されていくことが示される。そこから政治経済学の登場へと進んでいくのだが、ここではその話に入る前に、ポリスがとりわけ「都市」を対象としたことの意味について、別の領域に目を向けることで考察を深めたい。

二　都市像の変遷と都市計画 urbanisme[22]

一九七八年一月一一日の初回講義で、フーコーは犯罪、伝染病、そして都市計画に言及し、翌週一八日の講義で食糧難と関連づけて政治経済学の生誕と人口の出現をめぐる事情を説明している。三回目の講義では再度伝染病の問題が取り上げられ、人口もふたたび論じられる。序章で述べたとおり、フーコーは二月一日に行われた四回目の講義ではじめて、この年の研究テーマが統治性であったと捉え返すのだが、それ以前の回における彼の発言順序はやや錯綜している。

ここでは話の流れを分かりやすくするため、具体例が二〇世紀にまたがる犯罪の話は取り上げず、はじめに都市計画、次に伝染病、そして最後に人口と統計学について検討する。それらとの関係ではじめて、一九七九年講義の主要テーマとなる政治経済学の生誕以降の自由主義を適切に位置づけることができるからだ。以下で、フーコーが政治経済学出現に至る一八世紀の状況をどのような思考を通じて捉え、同時代に生じたどんな動向に注目することで、彼独特の分析を生んだのかを明らかにしたい。

フーコーはまず、一七世紀に都市がいかに多くの点で問題を抱えていたかを説明する。[23] 全般的にいって、ヨーロッパ中世都市が作り上げた独自の世界が、近代都市の発展にとって桎梏となっていた。「一七世紀あるいは一八世紀はじめには依然として、都市は法的・行政的に特殊な性格をもち、領土内の他の場所と比べて特異性を保っていた。また都市は壁に囲まれた狭々しい空間内への閉じ込めという特徴をもっていた。……最後に、都市は農村との対比では、経済的社会的に異質な空間であった[24]」。こうした点は、中世都市の特徴としてフランスにか

（20）politesse / politeness, poli / polished などの語には、古代ギリシアの polis から来たものと、「磨き上げる」の意味での polir / polish から来たものとがある。しかし一八世紀にはすでに、両者は混合されいわば互いの意味を高めあいながら用いられていた。

（21）Napoli 2003 には次の指摘がある。「理想としては、ポリスはそれなしには文明を認めることができないところまで個人の行動に密着しなければならない。ポリスは「一般的には野蛮と対立する」」（p. 58）。同頁 n. 122 には、文明とポリスの同一視に関して、バンヴェニストとエリアスの研究への参照指示がある。文明については本書第一六章を参照。

（22）以下本文の内容は都市計画と呼ぶのがふさわしいが、この語自体はのちに作られた。ショエ（Choay 1970）によると一九世紀後半の新造語で、フランス語では一九一〇年にはじめて用いられた（この点の典拠はおそらく Gaston Bardet, *Naissance et méconnaisannce de l'urbanisme*, Paris: Sabri, 1951 である）。ドイツ語 Städtebau と英語 city planning がフランス語の用例より先であった（Choay 1970, p. 1143, n. 1, 五四頁原注1）。ショエはとりわけスペイン、カタルーニャの都市計画家、イルデフォンソ・セルダによる『都市計画に関する一般理論』（1867）に注目している。同書およびセルダのバルセロナ拡張計画については、阿部 2010 を参照。

（23）都市計画の観点から一六・一七世紀のフランス諸都市、とくにパリの改造を取り上げた著作は多い。日本語で読めるものとして、ピエール・ラヴダン『パリ都市計画の歴史』（Lavedan 1975）がある。

（24）Foucault 1978, p. 14, 一六頁。

ぎらずよく知られている。都市における市民の存在に注目した増田四郎『都市』（如水書房、一九五二年）、都市自治の伝統を論じた羽仁五郎『都市の論理』（勁草書房、一九六八年）などを通じて、日本でもヨーロッパ中世都市像が一定程度共有されてきた。

しかしここでフーコーが強調しているのは、市民間の政治的平等、職能代表の選出と議会制、治安維持などの自治、それによって培われた平等な市民意識といった事柄ではない。たしかに都市民は、ある種の市民感情と自治制度を長期にわたって維持してきた。だがこうした都市の独自性は、国家統一を企てる王権の側から見ると障壁と無駄のかたまりということになる。城壁に囲まれ、自らをその外部の「田舎」と区切ることで特権を形成・維持し、法的行政的な種々の特異性によってアイデンティティを保ってきた都市が、その特異性故に近代の入口でさまざまな問題を抱えた存在として知覚されたのである。

図５　橋の上の家（ニコラ＝ジャン＝バティスト・ラグネ，《ノートルダム橋と両替橋の間で行われた船乗りたちの水上槍試合》1786 年）

端的にいって、一七世紀の行政国家は国家内の諸集団の多元性が自立と結びつくことを忌避し、慣習によって築き上げられてきた種々の特権を打破しようとした。それは教会共同体、領主の地方裁判権だけでなく、都市の諸特権にも及んだ。王権の伸長は、諸集団が保持した複雑で多元的な権益や役割を、中央からの一元的ヒエラルヒーへと再編するプロセスであった。その過程で、城壁に囲まれた特権の象徴である都市という特異な存在は既得権益を奪われ、中央集権国家の下へと再編されねばならなかったのである。

フーコーはこのことを、都市の法的な特殊性が惹起する問題、商業の発展による問題、人口増大による問題、軍事技術の発達による問題、また周辺地域との経済的交換がもたらす問題へと区別している。フランス人にとってはよく知られたことであるからか、これについて彼は手短かにしか言及していない。

ここではこの時代の都市問題に関してもう少し説明を加えておく[25]。城壁で囲まれた都市は人口と流通の増大によって手狭になり、幾度も城壁の拡張がなされた。それでも一六世紀には城壁外の居住地が無秩序に増えることで治安や衛生面での心配が強まっていた。橋の少なさとともに交通の障害となっていたパリの城壁は拡張されたが、都市の膨張の早さに追いつくことができなかった（図5参照）。アンリ二世時代には拡大する城壁外のフォブールがプロテスタントの牙城となっているとの危機感から、一五四八年に新規建築禁止が決定された。禁止の表向きの理由は、パリの保存と「そのよき秩序とポリス」の保持であった[26]。しかしその後もパリの人口は膨張をつづけ、フォブールと城壁内の市民たちとの間で険悪な状況がつづいた。聖バルテルミの虐殺もこうした背景と関係している[27]。つまり、膨張する都市が既存の社会性あるいは集合性への脅威であることを知覚し、「フォブールの住民」に敵愾心を抱く城壁内の「都市民」は、一九世紀にたびたび反乱を起こすフォブールの「民衆」とは別の心性をもった存在であったということになる[28]。

（25）以下、第七章にかけてヨーロッパ都市論がテーマとなる。翻訳も含めて日本語で読める都市論についての著書、論集の詳しい紹介が、大森 2008a にある。江戸との比較研究も数多く紹介されている。
（26）Roussel 2017, p. 135.
（27）高澤 2008, 第二―三章を参照。
（28）ブルジョア bourgeois とは、もとは城壁の内側 bourg に住まう人々の意味である。城壁 bourg の外 fau がフォブール faubourg である。

また法的には、都市民とそれ以外の人々の扱いをあらゆる点で区別する都市特権の存在は、都市内外の往来や商業の発展の邪魔になった。都市は空間的に狭く、その規範は特権に基づくという意味で近代的自由に比して偏狭と捉えられ、また都市民は自治意識と権利意識のせいで扱いにくかった。

都市論の観点から、こうした都市と都市民の評価がどのように位置づけられるかを簡単に述べておく。中近世ヨーロッパ都市論は、「都市の空気は自由にする」ということばが農民の隷従からの解放を意味し、農村＝中世の暗部と後進性の象徴、都市＝近代に向けた自由の先取りといった図式で語られた時代からずいぶん変わってきている。とくに日本では、すでに挙げた代表的研究に見られるように、かつてはヨーロッパの都市自治を近代的市民醸成の場として捉えることが、意識や市民感覚の上での近代化を果たしていない日本への批判と結びついていた。フランスにおいても、近代化を歴史を判定する際の指標とし、「大革命」という目的に至る市民の覚醒プロセスとして中近世史を捉えるような見方が根強かった。しかしこうした都市観は、アナール派の台頭による歴史像の転換を通じて再考を迫られてきた。

その結果、中世都市と近代都市に関して、次のような見方の変化があったと思われる。それは、ここでフーコーが述べているように、中世都市を一定程度「閉じた」共同体として、流動性や変化や膨張に対する応答が難しい存在、あるいはそうした変化に抗する存在として捉えることを特徴とする。中世都市とは、身分と特権による階層分化と多元性を有する中世社会の一部である。そこでは都市民は厳格にほかの諸身分と区別され、市民共同体への加入資格は厳しく制限されていた。市民であることは特定の都市の一つの職業集団の中に生涯にわたって身を置くことと同義であり、都市自治とは城壁に囲まれた狭い空間内部で特権を分けもつ身分集団による市政運営であった(29)。

しかしこうした都市の特徴は、単なる「保守性」「前近代性」として捉えられているわけではない。一六世紀以降、はじめは都市の自治組織を利用し権力を分有するやり方で、そこから徐々に人事権や裁判権を通じて、またポリスと行政の掌握を通じて、王権が都市の特権を取り上げていく過程で、それに抵抗しつづけたのが都市民だった。だが、一八世紀の都市膨張と社会構造・職業構造の急速な変化によって、都市はもはや閉じた共同体の姿をとどめることはできなくなっていった。都市における王権の伸長とは、その流れの中で都市の住民と人口の管理を引き受け、合理化し、都市を改造する urbaniser ことと同義であった。[30] フーコーの講義の文脈では、都市 ville を都市化する urbaniser とは、中世的な特権都市を別種の合理性にしたがう都市（複数の近代性があることを考慮すると、これを「近代的な都市」と言い切ることはためらわれるが）に改造することを指す。また領土の都市化とは、後者の意味での都市をモデルに国全体を改造し再編することを意味している。

このことは、都市をめぐる言説についての福井憲彦の以下の指摘にも通じるものである。「中世的な都市の位置づけにおいては、自治特権の保有であるとか、歴史の古さ、すぐれた寺院や市壁、モニュメントをもっているなど、他から区別される特殊性にこそ、みずからの威信の源泉が求められていた、といえる。都市を取り囲む市壁は、もちろん防衛といった実際的用途のためでもあったが、同時にまた、まさに他とは異なる自らの空間を、

(29)　ただしこのことは、逆に都市と農村とのネットワークや都市間の関係を新たな視点から問うことにつながった。この点については、福井 1985 を参照。

(30)　日本語では ville と urbain はともに「都市」「都市的な」と訳されるので、原語の違いが分かりにくい。ville はラテン語の villa から派生し、これはもとは古代ローマで上流の人々が郊外や遠方に建てた邸宅の意味である。urbain はラテン語 urbs/urbis が語源で、古代ローマの都市を意味することばである。Perrot 1975 によると、中世以来都市を意味するさまざまなことばの意味には重なりが多く、厳密に区別することが難しい。cité, bourg, commune, ville, clôture などのことばが、都市、街、市街地、町、都会などの意味で用いられてきた（chap. III）。

他の空間から区切り、遮断することのできる境界線を意味していた」。「それにたいして、十六世紀末から十七世紀を通じて抬頭してくる、都市をめぐるあらたな言説は、あきらかにそれとは対照的であった。都市は、その政治、経済、文化、社会の仕組みなどのあらゆる領域にわたって、他をその威信のもとに方向づけ、規範を与えてゆくモデルとなるべき存在に位置づけられる。……都市は、他に指令を送り、指揮する、頭脳の位置にも比せられた」(31)。後者の都市像は王権による都市改造と結びついていたと考えられる。都市をモデルとし、王国全土にその理想を伝播する。その理想のユートピア的表現の一つが、このあと取り上げるル・メートルの都市論である。

ここで講義に戻ろう。フーコーは当時都市につきつけられていた諸問題をまとめて、それらを「流通 circulation」の問題であるとする(32)。都市の流通をめぐる諸問題の中でも、穀物と食糧に関する事柄はきわめて重要で、それについての議論がのちに政治経済学を生み出すことになる。しかしフーコーはここでその問題を取り上げるに先立って、都市の形成そのもの、都市計画の中に見られる流通の扱い方を検討する。

三　ル・メートル『首都論』

はじめに取り上げられるのは、ル・メートル Alexandre Le Maître（1639?-?）の『首都論』（Le Maître 1682）である。この人物を、フーコーは講義で次のように紹介している。「このアレクサンドル・ル・メートルはナントの勅令廃止前にフランスを逃れたプロテスタントで、次のことばは重要なのですが、ブランデンブルク選帝侯の技師長になりました。『首都論』をスウェーデン王に献呈しましたが、この本の出版地はアムステルダムでした」。ル・メートルの生涯についてはあまり分かっておらず、没年も不詳である(33)。フーコーがブランデンブルク選帝侯に仕えたことに注意を促しているのは、当時プロイセンと同君連合となっていたブランデンブルクが、首都の問題に関心を払うあり方と、このル・メートルの『首都論』との呼応関係による。というのは、フーコーは『首都論』の主要な関心を、「きちんと首都化された国家、すなわち主権の座であり政治的・商業的な流通の中心点でもある首都のまわりにきちんと組織された国家をいかにして確保するか[34]」であったとするからだ。

ル・メートルの国家には、農民、職人、第三身分という三つの身分が存在する。ここで第三身分とは、フランスの史実におけるような「平民」ではなく、主権者と主権者に仕える官吏たちを指している。彼は国家を大建造物にたとえる。その基礎は大地の下にあり、これは農民を指す。建物の共用部分が職人である。住居と応接のための高貴な部分は主権者と官吏にあたる。彼はさらに領土全体もこの比喩で捉え、農村に農民、小都市に職人、そして首都には主権者とその官吏、また宮廷に必要な職人や商人たちが住まうとする。

さらにル・メートルは、首都と領土の他の空間との関係に言及する。彼によると、よい国は円形で、中心に首

(31)　福井 1985, 二五―二六頁。

(32)　*ibid.*, p. 15, 一七頁。フーコーはここで Perrot 1975 への参照を求めている。

(33)　フーコーの情報源は、Lévy 1957 の可能性がある。この論文には以下のようにある。「アレクサンドル・ル・メートルについて、すでに知られた二冊の本以外になにもわからない。このあと検討する『首都論』と『トロイあるいは要塞作りのすばらしさと古さについての作品』である。『首都論』扉の肖像には、著者は〔同書執筆時に〕三三歳とあるので〔『首都論』扉頁の王の絵の下の肖像画の周囲にル・メートルの名と三三歳とある―引用者〕、一六四九年生まれということになる。……著者名についているブランデンブルク選帝侯の主計将校、技師長という肩書きから、ル・メートルはナントの勅令廃止前にフレデリック＝ギヨーム〔ブランデンブルク選帝侯―引用者〕の呼びかけに応じて亡命したと想像される。……彼の任務は野営長、軍参謀、兵站長を兼ねるものだった」(p. 104)。

(34)　Foucault 1978, p. 17, 一九頁。

都が配されている。首都は、あらゆる意味で国の模範となるような場として描かれる。まずそれは美的な模範である。そしてまた、主権者の法や王令の出所であり、それらを領土の隅々にまで行きわたらせなければならない。また、首都は道徳的にも国を主導し、人のあるべきふるまいを全土に伝えなければならない。それは学問と技芸の中心地であり、またさまざまな商品が集まる商業の中心地でなければならない(35)。

フーコーはル・メートルのこの企図が「まさにユートピア的(36)」であるとする。たしかにこの構想は、当時の首都の状況を鑑みるにどう考えてもユートピアである。そもそもパリがいつごろフランス最大の都市から王国の「首都」となったのかはそれほどはっきりしない。ユーグ・カペーがパリを首都としてカペー朝がはじまったとされるが、一四世紀のパリ商人頭（市長）エティエンヌ・マルセルの反乱、一五世紀のイングランド王ヘンリー五世によるパリ支配、また後期ヴァロア朝の諸王がパリ以外に居住したことなどから、王国全体の首都としてのパリは一六世紀半ばにようやく確立したともいえる。首都が首都となるには、国家が主権的に統一されていることが必要で、そのためには王権の絶対的支配が都市において受け入れられ、公的な機関が国王行政の下に置かれていることが一つの指標となるからだ。

そのこと以上に重要なのは、当時世界最大の首都であったパリやロンドンの都市事情がきわめて悪かった点である。上下水道の整備がなされていないため、市民は不潔な水をしかも不十分にしか使うことができず、飲料水を通じた疾病が蔓延した。下水道の未発達によって、糞便やゴミ処理は不衛生きわまりないしかたで行われていた。狭い街路は悪臭を放ち、道幅の狭さは商業の拡大と人の往来の増加に対応することができなかった（衛生の問題は第七章で改めて取り上げる）。

こうした事情をふまえるなら、首都が美的にも、政治的にも、また道徳的にも王国のモデルとなるというル・メートルの構想が、いかに現実離れしたものであるかが明らかになる。

だがここでフーコーは、これについてそれ以上追求するのではなく、むしろ『首都論』の企図に注目している。それが目的としたのは、主権の座としての首都を中心として国家の空間的な配置を決定し、主権国家―領土国家―商業国家を重ね合わせることである。主権は首都にあり、主権者は首都に住まう。その首都とそれ以外の領土をつなぎ、首都の政治的、道徳的、経済的、また知的な機能を全土に行きわたらせることを通じて、「首都の周りにきちんと組織された国家」が作られる。

こうした構想をフーコーは、ドイツ固有の問題、主権国家として首都を中心に国家を構成し、国家としての統一性と強固なまとまりを生み出すという問題と関わらせて捉えている。そしてここで、「ル・メートルがブランデンブルク選帝侯の技師長であることから、このきちんと「首都化された」国家という考えと、フィヒテのあの封鎖商業国家とのあいだにつながりを見出すこと……つまり官房学的な重商主義から一九世紀はじめのドイツ国民経済への進展を見てとること」[37]ができるのではないかと述べている。ここでフーコーが両者に見出す共通性は、ドイツという多くの地域に分かたれ国力増強において英仏に遅れをとったという自覚の下にある場所で、強力な首都を中心とした統制を通じて、政治的にも経済的にも文化的にも発展しうる秩序だった国家を作ろうという企図であろう。首都と主権を起点として領土全体をそこに結びつけ強化するル・メートルの都市化構想、国家構想

(35)　講義録の編者注で、スネラールは『首都論』本文からの引用と章タイトルの引用でフーコーの議論が依拠する該当箇所を示している。日本語訳では本文中の引用箇所は訳されているが、章タイトルの引用箇所は原文のままになっている。

(36)　Foucault 1978, p. 16, 一八頁。

(37)　*ibid.*, p. 17, 一九頁。フィヒテの『封鎖商業国家論』(Fichte 1800)は、職能身分を固定した機能的な意味での身分制国家の構想である。国家は流通の管理のために食料品をはじめ全商品に公定価格を設定し、外国との通商は禁止され、商業的に封鎖される。それによって市民の平等と自由が実現されるという。

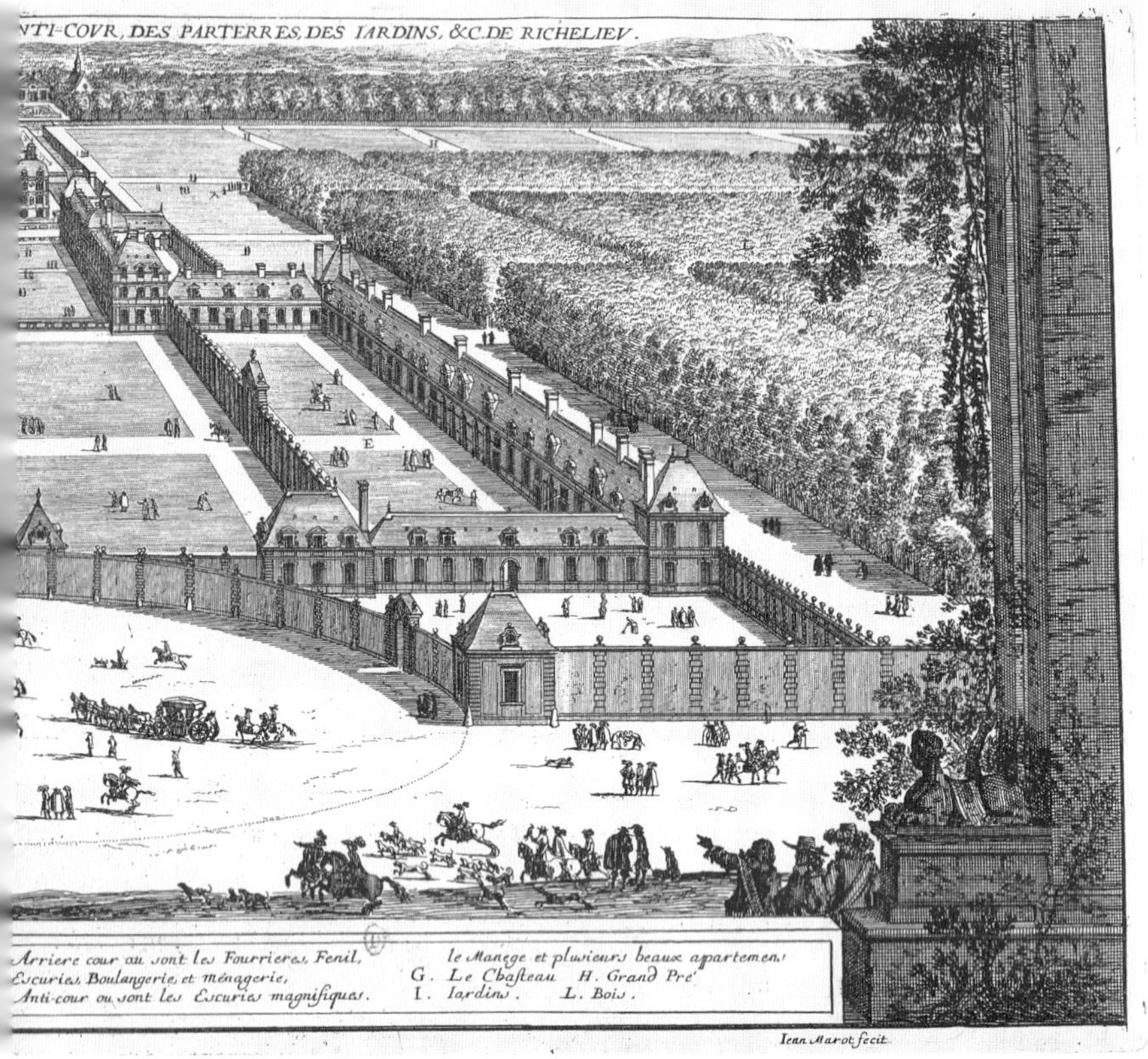
NTI-COVR, DES PARTERRES, DES IARDINS, &C. DE RICHELIEV.
E
L
Arriere cour ou sont les Fourrieres, Fenil,
Escuries, Boulangerie, et ménagerie,
Anti-cour ou sont les Escuries magnifiques.
le Manege et plusieurs beaux appartemens
G. Le Chasteau H. Grand Pre'
I. Iardins. L. Bois.
Iean Marot fecit

ン・マロ，17 世紀）

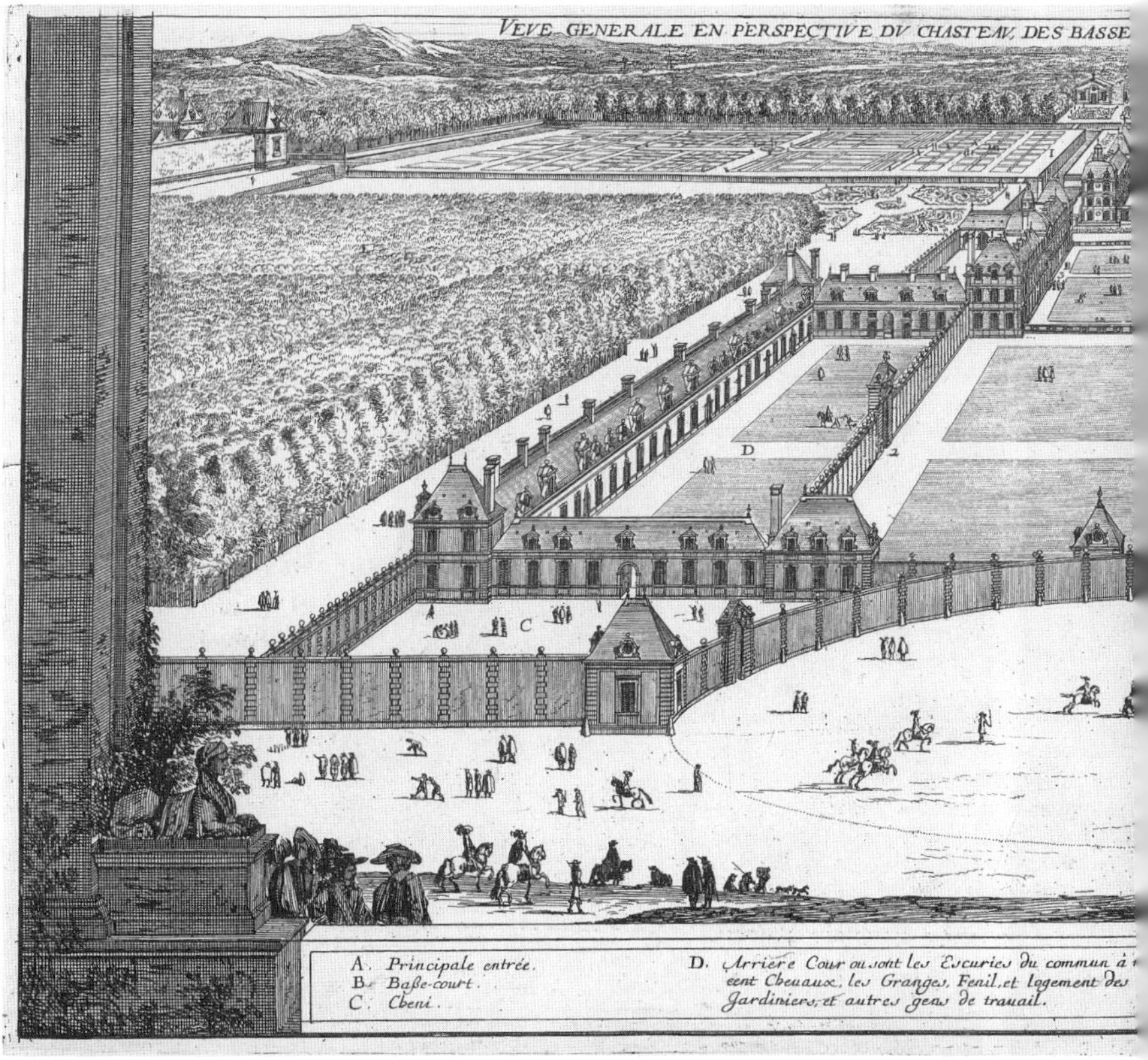

図6　建設途上のリシュリ

は、フーコーにとって主権理論を都市計画に適用した典型例と見なされたのである。

四　人工都市リシュリュー

次に取り上げられるのは、フランスの都市リシュリューである。リシュリューはトゥーレーヌ地方とポワトゥー地方の境目、ポワティエの北、ナントの東、トゥールの南西に位置する小都市である。この都市は人工都市、あるいは計画都市と呼ばれるものの一つである。日本でも奈良や京都に見られるように、人工都市は古代以来世界中で建設されてきた。フーコーはここで、古典主義時代の人工都市建設に見られる合理性の型に注目する。

一六世紀末から一七世紀はじめにかけて、とくにプロテスタントの都市（クリスチャニア、イェテボリなど）で、古代ローマの野営地をモデルとした都市建設がなされた。フーコーはそのなかでリシュリューを取り上げる理由をはっきり述べていないが、あくまで一連の都市建設の代表例という扱いになっている。ここでリシュリューについて簡単に紹介しておく。(38)都市リシュリューは一六三一年から四二年にかけて、その名を冠するリシュリュー枢機卿（ポワトゥー出身）(39)の指揮のもとに作られた。リシュリューは臣下に城壁内の邸宅を分け与えた。(40)城と都市のデザインを担ったのは建築家ジャック・ルメルシエ Jacques Lemercier（1585-1654）である。リシュリューは一七世紀フランスの都市計画を代表する碁盤目状都市である。(41)

典型的な計画都市といえるリシュリューを、フーコーはル・メートルの首都との対比で次のように特徴づける。この都市は、小さな構成単位（モジュール）によって成り立っている。それは正方形や長方形から成り、さらに十字形を使ってより小さな図形に切り分けられる。しかしこれらの単位はすべてが単調に同じ大きさで区切られているわけではない。たとえば道幅、道の数は区画の用途に応じて増減がある。

商業地区は人の出入りが多く店を構え職人が出入りするので、道幅は広く、しかし区画は小さく区切られている。それに対して、居住地区はそれより大きな区画で、往来が少なく品物が頻繁に運び込まれることもないので、道幅は多少狭い。居住地区の中でも、大通り沿いの道には高めの建物、それと垂直の道には小さめの家がある。住む家の大きさや場所は身分や資産によって決まる。フーコーはここに「空間における多数の人の規律的な扱い」を見出し、「なにもない閉じた空間を作り出し、そのなかに人工的な多様性が形成される」(42)としている（図6参照）。ル・メートルが領土を首都化しようとしたのに対して、リシュリューの街においては「空間を建築化する」(43)ことが問題であった。フーコーはこれを規律と結びつけて理解している。というのは、規律とは空間的で、また建

(38)　リシュリューの城と街の建設および現代に至る歴史の代表的研究者はテリアンである。Terrien 2006 を参照。

(39)　リシュリューの生地がポワトゥーなのかパリなのかは論争があり、決着していない。リシュリュー家の領地と城はポワトゥーにあった。

(40)　ルメルシエはルイ一三世、一四世に仕えた建築家で、とりわけリシュリューの下でさまざまな建造物を作った。都市リシュリューの計画指揮のほか、リシュリュー城、ソルボンヌのチャペル、ルーブル城の中庭のパビリオンなどである。リシュリュー城に見られるルメルシエの特徴的な建築意匠については、Boudon 1978, pp. 35-87, 三宅 2010, 第一章二を参照。

(41)　リシュリューは、人工都市にしばしば見られる碁盤目状の図面 plan hippodamien/plan en damier によって構成されている（ヒッポダモス Hippodamus は古代ギリシアの建築家。「ヨーロッパ都市計画の父」とされる）。この都市についての研究は意外に少ない。研究文献については、Boudon 1978, pp. 143-148 を参照。また、三宅 2010, 第一章がこの都市と城を論じている。なお同書は近世以降のパリを「グランドデザイン」の観点から読み解いているが、シュリーの大構想（英語のグランドデザイン）への言及はない。

(42)　Foucault 1978, pp. 18-19, 二一頁。

(43)　*ibid.*, p. 19, 二一頁。

図７　リシュリューの街並（現在）

築物を作るように全般的秩序を作ることを特徴とする権力技術だからである[44]。

建築化された都市というのはなかなかピンと来ないが、リシュリューという街の造成経過を見るとこの表現がふさわしいことが分かる。枢機卿リシュリューは、親から相続した故郷の土地にまったく新しい街を作ることを計画する[45]。これにはシュリーによるアンリシュモン Henrichemont 建設からの影響があると言われる。またリシュリューはマザランによる都市計画のモデルとなったともされる[46]。つまり、「大構想」を抱いたシュリー以来、フランス絶対王政期の宰相たちは、自らの思い描くやり方で建築物を作り都市を改造することに熱意を燃やしたのである。

都市リシュリューはなにもなかったところに城と街を一体で造成する、この時代のニュータウン計画であった。その特徴として、三宅理一は「リシュリューの方式が特筆されるのは、全体のマスタープランとともに、建築の個々のデザインまでが建築家によってはっきりと定められていたという点だ[47]」と指摘している。これは、大通りと方形広場沿いの区画に関して、建物もすべて建築家によって設計され、建てられた上で分譲されたことを指している。リシュリューはこれらの邸宅を臣下に分け与えた。誰に与えたかは現在でも建物ごとにプレートで示されている。しかもこうした住宅はすべて同タイプの邸宅であったという。用途ごとに計算された区画、街路と広場の配置、邸宅の景観、そして門からの眺め。これらすべてが建築家によってあらかじめデザインされ、都市空間全体が一個の建築物であるかのように建設される。これが都市リシュリューの姿であった。

リシュリュー城はさまざまな人の手に移り、最後には廃墟となり取り壊された。現在は城跡しか残っていない。街はいまでも建設当時の区画割と境界を残したまま生き残っている。現在のリシュリューは人口二〇〇〇人に満たない小さな田舎町である。フランスの他の諸都市同様、往時の建物と街並みを保存し改修しながら生活が営まれている。

ロワール地方には一〇〇を超える古城があると言われ、アンボワーズ城、シノン城、ショーモン・シュル・ロワール城など、美しい姿の多くの城塞都市が残されている。そのなかで、城跡しか残らないリシュリューは寂れた小さな街である。しかし都市そのものを幾何学性と対称性によって作り上げるという点では、リシュリューは近隣の城塞都市に対して際立っている。城館自体が対称性を用いて作られている古城は多く、ヴィランドリー城のように幾何学的で対称的な巨大庭園をもつ城もある。ヴェルサイユなどにもこうした様式が見られる。しかし街全体が方形と対称性、市門からの完璧な眺めによって構築されたコンパクトな都市として、リシュリューは異

(44)『監獄の誕生』、とくに第三部を参照。古代ローマの野営地と方形の活用、また『監獄の誕生』での野営地モデルと規律との関係については、Foucault 1978, p. 28, n. 20, 三二一―三三頁編者注30でスネラールが解説している。
(45) リシュリューの計画がいつごろ生まれ、城と街のどちらをいつ構想したか、また構想が建築家と石工の手によって現実の建築に結実するプロセスについて、Boudon, 1978, pp. 153-181を参照。
(46) Mignot 1979, p. 186.
(47) 三宅 2010, 二五頁。

彩を放っている（図7参照）。

五　ナントの改革プラン

フーコーは三番目に、一八世紀ナントの都市改革プランを取り上げる。ナントはその立地から、古くから商業都市として発達した街である。街の東側の上流でロワール川が二つに分かれ、西側で再び一本に合流するため、街にはいくつかの中州の島（最大のものはナント島）がある。これはパリでいうシテ島を想像すればよい。北からはエルドル川、南からはセーヴル・ナンテーズ川が流れ込み、ロワール川で大西洋とつながっている。その地の利から、どの時代にも軍事、宗教といったその他の機能と比べて、圧倒的に商業の比重が大きい都市であった。

日本では「ナントの勅令」とサッカーチームでしか知られていない都市かもしれない。しかしナントは、一七世紀後半から一八世紀に三角貿易で急速な経済発展を果たした。フーコーが取り上げるのはこの時代である。フランスの奴隷船はナント経由で中米の西インド諸島に奴隷を供給した。帰りの積み荷は時期によって異なるが、カカオ、綿花、粗糖などであった。一方で西アフリカからは繊維製品、ラム酒や武器と引き換えに奴隷を大量に調達した(48)。ナントは外国商人、とくに名誉革命以降は多くのジャコバイトを受け入れ、主に彼らが奴隷貿易を扱う海運業に従事し、イギリスに対抗したという。

ナントの商業発展が急速であったことは、たとえば次の数値に示されている。「ナントの歴史を解説する基本文献を読めば、この都市の年平均貿易総額が、一八世紀のうちに一億七千万リーヴルから一一億五千万リーヴルに増加し、市の租税台帳に記載される貿易商人の数が、一七〇七年の三四人から二九年の二三七人をへて八九年には三二九人に増え、同市人口は約四万人（一七〇〇年）から七万七千人（一八〇〇年）にほぼ倍増したことが示されていて、社会経済的な発展があったことは明らかである」[49]。そしてこの街は、ルリエーヴルが地図を掲げて示すとおり、こうした膨張を背景として、一八世紀に急速な変貌を遂げるのである[50]。

フーコーが取り上げるのは、まさにこの変貌のさなかに出された、ヴィニエ・ド・ヴィニー Pierre Vigné de Vigny（1690-1772）[51]の改革案である。ヴィニーはナントの出身ではなく当時パリに住んでいたが、ブルターニュ地方司令官のエギュイヨン公から手紙を受け取り、一七五五年にナントの美化計画の実行を国務院から命じられた[52]。ルリエーヴルによると、ヴィニーの計画はナントの人々には不評であった。街の入口の立地や島に新市街を作る構想に反対があった。この理由としてルリエーヴルは、よそ者に計画を作らせたという不信感と、ヴィニー

(48) 一八世紀ナントの奴隷貿易については、一七世紀末―一八世紀前半の「船舶艤装申告書」をもとにその経済規模をデータ化し、発展を詳細に分析した大峰 2013 がある。それによると、「ナント海運史の泰斗」メイヤーによる Jean Meyer, *L'armement nantais dans la deuxième moitié du XVIII*^{e} *siècle*, Paris: SEVPEN, 1969 が同申告書に基づくはじめての計量的研究である。

(49) 大峰 2013, 六六頁。

(50) Lelièvre 1988, pp. 43-47. ルリエーヴルの博士論文は、フーコーが講義で参照を指示している（Foucault 1978, p. 28, n. 31, 三三頁編者注31）。

(51) ヴィニーはロワール河岸ソミュール出身の建築家。父は絹織物商。フランス内外の都市に建築物を残した。Beaumont 1894 によると、洗礼記録では本名は「ピエール・ヴィニエ」である（p. 610, n. 2）。

(52) Delattre 1911, p. 79. このときヴィニーが提出した計画が、フーコーが講義で参照している *Plan de la ville de Nantes, avec les changements et les accroissements par le sieur de Vigny, architecte du roi et de la Société de Londres, intendant des bâtiments de Mgr le duc d'Orléans: Fait par nous, architecte du roy, à Paris, le 8 avril 1755* である。表題からヴィニーの肩書きが「王の建築家」「ロンドン（建築）協会建築家」「オルレアン公建築物長官」であったことが知られる（Foucault 1978, p. 28. n. 35, 三三頁編者注35）。

の計画が短期間で作られ準備が不十分で、地盤の緩い砂状地に建築物を建てる計画を含んでいた点を挙げている[53]。

フーコーの講義に戻ると、ヴィニーの計画はリシュリューとは対照的なものであった。ヴィニーは以下のことを優先して現実の都市をどのように作りかえるかを構想した。それは、都市を横切る軸と大きめの道をいくつか貫通させ、次の四つの機能を確保することである。一つ目に換気。これは瘴気だまりを作らず風通しをよくすることで衛生を確保するという、一八―一九世紀の都市計画において欠かせない事柄であった。次に都市内での通商の確保。三番目に都市の外部から商品を運び込んで配達すること、しかも必要な税関業務をきちんと行うこと。最後に監視である。先ほど述べたような都市膨張によって、この時代のナントは城壁を壊して都市を開放しなければならなかった。そのため封鎖や監視が難しくなっていた。奴隷貿易で潤う街には、「物乞い、浮浪者、非行者、犯罪者、泥棒、殺人者」などの「ありとあらゆる流動的人口[54]」が殺到した。

ヴィニーの設計が目指した事柄をまとめて、フーコーは「流通を組織すること[55]」と表現している。それは、悪い流通をできるだけ減らしよい流通を最大化することを意味していた。

ここまでの記述では、ヴィニーの計画は一八世紀のほかの都市計画と比べてとりたてて特徴があるわけではない。それは当時の都市が共通して抱えていた課題を解決するためのものであった。だがフーコーはここで、ヴィニーの計画にかなり新しい問題設定を見出す。それは「実際の計画に都市の発展の可能性を盛り込むにはどうすればよいか[56]」という問いである。先ほど述べたように、ヴィニーが計画を提出した一七五五年、ナントはまさに商業都市として発展の途上にあった。そのため、これからこの都市になにが起こるのか、どの程度の規模にまで発展し、どのような機能が必要になるのかは未知数のところが多かった。

これに対するヴィニーの答えは、「ロワール川の河岸を用いて、その長さが許すかぎりで埠頭をいくつか建設する[57]」というシンプルなものだった。しかし、街が長くなるということは、それだけ街の凝集性、統一性、また流通の便利さは失われる。それを回避するために、まず一方の河岸に埠頭を建設する、そしてその街区が発展したら、次にそこから橋を架け、対岸に別の街区が発達するようにする。こうして交互に発展していけば、街がだだっ広くなることを防ぎ、しかも将来の可能性に開かれた形でのまちづくりが可能になる。

こうした計画の中に、フーコーは非常に新しい考え方があるとする。それは彼がこのとき「セキュリティ」と呼び、のちには自然と自由を組み込んだ自由主義的な統治と名指すものの原型の一つである。この語がここで見られるような意味で、言い換えれば規律との対比ではじめて用いられるのは、一九七六年講義の最終回である。(58) セキュリティ sécurité の語は一九七八年の初回と次の回の講義で頻繁に用いられ、またこの年の講義タイトルにも選択されている。一九七八年の最後の回ではこれを「セキュリティのメカニズム、あるいは経済プロセスや人口に固有のプロセスを保障するという本質的機能をもつ国家の介入」(59)と説明している。しかし、関連して出てくる経済 économie という語が一九七九年講義でもひきつづき頻繁に登場するのに対して、セキュリティの語は一九七九年にはキーワードとしては用いられない。つまり、一九七六年から七九年にかけて、新しい統治技法を

(53) Lelièvre 1988, p. 55.
(54) Foucault 1978, p. 20, 二一頁。
(55) *ibid.*
(56) *ibid.*
(57) *ibid.*
(58) Foucault 1976, p. 219, 二四六頁。ただしここでは、同年に出版された『知への意志』同様、主に調整 régularisation という用語が使われ、また「生－政治」、「ヒトという種の生物学的プロセスへの介入」といった説明がなされている。そのためセキュリティの語は目立たない。
(59) Foucault 1978, p. 361, 四三六頁。

図８　ナントのフェイドー島のあと（地図中央の丸く飛び出した部分）

名指す際のフーコーの用語法にはかなりの揺れが見られる。

　セキュリティの語でフーコーが表そうとしたことは、一九七九年には、自由主義経済学に特徴的な統治のテクノロジーとして再定式化される。しかし本書では、フーコーの議論が形づくられたプロセスを重視し、とくに自由主義と市場の問題が同時代あるいは先立つ時代の他の領域（都市や衛生など）とどのように関連づけられているかに注目する。そのため自由主義の話に移る前に、フーコーが都市論の例を用いてセキュリティの装置の発達について語っていることをもう少し追っていく。

　フーコーは、ヴィニーのナントをリシュリューのような人工都市と比較する。そこではなにもない空間に都市が一から構築されることはない。むしろ、すでにあるもの、地形、河川、島、空気の流れといった前提、所与から出発する。「セキュリティは所与に働きかける(60)」のである。またこのことは、所与を完璧なものに作りかえるのではなく、よいものを最大化し、悪いものをできるかぎり抑えるという方針と結びついている。ここでは悪いものをゼロにすることは考えられていない。それよりも重要なのは量のコントロール、つまり「確率 probabilité」[61]の問題である。

さらにこのことと関連して、都市の諸要素が「多機能性」という特徴をもつと捉えられている。たとえば道は、ただ単に商品を運ぶために役立つ手段ではない。そこは瘴気の通路でもあり、疫病を運ぶ。また泥棒や追いはぎが活動する。よい面はつねに悪い面を伴ってしか生起しないのである。道とは、両側に店が並び、生活が織りなされ、都市のさまざまな出来事がそこを舞台にして起こるような多機能空間なのである（本章注14参照）。

最後に、これは重要な点だが、ヴィニーの計画は未来を扱っている。都市は未来に向けて開いた形で構想されている。そして人は、未来を制御しきることも予測しきることもできない。これをフーコーはセキュリティの問題、つまり「移動する諸要素からなる確定できない全体」[62]の問題であるとしている。そのためここでは、確率的な見積りが重要になる。

実際のナントを思い浮かべるとき、ヴィニーの計画にそれほどの目新しさがあるのかどうかは判断が難しい。ナントはたしかに、ロワール川やエルドル川などいくつかの川が流れ込む土地で、特徴的な地形の上に築かれた都市である。しかし、豊かな水と新たな土壌を運んでくる複数の川が流れ込み蛇行するところに都市が造られるのは珍しいことではない。また、ヨーロッパの川の流れは緩やかで、日本のように対岸が川に隔てられて別々に発達するのでなく、中州を含めて都市が発展する例は、パリ自体がそうであるようにしばしば見られる。

（60）*ibid.*, p. 21, 二四頁。
（61）*ibid.* 日本語訳はこれを「蓋然性」としているが、ここは確率と訳すべきだろう。確率については第一〇章で詳しく取り上げる。上記の引用箇所では、確率は「未来の不確実についての合理的計算」のような意味で、数学的確率よりも広く捉えられている。
（62）*ibid.*, p. 22, 二五頁。

だが、少なくともヴィニーの時代には、ナントの中州と南側は砂地でほぼなにもない平原 prairie であった。橋をかけて両岸を開発するというアイデアの下に、現在に至るナント左岸（南岸）の発展があったと考えると、ヴィニーの計画はナントの発展を見越したもので、後代に引き継がれたといえるだろう。一八世紀に貿易商人たちが屋敷を構えたフェイドー島部分の川は、現在では埋め立てられて右岸（北岸）と地続きになっている（図8参照）。

以上、都市計画についての考察をまとめて、フーコーは次のように言う。「主権は領土を首都化し、統治の中枢という主要問題を提示する。規律は空間を建築化し、諸要素の階層的で機能的な配分を本質的問題として提示する。セキュリティは出来事、一連の出来事、起こりうる出来事に応じて環境 milieu を編成する」[63]。つまりここで、都市計画の三つの例が、主権／規律／セキュリティという三つの異なった権力技術のあり方、あるいは統治に関する異なった思考様式を示すものだということが明らかにされている。

この後の二回の講義を含めて考えると、フーコーが都市計画、伝染病のコントロール、そして食糧難の取り扱いを例にセキュリティについて説明していくところは、彼の中で統治に関する新しいアイデアがどのように生まれてきたかを鮮明に示す部分である。しかしすでに述べたように、生まれてくる新しい思考を表現しようと格闘しているため、叙述の順序が錯綜しており、また用語も安定せず分かりにくい。

そこで、都市計画のところですでに言及がある、人口、環境、自然性といった概念はもう少しあとで取り上げることにする。ここではまず伝染病のコントロールについて見ていき、そのあと人口と確率統計について取り上げる。それによって、食糧難の問題と切り離すことができない穀物ポリスと重商主義、それをめぐる論争の中から対抗言説として出現する自由主義の政治経済学を語る準備ができるからだ。

（63）*ibid.*

第七章　病と衛生

一　都市の不衛生

「一九世紀の第4四半世紀にはパリの下水道網が完成し……「すべてを道路へ」から「すべてを下水道へ Tout à l'égouts」への大転換が起きたことは革命的なことだった」[1]。パリの上下水道が本格的に整備されたのは一九世紀以降である。上水道については、ウルク運河からの給水が本格化したのは一八二五年ごろであった。しかし各家庭で蛇口から水が出るようになるのは二〇世紀に入ってからである。それ以前は共同水栓が使用されていた。下水道は中世に作られた大環状下水路のほか、一八世紀にかけていくつかの工事が進められ、一七四〇年には「チュルゴーの下水道」が作られた。作ったのはのちの財務総監チュルゴーの父の商人頭である。もっとも、メルシエの『タブロー・ド・パリ』の記述によるなら、それで下水問題が解決したわけではなく、この下水道も使われ方のせいで新たな問題を引き起こしたようである[2]。上下水道の敷設は人口増大や都市膨張との競争であった。パリの上下水道事業を都市全体を覆う計画の中にはじめて明確に位置づけたのは、一九世紀第二帝政期のセーヌ県知事、オスマンのパリ改造であった[3]（図9参照）。

（1）大森 2008b, 二一六頁。
（2）Mercier 1782-1788, VII, pp. 230-232,（上）一四九－一五一頁。

図９　パリ下水道博物館内部

図10　ベルサイユ宮殿　ルイ15世の穴あき椅子

ロンドンはどうだろうか。「一八〇〇年には、ロンドンでは排泄物を除去するのに下水道をまったく使っていなかった[4]」。ロンドンの上下水道は民間会社によって提供されてきたが、いずれも浄水能力に欠け、衛生的に低水準のままであった。一九世紀の相次ぐコレラ流行によって、ようやくその不衛生が住民の生死に関わる問題として認識されるようになる。とくに一八五八年のテムズ川大悪臭は都市の汚染を多くの人々に印象づけ、浄化の必要性が広く知れわたった。下水道に関しては一八四七年に首都下水道法が制定され、バザルジェット、チャドウィックらの改革によって整備が進んだ。一八六五年には大規模下水道網の開通式が行われた[5]。いずれの都市の場合も、入り組んだ街路と所狭しと並ぶ住居のせいで、水道の整備は苦労の連続であった。また、膨張する都市が郊外に延びていく速度に水道網が追いつくことは難しかった。

トイレや入浴事情もひどいものだった。パリの公衆トイレ事情は現在でも日本の諸都市とは比較にならないほど悪いが、水洗トイレの普及自体がかなり遅かった。それ以前は汚水溜めからの汲み取りが行われていたが、これが一定程度衛生的に、あるいは法令を守ってなされることはあまりなかった。パリの街がいくら美しい石造の建物を造っても、家々から路上に投げ出される糞尿、汚物溜めから漏れ出す排泄物によって、街はいつもひどいにおいを発していた。(6)

「街には公衆便所がない。そのため人通りの多い街路で催すととても困る。たまたま通りかかった見知らぬ家のトイレを探すしかない。だがそれで戸口をがちゃがちゃやろうものなら、こそ泥と間違えられかねない」(7)。多くの人は（間に合えば）河岸に向かったようである。河岸の状態を見るとパリジャンの健康状態が分かるとまでメルシエは主張している。女性については、男とちがって人目につく場所で大便をしないがまん強さに感歎している。だからパリジェンヌの健康状態はこの方法では分からないそうだ。(8) そして「大便禁止、体罰に処す」の張り紙があるところは決まって、皆が集まってきて糞尿だらけになっていたという。禁止されると催す人間の心理によるのか、あるいは用を足すのにちょうどよい場所だから禁止の張り紙があるのかは、彼の叙述からは不明で

（3）以上について、大森 2012 が非常に詳しく、参考文献も充実している。たかが水、ではあるが、この論文は水道史から行政史のみならず医学史にまで至り、水を通じて近代パリを見渡す歴史学の見本のような作品である。Darmon 1986, 第四部も同じテーマを扱っている。
（4）Jackson, 2014, p. 46, 六八頁（強調原文）。
（5）以上については、Jackson 2014、また小川眞理子 2016 を参照。
（6）都市の悪臭とそのイメージについては、Colbin 1982 を参照。
（7）Mercier 1782-1788, II, p. 225,（上）一四五頁。
（8）女性の野外排泄についてこれとは少し違った記述が Jackson 2014, chap. 7 にある。

ある。

家々の便所の管は詰まり、至るところに汚臭が漏れ出していた。猛烈な刺激臭を放つトイレの穴から疫病が蔓延することが広く信じられていた。パリの住宅に水洗トイレが普及しはじめるのは二〇世紀のことである。トイレの歴史が文明の歴史かは分からないが、アンリ四世やルイ一四世の「穴あき椅子」[9]（図10参照）から水洗便所とトイレットペーパーに至るまでには、途方もなく込み入った歴史と改革者たちの苦労が必要であった[10]。

入浴についてはどうだろうか。「フランスにおいて「入浴」の習慣が根づいたのは二〇世紀に入ってからである[11]」。水道事情が悪く、「水売り」から生活用水を買わなければならないような時代に、入浴が簡単にできるはずはなかった。パリの水は、噴水、泉水また道路の洗浄など公共的使用が最優先されており、庶民が好きなように水を使えるほどの余裕は街の給水能力からしてありえないことだった。ビデもバスタブも、パリの人々にはぜいたく品にほかならなかった[12]。

ロンドンも状況は似たり寄ったりだった。都市の労働者たちは手と顔を洗うのが精一杯で、洗濯などの生活用水に事欠く状況で入浴は難しかった。夏の間は運河や池が利用され、公園内での水浴びも行われていた。一九世紀後半になってようやく、公共入浴施設兼洗濯場が各地に設けられた[13]。

当然のことであるが、こうした都市の環境はペストや天然痘、一九世紀にはコレラなどの伝染病の流行をもたらしていると考えられた。とくに怖れられたのは病気を運ぶ汚く淀んだ空気で、空気が病気の原因となるという考えは「瘴気説」と結びついて根強く支持されていた。都市のゴミと排泄物、そして汚水は瘴気を発生させ、さまざまな疫病の元凶になっているとされた[14]。

都市の住民たちの生は、そこに供給される食糧を必要とする。また、飲み水や生活用水がなければ生きていけない。そして人は飲食すれば必ず排泄する。口から入るものを調達し、肛門から出ていくものを処理する回路をもたなければ、都市は死んでしまう。また、都市の人々の生活から大量に発生するゴミをどこかに持ち出さなければ、廃棄物であふれてしまう(15)。こうした問題の解決こそが、人口が膨れ上がる都市にとって喫緊の課題であった。アンシャン・レジームのパリはその循環が十分に働いておらず、華やかさの背後に汚染と悪臭と疫病の源をはらんだ恐ろしい都市であった。

(9)　穴あき椅子 chaise percée とは、フランスの歴代の王が椅子に座ったまま大小便の用を足すための家具である。必要の鞍 selle nécessaire、安らぎの鞍 selle aisée、引きこもりの椅子 chaise à retrait とも呼ばれた。Franklin 1890, 第一章補遺Ⅰを参照。ルイ一四世はこの椅子にかけて大便をしながら訪問者と面会を行ったという。穴あき椅子の実物の写真は、Franklin 1890 の日本語訳一九一頁にある（訳者が自身で撮影したもの）。

(10)　Guerrand 1985 は、このかくも長き歴史を糞尿文学の格調高い引用を織り交ぜながら語っている。

(11)　高遠 2004, 二〇一頁。この論文は冒頭で「入浴 bain」の語史を古代ギリシア語にまで遡って調査している。

(12)　庶民にとってのバスタブ、入浴の習慣については、Csergo 1988, Colbin 1982 を参照。

(13)　Jackson 2014, chap. 6.

(14)　瘴気（ミアスマ）説は古代からあり、医学史および社会史においてしばしば言及される。ルネサンス期にはコンタギオン（接触感染）説と対立したとされる。瘴気とは、「水、食べ物、接触、風、閉ざされた空気」（Foucault 1963, p. 24, 四六頁）によって広がる病気の原因を意味した。ただし瘴気説の流行自体が一八世紀の都市問題と関係していることに注意が必要である。コンタギオン説の祖とされてきたフラカストロと、瘴気説との対立がいつごろ作られたか、また一九世紀細菌学について、田中 2013 を参照。瘴気説はパストゥールの細菌学とコッホによる病原菌の発見によって否定されたとされるが、悪い空気が病気を運ぶという考え自体は現代でもなくなっておらず、また予防医学と感染拡大防止の実践的観点からは誤りでもない。

(15)　ゴミ処理の費用と担い手がパリ市民にとってつねに重要な政治課題であったことは、高澤 2008 から読み取ることができる。ゴミ処理と街路清掃について、パリは Franklin 1890 を、ロンドンは Jackson 2014 を参照。

二　癩とペスト（一）――癩

このように、都市は人口密集地帯に特有の多くの衛生問題を抱えていたため、数々の伝染病が流行した。社会秩序全般との関係で、フーコーはとくに癩[16]、ペスト、そして天然痘を取り上げる。これら三つの伝染病は、ある社会が秩序づけられる際の別々のモデルを提供するものとして、フーコーによって提示されている。

伝染病の例が重要であるのは、次の理由による。『狂気の歴史』でフーコーは、「阿呆船 Stultifera navis」に乗せられた狂人、浮浪者、貧民、非行者（常習的軽犯罪者の意味）、売春婦などの人々が、かつて癩者が占めた位置に取って代わるという見取り図から語りはじめる[17]。それ以降も一貫して、フーコーは癩者に対する「排除」というモデルが、近代のとば口で姿を消すと考えている。

癩に代わってモデルとなるとされるのが、ペストである。ただしペストは古代から記録に残っており、新しい病気ではない。そのためフーコーは、一九七五年講義では中世末以降、「癩患者の排除のモデルとほぼ同じくらい古いもう一つのモデルであるペストのモデル」が「再活性化された」と表現している[18]。

癩とペスト、この二つの病のヨーロッパ社会における重要性は、『監獄の誕生』でも強調されている。それは同書の中で最も有名になった章、第三部第三章「一望監視方式（Le panoptisme）」の冒頭が、ペストの都市の描写になっているところからも見てとれる。

統治性の講義では、そこに天然痘という第三のモデルが付け加わる。大まかにいって、先に見た都市計画の例で、ル・メートルの首都論、人口都市リシュリュー、そしてヴィニーのナント都市計画が、それぞれ主権、規律、セキュリティ（のちの自由主義の統治）に対応していたのと同じ対応関係が、ここにも当てはまる。癩の排除モデルは非常に大ざっぱには主権と対応しており、ペストは明らかに規律と、そして天然痘はセキュリティと対応する。

癩とペストについて、フーコーは講義の中で以前に何度も論じたことがあるという理由で、あまり詳しく語っていない。そこでここでは講義の叙述を『狂気の歴史』『監獄の誕生』そして一九七五年講義によって補いながら、癩、ペスト、天然痘の三つを彼がどのように対比しているかを述べる。

はじめに次の点を確認しておきたい。それは、フーコーが統治について、とくに現代の新しい統治のあり方としてのセキュリティ、あるいは自由主義の統治について考えるようになった経緯である。彼は一九七八年一月一一日の講義で、まず犯罪の例を出してくる。そして、現代において犯罪を「コスト」と「利得」との関係で捉えるような発想が目立ってきていることを指摘する。これはまさにフーコーが語っていた当時の、現在の話である。それにつづいて彼が出す例が伝染病である。フーコーの伝染病への関心は研究の初期からのものである。彼は一九五〇年代から、狂気、医学、心理学などへの関心を一七―一八世紀における周縁者の扱いの問題と結びつけて論じてきた。『監獄の誕生』における犯罪と刑罰の話も、都市の周縁者たち、民衆、数は多いが組織されざる人々が社会秩序へと組み入れられる際にとられる統治の技法と結びつけられていた。したがって、まず狂人や病人、次にかつては彼らと同じ括りにされていた犯罪者や浮浪者、そこから彼らが収容され規律化される場として

(16)「癩」「癩病」は現在日本では「ハンセン病」と呼ばれる。それは癩という言葉に染みついてきた差別のニュアンスを忌避するためである。フーコーは lèpre を用いており、また歴史的な文脈であること、そして彼はまさしく癩者が差別を受けてきた歴史について語っていることから、ここでは癩、癩病、癩者ということばを使うことにする。
(17) Foucault 1961a, pp. 13-16, 二一―二四頁（第一章冒頭）。
(18) Foucault 1975, p. 41, 四九頁。

の都市へと関心が広がっていったと考えられる。

　したがって、病人や医学に関わりが深い、伝染病における人間管理技術にいくつかのタイプがあるという発見は、より一般的な次元での主権—規律—自由主義の統治という三つの権力の型の提示に先立って、その原型をなしたと考えられる。このことを考慮するなら、すでに述べた都市計画の例と並んで、あるいはそれ以上に、伝染病は統治性研究の端緒として重要なものだったことが分かる。

　癩について、フーコーはそれを「排除」のモデルとして捉えている。「癩病の排除、それはまず厳格な分割、距離を置くこと、ある人（あるいは集団）と別の人とが接触しないという規則を含む社会実践です。これはまた、市壁の向こう、共同体の向こう側の雑然とした外部世界に置かれるこうした人々の拒絶です。……三番目に、この癩者の排除は、追放された人々の価値剝奪、道徳的というより法的政治的な価値剝奪を伴いました」[19]。彼らは街から排除される際の儀式において死を宣告され、その財産は別の人たちに委譲された[20]。人は生きながらに社会から抹消されたのである。

　癩病は一六世紀にはヨーロッパからほぼ姿を消す。その理由は『狂気の歴史』第一部第一章冒頭でいくつか挙げられているが、十字軍の終了によるところが大きいようである（日本については後で述べる）。しかしフーコーは、癩患者が不在となってからも排除のモデルは生き延び、別の人々に適用されたとする。たとえば一九七五年の講義では、『狂気の歴史』で描かれた「大いなる閉じ込め」を、排除のモデルが癩者以外の人々に適用された例であるとしている[21]。

三　癩とペスト（二）――ペスト

しかし、癩よりも近代において重要になるモデルがある。それがペストである。『監獄の誕生』は、ペストに侵された都市における管理と監視の技法が社会全体に適用される、その歴史の叙述ともいえる著作である。

ペストは癩に代わって、一四世紀ごろからヨーロッパ社会で大流行する伝染病である。それはさまざまな文芸作品によって知られるとおり、人口に大きな損害を与える深刻な流行をくり返した[22]。近代に至る流行のはじまりとなった一四世紀半ばの大流行は、中国で大きな被害をもたらしたもの（人口が半減したともいわれる）が、ヨー

（19）*ibid.*, p. 40, 四八頁。

（20）中世初期以降のヨーロッパにおける癩者の排除については、*ibid.*, p. 50, n. 11, 五八―五九頁編者注11を参照。また、中世ヨーロッパの「癩裁判」については、Ruffié, Sournia 1984, chap. 7 を参照。

（21）Foucault 1975, p. 40, 四八―四九頁。

（22）ペスト文学として、たとえばダニエル・デフォー『ペスト』（中公文庫）、アルベール・カミュ『ペスト』（新潮文庫）が知られている。前者はロンドンにおける一六六五年の大流行を、隔離と検疫の実態についての詳細な調査をもとに描いている。後者はアルジェリアが舞台の小説で、隔離された街の「中から」ペストを描いている。絵画に描かれたペストも数多くある。ペストの象徴であった骸骨や鎌を振りかざす死神がしばしば描かれ、また寓話「死の舞踏」を描いた作品も多い。医学史を含めたペストの全般的な解説は、宮崎揚弘『ペストの歴史』（山川出版社、二〇一五年）、また中世ヨーロッパについてはジョン・ケリー『黒死病――ペストの中世史』（中央公論新社、二〇〇八年）を参照。
なお、古代以来「ペスト」として歴史書などに登場するものが、ペストなのかどうかは不明な場合があり、叙述された症状から別の病気とされるものも多いという。

図11　「ペスト医師」（パウル・フュルスト，1656年）

ロッパにまで伝播したとされる。

『監獄の誕生』におけるペストに侵された街の描写は、ダミアン処刑シーンの次くらいに恐ろしい部分である。「ある都市でペスト発生が宣言された場合にとるべき措置は、一七世紀末の一法令によれば次のとおりである。

まず、空間の厳格な碁盤目割りの実施。都市および「一帯」の封鎖は当然で、破れば死刑、うろつく動物もすべて殺処分される。都市は街区へと分けられ、街区は一人の代官の支配下に置かれる。街区はさらに街路ごとに一人の総代の権威の下に置かれ、見張りが行われる。総代が持ち場を離れるようなことがあれば、死罪に処される。所定の日数ずっと、全員が家に閉じこもっていなければならない。外出禁止に違反した者も死刑となる。総代は自ら家々の扉を外から閉める。家の鍵は街区の代官に預ける。代官は鍵を四〇日間〔検疫期間―引用者〕預かる。それぞれの家族は食糧を備蓄しておかなければならないが、ワインとパンだけは小さな木製の管を通して、外から家に運べるようになっている。小売商人と住民との接触なしに、各家の割当分を支給するためである。肉、魚、野菜には、滑車とかごを使う。どうしても家を出なければならない場合には、順番に外に出ることでお互いに顔を合わせないようにする。代官、総代、護衛兵士以外は往来が禁止される。ただし、感染した家々や死体から死体へと渡り歩く、死を厭わない「カラス（死体運搬人）」は別である。これは「病人を運び、死体を埋葬し、清掃し、ほかにも多くの卑賤な仕事をする下層民」のことである。分断され、動くことのない、硬直した空間。全員が一つの場所に固定され、動けば、死ぬか、感染するか、罰されるかしかない[23]」。

こうした厳格な封鎖が守られるために、代官、総代、城門の見張りなどがつねに監視の目を光らせる。住民たちは見回りの代官に外から呼ばれると窓のそばに顔を出さなければならず、生きているか感染しているかもう死んだかを確認される。そして検疫に先立って作られた名簿に家ごとの状況が記入される。家々は消毒され（ただし香料を使った燻蒸のようなもの）、病人は当局に雇用された決まった医師（「ペスト医師」[24]）と呼ばれた）だけが診療することができた[25]（図11参照）。

フーコーは癩とペストを対比し、次のように言う。「癩が排除の儀式を生み出し大いなる閉じ込めという一般形態のモデルになった一方、ペストの方は規律的な図式を生み出した[26]」。ペストは、監視、細分化、取締り、個別化、碁盤目割りを通じて、規律にとって一つのモデルとなる[27]。

こうした二つのモデルに対して、フーコーは第三のものとして天然痘を対置する。だがそれを取り上げる前に、では日本の癩患者が、二〇世紀後半にも依然として置かれていた状況はどうなるのか、それを二分法と排除とい

(23) Foucault 1975a, pp. 197-198, 一九八頁。
(24) 彼らの一部が身にまとった異様な服装が知られている。とくに有名なのがマルセイユの「嘴医者」を描いた一七世紀のパウル・フュルストの版画であろう。
(25) ただし一七世紀後半のパリではすでに、ペスト患者を病院に隔離収容する態勢が、ラ・レニによって整えられていた。Saint-Germain, 1962, chap. 15 を参照。
(26) Foucault 1975, p. 200, 二〇〇頁。

うフーコーの図式によって捉えることができるのかについて、一言述べておきたい。

二〇世紀に入って、日本の癩患者は徹底した隔離を経験した。一九〇五年の「癩予防ニ関スル件」（癩予防法）によって法的に隔離政策が推進され、一九三〇年代には「無癩県運動」が起こり法律が改定され、自宅療養者も含め強制隔離となった。第二次世界大戦後の一九五三年に「らい予防法」となったが、強制隔離政策が継続された（沖縄を除く）。結局この法は一九九六年に至るまで廃止されなかった。「癩菌」の発見から百数十年、治療薬プロミンの有効性が知られてから五十年以上が経過していた。ただし、癩菌の感染力がきわめて弱いことは、患者の治療にあたった医師や医療関係者は経験的によく知っていた。

療養所での患者の生活は驚くべきものである。らい予防法の廃止と熊本地裁の国家賠償訴訟判決、その後の政府および国会、最高裁による謝罪によって、療養所の運営が広く知られるようになった。一生を療養所内で過ごすことを法的に強制された入所者にとって、そこはある程度完結した社会であらざるをえなかった。結婚は断種と不妊手術を条件とし、妊娠した入所者は中絶させられた。これは光田健輔らに見られる優生思想によるものであるが、癩が遺伝性疾患でないことはよく知られていた。教育もすべて施設内で行われたため、きわめて不十分であった。また、通常の刑事罰とは無関係に療養所内に監房が設けられ、群馬県の診療所に併設された「特別病室」には全国から処罰を受ける患者が集められた。殺人事件などの審理は通常の裁判所で行われず、療養所などに設置された「特別法廷」で裁かれた。これについては二〇一六年に最高裁が謝罪したが、違憲性は認めなかった。(28)

こうした日本のハンセン病史を顧みると、癩病を共同体からの排除と結びつけるだけでは不十分であると思われる。徹底的な隔離政策によって排除された人々がさらされつづけたのは、合理性を装う優生思想と非合理であることを隠さない差別意識との融合による、非常に奇妙な規律型の管理であったと考えられるからだ。

このことから思い起こされるのは、『監獄の誕生』での次の議論である。フーコーは、一九世紀に「「癩者」を「ペスト患者」のように扱う」[29]展開があったという。これは、排除し一ヶ所に閉じ込める際に生まれる雑然とした空間（大いなる閉じ込めの無秩序）に、規律的な空間配置を適用し、排除された人々の個別化を徹底しながら厳格な取締りが行われるようになるという意味である。「排除された者に個別化された規律の戦術を強いる」と同時に、「規律的な統制の広がりによって、誰が「癩者」であるかを徴づけ、排除の二分法的なメカニズムを押しつけることができる」[30]。こうした排除と規律の組合わせが、一九世紀以降さまざまな場面で生じるというのがフーコーの考えである。

ここでのフーコーの整理は、日本の癩患者が受けてきた処遇を顧みるなら、あまりにも図式化されていると思われるかもしれない。ヨーロッパの人々は中世の癩には排除という仕組みによって対処し、癩者がいなくなった街で、その後を襲ったペストに対しては規律という仕組みによって対処した。そして一九世紀以降、排除と規律

(27)　ペストが規律とポリスのモデルとなったという点では、ルネサンス期のイタリア都市国家が注目される。そこではペスト発生を知らせる情報網が行きわたり、ペスト対策が都市の衛生政策と結びついて衛生ポリスに近い監視網が生まれていたという。Cipolla 1976 を参照。

(28)　以上、癩病に関する検証、患者自らの証言、全国の癩者収容施設に関する記録などの書籍は数多くある。初期から隔離政策に疑問を投げかけ、反対した医師や行政関係者は少なくなかった。それでも長期にわたって隔離政策がつづけられた理由が問われている。資史料としては、藤野豊編『近現代日本ハンセン病問題資料集成』（戦前編全八巻、戦後編全一〇巻別冊一、補巻全一九巻別冊二）不二出版、二〇〇二―二〇〇九年、また『ハンセン病問題に関する検証会議最終報告書』日弁連法務研究財団、二〇〇五年が詳細にわたる。

(29)　Foucault 1975a, p. 200, 二〇一頁。

(30)　*ibid.*, p. 201, 二〇一頁。

の両方の技法を用いながら、正常と異常、健常者と病者の二分法をくり返し作り出し、両者の境界線を再確認しつづけると同時に、集められた同種の人々の間には規律化を通じた個別化がなされてきたというのだから。

一方で、『監獄の誕生』でのさまざまな施設や場面の描写、また同時代人の証言や提言の引用を読んでいくと、そこにフーコーが見出しているものが、こうした図式ではまとめきれない数多くの余剰を含むことが分かる。だがそれでも、それらをなんらかの「格子」を通じて読み解かなければ、多様性という名の混沌の海から脱することはできない。歴史を叙述しその中に展開する権力を描くことは、個別的経験を枠づけることの限界という、根本的には解決できない問題を提起しつづける。フーコーが描写する個別具体的な規律化の例は時としてやりすぎで、異常かつ極端なものに見える。滑稽なまでの規律の追求のために笑いを誘うような制度や証言も出てくる。しかしそれらは現に試され、発言され、実施されたものなのだ。

日本の癩者収容施設では、戦後もひきつづき奇妙な規律化の装置が作動しつづけた。それは、目的が不明で合理的な理由づけを失いながらも隔離政策の下に存続した。この奇妙さと絶望的なまでの非合理への違和感は、フーコーの閉じ込めと収容の描写からもしばしば喚起されるものである。こうした場の重苦しさと出口を与えない収容者の管理は、陰湿でときに悽惨である。これに対して天然痘の例は一見開放的で、個人の自由と生存の両立であるかのように見える。だが本当のところはどうなのか。これについて次に見ていくことにする。

四　天然痘と接種

天然痘の例は、フーコーがセキュリティの装置と呼ぶ、排除とも規律とも区別される統治のあり方を示すために取り上げられる。天然痘を取り上げる理由を、彼は次のように述べる。「まず、天然痘は知られるかぎりこの時代に明らかに最も広く伝染した病気です。子どもの三分の二が感染したことから分かります。広く人口全体のレベルでは、天然痘［による死亡―編者］率は七・七八二分の一、ほぼ八分の一でした。……第二に、天然痘は非常に強烈で爆発的な流行を見せる病気でした。とくにロンドンでは、一七世紀末と一八世紀はじめに、五―六年おきに爆発的な流行をくり返しました。最後に、天然痘はとくに重要な例なのです。それは、一七二〇年以降接種あるいは人痘接種と呼ばれるものによって、また一八〇〇年以降は種痘によって、当時の医学実践においてはきわめて特異な四つの特徴をもつ技術を整えたからです[31]」。

ここで天然痘の歴史について簡単に述べておく。天然痘は古代遺跡のミイラにもその痕が発見されたように、非常に古くからの病気である。天然痘に対して、「軽く罹らせる」という手法をその予防に役立てたのがいつからかは、さまざまな証言がありはっきりしない。Grmek 1996 には次のようにある。「中国人は遅くとも六世紀以来、吸入法[32]を行っていたとされてきた。ほかの証言として、人痘接種は「太古から」アフリカやインドのいくつかの部族で存在してきた、また若い娘の美しい相貌を保つため、テュルケシュ人が発明したという説もある[33]」。

（31）　Foucault 1978, pp. 59-60, 七二頁。人痘接種 variolisation は天然痘にかかった人の菌をなんらかの方法で予防対象者にうつす技術。ただし Foucault 1978, p. 82, n. 3, 九七頁編者注3によると、一八世紀には inoculation の語が用いられ、variolisation は一九世紀以降の用語である。inoculation はラテン語で oculus（目、芽）を植えつけることから。種痘 vaccination は一八世紀末にジェンナーによって開発された方法で、牛痘接種によって天然痘を予防する。人痘と比べてはるかに人体へのダメージが少なく安全な方法である。「芽」という用語は、植物学から医学へと用いられ、英語の「細菌・病原菌 germ」（フランス語では細菌 microbe が一般的、germe は病原微生物を指す）につながっていく。なお、触れることで「うつる contagion」というイメージから、そのもとになる「菌」への関心の変移については、小川眞理子 2016, 第三章を参照。

（32）　天然痘患者のかさぶたを少量吸わせる方法。山内 2009, 四七頁。毒性を緩和するために乾燥した状態が好まれた。

一八世紀はじめには、皮内注射による人痘接種がオスマン帝国で行われていた。トルコにおける接種は一七〇〇年ごろ、コーカサス、ペルシアなどから伝わったとされる。これはトルコのイギリス大使の妻であるモンタギュー夫人 Lady Mary Wortley Montagu（1689-1762）によってイギリスに紹介された。彼女自身痘瘡をもち、一七一五年にイスタンブールで息子に、一七二一年にはロンドンで娘に接種を受けさせた。また奴隷貿易の発展によって、アフリカ奴隷に対しては非常に早く、一七〇六年にマサチューセッツの牧師コットン・メイターが奴隷に人痘接種を施したという。ヨーロッパ最古の記録は、一六七一年出版のドイツの年報へのハインリッヒ・フォルグナッドの人痘接種への言及である[34]。

中国については、「一七世紀あるいは早ければ一六世紀末、だが五世紀はありえない[35]」とされる。五世紀にすでにあったという説は中国科学史のイギリスにおける大家であるジョセフ・ニーダムによって主張されたが、資料の裏づけがないという。「一九世紀中国のあるモノグラフは、五世紀の接種という神話的な実践の伝説は、一七世紀の人痘接種の専門家によって自分たちの技術を正当化するために発明され広まったと指摘している[36]」。一七世紀の複数の文献に、中国での一五七〇年の接種の記録があるという。日本では一七九二年の緒方春朔による人痘接種が知られている。

グルメクは、「原始的とされる」経験的方法の人痘接種は、健康な子どもを病人と接触させるなどのやり方で、ヨーロッパでも民間に広まっていたとする。予防接種としては一七世紀より前に遡れないが、いくつかの場所で接種が同時期に出現することから、どこかに共通の起源があると推測している[37]。

フーコーは人痘から牛痘への技術の変化やこの時期以降の医学革命には、ここではそれほど興味を示していない。むしろ、接種の実践がきわめて先進的に有していた新たな発想に注目している。先ほどの引用のつづき、四つの特徴とは次のものである。第一に、接種の効果は完全に予防的なものであった。これは事後的、治療的との対比であろう。第二に、接種は確実で、ほぼ全面的に成功した。第三に、接種を人口全体に適用するのに大きな物理的・経済的な困難がなかった。最後に、天然痘への接種は、当時の医学理論や医学的合理性と相容れないものだった。というのは、接種がはじまったときには、それがどのような仕組みで天然痘予防につながるのかが分かっていなかったからである。一九世紀半ば以降、パストゥールとコッホによる微生物と病原菌の発見以前には、天然痘の感染と発症のメカニズムは解明されていなかった(38)。

それではなぜ、天然痘への接種は広まったのか。これについてフーコーは、医学史におけるような、「それが有効であることが分かったから広まった」という説を採らない。有効な治療法が発見から長い間放置され、またある時代の医学理論のメインストリームと合わないために無視されることは歴史上しばしば起きてきた。ではな

---

(33)　Grmek 1996, p. 44. Foucault 1978, p. 82, n. 6, 九七頁編者注6も参照。
(34)　以上について、Grmek 1996, pp. 44-45 を参照。
(35)　Leung 1996, p. 58.
(36)　*ibid.*
(37)　近代以前の接種についての報告、とくに一九世紀の歴史的証言が曖昧である点について、Darmon 1986, pp. 21-29 にさらに詳しい検討がある。
(38)　微生物、細菌、病原菌が発見されるプロセスは、医学史でさまざまな観点から取り上げられている。「パストゥール革命」以前に微小な生き物の観察史があった。これを可能にしたのが顕微鏡という道具である。顕微鏡は望遠鏡と同時期、一六世紀末に作られた。複式顕微鏡の発明は一六六五年、イギリスのロバート・フックによる。同時期オランダのレーウェンフックは単式顕微鏡をありえないほど改良し、多くの微小な生物、また精子を発見した。こうした微生物学の前史については、*ibid.*, 第一部に詳しい。ミクロの世界の観察はまた、生殖への関心と結びついていた。ビュフォン『博物誌』がその一例である。

ぜ天然痘接種は急速に広まることができたのか。

フーコーは、これは表現が難しいのだが、当時ほかの領域にも見られた統治のあり方を支える発想、あるいは一種のエピステーメのために、接種が広く実践されるようになったと考えている。主流の医学理論に逆らうような実践であったにもかかわらず接種が広く行われたのは、それがなんらかの意味で時代に適合していたからなのだ。(39) フーコー自身はここで「エピステーメ」の語を使っていないが、これは『言葉と物』で示された、ある時代にある事柄（たとえばここでは天然痘の回避や予防）が議論される際、たとえ対立する論者であっても共通に依拠することばの使い方、あるいは言論の文法を意味している。

フーコーによると、接種が広まったのは、当時これが確率の問題として捉えられたからである。つまり天然痘への罹患、そして接種による罹患割合の変化は、統計的に、あるいは確率を用いて表現され、理解された。ここには、死亡率をはじめとして、人口という規模でのさまざまな統計が蓄積され、それが確率と結びつけられるようになっていたという背景がある（人口、確率、統計の結びつきについては第一〇章で論じる）。

二番目にフーコーが挙げるのは、天然痘への接種が他の「セキュリティの装置 mécanismes de sécurité」と結びついていた点である。ほかのセキュリティの装置としてここで挙げられているのは食糧難だが、おそらくこれには都市計画の例も含まれる。これらの事例では、ある現象を妨害するのではなく、逆に現に存在する諸要素を働かせることで、自然に天然痘や食糧難がなくなるようにしむけるという方策が採られた。こうした関与のあり方を、彼はここでセキュリティの装置と呼んでいる。

フーコーは牛痘以上に人痘接種を高く評価している。これは病気への有効性の観点からすると奇妙なのだが、彼が注目するのはこれとは別の点である。それは、天然痘それ自体を小さな規模で起こすことで、天然痘にかからないようにするというその発想、あるいは介入様式である。これをフーコーは、ある現象を禁じたり妨害したり消滅させようとするのではなく、むしろそれをなんらかのしかたで働かせることで、結果としてよりよい効果（ここでは天然痘による死亡率の低下）をもたらそうとする発想であると捉える。

ここでフーコーは改めて、規律とセキュリティの違いに言及する。まず、都市計画の例が「空間配分」における規律とセキュリティの違いを示していることが確認される。なにもない空間に計画にしたがった都市を建築していく、つまり空間を建築化するのが規律である。それに対してセキュリティは、すでにある空間、地理的・社会的な諸要素を組み合わせ、未来に開かれた形で空間を活用する。

伝染病の例では、それを規範への合致のしかたの違いとして説明している。規律にはまずノルムが必要である。規律は全体をたとえば小さな方形のような要素へと分解し、そこから全体を組上げなおす。ペストの街であれば、それらは街区に分けられ、街区はさらに街路に区分され、また家ごとに定期的な記録が残される。人々は外に出ることができず、あらかじめ決められたとおりのふるまいを義務づけられる。これをフーコーは、まずモデルを立てて、人、しぐさ、行為をそのモデルに適合させるやり方であるという。ここでノルムは「指令的 prescriptif」であると表現される。[40]

さらに彼は、以前の著書で取り上げた医学と政治の関係に言及する。フーコーは「流行り病 maladies regnants」という『臨床医学の誕生』で用いられたことばを手がかりに説明を行い、そこに見られるいわばポリス的な発想が、天然痘への接種の場合とは異質であることを示している。[41]『臨床医学の誕生』では、流行り病は当

（39）接種にはもちろん反対もあった。神への冒瀆という論拠以外に、接種による死亡という深刻な理由による根強い反対があった。これについては第八章で検討する。

（40）Foucault 1978, p. 59, 七一頁。pre-scrire は「あらかじめ書き込まれている」の意味。

時の医学実践を叙述する中で用いられている。フーコーは一八世紀半ばの医学文献を引用し、当時の医科大学と王立医学協会との対立とからめてこれを論じている。そしてこの語を、旧い大学と対立するポリスの実践と結びついた新しい国家的医学において用いられた概念として位置づける。この語は一九七八年講義の日本語訳では「流行り」となっているが、支配的というより流行っている病気というような意味である[42]。問題はその「支配的疾病」がどのような仕組みや制度を通じて捉えられたかにある。『臨床医学の誕生』での叙述によるなら、これはポリスおよび国家と結びついた医療において用いられたことばで、医師による委員会の設置、軍医の重要性（軍医は本質的に集団の医療に関わっていた）、地誌や気象といった関連する情報の収集などによって特徴づけられる[43]。

これがノルムに基づく病気の把握、つまりポリスや規律と結びつく伝染病の扱いである。それに対して、セキュリティにおいて正常性は人口のレベルで捉えられ、罹患率や死亡率といった考え方の中に表れる。そこでは、病気にかかった一人一人に関心が払われることはない。また、彼らを健康な人から区別し、分離し、またそれぞれの人にあるべきふるまいを割り当てるのではない。人口は病気にかかった人もかかっていない人も、全体としての数量、あるいは人口の下位分類における数量のうちに捉えられる。正常性はあらかじめ定められた規律的なノルム（指令を与える基準）の中にあるのではなく、調査される人口の内部にあり、調査を通じてはじめて、正常な死亡率と異常な死亡率とが発見されることになる[44]。

講義の中で、このあと都市、食糧難、伝染病の例を用いて主権、規律、セキュリティを対比する部分は、非常に分かりにくい。まるで新しい対象をつかみかけているが、それをまだことばにすることができないかのようである。そこで、ここでのフーコーの中間的なまとめをこれ以上追求することはしないでおく。代わりに、伝染病の説明の中でくり返し講義に登場し、彼が自由主義の統治を焦点化するきっかけとなった、人口についての考察を取り上げる。人口について論じる中で、フーコーは確率と統計の重要性に何度も言及する。確率、統計、人口。この三者を結びつけて理解することは、セキュリティの装置、あるいは自由主義の統治の認識論的な（先ほど述べた「エピステーメ」の観点からの）背景を理解するためには不可欠である。

（41）Foucault 1963 の神谷訳では、「流行中の疾患」（四七頁）、「よく起る病気」（五一頁）となっており、必ずしもこの時代に特有の概念として訳されているわけではない。
（42）Foucault 1978, p. 83, n. 9, 九八頁編者注9を参照。
（43）Foucault 1963, pp. 25-31, 四七－五四頁。
（44）ここでフーコーは、規律における正常化 normation（フーコーの造語）とセキュリティにおける正常化 normalisation との区別を試みている。両者の違いについて、Ewald 1992 で考察されている。また、一九世紀の医学・生理学における norme や normalisation の用法は、重田 2003a, 第二章二で考察した。

第八章　人口の誕生をめぐって（一）

一　人口をめぐる議論へのアプローチ

第I部冒頭で指摘したとおり、人口はフーコーにとって統治よりも前に考察対象となった枢要な概念である。人口について、彼は一九七八年初回にあたる一月一一日、一八日、二五日、三月一五日、そして最終回となる四月五日の講義で検討している。まず都市空間および環境とつながりが深い概念として一月一一日に取り上げられる。また、食糧難に関連して、人口という「水準」の重要性が一月一八日に取り上げられる。さらに、天然痘と接種、そして公衆衛生との関連で一月二五日と四月五日に取り上げられる(1)。このように、人口はたしかに一七―一八世紀の統治を語る際の重要概念なのだが、いくつかのテーマとの関連で分散して論じられており、これだけではフーコーの言いたいこととその背景をつかむのが難しい。

そこで本章と次章では、人口をめぐるフーコーの議論を理解するために必要な事柄をいくつかのトピックに分け、一七―一八世紀にどのような論争がなされ、思想史的な展開があったかを示す。それをふまえて、フーコーが講義の中で何回かに分けて語っている人口についての議論をまとまりをもって捉えることを目指す。

はじめに取り上げたいのは、やはり接種の例である。講義では接種にまつわるセキュリティの装置の説明の中

(1)　三月一五日の言及については、本書二〇六頁以下を参照。一九七九年講義では人口への言及はない。

で、人口というテーマが出てくる。そこから人口と確率・統計へと話の重心が移っていく。そのため、接種（医療）、人口、統計、そして確率は一体として論じられていることになる。それはほかならぬ「人口統計学」が、人間の出生と死亡というトピックを通じて誕生し、また出生と死亡の統計は当初ペストの大流行と関連して注目されるようになったという事情が関係している。人口統計は伝染病をめぐって、しかものちの時代のことばでいうなら、人口学的な変動をもたらすほどの劇的な人口減少に直面した人々が、その実態を把握しようとしてはじめたものなのである。

もちろん、統計データの蓄積は伝染病の流行以外の要因によっても進んだ。たとえばPerrot 1992が指摘するとおり、課税はこの時代の地方における統計整備の主要な動機であった。徴税にデータ収集は不可欠で、一八世紀にはこれが経済統計と呼べるものに近づいていったのである。フランスには一五九九年から商業会議所Chambre de commerce（のちの商工会議所）が存在し、また一七一三年に作られた貿易収支局Bureau de la balance du commerceは、王の徴税請負人を通じて商品の価格や市場に流通する物資の量を調査した。(2)

ジャン＝クロード・ペロの諸研究が商業、貿易、経済に関する統計に注目して以来、旧体制期の経済的認識と数値や統計データ収集との関係に注目するこうした研究は、病気や出生・死亡と人口との関係に注目するフーコー、ハッキング、そして第一〇章で取り上げる確率・統計についての科学史的アプローチの欠落を埋めるものである。そして、第Ⅲ部で論じる穀物ポリスをめぐる論争や自由主義経済学の誕生は、貿易収支や市場価格、取引実態を示す経済統計の展開なしにはありえなかったと考えられる。だが、隠岐さや香がシャルルの研究を引いて指摘するように、こうしたデータ収集は官吏たちにとって秘匿された知であった。(3) そこには統治に関する「アルカナ（秘密）」という伝統的な考え方が根を下ろしており、専門知として公開も共有もされないままであった。そのため各部局が収集したデータの体裁や調査のあり方もまちまちで、系統的に管理されることもなかった。これは「アマチュアは公表し、官僚は隠匿する」という、ハッキングが指摘した近代統計史の一断面である。[4]
また、人口そして課税のための土地と財産の把握という意味では、古代ローマのケンソル（監察官）によるケンスス（センサスの語源、第五章四を参照）や、中国で遅くとも唐代には整備されていた戸籍制度なども、ある種の統計調査である。しかしこれは、『知への意志』でのフーコーの言い方を借りるなら、もともとは「天引きする」権力、死なせるか生きるままに放っておく権力からくるものである。[5]古代以来土地と財産、またそれを担う家構成員を固定し、そこから確実に税を徴収するために調査が行われてきた。
これに対して、伝染病の把握という動機に端を発する人口統計は、人の出生や死亡という「動き」、数の増大や減少を把握しようとする。その関心は、個々の家がどんな場所にありどの程度の財産を保持しているかではなく、あらゆる人を一人にカウントしそれを足し合わせていくこと、その意味での大衆＝人口としての人間に向けられている。そしてそこから、死亡率や出生率などのさまざまな割合や比率、それらの変動、そして集団単位で捉えられるリスクという考えが現れる。そのことによって、税収を目的として古代以来存在した戸口調査や土地台帳が人口調査と結びつき、両者は統合されて統計の整備が進められていく。
また、教区簿冊や洗礼記録についてここで一言述べておく。キリスト教の実践において、信者の数と生死の把握はつねに重視された。それは誕生から死までを司る宗教共同体にとって不可欠の記録であった。こうした宗教

（2）貿易収支局については、Charles, Daudin 2011 を参照。
（3）隠岐 2011, 第三章。主な典拠は Loïc Charles, *La liberté du commerce des grains et l'économie politique française（1750–1770）*で、これはシャルルの博士論文（パリ第一大学）である。
（4）Hacking 1990, chap. 3 のタイトル。
（5）Foucault 1976a, 第五章。

的記録は、一七世紀以降人口への関心の高まりとともに発掘・利用されるようになり、現在の歴史学においても人口推計の最有力史料である。しかし、こうした利用自体一六世紀までは活発ではなかった。たしかに記録は継続的に取られていたが、人口への関心によって再発見されるまで、埋もれたままにとどまったのである。

では、人口、比率、増減、リスクといった発想は、一七―一八世紀にはどのようなものとして理解されていたのだろうか。それを示すために、まずは前章の話題の延長として、接種をめぐるベルヌイとダランベールの論争を取り上げる(6)。この論争は、フーコーの講義の時点ではおそらくそれほど注目されていなかったが、確率統計思想史への注目やフランス経済学生誕期に対する新たな興味関心の隆盛によって、その後研究がさかんになっている。そうした展開については第Ⅱ部末尾の「補章」で触れることにする。

本章では、「死亡率」「平均余命」「リスク」などの用語の使われ方を見ていくことで、人口概念の誕生の一端を明らかにする。そのあと、人口統計のはじまりとしてペティ／グラントの『死亡表』を取り上げる。第九章では古代近代論争をとおして見た人口問題、そしてモオー『人口論』を取り上げる。さらに第一〇章では、確率・統計の歴史と人口統計との関わりをふり返る。それら全体を念頭に、フーコーの人口についての議論を読み解いていくことにする。

二　接種は正当化されるか

第七章で見たとおり、一八世紀以降天然痘への接種はヨーロッパで広く実践されるようになった。しかしこれにはさまざまな観点からの批判があった。まず、当時の医学理論は接種のメカニズムを因果的には解明しておらず、その点でこの実践は経験的、あるいは統計的にしか正当化されていなかった。また、軽く天然痘を起こさせることで重い罹患を防ぐという発想は、病気の治療とは異なるものとして知覚され、神が支配するはずの自然の秩序を乱すとして警戒された。こうした批判は、接種がその結果として重度の天然痘をもたらし死に至るケースがあったため、さらに勢いづいた。病気を予防しようとして人体に作為的に介入し、その結果病気にかかって死ぬという事態が、倫理的に容認しがたいという感情を多くの人に引き起こしたからである。

こうした背景は、現代のものとはかなり異なっているように思われるだろう。変わったのは、医学理論の進展と宗教的価値観の説得力の変化だけではない。このあと見ていくように、天然痘での死亡率も接種による死亡リスクも、現代の一般的な予防接種におけるより当時はずっと高い。天然痘で死ぬという恐怖はあらゆる人が抱くもので、とくに乳幼児の死亡はありふれたものだった。逆に接種の死亡リスクも低いものではなく、現代の多くの予防接種とは比較できないようにも見える。

しかし、現代でもある点では類似した判断を迫られる場合がある。主に女子中高生に推奨するか否かが争点となっている子宮頸がんの予防接種について、厚生労働省発行のリーフレットに次のような文章がある。「平成二九（二〇一七）年八月末までに報告された副反応疑いの総報告数は三、一三〇人（一〇万人あたり九二・一人）で、うち医師又は企業が重篤と判断した報告数は一、七八四人（一〇万人あたり五二・五人）です。わが国におけるHPVワクチンの効果推計（生涯累積リスクによる推計）によると、HPVワクチンの接種により、一〇万人あたり八五九〜五九五人が子宮けいがんになることを回避でき、また、一〇万人あたり二〇九〜一四四人が子宮けいが

（6）　Foucault 1978, p. 82, n. 2, 九七—九八頁編者注2によると、この論争は、一九七八年のフーコーのセミナーでの発表者であるムーランによる博士論文 Anne-Marie Moulin, *La vaccination anti-variolique : Approche historique de l'évolution des idées sur les maladies transmissibles et leur prophylaxie*, Paris 1979（パリ大学医学部）で取り上げられている。

んによる死亡を回避できる、と期待されます」(7)。九二・一人や五二・五人のリスクと五九五人や一四四人の回避可能性とを比較するのだから、これは一目瞭然の数値とはいえない。重篤な副作用事例が裁判にもなっているこのケースで、以上の数字は当人や保護者が判断を迷う要素を十分含んでいるように思われる。

なお、種痘についての論争は、一七二二年にイギリスの内科医ジュリン James Jurin（1684-1750）が提起したとされる。モンタギュー夫人の娘への接種が話題になった一年後のことである。ジュリンはロンドンの死亡表と王立協会会報で呼びかけた医師からの報告をもとに、接種による死亡リスクが四九―五〇分の一であるのに対し、天然痘による一―二歳までの死亡リスクは七―八分の一であると計算した(8)。フランスではヴォルテールが一七三四年にこの論争を取り上げ、接種を擁護した。さらに、ラ・コンダミンヌ Charles Marie de la Condamine（1701-1774）が一七五四年に強い支持を表明し、フランスでの接種論争が開始された(9)。

こうした状況の中、最新の確率とリスクの議論を用いて接種の正当化を試みた人物がいた。それがダニエル・ベルヌイ Daniel Bernoulli（1700-1782）である(10)。数学者であったベルヌイは、天然痘接種のリスクを数学的に評価することに興味を示し、その観点から接種を正当化する論文を書いた(11)。王立科学アカデミーの年報に発表された彼の接種擁護論は、まずはある世代の一万三千人の子どものうち千人の命が救われるという明白なものである。さらに彼は、確率と期待値の計算を通じて次のような主張を展開する。

ベルヌイは、ある人口がいくつかの年齢で一定数ずつ死亡するという仮想例を出す。それについて説明する中、死亡する人数だけに焦点を合わせていると、人口の中での死亡のインパクトを理解することができないと指摘する。彼はあとで述べるハレーやペティ、ウィットの死亡に関する数字を挙げ、死亡率と集団の罹患リスクという概念を導入する(12)。

当時の接種による死亡率は、欧米の異なる都市について一―三％程度の範囲で示されるいくつかのデータが得られていた。またベルヌイは、天然痘での死亡をおよそ一三人に一人と置いた。[13] 彼はここで、接種の有効性を判断するために二つの数値を直接比較する以外の評価方法を提案する。それは、接種の有無による平均余命の変化である。この注目点、ならびに平均余命の計算を数式で示したところに彼の議論の独創性があった。それまでの

（7）厚生労働省リーフレット　二〇一八年一月一八日公開。http://www.mhlw.go.jp/bunya/kenkou/kekkaku-kansenshou28/dl/hpv180118-info02.pdf

（8）Rusnock 1995, p. 297, pp. 299-300. ジュリンの計算のもとになった表は、*ibid.*, p. 308, p. 309 にある。Jurin, 'A Letter to the Learned Dr Caleb Cotsworth,' in *Philosophical Transactions of Royal Society*, XXXII（1723）, p. 217, p. 218 から取られたもの。Jurin 1724, pp. 10-11 には各地の医師から報告されたデータも掲載されている。

（9）Rohrbasser 2011, 6-7para. ローバセールの典拠は、Voltaire, 'Onzième Lettre sur l'insertion de la petite vérole,' in *Lettres philosophiques*, XI, Amsterdam: Lucas, 1734, pp. 101-102, La Condamine, 'Mémoire sur l'inoculation de la petite vérole,' in *Histoire de l'Académie royale des sciences*, Paris: Durand, 1754, pp. 615-670 である。

（10）ダニエル・ベルヌイは自然科学で著名なスイス・バーゼルのベルヌイ家に生まれた。伯父は確率論のヤコブ・ベルヌイ（第一〇章注35）、父は微積分学のヨハン・ベルヌイ、兄弟もいとこも数学者であった。ベルヌイ家の家系図は Todhunter 1865, 八一頁訳注1にある（ヤコブはジャック、ジェイムズとも、ジャンはヨハン、ジョンとも呼ばれ、しかも同名の学者が二人ずついる）。ベルヌイ家の中でも傑出した才能とされ、『流体力学』（1738）において「ベルヌイの定理」を示し、また賭けとリスクの主題で限界効用逓減則を提唱した（補章三を参照）。

（11）Foucault 1978, p. 83, n. 8, 九八頁編者注8は、ベルヌイによる統計は当時接種を理論的に正当化する唯一の根拠であった（典拠は前掲ムーランの博士論文）とするが、イギリスですでにジュリンの業績があった。ジュリンはこの話題について一七二七年まで継続して年報の形で報告したので、広く知られていたと考えられる。

（12）この点について、Le Bras 2000a, p. 334 による。また、ベルヌイの計算とその典拠となった表および余命の利得表は、Rohrbasser 2011 を参照。

議論の多くは、接種のリスクと罹患リスクを直接比較し、接種によってリスクが低減されることを強調していたからである。つまりここでベルヌイは、人口集団全体を視野に入れて接種のインパクトを捉えようとしたことになる。ベルヌイの計算によると、接種が行われない場合の平均寿命が二六歳七ヶ月であるのに対し、接種によってこれを二九歳九ヶ月に延ばすことができる。また、接種の有無によって平均余命に変化が見られないのは、九・四三人に一人が接種で命を落とす場合である。

ここからがベルヌイの議論について、評価が分かれるところになる。彼は、ではこの場合に接種は無意味になるのかを問いかけ、そうではないと主張する。

彼は接種が行われた際の死亡が低年齢で非常に多く、年齢が上がると少なくなる事実に注目する。そして、たとえ一五歳までの死亡が多くても、「社会にとって役に立たない子どもの損失があるだけ[14]」なので、大人になり社会的に有用な人間の死亡率が低いなら、接種は推奨されるべきだとした。

以上のようにベルヌイは、死亡者数でなく人口にとっての死亡率と余命変化の意味に注目した。また、一人の死亡の意味がたとえば〇歳と四〇歳とでは異なることを社会的有益性の観点から捉えた。ここでのベルヌイの接種正当化論は、接種を受けるかどうかを個や部分集合ではなく集団全体、つまり人口のレベルでのインパクトや効果として捉える点で注目に値する。これは「寿命が三年延びる程度の意味しかない」「一三人中一二人には接種は不要である」といったベルヌイの議論への反対論を想定しての主張であると考えられる[15]。

では、これに対するダランベール Jean Le Rond d'Alembert（1717-1783）[16]の反論はどのようなものだろうか[17]。ル・ブラが注目するのは以下の点である。ダランベールは、個人にとってのリスク評価や選択の問題として接種を受けるかどうかを捉えることで、ベルヌイに反論している。論考の冒頭で、彼は接種を行わなかった際の「自然な」天然痘での死亡が人類全体の七分の一であるとする。これに対して接種による死亡は三〇〇人に一人とする。三〇〇対七の比率なので、接種がなされないと死亡率は四〇―五〇倍跳ね上がることになる[18]。だが、この二つは同じ意味でのリスクだろうか[19]。これが彼の問いの出発点である。

ダランベールはまず、生涯にわたって広がるリスクと接種後の短期間に集中するリスク（接種の副作用はすぐに発現する）とを直接には比較できないと主張する。ここでダランベールは、国家や社会における長期的利得ではなく、個人にとってのリスクと利得の観点から議論している。接種を受けるかどうかを選択する人は、短期間に集中する小さなリスクと、長期にわたる相対的に大きなリスクを比較衡量する。その場合に個人が短期リスクを忌避する、つまり接種を受けないことに合理性がないとはいえないと指摘する。また、全年齢で平均余命が長

(13)　ここでベルヌイが依拠するのは、ジュースミルヒがいくつかの資料に依拠して集めたロンドン、ヴェニス、ベルリン、ブレスラウの数値、またハレーおよびビュフォン『博物史』における数値である（Bernoulli 1760, pp. 8-11）。ジュースミルヒについては、本章注32を参照。また、ビュフォンの死亡表は Martin 2003 に収録されている。

(14)　Bernoulli 1760, p. 34.

(15)　*ibid.*, p. 2.

(16)　ダランベールはディドロと『百科全書』を編纂したこと、またその序論で知られる。『百科全書』「ジュネーヴ」の項目をきっかけにルソーと論争したこともあり、啓蒙的文人のイメージがあるが、『動力学論』（1743）で著名になった数学者である（補章参照）。

(17)　ベルヌイとダランベールの数学的な解法は Todhunter 1865, chap. 11, 15 にある。トドハンターは時折ダランベールの数学上の間違いを指摘している。これは一九八〇年ごろから改めてダランベールの議論の重要性が認識されるようになる前の、ダランベールを低く評価する一般的な態度である。

(18)　これらの数値の算出方法および数値確定の難しさについては、d'Alembert 1760-1761, p. 47 以下の「注釈」で詳細に論じられている。「注釈」の解説は Rohrbasser 2011 にある。

(19)　d'Alembert 1760-1761, pp. 26-27.

くなるというベルヌイの接種正当化論に対して、たとえば三〇歳の人が接種を受けるかどうか考える際、接種がなされなかった場合の平均余命三〇年（つまり六〇歳で死去）と、接種が行われた場合の平均余命三四年の間にある四年の差を比較し、接種を受ける方を選ぶかという問いを提起している。ダランベールは、三〇年先の四年間を想像することは難しく、接種時にただちに惹起されるリスクに関心が向くはずだという。つまり人は、遠い先に数年長く生きられることの利得を全く考慮しないかもしれないのだ。こうした考察に基づいてダランベールは、たとえば平均余命が四年延びることを各々の人がどう考慮するかは、確率計算では確定できないという。

ここでのダランベールの見解は、以下のことばに集約される。「個人にとって、特定者である自己を保存する利益が第一である。他方国家にとっては、すべての市民は無差別に考慮される」[20]。したがって二つの利益は異なっており、別々に計算する必要がある。個人にとって集団全体の平均余命の延びは接種を判断する一材料となるかもしれないが、決定的な要因ではない。たとえば天然痘を野放しにすると平均五〇歳の寿命が、接種を導入することで一〇〇歳まで延びるものの、五人に一人が接種で死ぬと言われた場合、いったいどちらを選ぶだろう。もちろん接種による実際のリスクはもっと小さいが、その分平均余命の延びも小さい。両者をどうやって比較し選択するかは、個人に委ねられるべき事柄なのである。

ル・ブラは、同時代にディドロらに批判されたここでのダランベールの議論に重要性を認めている。ダランベールが、次のような新しい世界の見方に反対しているからだ。「生と死の新たな構想は、国家が人口をある方向に導くことを正当化した。健康と衛生は徐々に公的対象となり、統計と計画は統治の至上の役割となった」[21]。こうした発想と接種をはじめとする公衆衛生の広がりによって、一八世紀の間にヨーロッパの平均寿命は飛躍的に伸長した[22]。しかしこれは、国家・社会に利得をもたらす人口の次元で人々を管理する、新しい統治によってもたらされたものである。ダランベールは、個人の選択が人口の次元での合理性とは相容れない別種の合理性に属す

る可能性を指摘したのである。(23)

さらにル・ブラは、ここでの争点が新たな時代を示していることを次のテーゼによって強調している。彼によると、ルネサンス期には人々の興味は「長寿」にあった。そもそも人間という存在は、なんのアクシデントもなければ何歳まで生きられるのか。また壊れたパーツを修理して改善すれば、どこまで長生きできるのか。こうした興味はデカルトやベイコンによってくり返し表明されたという。(24)

しかし、このような個人の観点からの健康や寿命の考えは、一八世紀には国家や社会の観点に取って代わられる。それをもたらしたのが人間の数え上げであり、伝染病での死亡者数の調査からはじまった死亡表や死亡率の確立であった。つまり、すべての人を一人としてカウントし、また彼らを年齢、性別、居住地などによってさまざまに下位区分する、「人口」という人間の捉え方の誕生である。これによって生と死は個人のものから社会や国家のものへと変貌する。もちろん個人にとっての生死の問題がなくなるわけではなく、現在に至るまで公衆衛生も高度医療も生殖技術もすべて個人の欲求や判断と関わりをもっている。しかし、国家や社会全体にとってのリスク、割合、比率、費用対効果などの観点が無視されることはありえない。それらはつねに参照され、それに

(20)　*ibid.*, pp. 37-38.

(21)　Le Bras 2000a, p. 343.

(22)　ル・ブラはホリングワースをひいて、イギリスの平均寿命が一八世紀の第1四半期の三六・三歳から第4四半期には四九歳にまで伸長したと指摘している（*ibid.*）。

(23)　この点は Pradier 2003, p. 243 でも指摘されている。

(24)　Le Bras 2000a, pp. 327-333. 長寿についての古今東西のさまざまな思索、古代ギリシア、中国の道士、錬金術師、衛生論者、またベンジャミン・フランクリンやゴドウィンなど近代の長寿論が、Gruman 2003 で紹介されている。

基づいて健康と衛生のための政策が計画され実施される。こうした考え方の出発点となったのが、人口の数え上げ、死亡率の発見、またリスクという発想であった。

ただしここでのベルヌイとダランベールの論争は、とくにダランベールの科学観、数学観との関係で、以上で取り上げたよりもずっと複雑な知的文脈に置かれるべきものである。この点については第Ⅱ部末尾の「補章」で扱うことにして、まずは死亡表についての議論を先に進めよう。

三　なぜ死亡表が重要か

人口の数え上げと死亡率の発見とは大きく捉えれば相補的なものであり、そもそも統計データなしに死亡率の推計は不可能である。しかし、制度が不十分な時代には、いまでいう全数調査 recensement はさまざまな困難を伴っていた。たとえばコルベールの時代にいくつかの調査が行われたが、それらは網羅的ではなく、正確さの点でも期待はずれに終わった(25)。

全数調査がうまくいかなかった理由の一つは、調査表の未整備や調査のための項目、質問事項の曖昧さなど、調査の手法をめぐるものである。適切な質問項目を設定し、汎用性をもった質問用紙を作ることは、専門的知識と細心の注意を必要とする。調査票の完成度を上げていくためには長い試行錯誤が必要だったのである。

もうひとつは調査のための人員の確保である。一七―一八世紀には、現在のような官僚化された行政組織は十分機能しておらず、調査官といってもその資質はまちまちであった。また面倒な調査をなぜ行わなければならないか、調査者にとっても対象となる住民にとっても理解は容易でなかった。住民の側では、当然のことながら、生活への侵入者としての統計調査への警戒と不快感は根強かった。知られることはなにかに利用されることと結びつく。現在では多くの人が慣れと無思考のために失ってしまった権力への警戒心を、この時代の人々は十分に持ちあわせていた。そのため調査への抵抗や妨害もまた激しかったのである。これに加えて、一度に王国全体の調査を実施するための費用も、全数調査の実現を遠ざける一因となっていた。

そうしたなか、フランスで全数調査の重要性を訴えたのがヴォーバン Sébastien Le Prestre, marquis de Vauban（1633-1707）であった。[26] 彼は一六八六年のパンフレット「人民を数え上げるための一般的で容易な方法」（Vauban 1686）で、正確な調査票の必要性を説いた。[27] 彼は一七〇七年に『王国の十分の一税』を出版し、その中にこの表を再録した。同書は大きな評判を呼んだが、「ヴォーバン以後にも政治算術の手法による人口推計を主張する人々を中心に、人口の悉皆調査〔全数調査のこと―引用者〕の有効性を疑問視する声は大きかった」。[28] 当時は、おそらくすでに述べたような理由から全数調査は困難で、また正確性を欠くと考えられていた。[29] 結局これが実現するのは、革命後のナポレオン時代、内務大臣シャプタルによってのことである。[30]

これに対して、イギリスのウィリアム・ペティ William Petty（1620-1687）の造語である「政治算術」を用い

(25) 阪上 1999, 二七頁。
(26) ヴォーバンはルイ一四世時代に元帥を務めた軍人で文筆家。要塞設計など軍の建築を手がけたエンジニア、都市計画論者で、コルベール主義の批判者としても知られる。
(27) ヴォーバンが提示する質問表（Vauban 1686, pp. 3-4）の一部を再現したものが、阪上 1999, 二八頁にある。
(28) 阪上 1999, 三〇頁。
(29) しかしその努力はつづけられていた。一七世紀末以降のフランスの行政官たちが行った各種の調査とその工夫について、Brian 1994a, 第二部第一章を参照。
(30) 大革命以降の地方統計調査の推移とシャプタルの役割については、Perrot 1976, 阪上 1999, 第一章五を参照。

た推計の方はフランスでもさかんになされた。(31) これにはすでに述べた調査の困難や、記録に残された統計データが不十分な中で、それらの数値をもとに実際の人口を推計することが重要であったという背景がある。後で見ていくとおり、政治算術においては、たとえばロンドンの死亡者数のデータ、死因別データ、出生数データ、そして地方の類似のデータなどから、イングランドの人口や国全体での男女の出生比、また年齢別・死因別の死亡者数が推計された。ここでなされる基本的な操作は、部分から全体を推測することと、ある特定の年と平年との比較、あるいはある都市と別の都市とのデータの比較を通じて、一つ一つのデータの信頼度を推測し、現実に近い数字を探るというものである。

こうしたやり方は、税収を目的とし、そのため家 feu と強く結びついた戸口調査に比して、個々の具体的な家を離れた集合体としての「人口」が概念化される契機となったと考えられる。もちろんきちんとした調査が、できるだけ広範囲にしかも長期にわたってなされていること、あるいは信頼の置けるまとまったデータが存在することは、正確な人口推計にとって必要不可欠なものであった。だが一方で、それらが不十分な状況で部分から全体を推測し人口の状態と同時にその動態をも捉えようとする努力から、「人口のリアリティ」が作られはじめたのである。こうした流れを理解するため、次にグラントの『死亡表』を取り上げ、そこでの人口の把握のしかたを見ていく。

四　『死亡表』をめぐる論争

『死亡表に関する自然的・政治的観察』（本書では『死亡表』と略記、Graunt 1662）は、ジョン・グラント John Graunt（1620-1674）の署名を冠して公刊された著作である。同書は、一六〇三年一二月以降毎週連続してとられてきたロンドンにおける死亡数と死因の記録をもとに、それらを分析・検討したものである。『死亡表』はその冒頭で、自治体および国家が埋葬と洗礼の記録をとること、また死因調査の重要性を強調している。それにつづいて、ロンドンでの死亡の死因別の内訳、早産・死産・産褥死、出生数と死亡数の比較（つまり人口の増減）、ペストによる死者数、ロンドンの出生と地方からの人口流入、イングランドとウェールズの人口推計、出生の男女比（これはのちにジュースミルヒ Johann Peter Süßmilch（1707–1767）が『神の秩序』（Süßmilch 1741）で取り上げるテーマである[32]）などが扱われている。『死亡表』は出生数およびそこから推計される家族数から人口総数を推測するという方法で、イギリスの人口をはじめて推計した著書であるとされる[33]。

『死亡表』については二つの大きな論争があり、現在も決着していない。一つは著者について、もう一つは同書第一一章「住民の数について」におけるロンドンの人口推計の中で示される、年齢別の死亡者数の計算根拠についてである。

（31）政治算術をこのように狭い意味で捉えず、人口の統計的調査を通じて「政治を算術化する」試みと考えることもできる。その場合には、統治において統計の利用を重視するこの時期の著者はすべて政治算術派ということになる。またヴォーバン自身も人口推計計算を行っていた。Meusnier 2003, Rohrbasser 2003b, p. 314, n. 25を参照。そもそも「政治算術派」の語は、全数調査ではなくドイツの記述統計学との対比で用いられた。このことについては、第一〇章で取り上げる。

（32）ドイツの牧師であるジュースミルヒは、『神の秩序』でブレスラウの牧師ノイマン Casper Neuman（1648–1715）による一六八七年から九一年までの週間死亡表を用いて、男女の出生比が一・〇五対一になることを示した。当時信頼できる数少ない継続的データとして知られていたノイマンの表はハレーの死亡率推計にも利用された。ハレーについては本章注42を参照。

（33）ここで用いられた巧妙な合わせ技と別の二つの方法での検証については、Graunt 1662, chap. 11, 1–8（この部分に年齢別死亡推計の有名な表（本文後述）がつづく）、その解説は安藤洋美 2007, 二二八—二二九頁にある。

ある著作の真の著者は誰かについての論争は、この時代についてはしばしば見られることのようである。本書でもこのあとモオー『人口論』に関する類似の議論を取り上げる。『死亡表』については、グラントの生前から真の著者はペティであるとする説がくり返し唱えられた。一九世紀以降にグラント説が有力となったが、近年再びペティ説が唱えられるようになっている。一九四一年の久留間鮫造による『死亡表』日本語訳には、その時期までの論争が細かな論点も含めて紹介されている。そして、このあと見るル・ブラによる見解を含めて、結論としてはこの本にはグラントが書いた部分とペティが書いた部分があるということについてはだいたい意見が一致している。したがって争点は、どちらがどの部分を書いたのか、また全体の構想や方法の次元でのペティのイニシアティヴはどの程度かにある。

ペティは『死亡表』第五版（1676）にかなり手を入れており、また『政治算術』（Petty 1690）『アイルランドの政治的解剖』（Petty 1691）などの著者として知られている。彼が政治算術の開拓者で最初の実践家であったことに異論はないだろう。ペティはイギリスによるアイルランドの平定と支配のために、まず土地の測量に基づく価格設定のしかた、人民と習俗のあり方、風土や産物、産業や貨幣などについて知らなければならないと考えた。そしてこの発想に則って、アイルランドを実際に統治したのである(34)。また彼は『政治算術』で、イギリスとフランスの国力と富を比較しており、諸国家の競合のモデルの中で国力増強を模索する、重商主義的な問題設定の下にあった。

ハンプシャーにある小さな港町ロムジーの裕福ではない織元の家に生まれたペティは、一四、五歳で少年水夫となったが、間もなくフランスのカーンに置き去りにされた。彼は小さな商才を発揮して生計を立て、偶然の出会いも手伝ってオランダで医学と代数学を学んだ。その後フランスにわたって亡命中のホッブズと知り合い、ホッブズの仲介でメルセンヌサークルに参加した。イギリスに戻るとロンドンで王立協会創設に関わり、またオックスフォード大学で解剖学教授の地位を得た。クロムウェル治世下にはクロムウェル家と近かったにも関わらず、王政復古後も恩赦を受けて高い地位にとどまった。

グラントとペティは同い年で、一六四七―五〇年ごろに二人は親友になったとされる(35)。グラントはロンドンの服地商の家に生まれた、裕福な服地服飾品商であった。一六六二年に『死亡表』の業績により王立協会員として認められた。だが彼は、当時王立協会でなされた多岐にわたる議論のうち次の二つのものにしか関わらなかったとされる。それはある池のコイの増え方と大きさに関するものと、マサカル族の毒に関するものである。それ以外には一篇の論文も、学術的書簡も残されていない(36)。

ペティの他の著書と『死亡表』の間では、テーマや興味関心にかなりの共通点があるのはたしかである。しかし『死亡表』は数字に特化したテーマと数量データそのものの分析や推計という著しい特徴をもっている。ペティとグラントは一六五〇年代に共同で家を購入するほど親しい間柄だったことも、著者がどちらであるかを分かりにくくしている。同時代人の回想録などにはペティの著書として『死亡表』を挙げるものが複数あるが、ペティがグラントの死後も沈黙を守ったことで真相は謎のままとなった。

『死亡表』の著者探しに関して、ル・ブラは興味深い指摘をしている。それは、グラントを著者としたがる人々には、彼を統計学と人口学の父とすることによって、自らの学問の客観性、中立性、科学性を主張する意図

(34)　ペティは生涯のうち二三年間をアイルランドで過ごした。一六五二―五九年にはヘンリー・クロムウェル（オリバー・クロムウェルの四男）の下で土地測量に携わり、一六六六―七三年と一六七六―八五年には自ら入手した土地で植民地経営を行った。ペティの生涯は、松川 1958 に詳しい。
(35)　Le Bras 2000a, p. 38.
(36)　*ibid.*, p. 41.

があるというものだ。

ル・ブラはこうした立場の代表としてカール・ピアソン Karl Pearson（1857–1936）を挙げる。ピアソンはフランシス・ゴルトンの後継者として数理統計学、とくに平均や分散を用いてデータの特徴を示す記述統計学の分野で優れた業績を残した人物である。[37] ピアソンをはじめとする統計学者たちがグラント説を支持するのは、彼が身分も高くない地味な一般人であることによるという。それによって、統計学が公平中立で客観性を有する科学であり、アマチュア研究家によって政治的意図をもたずにはじめられたという印象を作り上げようとしているというのである。

これに対して、ペティは先ほども挙げたように時の為政者と近しい関係にあり、当時のイギリスの国力増強、とくにアイルランドの土地利用と植民についてはその中心人物であった。こうしたペティの人物像は、統計学と人口学を政治とは一線を引いた科学として位置づけたい人たちにとっては歓迎すべきものではなかった。『死亡表』の著者をどちらとするかの論争における「ペティの劣勢の時期は、一九世紀半ばと二〇世紀はじめの統計学、また一九三〇年代の人口学の専門職化の時期と一致する[38]」という。したがって『死亡表』をめぐるこの一つ目の論争は、人口統計学と重商主義や植民地論との関わり、政治算術の出自が国力増強の統治実践と同根であること、そしてそのことを歓迎しない後世の人口統計学者の政治的ふるまいといったテーマを浮き彫りにするものである。[39]

もう一つの論争は、『死亡表』第一一章における年齢別死亡者数の推計に関わる。推計を示す表そのものは単純で、六歳まで、一六歳まで、その後一〇歳刻みで八六歳までに一〇〇人中何人が死亡するか、また何人が生き残っているかの数値が並んでいる。[40] 当時は、死因別の死亡データはある程度蓄積されていたが、年齢別の死亡者数は不明であった。そのためこの表は分かっている数値からの推測によるものである。問題はその計算方法にある。『死亡表』は計算式を示しておらず、いったいどのように計算されたのかがずっと論争になってきた。Le

Bras 2000a の第三章でさまざまな論者の仮説が紹介され、ル・ブラ自身の説が最後に示されている。そこには一定の説得力があるが、それによるなら、『死亡表』およびアイルランドに関するペティの同様の表における計算式は、いま見ると非常に奇妙かつ複雑である。当時は通例となっていた数の処理のしかたや独自の文脈（数に関するある種の迷信ともいえる）を知らなければとうてい理解できないようなものである。(41)

だが、ここでその詳細を取り上げる必要はない。注目されるのは、当時年齢階級別の死亡データがなかったにもかかわらず、年齢別の死亡割合になんらかの規則性があるという仮定がなされていた点である。実際の年齢別死亡者数に基づく最初の経験的な死亡表（平均余命表）は一六九三年のハレー Edmond Halley (1656-1742)(42) によるものだとされるが、そこにもさまざまな数学的操作のあとが見られるという。(43) また、フランスでは一七四六年のドパルシュー Antoine Deparcieux (1703-1768) によるものが最初とされる。(44)

つまり、ペティ／グラントの時代である一七世紀後半には、死亡・出生・婚姻などをめぐる数字集めは、経験

（37）ピアソンは名前の綴りを Carl から Karl に変えるほどマルクスに傾倒し、またゴルトン同様優生思想の持ち主であった。生物測定学 biometry の手法を用いた優生学者である。ゴルトン、ピアソンと生物測定学派については Kelves 1985, chap. 1-2 を参照。

（38）Le Bras 2000a, p. 73.

（39）ただしル・ブラは『死亡表』にグラントの執筆部分があることは認めている。それはロンドン市に関するデータや状況説明の部分である。

（40）Graunt 1662, p. 125, 二一〇―二一一頁の数値一覧。

（41）『死亡表』とペティの『アイルランドの政治的解剖』での年齢別死亡率推計における小さな違いを、Hacking 1975, chap. 12 が指摘している。ハッキングは『死亡表』の著者をグラントと見なして記述しているが、二人が概ね同じ知的背景の下にあり、どちらかだけが知っていた当時最新の確率・統計上のデータや解法はなかったことを前提している。

的根拠が不十分であったにもかかわらず、そこになんらかの固有の規則性があるとの想定の下になされるようになっていた。そしてその規則性は、数だけでなく割合や式の形で数学を用いて表現し推測し評価し予測しうるものであるという認識が共有されていた。このことは経験データによって示される前に、統計家や数学者たちによって前提された。そしてむしろこうした規則性の想定があらかじめなされたことで、人口の中に実際の規則性が発見され、あるいは規則性の程度が測定され、データによって検証されていくことになる。

五　人口学のはじまり

すでに述べたとおり、一六六二年にグラントの名で公刊された『死亡表』は、各地方の死亡者数のデータを用いて国単位での人口推計をはじめて行い、また死因別の死亡割合、出生の男女比や乳幼児の死亡率、地方からロンドンへの人口流入などを分析した。こうした点から、最初の人口学的著作としてこの本を挙げる研究者は多い。しかし、人口学がいつどのようにしてはじまったかについてはさまざまな意見がある。というのは、人口という観点を含んだ著作はもっと前の時代にも見られるからだ。たとえば、日本の戦後人口学を代表する南亮三郎(1896-1985)[45]は、『人口思想史』(1963)において古代ギリシアの人口思想から説き起こしている。古代については「前史」という扱いであるが、彼がとくに注目するのは、本書第I部で国家理性論者として取り上げたボテロである[46]。もっとも、南にとって人口学成立の徴とされているのは、「何ものにもとらわれない科学的観察[47]」であって、その客観性への信頼は科学のパラダイム性が重視される現在の発想からすると素朴なものにも見える。

そうだとしても、人口学のはじまりをボテロに見ることは、フーコーの統治性の観点からも興味深い。国家理性―国家の力の追求が人口への興味をもたらしたと考えると、南によって科学性の徴として知覚されている事柄を、フーコーは別のことばで表現しているのかもしれないからだ。フーコーにおいては、ある国に生きる人々が一種の「実在」として捉えられること、あるいは君主に対する服従者・臣民ではなく、国家のほかの諸要素との関係や連関の中にある実体として把握されることが、国家理性がもたらした画期として描かれていた。そしてボテロは、この意味での国家理性の唱道者として位置づけられている。こうしたフーコーの理解を念頭に置くと、

（42）　Halley 1693. 軌道計算によって次の出現年を予言された「ハレー彗星」のハレーである。ニュートンの『プリンピキア』を自費出版した人物で、天文学と物理学の研究者であった。終身年金についての論文で死亡表を経験データによって基礎づけた。なお、ハレーが利用したノイマンによるデータは、ハレーの依頼をうけて提供されたようだ。両者を仲介したのはライプニッツとされる（Hacking 1975, p. 120, 二〇三頁）。ハレーの死亡表は John 1884, II-I-III, Todhunter 1865, 五四―五五頁訳注15にある。

（43）　Le Bras 2000a, III-chap. I, John 1884, II-I-III.

（44）　Deparcieux 1746.「アントワーヌ・ドパルシューは各年齢の平均余命（あるいは余命）の計算方法を正しく表現し、平均余命を余命の中央値と明確に区別した最初の人物である」（Behar, Ducel 2003, p. 147）。ただし、この計算式はホイヘンス兄弟とライプニッツによって一七世紀にすでに示されていた。しかしこれらの業績はドパルシューの時代には出版されていなかった（*ibid.*, n. 3）。ホイヘンス兄弟、とくにクリスチャン・ホイヘンスの余命計算については、Le Bras 2000a, partie II, chap. I, Daston 1988, chap. 3 を参照。

（45）　南は一九二三年に東京商科大学（現一橋大学）を卒業し、同年から小樽高等商業学校（現小樽商科大学）で教鞭をとった。戦時期の人口政策は植民地論と不可分に結びついており、そのため戦後は一時期教壇を追われた。教職追放を解かれたのちは中央大学で人口論を教え、多くの人口学者を育てた。「南亮三郎経歴」（南博士祝賀論文集刊行委員会編 1973）を参照。

（46）　人口学のはじまりをボテロに見るのは、南に限ったものではない。『人口思想史』で挙げられているフォン・モールのほか、シュンペーターも『経済分析の歴史』（1954）で人口原理の発見者としてボテロを挙げている。

（47）　南 1963, 六八頁。

ボテロを人口思想のはじまりと見ることはどう映るだろうか。

南が人口思想のはじまりとしてボテロを挙げるのは、ボテロが人の数の多さを国家の富裕や力強さと関連づけるだけでなく、人口と食糧との関係という視点をもっていたことによる。食糧に対して人口が過剰になってしまうことに注意を払った思想家は、南によるとボテロ以降約二〇〇年間出てこなかった(48)。過剰人口や食糧と人口との適正な関係というテーマが、人口学確立期の最も重要な著作であるマルサス『人口論』で全面的に展開されることはよく知られているだろう。南は、ボテロがこのテーマを先取りしており、その意味で人の数が多ければ多いほど国は豊かになるという単純な「ポピュレーショニスト」（人口増加賛美論者）ではないことを強調している。

南はボテロの『都市の偉大さについて』（Botero 1588）および『国家理性論』を典拠に、その人口思想を紹介している。それによると、『都市の偉大さについて』には、市民の数が多い場合と少ない場合のどちらがよいかという、のちの人口論争でくり返されるテーマが見られる。そのなかで、なぜ人口が無限に増大しつづけないかが考察されている。こうした叙述において、ボテロは人口と食糧との関係、また過剰人口の問題に説き及ぶのである。

つづく『国家理性論』では、第七巻第一〇、一一章(49)で国力にとって人口が多いことの重要性が主張される。さらに第八巻で、人口増大を通じた国力増強のための農業、産業（勤勉）、教育、同盟、商業などが取り上げられる(50)。

南はボテロの人口論の特徴を、マルサスとの対比で次のように述べる。ボテロとマルサスの議論には類似点が多いが、「ボテロの理論は停止的・消極的な性格をもっており、現実的には stationary な人口を想いうかべていた」(51)。人口をダイナミックな性格をもつものとして把握することと新しい統治スタイルには密接な関係があるが、ここで南が指摘していることは、フーコーの一九七八年第九回講義（三月一五日）での次のような発言を理解するのに役立つと思われる。

「国家理性のこうした分析、〔国家の―引用者〕救済とクーデタ、服従と従属、真理と調査と公衆を通じた分析において、あると同時にないもの、と言いそうになりましたが、言ってみればある意味ではあるけれど、あるというよりはない、そうした一つの要素が見られます。これこそ人口です。人口は「国家の目的とはなにか」と問われて「国家の目的とは国家そのもの、つまり国家が幸福で繁栄していて……といった意味での国家そのものである」と答える場合には、たしかにそこにあるのです。人口はここで、至福の主体であり対象でもあります。それはかすかに素描されているのです。たとえば服従について語るとき、統治における服従の根本的な要素は人民である、つまり反乱に加わるかもしれない人民であるというとき、そこには「人口」概念がほんの少しあるのです。公衆について語り、世論を生む公衆について、彼らのふるまいを正すことが重要だという場合、人口のすぐそばまで来ています。しかし、人口についての省察を経た要素、つまり人口の概念は、こうした初期の国家理性

（48）　南はボテロ以前に過剰人口の脅威に「おぼろげながら」（*ibid*. 七〇頁）説き及んだ思想家としてマキャヴェリを挙げている（典拠は『フィレンツェ史』）。なお、統治論の根底に人口学的関心があったと思われるボダンには言及がない（第九章注13参照）。

（49）　原著には日本語訳に付加された章番号がない。それぞれ「人間」「多数の人びとを擁することについて」の表題がある。

（50）　『国家理性論』日本語訳では、この部分に「人口」の語が充てられている。これは原著では「人々 gente, genti」「人間 huomo, huomini」などである。これが「多数 multitudine」であることがよいとされた（Botero 1589, pp. 191-192）。また「人口増大」と訳されているのは「繁殖 propagazione」である。次章二で述べるとおり、popolazione の語があるのは『都市の偉大さについて』の方である。

（51）　南 1963, 九七頁。

分析には存在せず、作動もしていないと思われるのです[52]」。

フーコーはこれにつづけて、たとえば国家理性論者が「国家の至福」とは言うけれど「人口の至福」とは言わないこと、統治の目的が国家であるとくり返されるものの、その国家の内実にほかならない人口については積極的に語られないことを指摘する。繁栄し豊かになるべきは国家であって人口ではない。「国家理性とは、国家のそれ自身との関係です。そのなかで人口という要素は素描されていますが、まだ現れてはおらず、省察の対象にもなっていません。そうした状態での国家のある種の自己表明なのです[53]」。

ではこの微妙な存在、あるようでない、現れそうできちんと表明されていない「人口」は、いかにして反省化と熟慮の対象となり、一つの積極的な実在として捉えられるようになるのか。これにはさまざまな経路での複合的なプロセスが関係している。一例が、すでに述べた接種の有効性をめぐる人口と死亡率についての考察であり、また死亡表を素材とする人口の対象化である。ここでは人口の反省化を促したもう一つの例として、「古代近代論争」を取り上げる。

（52） Foucault 1978, p. 283, 三四一頁。ここはベイコンの反乱論を取り上げたすぐ後なので、フーコーが主に念頭に置いているのはベイコンであろう。次章二で取り上げるとおり、ベイコンは population の語を用いている。フーコーがここで人口概念がはっきりとは現れていないというのは、固有の規則性をもった実体としての人口という理解はこの時代には見られず、あくまで国家の力、国家の豊かさの手段で、また定量化されない曖昧な指標であったという理解からであろう。

（53） *ibid.*

第九章　人口の誕生をめぐって（二）

一　古代近代論争

ヒュームのエッセイ『政治論集』には、とても奇妙な論考が含まれている。それは「古代諸国民の人の多さについて Of the Populousness of Ancient Nations」である。そこでヒュームは、古代の人口と近代（彼にとっては現代）の人口のどちらが多いか、そしていずれの時代が豊かで幸福かを論じている。これを読んでどことなくエキゾチックな感覚をもつのは、この論考が古代の人口推計を大まじめに行い、近代の方が人口も多く豊かで洗練されていることを力説しているからだ。

古代史家でもないのに、なぜこんなに一生懸命に古代の人口を古代人たちの書き物の中の断片的な証言を集めて探り出すかがまず不思議である。このエッセイはとても長く、彼の力の入れようを表している。また統計として一覧になっている人口表など皆無である中、ヒュームは古代人や評伝作家の証言にどの程度の信憑性を見出していたのだろうか[1]。さらに違和感を覚えるのが、それを近代の人口と比較して、近代の方が人口が多いことをその豊かさの根拠としている点だ。「ほかのすべてが等しいとするなら、どこであれ最も幸福かつ有徳で、しかも

（1）ヒュームがこの論考に傾けた熱意、また多数のギリシア語、ラテン語の原典を読破して書かれたことについて、坂本 1995, 第二部第三章（三）を参照。

賢明な制度があるところはまた、最も多くの人がいると考えるのは自然なことであろう」[2]。よい国とは人口が多い国なのだろうか。

実はヒュームのこの議論は、『人類の数についての論説』（Wallace 1753）を書いたウォレス Robert Wallace（1697-1771）[3]との一連の論争に関わっている。ウォレスとヒュームは一七四〇年代からこの問題を討究しており、結論としては正反対の立場をとりつつもお互いの論考を草稿段階で見せ合い意見を交わしている[4]。そしてそもそも古代と近代の人口比較をその「文明」の優劣へと関連づけて論じるというアイデアは、モンテスキューが『ペルシャ人の手紙』（Montesquieu 1721）ではじめて試みたとされる。ウォレスもヒュームもモンテスキューの議論に触発されており、またモンテスキュー自身がこの論戦に強い関心をもっていた。二人の論考は早くも翌年にはフランス語に訳されている[5]。

こうなると、ヒュームの論考が実は当時の人口についての議論の中心的な争点に関わっていることが明らかになってくる。しかもこの論争は、「古代近代論争」あるいは「新旧論争」と呼ばれており、一七世紀以来つづいていた有名な論争である。はじめは芸術や文化の領域で、詩作、劇作、絵画、建築などが題材となったが、一八世紀には主な争点が統治の優劣と豊かさや幸福に移っていった。この巨大な論争の全体を取り上げることはできないので、ここでは論点をしぼって、当時の人口の論じられ方を知るという目的に限定して取り上げる。

古代近代論争は、明確な形では一六八七年一月、アカデミー・フランセーズ[6]で朗読されたシャルル・ペロー Charles Perrault（1628-1703）[7]の詩『ルイ大王の世紀』（Perrault 1687）にはじまるとされる。この詩の冒頭は次のようなものである。「気高い古代は今なお聖なるもの／だがそれは憧れではない／私は古代人に卑下したりはしない／たしかに古代人は偉大だが、私たちと同じ人間なのだ／だからルイ王の世紀をアウグストゥスの偉大な世紀と比べるのが不穏当だとおそれる必要はない」[8]。そして同時代の作家や音楽家、画家の作品を誉め称えるのである。

これに対して、古代の芸術、とくにその詩の偉大さを擁護する論陣を張ったのが、詩人で批評家のニコラ・ボワロー Nicolas Boileau-Despréaux（1636–1711）であった[9]。そこからペローの『技芸と学問における古代人近代

（2）Hume 1752b, p. 4.

（3）ウォレスはスコットランド教会の牧師で、人口、経済、統治について論じ、また牧師の寡婦のための基金（寡婦年金）を創設した。

（4）ウォレスとヒュームの論争については、田中 1971, 第六章を参照。

（5）中野 2016, 一〇一―一一四頁。最後の点について、同書一二九頁注3では、『スコッツ・マガジン』の記載を論拠にモンテスキューがヒュームとウォレスの論考の監訳者であるとされるが、Rohrbasser 2003a, p. 142, n. 46 には「一七五四年、モンテスキューは人口衰退論者ウォレスの長大な試論の翻訳（ジョンクール卿の署名がある）に興味を示した」とあり、モンテスキューがすでに出版されたフランス語訳を読んだと考えられる。モンテスキューはヒュームの論考（一七五二年版『政治論集』全体の仏訳）の訳者であるル・ブラン師に手紙を書き送り、ウォレスとヒュームがともに有する才覚と格調高さを称賛している（Montesquieu 1754, Lettre CXLV, 13 septembre 1754）。モンテスキューはこの手紙で Walles を Walter と誤っている。ル・ブランについては第一二章注53参照。ヒューム『政治論集』は同年にもう一種類フランス語訳が出版されている。このあたりの事情は、Cantillon 1755 の日本語訳に付された津田の「解説」を参照。また一七五四年のウォレスのフランス語訳扉には、訳者として「M. de Joncourt、パリ外国語教授」とある。この人物は Elias de Joncourt（1697–1765）で、オランダ生まれで英語、フランス語に長け、英語からフランス語に多数の翻訳を行った。

（6）一六三五年、リシュリューの認可よって創設されたフランス最古のアカデミー。辞書編纂による正しいフランス語の確定・統一を第一の任務としてきた。

（7）ペローはフランスの詩人、童話作家、批評家で、「眠れる森の美女」「赤ずきん」「長靴をはいた猫」などの昔話を集めた童話集で知られる。

（8）Perrault 1687, p. 3.

人比較論』(1688–1697)、ボワローの『ロンギノス考』(1694–1710)、および書簡を通じて応酬がくり広げられる。そしてこの論戦に加わった人々として、古代派としてラシーヌ、ラ・フォンテーヌ、アルノー、フェヌロンなど、また近代派にはフォントネル、ベイル、ド・ラ・モットなどが挙げられる(10)。

Fumaroli 2001によると、この論争は一七世紀はじめにイタリアではじまり、当初は古代ローマとルネサンスイタリアとの優劣を競うものだった(11)。ただし、イタリアでの論争が共和制ローマとイタリア都市国家における「魂の自由の条件」の比較であったのに対し、フランスの論争は「王を注視する文人たち(12)」によるものだった。またフランスの論争の激しさはイタリアの比ではなかった。ここにフマロリは主要な違いを見出している。現に、先ほど挙げたペロー『ルイ大王の世紀』冒頭は、ルイ一四世の治世をローマの初代皇帝アウグストゥスの時代と比較しており、共和制ローマを最高の政体とし、それをイタリア都市国家と比較するルネサンスの価値観とは異質である。

こうした指摘から浮かび上がるのは、古代と近代の優劣がたとえ文芸や学問をフィールドに争われたとしても、それらはつねに統治のあり方、よき政治や治世とはなにかについての評価を伴っていた点である。このことはまた、一七世紀フランスにおける古代近代論争が、王および宰相コルベールとの関係を含めて、「誰がアカデミーを牛耳るか」というきわめて政治的な問題の中に位置づけられていたことを示している。その観点からすると、フランスの論争は一六八七年よりもかなり遡る一七世紀半ばに、古代派によるアカデミーの支配に近代派が反撥したころからはじまっていたといえる。

二　人口という語

統治のあり方と学問や技芸のすばらしさを競う古代と近代の比較は、モンテスキュー『ペルシャ人の手紙』（1721）において、「人口」という新たなテーマを与えられた[13]。手紙一一二でモンテスキューは、「どうして世界はかつてよりこんなにも人が少なくsi peu peuplé なってしまったのか。いったいなぜ自然は初期の驚異的な繁殖力を失ってしまったのか[14]」と問うている。彼は人の数が増えることを動詞である peupler、減ることをdépeupler と表現する。そして人の数の増減を決める要素として、ペストなどの自然の原因以外に、社会的な要因、彼のことばでは習俗 mœurs の重要性を強調する。たとえば一夫多妻、離婚の禁止、聖職者の独身、植民、専制的権力、富の極端な不平等などが、人の数を減らし国を衰退させる。モンテスキューはまた「種の繁殖

（9）ボワローはフランスの詩人、批評家。詩法を重視し古典詩の模倣の重要性を主張した。上述のペローの詩がアカデミーで朗読された際には、怒りのあまり中座したという。古代派としてのボワローおよびラシーヌの主張については、白石 2002 を参照。

（10）一七―一八世紀にこの論争に関わった主な論考は、Lecoq ed. 2001 に集められている。

（11）フマロリによると、この論争は、イタリアで最も著名な文人の一人であったタッソーニ Alessandro Tassoni（1565-1635）が『奪われた桶』（1622）で古代人とその学芸を否定的に描いたことにはじまる（Fumaroli 2001, pp. 52-91）。

（12）*ibid.*, p. 26.

（13）ペロはモンテスキューがこのテーマをボダンから引き継いだと指摘している（Perrot 1992, p. 160）。『国家論六篇』には次のような記述がある。「臣民の数え上げを収集することから得られる利点 utilités…… は無限である」（Bodin 1576, pp. 485-486, 第六篇第一章）。ボダンは統計調査（censure）によって臣民の内実を知ることで、税収や徴兵、産業の統治を巧みに行えると考えていた。

（14）Montesquieu 1721, p. 232. 岩波文庫訳では si peu peuplé は「少人数になった」（（下）一〇四頁）、世界文学大系訳では「人口が少なくなった」（一〇三頁）とされている。また、ここで「繁殖力」とした fécondité は、多産性や子どもを産む力として重視された。現在では夫婦、あるいは一人の男性や女性が子どもをもつ能力の意味で「妊孕力」とされる。

propagation de l'Espèce」という表現も用いている。[15] これは人の数が増えることを意味する。『法の精神』(Montesquieu 1748) 第四部第二三編「住民の数 le nombre des habitants との関係における法律について」でも、この問題がさらに追求されている。ここでモンテスキューは dépopulation（人口減少）という名詞形を用いているが、population は用いていない。[16]

では、人口はモンテスキュー以降に作られたことばなのだろうか。これが事実だとすると、dépopulation という否定形が先に用いられたのは不思議である。人口の語の使用に関して、Le Bras 2000a, 2000b およびそれに依拠する Senellart 2004, またフーコーの講義のスネラールの編者注は、モンテスキュー、ウォレスらの論考では、人口の語は用いられず、「人の数」「人の多さ」といった表現で人口が名指されていると指摘する。[17] そして、すでに挙げたヒュームのエッセイが、表題こそ「人の多さ populousness」となっているが、この論考の中で population の語がはじめて用いられたと推測している。ヒュームはこの長い論考の終わり近くで、ギリシアについて二度、世界全体について一度「人口減少 depopulation」の語を用いる。[18] そして一度目と二度目の間に「人口減少」と対比される「人口増大」の意味で、population という表現を用いているのである。[19]

これに対して、一七五二年のウォレス、また一七五五年に『商業試論』の中で人口学的考察を行ったカンティロンは人口の語を用いず、「人民」や「人間」といったことばで表現している。Le Bras 2000b は、ヒューム以降、フランスではケネーが一七五六年（『百科全書』の「穀物」「借地農」）[20]、ミラボーが同年（『人間の友』）[21]、ルソーが一七六二年（『社会契約論』）に人口の語を用い、一七七八年のモオー『人口論』に至って決定的な意味で用いられたとする。また、イギリスではリチャード・プライスが一七六九年（『余命についての考察』）[22]、スミスが一七七六年（『国富論』）で人口の語を用い、一七九八年にはマルサス『人口の原理』[23] が出版される。

ところがこの説に対して、Théré, Rohrbasser 2002, 2011 が有力な反論を提起している。先に断っておくと、フーコー自身はこれについてなにも言っておらず、ほかのことばに関しても「誰が最初か論争」を避けている。彼の関心は、ある思考法あるいはものの見方、また概念の作られ方が姿を現していく様子を歴史を遡って描くことにあり、ことばの初出自体にはあまり興味がなかったと思われる。

（15）Montesquieu 1721, p. 122, p. 127（手紙一一四、一二二）。種については本章七を参照。
（16）モンテスキューと人口というテーマに関連して、Rohrbasser 2003a はモンテスキュー『随想録 Mes Pensées』『雑録集 Spicilège』に見られる政治算術の「痕跡」を論じている。
（17）Foucault 1978, pp. 83-84, n. 13, 九九頁、編者注13を参照。
（18）Hume 1752b, p. 452, 三四二頁、p. 462, 三四六頁、p. 464, 三四七頁。
（19）*ibid.*, p. 460, 三四五頁。Foucault 1978, p. 83, 九三頁の編者注13では、ヒューム『政治論集』の刊行年が一七五一年となっているが、五二年の誤りであろう。
（20）ル・ブラは二〇世紀まで未刊行の「人間」を挙げているが、「借地農」の誤りであろう。「人間」は全体が人口と富についての考察である（第一二章注8，9参照）。また、「穀物」は一七五七年刊行の第七巻にある。これらの論考の日本語訳は、ケネー 1950 で読むことができる。
（21）『人間の友』の表題は *L'ami des hommes, ou traité de la population* である。
（22）Richard Price（1723-1791）はウェールズ出身の道徳哲学者、非国教会牧師。トマス・ベイズ Thomas Bayes（1701？-1761）の知己でベイズの確率上の業績を出版した。一七六三年にはじめて刊行されたベイズの論文の補遺で、ヒュームの懐疑で有名な「明日太陽が昇るかどうか」の例で信念の度合いを計算している（Stigler 2017, p. 6 を参照）。ル・ブラが挙げているPrice 1769は、親交が深かったベンジャミン・フランクリン宛の書簡である。
（23）Thomas Robert Malthus（1766-1834）はイングランド出身の牧師で人口学・経済学者。マルサスの思想として最もよく知られているのは、食糧は算術的にしか増えない、つまりたし算でしか増えないが、人口は幾何級数的、つまりかけ算で増えるという印象深いテーゼによって、過剰人口に警鐘を鳴らしたことであろう。マルサス思想の背景にある人間観については本章六—七を参照。

ここでこの説を紹介するのは「誰が最初か論争」に加わりたいからではなく、この探索を通じて、populationということばがこれまで論じてきた統治の問題系にいかに深く関わるかが、いっそう明瞭になるからだ。というのは、population の語の使用歴は、これまで論じてきた何人かの論者と関係しているのだ。

テレとローバセールによると、まず中代フランス語（一四－一五世紀）に population の用例が見られる。そして対義語 dépopulation も当時すでに使われていた。[24] population は「ある場所にいる住民全体」つまり人の数と、「人の数を増やす行動」の二つの意味で用いられていた。これは後期ラテン語を通じての用例であろうとする。後者の意味は「人の数を増やす peupler」からくる。ところが、一六世紀になるとこの語はいったんフランス語から姿を消す。これは彼らが調査した文学、家政学（経済学）の二つのデータベースから確認されるという。そして再度現れるのは、本書第六章で検討したル・メートルの『首都論』（1682）なのである。ル・メートルが「新しい土地に人が定住する」という意味で population の語を用いていることは、すでにレヴィによって指摘されている。[25]

その後『ペルシャ人の手紙』の議論の影響の下、一七四〇年代に若干の用例が見られるが、頻繁に使用されるのは一七五〇年代以降であるという。テレとローバセールがとくに注目するのは、『百科全書』におけるフォルボネ François Véron Duverge de Forbonnais（1722-1800）（第一二章四参照）による使用である。彼は一七五三年出版の「植民地 colonie」の項目の中で、『百科全書』ではじめて population の語を用い、また、ケネーも「穀物 grains」（1757）[26]「借地農 fermiers」（1756）（第一二章注8参照）の両項目で用いた。こののち population は学者の語彙の中でしばしば使われるようになる。ではその端緒はどこにあるのか。

まず、ヒュームをはじめとする英語からの影響説は退けられる。[27] というのも、ヒュームのエッセイの中での使用は一回だけで、表題には populousness が選ばれているからである。データベースによると英語での使用は一七世紀末から一八世紀前半は少なく、グラントやペティにも全く現れない。英語での目立つ用例は、かなり遡るがベイコンである。本書第三章で取り上げた「反乱と騒動について」の中で、ベイコンは population の語を二度用いている。「一般的にいって、次のことが予見される。王国の人口は（とりわけ戦争によって減らない場合）彼らを養う王国の食糧を超過することはない。また人口は数だけで評価されるべきではない……」[28]。この用例は現代のものとなんら変わりない[29]。だが、フランス語での用例がベイコンからというのは、ベイコンのフランス語訳が population を別の語に置き換えていることから考えにくいとされる。さらに一八世紀半ばについては、フランス語の方が population の使用頻度は高いのである。

有力な説として、まずタキトゥスやリウィウスなどの古典のイタリア語訳経由での流入がある。またイタリア語では、たとえばボテロが、本書第八章五で取り上げた一五八八年の『都市の偉大さについて』において popolazione の語を用いている（当時フランス語訳はないが、イタリア語で読まれていたと推測される）。もう一つはスペ

（24）Théré, Rohrbasser 2011, p. 136.

（25）Lévy 1957, p. 107.

（26）この項目でケネーは三五回も population を用いているという。これはダミラヴィル Étienne-Noël Damilaville（1723-1783）による「人口 population」の項目（一七六三年刊）における使用より多い。Théré, Rohrbasser 2002, p. 112, Tableau 2.

（27）ちなみに、ル・ブランによるヒューム『政治論集』のフランス語訳では英語と同じ population と訳されているが、ウォレスのフランス語訳者（本章注5参照）はこの語を用いていないという（*ibid.*, p. 142）。

（28）Bacon 1625, p. 47. 七三頁。

（29）テレとローバセールは挙げていないが、ベイコンは「反乱と騒動について」と同じ『随想集』に収録された「王国と国家の真の偉大さについて」でも、population を三回用いている。いずれも領土内の人の数の意味である。

イン語からの移入である。『百科全書』にこの語を導入したフォルボネが、一七五三年にスペインのウスタリスの自由訳で poblacion を population と訳している(30)。

これらのことから分かるのは、古代近代論争とモンテスキューのインパクトから推測されてきたように、「人口減少 dépopulation」が先に用いられたのではなく、population の語がすでに存在したことである。また、この語の再使用がはじまった一七五〇年代に見られるのは、スペイン、イタリアからの影響、そして英語との相互影響関係である。また、『百科全書』などの語彙検索から明らかになってきたのは、この時期の使用例が商業や経済、また政治の領域に偏っている点である。意外に思われるが、『百科全書』では人口統計に関連する、たとえば「結婚、人口を増やす（移住させる）peupler、繁殖 propagation、減った人口の再増加 repeuplement(31)」などの項目に population の使用例は見られないのである。

population は、人の数という意味に加えて、人口減少との対比での人口増大という意味、また人口を増大させるための方策や条件という意味でも用いられていた。モンテスキュー、ヒューム、ルソーなどの人口への言及は政治や統治の問題と結びついているため、人口が増える政治的社会的文化的地理的条件を含んだ文脈におけるものが多い。またこの時代には、人口と国家の豊かさ、よき統治との関係という、ボテロあるいはル・メートル以来の問題関心に加えて、このあと見ていくように、生物あるいは「種 espèce」としての人間を指して人口の語が用いられるようになってくる。種は繁殖し、独自の生物学的法則にしたがう。これが「人の数は自然に任せれば増えていく」というルソー『人間不平等起源論』における認識から(32)、マルサスの人口過剰と食糧の不足というテーゼに至り、人口減少というテーマはだんだんと表に出てこなくなる(33)。

三　人口と社会

話を古代近代人口論争に戻そう。フランスではヴォルテールが古代説に反対したが、ヒュームによると当時は古代派が主流で、古代の方が人口が多かったという見解が優勢であった[34]。しかし、「われわれはいまのところ、ヨーロッパのどの王国、どの都市についても正確な人の数を知らない。ましてや、いったいどうやって歴史家が非常に不十分な痕跡しか残してくれていない古代の都市や国家の人の数を計算できるなどと言えるだろう」。ヒ

（30）以上について、Théré, Rohrbasser, 2011, II を参照。

（31）Théré, Rohrbasser 2002, p. 114.

（32）ルソーは『人間不平等起源論』（1755）で少なくとも七回、『社会契約論』（1962）で少なくとも四回、population の語を用いている。『不平等論』では自然な人口の増殖力とそれを抑える摂理と文明という対比が描かれ、『社会契約論』ではよき統治の指標として人口が位置づけられる。また、『百科全書』の「政治経済」の項目、『コルシカ憲法草案』『ポーランド統治論』でも population が用いられている。プレイヤード版全集の「政治的断章Ⅸ」は「人口について」と題され、次の興味深い一節がある。「すべての一般経済学〔政治経済学―引用者〕は、よき行政の結果であり証拠でもある次の対象に関係している。ヒトという種の一般善に関連するこの対象とは、人口の多さとその確実な繁栄である。ある国家がよく統治されているか悪く統治されているかを知りたいなら、住民の数が増えているか減っているかを見ればよい」（Rousseau, *Œuvres complètes*, III, Gallimard, p. 526）。これらの用例の検討は興味をひくが、ここではこれ以上行うことができない。ルソーの人口の位置づけは、Senellart 2004 で考察されている。

（33）この点について、Senellart 2004, pp. 192-195 の考察は思想史的展開を考慮に入れており、テレとローバセールの二分法より理解しやすい。

（34）啓蒙期の人口減少論のサーヴェイは Hasquin 1994 にある。

ュームは数量データを欠いたこうした状況下で、「原因に関わる考察と事実に関わる考察を混ぜ合わせる[35]」という独特の方法で、古代と近代の人口を比較しようとする。

ウォレスにとっても事情は同じである。彼らの議論は人の数についての古代人の証言を参照するものの、そこには「原因」に関わる推論が大いに含まれていた。それらはまず、当時行われていた「奢侈論争」や、一国にとって農業、製造業、商業のどれが重要であるかの論争と関わっていた。たとえば農業国家と商業国家のどちらが人口を増やすのに有利か、あるいは奢侈の奨励と質素の価値づけはどちらが人口に資するかが論じられた。さらに当時は、より一般的な議論の背景として、文明と野蛮、あるいは人類の共同生活の営み方（生存様式としての狩猟採集／遊牧／農耕／商業）を文明化の度合いの尺度として用いるいわゆる「四段階理論」（第一六章四参照）、あるいはそれに類似した図式が念頭に置かれていた[36]。そのため、古代と近代との比較にとどまらず、未開社会（とくにアメリカ大陸の原住民社会）、また中国やオスマン帝国との比較やそこでの生活様式との対比で、ヨーロッパ文明の独自性が再確認され、人口の多寡もそれに関連づけて論じられた。

つまり、都市や国家における人々の生活のあり方、習俗や慣習、また生存様式あるいはいまでいう産業構造が、人口の多寡を論じる際の重要な参照項となっていたのである。それとの関連で、統治のあり方、すなわち共和制、君主制、あるいは当時問題になっていた「専制」といった統治形態が、人々の生活に与える影響やその人口へのインパクトが考察された。人口統計が整備されていない時代において、人民の数の多寡は社会や文化に関するあらゆる事情と関連づけられた。逆にいうと、一八世紀の統治や社会に各々の論者が見出す問題が、雑多な形でなにもかも人口に関連づけられ投げ込まれていたようにも見える。

こうした人口の論じ方はこの時代に特有のもので、もっぱら数量的に考察される現代の人口論と比較すると戸惑いを覚える。だが、近代ヨーロッパで人の数が社会的な事象として捉えられていった道筋はこのようなものだった。人の数が「人口」として取り出される際には、国家の力、豊かさ、幸福、また現代では経済と呼ばれるような国富を実現するための領域との関連づけが背後に控えており、人口は豊かさと幸福にとって主要な役割を担う一要素として理解されていたのである。

古代近代論争は、もともとは偉大な世紀が擁する人間の偉大さと作品の壮麗さを競うものであった。ルネサンス期には偉大さの基準は人間の自由、またそれを支える自由な政体にあったが、一七世紀には偉大な王の治世を誉め称えるために、芸術や学問の成熟が引き合いに出された。

だが、この問題がひとたび人口の多寡と結びつけられるようになると、評価の基準は国力、富、産業など、物質的で具体的な事柄に関するものが目立ってくる。もちろん習俗や慣習の意味での文化的な側面は依然として重視されている。だがそれは、宮廷やパリのサロンに出入りする一握りの特権者たちの文化的創造性ではなく、民衆あるいは市井の人々の日々の暮らしと結びつき、社会全体の文明化に関わるものとなる。その意味で、人口論争としての古代近代論争は、「経済」と呼ばれる領域と密接な関わりをもっている。

そして、富の分析や一国の産業についての考察が経済学へと発展していく一方で、人口への関心は人の数のカウントとその数学的特性の分析へと収斂していく。人口はある特定の場所での人の数の増大や減少といった具体的な現象から切り離され、それだけで独立して用いられるようになる。こうして客観的な実在として捉えられた

（35）　Hume 1752b, p. 381, 三〇七頁。

（36）　四段階理論の生い立ちについて、Meek 1976 を参照。それによると、ヒュームよりむしろモンテスキューに生存様式と法との関連づけが見られる（同書第一章）。また、ウォレスは生存様式と人口との関係を論じた最初期の人口論者であった（同書第六章注154）。

人口について、その動態や静態が改めて問題とされるときこそ、人口学が誕生したといえるだろう。その意味で古代近代論争は、国の豊かさや幸福とはなにかという問いかけが人の数への関心と結びつき、人の数の意味をいつの間にか変質させた例である。

より具体的な話としては、先ほど述べたとおり、フランスの人口減少は一八世紀半ばにも根強く信じられていた。これを覆したのは地方で地道に集められた数多くのデータであり、またそれらをもとに人口についての統計的な推論を行った初期人口学者たちであった。なかでも決定的だったのが、モオー『フランス人口についての研究と考察』（Moheau 1778. 本書では『人口論』と略記）である。

四　『人口論』の知

フーコーは一九七八年第一回講義の終盤で、モオーの『人口論』を取り上げている。ここでフーコーは、人口、統治、環境、ヒトという種、主権者の役割などについて、非常に複雑で微妙な話をしている。これについては第Ⅲ部冒頭で改めて取り上げる。

モオー『人口論』はどのように評価されてきただろうか。デュパキエによると、「少なくともジュースミルヒ『神の秩序』を除外するなら、この作品はその名に値する「純粋な」人口学の最初の論考である」[37]。これに対しロ－バセールは、「ジュースミルヒの作品を入れたとしてもやはり、『人口論』は一六六二年にグラント『死亡表』初版出版によってはじまった長く複雑な歴史の到達点であると評価される」[38]という。また、ペロは「この本はその精巧さからして、まさに一八世紀の人口学における『法の精神』であった」[39]と高く評価している。

一八世紀フランスの人口学的刊行物には、先ほど挙げた世紀はじめのヴォーバンとドパルシューのほかにも、メサンス（Messance 1766）、エクスピリィ（Expilly 1780）などの重要な著作がある。そのなかでなぜモオーだけがこうしたいわば特別な評価を受けてきたのだろうか。その理由は評者によってさまざまである。ここではそれを、政治算術から人口学への変遷においていったいなにが変わったのか、モオーがある種の「認識論的な閾」を越えたといえるのはどのような意味でなのか、この点にしぼって考えたい。そのためまずはこの著書が生まれた時代背景について知る糸口として、『人口論』の著者論争を取り上げる。

『人口論』の著者は誰なのか、これについてはすでに取り上げた『死亡表』と非常によく似た論争がある。かつてはモオーという人物の詳細が不明で、実在しない単なるペンネームであるとされたこともあった。しかし現在では、もう一人の有力な著者候補、モンティヨンの秘書を務めた人物として、その生涯がかなり詳しく研究されている。(40)

まず、モオーとモンティヨンについて、その経歴を簡単に見ておく。ジャン＝バティスト・モオー Jean-Baptiste Moheau（1745-1794）は、一七四五年パリのパレ＝ロワイヤルに生まれた。家系はオルレアン家に仕えるパリのブルジョア一族であった。一七七三年にエクスの地方長官 intendant(41)、モンティヨンの秘書となる。一七七五年にはモンティヨンの下を離れ別の貴族に仕えたあと、教会参事会の公文書保管係などいくつかの職につ

(37) Dupâquier, Dupâquier 1985, p. 181.
(38) Rohrbasser 2003b, p. 310.
(39) Perrot 1992, p. 176.
(40) Le Mée 1994. 以下のモオーの生涯の記述はこの論文による。これまでの著者論争をまとめたものとして Lecuir 1979, また少し古いがエスモナンの一九五八年の説を中心に岡田 1984, 補論（2）がある。いずれもモンティヨン説を支持している。
(41) 旧体制下で王によって派遣された。革命後の知事 préfet に当たる。

いた。群衆を鎮圧する軍関係の仕事をしたため、一七九四年恐怖政治下でギロチンにかけられて死去した。

一方、モンティヨン男爵 Antoine Jean-Baptiste Robert Auget, balon de Montyon（1733-1820）は、一七三三年パリに生まれ、シャトレ裁判所で弁護士、ついでコンセイユデタ（国王諮問会議）の調査官となった。その後オーベルニュとプロヴァンスで地方長官を歴任し、パリに戻って王弟の最高補佐官となった。財産家ですぐれた芸術や学問に与えられるモンティヨン賞（現在もつづいている）などを創設した。モンティヨンの地方長官時代の赴任地は、オーベルジュのリオン Riom（1767）、エクス（1771）、ラ・ロシェル（1773）で、一七七五年にはパリに戻る。つまり、モオーがモンティヨンの下で働いたのは、一七七三年のエクスから一七七五年にモンティヨンがラ・ロシェルを離れるまでということになる。

モンティヨンが真の著者であるという説は、モオー死後の一八〇二年、モンティヨンが書簡で『人口論』全体が自分の作品であると主張したことにはじまる[42]。以来モンティヨン説とモオー説がさまざまな論拠から主張されてきた。現在の論争状況をまとめておこう。まず、一七七〇年代のモオーの交友関係までも調査し、彼が統計資料集めと数字の処理に優れており、この本を書く十分な学識を有していたとするのは、ル・メー（Le Mée 1994）である。彼はモンティヨン説に否定的である。これはエスモナン（Esmonin 1958）、ルキュイール（Lecuir 1979）などの先行研究におけるモンティヨン著者説と対立する。

これに対して、ル・メーと同じ一九九四年版の『人口論』に収録された諸論考、また二〇〇三年のローバセールによる論考（Rohrbasser 2003b）では、二人の合作とする説が優勢である。ブリアン（Brian 1994b）は「語彙統計学」の手法を用いて、人口統計と数字の処理に関わる第一巻と、第二巻の第一部（人口の増減をもたらす物理的な要因について）をモオーに帰し、第二巻第二部（人口の増減をもたらす政治社会的な要因について）をモンティヨンに帰す説を支持している[43]。ただし完全な執筆分担ではなく、モオーが周到に用意した素材にモンティヨンが古今の文献からの豊富な引用などで学識ある見解を付け加えたと推測している。

こうした論争を紹介したのは、そのなかで当時のフランスの人口統計をめぐる状況が浮き彫りになるからだ。人口統計のはじまりが地方や地域のデータ収集にあったことはすでに述べた。グラント『死亡表』において用いられたのはロンドンの死亡週報であったし、ハレーとジュースミルヒが典拠としたのはノイマンによるブレスラウ（現ポーランド、ヴロツワフ）の死亡統計であった。フランスにおいても事情は同じで、全数調査が困難な状況下で、王はさまざまな地方都市についての報告を地方長官に求める通達をくり返し出した。そのなかに、地域の状況を記述によって報告する部分と数値によって報告する部分があり、後者が地域別の統計データとして蓄積されていった。

デロワジエール（Desroisières 1993）は、前者を『君主鑑』の伝統以来の王の統治上の学識と教養であるとする。これに対して後者は、新たに出現した行政的な知、アンタンダンの知で、そこから数の調査と国の状態の数量的・統計的な把握がはじまるとしている(44)。だがモオー―モンティヨンの著者論争からは、もう一段異なる区別が浮かび上がるように思われる。

莫大な財産を相続し、それを学芸振興のために投じた開明的貴族であるモンティヨン男爵は、『人口論』の政治的社会的な部分に大きく関わっているとされる。第二巻第二部にあたるこの部分では、宗教、統治、民法、婚姻、長子相続、死刑、習俗、奢侈、慣行、財産没収、租税、戦争、海軍と植民地、国民を定住させ外国人を引き

(42)　Le Mée 1994, pp. 340-341.
(43)　『人口論』の目次では「人口の政治的、市民的、道徳的な原因」となっている。
(44)　Desroisières 1993, pp. 37-43.

つける手段、食糧および人民の安寧と人口との関係、人口（住民）に役立つポリス規則の確立、人口を増減させる諸要因への統治の影響が考察されている。

これに対して、パリの一ブルジョアの家に生まれ地方長官の秘書としていくつかの地方に赴き、その後パリで官職を得たモオーは、多忙な地方長官に代わって地方の統計資料を収集したとされる。ここで注目されるのは、パリの社交界でも名を知られた大金持ちの貴族ではなく、一介の私設秘書が、数字集めとその統計的数学的処理に関して、当時随一の業績を残しえたという事実である。モオーは地方長官への報告や書簡以外に一篇の論文も残していない。これは著者をモンティヨンとする論者たちに有力な論拠として用いられてきた。しかしモンティヨン側の残された資料からは、モンティヨンのこうした統計的数学的能力を証明するものは出てきていない。

仮に『人口論』第一部の著者がモオーであるとするなら、当時統計数値の収集や分析に直接携わる立場にあった、行政官の下で働く人々、現在なら現場の官僚にあたる役人の中に、統計数値の扱いや処理に関して高度の学識者がいたということになる。しかもモオーは、地方で集められた統計の地道な分析を、フランスの人口衰退という当時流行していた第一級の重要性をもつ時事問題と結びつけた。このような広い視野とたしかな統計処理技術が、地方長官のような教養知識人とは異なる階層の人々に担われていたとするなら驚くべきことである。

ここから浮かび上がるのは、アンシャンレジーム末期のフランスには、統治者としての王が「鑑」となるために知らなければならない事柄以外に、地方長官のような地方の統括者がもつべき教養と学識があるとともに、それよりもっと具体的で技術的でありながら、その後のことばではデータとエビデンスに基づく経験的かつ実証的な知識の層があったということである。フーコーが統治の観点から重視しているのは後者二つの新しい知であった。このうちモンティヨンに帰されるであろう『人口論』第二部後半については、その議論は古代近代論争における人口の論じ方によく似ている。Brian 1994a は、モンティヨンがベイコンに心酔していたことを指摘している。ベイコンの実践知と、人口問題を政治制度や習俗と関わらせるモンテスキュー以来の伝統を引き継ぐモンティヨンは、王の知とは異なる新しい行政官僚の知を体現している。

これに対して、モオーに帰されるであろう最初の四分の三の部分、とくに第一巻は、官僚の中でもその専門的技能によって登用される専門職の知を予感させるものである。その意味で『人口論』は、一九世紀以降に明確になるテクノクラートによる知の誕生をしるす著作でもある。

五　人口学の誕生

『人口論』の著者をめぐる知識社会学的な考察は以上である。次に著書の内容にもっと踏み込んだ論点を検討する。それは、いかなる意味で『人口論』が人口学の誕生の画期と見なされるかである。

これについては、『人口論』でモオーがフランスの人口推計を行う際の数字の扱いとその理由づけに注目したい。すでに述べたとおり、ヨーロッパにおける死亡表は、ペストや飢饉など人口を脅かすような危機的状況において、時系列、地域別の死亡の状況を知るためにはじめられたものだった。そこでは死亡とその数の推移が重要であったが、はじめのうちは危機の収束とともに統計もとられなくなった。一七世紀に入ると、地方統計の中に継続性が見られるようになる。それとともに死因のカテゴリーが整理され、また教区簿冊を通じて蓄積されてきた出生データの把握にも力が入れられるようになる。

こうしたなか、グラント／ペティの『死亡表』は、長期間にわたってとられたデータをもとに死亡の数値における恒常性、あるいは死亡率の規則性を発見しようとした。とくに、死因別の死亡率に一定性が見られること、また地方に比べて都市の死亡率が高いことの指摘は『死亡表』がはじめて行ったとされる。さらに、それにもかかわらずロンドンの人口が増えていること、その原因が出生でなく地方からの人口流入にあることを解明した。

このように『死亡表』の特徴を指摘すると明らかになるのは、ここで注目されているのが「死亡」だという点である。書名自体が『死亡表』なのだから当然であるが、政治算術が最初に適用された人口統計データは死亡であった。すでに述べたように最初は死亡数の劇的な変動に注目が集まったが、やがてその恒常性への関心に取って代わられる。これが人口の「科学的観察」の端緒となるのだろう。フーコーのことばでは、これは人口がなんらかの「自然性」をもつことの知覚である。なお、「死亡表 bill of mortality, death table / table de mortalité」という呼称そのものが、現在ではしばしば「生命表 life table / tableau de survie」と言い換えられている。

一方モオーにおいては、フランスの人口推計の根拠となるのは、死亡ではなく出生である。モオーは、死亡数をもとに人口推計を行うことの欠点を次のように指摘する。「人間の死亡率は妊孕力と同じく規則性に欠ける。多数の死亡が出る年もあれば、昨今のように数が少ない年もある。これに対して、年ごとの出生の割合はほぼ等しく、変動がない[45]」。また調査技術の観点から多くの限界がある数え上げに比べても、出生には利点がある。「人口を知るために、一人一人、また家ごとの数え上げには欠点があるのに対し、最も容易に人口を評価する手段は、年ごとの出生数である。なぜなら出生数は人口の産物であり、一定期間に人口全体を刷新する。そのため人口と必然的な関係を有するので、その尺度となりうる[46]」。

また、モオーの出生に関する数字の扱いは非常に慎重であった。彼は夫婦が子どもをもつ能力（多産性・妊孕力）と人口推計に利用される出生率とを注意深く区別した。モオーの結論によるなら、その安定性と人口との間に介在する他の要因の少なさによって、人口推計のための最も信頼すべき数値は死亡でなく、また数え上げでも多産性（妊孕力）でもなく出生である。さらにモオーは、人口推計の信頼度を上げるためにどの程度の期間のデータを考慮すべきか、またどの地域を取り上げるべきかを検討する。そのなかで彼は、地域による特性の違いを均すために、たとえば出生率が高水準で推移する地域と低水準で推移する地域の両方を取り上げるべきであるとする[47]。ここには、変動から恒常性へ、死亡から出生へ、そして適切なサンプルを選択することで全体の推計精度を高めるといった、人口推計を成り立たせる基本的な考え方が表明されている。

以上をまとめるなら、モオーにおいて、変動から規則性へ、例外的な年から一定期間の平均へ、全体の推計に役立つ適切な部分の選択へ、また人口の指標としての死亡から出生への転換が見られる。そしてこうした方法的自覚をもった人口推計を通じて、モオーはフランスの人口が多くの人の先入見に反して増加していることを示し、古代近代人口論争を終わらせたのである。

（45）Moheau 1778, p. 31.
（46）*ibid*., p. 20.
（47）*ibid*., pp. 20-28.

六　人口の衝撃

フーコーは一九七六年の『知への意志』以来、人口ということばにこだわっており、人間が人口として対象化されることに注意を促している。ではそこで彼が想定している人口という見方、あるいは人口の衝撃とはいったいいかなるものなのか。

人間を人口として捉えるとはどういうことだろう。それを考える際に参考になるのが、カール・ポランニー『大転換』(Polanyi 1944) の記述である。ポランニーはこの大著で、市場社会がなにを破壊しなにを犠牲にして成立したかに迫っている。そのなかで彼が政治経済学生誕の鍵としている人物に注目したい。それがジョセフ・タウンゼント Joseph Townsend (1739–1816) である。(48)

ポランニーの経済学批判の標的が、古典的な経済学者では主にリカードとマルサスであることはしばしば指摘されてきた。だがこれはポランニーの思想的、あるいは政治的立ち位置からすれば当然であって、思想史家としての独創性とはあまり関係がない。それよりむしろ、リカードおよびマルサスをスミスと截然と区別するところ、さらには両者の間にタウンゼントを差し挟むところに、ポランニーの思想史家としてのセンスが表れている。

タウンゼントはスミス、リカード、マルサスと比較すると知名度は低いが、ポランニーは彼の『救貧法論』(Townsend 1786) のうちに、経済学が長きにわたって継承していくことになるおそるべき人間像の原型を見出す。『大転換』第一〇章「政治経済学と社会の発見」には、タウンゼントが取り上げた南米ファン・フェルナンデス諸島にある島の逸話が紹介されている。(49)

逸話によると、その島にスペインの航海者ファン・フェルナンデス Juan Fernández (1536–1604) が山羊を放ち、島はやがて山羊だらけになった。ところがその山羊は、スペイン貿易を妨害するイギリスの海賊船（私掠船）にとって恰好の食糧となってしまった。そこでスペイン人は猟犬（グレイハウンド）を島に持ち込み、イギリス船の食糧補給源を断とうとした。結果について、ポランニーはタウンゼントを引いて次のようにいう。「「そして新たにバランスが回復した」とタウンゼントは書いている。「二つの種のいずれにおいても最も弱いものが自然の負債を支払う最初の存在となった。活動的で精力あるものが生き残った」。猟犬は山羊を食べて数を増やしたが、山羊は犬が登れない岩山に住処を得て、互いに一定の数を保ったという。タウンゼントはこれに「ヒトという種 human species の数を調整する regulate のは食物の量である」と付け加えた」[50]。

タウンゼントはポランニーが『大転換』で挙げる幾多の著述家の中で、最も重要であると同時に最も強い違和感をもって描かれる人物の一人である。ポランニーはタウンゼントが抱いた人間観が、人は人に対して狼であるといったホッブズのものともまるで異なると考えていた。そしてこんなにもあからさまにこの人間観を表明した

(48)　タウンゼントはロンドンの商人の家に生まれ、ケンブリッジ大学を卒業後エディンバラで医学を学んだ。イギリス南部ピュージーの国教会教区牧師を務めた。

(49)　この島はマサティエラ島という名であったが、デフォーの小説『ロビンソン・クルーソー』の舞台となっていたことから、一九六六年にロビンソン・クルーソー島と改名された。

(50)　Polanyi 1944, p. 118, 二〇三頁。Townsend 1786, p. 38（Sect. VIII）. ここでタウンゼントが使っている「調整する」という表現は、神による自然の支配と現実に観察される自然および人間社会との関係についての自然神学の系譜に関わりをもっている。牧師であるタウンゼントは、ポランニーの描写では飢えと利得についての神なき世界のリアリズムに見える世界観を、神学的な含意をもって理解していたかもしれない。『救貧法論』には「部分に対する悪は全体に対する善であった」（p. 37）という表現も見られる。自然神学については本章七で検討する。

ことで、タウンゼントは後世に甚大なインパクトを与えたと考えた。

かつて人間は、ほかの生き物たちとも神とも異なる中間的な存在であった。それが創造者 Creator によって作られた被造物 creature としての人間の意味するところである。これは、フーコーが人類 genre humain ということばで表現する存在と同義である。ポランニーはスミスの「大人間社会 the great Society of mankind」という表現を引いている[51]。人間とはなによりも、社会の中に生きる存在であり、そこには必ずなんらかの法があり統治があった。

「しかし、ファン・フェルナンデスの島には統治も法もなかった。それでも山羊と犬との間にバランスがあった。このバランスは、犬が島の一部である岩に逃げ込む山羊を貪り食う難しさと、山羊が犬から無事に逃げるために直面する不便によって保たれた。このバランスを保つのに統治は必要なく、代わりに一方の飢えの苦しみと他方の食糧の稀少によって成り立っていた。ホッブズは人間が獣のようだから専制君主が必要だと論じたが、タウンゼントは人間は実際に獣だからという理由で、最小の政府しか必要ないと主張した。この新見地によると、自由な社会は二つの種族 races からなると見なされる。財産所有者と労働者である。このうち労働者の数は食物の量で制限される。財産が安全に保護される〔飢えた貧民の略奪から守られる―引用者〕なら、彼らは飢えに駆られて働く。飢えは治安判事よりもよき規律者なので、治安判事は不要である。飢えに訴えるのは「弱々しい権威よりずっと力強い訴えになる」とタウンゼントは辛辣にも指摘している[52]」。

マルサスはコンドルセを経由してタウンゼントの人間観を学び、そのマルサスがダーウィンに多大な影響を与えた。こうして一九世紀には、このある種の「自然主義」が、人間の生物学的な理解の名の下に、経済学、社会科学において幅を利かせることになる。「収穫逓減の法則は植物生理学の法則である。マルサスの人口法則は人間の多産性と土壌の生産力との関係の反映である。どちらの場合も、働いているのは動物の性本能と与えられた土壌での植物の生長といった自然の諸力である。タウンゼントの山羊と犬の例も同じである。人間にはそれ以上増殖できない自然の限界というものがあり、この限界は食糧供給によって決まる。タウンゼントと同様マルサスは、余った分は死に追いやられるだろうと結論づけた。山羊は犬に殺されるが、犬もまた食糧不足で飢餓に陥るからだ。……経済社会は本質的に自然の陰鬱なリアリティに基づいている。人がこの社会を支配する法則に従わないなら、残忍な処刑人がやってきて無思慮から生まれた子を絞首刑に処すことになる。競争社会の法則はジャングルの制裁の下に置かれたのである[53]」。

ポランニーのいうとおり、スミスの著作からはこうした殺伐とした人間観、社会観を読み取ることはできない。ポランニーはスミスとタウンゼントの著書を隔てるたった一〇年の間に、イギリス社会をおそった変化を描いている。それについてここではこれ以上立ち入ることができないが、これまで述べてきたこととの関係でいうなら、スミスの書き方は非常に「モンテスキュー的」である。人間は社会に生まれ、社会に生きる。その社会とは、物質的な富や生産や消費の構造、分業や貿易や奢侈のあり方によって特徴づけられる。それと同時に、人間の道徳的な特性や社会規範、慣習や生の文化的様式によっても特徴づけられる。両者は互いに絡み合い、また法と統治が巧みにそれらを誘導し、安定させ、人々を豊かさと安寧へと導くことができる。これらの総体こそが、モンテスキューが「法の精神」として描こうとしたものであり、スミスが「法学講義」で示した法と統治の全体的構想

（51）　Polanyi 1944, p. 117. スミス『道徳感情論』（Smith 1759）第六部第二篇第二章に見られる表現。さまざまな国家からなる世界全体を指す。
（52）　Polanyi 1944, pp. 119-120, 二〇五―二〇六頁、強調原文。
（53）　*ibid.*, pp. 130-131, 二二〇―二二一頁。

であった。

これに対して、タウンゼントの救貧法批判においては、そのような巧みな統治は出てこない。それは人間が生物の一種として、つまり「ヒトという種」として、山羊や猟犬と同じような行動様式をとる存在として描かれていることに起因する。人口の発見は、人間を生殖し繁殖する生き物として、生まれ、子どもを産み、やがて死んでいく集合体として捉えることを意味した。数量化・統計化を通じて、表へとまとめられ抽象的な数として表象されるようになった人間は、他の生物やあるいはあらゆる他のデータとなんの区別もなく数学的な計算と処理の対象となり、「科学的」「客観的」に分析されるようになる。これが人口という人間の捉え方が、統治に与えた衝撃であった。

七　ヒトという種

「ヒトという種 espèce humaine」は「人類 genre humain」との対比で、フーコーが『知への意志』以来注目する表現であり概念である。『知への意志』では種ということばは人口と関連づけられ、次のように語られている。「二つ目は、もっと遅くだいたい一八世紀半ばに形づくられたのだが、種としての身体、生き物の力学に貫かれた生物学的プロセスを支えるのに役立つような身体へと向かう。繁殖、出生、死亡率、健康度、寿命、長寿、それらを変化させるあらゆる条件。これらへの関与が、干渉と調整的コントロールによって行われる。つまり人、口、に、関、す、る、生、政、治、である……人口の調整 régulations de la population の側には、人口学、資源と住民との関係の見積り、富とその循環についての表の設定、生命とその可能な長さとの関係の表がある。つまり、ケネー、モオー、ジュースミルヒである(54)」。

また、一九七八年講義初回の冒頭は、次のようにはじまる。「今年は、やや根拠もないままに生権力と呼んだ事柄についての研究をはじめたいと思います。生権力とは、私にとっては重要な一連の現象を指しています。たとえば、根本的に生物学的な諸特徴をヒトという種において構成するようなメカニズムの総体が、ある政治の中に入り込み、政治的戦略やもっと一般的な権力の戦略に入り込むようになるということ。あるいは一八世紀以来の社会、近代西洋社会において、人間という存在がヒトという種を構成するという根本的な生物学的事実がどうやって考慮されるようになったかということです」(55)。

人間が種 espèce / species として捉えられるためには、まず種という概念が確立されることが必要であった。種ということばを分類学上はじめて明確に定義したのは、イギリスの博物学者ジョン・レイ John Ray（1627–1705）であるとされる(56)。以下はレイの『植物誌』からの引用である。

「植物の目録作りからはじめて正しい分類が打ち立てられるためには、「種」と呼ばれるものを区別するなんらかの基準を発見しなければならない。これについて長く膨大な探求をしてきて私が思うのは、たねからの繁殖によって連綿とつづくはっきりした特徴ほど確実な基準はないということだ。つまり、個体や種のなかでいかなる変異が起ころうとも、同じ一つのたねから出てきたものであるなら、それらは偶然の変異であって種を区別するようなものではない。というのも、こうした変異はそれにつづく播種において永続するものではないからだ。

(54)　Foucault 1976a, pp. 183-184, 一七六―一七七頁。強調原文。引用中の「一つ目」に対比される「一つ目」は「身体の解剖政治」であり、「人口の調整の側」に対比されるのは「規律」あるいは「身体の規律」である。
(55)　Foucault 1978, p. 3, 三頁。
(56)　レイはエセックス生まれのイギリスの博物学者。ケンブリッジ大学トリニティ・カレッジで学ぶ。植物の分類を熱心に研究し多くの図録を遺した。また魚類の分類やヨーロッパ各地の諺蒐集の著書がある。

……これに対して、出所となるたねが同じ一つの種から来るのでない変異は、最終的に別の種であると捉えられる。……このことは動物にもあてはまる。性差が種の違いを十分に証明しないのは、二つの性が、種に関係する意味で同じたねに由来し、しばしば同じ両親から生まれるからである。偶然による違いがいかに大きかろうと、牡牛と牝牛、男と女が同じ種に属するというために、同じ両親あるいは同じ母親から生まれるという事実以外の証拠は必要ない[57]」。

レイの学術上の後継者とされるリンネ Carl von Linné（1707-1778[58]）もまた博物学者であった。彼は人間を「ホモ・サピエンス」としてこれをヒト属に分類した[59]。つまりここで、レイにおいてすでに植物から動物、そしてその一部としての人間にまで適用されていた種の概念が、人間を一つの種として分類することに結びついたことになる。これは、岡崎 2006 によると、『自然の体系』初版の動物分類の最大の特徴である。「レイは、人間には分類上の位置づけは与えていないのである。これに対しリンネは、「ヒト形目」のなかに人間を組み込んでいる[60]」。

これについては、フーコーの次のことばが示唆的である。「人口が他の生き物のうちに身を沈めるようになる次元は、人間を「人類」と呼ぶのをやめて、「ヒトという種」と呼びはじめるときに現れてくるものです。したがって、人口とは一方ではヒトという種、他方では公衆と呼ばれるものなのです[61]」。ここでフーコーが「人口が他の生き物のうちに身を沈める」と表現している事柄が、まさにリンネにおいて人間が猿やその他の動物と並んでホモ・サピエンスとして分類されることに表れている[62]。

ただし、リンネの分類を「神なき世界」における実証主義的態度、あるいは神に代わって科学的合理性に従う科学者の姿勢の表れと見ることはできない。ここはとてもややこしく、また一八世紀ヨーロッパにおける信仰と世界観という巨大な問題が横たわっているが、ここでは論点だけを提示しておく。まず、レイには『天地創造の御業に明示された神の英知』（1691）という自然神学の著作があり、これは一八世紀に広く読まれたという[63]。そして、レイの自然神学はデラム William Derham（1657-1735）を通じてリンネに影響を与えた(64)。一般的にいって、当時の博物学者がこの世界のありとあらゆるものを分類し一覧表にしようとしたのは、自然の世界に神が与えた調和と秩序を見出すためであった。森羅万象を神の御業として示したレイの著作は、ペイリーの『自然神学』

（57）Ray 1686-1704, I, p. 40（第二〇章）。引用は、Beddall 1957 に引用された Edmund Silk による英訳を参照して行った。

（58）リンネはスウェーデン南部ステンブルフルトの教区牧師の家に生まれた。博物学者でウプサラ大学教授となった。スウェーデンでは国民的な学者である。植物・動物・鉱物の分類を行い、学名を整理して分類学を確立した。「使徒」と呼ばれる弟子を各地に派遣した。その一人ツュンベリーは江戸期の日本を訪問し、帰国後『日本植物誌』などを出版した（西村 1997）。フーコーは『言葉と物』（Foucault 1966）第一部第五章「分類すること」において、古典主義時代の「タブローの思考」を表現する著作として、リンネの『植物の種』（1753）『自然の体系』（1735）から多くの引用を行っている。

（59）現在では、ホモ属にはホモ・サピエンスすなわち人間しか含まれていない。パン・トログロディテスはチンパンジーで、パン属に入るが、リンネの『自然の体系』第一〇版の分類には「ホモ・トログロディテス」が存在し、これはオランウータンを指すようである（岡崎 2006, 九一―一〇頁表-2）。これは初版の分類には存在しない（千葉県立中央博物館 2008, 三〇、三二頁）。

（60）岡崎 2006, 三頁。

（61）Foucault 1978, p. 77, 九一頁。

（62）以上、種概念の形成については、Foucault 1978, pp. 87-88, n. 34, 一〇四―一〇五頁編者注34、Jacob 1970, pp. 61-62, 五〇―五一頁、Mayr 1982, pp. 256-263 を参照。

（63）この著書の内容については、門井 2015 を参照。

（64）Canguilhem 1977, p. 91, 一〇九頁、カンギレムの典拠は Camille Limoges, 'Introduction,' in Carl Linné, *L'Equilibre de la Nature*, Paris: Vrin, 1972. また、『神罰』（Linné 1981）所収のレペニース「現世の整理好きから生まれたモラル―リンネの『神罰』」および西村 1997, 終章を参照。また、デラムがジュースミルヒらの人口学的研究にも思想上の影響を与えた点について、隠岐 2010, 一五四頁を参照。

（1802）に取り入れられ、そこからダーウィンやベルクソンにまで影響をもたらした。

レイの自然神学は、ニュートンなどの当時の科学者たちが分け持っていた「神のデザイン」に関する信念に基づいている[65]。神が設計し創造した世界は完全で、科学者はその完全性を理性によって示すことを召命とするのである。こうした信念は科学革命以来の自然科学の発展と神への信仰を両立させる道であったが、イギリスでは大陸ヨーロッパより半世紀も長く、一九世紀半ばまでこの信念が支持されたという。

リンネもまたこうした自然神学的な「創造者としての神」という見方に立って自然の分類を行った。一方リンネには、それとは異なる「ねたむ神」の影が存在するという見解がある。リンネには『神罰』というタイトルの著書があり、日本語にも訳されている。この著書でリンネは、人間の悪事を決して見逃さない神が人々に与えた罰の例、あるいはまだ罰が下されていない事例を記録している。その叙述は具体的で、リンネが罰を見届けていない事例については「結末はいかに」「どういう結末が訪れるか推察するがよい」などとおそろしい締めくくり方をしている。岡崎 2006 はこうしたリンネの神を、彼が生をうけたルター派の信仰と土着の民衆信仰との混合として捉えた上で、次のようにいう。「リンネにあっては、人間を動物界の一員に位置づけることは、堕落した人間に対する、従来の位置づけからの「降格」として意識されていた。それは人間に対する革新的・積極的位置づけというよりは、「文明批判」と結びついた人間の「降格」に他ならなかった[66]」。

リンネの意図がどこにあったのか、いまとなっては不明である。だが、彼の中にプロテスタントの陰鬱な一面とスウェーデンの土着の民間信仰が息づいていたことはたしかである。リンネの思想世界の中には理神論的な自然神学のほかに、プロテスタンティズムの怒れる神、民衆信仰、さらには復讐の女神「ネメシス」への古代の信仰が混濁していると考えるべきなのだろう。ただしここでのプロテスタント的神は、たとえそれが旧約的であるとしても「ねたむ神」というよりは人間世界のそこここに介入し正義の審判を下す神である。そしてときには自然の因果を乱すという意味で自然神学的な神とは異質である。だからといって神は嫉妬深く気まぐれなのではなく、つねに人間を監視し正しい処罰を下す。その視線を逃れる例外はなく因果応報は的確であるが、その例外のなさは自然神学における法則としての神とは異なる。リンネは一七四〇年代から死の直前まで神罰の事例を蒐集し書き付けつづけたが、「決して名前を明かしてはならない」と手稿の冒頭に書かれており、出版のためではなく教訓として息子に遺したものであった。ただし、因果応報を心に刻んで長命を保ってほしいという願いも空しく、同名の息子カールはリンネの死の五年後に死去した。

一方で法則の保証者としての因果律の源泉、他方で例外なき審判者としての応報の源泉という神の像は、リンネの種間のバランスの議論にも複雑な陰影を与えている。ここで問題になる論点は、カンギレムが「調整器」という理念に注目して描く科学史において取り上げられている。カンギレームによると、近代世界の到来は、神が創った自然界の調和とその攪乱に関する問題を提起した。自然の無秩序や不調和に見えるもの、そしてとりわけ悪の存在は、神による創造および自然の法則的支配とどのように整合するのかが、そこでの問題であった。これは自然神学の中心的な論争点であるが、ライプニッツが自らの造語である Theodizee / théodicée / theodicy をタイトルに含む『弁神論』（1710）で示したのが、「調整器 régulateur」を備えた神による支配というモデルであった。ライプニッツによると、神が創った世界はあらかじめ攪乱への調整力を備えているために完全である。これに対してニュートンは、神がつねに監視し世界が法則から逸脱しないよう適宜その動きを修正するという「時

（65）　一八世紀イギリスにおける神のデザインとしての自然神学の考え方については、Hacking 1975, chap. 18 を、またこの自然神学のきっかけを作ったライプニッツについては Canguilhem, 1977, 第二部一を参照。
（66）　岡崎 2006, 八頁。

計職人」の世界観をもった。ライプニッツが時計を修理する神の像を受け入れることができないのは彼の神観念からして当然であるが、ここで注目すべきは、神が司る自然は完璧で逸脱は原理上ありえないという両者が共有する信念である。

一八世紀半ばにヨーロッパの知識人をまさに震撼させたリスボン地震の悲劇は、こうした調和的世界に疑問を投げかけた。ヴォルテールが犠牲になった同胞への心の痛みから神への信頼が揺らいだと告白したのに対し、ルソーは神の一般的支配と個別事例としての地震との混同を戒め、リスボン地震の被害の大半を都市特有の人災に帰した(67)。これに対してリンネは、この大地震を当地で長きにわたって行われてきた火刑への神罰として捉えていた(68)。リンネの理解は啓蒙の理性志向とはかなり異質で、土着信仰と結びついた旧約の神へのファナティックな回帰にも見える。だがこれは、ヨーロッパに近代をもたらした両輪の一つであるプロテスタンティズムの正統な立場でもある。

その一方でリンネは、生命界においては種の間での数の均衡が成り立っていると考えていた。この信念は、カンギレムによると、自然と生命の調整法則の想定として表現されている。「原初に創造された動植物の種のあいだで、その代表者の数に関しては、すなわちその個体群に関しては、割合は維持されている。その割合は、陸地という土台の上での繁殖、生命の構造と生活様式の保存、および生活の糧の不足や捕食活動の結果として数が増えすぎないようにすること、この三つの契機のあいだで、固定した均衡関係を保っている(69)」。生き物と食糧とのバランスに関するこうした考えを、リンネは『自然のエコノミー』(1749) や『自然のポリス』(1760) といった示唆深いタイトルの著書において表明した。

カンギレムは、こうしたリンネの種間の数の均衡についての考えがマルサスに引き継がれたと考える。リンネが提示した、ある生き物が地上で一定の表面を占めることとその生き物が見出す食物の量との相関という問題は、マルサスにおいて人間と社会との関係に置き換えられる。マルサスは人間が幾何級数的に増殖することと、食糧が算術級数的にしか増えないことを、いずれも自然なことと考えていた。ではこうした二つの自然が折り合わないとき、その調整を行うのはいったいなにか。カンギレムはこれを論じる際、マルサスが医学の比喩を多用するという興味深い指摘をしている。人口と食糧のバランスは社会にとって医療と治癒と健康の問題なのである。だがそれはまた、いうまでもなく統治の問題でもあった。人口と食糧との間に社会的な健康を取り戻すためには、統治による誘導、あるいは自然の調整力そのものを調整することが必要なのである。

マルサス『人口の原理』には、近代の人口の多さを誇るヒュームや物質的豊かさと統治の妙による秩序の両立を説くスミスの楽観的道徳哲学は見られない。根底にあるのは過剰人口への恐怖であり、無限の欲望に対する資源の稀少性のリアリズムである。しかしマルサスは、そうした状況への処方箋が存在すると信じ、『人口の原理』において適切な処方箋はなにかを熱心に考察した。この意味で彼は、自然の無慈悲な法則は生き物の一種である人間にも貫徹するが、同時にその法則を、ときに人間の自然の性向そのものを利用し、ときに巧みな統治を行うことで緩和できると考えていた。そのためには民衆の欲望、また人々の道徳心を利用すべきであり、それによって彼らの境遇が改善されることを望んだのである。

リンネやマルサスの思想は、神と自然、介入と法則性についての二重の思考につきまとわれている。それはタウンゼントが猟犬と山羊の例を持ち出す際、そこに神による見事な采配としての調整を見るときの楽観主義とは

(67)　リスボン地震についてのヴォルテールとルソーの論争はたびたび論じられてきた。川出2014を参照。
(68)　Linné 1981, 手稿 56b, 一一〇頁、また編者注28。
(69)　Canguilhem 1977, p. 91, 一〇八頁。

異なる。リンネには法則を司る神とこの世界に介入し人々に懲罰を与える神が同居している。マルサスには人口と食糧との間の自然によるバランスという考えと、その均衡がつねに破られる運命にあり、統治の技巧を通じて事態を切り抜けなければならないという危機意識が見られる。このあたりはフーコーが、自由主義の統治（自然性の支配）について、それが国家理性やポリスの技巧から出てくると同時に、技巧の恣意性を批判するために「自然」に訴えると指摘していることとも関わるところである。

自由主義の統治の位置、そこにおける自由放任と介入との新たな関連づけをめぐるこうしたテーマは第Ⅲ部にゆずることにする。ここでは先に「人口」の規則性や法則性の把握にとって不可欠のツールであった、確率・統計の社会への適用について、章を改めて一瞥する。

第一〇章　確率・統計と人口

一　統計学とは

フーコーは一九七八年の講義で何度か、統治にとっての統計の重要性に言及している。第Ⅰ部ですでに述べたとおり、国家理性とポリスの統治は国家に関わる知として、統計学による国土と人民の把握を重視していた。しばしば指摘されるように、「統計学 Statistik」ということばを作ったのはドイツのアッヘンヴァル Gottfried Achenwall（1719-1772）[1]である。日本語では「国情学」と呼ばれ「統計学以前の統計学」のような位置づけを与えられているこの学派については、足利末男『社会統計学史』（足利 1966）の記述が詳しい。「この書物〔Achenwall, *Staatsverfassung der heutigen vornehmsten Europäischen Reiche und Völker*, 1749—引用者〕は、最初に「統計学（国情論）一般についての序論」……なる序論をおき、ここで統計学＝国情論についての一般理論を述べ、ついで、主要な国について、国別にその制度を叙述するという形式をとっている。このようにそれぞれの国家を独立に完結して記述するアッヘンヴァルのやり方は、国別記述法（die ethnographische Methode）と呼ばれ……この学派の特色とされている[2]」。

（1）　アッヘンヴァルはプロイセンのエルビング（現在のポーランド領エルブラング）に生まれ、イエナとライプツィヒに学んだあとゲッティンゲン大学で教えた。

たとえばイギリスの面積については、「イギリスはヨーロッパ最大の島である」と述べられ、注の中でイングランド、スコットランド、アイルランドの内訳を含めたイギリスの総面積が記述されている。つまり、国情学は通常イメージされているように数値による記述を一切拒絶したわけではなく、あくまでも文章での報告を主として、その中に数値を組み込むことを方針とした。ただその数値の記述はかなりざっくりしたものであったようだ。また、法や制度についての項目別の記述の分量が多く、国家理性論やポリス論にも通じる「国家に関わるあらゆる事項の集成」のような体裁をとっている。

ヨーン『統計学史』(John 1884) によると、アッヘンヴァルは国情学の意味での統計学の創始者は「国情論 Staatskunde」ということばで自らの国家研究を表現したコンリング Hermann Conring (1606-1681) だと考えていた。また、ヨーンが国情学の先駆者として挙げた人の中にはシュリーやゼッケンドルフが含まれており、この学派の知的伝統が国家理性論やポリツァイ学に深く関わっていることが示されている。

興味深いのは、アッヘンヴァルの著書がジュースミルヒ『神の秩序』よりあとに出版されていることだ。統計学史においては、ドイツにはまず旧態依然たる冗長な国情学があり、アドルフ・ケトレの衝撃によってそれを批判するかたちでデータと数値を用いる真正な統計学がはじまったという像が流布しているように思われる。しかし実態としては、ドイツ諸邦にもデータの蓄積とその分析があり、ヨーロッパ各都市の人口統計を広範に利用し数値をもとに推計を行うジュースミルヒのような思考が、一八世紀前半にすでに存在していた(3)。

つまり、一八世紀前半のドイツには、一方に中小領邦の並立によって必要とされた国家の知としての官房学とポリツァイ学があり、国情学は領邦支配のために必要な実践的な知の一部として官房学の傍らに位置を占めたと考えられる。他方で、ベルリン－ケルンの牧師であったジュースミルヒは、都市における信徒たちの生と死の実情を間近に観察し、そこに神の采配を見出そうとした。神による調和と善の実現というある意味古くさいテーマを追求するために彼がとった方法は、グラントやハレーの死亡表の議論、またオランダにおけるウィットの終身年金計算を再検討するために、ブランデンブルク—プロイセンその他計八ヶ国の出生、婚姻、死亡表を集め、またロンドン、ウィーン、ブレスラウ、パリ、ベルリンの死亡表を利用することであった。

つまり、統計学ということばの歴史をたどると、そこには国家理性—ポリス（ポリツァイ）的な国家の力についての知がある。第九章でデロワジエールを引いて指摘したとおり、それははるか中世の『君主鑑』の伝統にまで遡ることができる、君主の知であり統治のための素養である。その知が君主の徳性を磨くための宗教的道徳的な色彩を弱め、リアルな国情を映すものに変化していく中に、国家理性、ポリスがあり、また官房学と統計学（国情学）がある。第五章で指摘したとおり、一八世紀ドイツの大学は官僚養成と結びついており、大学統計学は官房学ときわめて近い位置にあった。

それと並行して、数値に基づきデータを分析し国の状況を把握しようとする知が存在した。すでに述べたとおり、これはペストや戦争や飢饉に脅かされた都市が死亡の数をカウントしたことにはじまり、そこから教区簿冊の洗礼と埋葬の記録を通じた出生および死亡の把握への関心が高まってくる。ヨーロッパ各地で近代統計の足がかりを作り、また網羅的な統計がない時代の人口推計にとって貴重な資料である教区簿冊は、宗教改革によって新旧両派の信者把握の必要が政治化したことで急速に広がっていた。

（2）　足利 1966, 一九頁。

（3）　なお、ジュースミルヒはアッヘンヴァルより一二歳年長である。またアッヘンヴァル自身ジュースミルヒを読んでおり、自身の著書でその内容を紹介している。さらにペティの政治算術にも言及があるという。以上の点およびコンリング、ゼッケンドルフにはじまる国情学について、浦田 1997 を参照。

出生と死亡の数値はまた、税収と国土の利用の観点からの土地の測量と結びつき、人の数、豊かさと安寧についての重商主義的な戦略にも関連づけられた。これを体現する人物がイギリスのペティである。しかし、ジュースミルヒのように神の秩序を証明しようという強い宗教的動機に基づく場合であっても、ペティのような植民地経営のための政治算術と同じ道具を使うことができた。これらは大学と官僚の知に対してアマチュアの知といってよいものである。

ここに、ヨーロッパ各国で統計の専門部局が実際に作られるのが一八世紀半ばと予想以上に遅かったこと（はじめに作られたのはスウェーデンとされる(4)）、官僚たちは統計を秘密の知（一種のアルカナ）として秘匿したのに対し、アマチュアたちは数字集めに熱狂しそれを次々と公表したことなど、さまざまなエピソードが付け加わる(5)。

ここではそうしたエピソードの数々を追うことはさし控える。むしろ考えたいのは、統計学はいったいどのような意味で統治にとって根本的な契機をなすかである。あるいは統計学史の中のどの局面が、認識論的に、統治の技術論の展開との関係で最も重要といえるかである。これは実はかなりの難問である。ここでは、イアン・ハッキングにならって、統計学に確率が入ってくること、それによって統計が「偶然を飼いならす」ための最も重要なツールとしての地位を与えられることを一つのメルクマールとして考えたい。

もちろん、偶然の事象を思考と計算の対象にするための道具は、いまでは確率・統計だけではない。しかしそれは古典的で長期にわたって用いられてきた、人間が偶然の事象を把握し扱い操作するための技法である。

読者はすでに気づいているかもしれないが、人口、統計、確率に関係する本書の記述は、フーコーが講義で語ったことをかなりはみ出している。このうち人口については第Ⅲ部の冒頭でフーコーの叙述に戻ってその意義を明らかにしたい。だが統計については、フーコーは簡単な言及以上のことをしていない。確率に至っては、偶然aleatoire の扱いをめぐってほのめかされる程度である(6)。

にもかかわらず本章で統計や確率を掘り下げて論じるのは、それが人間の把握、人とその集合性、集団としての人間と他の諸要素との関わりについて、近代にとって根本的な新しい思考様式をもたらしたからだ。また、自由主義の統治を理解する上で、確率・統計の歴史を一通り把握しておくことはきわめて重要だからである。

二　確率のはじまり

どんな学問分野にも、その歴史を遡ると必ず「前史」がある。そこでは、類似の事柄や関連する事象について学者や文筆家が語っていることの中に、のちに発展した学問研究の予兆が見出される。(7)

(4)　世界初とされる全数調査が一八世紀半ばに行われたスウェーデンの人口表作成の経緯については、石原 2007 を参照。それによると、スウェーデンでは宗教改革期以来広範囲の教区簿冊 kyrkoböker が存在し、それをまとめていた教区牧師による調査をもとに人口表が作成された。

(5)　これらの点については、Hacking 1990, 第三—四章を参照。

(6)　フーコーは医学や生物学についてはは多くの研究を残したが、数学や物理学にはほとんど言及しなかった。それは彼の研究の目的と手法にかかわる不可避の選択であった。ハッキングは、ローサイエンスとハイサイエンスを区別した上で、フーコーは明らかに前者に注目したと考えている。そのことをフーコーの歴史叙述の際立った特徴とし、「ミシェル・フーコーの未成熟な学問」と表現した（Hacking 1979）。確率・統計は数学の言語を用いるが出自は明らかにローサイエンスにあるという不思議な学問である。

(7)　確率論の前史を主題とする著作として、安藤洋美 2007 が貴重である。この本の「まえがき」によると、確率論の前史に関するはじめての研究はカール・ピアソンの最後の助手デイヴィッドの 'Dicing and Gaming,' in *Biometrica*, 42 (1955), pp. 1-15 で、これはのちに David 1962 の第一章に増補改訂のうえ収録された。

確率はその点ではかなり特異な歴史をもった分野である。というのは、数学を用いた確率論は、一六六〇年前後に突然はじまるというのが定説だからだ。これはさまざまな確率史において、たとえそのニュアンスが異なるとしても否定しているものは見たことがない。なかでもハッキング『確率の出現』（1975）は、確率の出現が唐突であったことをあまりに強調したために論争を生んだが、それによって確率論史がさかんになるという効果があった。ハッキングはこの著書で、『言葉と物』のルネサンスについての記述から大きな影響を受けており、ルネサンス的世界の劇的な変化をしるす新たな知の典型例として確率を取り上げている。

確率論史の古典で、数学的な解説と歴史をブレンドした優れた史書であるトドハンター『確率論史』（Todhunter 1865）は、前史にあたる第一章をカルダノ、ケプラー、ガリレオからはじめている。なかでもカルダノ Gerolamo Cardano（1501-1576）の著書[8]『サイコロあそびについて *Liber de Ludo Aleæ*』（circa 1530）は、数学を用いた最初の確率論の著書と考えられている[9]。ただしカルダノは数学的確率を「真理の探求」というよりは賭けで有利にふるまいいかさまをする手法の一つのように扱っており、また提出される問題とその解法も後の時代のような体系性や方法的自覚を伴っていない[10]。しかもこの本は一六六三年にはじめて出版された。

確率を数学的に定式化し解法を示したのは、パスカル Blaise Pascal（1623-1662）とフェルマー Pierre de Fermat（1607？-1665）が往復書簡の中で、ド・メレ Antoine Gombaud, chevalier de Méré（1610-1684）によって示されたチャンスゲームの問題を解いたのが最初とされる[11]。

パスカルとフェルマーとのあいだで書簡が交わされたのは一六五四年の三ヶ月ほどの間で、また遺された書簡が公刊されたのは二人の死後、一六七九年である。いくつかは失われてしまった往復書簡が、古典的確率論の歴史の嚆矢となったのは印象深いエピソードである。そのため確率論史では必ずこのことに言及がある。

父に与えられたパリでの知的交流をとおして幼少期から数学の才能を発揮したパスカルは、二度の「回心」を経てジャンセニズムの旗手としてジェスイットに徹底的な戦いを挑んだ。信心深い妹の影響もあり、パスカルは科学的探求と信仰との両立に悩み、一時は数学研究から遠ざかった[12]。ジェスイットおよび王権からの厳しい迫害に遭いながら書き遺された断片は『パンセ』として死後刊行されたが、生前から稀有の天才として知られ、その数学および信仰上の議論は名高いものであった。

一方のフェルマーはトゥールーズの法曹家として一生を過ごし、パリやヨーロッパの知的サロンや学界の中心とは文通でつながるだけの人物であった。しかし彼の遺した業績はとくに解析学の分野で著しいものである。と

(8) カルダノはミラノに生まれ、パドヴァ大学で医学を修め教授となった。ルネサンス的知識人で多岐にわたる個性的な業績を残している。医師としては腸チフスの発見者として名高く、物理学と暗号論の業績もあり、また発明家だった。虚数を導入した数学者でもあるが、生涯は波乱に満ちていた。自伝の日本語訳がある（Cardano 1576）。

(9) 安藤洋美 2007 は、カルダノ以前の確率論の予兆として、古代ギリシア、インド、中国における賭けと組合せ論を豊富な図版とともに紹介している。

(10) 歴史家によるカルダノの評価については、Daston 1988, p. 15 を参照。カルダノの問題と解法については、安藤洋美 2007, pp. 143-162 が非常に詳しい。Todhunter 1865, chap. 1 日本語訳七―八頁注7、8、Ore 1953, chap. 5 にも解説がある。

(11) とくにド・メレの提出した問題をめぐるエピソードについては、ライプニッツの証言をハッキングが引用している（Hacking 1975, p. 57, 九七頁）。パスカル―フェルマー往復書簡は一部しか残っておらず、二人の全集に再録されている。問題と二人の解法の解説は、Todhunter 1865, chap. 2, 安藤洋美 1992 を参照。人文書院刊のパスカル全集第一巻に、パスカルからの三通の手紙の翻訳がある。フェルマーからの書簡一通の訳が Todhunter 1865, 一九―二〇頁訳注3にある。また二人の書簡に焦点を合わせて確率論の誕生を描いた Devlin 2008 は、両者の書簡を引用を交えて解説している。

(12) パスカルはフェルマーと賭けに関する往復書簡を交わしてから六年後、一六六〇年八月一〇日付のフェルマーへの手紙で、数学を「メチエにすぎない」としている。この書簡はメナール版全集第二巻（白水社の『メナール版　パスカル全集』第二巻では四一一―四一三頁）にある。

りわけ数論の業績で有名であるが、これは古代エジプトのディオファントスが著した『算術』ラテン語訳への書き込みによって知られている。フェルマーの書き込みの一つが、その後三五〇年間解かれることなく残った「フェルマーの最終定理」と呼ばれる難問である[13]。

二人の生涯からは、当時の数学的知の最先端が地方の行政官・法曹家に担われ、またパリの知的サロンおよび鋭い信仰上の知覚と闘争の場で芽生えたことが知られる。あるいは書簡およびその公表、そして書物への書き込みや紙片に書かれた手稿などのメディアとしての重要性という、古典主義時代ヨーロッパに特有の知性のあり方を読み取ることができる。

往復書簡で議論が交わされたのは、次のような問題である。二人の人による賭けが中断した場合に、賭け金をどのように分配するのが公正か。同じ持ち点であれば賭け金を折半すればよいだろう。しかし優勢・劣勢がある場合には折半は不公平で、なんらかの重みづけが必要になる。ではそれをどのように計算すればよいのか、これが彼らの問題である。フェルマーは数え上げと組合せ論を使って問題を正しく解いたが、パスカルは期待値を使った別の解法を示した[14]。同じころ、パスカルは有名な算術三角形を使って組合せ論的解法を遺漏のないように定式化する工夫を案出した[15]。これは、フェルマーが書き込みを行った『算術』が一六世紀にアラビア語からラテン語に訳されたことで代数学が進展したこととあわせて、ホッブズのところで論じた当時の幾何と代数との関係というテーマに関わる。また、パスカル－フェルマー往復書簡はその後の確率論の出発点という意味でさらなる考察に値する。

三　パスカルの賭け

だが、ここではそれらの数学的な論点にはこれ以上立ち入らず、むしろ偶然をめぐる当時の考え方を浮き彫りにする題材として、パスカル『パンセ』（Pascal 1670）に収録された「無限／無 infini rien」の手稿を取り上げたい。(16) パスカルの時代の数学的発見や洗練を見ていると、そこに無限が大いに関わっていることに気づかされる。

無限は無限大としてと同時に無限小として、数式の中に取り入れられ代数学の発展に寄与した。幾何学は基本的に無限を取り込むことをしない。それは作図という所作に表れている。これに対して、たとえば微積分学はまさに有限な空間の中に無限を出現させ数式に取り込むことで飛躍的な発展を遂げた。

パスカルが遺した『パンセ』の断章のうち、ブランシュヴィック版で二三三の番号が振られているのが、「無

(13)　この定理は、3以上の自然数nについて、$x^n+y^n=z^n$となる自然数の組は存在しないというもので、フェルマー自身がこの定理をなんらかの方法で正しく証明したかどうかは、数学史上の謎の一つである。アンドリュー・ワイルズが一九九五年の論文で証明したとされる。

(14)　Devlin 2008は、パスカルがフェルマーの組合せ論の方法をはじめは十分理解できなかったと指摘している。フェルマーの解法は簡潔で数学的洗練に満ちており、パスカルの方が冗長で煩瑣であるという。トドハンターはよりパスカルに好意的である。

(15)　パスカルの算術三角形についての著書は、一六五四年に印刷されたが死後出版されたPascal 1665である。同書には、算術三角形の定義についての記述のあとに応用論文があり、そのうちの二番目が賭けの例である。パスカルの組合せ論と数学的帰納法の活用については、安藤洋美 2007, 二〇五―二一二頁を参照。

(16)　『パンセ』は遺された断章を集めたものなので、編集に関してさまざまな見解があり、多くの版がある。詳細は松浪 1959, 塩川 2015を参照。メナール版全集は『パンセ』に至る前に編者が二〇一六年に死去した。専門家以外にとってはテーマ別編纂になっているブランシュヴィック版が読みやすく、人文書院刊の全集、中公文庫版は基本的にこの版の配列によっている。文献表ではこの版を挙げた。講談社文庫版はラフュマ版、岩波文庫版は「第一写本」「第二写本」をもとにしている。

限／無」の議論である。[17] 彼はこの断章以外でもくり返し無限に言及しており、また「無限小幾何学」を通じて微積分学の基本的なアイデアを表現した。このように、この時代の数学の発展にとって無限の意味は甚大であるが、パスカルはまた人間存在そのものを無限と無の間にあるものとして捉えていた。

彼は有限な人間存在は無限である神の前では無に等しいと考えた。これは神学においてしばしば見られる議論である。パスカルは「無限／無」の中で、無限に有限を足したとしても無限はもとのままなんら変わることがないので、有限は無限にとっては無と同じだと言っている。しかしそうだとしても、無限と無の中間にある人間存在は、限られたものであっても理性をもち、意志によって選択を行うことができる。人間は神の前では無に等しいが、有限はやはり無とは異なるのである。このことは、数についての考察でパスカルが述べる、有限な人間は「無限があることを知っているが、その性質や本性については無知である[18]」状態と同じである。人間は認識においても存在においても、無限と無の間にある。人間存在の中間性というこの自覚が、パスカルの思想を特徴づけている。

人間は一方で、神が存在するか否かを理性によって知ることはできない。なぜなら人間の理性は有限だからだ。そのため神を信じるかどうかは理性によっては答えられず、信念と信仰の問題となる。だがその信仰を、なんらかの理性的推論を通じて選択する可能性が残されているというのが、「無限／無」におけるパスカルの立場である。ここでのパスカルの議論は実は複雑である。人間存在は有限である。人間は数が有限だということが間違いだと知っている。したがって数は無限である。しかし無限の本性、たとえばそれが偶数か奇数かは知らない。それと同じように、神の本性を知らなくても、神が存在することを知る可能性はある。有限なものには拡がり（延長）と終わり bornes がある。無限は拡がりがあるが終わりがない。そのため有限な人間は無限の本性を知らないが、その存在は知ることができる。

ここからの彼の論じ方は微妙なものだ。「しかしわれわれは神の存在も本性も知らない。なぜなら神には拡がりも終わりもないから。しかし信仰によって、神の存在を知ることができる。また、栄光によって神の本性を知ることができる。ところで、私は人がある事柄の本性を知らぬままその存在を知ることができるとすでに示した。ここからは自然の光に従って話をしよう(19)」。

この議論では、結局人間は神の存在を知ることができるのかできないのかが分からない。パスカルはそのまま賭けの話に入る。そのためここでの彼の主張を、「人間は神の存在を知ることができる」と解釈することは間違いではないだろう。というよりは、「人間は神の存在に賭けることに合理性を見出すことができる」と解釈することができる」というよりは、「真理」として神の存在を証明する（＝形而上学的証明を行う）ことができなくても、神への信仰の生活を人間が選択する方が理にかなっているかどうかは明らかにできるということだ。

ハッキングはここでのパスカルの議論に注目し、それが現代の意思決定理論、あるいは合理的選択理論ときわめてよく似た構成をとっていることを示した。ハッキングによると、パスカルが行ったのは「不確実下の選択」の一つである。これはある事象が絶対確実ではないが起こりうる、つまり生起の確率が0と1との間のどこかにある場合に、それについてどのような判断をするのが合理的かについての推論である。ハッキングはここでパスカルが行っている議論を護教論としての説得性から切り離している。パスカルを読んだ人が説得されて信仰の道

(17)　トゥールゥーヌ版四九〇、ラフュマ版四一八、シュヴァリエ版（旧プレイヤード版）四五一。なお、手稿との精密な照会を行ったラフュマ版によると、無限と無の間にパスカルは区切りの記号（．や／など）をつけておらず、そこでも解釈が分かれるようである。

(18)　Pascal 1670, p. 134, 一五四頁。

(19)　*ibid.*, p. 135, 一五四―一五五頁。

を選ぶかどうかとは関係なく、不確実下での意思決定を合理的に根拠づける際に、確率に基づく判断と選好をどのように組み込んで考えるかのモデルケースとして捉えるのである。

ハッキングの議論の詳細は『確率の出現』第八章で描かれている。またここでのパスカルの推論を確率と意思決定のモデルとして追うことはそれほど難しくはない。この論証は「パスカルの賭け」としてあまりにも有名で、また多くの研究文献がある。[20] ハッキングはパスカルの論証を現代の意思決定理論の用語に置き換え、起こりうる事態の確率S、そのなかでの人の行為A、そこから得られる効用Uという三者の関係を考えるものとして説明している。

ここでパスカルの賭けは、確実性と全くの不可能との中間的な状況において、人がどのような選択をするのが合理的かについての筋の通った議論として捉えられている。つまりこの議論を、信仰への誘いや護教論的な説得としてではなく、一般的な意味での合理的選択のための推論として読むことができるのである。こうした理解によるなら、無限と無をめぐるパスカルの賭けは合理的選択理論の先取りで、彼は古典的確率論をはじめたと同時により現代的なゲーム理論や意思決定理論の創始者でもある卓越した人物ということになる。彼は、不確実性を伴った事態の可能性が確率（数値）として与えられたとき、どちらを選ぶのが合理的かを個人の選好の問題として扱っているからである。

パスカルの天才を疑う人がいるとは思えないが、彼の議論を読むと気づかされるのは、それがあまりに簡潔かつ明快であることだ。それはシンプルすぎて日本語に訳すと文意が不明瞭になるほどの明晰さを備えている。そのシャープな知性によって、彼は神の存在の形而上学的証明を拒絶した。人間の不完全な知ではそんな証明ができるはずがないからだ。その意味で彼の知性の捉え方は、ライプニッツと比較すると非常にプロテスタント的である。しかしパスカルは他方で、神を信仰することの利得を合理的選択の問題として、無限と無の中間に生きる人間たちに、彼らに理解可能な論証形式を用いて示そうとした。

だが、無限／無の論証を読むと、それ以外に気づかざるをえないことがある。それはパスカルが不確実下での合理的な選択を語る一方、その関心がつねに無限なるもの、有限な人間にとってはその存在様態が思考不能な実在に向けられていることである。この意味で彼の思想はきわめて実存的である。彼は人間存在とは有限かつ中間的なもので、無限とは途方もないカオスの深淵によって隔てられているという。だがそれを理由に神との関係を諦めるべきであるとはいわない。パスカルの人間は神の前では無力で、無に等しい存在だが、その無力さの自覚は、つねに神と、つまり無限と向き合いつづけることと対になっているのである。無限との対峙によってはじめて有限の自覚は意味をもつ。

ここにあるのは、単なる不確実下での意思決定の推論パターンの提示ではない。それは唯一無二の無限なる存在への、有限な知性しかもたない人間の向き合い方の問題である。パスカルの論証において決定的な役割を果たすのは、神が存在する場合の人間の利得が無限であることだ。そのため、その存在可能性が無限小であるとしてもゼロでないならば、人は合理的な利得計算に基づいて、ほんのわずかな可能性であっても神の存在へと賭けるべきなのだ。さらに興味深いのは、パスカルの賭けが神の存在／非存在に直接向けられているのではなく、神が存在した場合にそれにふさわしいふるまいをすることへの賭けとなっている点だ。パスカルはここで、人間の有限な理性を意思決定と結びつけ、しかもそれを自らの行為を選択し方向づける人間の能力と結びつけている。

神との対比において無に等しい人間は、有限な存在にとっては理解できない無限なる神と向き合うことで、合理的判断に基づいて自らの行為を律することができるようになる。無限なるもの、絶対的なるものに向かう人間

(20)　たとえば Jordan ed. 1994.

の不確実下の選択は、この意味で通常の意思決定理論における選択とは根本的に異なっている。

当然のことではあるが、意思決定理論が問題にするのは、有限なるもの同士の、つまりこの世界に生起しうる諸事態に割り振られた確率に基づく利得計算と選択である。これは近代確率論の一方の柱である、主観確率論、ベイズ理論、あるいは信念の度合いについての理論につながっている（もう一方は頻度論あるいは客観確率論）。ラムジー以来のゲーム理論的構成で問題になってきたのは確率のこちらの面である。

しかしパスカルの議論には、この理解からはみ出すものがあまりに多い。これについては、その議論の内的論理を度外視し、それが佇む場所に注目するなら次のように言えるだろう。パスカルの議論では、無限と無の中間にある人間が、無限との間に横たわる途方もない混沌、あるいは底なしの深淵を知覚しながら、なお無限のかなたで行われる賭け、つまり神が存在するか否かのギャンブルに目を向ける。そしてこのギャンブルを想定したパスカルは、信仰の側に立って行為することの利得を、力を込めて擁護するのである。これは中間的存在である人間が現世での快適な生に腐心することをやめ、無限へと賭けること、そちら側に「跳ぶ」ことへの誘いである。

唐突なたとえかもしれないが、ここでパスカルが指し示す場所は、ドストエフスキーが『カラマーゾフの兄弟』で描いたキリストに向かう場所であり、アーレントが『革命について』で描いたビリー・バッドの場所である。これに対して合理的選択理論は、近代の功利的人間によるよりよい意思決定の場所を指し示している。

では「大審問官」の場所、あるいは『ビリー・バッド』のヴィア艦長の場所はどこにあるのだろう。彼らはこの世界にとどまり、自分の利得のためではなく共同体のために、この世界なりの平穏を統治によって生み出そうとする人々である。その善は絶対的な正しさを諦めたところに成立する。つまり彼らは、全体の秩序と平和のために部分にとっての悪や不公平を認めざるをえないのである。彼らは個人的信条とは別の原理（ある種の責任倫理）に基づいて、キリストを磔にしビリーを処刑する。しかしそれでも、無限と無の中間、あるいは絶対善と絶対悪の間に生きざるをえない人間たちに対して、カタストロフを避け秩序をもたらす、凡庸だが重大な任務を受けもっているのである(21)。

このようにいうと、キリストに向かうパスカルと絶対善に向かうビリーは英雄で、大審問官とヴィア船長はつまらない人間だと思われるかもしれない。だがこれはあくまで世界においてどの場所に立ちどの場所を見つめて判断を下すかの問題であって、どちらが高尚であるか、どちらが善であるかとは別の事柄である。パスカルの実存性はつねに人々を魅了してきたが、それは彼が絶対の孤独のうちに神の前に立っているからである。ビリー・バッドもまた自らの善を自覚しないという意味で孤独である。彼らが孤独と手を切るなら、すぐさまその場所は絶対的恐怖（恐怖政治）へと変質する。その例をアーレントはロベスピエールに見ている(22)。

確率・統計がひらいた世界にあって、大審問官の位置を占めるのは人口統計の知であるといえるだろう。あるいは第八章で用いた対比でいうなら、これはベルヌイの知でもある。一人一人を集団の中の一員としてカウントすることで、平均的なよき生を数値に裏づけられたしかたで実現しようとする。中間的存在としての人間が必要とするのはこの世のよき統治であり、都市化と人口問題に直面した産業社会において、確率・統計はその不可欠な道具となった。一例が、次に見る年金と生命保険への確率・統計の応用であり、またそれを可能にした見方が、大数の法則の社会への適用であった。

そこで節を改め、こうした応用のあり方を見ていくことにする。

(21)　以上の議論を「政治」と関連づけて論じたのが、重田2015である。
(22)　この点については、重田2015を参照。

四　終身年金、生命保険、死亡表

初期の確率論について述べた著作の中で、必ず言及される事柄がある。それが一七世紀の年金に関する計算であり、とくにオランダのヤン・デ・ウィット Jan（Johan）de Witt（1625-1672）による年金計算とその実践である。ライデン大学に学び、共和国オランダの自由と知性の象徴とされるこの人物は、二〇年近くにわたって最高指導者として発展期のオランダを統治した。スピノザの知己であったデ・ウィットは、兄のコルネリスとともにオラニエ家の総督支配に対抗し、市民政治を行った[23]。数学に長けた人物で、三次にわたる英蘭戦争をはじめとする困難な政局の中で、戦費と国費の捻出のための財源の必要から年金販売による資金調達を試みた。

年金を財源とする政策はデ・ウィットがはじめたものではない。長い間、年金は国債と並んで国家（あるいは国庫）が資金を調達するための手段の一つであった。古代ローマのウルピアヌス（170?-228）が残した年金のための平均余命表はよく知られている。その計算根拠は不明なままであるが、この表は一七世紀にもまだ利用されていたという[24]。デ・ウィットの時代には、終身年金および複数人による年金である連生年金が主な商品であった。現在でも保険や年金には終身型と定期型があるが、終身年金とは、受取人があらかじめなんらかのやり方で掛金を払い、それに対して死ぬまで一定額の年金が支払われるタイプのものである。あとで述べるように、これらは生き残りをめぐる一種の賭けとして捉えられていた。

国家は掛金を財源として調達する代わりに、受取人が死ぬまで年金を支払うのであるから、当然ながら平均余命のデータが必要になる。そしてそこから適正な払込金額および年利、支払われる年金総額の見積りを算出しなければならない。デ・ウィットはそのための計算を行ったのである。また、優れた数学者でアムステルダム市長・オランダ東インド会社総督であったフッデ Johannes van Hudde（1628–1704）は、デ・ウィットと年金問題に関して数学上の意見を書面で交換した。彼らは年齢別の死亡率をどのように設定すべきかについて論争し、その中でフッデはデ・ウィットに自ら作成した死亡表を送った。[25] おそらく同じものが古典確率論においてパスカル－フェルマーと並んで重要な数学者ホイヘンス Christiaan Huygens（1629–1695）宛にも送られた。[26] ホイヘンスはこの二人の数学者－政治家から年金計算に関する数学上の意見を求められ、返答のためにさまざまな問題を解いた。また、デ・ウィットのこの問題についての論文も知られている。[27]

(23) 最後は怒り狂った民衆に兄ともども惨殺される。共和派の寛容によって生きる場所を見出していた「マラーノ」スピノザは、当時の民衆を「野蛮の極み ultimi barbarorum」として告発している。デ・ウィットの生涯については、Rowen, 2015 を参照。

(24) ウルピアヌスの平均余命表は、安藤洋美 2007, p. 222 にある。

(25) この死亡表は Société générale Néerlandaise… (1898), pp. 80–81, Le Bras 2000a, pp. 196–197 にある。

(26) ホイヘンスはデ・ウィットやフッデと同じライデン大学で学んだ。ル・ブラは「クリスティアン・ホイヘンスは生涯ずっと二番目の発見者であるという不運につきまとわれた」（*ibid.*, p. 169）と言っている。「サイコロ遊びにおける計算」はパスカルらの書簡の三年後に別の著者の本の付録として出されたが、そののち長い間確率論の標準的教科書として用いられた。真空ポンプをボイルの直後に製作し、ライプニッツが体系化した時期に無限小計算を熱心に研究した。彼は発明家としても優れ、振り子時計と望遠鏡を製作し、自ら天体を観測して土星の環を発見した。また、光の波動説を提唱し粒子説と対立した。

(27) 以上、デ・ウィット、フッデ、ホイヘンスについては、Hacking 1975, chap. 13 を参照。デ・ウィットの論考（De Witt 1671）は議会に提出された議案で、印刷されたパンフレットは行方不明と言われていたが、実はオランダで一七世紀以来広く読まれていたという（Le Bras, 2000a, p. 187, n. 1）。また、トドハンターが一八五二年に英訳されたと指摘している（Todhunter 1865, p. 614, 五〇三頁）。ル・ブラは英訳を一八五一年としているが、五二年の Hendriks 1852 である。

ル・ブラはデ・ウィットとフッデの計算を詳細に検討したあと、デ・ウィットの功績について次のように述べている。「観察データの直接の利用によって計算を行うやり方はデ・ウィット以来忘れ去られた。この方法は、三世紀後の一九五八年に、カプランとメイヤーの創設的論文に至ってやっと現れる。これは数学的確率を用いることで人口統計に頼らずにすます手法である。この手法は、より正確には、ペティあるいはのちのハレー、デパルシュー、ワルジャンタンのモデルとは次の点で異なる。ペティらのモデルでは、まず個別データを用いて年齢階層集団別の死亡表を作成し、次に年金計算や他の目的に死亡表を利用するというやり方をとる。デ・ウィットのモデルはこうした手続きを踏むかわりに、データからはじめて答えを得たいパラメータを算出するのである(28)」。死亡表経由の場合とは異なり、このやり方で直接に平均死亡年齢（これは死亡表とは異なる平均余命の捉え方である）が得られる。そのため死亡表も人口統計もなしでいきなり年金や保険の料率計算を行うことができるのである。

ル・ブラはこのことを、デ・ウィットが商業的、市場的な観点から年金を捉えていた証であるとする。つまりデ・ウィットは政治家だったが、アマチュアのペティより非政治家的あるいは商人的であったということになる。ペティの死亡表計算と政治算術が、国家のためのデータ収集と国家の力の測定を目指したのに対し、デ・ウィットの目的はもっぱら財政的な資金調達にあった。戦争という目前の必要に迫られていたデ・ウィットは、とにかく手っ取り早くしかし正確な年金計算を行うために目の前の個別データと格闘した。したがって、ここには生存と死亡に関するデータという同じ素材に関しての、二つの興味関心があることになる。一つは国家理性−ポリスからやってくる国家の力への関心であり、もう一つは保険会社の計算に見られる営利と商業と市場への関心である。

後者は一八世紀以降に保険が発達していく上で重要度が上がり、現代の保険産業にまでつながっていく。しかしその道は平坦ではなかった。次にこれを取り上げることにする。

生命保険に死亡表データが導入され、確率計算に基づいた料率計算が行われるようになるのはかなり後になってからである。また、火災保険や寡婦年金などにおいても、統計データは一八世紀半ばにも依然としてあまり重視されていなかった。すでに述べてきたとおり、そのころまでにはグラント（1662）、ハレー（1693）、ドパルシュー（1746）などの死亡表が知られていたにもかかわらずである。では、保険会社が当初統計データと数学の導入に無関心であった理由はどこにあるのか。

保険の中で最も歴史が古いと考えられるのは、海上保険である。古代地中海世界において、海は富をもたらす最大の源であったが、嵐に遭えば積荷はすべて無に帰した。そのため船主は「船舶抵当貸借 bottomry / prêt à la grosse」を結んで資金を集め、積荷を無事に荷揚げした場合にだけ貸主に利息をつけて資金を返済した。これが海上保険の源であるとされ、冒険貸借、また「デモステネスの契約」と呼ばれる。[29] ここに見られるように、海上保険は金銭貸借の一種であった。また、たとえば東ローマ帝国では一一世紀にすでに、資金集めのために国債を年金の形で発行していた。[30] いずれの場合も他の貸借と同様、金利に上限が設けられることが普通であった。

（28）　Le Bras 2000a. p. 194. なお、引用中の「数学的確率」は原文では「数学的統計」となっている。しかし同書 p. 182 以下を見ると、デ・ウィットが数学的確率（事前確率）の割当てから直接年金額を計算していることが分かる。したがって「数学的統計」は誤記であろう。

（29）　デモステネス Dēmosténēs（B.C.384?-B.C.322）の海上貸付に関する法廷弁論は第三二―三五番と第五六番の五編とされる。現在刊行中の『デモステネス弁論集』（1-4集が既刊。京都大学学術出版会）では未翻訳である。篠原陽一によるこれら五編の翻訳と解説が http://koekisi.web.fc2.com/index.html にある（二〇一七年九月二六日閲覧）。

（30）　安藤洋美 2007, 一一三頁。

一三世紀にグレゴリウス九世が多くの海上保険を禁じたことから、法学者の間で保険と高利貸しの違いについての論争が起こった[31]。ダストンによると、一六世紀半ばまでには、リスクを分けもつ者は利得を分けもつべきであるという議論が、法学者の間で標準的になっていた。こうした事例において、年金や保険はギャンブルと等しいものと見なされる一方で、たとえば海上保険については積荷の種類や季節、航路、船種、船長の評判、嵐などの予測、私掠船の情報などに応じて、法的なやり方で保険料に重みづけがなされた。つまり、リスクを含む事柄に共通の性質が認知されるとともに、それらを法学的思考の枠内で合理的に処理する技術が高まったということである[32]。

中世から近世まで知識人の多くは法学の素養があり、法曹界となんらかのつながりがあった。いまでいう自然科学系の学者でも、出身は法学という人物が大半である。一八世紀半ばごろからは数学・物理学に取って代わられる傾向にあるが（ビュフォンやダランベール。ただし二人とも一～三年の法学教育を受けている）、一九世紀に至っても知的世界の共通言語としての法学的思考の影響力は根強かった。保険の分野では独特の専門家集団の形成と相俟って、確率数学や統計データの利用とは異なるリスクの重みづけの方法が長い間使われつづけることになった。それは確率計算や死亡表のように公開されることはなく、専門知として保険数理士たちの中で受け継がれた。

一九世紀半ばの保険数理士が、自分たちは単なる計算機ではないとして、死亡表に基づいて機械的に保険料率を決定することを拒んだことが、Porter 1995 で指摘されている[33]。デ・ウィットとフッデの年金計算における論争でも問題になったのだが、保険会社や年金を売る当局が対象とするのは、つねに全体の中の特定の部分である。一七世紀オランダで終身年金や連生年金を買う人は限られており、また、保険会社が売る商品のうちあるタイプのものを買う人たちも、全体の代表ではなかった。そこに一般的な死亡率をあてはめることに専門家が抵抗するのは当然ともいえる。ましてや彼らは、顧客にとって魅力的でありながら確実に儲けを出せる商品を売りたいのである。

こうした抵抗感、そして法的重みづけという別種の合理化が根強く残ったことに加えて、確率そのものがギャンブルと結びついて捉えられたことが、保険を現在のような保障の仕組みとして普及させることを阻んでいた。パスカルとフェルマーによる確率のはじまりにおいて、彼らは賭けの例を用いた。カルダノの著作はサイコロ賭博に関わるもので、彼は賭博士を自認していた。

パスカルとフェルマーはキリスト教道徳に反することから、賭けを議論の題材にすることに躊躇した。しかし彼らはこれを公正の問題として取り上げ、偶然ゲームのような取るに足りない事柄においてさえ、神に与えられた理性を用いて正しい解答を得られることを証明したことで満足したようである。ダストンはこれについて、賭けが公正の問題として取り上げられたことから、初期の確率論では確率より期待値に注目が集まったと指摘している。そのことによって、確率はすぐには統計データと結びつけられず、年金においても保険においても、保険者と受取人にとっての期待値が関心の中心となった。ダストンはこれを、たとえばハレーのような数学者が確率計算に基づく死亡表を公表したあとにも、保険や年金にそれを利用しようとする動きが鈍かった理由の一つとしている。

ではどのようにして、確率・統計、あるいは死亡表に基づく死亡率が生命保険に利用されるようになったのか。

（31）　Daston 1987, p. 238.

（32）　保険は現在でも法的には「射倖契約 aleatory contract」の一つである。偶然の事象によって金銭が動くため、告知義務などが課される。近代以前のヨーロッパ法学における証言と証拠の重みづけについての議論は、『監獄の誕生』第一部第二章で紹介されている。

（33）　Porter 1995, chap. 5.

ダストンは、そこに「保険」をめぐる価値転換が必要であったとする。すでに述べたとおり、確率数学はチャンスゲーム、とくにサイコロ遊びやコイン投げと結びついて出現した。そのため確率は、長い間ギャンブルと切っても切れないものとして捉えられてきた。デ・ウィットが試みたような確率計算を用いた年金制度も利用者にとってはある種の投資あるいは投機であった。海上保険や火災保険も、たとえば宝くじや有名人の死亡時期を当てる賭けと似たものと認識された。フランスを震撼させたミシシッピ・バブルの仕掛人ジョン・ローは、宝くじにはずれた人向けの保険を売っていたという。確率と保険とリスクは、胎動しつつあった国民経済の中に貨幣（とくに紙幣）が実験的なしかたで入り込み、多くのバブルを生んだ時代に、投機や危険な金儲けの一種であると考えられたのである。

転機となったのは、ギャンブル―確率―保険のうち、確率と保険がギャンブルから切り離されたことであった。人間の生にはリスクがあり、それに備えなければならない。しかしそれは賭博者をモデルとする一か八かの賭けではなく、堅実な人生設計のために必要な装置である。賭けから保険へのこうした価値転換は、生命保険を人の命に対するギャンブルではなく、一家の主の家族への責任として再規定することで可能となった。ダストンによるなら、フランスでは革命期にも依然として、年金、トンチン年金、火災保険はチャンスゲームと同じ括りで捉えられていたが、イギリスでは一七六四年と一七七四年のいわゆる「賭博条令」において、合法的な保険とギャンブルとの区別が試みられた(34)。そしてこうした切り離しによる保険の新たな価値づけとその成功例として、一七六二年創業のエクイタブル保険会社が、徐々に死亡表を用いた保険会社になっていった事例を紹介している。なお、エクイタブルへの確率・統計の導入には、リチャード・プライス（第九章注22）が重要な役割を果たした。

確率・統計と保険との結びつきは、死亡表のような人口統計上の発明が社会的実践や制度へと適用され、ある種の統治のテクニックとして用いられていく事例である。そこに「家族の価値」や「家長の役割」といった意味づけが関わっていたことは、家族史や社会史の観点からも興味深いテーマとなるだろう。こうしたモラルや価値観の問題は近代統治について考える際欠くことができないものだが、もう一つ、きわめて重要なテーマが残されている。それは、認識論的な意味での社会の確率・統計的な把握といえるものだ。やや観念的な話題であるが、確率・統計と統治を結びつけるにあたり、どのような社会イメージが必要とされたかを知るために、これについて見ておくことにする。

五　社会の統計学的概念化

コイン投げとサイコロは確率論の黎明期以来、結果の単純さと運任せゲームとしての典型性から、しばしば確率計算のモデルとして用いられてきた。確率・統計において、結果が二通りしかない、つまり表か裏しかないコイン投げのような試行を「ベルヌイ試行」と呼ぶ。サイコロで6の目が出る場合の例も、成功／失敗の二分法で理解するならベルヌイ試行の一種である。こうした試行を一回行ったときの結果の分布をベルヌイ分布と呼ぶ。たとえばコインを一回投げて表が出る確率が従う分布がベルヌイ分布である。

二項分布 binominal distribution はこれを少し複雑にしたものである。ベルヌイ試行において、n回の試行を行ったときの成功／失敗の回数の分布である。たとえばコインを一〇〇回投げた場合に表が出る回数の確率分布が二項分布である。一〇〇回投げて五二回表が出て四八回裏が出る場合もあれば、表が三〇回で裏が七〇回の場合も非常にまれだがあるだろう。どの組合せがどのくらいしばしば生じるか、あるいはどのくらい稀かを示す分

(34)　Daston 1987, pp. 248-249.

布が二項分布である。試行を重ねていくと、コインの例なら五〇回付近が頂点の釣鐘状の分布（ベルカーブ）になることが推測される。

これらの試行や分布の名称は、ヤコブ・ベルヌイ Jakob Bernoulli（1654-1705）[35]にちなんだものである。統計学の入門書には、このほかにも正規分布、ポワソン分布、幾何分布、コーシー分布などさまざまな分布が登場する。また、確率・統計の歴史の中で幾多の天才たちが織りなしてきたドラマをたどっていくとこれもきりがない。これとは別に、日常の信念が確率を根拠として揺るがされる事例（たとえばがん検診で要精密検査となったときに実際にがんである可能性）など、確率・統計が示す知見は読み物としても魅力的である。

しかしここでは、こうしたしばしば見られるアプローチのどれも採用しないことにする。代わりに、確率・統計と社会認識との関係を示すトピックにしぼって論を進める。その中で、右に述べた二項分布から大数の法則が示されるプロセス、あるいは天体観測における誤差曲線が人間の分布へと適用されるプロセスを取り上げることにする。

これは社会哲学の歴史において非常に重要で影響力の大きい出来事である。しかしハッキングやポーター、ダストンのような科学史家で確率・統計を扱う人たち以外には、それほど注目されてこなかった。私自身、かつて『フーコーの穴――統計学と統治の現在』（重田 2003a）の第一章でこのテーマを取り上げた。しかしその後は議論を深めてこなかった上、どこか別の場所で盛り上がっているということもなさそうである。そこでこの話題を再度取り上げ、新たな統治性と確率・統計の関係のうちに位置づけたいと思う。

先に着眼点を述べておくと、ここで注目するのは、人間の集団あるいは共同体や社会なるものを、人々がどのように捉えるかである。言い換えると、確率・統計がもたらした新しい社会の見方とその影響力を見定めることである。それは、かつてハッキング『偶然を飼いならす』の第一五、一六章のタイトルにある conception という語を、「概念化」と訳した際に私自身が考えていたことである。社会を特定のしかたで概念化する、つまり社会とはこういうものだという考えを概念として定式化することは、確率・統計の展開によってそれまでなかった形で可能となった。それがどういう形あるいはイメージだったのかを考えたい。なお、取り上げる時代がフーコーの統治性研究よりもややあとの一九世紀半ばに至るが、ここで描くことは本章で論じてきた確率の誕生から連続する認識の転換の歴史である。

誤差曲線（正規分布）と大数の法則は数学上つながっている。二項分布において試行が無限回となる場合、つまり大数の法則の要件を満たす場合、その分布は正規分布となる（これを二項分布の極限は正規分布となる、とも表現する）。正規分布と大数の法則にはいくつかの重要な思想家が関わるが、これらが社会イメージの転換に果たした役割を体現する人物として、主にアドルフ・ケトレ Lambert Adolphe Jacques Quetelet（1796-1874）[36]を取り上げる。

まずは誤差曲線の歴史を簡単に述べておく。[37]これが発見・命名された経緯は次のとおりである。はじめにド・モワブル Abraham de Moivre（1667-1754）が一七三〇年代に、二項分布の極限として確率論に導入した。Por-

(35) ヤコブ・ベルヌイはスイス、バーゼルのベルヌイ家に生まれ、同家の数学的伝統の創始者となった。大数の法則の一形態を述べた「ベルヌイの定理」については、二〇年間思索をめぐらしてきたと『推論法』で書いている。バーゼル大学で数学と力学を教え、ライプニッツと文通した。接種の論文を書いたダニエル（第八章注10）は弟ヨハンの子。このヨハンは兄と息子のいずれとも学問上の確執を引き起こした。

(36) ケトレはベルギー生まれで、天文学から出発した統計学者である。「社会物理学」を標榜し、社会学の祖の一人ともいえる。平均が彼の思想のアルファにしてオメガで、「平均人」を半ば神格化したことでも知られる。ブリュッセル天文台を創設しそこで天体観測を行うかたわら、統計の政府部局および国際組織設立に関わった。

ter 1986によると、この発見が注目されたのは、ラプラスPierre-Simon Laplace（1749–1827）がこの曲線を、得られた統計的結果から原因を推測すること（事後確率）へと応用しはじめてからである。事後確率（ア・ポステリオリな確率）は、たとえば天体の位置についてある観測値が得られた場合に、それが真の値から隔たっている度合いの確率を求めるといったやり方で、データから真値に接近するための確率である。したがって、順列組合せをカウントすることで得られる数学的確率（アプリオリな確率、事前確率）をもとにデータに接近する場合とは逆の方向を取る。[38]

一五世紀末の天体望遠鏡の発明以来、天体観測に基づいて星々の位置と動きの正確なデータを得ることは、天体物理学にとって最も重要な事柄の一つであった。どんな優れた数学者でもデータを欠いていては計算も予測もできない。そのため天文学者たちは、時期も場所も観測者も異なるさまざまな観測値について、それを解析し、そこから星の真なる位置や動きを突きとめる方法を模索した。そのなかで、ばらつきのある観測値データを最もよくまとめるための曲線を得る方法が議論された。そのための数学である「最小二乗法」（個々の観測値からの偏差の二乗和が最小となる曲線を選択する方法）は、ルジャンドルAdrien-Marie Legendre（1752–1833）によって一八〇五年に最初に発表されたが、ガウスJohan Carl Friedrich Gauß（1777–1855）がすでに自分が使ってきた方法であるとして、これを確率論と結びつける形で定式化した。ガウスの功績から、この確率分布である正規分布はガウス分布とも呼ばれる。

このあとも誤差曲線はさまざまな事例や領域に応用されるが、それはあくまで誤差、つまり観測における感知できない誤りや人間の知性上の限界など、観察者の側の不完全性や能力不足に関係づけられた。つまり、自然の法則は万物に妥当するのだが、人の無知や能力の限界によってそれを完全には知りえないとき、誤差曲線が近似の値を与えてくれるという理解である。

最小二乗法を用いることで天体の真の位置を探ることは天文学者の標準的な手法となり、多くの教科書や解説書が現れた。パリで天文学を学びこの手法に親しんでいたケトレは、これを統計学に広く応用することを構想する。ポーターはケトレの出自が当時統計学者に多かったアマチュアの数字好きや医者とは異なり、天文学と数学にあったこととの影響を強調している。[39] ケトレははじめから、社会事象に数学や天体物理学の法則を適用しようという強い意図をもって統計学に関わったのである。

一方で、大数の法則の歴史はヤコブ・ベルヌイによる、壺からの玉の取り出しの確率計算にはじまる。『推論法 Ars Conjectandi』（Bernoulli 1713）でベルヌイが行ったのは、個数比があらかじめ分かっている白玉と黒玉が入っている壺から玉を一個ずつ復元抽出するという例である。この場合に、出てくる玉の色と順番は一回一回異なるであろう。だが、何度も試行をくり返すと、出てくる玉の数の割合は壺に入っている割合にだんだんと近づいてくる。[40]

（37）ド・モワブルはシャンパーニュ地方ヴィトリのカルヴァン派の家に生まれた。ナントの勅令廃止によって捕えられ、イギリスに亡命し、フランスに戻ることはなかった。かの地で貧困と戦いながら確率や微積分の研究を行い、『偶然の教義』（1718）を出版した。

（38）誤差曲線と大数の法則に関して、確率論はかなりの部分をラプラスに負っている。『確率の哲学的試論』（1812）は古典確率論を完成するとともに、大数の法則や主観確率論につながる考えが含まれている。「ラプラスの魔」で有名であるが、これは完全な「知性 intelligence」を指したもので悪魔ではない。あらゆる細部と過去と未来を把握するこの知性によるなら、すべての事柄は原因が確定される。しかし人間の知性には限界があるため、確率的な知が必要となる。この意味ではラプラスは世界の存在に関しては「決定論者」で、確率つまり不確定性は、世界についての人間の知識の欠如に由来していることになる。

（39）Porter 1986, chap. 2.

ベルヌイはここから、もとの個数比が分かっていない場合に話を進める。彼はさきほどの逆を想定し、試行をくり返して出てきた玉の数の比は、壷に入っている玉の数の比に近づくであろうとする。以上の推論をさらに進めたのがポワソン Siméon-Denis Poisson（1781–1840）である。[41]「大数の法則に関する注」（Poisson 1836）において、ポワソンは次のように述べている。

「この一般的な法則をジャック〔＝ヤコブ―引用者〕・ベルヌイの見事な定理と混同してはならない。……ベルヌイの定理によると、ある出来事の生起は長い試行の末にはその確率に近くなる。ここでは、チャンスが不変の場合が想定されていることを忘れてはならない。だが、逆に物理現象や道徳的〔社会的に近い―引用者〕事象のチャンスは、たいていの場合なんの規則性もなく、しばしば大きな振幅で変化しつづける。しかしこうした場合であっても、観察をつづければそれぞれの出来事は試行の全体数に対してかなりの程度不変なのである。観察回数がきわめて大きくなり、だんだんと無限大へと近づいていくなら、出来事の生起は徐々に一点に集中していく」[42]。ポワソンは壷と玉の限界を大きく踏み越えて、広い範囲の自然や社会の現象に大数の法則が妥当すると主張しているのである。

誤差曲線と大数の法則が重ね合わされながら人間へと適用される例として、ここではケトレの一八四五年の論文（Quetelet 1845）を参照する。ケトレはこの論文の第一部で、人口統計の中にある恒常因（男女の出生比など）、変動因（季節変化や小麦価格など）、偶然因のそれぞれを腑分けする方法について述べている。つづく第二部で、これらの原因についてより詳細に調べるとして、壷からの玉の取り出しからはじめて確率を用いたデータ分析の手法を示している。

彼はまず、ベルヌイの玉の比率が分かっているケースを、チャンスが知られている事例として取り上げる。そして、玉を壷から一個ずつ取り出す場合から一三個ずつ取り出す場合までを挙げ、それぞれの白玉と黒玉の比の数学的確率を特定の個数比が現れるであろう回数（組合せ論から導き出される事前確率）として表に示す。そしてこの理論的な数値を、玉の比率が不明な場合の抽出実験の結果と比較対照し、大数の法則がどの程度の試行回数で安定的に示せるかを考察する。

次にケトレは、「チャンスの数が無限の場合」として、壺の中に玉が無限にあり、したがって白玉と黒玉の組合せも無限通りある場合に話を進める。これは彼にとっては「自然」つまり人間社会をも含む経験的世界と同じである。これについて考える際、まずケトレは壺の例に戻り、一回の玉の取り出し個数が非常に多い場合を挙げ、その場合にある範囲に数値が収まる可能性を組合せ論によって示す。たとえば玉の割合が一対一で九九九個を一度に取り出す場合、白と黒の比が五七九対四二〇である可能性は一千万回に一回であるという。そのためそれより差が大きくなるケースは無視できるであろう。ここまででケトレは、数式を全く使わずに大量の母集団の中から大量回の試行を行う際の数学的確率が正規分布に近づくこと、またそれが壺の例以外の多様な場面に適用できることを示唆している。

次に彼は、人間の身長計測に話題を移す。同じ人の身長をくり返し計測する場合のデータ分布を天体の観測誤

（40）　ベルヌイの『推論法』での証明は数学的なもので、玉の比が分かっている場合（たとえば三対二）に特定回数の試行（たとえば二万五五五〇回）をくり返したとき、ある割合（たとえば二九／五〇から三一／五〇の間）で白玉が出てくる回数がどのくらいか（九九九／一〇〇〇）の計算式として示されている（Jacob Bernoulli 1713, pp. 228–239. 解説は Todhunter 1865, pp. 72–73, 七七―七八頁）。

（41）　トドハンターはここでのポワソンの数学上の展開はすべてラプラスによってすでに示されていたとし、ポワソンの役割はラプラスの議論を一般化し、また分かりやすく明快に提示したことにあるとしている（*ibid.*, p. 561, 四四四頁）。

（42）　Poisson 1836, p. 378.

差の分布と比較し、身長計測が、観察科学の中で最も厳密な天体観測と、データのばらつきの特性の点では同じであると主張する。ここで、天体と人間、天文学と統計学の相同性が主張されているのである。その次に彼が出す例が、有名なスコットランド人兵士の胸囲を計測した五七三八個のデータである。この例を用いて、ケトレは多くの人間についての測定値のばらつきもまた、一人を計測した際のばらつきと同じ特性をもつことを示す。この同一視を延長することで、ケトレは多くの人間の測定値の分布が天体の観測誤差と同じ特性を示すと推測する。これをもっと遡ると、壷に入っている玉の比が分かっているときの取り出された玉のばらつきのデータと多くの人間の計測結果とが同じ特性をもつことになる。

このようにして、ケトレは単純な例と表だけを用いて、あらかじめ数の比が分かっている場合の玉の取り出しから多くの人間を測定したデータまでが、一連の同じ特性をもつデータ群であることを示した。ここでケトレは、事象の経験的な相対頻度が大数の法則によって組合せ論的な確率（数学的確率）に収束していくことだけでなく、天体の観測誤差に関わるデータの分布と、多くの兵士の身体計測の結果のデータ分布とを同じように分析できることを示したのである。

つまり、コイン投げやサイコロ遊びのような単純なチャンスゲームを例にはじまった確率計算は、あらかじめ数の比が分かっている壷からの復元抽出、数の比が分かっていない場合の復元抽出、さらには壷に無限個の比率不明の玉が入っている場合の復元抽出を経て、自然界や人間の属性へと広く応用されるようになった。ケトレにおいては、こうした確率論の対象の拡張は、天体の観測誤差に適用される規則を観測者の側の「誤差」から、測定対象である兵士の胸囲という人間集団の「ばらつき」へと拡張することを意味した。

つまりケトレは、この世界のさまざまな事柄について、同じ種類の事象を大量に集めることができたなら、データを増やしていくほどそこには規則性が表れ、正規分布に近づいていくであろうことを示唆したのである。ケトレはこうした特性を、身体的指標に限らず、当時道徳的と呼ばれた人間集団に関連する多くの事柄のうちに見出した。自殺も犯罪も確率・統計によって把握され、それらの事象の未来の生起を予測可能だと考えたのである。社会はその集団性自体のうちに、壷の中の玉の割合に類比される変化しにくい特性をもっている。個別のデータや事例はその発現であり、くり返し観察することによって背後にある社会の特性に遡ることができるというのである。

ケトレの平均と正規性への偏愛は、あとにつづく統計学者たちによって修正され、平均とは異なる代表値、また正規分布とは異なるさまざまな分布、またデータの偏りやばらつきを測定する尺度が開発されていく。しかし、コイン投げというギャンブルにおける賭け金の分配という限定された事例から、大量観察に基づく自然および社会の多くの現象に確率論に裏づけられた統計が適用されるという流れは不可逆のものとなった。ここでケトレやポワソンが生み出した社会の見方、つまり社会の新しい概念化の方法は、統計学という装置を使うことで人口学と合流する。そこでは一人が一データとしてカウントされ、集積されて大数を構成し、全体を支配する規則を示すのに貢献する。

人間が人口になるとはどういうことなのか。この内実は、確率論のはじまりから大数の法則と誤差曲線の人間社会への適用に至る一連の過程によって、人口学の誕生とは別の経路で確認される。伝染病との関連で重視されるようになった死亡表から人口学に至る道程と、中断されたギャンブルにおける賭け金の公平な分配における確率の誕生からケトレの統計学への道程は、データ、表、確率の適用をとおして一つになり、人間を人口として客観化しつつ掌握し、その管理を行うことを可能にした。

補章　ベルヌイ―ダランベール問題の迷宮

一　問題の所在

第八章二で、ダニエル・ベルヌイとダランベールの接種に関する論争を取り上げ、両者の主張を人口の集合的リスクと個人の選択との対立として捉えた。この捉え方はル・ブラによるものだが、古くはトドハンター『確率論史』以来これに似た指摘があり、とくに新奇なものではない(1)。だが、ベルヌイとダランベールの議論には、人口の誕生を扱う本書の論旨にも沿うこうしたシンプルな理解をはみ出す複雑な背景がある。本書のテーマからやや外れるが、当時の世界の見方、科学の方法をめぐる議論、また王立科学アカデミーの政治性や党派対立にも関係する科学史的な背景について、補足として取り上げておく。

一九八〇年前後から、二人の論争のうちとくにダランベールの立場に注目する議論がさかんになっている。これはおそらく、フランスのみならず英語圏・ドイツ語圏を含む科学史研究において、確率の思想史への関心が高まってきたことと関係している。そのなかで、一方で確率の数学的・哲学的な基礎についての議論の展開、他方で当時の王立科学アカデミーにおける科学観や政治との関連のうちに、ベルヌイとダランベールの論争を位置づける研究が行われてきた(2)。

（1）　Brian 1994a, p. 124, Rohrbasser 2011, 42para にも同様の指摘がある。

まず、ダランベールの議論が多面的で、個人対集団という整理には収まらないという点から入る。ダランベールはたしかに、ル・ブラが指摘するように個人の選択という観点からベルヌイに反論した。しかし彼の批判はそれにとどまるものではない。論文の後ろの方で、ダランベールは「物理的生」「現実的生」「市民的生」（vie physique / réelle / civile）を区別している。文字通り人が生きている間、つまり生まれて死ぬまでのすべての期間が物理的生である。これに対して、現代でいう「健康寿命」、健康に生きられる期間は現実的生と呼ばれる。最後の市民的生は、「国家に対する人間の有益性」「国家にとって現実に生きている期間」を指す(3)。ダランベールは後二者の重要性に注意を促している。ここから、ダランベールが必ずしも国家に対する個人の自由の擁護という観点でのみ接種の問題を捉えているわけではないことが分かる。では、彼はどのような発想でベルヌイを批判しているのだろうか。

ダランベールの知的背景、あるいは彼の科学観を見ていくことで、ベルヌイとの対立点が明確になると思われる。隠岐 2010, 2011 によると、当時の王立科学アカデミーでは、ビュフォン派とダランベール派が対立していた。これはフィロゾーフ対既成の学問という対立とは異なった文脈で理解されるべき事柄で、それぞれの科学観と強く結びついた「科学の方法」をめぐる対立であった。そしてその一つの争点が、確率・統計の位置づけだったのである。

また Daston 1979, 1988 によると、フィロゾーフが「守旧勢力」に対して仕掛けた論争はいくつもあるが、そのなかで「接種はフランスの大衆的言論のお気に入りのテーマとなっており、社会的知的自由主義のシンボルにさえなっていた(4)」。ヴォルテールやディドロにおいて、接種に懐疑的な見方は古い宗教的迷信と結びつけて捉えられていた。逆に接種に賛成することは、新しい科学的実験精神、自由の精神の表れのように見えた。こうしたなかで、フィロゾーフの旗手として知られたダランベールが接種擁護論への疑念を表明したのである。これはダランベールのディドロやヴォルテールとの距離を露呈させる事件であった。しかも論争相手は、ヨーロッパ随一の数学的天才家系の出身で、実父にさえ嫉妬される才能の持ち主ダニエル・ベルヌイである。

二　惑星軌道は神の摂理か

すでに話が複雑になってきたので、先にベルヌイの科学観を取り上げよう。私の以下の立論は推測の域を出ない。というのは、ベルヌイの接種をめぐる議論と彼の確率・統計理解との関係、たとえば期待値を主観確率の発想から捉え直したといえるか、あるいは自然現象と社会事象の線引きやそれらと数学との関係についての彼の基本的な立場を検討する先行研究を見つけることができなかったからである。そのため、ベルヌイの数学的議論の詳細に立ち入り、その数学観、哲学観、科学観を取り出すことは難しい。そこで以下ではダランベールとの対比を通じて、ベルヌイにおける確率の位置を簡単に示すことにする。

ベルヌイとダランベールは当時の王立科学アカデミーにおいて数学上の好敵手であった。彼らはいくつかの事柄で意見を異にしていた。広く知られているのは、太陽系の惑星の配置について、聖ペテルブルク問題、そして接種の是非についての議論の三つで、いずれも確率数学の経験的事象への適用に関わっている。ただし、最初の

（2）　はじまりはDaston 1979であろう。その後の研究については、Brian 1996, p. 163, n. 2および隠岐2010を参照。また先駆的業績として、Arnold Rowbatham 'The *philosophes* and the propaganda for inoculation of smallpox in eighteenth-century France,' in *University of California Publications in Modern Philology*, 18-4, 1935, pp. 265-290がある。

（3）　d'Alembert 1760-1761, p. 85.

（4）　Daston 1979, p. 272, 1988, p. 85.

ものは天体物理学、二番目は賭けの確率、三番目は人間的社会的事象とそれぞれ領域を異にしている。これらすべてに二人の数学者の立場の違いが示されていて興味深い。

ベルヌイは一七三四年に王立科学アカデミーの論題に答えて、『物理学天文学研究』（Bernoulli 1735）を提出した。このなかで彼は、太陽系の惑星の動きを検討し、それらの軌道がほぼ同一平面上にあり、同じ向きに回転していることから、軌道がランダムに決まっているとは考えにくいと指摘した。ここでベルヌイは確率を用いた論証を試みている。彼は、惑星それぞれの軌道は同一平面から微妙にずれているが、ずれが微小であることに着目し、それが現実に観察されている範囲内に収まる確率を計算した。そして、ずれに特定の原因がなくランダムに生じたとすると、現在の軌道に収まる確率は10^{-6}以下であるという計算結果を示し、惑星軌道を規定する単一の原因が存在すると推測している[5]。ベルヌイのここでの主張は、表ばかりが出るコイン投げの結果からコインに偏りがあるとする推測に似ている。

これは、事象のランダムネスの度合いを測定することによって背後に特定の原因があるかどうかを推測する、つまり確率から因果を推定するという手法である。この手法はチャンスゲームにおける期待値計算、あるいは因果が不明である場合にそれに代わる規則性の追求としての確率を認める立場をとる人々の間でも、その応用に関して長い間議論されてきた事柄である。その推論の技法が、確率から因果への飛躍を伴っているからである[6]。

ダランベールは惑星の配置の事例については、ベルヌイの推論を次のように批判している。それは、ある事態の起こりやすさに関して同程度の確率しかもたないもののうちの一つを、特別な起こりやすさであるかのように錯覚する誤謬を犯している。たとえば、惑星同士の太陽周回軌道はわずかにずれている。そのずれがほんの少し現実と異なったある特定の配置についても、その確率は現在の配置と同程度に稀であると計算されるだろう。「数学的にいうなら、全く秩序も特異性も見出せない他のどの組合せも、同程度に起こりうる」[7]。そう考えると、現在起こっていることの稀さの度合いの測定は、一見するほど簡単ではないことが分かってくる。ただしここでダランベールは、「数学的に」考えた場合、つまり確率計算を単純に適用した場合と、「物理的に」考えた場合とを分けている。惑星軌道について物理的観点から考察することは当然で、その場合あらゆる配置が同じ可能性をもつとは考えられないとしている。つまり物理的には、現に見られる軌道に特定の原因を見出すベルヌイの推論の合理性を示唆している。[8] [9]

この話は確率の哲学をめぐるややこしい話に関係しているが、大数の法則の展開以降のこうした問題の処理に言及するときりがない上、そもそも統治というテーマとあまりにかけ離れてしまう。そのためここではいくつか論点を提示するにとどめる。

たとえば先ほど挙げた例であれば、ここで問題になっていることは、コイン投げと惑星の軌道を似たものとして考えてよいかに関係している。コイン投げの場合は基礎にある可能性が二通り（オモテかウラか）しかないと

（5） Bernoulli 1735, pp. 3-7.

（6） 原因に関する確率の議論は、ランダムネスの度合いを測る確率数学を洗練させる一つの契機となった。これはダランベールからコンドルセおよびラプラスへの確率の解析理論の展開過程に関わるとともに、一九世紀にケトレへの批判から出てきたドイツ統計学の進展とも関係している。後者については重田 2003a, 第一章を参照。

（7） d'Alembert 1767, p. 459.

（8） ダランベールの「数学的」と「物理的」の対比については注意が必要であろう。隠岐 2010, 2011, 第四章を参照。ただしここでの引用の文脈では、物理的は自然的あるいは現実世界を指し、数学的は理論的あるいは原理的といった意味で用いられている。

（9） d'Alembert 1767, pp. 460-461 を参照。また両者の対比については、Paty 2005, pp. 30-31 を参照。

分かっているが、惑星の配置の場合はそうではない。その場合に現に観察できるある特定の配置と運行軌道をどのように評価するかはコイン投げの場合とは異なる。

また、第一〇章で取り上げた天体の観測誤差の場合とも前提が異なる。観測誤差の例では、天体の正しい位置は物理的には一つだけ存在することがあらかじめ分かっている（あるいはそのように想定されている）。しかし、惑星軌道の場合は、それらを決定する単一原因があるかどうかが不明である。

さらに決定的に重要な違いとして次の点がある。コイン投げや観測誤差の場合には、試行が何度もくり返される。つまり大数の法則の条件を満たす形で確率が計算される。これに対して惑星軌道の場合には、現に存在するただ一つの配置だけからその確率を推測するという、前提次第でさまざまな結果を生み出す条件となっている。

原因の推測と関連して、惑星をめぐる議論には、宇宙の調和的配置に神の摂理を見る、第八章で取り上げた自然神学的な思考と共通したところがある。イアン・ハッキングは「神によるデザイン」という主張を展開したデラムがアーバスノットの推論を援用して、「世界はあらゆる点で明らかにうまく配置されているので、複雑な一個の時計仕掛けのように職人を必要とすることが論証される」[10]と主張したことを、当時の自然神学的思考の一例として挙げている。これは、惑星の配置がランダムに決まったにしてはうまく出来すぎているから、なんらかの共通する原因から生じたに違いないという議論に、その原因として神の思慮と介入を付け加えることで成り立つ[11]。

ベルヌイがイギリス流の神の摂理の議論にどの程度なじんでいたかは分からない。しかし、たとえば王立科学アカデミー内でのビュフォンの立ち位置に関して、こと確率数学については、ビュフォンにイギリスの自然神学者たちと似通った関心、つまり自然神学的な傾向が見られるとの指摘がある[12]。そしてダランベールと対立したベルヌイは、アカデミー内の政治においてはビュフォンに近い立場にあった。また、ベルヌイ家の出自がアントワープの新教徒であることも考慮すべきであろう。彼の祖先はスペイン支配による新教徒迫害から逃れるためフランクフルトに移住し、ついでスイスのバーゼルに移った。そして自然神学的議論は、当時のプロテスタント諸国で広く受け入れられていたのである。

三　聖ペテルブルクのパラドクス

次に聖ペテルブルク問題へのベルヌイの解答を見ておこう。聖ペテルブルク問題は聖ペテルブルクのパラドクスともいわれる、賭けをめぐる背理の一つである。このパラドクスは、ベルヌイの論文によるとダニエルのいとこのニコラウス・ベルヌイがモンモールに出した五つの問題のうちの一つである。(13) ダニエル・ベルヌイは賭け金が無限大になっても賭けに参加すべきであるという結果をもたらすパラドクス（期待値が発散する例）を解く際、追加の賞金を得られることによる効用が逓減するという仮説を利用した。つまり、一八七〇年代の限界革命に一四〇年先駆けて、限界効用逓減則を数学的に示したのである。この論文（Bernoulli 1738）は数理経済学の世界では、カール・メンガー Carl Menger の息子のカール・メンガー Karl Menger に見出されるまで埋もれていたが、その先駆性と完成度が現在では高く評価されている。ベルヌイはこの論文の中で、金持ちと貧乏人が同じ賭け金を払う際のダメージの度合い、また賞金が得られることによる満足の度合いの違いを問題にした。彼は限界効用

（10）Hacking 1975, p. 169, 二八七頁。
（11）ハッキングはまた、神の摂理の議論をハッキング自身が提起した「逆ギャンブラーの誤謬」説と関連づけている（Hacking 1987）。
（12）隠岐 2010, 一五四頁。
（13）Bernoulli 1738, p. 31.

逓減を示すグラフで、効用の増分がだんだんと減少していく様子を図示した。さらにこのことを、船舶の保険金と補償額との関係をめぐる計算に応用し、持ち金がいくらある場合にいくらまでの保険金ならば保険に入るべきかを試算した。ここでベルヌイが賭けと保険を同じ枠で捉えているのは、第一〇章で挙げたダストンの指摘からしても、この時代には自然なことであった。

一方、ダランベールは聖ペテルブルク問題を、『百科全書』の「オモテかウラか croix ou pile」の項目で検討している。(14) 彼は、数学上は賭け金が無限になっても賭けるべきとなる計算結果を示した上で、「しかし、誰もこの賭けにある程度以上の金額を賭ける人はいないだろう」(15)とする。そして期待値が実際には有限であることを、永久にゲームがつづくというありえない仮定を除去することによって示した。(16) また彼は、持ち金が同等ではない場合にそれを考慮すべきであるというベルヌイと同じ論点も挙げている。これらの指摘を通じてダランベールは、期待値計算の難しさ、あるいは「状況の多様性から、〔期待値―引用者〕計算がほぼ不可能であること」(17)を結論している。これはベルヌイが期待値の問題から条件別の効用の数学的な定式化としての限界効用逓減則へと向かったのとは対照的である。

以上の検討から明らかになるのは、ダランベールの慎重さとは異なり、ベルヌイが確率数学を自然、社会、そして個人の意思決定に至るさまざまな領域に応用することに意欲をもっていたという点だ。接種の正当化も、確率数学の応用範囲を広げることで明らかになる知見の学術的価値の高さを示すためになされたと考えられる。その意味で、ベルヌイは確率数学に高い地位を与えることを目論んでおり、物理現象や賭けの計算のみならずさまざまな人間・社会事象へと数学を適用することに積極的であった。

四　接種の判断基準

ベルヌイは当時の死亡表が不完全で、接種による死亡と天然痘による死亡との比較が必ずしも信頼の置ける数値に基づいていないことを自覚していた。「この比率〔天然痘による死亡が年齢に関係なく八人に一人の割合であるという比率―引用者〕が正確であると言うつもりはない[18]」。だがこうした悪条件の下でもなお、数値に基づいて確率数学を物理的および政治社会的な領域に応用する方法を開発することはできる。その可能性を示すと同時に人々に計算ぬきに行われるよりも正しい推論をもたらすために、数学者は計算結果を公表すべきなのだ。

一方のダランベールはどうだろう。隠岐によると、王立科学アカデミー内での彼の立場は「解析派」であったが、これは確率の自然や社会への適用についての懐疑的態度と結びついていた。「ダランベールにとって確実性は蓋然性とはかけ離れた概念であり、ちょうど幾何学の証明のように、あくまでも論理的演繹を介した明証性からのみ派生するものであった……。また、それが不可能なら数学的な手法は諦め、観察に留まるべきだと彼は考えており、計算により蓋然性を数量的に表現するという発想とは根本から相いれなかった。これは彼が蓋然性を「部分的な確実性」というよりも偶然（chance）を前提とするものとみなしていたことにもよる。……ダランベ

(14) d'Alembert 1754. また Brian 1994b, Daston 1979, pp. 264–267, Paty 2005, pp. 32–43 を参照。
(15) d'Alembert 1754, p. 513a.
(16) 期待値とリスクがともに無限である賭けが現実にはありえないことが論拠とされている。
(17) *ibid.*, p. 513b
(18) Bernoulli 1760, p. 6.

ールの学問観においてデカルト的な数学的明証性で扱いうる対象とそれ以外の対象は、犯しがたい秩序を持って分かれていたのである。そこで、「推論の術」（art de conjecturer）たる確率論は、賭け事やゲームのようにルールや論理の明確な対象に向けた計算の次元に留まるべきとみなされており、人間の寿命や死亡、保険、年金に関わる問題など、道徳的・社会的対象へと適用することには強い懐疑が示されていた」[19]。

したがって、ダランベールのベルヌイへの反論を全体として理解するとき、それは必ずしも個人対国家、自由対統計的決定論という対立の下にあるわけではないことが分かる。ダランベールはまず、当時の死亡表が不十分でデータに信頼を置けないことを指摘した。次いで、同じ平均余命として評価される二つの余命曲線の意味が異なることを指摘した。ダランベールはこれらの曲線を図示している[20]。簡単には、幼少期の死亡率が高く成人の死亡率が低い場合とその逆の場合とでは、平均余命が同じだとしても幼少期の死亡が少ない方が個人の観点からするなら望ましいということである[21]。ベルヌイの平均余命の議論では、これら二つの死亡曲線を区別できないというのがダランベールの主張であった。さらに、平均余命の計算にベルヌイとは別のやり方が存在することを示し、計算方法が定まっていないために平均余命自体が不確実な数値であると批判した[22]。また、ベルヌイは年齢に関わらず天然痘での死亡リスクは一定であると仮定したが、これもデータから読み取ることができる数値はきわめて多様で、年齢別のリスクを正確に定めることは難しく、ベルヌイの仮定は支持しがたいとした。

またダランベールは、すでに第八章で論じたとおり、短期リスクと長期リスクの重みづけが、人によって、あるいは状況によって異なることを示した。さらに人の生存期間の理解に、物理的、現実的、市民的の三種を区別し、年齢や生活環境による生の質や意義（有益性）を考慮に入れるべきことを指摘した[23]。これらはいずれも、確率数学を複雑な人間的・社会的事象に適用することへの懐疑、あるいは慎重さを欠く適用への警告となっている。

ベルヌイの論文が印刷されるかなり前に、王立科学アカデミーでのベルヌイの報告からほどなくしてダランベールの激烈な批判が先に公表されたことは、確率数学の応用に積極的なビュフォン派とそれに懐疑的なダランベール派とのアカデミー内での確執と無関係ではないだろう。ベルヌイは当時ヨーロッパで最も卓越した数学者の一人であったが、すでに見たとおりさまざまな分野の問題に確率計算を用いて斬新な解決をはかることに長けていた。彼は国家社会にとっての接種の正当化にも、また個人にとって賭けや保険がもたらす効用にも、さらには太陽系における惑星の配置の原因にも、等しく確率数学を用いて合理的な推論を行えると考えた。つまり、ベルヌイとダランベールの論争を、国家社会対個人という観点で捉えただけでは、見落とされることがあまりに多い。彼らはともに、社会における人間のふるまいを個人の観点からも国家社会の観点からも捉えていた。異なっているのは、確率数学への態度、その応用可能性への姿勢であった。

五　ダランベールの数学観と確率

では、ベルヌイが確率数学のさまざまな事象への応用に積極的であったことは、彼の数学へのどのような態度、あるいは科学観一般と結びついていたのだろうか。すでに述べたように（第八章注10）、ダニエルは『推論法』で

（19）隠岐 2011, 一二三頁。
（20）d'Alembert 1760-1761. Daston 1979, 1988, Pradier 2003 はこの図を再掲している。
（21）Daston 1979, p. 272, 1988, p. 86, Pradier 2003, p. 239.
（22）ダランベールはここで『博物誌』におけるビュフォンの方法とベルヌイの方法を比較している。ビュフォンの方法については、Martin 2003 で詳細に検討されている。
（23）Rohrbasser 2011 はダランベールによる三種の生の評価の図（*Opuscules* II 末尾の図5、6）を再掲し、解説している。

確率数学を定式化したヤコブの甥で、嫉妬深いが優れた数学者であるヨハンを父にもつ。ハッキングはこのベルヌイ家の人々の才能について、「卓越した混合数学者」であったと表現している[24]。言ってしまえば彼らは、確率数学のような分野が得意で、自然から社会に至るさまざまな事柄に関する数学的に合理的な新しい説明法を開発するのがうまかったのだ。

ここでハッキングは「混合数学」というダランベールの学問分類における用語を用いている。これは『百科全書』第一巻のダランベールによる「序論」の分類で、「付録」に一覧表が掲げられている[25]。ダランベールは、まず人間の悟性を「記憶」「理性」「想像力」の三つに分け、それぞれに対応する学問を「歴史」「哲学」「詩」とする。哲学はさらに「神学」「人間学」「自然学」に分かれ、数学はその中の「自然学」に分類される。さらに数学の中に「純粋」「混合」「数理物理学」の三種があるが、三番目はそれ以上の細分類がない。純粋数学は「算術」「幾何」に分かれ、混合数学は「力学」「天文幾何学」「光学」「音響学・気体学・推論法、偶然の解析（分析）」に分かれる。この最後のものに確率数学が含まれる。

したがって、確率数学は人間ではなく自然に属するものである。これは、人間学の側に属し「モラル」と呼ばれる、道徳的倫理的領域や自然法あるいは政治経済に関わる法の領域とは区別されている。しかしだからといって、確率数学が人間や社会の現象を全く扱えないということではない。ダランベールは当時まで確率数学が適用されてきた領域として、次の三つを挙げる。一つはコイン投げなどのチャンスゲームで、これは基礎になる確率を数え上げによって知ることができる領域とされている。二番目が死亡率や余命の計算、また海上保険や接種などの領域で、三番目に物理と歴史（思弁的）、医学と法学（実践的）に関わる領域である。ダランベールはこれらのうち一番目が確率の適用に最も適しており、三番目が最も適していないとする。接種の例は二番目にあたり、この領域には確率数学の適用が可能である。しかしその範囲や有効性については慎重であるべきで、経験や人々の日常的・常識的判断との擦り合わせが不可欠であるとする(26)。

つまりダランベールは、接種や平均余命、保険などの領域への確率数学の応用を全否定したわけではない。だが、それはつねに数学とは別の世界に属する「経験」によって検証されなければならない。彼は経験と数学とにずれが生じる場合には経験が優先され、経験を基準として数学の応用のしかたが修正されるべきだと考えた。

ダランベール自身は、のちの時代に「応用数学」と呼ばれるようになる混合数学の考察に生涯を捧げたとも言われる(27)。彼が残した業績の多くが純粋数学ではなく、その応用、自然や社会への適用に関わるものであった。にもかかわらずその適用範囲の拡大に懐疑的であったのは、彼の数学観、学問観、あるいは世界の成り立ちと数学との関係についての考え方に関係している。ここではその内部にさらに入り込むことは難しいが、彼が自然の法則を解き明かす数学という像をもっており、数学を規約主義的に捉えるのではなく、むしろ自然を最も抽象的なレベルで記述する言語として捉えていたことが関係しているだろう。この像は、彼のデカルトおよびロックからの影響によって説明される(28)。

ダランベールのベルヌイへの反論は、現代から見ると複雑で、当時の科学観の対立と独自の「解析」観に裏付けられているため非常に分かりにくい。彼は確率を個人の信念の度合いとして捉える主観確率論に近いとの指摘

(24) Hacking 2014, p. 149, 一九二頁。
(25) Appendice 4, 'Système figuré des connoissances humaines,' in *Encyclopédie, ou dictionnaire universel raisomé des sciences, des arts et des mètiers*, I, 1751. Brian 1994a, pp. 80-81 に再掲されている。
(26) d'Alembert 1759, pp. 157–158. Daston 1979, p. 264 を参照。
(27) Daston 1979, p. 262.
(28) この点に関しては、隠岐 2010, 一三五－一五七頁、Daston 1979, pp. 260–261 を参照。

もある[29]。一方ブリアンは、ダランベールがむしろ客観主義的に確率を解釈しているとする[30]。ダランベールにはたしかに、信念の度合いを形づくるための情報の一つとして確率を捉えている面がある。だが彼は、確率が与える情報と個人の信念とのずれを問題にしているので、主観確率論と言えるかどうかは不明である。彼の確率の扱いは、人がそれをもとに行為を選択する要素の一つであるが、人の行為は確率計算によって一意的に決まるのではなく、それとは位相が異なるさまざまな考慮事項や合理性にも左右される。その意味で彼の確率理解は、物事の生起や起こりやすさの度合いを示す客観確率の理解に近いと言えるかもしれない。それは人がどの数値をどう評価しどう判断に生かすかとは独立して捉えられているからである[31]。

これも込み入った議論が必要となるが、ここでは当時の確率理論が期待値と大きな関わりをもち、また期待値自体が主観的であると同時に客観的なものとして捉えられていたことを指摘しておく。現代でいう主観確率と客観確率の区別は、一九世紀に確率が統計との結びつきを強め、統計データの処理のためのツールとして発展していく中で明確化されたものである。それ以前には判断の根拠となる確率を主観的に捉えることを排除する理由は存在しなかった。そのため確率数学の応用に関わった数学家たちはみな、確率が信念の度合いをあらわすと同時に物事の起こりやすさを表現することになんの矛盾も感じていなかった。

ダランベールに対して、たとえばトドハンターの評価は非常に厳しく、まともに数学の議論ができない素人であるかのように扱っている[32]。しかしダランベールは、確率数学の科学としての正当性、それがはじきだす数値がどのような意味で合理的といえるのか、また真理と確率との関係はどのようなものか、因果的な知と確率的な知をどのように関係づけるのが適切か、確率がもたらす情報は個人の判断にどこまで生かされるのかなど、確率・統計のその後の歩みにとって根本的となるさまざまな問いを発している。ダランベールの問いをきっかけとして、コンドルセやラプラス以降、確率数学は理論上、また統計技術上洗練されていく。ダランベールの問いは、自然現象や人間的・社会的現象に嬉々として確率を適用する数学者たちに向けられた懐疑という点で、現代の科学批判にも通じる知的倫理的態度であり、科学の認識論的・倫理的地位についての深い問いかけとなっている。

（29）Daston 1979, Pradier 2003, Rohrbasser 2011 にこのような示唆がある。
（30）Brian 1996, p. 165.
（31）ダランベールの一種独特の客観主義については、Paty 2005, pp. 50–52 を参照。
（32）同時代および後世のダランベール確率論の評価については、Paty 2005, pp. 2–6 を参照。

第Ⅲ部　エコノミー

第一一章　食糧難と穀物ポリス

一　環境と人口

第Ⅲ部では、自由主義の政治経済学を考察する。はじめに講義での人口への言及を改めて検討しておく。第八章冒頭で指摘したとおり、フーコーは一九七八年講義でくり返し人口について語っている。そしてまさしく人口という対象の出現が、同時に自由主義的な統治の出現ともなっているという認識を示している。以下では講義での発言を取り上げながら、人口から自由主義へとフーコーの考察が展開していく様子を跡づける。(1)

一九七八年初回の講義では、「環境 milieu」という概念との関係で人口が考察されている。ここでフーコーは、第六章で見た都市計画を取り上げ、新たな統治の出現を描写する。そしてその考察を締めくくるにあたって、ヴィニーによるナントの都市計画のような事例に、のちに環境と呼ばれることになる考え方がすでに出現していることを指摘している。

ナントの都市計画について、フーコーは次のように述べる。「セキュリティに固有の空間は、起こりうる一連

(1)　本書ではここまでフーコーの用例にならって「自由主義」の語を用いてきたが、実際にこの語が用いられるようになるのは一九世紀に入ってからであるという。一九世紀は「イズム」がつくさまざまな語が作られた時期で、自由主義 libéralisme もその一つであった。Sauvigny 1970 を参照。

図 12　パリ王立植物園の「ビュフォンの小径」

の出来事へと差し向けられます。それは与えられた空間の中に書き込まれる一時的で偶然的なものへと向かうのです。そしてこの空間、偶然的な諸要素がその内部で展開するような空間とは、おおよそ環境と呼ばれるようなものです」[2]。ここでフーコーは、ヴィニーに見られるような、都市計画における「未来」と「可能なるもの」の組み込みを、環境という発想によるものと捉えている。環境ということば自体は当時の都市計画には出てこないが、「環境概念が描く実際上の構造が、都市計画論者が都市空間を再考し修正しようとするやりかたのうちにすでに表れている[3]」という。「環境とはその中で流通が生み出されるようなもの」であり、それは「人口へと到達しようとする[4]」介入の場を作り出す。

環境概念については、講義の編者注でスネラールが指摘するとおり[5]、カンギレムが『生命の認識』第三部三で取り上げている。環境はまず力学の分野で彫琢された概念である。ニュートンによる「流体 fluid」という考えがフランス語に移される際に『百科全書』の中で「環境」と訳されたことで、力学用語として知られるようになった[6]。この概念はその後、ビュフォン経由でラマルクによって生物学の中に導入される。

カンギレムに依拠して環境概念の歴史をもう少し詳しく説明しておく。ニュートンが流体あるいはエーテル概念を必要とした経緯は、科学史の中ではよく知られたものであろう。離れたところにある物体やエネルギー源からの遠隔作用がどのように起こるかは、力学にとって説明が難しい事態であった。磁力や重力はその最たるものだが、ニュートンがとくに頭を悩ませたのは光の伝達である。そこで彼は光を伝える媒体となる流体が存在すると考え、それを「エーテル」と呼んだ[7]。こうした「媒体 véhicule」（乗り物、運搬手段でもある）という考え方から、中間にあるという意味で、milieu（mi はあいだ、lieu は場所）が用いられるようになった。つまり環境は、ある物体と別の物体との間にあって作用を伝える媒体を意味した。

この概念が生物学へと拡張されたのは、ニュートン自身にも原因があるとカンギレムは指摘する。というのは、ニュートンは光が人間の眼に作用を及ぼすことを、エーテルと関連づけて説明しているからである。つまり、光の作用を生物に届け、光の感知をもたらすのがエーテルなのである。

こうした考えを発展させたのがビュフォン Georges-Louis Leclerc, comte de Buffon（1707–1788）[8]であった。

（2）Foucault 1978, p. 22, 二五頁。
（3）*ibid.*
（4）*ibid.*, p. 23, 二六頁。
（5）*ibid.*, p. 29, n. 37, 三四頁編者注37。
（6）d'Alembert 1765.「環境 milieu」の項目の執筆者はダランベールである。カンギレムが指摘するとおり（Canguilhem 1952, pp. 165-170, 一四七―一五〇頁）、ニュートンの「エーテル ether」の訳語として力学的に説明されている。
（7）エーテルの語源は古代ギリシア語にあり、輝く天空、ゼウスが支配する世界を意味した。アリストテレスが地上を満たす四元素に加えて第五の元素として取り入れたことで、中世神学を経て近代に伝わった。
（8）ビュフォンはブルゴーニュ地方モンバルに生まれたフランスの博物学者。三六巻にわたる『博物誌』（Buffon 1749-1789）を出版した（弟子のラペセードがビュフォンの死後さらに続巻を刊行した）。ビュフォンはフーコーが『言葉と物』でリンネと並んでしばしば引用した人物である。数学・物理学が彼のキャリアのはじまりで、微分積分を用いた確率論、また死亡率計算でも知られる。のちに博物学を研究し、植物分類をはじめ多くの著作を残した。一七三九年に王立植物園のアンタンダンを任され、世界各地の植物を収集、紹介した（図12参照）。

王立動物園長でもあったビュフォンは、ニュートン力学以外に「人間地理学者 anthropogéographes」たちの影響を受けている。これは風土や気候や土地のあり方と関連づけて人間や社会の多様性を捉える伝統として、当時はモンテスキューに代表されていた。離れた物体間での作用を媒介する環境と、人間や社会の多様性を説明する土地の特性。この二つを混ぜ合わせたところにビュフォンの博物誌的世界観の特徴がある。ラマルクはビュフォンの環境観を受け継いで、水、空気、光などを生物にとっての諸環境としてきわめて具体的に捉えた。[9]

では、こうした具体的な個々の媒体から離れ、より抽象的に生物を取り巻きそれに影響を与える外部の総体として環境を捉えたのは誰か。カンギレムはオーギュスト・コントの中にその試みを見出す。これ以降、ダーウィンも含めた生物学における環境概念の働きへとカンギレムは筆を進めるが、それについてはこれ以上追う必要はないだろう。

フーコーは、有機体と環境についての一八世紀のこうした見方は、人口を捉える際に思考の背景として役立ったとしている。彼は次のように述べる。「都市によって提起されたこの技術的問題〔未来の発展を見込んだ都市計画をどう作るかの問題―引用者〕とともに……、人工的な環境〔規律の空間―引用者〕の内部にヒトという種の「自然性」が入りこんでくるのが分かります。権力関係の政治的な人工性の内部に種の自然性が突如入りこむこと、これは根本的なことのように思われます。ここで一つのテキストを参照したいと思います。この人〔モオー―引用者〕は生政治あるいは生権力と呼べるものの最初の偉大な理論家です。ただし彼は〔環境ではなく―引用者〕出生率という別の話題の中で生権力を語っています。もちろん出生率自体、当時非常に重要な争点だったのですが、そのなかで歴史的かつ自然な環境というこの概念が、権力の介入の標的として、領土の主権についての法的概念とも規律空間とも異なったものとして浮上してくるのです。この人工的かつ自然な環境という理念に関していうなら、人口との関係の中では、人工的なものがある種の自然としての役割を果たします。すなわち、モオーは

『人口論』のなかで、人口を社会的・政治的関係に織り込まれると同時に一つの種としても機能するようなものとして描いているのです」[10]。

この引用は分かりにくいので、前半部分から解説する。フーコーはここで、規律が人工空間を作り出すという『監獄の誕生』以来の主張に立ち返っている。そして、ナントの都市計画のような事例を通じて、都市を計画するという文字通り人工的な行いの内部に、どのように発展するか未知数の未来の人口という不確定の要素が入り込むことを、自然性の闖入として捉えているのである。統治者や計画者があらかじめ指定することも確定することもできないなんらかの独自の動きや規則性を見せる実体として、人口は統治とは相対的に独立した存在として浮上してくる。この人口の自然性と自律性を組み込んだ統治こそ、人工によって自然を抹消しようとする規律とは対照的な、セキュリティの装置、あるいは規律に代わる新しい統治のテクノロジーと呼ばれているものである。

後半に関しては、ここでフーコーが述べている「社会的・政治的関係」は、『人口論』第二部後半部分に対応していると考えられる。また「人口が一つの種として機能する」の方は、『人口論』第一部および第二部前半を指しているであろう（本書第九章参照）。つまりここでフーコーは、『人口論』のうち主にモンティヨンに帰されるであろう部分と、主にモオーに帰されるであろう部分との両方が、人口を環境との関係の中で捉え、統治の対象として定めていくことを示している。この意味で、『人口論』で描かれたような人口の対象化こそが、セキュ

（9）日本語では「人文地理学」に最も近い。しかし、地理学の学問上のアイデンティティは非常に錯綜しており、現在の日本の人文地理学とフランスの伝統とは相違もあるだろう。ここでカンギレムが人間地理学者として名前を挙げるのは、ボダン、マキャヴェリ、アーバスノット、そしてとりわけモンテスキュー『法の精神』である（Canguilhem 1952, p. 168, 一五一頁）。

（10）Foucault 1978, pp. 23-24, 二七―二八頁。

リティの装置（ここでは生権力、生政治とも同一視されている）を可能にしたといえる。

ヒトという種とそれを取り巻く環境は、生物としての人間を考察する際、不可欠な二要素である。人口は一方で、生物としての人間を意味し、出生率や罹患率、死亡率といった集団単位の特性を用いて把握し操作することができるような存在となる。これは、個人の自由意志とは切り離されたところで、種という単位で一定の傾向や歴史（種の起源と歴史）を有する存在としての人間がはじめて知覚されることを意味する。

他方で、人口は単に生物の一種としての人間を意味するのではなく、人間という種だけに固有の属性を含んだ概念である。人間とは言語を操り、文化を生み出し、集合生活を発展させ社会を作る生き物である。したがって、ヒトという種は生物学的な特性だけでなく、社会的文化的に多様な特性を与えられる。その点では他のどの生物とも異なった存在である。統治は、人口の生物学的側面と政治社会的側面の双方に働きかけ、ヒトという種を繁栄させその生命と生活を力強く幸福なものにしていく役割を担う。

こうしたフーコーの理解は、環境の考え方を一八世紀の都市計画に見出すアイデアも含めて考えると、やはり非常に独創的である。たしかに環境は、ダランベールによって力学用語に導入されて以来、フランス語でさまざまな含意をもって用いられてきたことばである。しかし通常、一九世紀に至るその展開は主に生物学の領域で、ビュフォン、ラマルク、ビシャ、キュヴィエ、そしてコントの名とともに語られる。フーコーはコントに見られるような、生体あるいは個体を取り囲む生存のための条件や状況の意味、また人間の場合には、環境によって規定されると同時に周囲の環境に働きかけ、それを作り替えていくという意味を、「統治」の文脈でかなり大胆に解釈しているように思われる。というのも彼は、種という語と同じく生物学的な含意で現代まで使われつづける環境という用語を、「統治」の問題系と関連づけて理解するからである。

カンギレムが『生命の認識』で多彩な思想家を挙げて考察したように、環境概念はとくに人間が問題になる場合には、ときに地理学的に、ときに歴史や共同性の含みを伴って理解されてきた。しかしそれは現代では、第一に地球全体が有する自然的諸条件をそこに生きるものたちとの関連で把握する際に用いられることばである（「地球環境問題」という用例に見られる）。これをフーコーは、一八世紀半ば以降に人間を統治することについて思考する際に用いられた一つの概念装置として理解するのである。人口、ヒトという種、そして環境。フーコーにとってこれら三つの概念に共通するのは、それが生物としての人間と、文化的社会的という意味でモラルな人間との双方に関わり、両者を橋渡しするような含意をもつ点だ。フーコーの統治の理解にはつねにこの両方が含まれている。そしてこのあと取り上げる自由主義の政治経済学もまた、こうした二重性の中で、それらをうまく用いながら統治を行っていく、そうしたテクニックとして捉えられている。

環境および人口という概念によって、統治は禁止や強制（法や規律）を用いるのとは異なる、あるいは個人に直接働きかけるのとは別の介入方法をとるようになる。統治するとは、環境を通じて、あるいは環境を改変することを通じて、人間集団としての人口に関わることを意味する。これは一方で、人間を生物として捉えその動態を織り込んで統治することであり、他方で人間が集団として作り出す文化や歴史、そしてそのなかでの個人の判断や選択を考慮し、またそれをある方向に誘導することを意味する。こうした二重の意味での環境への働きかけの一例が、次に論じる、食糧難に対する自由主義的な統治である。

二　食糧難

一九七八年一月一八日の講義で、フーコーは「食糧難 disette」の例を取り上げる。これは都市計画と伝染病の間にはさまれており、セキュリティの装置を説明する一事例として位置づけられている。フーコーはこの例を、

統治が出来事 événement をどう扱うかを表わす事例であるとしている。événement というフランス語のニュアンスは分かりにくいが、食糧難とは一つの事件であり、いつ起こるかは分からないがくり返し生じる一種の「イベント」である。このように考えると少し理解しやすくなるのではないだろうか。

最初に、一般にヨーロッパ全体について「一七世紀の危機」と呼ばれる時代に、農作物の度重なる不作があったことを確認しておこう。現在では、くり返された凶作は、「小氷期」と呼ばれる天候不良に起因するとされている。小氷期は遅くとも一六世紀末にはじまり一八五〇年ごろまでつづいたとされるが、一八世紀にはその厳しさはかなりの程度緩和されていたようである。温暖化著しい現代からは想像しにくいが、寒波の冬は「小鳥が木にとまったまま凍死したり、プロヴァンスのオレンジの木々が全滅する」[11]ほどであったという。

フランスでは、主なものだけでも一六三〇年から三一年、一六四九年から五二年、一六六一年から六二年、一六九三年から九四年と度重なる食糧難が生じた。それが卸売商や小売商への反感を生み、小競り合いが暴動や蜂起につながったことはいうまでもない。かつて経験した食糧難と飢饉の記憶が人々を敏感にし、同じことが起こるという恐怖と疑心が支配した。そして、商人による退蔵や売り渋り、投機や強欲への不信が昂進的に強まっていったのである。また、とくに最後の二回の食糧難はペスト流行と相俟って、二重の不幸に見舞われた人口に大打撃をもたらした。

一八世紀にも依然として事態は深刻であった。最初の大きな食糧難は一七〇八年から〇九年に起きた（厳寒の影響とされる）。また一七六五年から六六年、つまりこのあと取り上げる最初の自由化令直後の重要な時期にも生じた。一七七三年から七四年の不足は、七五年の「小麦粉戦争」の原因となった。さらに一七八八年から八九年の不足がもたらしたのは、単なる食糧暴動ではなく大革命であった[12]。食糧難の原因には、もちろん天候不良とそこからくる農作物自体の不足がある。しかしそれに加えて、都市人口の増大、流通網整備の遅れ、またそれによる高値が庶民の生活を直撃した。肝心の農業技術においては、小麦の生産効率から製粉、製パン技術に至るまで、小さな改良はあっても特段の発展は見られなかった。また、一八世紀中の労働者の購買力の低下や、そもそもフランス全土の農業生産力が必要な穀物を賄いうるほど十分かについて、当時流布していた認識より実情は厳しかったという指摘もある[13]。要するに一八世紀までのフランス社会は、増大する人口を養うだけの小麦を必要な場所に十分に届けるための制度もシステムも持ちあわせていなかったのである[14]。

フーコーは「食糧難は正確には飢饉とは異なる[15]」ことを確認する。彼は本書第一二章二で取り上げるアベイユのことばを引用し、食糧難とは「一国民 une nation を維持するに必要な穀物の量が現に不足していること[16]」であると規定する。フーコーがここで食糧難に注目しているのは、食糧難という事態が、不足がさらなる不足を生み、放っておくと取り返しがつかないという一種の悪循環として捉えられているためである。食糧難とは、その

(11)　宮崎 1990, 一〇九頁。

(12)　食糧難は地域規模のものから全土に広がるものまで数多い。上記のもの以外に、一六二一年、一六九八年から九九年、一七一三年から一四年、一七二五年、一七四一年、一七九三年から九四年と食糧難が頻発した。一九世紀に入ってもつづき、一八一二年、一八一六年から一七年に深刻な食糧難が起こり、その後も不作つづきであった。パリでの騒乱について Walter 1961, 一九世紀初頭までについて Laboulinière 1821, p. 391, 一九世紀について Leuilliot 1957 を参照。ドラマールは一二〇〇年以降の食糧難とそれへの対応を記述している。Delamare 1705-1719, II, pp. 986-1083（第五巻第一四編第一一—一八章）。

(13)　Faure 1961, pp. 195-201, 三四一—三五一頁。

(14)　こうした傾向はフランスだけでなくヨーロッパ全体にあてはまるものだった。Clement 1999 に挙げられた人口や小麦価格の数値を参照。また、とりわけ一七五〇—七〇年代のフランスの状況については Kaplan 1976 を参照。

(15)　Foucault 1978, p. 32, 三八頁。

事態を前にした人々の行動様式によって、それが激化し長引くことがありうるような、一連のプロセス全体を指し示しているのである[17]。

簡単にいうと、不足が分かると、商人や小売業者は穀物を隠匿しようとする。彼らは不足によって価格がつり上がるのを待っているのである。こうした隠匿はさらに穀物を不足させ、それが最も必要な人々、つまり貧困者の手に食糧が行きわたらなくなるという事態を引き起こす。不足が長引けば人々は餓え、やがて暴動や反乱が起こる。

時の政府にとっては、たとえば伝染病の蔓延は国の衰退を意味する避けるべき事柄であった。だが食糧難は、すぐさま反乱を生む点でそれ以上に忌避すべき事態ともいえる。しかも、伝染病の流行が抗うことの難しい天災と捉えられたのに対し、食糧難は人々の行動様式に介入することである程度回避され、あるいは長期化を防いで被害を最小限にとどめることができるという認識が徐々に広まっていった。これは当局による「穀物ポリス」の実践によって定着した考え方である。つまり、食糧難は政治的介入の対象として、ある種特権的な地位にあったのである。

第六章で見たとおり、フランスの急速な都市化、とくにパリという都市の膨張は、食糧供給を不安定にする大きな要因となった。広い意味での流通がうまくいかなくなると、都市の機能はすぐさま麻痺し、無秩序が発生する。食糧が高騰すること、あるいは十分に行きわたらないことは、人々を激高させ都市を揺さぶった。一七―一八世紀のパリの住民たちは、街路に溢れる糞尿や汚泥、そして立ちこめる悪臭に堪え、伝染病が流行すれば収束するまで息をひそめて暮らした。だが彼らは、食糧の不足を黙って受け入れることはなかった。餓えをがまんすることは人間にとって最も難しく、空腹は暴力的衝動と結びつく。しかも強欲な商人の倉庫に自分たちの生活の糧が蓄えられているのに出し惜しみしているとの疑念が広がればなおさらである。フランス革命の燃料としてのパンの問題を想起するだけで、このことは理解できる。

そしてまたフーコーも指摘するとおり、食糧難は田舎より都市で深刻な問題をもたらし、人口過密の都市では反乱が瞬く間に拡大して手がつけられなくなる危険があった[18]。食べ物の恨みは何より恐ろしいことを、行政官たちはよく知っていた。こうして、都市問題の一つとしての食糧難にどのように対処するかは、国家の統一的支配をもくろむ王権にとって深刻な課題であった。また、場合によっては王権と対立した都市や地方当局にとっても、食糧の不足と価格高騰は統治における主要テーマであった。「一七世紀の諸経験以来、都市の反乱は統治にとって避けるべき大問題となりました。それは人口にとっては災いであり、統治にとっては破滅あるいは危機を意味したのです[19]」。

（16）Abeille 1763, p. 4, 強調原文。ただし、フーコーがあとでアベイユの考えとして述べるとおり（Foucault 1978, pp. 40–41, 四七―四八頁）、アベイユは「現に」食糧がないという意味での食糧難の存在を認めていない。上記の引用部分につづくのは、「この意味での食糧難は空想 chimère である」という文言である。自由化論者はしばしば、食糧難を「空想」や「偏見」と結びつけた。

（17）ここでフーコーは、おそらく一八世紀に食糧難や飢饉といったことばについて論争があったことを念頭に置いている。ドラマールには次の記述がある。「食糧難とは飢饉の始まりであり、飢饉は食糧難の行き着くところ、その最終的な時期である」（Delamare 1705–1719, II, p. 942,（第五巻第一四編第一章）強調原文）。Kaplan 1976, p. 87 によると、自由化論者と反自由化論者でこのことばの意味するものは異なっていた。前注で指摘したとおり自由化論者は食糧難を空想の産物として片づける傾向にあり、高値は食糧の物理的不足ではないとした。これに対してたとえば反自由化論者のランゲ Simon-Nicolas-Henri Linguet（1736–1794）は、高値は民衆にとっては食糧難を通り越して飢饉と同義であるとした。

（18）ただしそれは田園地帯や農村でも頻繁に起こり、村から村へと拡大する傾向にあった。Kaplan 1976, とりわけ chap. 9 を参照。

ではこうした危機的状況は、伝統的にはどのように捉えられてきたのだろうか。フーコーは、政治思想において食糧難は二つの範疇で理解されてきたという。一つは、運命あるいは運・不運というよく知られた観念である。これは古代ギリシア・ローマに起源があり、人間が神話的な運命の下に生きているという世界観と結びついている。運命の女神（フォルトゥナ）と、彼女に圧倒されながらも機を見て女神を操ろうとする勇敢さと力量（ヴィルトゥ）をもつ戦士とを対比する世界観は、マキャヴェリと人文主義によって再興された古代の徳論としてよく知られている。食糧難は一種の不運である。その不運に人々はどのように立ち向かうのか。これがそこでの図式である。

もう一つは、人間本性に理由を求めるやり方である。食糧難は人間の悪い本性が引き起こすものである。人間の貪欲、私利を求めて手段を選ばない強欲、貧乏人の生命より目先の儲けを大事にする商人根性。こうした人間の堕落が、食糧難と結びつけられる。フーコーは明示していないが、これらはおそらく前者を異教的、ヘレニズム的あるいは古代的な世界観、後者をキリスト教的、中世的な世界観と関連させることができるだろう。

だが、食糧難が都市問題と結びつき、規模と頻度において看過できないものとなってくるとき、それ以前の運命や貪欲といった理由づけでは対処できなくなる。これが一七―一八世紀の状況である。産業構造の変化と人口移動、都市の膨張によって、食糧難はもはや運命の一部でも避けがたい人間本性や業の結果でもなく、統治にとってコントロールされるべき問題の一つとなる。そのとき配備されるのが、ポリス行政による食糧難への対応のための装置である。この分野はポリスの広大な領域の中でもとりわけ重要なもので、「穀物ポリス」と呼ばれていた。そこで次に、この穀物ポリスがどのようなものであったかを説明していく。

三　穀物という主題

すでに見たとおり、度重なる食糧難は都市化によってますます巨大な問題となり、流通の機能不全による事態の深刻化は誰の眼にも明らかとなっていた。こうしたなか、都市を統治する行政当局はポリスの装置によって食糧を管理しようとした。ポリスが国内の秩序と安寧のための組織である以上、その最も重要な対象の一つが都市民の生活であり、とりわけ食糧の安定供給だったからだ。

当時の都市は流通の問題に直面していた。空気、水、ゴミ、汚泥、交通、橋、街路と街区、伝染病、瘴気、糞便。これらすべてが流通に関係していた。なかでも、都市民の命をつなぐ流通の中心が食糧であった。そのため第五章で指摘したとおり、たとえばドラマールの『ポリス概論』はその三分の二を食糧に充てている。

また、食糧に注目することの重要性は、別の側面からも指摘できる。『ポリス概論』には商業を扱う独立した項目はない。しかしドラマールをはじめとする当時のポリス論者は、商業に多いに関心をもっていた。彼らは食糧の供給、都市と農村の間での輸送、また地方をまたいだその流通、そして国境を越えた食糧の輸入や輸出の問題を論じる中で、商業についての基本的な立場を表明したのである。奢侈品と必需品、金持ちと貧者、また都市民と農民との関係、そして貧民救済や労働、暴動や一揆などの騒乱についても、食糧との関係で扱われた。

食糧すなわち穀物は、胎動しつつある商業社会と、ポリスの中心的主題である都市の治安や人民の安寧とをつなぐ蝶番のような位置にあった。一七世紀には、国境を越えた交易は規模も品目も限られていた。そうしたなか、

(19)　Foucault 1978, p. 32, 三八頁。

重商主義は外国貿易と国富を争点とした最初の経済的な議論を行うと同時に、国内交易の障壁撤廃や国内市場統一についても論じていた。当時の国際・国内交易の最重要品目が穀物であった。さらに一七五〇年代以降の自由化論の主題も、また六〇年代の王権による自由化の実践と各地方や民衆のそれへの反発も、すべて穀物をめぐるものだった。穀物は一七七五年からの「小麦粉戦争」においても再度主題となり、まさにフランスの国論を二分する大論争を生むと同時に、民衆暴動と革命の母胎となった。

そのため、穀物ポリスの理論と実践を見ていくことで、ポリスを擁護した人々が市場と商業をどのように捉えたのか、とりわけ自由と公正という観点から、彼らはどのような食糧政策を実現しようとしたのかが明らかになる。それを自由化論者のポリス批判と比較対照することで、両者の価値観や市場観が根本的に相容れないものだったこと、またそこから出てくる政策の違いを示すことができる。

穀物ポリスの詳細を検討する前に、フーコーがこれをどう位置づけているかを確認しておこう。フーコーは概して、穀物ポリスをその批判者による論難に依拠して捉えているように思われる[20]。そのことによる利点は、批判者である自由化論者の主張が明確になることである。だが他方で、穀物ポリスの実相は批判者たちが作った像によって覆い隠されることになる。たとえばフーコーは、穀物ポリスを重商主義の枠内で捉えている。このことによって、実際の穀物ポリスが、都市の秩序と下層民の暮らしを両立させるための複雑で実用的な制度であったことが不明瞭になってしまう。また、重商主義の経済認識にはのちに自由化論によって引き継がれるさまざまな論点が含まれているが、こうした重商主義と自由主義の連続性の面も見失われることになる[21]。

フーコーの叙述を簡単に見ておこう。「一七―一八世紀のフランスのような社会における統治あるいは政治的経済的な管理のテクニックのなかで、それ以前よりずっと精密で制度化された手法で食糧難に対抗してなされたことはなんでしょう。かなり以前から、食糧難に対しての一大システム、法的かつ規律的で、合法性と規則化に依拠するシステムが確立されてきました。このシステムは本質的に食糧難を妨害しようとしました。食糧難が起こった際にそれを止めて根こぎにしようとするだけでなく、文字通り食糧難を予防し、それが全く起こらないように方策を立てました。……つまり、価格制限、貯蔵制限、輸出制限、耕作制限です」[22]。また、最低限の播種の量や作ってよい作物も決まっていた。ぶどうより穀物を作ること、高値になる前に穀物を売ってしまうことなどが強制された。

こうした厳しい監視のシステムによって、貯蔵量を統制し、穀物の安値を維持し、輸出を妨害することが目指された。このような政策の目標について、フーコーは次のようにいう。「穀物がなるべく安く売られるようにすること、それによって農民ができるだけ少ない利益しか得られず、都市の人々ができるだけ安く食糧を手に入れられ、結果として賃金ができるだけ安くてすむこと」[23]である。そしてフーコーは、こうした重商主義的な政策は、

（20）この問題に関して、スネラールが「フーコーの資料源の一つ」（Foucault 1978, p. 51, n. 7, 六一頁編者注７）としているDepitre 1910は、イギリスを手本として穀物取引の自由を擁護した初期の自由化論者である、エルベール Claude-Jacques Herbert（1700-1758）の『一般穀物ポリスについての試論』（Herbert 1755）の序文である。この序文の中でドゥピートルは、エルベール、ボワギルベール、デュパン Claude Dupin（1686-1769）、ムロン、フォルボネなどの穀物取引自由化論を、ネッケル、ガリアニ Ferdinando Galiani（1728-1787）の穀物ポリス論との対比で紹介している。これらの論者については、第一二章三以下で紹介する。

（21）たとえば Kaplan 1976, p. 689, n. 4 を参照。重商主義と自由主義との関係は、長い間経済思想史における主要なテーマとなりつづけている。ここでは、ボワギルベール、ムロン、カンティロンなどの一七世紀末から一八世紀前半の業績と、世紀半ばのグルネーサークルの動向が鍵となるだろう。これらの思想家の研究として、米田 2005, またとりわけ重商主義と自由主義の関係に焦点を当てた研究として、Larrère 1992 を参照。

（22）Foucault 1978, pp. 33-34, 四〇頁。

価格統制のために豊作の際にも小麦価格が抑制されるため、そこから利益を得られない農民を破産させ、また投資による拡大再生産を不可能にすることで食糧難の発生リスクを増大させたとする。つまり、食糧難を予防しようとする措置が、小麦のストック、すなわち食糧難への備えを脆弱にし、かえって食糧難を引き起こしてしまったというのである。

ここでフーコーは、穀物ポリスの手法を、法による禁止と強制、規律による監視と処罰、命令と取り決め、予防と妨害と抑圧のシステムとして捉えている。たしかにこうした整理は、彼がその出現に注目する新たな統治のテクノロジーとの対比では間違っていない。そして、ポリスが監視や強制以外の介入手法をもたなかったという指摘も的確である。

しかし、ポリスが介入に際してなにを目的としなにを実現しようとしていたのか、またその現実主義と実践への志向が予想以上の柔軟性をもっていたことについては、もう少し丁寧に見ておく必要があるだろう。そこで行われたことの背景には、革命期に至るまで、あるいはそれ以後も根強い支持者を見出していく、ある経済的な（あるいは「反経済学」的な）価値選択が関係している。これは二〇世紀にトムスンによって「モラルエコノミー」として概念化されるような価値観である。(24) またフーコーは、理論と科学の体系性を志向したフィジオクラットと、商人としての交易経験と商業政策に携わる行政官の視点からの自由化論者であるグルネーおよびグルネーサークルに集った人々を区別していない。もっといえば、フランスのエコノミストたちとスミスやヒューム、ファーガスンなどのスコットランド啓蒙思想家たちとの区別も明確ではない。これはフーコーがなにを強調したいと考え、なににはこだわっていなかったかに関係している。そのことも含め、自由化論者との対比を念頭に穀物ポリスについて見ていくことにしよう。

四　穀物ポリス

以下では、一七―一八世紀の穀物ポリスについて紹介する。主にドラマール『ポリス概論』、ドラマールの穀物ポリス論がテーマのムサールの学位論文（Musart 1921）、そして一七六〇年代を中心にきわめて詳細な議論がなされている Kaplan 1976 に依拠して議論を進めていく。

穀物ポリスの概要は、すでにフーコーからの引用に示したとおりである。それは、価格制限、貯蔵制限、輸出制限、耕作の制限、最低限の播種の量を決め、穀物を作ることを強制し、収穫から販売までの期間を限定した。これは他のどんな農作物よりも優先して食糧を確保し、また高値を待って退蔵したり投機の対象とするのを防ぐためである。

より詳細には、ポリスは以下のような煩瑣な手続きやきまりを強いた。まず、穀物を売ることができるのは事前に登録した販売者だけであった。「すべての商人はポリスに出頭し、自分の名前と居住地だけでなく、取引先の名前、店舗の場所、これまでの取引規模、通常の目的地を申告しなければならない。……ポリスは登録する商人について、非公式にその道徳性、営業手腕、評判を調査した(25)」。また、この商売は貴族にはふさわしくないと

(23)　*ibid.*, p. 34, 四〇頁。

(24)　Thompson 1971. モラルエコノミーについて、まず参照されるべきは柴田 1983 であろう。また一八世紀イギリスの描写として、近藤 1993 がある。こうした価値観は、ドラマールやネッケルの思想のみならず、地方パルルマンなど自由化論争時の穀物ポリス擁護論全般に見てとることができる。Kaplan 1976 が非常に詳しい。しかしフーコーの規律対自由主義という図式化にとっては、話を複雑にする二次的な要素だったのかもしれない。

して禁止された（第一二章注50参照）。耕作者（自作農および借地農）や地主については、自ら収穫したか地代として受け取った穀物だけしか売ることを許されなかった。パン屋や製粉屋にも穀物販売は禁じられた。さらに、指定された場所以外で穀物を売ること、また農民には退蔵も禁じられた。穀物商人は穀物を購入後すみやかに市場で売ることを義務づけられ、穀物自体に購入証という一種のパスポートが付けられていた。購入者は誰からいくらでどれだけ買ったかをポリスに報告しなければならなかった。

また、とくにパリについては、市の周囲に穀物の売買を禁止する一種のバッファゾーンが設けられた。これは、不正な取引や市場外での売買を防ぎ、一度パリに入った穀物を外に出す動きの取締りを容易にするためであった(26)。食糧価格を統制するため、製粉屋やパン屋に対しても、価格や販売量、また材料の仕入れ先について厳しいきまりや報告義務があった(27)。

ドラマール『ポリス概論』に見るかぎり、ポリス規制は厳しさよりもむしろその細かさに驚かされる。現代でも、学校や官僚が強いる規則が次々と項目を追加して膨大になってしまう例がしばしば見られる。一八世紀のポリスはおそらくその状態にあり、自由化論者たちが、身動きが取れない商取引によって農業が疲弊するという現状認識をもったのはもっともなことだったのだろう。

しかし、ポリス規制については別の側面も指摘されている。まず、ポリスによる監視や統制が、食糧危機の兆しとしての不作や高値が生じたときには非常に厳しくなるものの、豊作や安値の時期にはかなり緩和された点である。すでに見たように、一七、一八世紀ヨーロッパでは天候不良や不作は日常的であったので、ポリス規制が厳しい期間もそれだけ長かった。だが一方で、食糧不足の傾向がない場合には、穀物の出入りや売買の場所や登録について、ポリス実践のレベルで違反が見逃され、取締りが緩められた(28)。

また、ドラマールについては、農業活動と国内外の商業に注目していたという評価がある。ムサールは「ドラマールにはのちにフィジオクラットが展開した偉大な理念をいくつも見出すことができる[29]」とまで言っている。実際ドラマールは、穀物の豊作といった条件が整っている場合には、輸出を含めた交易の自由を認める立場をとった[30]。これに加えて、当時議論になっていた穀物の価格固定には批判的で、危機に際しても穀物流通そのものは私的な取引に任せ、需給関係を通じて価格や流通が定められるべきであると主張した。このことは、穀物ポリス一般についてのカプランの指摘とも一致している。ポリスは穀物の流通や分配の主体となることはなく、私的な取引や流通を規制し、それがある基準を逸脱しないよう監視するにとどまったのである[31]。現実のポリス実践においても固定価格の設定は例外的で、カプランはルイ一五世治下（1715–1774）では一七二五年と二九年の二度しか記録がないとしている[32]。

さらに、ポリス役人のうちとくに高位の人々は、自分たちの規制がつねに有効であるとは考えていなかったという指摘もある[33]。ポリス規制がなされると、それは逆に高値と食糧難のはじまりとして捉えられる危険があった。

(25) Kaplan 1976, p. 69.
(26) Delamare, 1705–1719, II, pp. 709–737（第五巻第五編第二章以下）、Kaplan 1976, p. 71, n. 34.
(27) Delamare 1705–1719, II, pp. 738–914（第五巻第六編–第一二編）、Kaplan 1976, p. 47, Musart 1921, pp. 70–73. また、Delamare 1705–1719, II, pp. 1071–1083（第五巻第九編第一八章）に一七〇〇年パリのパン価格についての詳細な表がある。これは一七〇〇年七月五日のドラマールと同僚による市場調査と、当時の公定価格 tarif からなる表である。
(28) Kaplan 1976, pp. 72–86, Musart 1921, pp. 33–48 を参照。
(29) Musart 1921, p. 28.
(30) Delamare, 1705–1719, II, pp. 915–916（第五巻第一三編）。
(31) Kaplan 1976, pp. 8–11.
(32) *ibid.*, pp. 84–85.

当時の政治家や行政官たちは、ポリス規制派も自由化推進派も、民衆のイメージや想像力、うわさの流布に終始悩まされていた。自分たちが下した決定や法令の布告が、民衆の間にさまざまな憶測を生み、事実とは異なる想像に基づく民の行動が、事態そのものを悪化させ現実を変えてしまうのである。経済活動におけるこうした「予言実現」的な機能は、現代にも見られるものである。一八世紀は、都市化と人口移動、社会の流動化と商業の発展、また活字メディアの発達によって、そうした民衆の行動が増幅し、統治者はそれに翻弄されつづけた時代ともいえる。

しかし多くのポリス役人たちは、民衆の不安と騒擾を根拠なきものとは見なさなかった。むしろそれには生活の悲惨と飢えの記憶の想起というもっともな理由があると考えた。そしてポリスのポリスたる所以は、こうした想像的なものも含めた民衆行動に対して、それを統治すること、あらゆる現実を事実として認めて対処するところにあった。つまりポリスとは、自然よりは技巧、経済よりは政治と統治に根ざした実践であり、体系的な知よりも現場の感覚、また一般論よりも過去の経験と具体例に依拠する統治の技法、アートだったのである。

穀物ポリスを支えた価値観を示すには、いくつかのキーワードから接近するのが分かりやすい。たとえば、生活の糧 vivres / subsistance, 民衆 peuple, 高値 cherté, 貪欲 avidité, 投機 spéculation, そして独占 monopole などである。穀物ポリスが最も重視したのは民衆の食糧（生存資料）の確保であった。つまり下層民にパンを行きわたらせることである。これはもちろん暴動や反乱を予防するための措置であり、また重商主義的に言えば安価な労働力を確保するための方策であった。しかし一方で、民衆を養うことはフランスで伝統的に考えられてきた王の責務の一部でもあった。食糧の確保は国父としての王の義務であるというのがフランス固有の伝統で、これはシャルルマーニュにまで遡る考え方であるとされた(34)。

ここで穀物取引は第一に生活資料の供給手段として、あるいは消費者である民衆のためのものとして捉えられている。民衆に手の届く価格で安定的に供給されるためには、パン価格は一定限度を超えてはならない。だからこそポリスは高値に敏感に反応し、統制の強化が行われたのである。これは安価な労働力を確保するためには民衆の生活が安上がりでなければならないという重商主義的な主張とは、出自の異なるものである。つまりポリスには、民衆生活の厳しい監視や処罰という一面があったが、他方で民衆の生の保障者、ある種の「モラルエコノミー」の守り手という側面もあったのだ。

こうしたポリスの役割は、民衆が自分たちの暴力を伝統的な「約束」に訴えて正当化しえたこととも関係している。安藤裕介はこれについて、ボシュエ Jacques-Bénigne Bossuet（1627-1704）が定式化した「生存協約」のうちに、生活必需品を低価格に保つことが含まれていた点を指摘している。[35] 民衆たちは協約 pacte という法的用語の範疇で、自らが手にしうる価格で食糧を手に入れる権利が、また当局にはそれを提供する義務があると主張したのである。協約、権利、義務といった法的な思考は、穀物についても「正当価格 juste prix」という用語を流通させることになった。これが自由化論者による「真正価格 vraie prix」と対立していくことについては、第一三章で取り上げる。

穀物ポリスをこのように捉えると、ポリス役人たちが独占と投機を忌み嫌った理由が明らかになる。なぜ高値が生じるのか。それは不作の兆候が見られる際に商人や豊かな農民たちが穀物を退蔵するからである。なぜ隠す

（33）*ibid.*, pp. 78-80.

（34）Kaplan 1976, pp. 5-8 を参照。なお、安藤裕介 2014 は、自由化法制、とくに一七七四年のチュルゴーによる布告が、こうした王の義務の内容そのものを「自由の守り手」へと転回させていくことをその前文から読み取っている（二八頁）。

（35）安藤裕介 2014, 三〇－三二頁。Larrère 1992, p. 231 はボシュエの *Politique tirée des propres paroles de l'Ecriture sainte* を典拠とし、参照元としてカプランを指示している。

のか。それは穀物の価格上昇を見越して高く売るためである。ではなぜ高く売ろうとするのか。それは民衆の生活を自らの貪欲の犠牲にしても気がとがめないからである。つまり、高値と食糧難は売り手の貪欲という罪深い人間性によってもたらされる悪なのである。その悪は道徳的かつ社会的な悪、つまりモラルな悪である。それを断罪することで正義をもたらし、不足の解消によって社会的均衡を回復させるのがポリスの仕事だと考えられていた。

また、金持ちの商人は富農たちから収穫の前に麦を買い付け、高値で売るためにそれらを倉庫に隠し、遠方や国境の向こうにまで持ち去って売りさばく。こうした投機的な行為は最も許しがたいものであった。そしてそれを可能にするのが商人たちの結託による市場の独占だと考えられた。これを避けるためには、売り手の登録と穀物の流通管理が不可欠となる。

実際に、一六九四年の食糧難に際して、退蔵によって食糧不足を深刻化させ、翌年大もうけした富農の例をドラマールが挙げている。ポリス論者にとっても自由化論者にとってと同様、食糧難は物理的な穀物不足よりは人間の行いによって悪化させられるものだった。ただしそこで想定される人間の悪い行いとは、自由化論者が考えるようなポリスによる規制や民衆の愚かさではなく、持てる者たちの貪欲と悪巧みである。金儲けを人々の生存より優先する商人根性こそが悪の根源で、それを抑圧することでしか食糧難は解決できない。

そのため、不作と高値が見込まれる場合には、商人は買った麦を即座に、しかも地元の市場で売ることを強制されるべきである。穀物価格が一定以上になった場合、外国への持ち出しは厳しく禁じられ、違反は取締られるべきである。しかし豊作と安値の場合、あるいは利益追求が一定限度を超えない場合には、穀物の持ち出しや利潤追求のための行いは黙認され、あるいはむしろ国の繁栄のために奨励される。これが穀物ポリスを支えた価値観であり、原則として穀物取引自由化が国論を二分した一八世紀を通じてこの価値観が維持された。

以上が穀物ポリスの概観である。では、これに対抗した自由化論とはどのようなものなのだろうか。それはいつごろどんな人たちに担われて登場したのか。次章でこれについて見ていく。

第一二章　穀物自由化論

一　自由化をめぐる攻防

フーコーは、穀物取引の自由をめぐる一連の議論と実践[1]が、たとえばフォジオクラットによって理論的に精緻に形づくられた自由のメカニズムの実現であるといった見方に反対している。これは科学論における理論と実践というテーマ系とも関係している。一般的に、「科学」においては理論が提唱・予言したことが実験や実践によって妥当性を与えられるというイメージが流布している。しかし実際にはこういう例はめったになく、自然科学の分野でも実験や仮説の地位、その妥当性を判定する基準についてさまざまな議論がある。とりわけ人間社会という複雑きわまりない共同体を対象とする経済の領域においては、理論の出現そのものが歴史的地理的に一回限りの社会的な条件や実践、あるいは歴史の偶然によって規定されている。

フーコーは統治性の講義以前から、知の形成を権力の観点から捉えようと試みてきた。講義では、経済学史において「経済学の生誕」の時期にあたるこの時代の自由化論を、新たな統治のテクノロジーの出現の一コマとして位置づけようとする。数々の反対や抵抗に直面しながら試みられたルイ一五世時代の自由化は、フーコーによるなら「権力テクノロジーの変化の一エピソード、またセキュリティの装置という技術が配置される際の一エピ

(1)　穀物取引の自由をめぐる一八世紀半ば以降の主な論考は、Larrère 1992, p. 225, n. 2 にまとめられている。

ソード」[2]として理解されるべきものである。

フーコーは、一八世紀の穀物自由化論をフィジオクラットに帰す見解が不十分である理由として、たとえばイギリスですでに一七世紀末から一定の制限下で穀物流通の自由が議会で取り決められていたことを挙げている。ここで念頭に置いているのは一六八九年の穀物条令である。この条令の趣旨を「自由化」と捉えることには異論もあるだろう。というのは、この条令が、輸入関税の実施および公定価格を下回る際の輸入禁止、他方で輸出に対する奨励金を定めていたからである[3]。フーコーは、自由化論者であるエルベールの評価、またとりわけ輸出の自由が当時のフランスで主要な争点となっていたことから、これを自由化政策として理解している[4]。それはたしかに、輸出を制限し国内需要を満たすことを優先する消費者重視の政策に対して、輸出の自由を認めることで穀物価格の下落を防ぐという生産者視点に立った政策への転換であった。これは前章で述べた、消費者＝民衆から生産者や商人という売り手の側への視点の転換、あるいは生存から利益への価値転換を意味している。また、とりわけフランスでは、穀物自由化政策の中で最も反対が強く、自由化論者であっても長らく手をつけなかったのが輸出の自由であった。

フーコーは、このころのフランスの穀物自由化を三つの時期に区分している[5]。第一の時期は「相対的な自由の時期、つまり上記のイギリスモデルが借用された時期である。これはフランス経済史においては「自由と保護」の両面政策がとられたとされる時期である。個別のポリス規制の改変などを通じて一八世紀初頭から商業局Bureau du commerce／Conseil du commerceを中心に試みられていたこうした政策は[6]、一七五四年の国務会議裁決へと帰結した。これはフランスではじめて国内の穀物（小麦粉含む）流通の自由を認めた法規である[7]。

ここから一七六三年と六四年の二つの自由化の王令が出されるころまでが、自由化に追い風が吹いた第二の時期である。このころにたとえば『百科全書』においてケネー執筆の「借地農」[8]「穀物」の項目が出版され、また出版には至らなかったが「人間」が執筆された[9]。このあと取り上げるグルネーサークルの著述や政治的活動が活発に行われ、また自由化論者が政府中枢で役割を果たすようになった時期でもある。

一七六四年以降を、フーコーは第三の時期、自由化が政策的に実践される時期とする。しかし、自由化令直後の一七六四年は不作であった[10]。このころから数年にわたって小麦価格とパン価格は上昇をつづけ、フランス各地が深刻な食糧難に見舞われた。こうした事態に直面して、王権は自由化を撤回することなく「王の穀物庫」の開

(2) Foucault 1978, p. 36, 四二―四三頁。

(3) この政策はイギリスの文脈では、農業保護および保護貿易的な性格を有するものとして捉えることもできる。イギリスでこうした性格をもつ穀物条令が大論争を巻き起こすのは一九世紀で、これが穀物法論争を生む。なお、イギリスでは輸入関税は一六六〇年以降導入されていたが、一六八九年には輸出奨励金の導入と輸出関税の撤廃が行われた。この法制は保護貿易という観点からは重商主義政策としても評価されうる。

(4) *ibid.*, pp. 51-52, n. 7, 8, 六一頁編者注7、8。ここでスネラールは、Depitre 1910, p. xxxiii の参照を指示している。当該部分でドピートルは、エルベール以外にダンジュル、フォルボネによる同様の評価を挙げている。

(5) 三つの時期区分は Depitre 1910, pp. vii-viii を参考にしたものだと思われるが、区切りの年代には若干の相違がある。

(6) 一八世紀前半の商業局の活動については、David Smith 2011 を参照。

(7) Foucault 1978, p. 52, n. 10, 六二頁編者注10で、スネラールはこの法の起草者をグルネーであるとしているが、典拠は示されていない。グルネーは当時政府の商業監査官（商務監査官／商工監督官）intendant du commerce の役職についていた。

(8) fermier は当時のフランスに独特の農業生産形態を指す用語である。「農民・農耕者」とも訳せるが、自分の耕具や役畜（農耕のための牛や馬）を保有する農民を指す。日本の小作農と異なり、領主の上級所有権に服する者や借り受けた土地で農業経営を行う者の中に裕福な大借地農が存在した。「借地農」の項目でケネーが重視しているのは、こうした大農地経営をフランスに普及することによって農業生産性を上げることである。なお、laboreur は土地を所有する農民とされ、しばしば土地、耕具、役畜を所有しない貧農である manouvrier との対比で用いられる。

放などを通じて乗り切ろうと試みる[11]。だが、一七七〇年以降路線の変更がなされ、ポリス的措置が復活する。自由化論の詳細に入る前に、こうした一連の経緯について、主に Kaplan 1976 に拠りつつ概観しておこう[12]。

まず、先ほど挙げた一七五四年の国務会議裁決 arrêt du conseil についてである。この法規は国内の穀物取引の自由を規定していたが、これについてカプランは次の点から限定的な意味しか持たなかったとする。まずこの法規は、それまでも個別の法によって奨励されてきた国内流通の自由の方針を再確認したものであった。それは地方（プロヴァンス）をまたぐ遠方の取引においてパスポートや許可証を求めることを禁じているが、この措置は前章で述べたとおり豊作時にはすでに行われていたものである。また輸出に関しては、南部の二港のみに許可されるという限定的なものだった。さらに、この法規は公開状（開封状）lettres patentes の形をとっていなかったため、高等法院の認可を得ることがなかった[13]。こうした限定的な性格をもっていたため、この王令によって自由化論が公式に採用されたとは言い難かった[14]。

自由化が社会全体にとって大きな意味をもち、ポリス規制に根本的な変容を迫ったのは、一七六三年と六四年の王令である。一七六三年の財務総監はベルタン Henri Léonard Jean Baptiste Bertin（1720-1792）で、この人は元警視総監であったが、ポリス規制を撤廃する法制化に踏み切った。彼は一七六二年に七項目からなる自由化法案を提出した。このうち三つが国内の穀物流通自由化を定め、三つが輸出規制を再確認し、最後の一つはパリに関する自由化の例外規定であった。ところが従来と変わらない輸出規制の条項は自由派を激怒させ、最終版で

（9）『百科全書』の刊行がパルルマンの決定によって一七五九年に中断されたため、予定されていた「人間」を含む巻は延期された。ディドロは地下出版によって刊行をつづけたが、ケネーの論考は同時代に出版されることはなかった。Foucault 1978, p. 85, n. 22, 一〇一－一〇二頁編者注22を参照。「人間」は二〇世紀に初めて出版された。初出の一九〇八年版につけ

られた編者序の冒頭には、一七六九年の『市民日誌』（I, p. xxxii. デュポン・ド・ヌムールによる）からの次の引用がある。「百科全書のために「金利」「租税」「人間」（政治経済）の項目が書かれた。だがこの辞典が政府の保護を失って公には出版されなくなったことで、ケネー氏は協力をつづける必要を感じなくなった。彼は草稿を保管し、これは現在われわれが保持している……」。なおこの発禁処分は当時、エルヴェシウスの著書からのとばっちりであると認識されていた。本書第一四章五を参照。

（10）このときの不作、また一七七四年の自由化前後にも同じ事態が起きたことを、自由化論者にとって不運であったとする見方がある。しかしカプランのように、不作は頻繁に起こっており、いずれにしろ自由化論者は不作による高値という苦境に直面せざるをえなかったとの評価もある。

（11）この制度は旧体制期の経済システムの特徴を示す一例である。Kaplan 1976, chap. 8, chap. 13 を参照。

（12）カプランの著書はあまりに長い。カプランの議論を参照した一八世紀穀物政策の概観として、阿河 1986 がある。

（13）この部分はフランス近世史研究者以外には非常に分かりにくい。まず国務会議（王会／国王顧問会議）conseil du Roi とは、国王の政務を担当する会議体で（Olivier-Martin 1948, pp. 350-351、五二〇頁）、ここで決定された法規はパルルマンによって登録されることで王令として布告される。各地のパルルマンは登録を拒否することで王の政策に反対の意思表示をすることができた。王とパルルマンはしばしば対立し、また国務会議とパルルマンとの職務の線引きそのものが政治的争点となった。公開状にはパルルマンの登録が必要であったが、これが不要な封印状 lettres de cachet（*ibid.*, pp. 520-522, 七八四－七八六頁）を国王が発行することは、王の専断の象徴であるかのように捉えられていた（Faure 1961, 三九三頁訳注31）。また、王がパルルマンに登録を強いるための親裁座 lit de justice が存在した。親裁座ということばは、パルルマンにおいて王が座る場所と王の臨席による全権の双方を指す（Olivier-Martin 1948, p. 529, 七九二頁）。パルルマンは王による強制を阻むため親裁座の開催をしばしば延期した。以上の点、またパルルマンの組織と機能について、*ibid.*, pp. 348-356, 五一七－五二六頁および pp. 519-545, 七八一－八一〇頁を参照。

ここでカプランが指摘しているのは、この法がパルルマンの登録を経て王令としての威信や権威を得ることがなかった点である。Kaplan 1976, p. 107, n. 26 には、当時の自由化論者（フォルボネ、ベルタンら）によるこの法の評価についての参照指示がある。

（14）*ibid.*, pp. 106-107 を参照。

はこれらの項目は削除された。これが一七六三年五月二五日に「五月宣言」として国王から布告された。ベルタンはケネーと親しく、法の前文執筆をチュルゴーとデュポン・ド・ヌムールに依頼した[15]。

しかし、戦費を賄うために多くの新税や追加の課税を行わざるをえなかったベルタンは、一七六三年一一月に罷免される。次の財務総監職についたのは、パルルマン出身のラヴェルディ Clément Charles François de L'Averdy（1724-1793）であった。彼は輸出規制撤廃の方針の下、再度チュルゴーとデュポンに法案を作らせたが、無条件の自由化には難色を示した。そして一七六四年七月、王令 édit として自由化法が布告された。この法は無条件の輸出解禁ではなく、高値になったときの輸出制限を含んだものであった。これは穀物の高値＝不足の際には国内への穀物供給を第一に考慮するためである。だが、共通了解となっていた国内交易の自由だけでなく、自由化論者の中でも意見が定まっていなかった輸出の自由に踏み込んで法に明記されたことの意味は大きかった。

この時期には、自由化を啓蒙と結びつけて支持する人も多かった。ケネーが王室の侍従医で、王の公妾であるポンパドール夫人に庇護されていたことはよく知られている。また、ディドロとヴォルテールもこのころは自由化を支持していた。ポリス規制＝旧態依然たるフランス社会の桎梏というイメージとの対比で、穀物取引の自由化を人間の自由に向けた一歩として評価する文人は多かった。

では政府の側は、なぜこの時期に大胆な自由化に踏み切ろうと考えたのか。一つには直近三年連続の豊作と、一〇年以上目立った不作がなかったことが挙げられる。それによって穀物価格はかなり下落していた。また、宮廷の中に自由化を支持する勢力がおり、彼らの影響力が事態を動かしたという点も挙げられる。自由化反対派はのちにこれをフィジオクラットの陰謀であると批判した。しかし自由化論は必ずしもフィジオクラットを支持しない人々の中にも根づいており、また度重なる戦争と財政難に象徴される王室運営の行き詰まりは、抜本的な改革による求心力の復活を求めていた。

しかし王令公布直後の一七六四年九月、最初の不作の知らせが寄せられる。そこから七〇年の自由化撤回まで、あるいは六〇年代の論争の再来となった七〇年代の「小麦粉戦争」から革命に至るまで、穀物自由化はまさに国論を二分する一大争点となりつづけた。さまざまな論者が論陣を張り、たとえばディドロやヴォルテールはだんだんと自由化に懐疑的となる。Kaplan 1976 には、一七六〇年代に彼らがチュルゴーなどとの親交にもかかわらず徐々に自由化論に懐疑を抱く経緯が描かれている。とりわけガリアニの『穀物取引についての対話』(1770)の出版を契機として、穀物流通をめぐる「社会の混乱はサロンに持ち込まれた。一方にディドロ－グリム－ネッケルのグループがあり、彼らはしばしばオルバックとヴォルテールに支持された。他方にフィロゾーフ集団の中のチュルゴー－コンドルセ－デュポンの一派がおり、第一のグループと対立した」[16]。だが、自由化に反対する一貫した最も強い勢力は、パルルマンとそれが擁護したポリス役人たちであった。

ここでもう一度ポリスが出てくる。すでに第五章で一六六〇年代以降のポリス改革によってポリスの組織が整理統合され、中央集権化されたことを指摘した。たしかにそれ以降ポリスは「機動的」なものへと変貌しはじめたと評価されている。しかし警視や捜査官などのポリスの官職は依然として売官制をとっており、ポリス組織は多元的な権力構造をはらんだままであった[17]。また、とくに地方ポリスに目を向けると、実際にポリスの取締りや

(15)　安藤裕介 2014, 二五—二六頁を参照。

(16)　Kaplan 1976, p. 610. ただしディドロとヴォルテールには温度差があった。ディドロはガリアニの出版を手助けし、自由化論者と表立って対立したが（安藤隆穂 2007, 六六—六七頁）、ヴォルテールは政策への懐疑を表明したものの、自ら論争を作り出すような行動には出なかった。

(17)　喜安 2009 を参照。

登録を行う役人たちは、当然ながら地元の人々によって担われていた。そして、地元の役人とのつながりをもつのは各地域のパルルマンであった。当時フランスに広がっていた売官制によって、王権が与えた官職を自身の所有物と捉え独立意識をもつ官職保有者も多かった[18]。またパリのパルルマンについては、その管轄地域はかなり広く、そのため首都のポリスとは組織や人材調達のあり方が異なるさまざまな地方ポリスとも関わりをもっていた[19]。

各地方パルルマンと王との関係、また自由化をめぐる立場は複雑で、地域によって大きく異なっていた。自由化に賛成する地域もあれば、執拗なまでに抵抗をくり返し王権への敵意を隠さなかった地域もあった。一つのパルルマンの内部でもしばしば意見が対立していた。そうしたなか、自由化に賛成したのは主にラングドック、プロヴァンス、ドーフィネの三身分会とパルルマンで、また主な反対派はパリとノルマンディ地域であった[20]。批判者たちは王が提示した新しい自由、つまり取引の自由、商人と富農の自由に対して、自分たちが長い間守ってきた諸身分の自由、あるいは基本法と国制 constitution の自由を対置した。

一七六〇年代後半には、パンの価格上昇がつづいても王権が自由化を維持しようとしたことで、パルルマンが民衆の支持を得てポリス規制を求めるという方向に事態が進展した。とくにパリのパルルマンははじめ自由化を容認していたが、一七六五年に食糧危機が発生してからは批判的となり、民衆の食糧つまり生存は、自由化つまり富や利益よりも優先されなければならないという立場を表明した。これは特権者の集まりであるパルルマンが民衆に同情したというより、社会秩序とフランス国家全体の存続のためには、民衆の飢えを満たすことが火急の重要性をもつと彼らが見てとったためである[21]。

またここには、パリと地方との対立も影を落としている。穀物自由化ははじめからパリを例外として成立しており、パリに穀物が安定供給されることが最優先された。こうした特別扱いは、パン価格が上昇し食物需給が逼迫してくる中で、地方の不公平感と嫉妬心を煽ることになった。自分たちの地域を通過してパリに穀物を運搬していく輸送団に、地方の人々は不満を募らせた。それによって、小麦の地域内での売買を優先するためにポリス規制の復活を求める地域が増えていった。とくにルーアンのパルルマンは、反自由化とパリへの敵対において最も強い態度で臨んだとされる[22]。

対立のキーワードの一つが独占であった。自由化論者はポリス規制が独占と同業組合的な閉鎖性の元凶であるとして、市場の開放と自由を求めた。これに対して規制派は、自由化こそが独占をもたらすとして批判した。穀物の値をつり上げるために退蔵を行い、また高値の兆しがあればもっと儲けるために売り惜しみするのは強欲な商人である。市場外での取引や法外な値段での売買を行い、高値を求めて穀物の転売をくり返し投機と金儲けの対象とする。これが独占でなくてなんであろう。自由化とは、実は王と一部の大商人や富農が結託して行われた陰謀である。王は期待される税収増を見返りとして、商人の野放図な金儲けを監督し規律する責務を売り渡したのである。民衆のみならず耕作者その他の国民にはなんの利益もない自由化は、独占的利益の享受者である商人と王の結託によって強行されている[23]。

このような自由化への非難は、小麦とパンの価格が上昇をつづけることで過熱の一途をたどった。実際、パリ

---

(18)　こうした官職保有者と国王直轄官僚はしばしば対立した。これについての参考文献は、林田 2003, 三八頁を参照。
(19)　もともとパリだけに置かれていたパルルマンが全国を統括していたが、のちに地方都市にも置かれるようになったという経緯がある。パリのパルルマンは遅くとも一三世紀末には王の裁判を助けるようになっていた。一五―一六世紀には各地にパルルマンが作られた。Olivier-Martin 1948, pp. 529–532, 七九二―七九六頁を参照。
(20)　Kaplan 1976, chap. 9.
(21)　*ibid.*, p. 449.
(22)　*ibid.*, pp. 451–457. Faure 1961 にも同様の指摘がある。

で取引される小麦、小麦粉、パン価格の上昇は、一七六〇年代後半には著しいものだった(24)。対立が激化するにつれ、政府を批判する言論取締りが厳しさを増す一方で、全土に失業が広がった。王は貧民救済事業を行い失業者に仕事を提供しなければならず、またとりわけパリの食糧を補うために「王の穀物庫」（本章注11）からの穀物の備給がなされた。

いったいどちらが高値と独占をもたらしているのか。パンが買えないという一刻を争う事態に直面した民衆は、価格規制と退蔵禁止、あるいはとにかくパンを与えてくれることを要求した。つまり、のちの時代には民衆監視と抑圧の象徴であるかのように言われるポリスに対し、民衆自身が生存のための正義実現を求めたのである。自由を求める民衆が古い桎梏を打ち破ろうとして革命に向かっていくという図式とは相当異なることが、旧体制末期のフランスでは起きていた。人々が王の専横として非難したのは、もちろん戦争や重税、破綻寸前の財政でもあったが、大商人や地主、富農だけを利すると捉えられた自由化政策に、最も直接的な敵意が向けられたのである。そして民衆が守護者として頼ったのは、規制を担うパルルマンでありポリスであった。

この事態は民衆自らが規制と監視を求めたという点だけなら、どこか倒錯的にも見える。しかし、国家が民衆の生存を守るという最大の仕事を放棄すると見られる場合、激しい失望と不信感が生まれ、なんらかの公的な権威に訴えることで国家に公共善と正義の実現を求めることは、現代でも行われている。グローバル資本主義の進展の中で、国家に市場と企業の暴挙を止める役割を求める世界各地の運動は、一八世紀にポリス規制の復活を要求して起こった反乱となんら変わるところがない。規制ではなく自由が、一握りの巨大企業や億万長者による市場と財の独占を生むことを、現代のわたしたちは身を以て経験している。

自由化、あるいは現代では市場化といわれる政策は、政府が自発的に介入や規制をやめ自らを「小さく」するという、自己の存立に矛盾するような側面をもつ(25)。そしてそこにあるのは、一八世紀以来ずっと、生存よりも利益と富を優先する価値観なのである。これを政府の責務の放棄であると考えることは不合理ではなく、むしろ政府に自己の役割を再度問い直すことを促している。

二　アベイユの自由化論

自由化論を説明する際にフーコーが最初に取り上げるのは、第一一章で食糧難の説明の中で名前を挙げたアベイユ Louis-Paul Abeille（1719-1807）である。アベイユはトゥールーズに生まれ、青年時代をブルターニュ地方で送った。大西洋に面するブルターニュは当時海路として重要な位置にあり、スペイン、イングランド、オランダとの貿易によって豊かになっていた。彼は自由化論において重要な役割を担った「ネゴシアン négociant」の一人であった。カプランは当時のネゴシアンの自己規定を次のように示している。「機械的・本能的に仕事をす

（23）こうした疑心から、政府と穀物商人との間に「飢餓協定」が交わされているという噂が広まった。「王の穀物庫」の運営に携わったマリッセ Simon-Pierre Malisset と財務総監ラヴェルディとの間で交わされたとされる協定で、これをはじめとする王室の食糧をめぐる陰謀を告発しようとしたル・プレヴォ Jean Charles Guillaume Le Prévost de Beaumont が逮捕された。この人は一七八九年まで幽閉されたという。Kaplan 1976, p. 391. 飢餓協定については同書 p. 390, n. 115、Walter 1961, p. XXII, ｘｘｉｉｉ頁、ｘｘｘｉｉｉ頁訳注33を参照。

（24）月別の各種の表が Kaplan 1976, pp. 308-318 にある。全般的な数値として、一七六八年が最も値上がりが激しい。

（25）しかし実際には必ずしも政府の縮小にはならない。それはたとえば軍事的なプレゼンスなどの点で国家のアイデンティティを再構築しようとすることにつながる。また、奇妙な形の官僚制を構築して自由化や競争の中で行政の権限を拡大しようとする場合もある。最後の点については、重田 2018 で大学改革以降の文部科学省のふるまいを例に論じた。

る耕作者とは異なり、このコスモポリタン商人は「計画し、重みをはかり、計測し、計算し、アイデアを結びつけ、原理を討議する。……豊作、不作、戦争と平和を予測する」。穀物取引の自由はネゴシアンの結合の才を解き放つ。それはロック、ニュートン、リシュリュー、クロムウェル、コルベールの結合である」[26]。ここでカプランが引く威勢のいい文章は、創刊されたばかりの『商業雑誌 *Journal de commerce*』の雰囲気を伝えている[27]。

ネゴシアンが偉大な先達の教えの結合にどの程度長けていたかは措くとしても、彼らは一商人としての自己利益を超えた視野をもって商業の問題を考察した。多くはスペイン、イギリスなど外国に拠点を有する大商人で、自前の店や倉庫を保有し、国際的な貿易に携わった。アベイユは一七五七年に創設されたブルターニュ農業協会という自由化論者にとって重要な組織のメンバーで、六八年からは書記官を務めた[28]。六三年以降はケネーの学説を支持し、六四年からは中央行政にも参画したが、六九年には反自由化論に転じ、七〇年代の「小麦粉戦争」のときにはネッケルを支持したとされる[29]。

フーコーは、一七六三年という自由化論が最も勢いをもった時期に出版されたパンフレット、「穀物取引の性質 nature についての一ネゴシアンの手紙」（Abeille 1763）を取り上げる。フーコーはアベイユを取り上げる理由を、「このテキストの影響力と同時に、グルネーの弟子でもあり、フィジオクラット的立場の大部分からだいたいにおいて支持を集めた」点で、アベイユが「この時代の経済的思考において一種の蝶番の位置にある」[30]からだとする。あとで見るように、グルネーサークルとフィジオクラットの立場や活動形態は異なっており、たとえばグルネーに近かったフォルボネは、一七六〇年代にはフィジオクラット批判を展開する。フーコーはこのことを念頭に置きながら、自由化論者が立場の違いを越えて共有した主張をアベイユから引き出そうとしていると考えられる。以下ではアベイユのパンフレットに拠りながら、その主張を見ていくことにする。

アベイユのパンフレット末尾には、「マルセイユ、一七六三年一〇月」と記されている。翌年彼は商業・マニユファクチュア総監府諮問官として行政に参画するが、パンフレット執筆に際してはネゴシアンの立場から、彼らがどのような考えや計算をもとに穀物取引に臨むかが描かれている。アベイユがパンフレットを執筆したきっかけは、同年八月に出されたナポリとパレルモでの食糧不足の告知であるという(31)。両都市は不作をきっかけとする輸出禁止令を公布した。この措置を批判する主張を展開したのがこのパンフレットであった。

彼はまず、穀物が稀少な状況でわざわざ安値でそれを手放したいと思う商人はおらず、またなんとしてもパンを手に入れたいと思わない民衆もいないことを確認する。「誠実の方が生存や利益より好きな人は誰もいない」(32)のである。この対比から読み取れるのは、アベイユが生存対利益を正義対富とは捉えず、むしろ対立する二つの欲望、あるいはエゴイズムの二形態として捉えていることである。そして商人をはさんで対立しているかに見える、耕作者・地主と細民たちの二つの階級がいることを前提に、穀物の不足が明らかになったナポリやパレルモで食糧難が発生しないようにする方策を検討している。

---

(26) Kaplan 1976, p. 112.

(27) カプランの引用注にある『商業雑誌』一七五九年九月号の該当ページにこの引用箇所は見当たらない。この雑誌はアムステルダムで一七五九年から六二年にかけて発行されたもので、交易に関する諸説を紹介し、また自説を展開する論説や、各地の商業の状況報告、ヨーロッパ主要都市での交易品の価格情報などが掲載されている。カプランが参照を指示しているのは、『計算された政治・モラルについての試論』(*Essai de politique et de moral calculée*, I, (*s. n., s. l.,*) という著書の紹介文 (pp. 22-60, *s. n.*) である。

(28) 彼は同時に商業局の書記官でもあった。アベイユが歴任した行政職については、Charles 2011, p. 74, n. 36 を参照。

(29) Weulersse 1910, p. 187, Foucault 1978, pp. 53-54, n. 27, 六三—六四頁編者注17を参照。

(30) *ibid.*, p. 37, 四四頁。

(31) Abeille 1763, p. 1.

ここでアベイユは、第一一章注16で指摘したように、食べ物が現に欠乏していることが食糧難だとするなら、それは幻想にすぎないと主張する。どんなに不作であっても、全く穀物が取れない年などないからだ。彼が言うには、たとえば一年人々を養える穀物がほしいのに六ヶ月分しかないと見込まれる場合、それを食糧難と呼ぶのはおかしい。六ヶ月あれば外から穀物を呼び込む時間は十分あるからだ。つまり食糧難とは、未来の絶対的な食糧不足への恐怖から人々が誤った行動をとり、行政もまた間違った施策を重ねることによって、悪循環が生じて起こるある種の人災にほかならないのだ。その意味で、食糧難は幻想であり、民衆の偏見からくる想像の産物である。

彼は不足に対処するための間違った施策の例として、食糧の退蔵禁止を挙げる。これをやると商人や生産者はすぐさま穀物を売らなければならない。そのため一時的に民衆は喜ぶが、全体としての麦の量が増えるわけではない。いずれ高値が到来し、穀物需給が逼迫することになる。また、輸出禁止もよくない。これは一見すると地域の穀物供給を保障するかのように見えるが、禁輸は港の閉鎖を伴うために副次的効果をもたらす。輸出禁止の措置とは、一旦港に入った穀物を外に出さないことを意味している。つまり、港から一切の小麦が持ち出されないように監視するのである。

そうなると、外国商人にとってはリスクが大きくなる。というのも、当初は食糧不足が伝えられる一つの都市にどのくらいの外国商人が穀物を売りにくるか予想できない。そのためいくらで売れるかが予測不能であるだけでなく、退蔵禁止のために自分の好きなときに売ることもできない。閉鎖によって一旦入った穀物を外に出せないことからくるリスクを嫌う外国商人は、ポリス規制が行われている都市を避け、もっと自由に売買できる場所に向かうだろう。そのため、ポリスによる港の閉鎖や退蔵禁止と監視といったさまざまな規制は、食糧が不足する都市から外国商人を遠ざけるという逆効果をもたらす。

これに対して、自由化がなされた場合はどうだろう。まず、まだ外国産の小麦が届かないときから、それは価格を下降させ、早く市場に出させる圧力となる。外国産との競争で先々値が下がると予想する商人は、手持ちの小麦を早めに売ろうとするからである。つまり「食糧難の告知が必然的に豊富をもたらす」のである。ここでアベイユは「利益だけが商業という機械を動かし、そこから救済の効果を期待できる[33]」という印象深い表現をしている。

さらにアベイユは、ヨーロッパの穀物市場全体が開放されることによるさまざまな利点を挙げ、単一市場の構想を打ち立てている。それが確立するなら、食糧難の兆候があった際にしばしば行われる政府による強制的な穀物倉の開放、また高値の抑止のための最高価格規制や固定価格の設定は不要である。彼が望むのは、耕作者にとって再生産が可能な価格で穀物が売買され、また商人が一定の利益を得られ、地主の収入を保障し、なおかつ民衆にパンをもたらす賃金水準が維持されるような市場の構築と価格設定である。これを可能にするのは、政府による所有権侵害や自由な取引の妨害ではなく、港の開放と商業の自由である。

彼は「手紙」の締めくくりとして、ルーアンの一ネゴシアンのコルベールに対することばを引用する。それは「われわれのなすがままにさせてください Laissez-nous faire」である[34]。このことばは、ル・ジャンドルという商

（32）*ibid.*, p. 3.
（33）*ibid.*, p. 10.
（34）「手紙」ではこのフレーズはイタリックになっている。「レッセフェール」という有名な標語の出自について、「レッセフェール、レッセパッセ」の形でグルネーに帰す説がある（Foucault 1978, p. 53, n. 15, 六二―六三頁編者注15におけるデュポンへの言及を参照）。原理としてはボワギルベールにはじまりを見る論者も多い（エルベールのこうした主張について、Depitre 1910, p. xix、米田 2005, 一一頁）。Foucault 1979, p. 27, n. 13, 三三頁編者注13によると、一七四〇年代にすでにダルジ

人のことばとしてチュルゴーの『ヴァンサン・ド・グルネー賛辞』（1759）の中で引用され[35]、ダルジャンソン René Louis de Voyer de Paulmy d'Argenson（1694-1757，初代警視総監の長子）の「ベローニ侯爵の『商業論』に関する『経済雑誌』の著者への手紙」（d'Argenson 1751）には、次のように記されている。「コルベール氏は商人の代表者たちを招き、商業のために何をすべきかをたずねた。なかでも分別がありおべっかを言わない者が次のことばを述べた[36]。「わたしたちを放っておいてください」。だがこのことばの意味の大きさは、今まで十分考察されてきただろうか」。

三　フランス初期経済学と商業の自由[37]

以上がアベイユの「手紙」に見られる自由化論の基本的な立場である。ではこうした立場はいつごろから、どのような人々によって唱えられたのか。フランスにおける商業自由化論を見ていく上で、先ほどから何度か名前を挙げた「グルネーサークル」の存在が重要である。

グルネーサークルをはじめとするフランス経済学黎明期に関する研究は、近年さかんになっている。この時期の学説は、ケネーとフィジオクラットの光輝の陰にかくれて長らく目立たなかった。しかし、自由主義経済思想の複雑さや政府の役割と自由をめぐる多様な議論が注目され、当時の論争状況が掘り起こされてきている。なかでもグルネーが脚光を浴びるようになったきっかけは、ジョサイア・チャイルドの『貿易論』[38]のフランス語訳につけたグルネーの注解が津田内匠によって発見され、一九八三年に出版されたことであろう[39]。

フーコーがなぜネゴシアンで行政官となったグルネーサークルの一員、しかものちにフィジオクラットと距離をとるようになるアベイユという、ある意味絶妙な人物を選んだかは分からない。しかし、この時代の穀物政策に関わる思想を時代の中で見ていこうとするなら、「経済理論」としても啓蒙的自由化運動としても長大な研究史があるケネーとフィジオクラットよりも、グルネーサークルは適切な対象であるように思われる。もちろんフーコーは、その後のグルネーサークルやフランス初期経済学研究の隆盛を知らない。しかし、ここでもまた彼の選択を手がかりとして歴史をたどっていくことで、自由化論が生まれ支持を獲得していく過程に接近することができる。

フランス自由主義経済学のはじまりをどこに見るかには一定の共通了解があるだろう。多くの論者が挙げるのが、一七世紀から一八世紀の転換期にきわめて強力な自由化擁護を展開したボワギルベール Pierre le Pesant de

---

ャンソンの論文草稿にくり返し現れる。

(35) Turgot 1759, p. 620, 五八―五九頁。

(36) d'Argenson 1751, p. 111.

(37) 以下の記述の中で「商業 commerce」という語が頻出する。このことばの起源に「ネゴス（余暇）の不在」という否定的な意味があることが、Rosanvallon 1979, chap. 3-1 で指摘されている。また、アーレントは『人間の条件』で、アリストテレスの政治的生活 bios politikos の中世哲学における標準的な訳語として vita activa を説明する際、この語を vita negotiosa とも言い換えている。かつては多忙な生活とは政治的生活であって商業ではなかったことになる（Arendt 1958, p. 12, 二六頁）。

(38) Josiah Child（1630 or 31-1699）は一般的には重商主義者として知られる。商人出身で東インド会社総督となった。グルネーがチャイルドを翻訳したこと自体、当時の英仏における経済言説が、重商主義／自由主義の二分法になじまないことを物語っている。重商主義から自由主義への継承関係や経済的自由主義と政治的自由主義が必ずしも一致しないことについては、日本ではとりわけ小林昇の研究を通じて知られている。小林 1977 を参照。

(39) Gournay 1983. また Gournay 1993 は、著書のないグルネーの覚え書き、私的・行政的書簡、草稿などを収録した論集である。グルネーは行政官としての職務の中で自らの思想を表明し、さまざまな人々をサークルへと誘った。したがってこれ

Boisguilbert（1646–1714）である。[40] 米田 2016 は商業とそこにおける欲望の介在を擁護したボワギルベールやマンデヴィルなどに、アウグスティヌス主義のある種逆説的な作用を見出している。とくにボワギルベールについては、ジャンセニストのニコルからの影響を認めている。現世と来世とのつながりを認めず人間理性の可能性に否定的であるという意味でプロテスタントにも通じるこうした思想が、欲望の無限昂進による社会の繁栄ヴィジョンをもつ商業の自由論を生むという逆説は、思想史的に興味深いものである。だがここでは、そうした宗教的・思想的起源に立ち入ることはせず、その後の自由化論の展開を見ていくことにしよう。

ボワギルベールをはじめとして、フランスで商業の自由を擁護した人々は、反コルベール主義として自らの立場を表明した。彼らは、コルベールが行った数々の規制はフランス農業を衰退させ、過少消費と過少生産のスパイラルによってフランス経済を停滞させたと診断を下す。[41] そしてコルベールの経済政策が批判される際、しばしば対照的な名宰相としてシュリーの名が挙げられた。シュリーを一八世紀の自由化論のものさしで測ることは難しいであろうが、彼がアンリ四世とともに改革を行った時代は、フランスにとってたしかに新時代であった。そして実際、シュリーの時代にフランス農業は大きく発展したとされる。[42]

ボワギルベール以外にも、ジョン・ローの元秘書で『商業論』（Melon 1734）の中で奢侈 luxe を容認する経済論を展開したムロン Jean François Melon（1675–1738）[43]、また同じくローの知己で多くの点でのちの経済理論を先取りする議論が見られるとされる『商業試論』（Cantillon 1755）を遺したカンティロン Richard Cantillon（?–1734）[44] など、一八世紀前半には条件付きの自由化を支持するいくつかの重要な経済言説が出現した。つまりこのころまでには、イギリスの学説からの刺激や富と価値についての重商主義的な議論の展開もあり、のちの経済学が取り上げるさまざまなトピックが出そろっていたことになる。

必需品と奢侈品のどちらが国家にとって重要か。農業振興のためになすべきことはなにか。労働力は多いほどよいのか。賃金は低いほどよいのか。また信用と貨幣はどのように制度化されるべきなのか。奢侈は人心を腐敗させ国を衰退させるのか、あるいは豊かさと幸福の源泉なのか。国の真の富を構成するのは土地か労働か貴金属か。これらの問いの一つとして、国内における商品の移動は自由であるべきか、また輸出入は自由化されるべきか、なにを輸入しなにを輸出することが国家間競争において有利なのかといった、商業と交易の自由をめぐる問

らの資料は、彼の活動の本質的な部分に属する貴重なものである。

(40)　ボワギルベールはルーアン出身で、ジェスイット、のちにジャンセニストの学校で学んだ。パリで法律を修め弁護士となる。劇作家コルネイユのいとこにあたる。パリで文筆で生きる道を模索したが、その後郷里に帰って官職を買い地方長官となった。ヴォーバンとは知己で著作に関して意見を交わしていた。その思想については米田 2005, 第一章、Rosanvallon 1982 など多くの文献がある。フーコーが参照したとされる Depitre 1910 にも思想内容を含めた記述がある。

(41)　Weulersse, 1910, pp. 1-3. 当時シュリーに擬せられることは自由主義政治家にとって最高の褒めことばだったようである。Kaplan 1976, p. 141 のエピソードを参照。ケネーも『百科全書』「穀物」の項でシュリーの農業中心の政策を称えている(Quesnay 1757a, pp. 216-217, 一七七頁他)。逆に、一七七〇年代にチュルゴーと対立したネッケルは『コルベール賛辞』(Necker 1773) を書いている。

(42)　米田 2005, 三四—四七頁。

(43)　ムロンの生涯については、Melon 1734 の日本語訳の米田昇平による解説を参照。フランス中部のテュルという町の生まれで、ボルドーで弁護士となった。この地でモンテスキューの知遇を得た。その後ジョン・ローの秘書となり、ローの「システム」崩壊後はオルレアン公、ブルボン公に仕えた。

(44)　カンティロンの生涯については、知られていないことが多い。生年は一六八〇年から九〇年の間とされ、アイルランドのバリーロナンという町の出身である。のちにフランスに移り銀行業に携わった。為替や投機に詳しく、投資と運用で財産を築いたが、ローのシステムの破綻による訴訟に巻き込まれ、ロンドンで殺され自宅を放火された。Cantillon 1755 所収の津田による解説を参照。『商業試論』はその存在が知られていたものの、出版に至ったのは著者の死の二一年後、グルネーの

図13　サンマロの海岸沿いの市壁

題が含まれていた。先ほど見たように、これらの問いが民衆の生存との関係で死活の政治課題となったのが一七五〇年代以降なのである。

四　グルネーサークル

では次にグルネーについて、グルネーサークルがなぜ注目されるかの理由とともに見ていこう。一七五〇年代のフランス経済学隆盛の中心人物であったグルネー Jacques-Claude-Marie Vincent, marquis de Gournay（1712-1759）は、サンマロの裕福なネゴシアンの家に生まれた[45]。サンマロはブルターニュ地方の太平洋に面する拠点都市で、海洋貿易で古くから栄えた。グルネーの時代にはスペイン貿易が中心であった[46]。彼自身も一七歳でスペインのカディス Cádiz / Cadix に修業に出され、一五年後にフランスに戻るまでに一財産作ったという。帰仏後は官職を得て中央行政に関与し、一七五一年には商業監査官となった。彼は「一八世紀の三一人の商業監査官のうちただ一人、ネゴシアンの経験者であった[47]」。

こうした経歴はグルネーに、一商人あるいは私人としての商売上の観点と、より公共的かつ一国的な視野での行政的政策的観点との複眼的思考を可能にしたと考えられる。すでに取り上げたアベイユをはじめ、当時の経済論客の中には同様の経歴の持ち主がいたが、彼らはグルネーとの関わりや彼の推薦によってこうしたキャリアに入ったとされる。すでに述べたアベイユが書記長を務めたブルターニュ農業協会も、商業と交易について職業的な拘束を離れて論じることができる場を求めたグルネーの働きかけによって、政府の支援を得て設立されたという(48)。つまりグルネーは、国際的な商取引を通じて得た経験をもとに、より広くフランスの商業と産業のあり方について国家の政策と交易との関係から考えるという、いわば知識人として新しいスタイルを創造したのである。

働きによるものであった。英語の原稿を著者自身がフランス語に訳したと伝えられるが、英語版は未発見である。

(45) 以下、グルネーの生涯は主に Charles 2011 による。生涯と著作についての研究文献は、その p. 66, n. 2 を参照。日本語で読めるものとしては、Turgot 1759 が生涯を詳細に記している。

(46) サンマロはブルターニュ北東部、レンヌから鉄道で一時間ほどの海辺の都市である。ブルターニュ、英語ではブリタニーという地域名のとおり、ドーバー海峡をはさんでイングランド南部と向かい合い、ポーツマスから船で約九時間かけて渡ることができる。かつては最も近いプリマスとの船便もあった。古くからの軍事要塞都市で、現在の中心地となる壁で囲まれた地域は六世紀に遡る修道士居住地の跡である。一六、七世紀には海賊支配で名を馳せ、その後も商業と交易で栄えた。サンマロはナントと異なり奴隷貿易に手を染めなかったとされてきたが、実は一八世紀にはかなりの規模の奴隷取引があった(Roman 2003)。石積みの要塞都市のすぐ西側に商港があり、ここから貿易船が出航した。東側は現在は浜辺のリゾート地となっている。干満の差が激しく、海に迫り出した旧要塞は干潮時のみ市壁と地続きになり、その姿は岬一つはさんだモン・サンミッシェルを小規模にしたようにみえる(図13参照)。

(47) Charles 2011, p. 66.

(48) *ibid.*, p. 76.

グルネーサークルは、フィジオクラットと比較してきわめて緩やかな集まりであった。ケネーに『百科全書』「穀物」の項目執筆をもちかけたのもグルネーであるとされる[(49)]。彼は「学派」を作らず、むしろ多様な立場の人々、とくに交易がさかんないくつかの地域の商人、そして地方と中央の行政官や官僚、それまで商業に携わることのなかった貴族[(50)]、また文人や評論を行う人々の間につながりを作り、経済を新しい視点から論じる場を生み出すことに注力した。そのため、著作を発表することも新しい議論を伝える一方法と捉えており、理論を構築するといった性質のものではなかった。むしろいくつかの雑誌を通じて、時局とも関連した論考や意見を発表し、またとりわけ海外の動向の翻訳による紹介に力点を置いた[(51)]。

そもそもこのころまでのフランスでは、経済を国力との関係で論じることはあったが、それはあくまで国家あるいは国庫の問題と不可分に結びついていた。そのため王の税収源の確保や威信の獲得のための手段という扱いであった。経済的考察は王室財政と不可分で、それは統計同様、王が他国を出し抜くための「国家機密（アルカナ）」の一部であった。

これに対してグルネーサークルの試みは、多様な利害と観点をもつ人々が、より自由にまた互いに自らの職業的制約を越えた広い視野で経済問題を論じるためのものだった。Charles 2011 が強調するのはこの点で、サークルには貴族の名門や身分の高い人物もいれば（チュルゴーやマルゼルブ）平民出身者もおり（フォルボネや彼のいとこのダンジュルなど）、金銭的理由から翻訳を行うメンバーもいた。シャルルはグルネー含め二〇人をサークルのメンバーに数えているが、このうち中央行政のキャリアを得て行政官となるネゴシアン、つまりグルネーと似た経歴の者が三分の一を占めたとしている[(52)]。人口論争のところで取り上げた、ヒューム『政治論集』の翻訳者ル・ブランもメンバーであった[(53)]。

また同じく人口論争との関係では、一七五三年にフォルボネ François Véron Duverger de Forbonnais（1722–

1800）が、ウスタリスのスペイン語の著書とキングの英語の著書の翻訳を通じてpopulationの語をフランスに再導入したことが注目される（本書第九章二参照）[54]。フォルボネはルマンの裕福な製造業者[55]の家に生まれ、ヨーロッパ、とりわけスペイン旅行を通じてスペイン貿易とその言語に精通し、英語も得意であった。このようにグルネーサークルに集った商人たちは豊富な外国経験と語学知識を生かして、商業についての最先端の議論を実践的な視点から紹介することができた。彼らの経験と知識は、宮廷の役人たちにはない独自の価値を有していた。そのことがサークルにおける新しい知の形成を促したのである。

（49）Larrère 1992, p. 100.

（50）「爵位喪失法 loi de dérogeance」を廃止し貴族の商業従事を解禁すべきかどうかは、一八世紀フランスの政治社会的争点の一つであった。川出 1996, 序論を参照。一七五〇年代の商人貴族論争については、森村 2004 が詳細に論じている。ここには貴族の参入だけでなく、貴族身分を得た商人が商業をつづけることも含まれた。商人貴族擁護の代表的論者はコワイエ Gabriel-François Coyer, abbé de（1707-1782）である。

（51）津田 1982 は、『ジュルナル・デ・サヴァン』（「学識者の雑誌」の意味）と『ジュルナル・エコノミーク』（経済雑誌）の二誌を取り上げ、そこに見られるグルネーサークルの活動を概観している。

（52）Charles 2011, p. 71. サークルメンバーのリストは末尾の「補遺」に一覧になっている。

（53）Jean-Bernard Le Blanc/Abbé Le Blanc（1707-1781）は、モンテスキューの知己でイギリス通として知られ、「貿易（商業）の嫉妬」の関心の下に商業平和論を唱えた。英仏比較やヒュームとの関係を含め Kawade 2018 が詳しい。ル・ブランはネゴシアン出身ではないが、ヨーロッパを旅して各地の商業についての見聞を広め、それをフランス商業の知見に生かした点では他のメンバーと経歴が似ている。『政治論集』のフランス語訳巻末には「グルネが「注解」で推奨したイギリスの経済学書のリスト」（Cantillon 1755, 日本語訳の津田「解説」二六三頁）が掲載されているという。

（54）Théré, Rohrbasser 2011, pp. 145-148.

（55）「エタミン」という布地の製造業者であった。この布は小麦のふるい分けや乳製品の濾過に用いられてきた。

彼らはしばしば、フィジオクラット以前の体系化途上の経済学説の提唱者として括られてきた。たしかにグルネーサークルに集った人々の経済学上の主張は一様ではなく、またフィジオクラットの登場以降はそれに接近する側と反対する側に分かたれることになった。ラレールはグルネーが「すべてが異なって見える重商主義とフィジオクラシーの間を取りもった(56)」とする。一七五九年にグルネーが死去したことで、彼の個人的なコネクションを通じて緩やかなつながりを保っていたサークルは事実上解体した。

なかでも先述のフォルボネは、一七六〇年代に自由化論が制度化され、そこにフィジオクラットの主張が反映されていく過程でその最も鋭い批判者の一人となった。しかし彼の場合、たとえばアベイユのようなかつての立場の変更や軌道修正ではなく、グルネーサークルが従来から全体としてもっていた「自由と保護」の二面性の追求の結果であった。フォルボネは『百科全書』「商業」の項目で、かつての重商主義に見られる金至上主義を批判している。しかし彼の経済思想は重商主義的とされる点も多い。諸国家の競合と国内取引自由化、その論拠となる特殊に対する一般的正義と平等の優先の思想は、ムロンやモンテスキューから影響を受けたものである(57)。

グルネーサークルの思想や立場はもとから論者によって異なっていた上、時局の変遷に応じて強調点が変わることも多かった。これはグルネーの実践志向、あるいはフランスの現状に沿った形で経済政策を考えるという姿勢によるものであった。この時代、フランスでは一方で農業資源の未開発と農業生産性がその潜在能力を十分発揮できていないことが問題となっていた。他方で製造業や製品に関してはイギリスに対する立ち遅れが意識されていた。そうしたなかで彼らは、イギリスをはじめとする外国に対する関税障壁や保護貿易的な措置、あるいは産業振興と育成のための保護政策を唱えた。国内交易の自由と一定の条件下での輸出入の自由を認めるものの、輸入を無条件に容認することはリスクが高いと考えられていた。実際フランスの製造業は、フィジオクラットのデュポン・ド・ヌムール Pierre Samuel du Pont de Nemours（1739-1817(58)）の推奨によって締結された一七八六年のイーデン条約（ヴェルジェンヌ条約）によって大きな打撃を受けることになる。

以上のように見てくると、フランス最初の自由主義の経済的思想運動といえるグルネーサークルが、まさに商業と統治の実践の傍らで、その技術や技法をめぐって生まれてきたことがわかる。

五　チュルゴー対ネッケル

一七七〇年代半ばに、穀物取引は五〇年代、六〇年代につづいて三たび政治の舞台に上る。このときの対立と抗争は最も激しく、また象徴的な二人の人物、チュルゴーとネッケルの名とともに記憶されることとなった。チュルゴー Anne-Robert-Jacques Turgot, baron de l'Aulne（1727-1781）は当時のパリ市長（商人頭）の家に生まれた。父は本書第六章で言及した「チュルゴーの下水道」、またパリの地図「チュルゴー図」（図14参照）の名

(56) Larrère 1992, p. 100.

(57) Larrère 2011. Larrère 1992 はフォルボネを重商主義、グルネーを自由主義とし、根底にあるポリスおよび禁止と規制についての見方の違いを対比している（ただし両者の共通点にも言及されている）。フォルボネの思想については、米田 2005, 第二章二、先行研究については一七四頁注1を参照。非常に位置づけが難しい思想家で、「最後の重商主義者」とも言われる。Théré, Rohrbasser 2011 でも、フォルボネ論は「第三部」として別枠に位置づけられている。本書第一三章二も参照。

(58) パリのユグノーの時計職人の家に生まれたデュポンは、ケネーに師事し、彼の教えを広め、その理論に拠った徹底した自由化を実現しようとした。革命でギロチンにかけられそうになったが、ロベスピエールの失脚によって助命された。暴徒の攻撃から逃れるために一家でアメリカに移住し、かつてラヴォアジェの下で化学を学んだ息子はデュポン社の創業者となった。

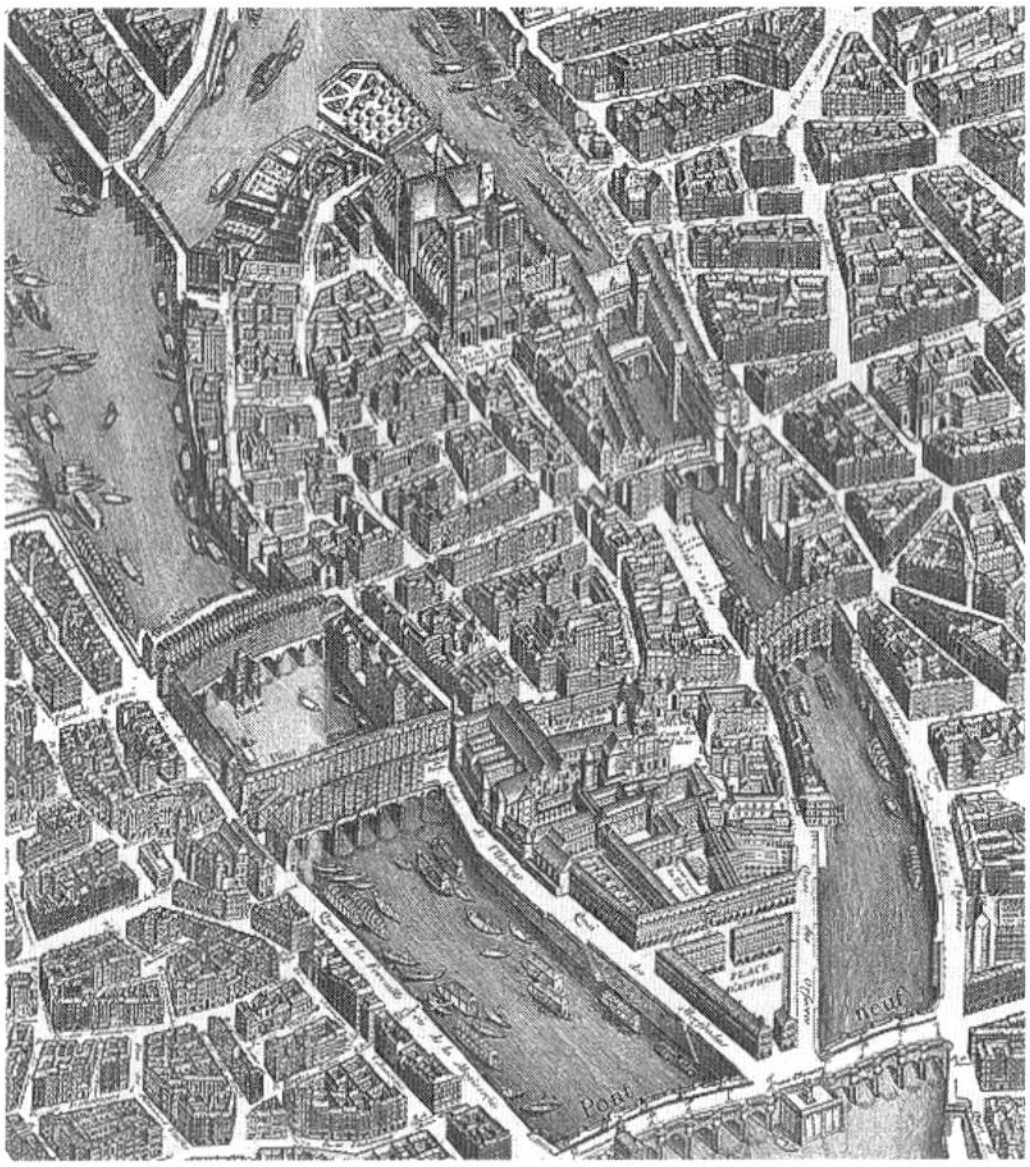

図 14　パリの地図「チュルゴー図」（1739 年）の一部.
建造物一つ一つが立体のように描かれている.
（シテ島の部分の拡大図）

の由来となった人物である。チュルゴーはグルネーサークルの一員で自由主義思想を支持し、百科全書派とも近く、『百科全書』にいくつかの項目を執筆した。また、一七六一年以来一三年にわたってリモージュの地方長官を務め、その期間にさまざまな経済財政政策を行った。

一七六〇年代に実施された穀物取引自由化は、多くの反対や暴動の発生を受けて七〇年には事実上撤回されていた。一七七四年八月に財務総監の職についたチュルゴーは、すぐさま自由化政策の再実現に着手する。チュルゴーによる改革は穀物取引だけでなく、経済財政全般に及ぶ明確なプランと思想を伴ったものであった。チュルゴーは一面ではフィジオクラットの自由主義思想に共鳴したが、その理論を絶対視して現実に適用するような安易な考えはもっていなかった。彼はリモージュ時代から政治家・行政官としてのセンスを発揮し、非常に現実感覚に富む経済政策を行っていた。

しかし一方で、チュルゴーの改革は単に穀物取引を自由にするか規制するかという点にとどまらなかった。すでに見てきたことから明らかなとおり、穀物取引の自由化をまじめに考えるなら、そこにはたとえば政府財政の健全化のためにどのような財源からどの程度の税収を見込むのか、あるいは同業組合による生産流通のさまざまな面での独占や規制をいかに撤廃あるいは改変するのか、輸送の規制はどうあるべきか、輸出に関する最高価格規制はどのような原則によって変更されるべきか、農業生産の自由や農民による販売の自由はどのような形で擁護されるべきかなど、多くの問題が付随してくる。

これらの諸問題のいちいちに、当時のフランスの国情や各地方の置かれた状況、また地方勢力、とくに各地のパルルマンの動向、そしてジャーナリズムが担う世論やサロンでの意見、また無視できるはずのない王と王妃や取り巻きの意向など、さまざまな政治事情を考慮して対処に当たらなければならなかった。チュルゴーにおいて驚異的なのは、彼がこうした時局に制約された無理難題に対処する際、経済的な思想あるいは原則をもって当たった点である(59)。

チュルゴーの経済思想は、たとえば『チュルゴ経済学著作集』（チュルゴー 1962）所収の諸論考、また一七七四年の自由化令である国務会議裁決（Turgot 1774）、とりわけその前文などに見出すことができる。Faure 1961は、チュルゴーの自由化論を次のように特徴づける。チュルゴーはまず、不作の年に穀物の流通を規制し、なるべくその場所にとどめておくというポリス的な発想を批判する。不作の影響は禁輸によって緩和されるどころか悪化するというのは、当時の自由化論者に共通する主張である。

チュルゴーの政策において注目されるのは、不作の地域に小麦を届けさせるには、実際には文字通りの自由では不十分であることを理解していた点である。この点は安藤裕介 2014 で論じられている。たとえばチュルゴー

(59)　チュルゴーとフィジオクラットとの間には経済思想上、政策上の立場の違いが存在した。チュルゴーは高値の効果よりも市場が価格を安定させる働きを重視し、また農業以外の産業ならびに商業の重要性を理解していた。Larrère 1992, chap. 4 を参照。

の赴任地であったリモージュで小麦が不足した際、同じく不足に直面した近隣地域からの輸送は期待できない。だからといって、高い輸送費を払ってたとえば大西洋沿岸のボルドーやラ・ロシェルから小麦を運んでくる商人がどれほどいるだろうか。

彼がとった政策は、小麦を運んできた商人に手当を支給するというものであった。これは自由化政策と言えるだろうか。安藤はこれを「灰色の政策[60]」と呼ぶ。この政策はたしかにレッセフェールとは異なるのだが、小麦の輸送を禁じた上で販売統制を通じて民衆にパンを届けるというポリスの発想とも異質である。つまり、レッセフェールではないものの、小麦の流通や輸送を活発にするために商業活動を奨励するという点で、ある種の経済自由化論とも言えるものであった[61]。

チュルゴーの自由化政策には、これ以外にもたとえば慈善作業所 bureaux et ateliers de charité の設置の提案[62]、輸出規制に手をつけなかった点、またパリについての穀物供給の例外措置を引きつづき認めた点など、当時のフランスの経済社会状況に見合った形で自由化を実践しようとする、さまざまな工夫、あるいは妥協が見られる[63]。

このことと、彼が一般的・長期的な見方としては自由化の効用を信じて疑わなかったことが両立できること自体、政策との関連で自由化を考える上で興味深い。チュルゴーは基本的には商人の貪欲や人間の欲求を容認することで、国家に全般的な豊かさがもたらされると信じていた。したがって、彼が工夫を凝らしたさまざまな政策は、時間の経過によって商業の自由の価値を民衆を含めた世論が支持するようになり、経済の均衡が達成されるまでの間、それらの実現を容易にするための統治の技巧ということになる[64]。

だが、一七七六年五月にチュルゴーは失脚する。背景にはさまざまな権力闘争があったと思われるが、そもそも彼が自由化に着手する前から穀物は不作で、その政策運営ははじめから困難を抱えていた。一七七五年には各地で価格高騰が見られるようになり、四月のディジョンを皮切りに暴動が発生した。暴動はパリとその周辺に飛び火し、「小麦粉戦争」のはじまりとなった。チュルゴーは暴動を鎮圧したが責任を取って辞任させられ、後任にはクリュニという人物が充てられた。この人は早々と死去し、その後を任されたのはネッケルであった。ただしプロテスタントの外国人のため国務会議の一員となることも財務総監になることもできず、「財務評定官 conseiller des finances」の肩書となった。

ネッケルはジュネーヴの銀行家の一族に生まれ、実業家としての修業ののちにテリュソン―ネッケル銀行を創設した。そこから彼はフランス王室の財政と深い関わりをもつようになる。王室との密接な関係の下で、ネッケルはフランス東インド会社への投資や終身年金販売などを行い、莫大な財産を築いて一七七二年に事業から引退した。

ネッケルがアンシャン・レジーム末期のフランスで最も重要な地位に就くのはこのあとのことである。ではなぜ政治経験のない外国人の銀行家が、事実上の財務総監となったのか。そこには小麦粉戦争に至る一連の経緯と、反自由化論の巻き返しが関係している。ネッケルは一七七五年四月に『立法と穀物取引について』(Necker 1775) を発表した。同書は四部構成で、第一部「穀物の輸出」、第二部「王国内での穀物取引」、第三部「穀物取引に適用されてきたさまざまな規制」、第四部「もっとも適切なシステムの考察」からなる。これはチュルゴー

(60) 安藤裕介 2014, 一〇二頁。
(61) Turgot 1769–1770, Lettre première.
(62) Faure 1961, p. 204,(上)三五四頁、p. 210, 三六四頁、p. 237, 四一二頁、また四三一頁訳注9。
(63) たとえば Turgot 1774 を参照。
(64) 安藤裕介 2014, 第四章は、チュルゴーに見られる経済の長期的均衡という考えに注目し、自由化政策の普及についての彼のヴィジョンをとりわけその「世論」イメージと民衆の無理解との関係で捉えている。

の許可を得たものであったが、その主張とは明らかに対立していた。出版時期がちょうど小麦粉戦争と重なったために、ネッケルの議論は象徴的な意味を担わされることにもなる。同書の反響がいかに大きかったかは、同じ年のうちに四版を重ねていることから見てとれる。

また『コルベール賛辞』(Necker 1773)は、自由化論者がシュリーを礼賛したのに対し、あえてコルベールを称える点で、ネッケルが反自由化論の伝統に立つことを印象づけるものとなった。彼は、シュリーの死後、戦争好きのリシュリューやマザランによって軽視されていた財政を再建した宰相としてコルベールを称える。そしてコルベールの政策に仮託しながら、自説である自由化抑制論を展開する。ネッケルは穀物取引の自由の重要性、また人間が個人的利益によって最も活発に行動することなどを認めている。しかしそれはすべてに優越するわけではない。必要な場合には穀物の輸出は制限されなければならない。とりわけ人々の生存がかかっている場合には。「おそらく穀物輸出の自由は所有者の権利であろう。だが交換するものをなにも持たない大多数の人々、自己の労働の価格でパンを得ることしか望まないが、生まれながらに生存の権利を獲得している人々、彼らもまた彼らなりの権利を有するのだ。社会は譲り合いと犠牲という穏和な相互性から成り立ち、こうした慎ましい調和によって、人々は団結、幸福、平和そして安全を見出すのである」[65]。

以上からも分かるように、ネッケルは頑なな反自由化論者、あるいは規制論者ではなかった。彼が主張したのはむしろ、時局に応じた政策の組合せであった。そしてその判断を導く一つの基準となるのが民衆の生存であり、その価値が穀物取引の自由や富と豊かさの追求と対立する場合には、生存が優先されなければならない。ネッケルはとりわけ、人々が昔からの慣習やしきたりに固執し、それを変えるような改革に不安を覚えることを指摘する。このことを非合理や無理解として理性に基づいて論難することはたやすい。だがそうしたところで、動揺しやすく予兆や噂からの影響を受けやすい人間の傾向を変えることはできない。大都市の民衆の間では、不安はまたたく間に伝染する。たとえ彼らが非理性的に見える行動様式に従うとしても、不安と想像が現実を変える力をもつ以上、そうした行動にはある種の合理性がある。このようにして、一九世紀以降「大衆社会」の制御しがたい特性とされるようになるものを、ネッケルは当時の民衆のパン価格への反応の中にすでに見出していた(66)。

食糧難は幻想で、偏見と迷信の産物であるという自由化論者の主張に、たとえ一片の真理が含まれているとしても、その幻想に基づいてなされる人々の行動が現実にパン価格に影響し、また退蔵や投機につながるなら、幻想が膨らんで爆発する前に、それをなだめ民衆を安心させる措置をとらなければならない。ネッケルが政治家の責務と考えたのはそのための行動である。それは結果として、民衆たちのモラルエコノミーと公正価格の要求に応じるような政策へとつながった(67)。

以上のように、チュルゴーもネッケルもともに、現実の政治の機微を理解しそれに応じて柔軟に対応する感覚を持ちあわせた政治家であった。一七七〇年代に至る自由化論争を見ることで気づくのは、旧来のポリス規制に

---

(65)　Necker 1773, p. 42.
(66)　この点に関して、安藤裕介 2014, 第五章は、ネッケルの「世論」観をチュルゴーやコンドルセと対比して描いており、一九世紀に噴出する「社会」への展望の点からも示唆に富む。
(67)　このことは、ネッケルが「民衆の守護者」であったという評価に直結するわけではない。王室との関係で巨万の富を築いた銀行家が民衆の守り手であってもよいのだが、彼の政策は、民衆の御し難さについてのリアリスティックな認識と、それを制御しなければならないという統治者の視点からくる。その点でたとえば民衆を啓蒙する可能性に信頼を置くコンドルセと比べて民衆を高く評価していると言えるかは分からない。コンドルセは小麦をめぐって暴動を起こす民衆の愚かさを無知によるものと考えていた（たとえば *Lettre d'un laboureur de Picardie à M. N***.* (*s. n.*), Paris, 1775）。つまり、啓蒙された知識によって民衆が愚かでなくなる可能性を信じていたのである。こうした点については安藤裕介 2014 を参照。またコンドルセのネッケル批判は永見 2018, 第三節一を参照。

戻るという選択肢はいつの間にか消失し、自由の程度や規制のタイミングが問題になってきている点である。この時期に至ると、価格高騰や暴動の頻発にもかかわらず、自由は政策の一部としてつねに組み込まれるようになっている。その中でとくに、自由を通じた、あるいは自由そのものを利用した統治のヴィジョンを積極的に展開したのが自由化論者であり、その政策的な推進者としてチュルゴーを位置づけることができる。

もう少し歴史のスパンを長く取る場合、本章で見てきた一七五〇年代以降の自由化をめぐる攻防からなにを読み取ることができるだろうか。まず、二一世紀の現在に至るまで、同じような争点で議論がなされつづけていることが挙げられる。一方の側は、自由と富を通じて幸福がもたらされると信じてやまない。生存は事実上後回しである。しかし自由の支持者は決してそのことを認めない。生存を優先したのでは豊かさはいつまでも得られず、むしろ自由と富が生存以上のものを必然的にもたらすというのである。

自由の反対者はこうした議論を欺瞞であると斥ける。生存が優先されない場合に人間が失うものを、あとで取り戻すことなどできない。しかも富は一部の人間に集中し、それが権力と結びつくため、大多数の細民は富める者に対して奴隷同然である。自由がやがて全員の幸福を生むのを待てないのは非合理な愚か者だという論じ方は、このようにつねに疑心と不信の的となってきた。これについてどちらが正しいということはできない。到来したことがない理想的な自由の状態を拠り所に真理を語られても判断しようがないからだ。またその反面、現代においてポリス規制に回帰するなどありえないのも事実である。

しかし自由と富がやがて皆を幸福にするという予言は果たして実現することがありうるのだろうか。そしてそこでの幸福は誰が求めるどんな内実を伴ったものなのだろうか。さらに、自由は平等を生むのかそれとも不平等と格差につながるのかいずれであろうか。これらの問いへの解答は、自由の原理ではなくむしろ歴史によって与えられてきたように思われる。

そしてまた、完全な自由も完全な規制もありえないことも、その後の歴史によって証明されている。自由と規制をめぐって、あるいは自由のための規制と規制の中での自由をどう組合せるかをめぐって、この時代以降、為政者たちの工夫がなされ統治のさまざまなヴァリエーションが試みられてきた。フーコーの一九七九年講義の大半は、その後の自由主義の統治の展開を二〇世紀を中心に見定めることに費やされた。

本書では二〇世紀の経済的自由主義に立ち入ることはしない。しかし、一八世紀について検討すべきことがまだ残されている。そこで章を改めて、こうした自由をめぐる統治の技法について、フーコーが着目する概念や思考のあり方、そして彼がそれらにどのような評価を下しているかを見ていくことにする。

第一三章　フーコーによる自由主義の解釈

一　人民対人口

この章では、フーコーが一八世紀の経済的自由主義をどのように捉え、評価しているかを見ていく。まずはアベイユや当時の自由化論者の食糧難についての見方を取り上げながら、フーコーが新たな統治のテクノロジーとしての自由主義をいかに描き出すか、またそれにどのような評価を下したかを示す。

アベイユの議論を取り上げた一九七八年一月一八日の講義で、フーコーは穀物自由化論に見られるいくつかの特徴を指摘する。まず、穀物の不足や高値を「悪」として捉え、それを抑制しようとするポリスの発想との違いである。自由化論者にとっては、不足も高値も悪ではなく、かといって善でもない。それはむしろ「自然」である[1]。ここでフーコーが注目しているのは、彼らが不足や高値といった一つ一つの現象に対処するのではなく、穀物の生産から流通・消費までのシステム全体を考慮に入れようとする点である。フーコーはこれを、現象を道徳的な水準で捉えるポリスの発想から、現象の背後にある全体への着眼点の変化と捉えている。フーコー講義でのフーコーの表現は、「分析が一段、あるいは数段後ろへ退く[2]」という比喩的なものである。フーコー

（1）　自由主義にとっての自然の重要性については、人口の自然性との関連で次節以下で取り上げる。
（2）　Foucault 1978, p. 38, 四五頁。

はこの変化を、たとえば「穀物の来歴」についての自由主義者の分析の中に見出す。自由化論においては、市場に出てくる穀物について、豊富か不足か、価格は高騰しているかいないかといった目の前にある事態だけでなく、「穀物が大地に播かれてから……最終的に可能な全利潤を生産する時点」(3)に至るすべての過程が考慮に入れられる。そのため、市場の穀物が不足し、高値がもたらされるといった表面的現象だけでなく、たとえば種が播かれる土地の肥沃さや特性、誰がどのような労働を通じて穀物を育てるのか、天候の影響はどうか、販路はどのようなものか、どんな商人がいかなる輸送手段を使い、どの程度の規模でどこに穀物をもってくるのか、こうしたすべてが考察対象となる。自由化論者たちは、これらすべてを一つの「現実」として捉え、そこに働きかけようとするのである。

こうした現実、穀物の生産から流通、販売に至る全体を考慮に入れて設定される装置、それをフーコーは「セキュリティの装置」(4)と呼ぶ。ここで彼は多くのことを一挙に語っているため、慎重に読まないと肝心なところを見落としそうになる。そこで注意点をいくつか挙げておく。

まず、フーコーは自由化論を文字通りのレッセフェールよりずっと広く捉えている。これはすでに述べたように、グルネーサークルや初期の自由化論に見られる輸出奨励政策なども自由主義の統治の中に含めていることから分かる。

安値と価格や量の統制を目指すポリスの政策と、輸出奨励金や輸入関税との違いはどこにあるだろう。フーコーは、人の自発的な行為、あるいは個人の欲望や合理的計算に基づく行為を誘発し促進する統治と、規制と禁止によってそれらを抑圧する統治とを全く別のものとして捉えている。そして前者に属するかぎり、たとえ介入的政策であっても自由主義的な「セキュリティの装置」の一部と見なす。したがって、たとえばチュルゴーがリモージュ時代に行った遠隔地の商人に小麦を届けてもらうための奨励金のような政策も、それが商人の自発的行為を促進するものであるかぎり、自由主義と矛盾しないことになる。

フーコーは自由化論者の議論が、すでに述べた生産に関わる分析対象の拡張（穀物の来歴の分析）だけでなく、市場に関わる分析対象の拡張、そして市場における人間についての分析の拡張を伴っていたとする。これは、ケネー「経済表」に見られる富の循環を一覧するような発想のみならず、グルネーサークルの議論にすでに見られるヨーロッパ単一市場、そしてその先にある世界市場の構想、また自由主義者たちがこれから先ずっと保持しつづける人間像、つまりホモ・エコノミクス（経済人）の登場を指している。

こうした分析の拡張の中で捉えられるとき、食糧難という現象は、たしかにアベイユが述べるとおり「幻想」となる。フーコーは、こうした思考が可能になるのは、人口という水準が人民という水準と分離され、独立することによってであると指摘している。穀物をめぐる状況や環境、いくつもの関連する変数、また世界へと拡大する巨大市場、そしてその中で合理的にふるまうことで自分の利益を確保するホモ・エコノミクス。これらの分析全体の中に、食糧難に抗議し反乱を起こす人民 peuple が出てくる余地はない。ここでは人民ではなく人口が、統治のターゲットであり調整と介入の対象なのである。

人民と人口の違いをフーコーはどのように説明しているだろうか。アベイユが食糧難を幻想であると言うとしても、それは食糧不足で生活が困難になる人が一人もいなくなることを意味しない。飢餓という現実は、今後もなくなるわけではない。だが他方で、人口の水準での食糧難は人々の飢えとは別の次元にある。それは自由化政策によって解消されるのである。

（3）*ibid.*

（4）*ibid.*, p. 39, 四六頁。

この区別について、フーコーの説明は分かりやすくはないが、自由主義の統治がどの水準に関わるかを理解する上で不可欠のものである。フーコーは人民と人口の区別を「現実の区切りではない」という。つまり、ある集団の一部は人民の側に、別の一部は人口の側に属するといったものではない。それは「まさにその〔自由主義的統治の―引用者〕権力―知の内部において、テクノロジーと経済的管理の内部において、人口という適切な水準と、〔人民という―引用者〕適切でない水準とのあいだでの切断が行われる(5)」ことを意味している。つまり、ある人間集団を人口として捉え、概念化するような知が、特定の統治のテクノロジー〔ここではセキュリティの装置あるいは自由主義の統治〕と相関して出現するということである。

ではここで、人民と人口を区別するものはなにか。人民とは語の由来を遡れば明らかなとおり、人々の集まり、人の群れを指す。だがこの群れ、集団は二つの面で人口とは異なる。第一にそれは、すでに第Ⅱ部で取り上げたようなさまざまな集合的特性、たとえば死亡率、出生率、人口移動といった現象にはなじまない。第二に、気候や風土や慣習との関係で「ヒトという種」として捉えられる人間も、人民には属さない。これらは人口の次元に属する事柄なのである。統計的に捉えられる集合性、また環境の中に置かれるヒトとしての人間、これらは人口に固有の現象であり、新たな統治技術において統治の対象となるものである。

また、人口は統治が考慮に入れる主体としても人民とは異なっている。フーコーはこれをアベイユの議論を例に語っている。自由化論者にとって、穀物流通が彼らの思い描いたとおりにスムーズになされるには、人々のふるまい方が重要である。すでに述べたように、当時の為政者たちは民衆の「偏見」や「空想」などに手を焼いていた。人民は、高値の兆候が見られると静観することができず、すぐに役人に訴えて穀物の退蔵を禁じさせようとする。噂にまどわされ、六ヶ月の不足を絶対的欠如と勘違いして騒ぎを起こすが、とにかく目の前に小麦の山があれば安心する。彼らには先を見通す能力と行為を制御する理性が欠けている。要するに、人民は遠くを見やることができずがまんもなく、合理的な計算もしない。そして間違った行為を通じて事態を悪化させ、空想にすぎなかった食糧難を現実にしてしまう張本人なのである。

フーコーによると、アベイユは「これらの人は現実には人口に属していない」(6)と言っている。(7)つまり自由化論者にとっては、ホモ・エコノミクス、合理的経済人の模範のごとくふるまわない民衆は、人民であっても人口ではないということになる。人は今後、経済の世界においては人口の構成員としてしかるべきふるまいをしなければならない。フーコーはこれを「人民が人口であることを拒否するなら、彼らはシステムを狂わせる者たちとなる」(8)という。

つまり自由主義において、人はある特定の合理性をもって、正しいやり方でふるまわなければならない。それを理解しないのは愚か者であり、システムの中に入れない者たちである。その意味で自由主義は、あるべき人間となされるべきふるまいを想定し、それ以外の者たちを非難している。一八世紀の自由化論者が愚かな民衆とそれに同調する伝統主義者をいかに軽蔑していたか。彼らは市場が拓く未来に対して驚くほど楽観的である反面、それを阻む守旧勢力には実に無慈悲である。そしてくり返し愚民の行為を軽蔑し断罪した。

しかし他方で、それを善悪の問題ではないかのように見せる理屈が、自由主義には存在する。そしてこの、一見すると道徳から切り離された真理や事実の次元で語っているかのように見せるレトリックが、自由主義が長き

（5）*ibid.*, p. 44, 五二頁。
（6）*ibid.*, p. 45, 五三頁。
（7）「手紙」の中でアベイユは人口ということばは使っておらず、人民と人口の明示的な区別はない。ただし彼はたしかに本文で述べたような理由で人民を非難し、そのあるべきふるまいへの期待を表明している。
（8）*ibid.*

にわたって命脈を保つのに役立ってきたのである。彼らは、ポリス論者や民衆のように商人の強欲を道徳の問題として正面から非難することはない。システムを狂わせる者とは、悪者ではなく間違った者、つまり「自然」と「自由」に無理解な者なのである。こういう人たちは自由の敵対者であり、また事物の自然が理解できない愚か者、非合理な人間だからこそ、批判され排除されるべきなのである。

自由であることを組み込んだ統治が、ある前提にしたがって行動するかぎりでしか人間の自由を認めないこと、その意味で人間の欲望や自発性を組み込みながらそれを誘導するタイプの統治であることについては、ホモ・エコノミクス概念を検討する中で改めて論じる（第一四章）。ここでは先に、自由主義における自然という概念の中心性を、人口の自然性を例に考察する。

二　人口の自然性（一）——重商主義

フーコーは、一九七八年一月二五日（第三回）の講義で人口の自然性について検討している。そして、自由主義者がそれをどのように捉えているかを三つの特徴に分けて考察する。一つ目は、人口が富と豊かさをもたらす複合的な要素の一つとして捉えられる点である。この特徴は、フィジオクラットと重商主義の対比を通じて示される。二つ目は、人口のコントロールを目指す際、欲望の位置づけが法や規律におけるのとは異なっている点である。三つ目に、人口の規則性についての認識である。この点については、第Ⅱ部でケネー／グラントやモオー／モンティヨンを取り上げて論じたことの確認となる。以下、一つ目から順に見ていこう。

フーコーは、人口についての重商主義の見方を次のようにまとめている。まず、重商主義は人口の重要性を組み込んだはじめての政治経済的な学説である。これは第Ⅰ部で取り上げたテーマ、すなわち国家理性の言説において、国家の力が政治的考察の対象となりはじめたことに関連づけることで理解可能となる。伝統的・中世的な世界観においては、国家の力は領国の平和、あるいはその意味での「ポリス」（秩序）の状態、あるいは人々が君主に服従し、臣民としての義務を果たしていることと同義であった。これに対して国家理性とポリスの統治は、国家を構成する諸要素すべてに目を向け、それらを規制し管理することで、統治の技法を駆使して国家に繁栄をもたらそうとする。

フーコーは重商主義を、こうした一七世紀の統治における豊かさのための政策として位置づけている。そこでは生産と交易とが一体で捉えられており、農業人口が多いこと、彼らの生み出す作物が豊富であること、それによって農産物の価格が低く保たれることが目指される。穀物が豊かで食糧価格が低ければ、マニュファクチュアに携わる人の労賃も低く抑えられ、人々は低価格で食糧や生活用品を手にすることができる。また、輸出において国際競争力を高められるため、国家が外国製品に金銀を支払う必要を減じ、また貿易によって利益を得て金銀を獲得することができる。

フーコーはこの時期の統治の手法を次のようにまとめている。「もちろん、人口がこうしたやり方で国家の富と力の基礎となるのは、それが次のような規制的な装置全体によって枠づけられているかぎりでのことです。その装置は、国外移住を妨害し、移民を呼び込み、出生率を上げげようとしました。役に立つ輸出可能な生産物がなにかを定め、生産すべきものと生産方法を決め、賃金さえも事前に定め、怠惰と浮浪を禁止しました。要するに、国家の力と富にとって原理であり根幹でもある人口が、必要なだけ、必要な場所で、必要なものを生産することを保証しようとしたのです[9]」。

（9）　*ibid.*, p. 71, 八四頁。

フランス重商主義について、ここで簡単に補足しておく。講義でフーコーは「重商主義者、カメラリスト、あるいはコルベール主義者」[10]という表現を用いており、重商主義をコルベール主義とだいたい同義に捉えている。たしかに重商主義の政策は、フランスではリシュリュー、そしてとりわけコルベールの統治と結びつけられてきた。穀物自由化論者が敵対者を「コルベール主義」として非難したことは、すでに述べたとおりである[11]。重商主義を唱えた思想家としては、ラフマ Barthélemy de Laffemas（1545–1612）およびモンクレティアン Antoine de Montchrétien/Montchrestien（1575–1621）[12]がしばしば挙げられる。

モンクレティアンについては、第五章のポリス論のところで名前を挙げた。これはフーコーがモンクレティアンをもっぱらポリス論者として、テュルケ・ド・マイエルヌと並んで扱っているからである。彼らについては第一五章で、エコノミーポリティークの概念史を論じる中でもう一度取り上げる。ここでは重商主義との関連で、モンクレティアンの経済論にあたるものを簡単に紹介する。

モンクレティアンは『政治経済論』（Montchrestien 1615）で、勤労とくに土地耕作の重要性を説き、またマニュファクチュアの発展を重視している。商業については、国内の流通の自由を奨励するとともに、外国貿易についてはとくに輸入が増えて金銀が流出することへの警戒が表明されている[13]。貿易は国家に富をもたらす重要な契機であるが、無条件に容認されれば富を失う危険を伴うとしている。

重商主義については、しばしば次のような指摘がなされる。「重商主義という名称は、多少とも関連のある実践、理論、信念、仮説などをひとかたまりにするために、のちの研究者たちがつけたものにすぎない。誰もこれらの構成要素から統一された全体を作り上げた人はいなかった[14]」。ここで重商主義は、一五－一六世紀にさまざまな場所で断片的に作られた諸概念が一七世紀にひとまとまりにされ、いくつかの共通する主題について論じられ、政策的に試みられた、それらの集積として捉えられている。このなかから、国家が優先すべきは農業か製造業（産業あるいはインダストリィ）か商業か、輸出入の規制はどうあるべきか、人口は多い方がよいのか、あるいはどの部門に優先的に人口が投入されるべきか、労賃は安い方がよいのか、国家の富を形づくるのは金銀か貿易差額かそれとも自給自足できる農業生産力か、といった問いが提示され、それぞれの論者がその解決策を提示した。

このように述べると、重商主義の内実が結局分からないという印象が残るかもしれない。そこでLarrère 1992に拠って、重商主義の思想史的な布置やそこに通底する見方についていくつか指摘しておく。ラレールの著書の目的は当時の経済思想を経済学の前史としてではなく、政治・経済・モラルを総体として捉える統治と社会の学

（10）*ibid.*, p. 72, 八五頁。
（11）これについて、吉田静一の次の指摘がある。「コルベルティスムを重商主義とする規定は、いつはじまったものであろうか。おそらくコルベールの政策体制を重商主義そのものとして捉えた最初のひとは、アダム・スミスであろう。もとより、スミス以前にケネーが、コルベルティスムを強く意識しつつ、それにたいする批判のうちにみずからの理論を形成していったことは、のちに再びふれるところであるが、しかしケネーには、コルベルティスムを明確に重商主義と規定する視角はほとんどなく、それはやはりスミスのものであったといわなければならない」（吉田 1962, 一四頁）。同書は、フランスに見られる自由と保護の二面政策が大革命後もつづくことを指摘し、それをフランス重商主義の特質としている。
（12）モンクレティアンはノルマンディのファレイズに生まれた。幼少期に両親を失い、二〇歳前後で二度決闘して二度目に相手を殺してしまう。処罰を怖れてイギリス、オランダと移り住み、恩赦でフランスに帰国した。悲劇作家そして詩人として知られる。結婚によって富を得て事業家となり官職を得るが、『政治経済論』の内容が不穏当として王室より左遷される。一六二一年ユグノーの反乱に参加し命を落とす。遺体は最も苛酷な拷問を受け遺灰は撒かれたという。プロテスタントへの改宗時期や反乱参加の経緯には謎が多い。伝記的事実は、Duval 1868, pp. 7-13, Funcke-Brentano 1889を参照した。
（13）モンクレティアンの経済思想については、山川 1976, Cole 1931, chap. IIIを参照。
（14）Cole 1931, p. 213.

として論じることにある。その全般的構想の中で彼女は重商主義を取り上げ、一七世紀の自然法論に見られる「生存」のテーマが重商主義の中心にあるとする。重商主義とは、中世的な「善き生」に代わって人々の生存を最優先する自然法思想と問題を共有し、生存をもたらすために一方で国内交易の統一と条件付きの自由、他方で国際交易における競合と統制とを標榜する学説であった。ラレールはロスクラッグ（Rothkrug 1965）を参照し、諸国家の競合というこうした世界観はマキャヴェリの影響を受けたもので、その中で生き残り（生存）を保障し、人々に安全 sureté をもたらすために他国に対する覇権、また国内市場統一が模索されたとしている。つまり重商主義は、「抗争する君主と領国」というマキャヴェリの世界観に、国家の内部にある富や資源、人々の生活をどのように管理し導くか、すなわち統治という問いを付加し、それによって国力の問題を新たなしかたで提示した学説ということになる(15)。

こうした重商主義の思想と政策については、自由主義経済学とのつながりが強調される場合もあれば、逆に自由主義との断絶が強調される場合もある。前章で述べたとおり、ラレールは重商主義としてかなり後の時代の思想家である、カンティロン、ムロン、とりわけフォルボネを取り上げている。これは一八世紀に入って重商主義の中から自由主義的問題が出現してきたことの傍証ともなっている。こうした標準的とはいえない歴史像を描きながら、ラレールはフーコーの統治性講義と重なるさまざまな論点に言及している。

ラレールのような数少ない例外を除いて、重商主義と自由主義とを統治の技法という観点から対比し、両者の手法の共通点や違いを論じることはほとんどなされてこなかったと思われる。もちろん、禁止か自由か、規制か奨励かといった対比は、自由化論争の中で論者たち自身がくり返し提起したものであるから、よく知られている。しかしそれらは通常政策の選択の問題として、あるいは経済理論としての整合性の観点から、経済学の前史として取り上げられてきた。

フーコーの興味関心はこうしたものとはかなり異なっている。彼はそうした政策や理論的な主張の背後にある人間観や世界観、そしてとりわけ権力と統治の技法についての思考様式、世界と人間をあるやり方で捉えることでそれに働きかける方法に着眼する。したがってフーコーの議論は経済学的なものではない。それは一種の政治論なのだが、統治の技法という観点から眺められたかぎりでの政治論となっている。しかし統治といっても具体的な政策についての議論とは全く異なっており、それは一種独特の意味で政治哲学的な議論である。

ラレールは、フィジオクラシーのみならず、重商主義についても社会を包括的に認識しようとする企図に基づく統治の構想として捉えており、その点でフーコーと対比すると興味深い。ラレールは、重商主義にとって最も重要であった「生存」に代えて、ケネーが「富裕 opulence」を導入したという。一方、フーコーの講義では、重商主義は国力追求のために人々の生を利用する政策であり、生存という目的は前面に出てこない。しかし対外的な国力は、結局は君主が保護すべき人々の生存のためであると考えるなら、両者の隔たりは強調点の相違にすぎないともいえる。フーコーの講義のそもそもの目的は「生―権力」誕生の歴史的経緯を示すことであり、一七世紀以降の政治の主題として生存に着目する点で両者は共通している。(16) さらに、生存というキーワードによってポリスと重商主義をつないでみると、自由化論争における自由主義とポリス論者との対立もすっきり理解できる。つまり、生存を最優先する側にポリスと重商主義があり、自由によってもたらされる富裕の側に自由主義がある

(15) 話が複雑になりすぎるので詳細は割愛するが、ラレールは一方で重商主義に見られる農本主義への志向をアリストテレス主義と結びつけて論じている。こうした理解は Rothkrug 1965 を踏襲したもので、イギリス中心になされてきた日本の重商主義研究ではあまり取り上げられない論点である。

(16) Larrère 1992, p. 10, n. 1 に『知への意志』への参照指示がある。

ということになる。

三　人口の自然性（二）――フィジオクラット

これらをふまえて、重商主義と対比されるフィジオクラットの人口理解を見ていくことにする。フーコーは、フィジオクラットをはじめとする一八世紀の自由主義においては、人口がある種の「自然」として捉えられていると指摘する。ここでフーコーは、人口としての人間は法的・政治的な意味での「臣民」ではなく、「管理や統治の技術的・政治的な対象[17]」になるという。つまり、人口はこれ以降統治によって操作可能となるのだが、それは人口が単に領土に住む個人の総和ではなく、関連するさまざまな変数に応じて変わりうるものだからである。「人口は風土とともに変化する。物質的な取り巻きによって変化する。商業の強さや富の流通における活動力によって変化する。また……税や結婚に関する法によって変化する。人々の習慣によっても変化する。……道徳的あるいは宗教的価値によって変化する。……またとりわけ、食糧の状態によって変化するのです[18]」。

こうした点についてはは第Ⅱ部で述べたとおりである。フーコーは人口という次元とその可変性を、それに固有の「自然」あるいは「厚み」と表現する。人口は独自の動きを見せるが、だからこそその次元にねらいを定めることで介入や調整が可能となる。そしてそれは、一見すると人口とは関係なさそうな要素に働きかけることで、期待した効果が得られるような水準である。自由化論の文脈でいうなら、輸出入の規制と自由のあり方、たとえば輸出が認められる国内の穀物の最高価格をいくらに設定するか、また輸入関税政策と国内産業への奨励金政策とはどちらが望ましいかなど、個別の政策の選択によって人口のあり方が変化してくる。だからこそ、一つ一つの政策を人口全体への影響を考慮に入れて構想すべきなのである。

つまり、一方で人口の自然性あるいは厚みは、そこに直接働きかけることを阻む。たとえば、子どもを産むことを強制する、あるいは家族の人数を規制するといった政策は実現困難である上、期待した成果をもたらさない。しかし、不作の際の禁輸解除によって穀物が毎年安定的に市場に出回れば、出生率は自然と上昇するだろう。自由主義の経済政策は、人になにかを禁じあるいは強制し、それを監視するのではない。むしろ、人がなにかをしたくなるようにしむけ、あるいはAよりBを選びたくなるように誘導する。それによって、人口の自然性を尊重しながら、それを望ましい方向に導いていくのである。

フィジオクラットは、「古代近代論争」において古代派であったと言われることがある。たしかにケネーは「穀物」や「人間」といった論考において、フランスの人口がここ一〇〇年の間に激減したことを深刻な問題としている。(19) しかし彼は古代を礼賛したわけではない。また、重商主義の人口増加論に反対しているが、人口が少なくても国は豊かだと言っているわけではない。

たしかに人口は国家の豊かさと関わっている。しかし重要なのは単に人口が多いことではなく、その人口が富と結びつき、それによって国家の収入を増大させることである。「人間」の中でケネーは、フランスより国土も小さく人口も少ないと考えられていたイギリスとの比較を用いて、豊かさが単なる数ではないことを示している。むしろ、人口が生産的となり経済活動が活発になることが重要である。そのためには農業のみならずマニュファクチュアや商業の発展と刺激が必要になる。彼は土地だけが富の真なる源泉であると主張したことで多くの人か

(17) Foucault 1978, p. 72, 八六頁。
(18) *ibid.*, pp. 72-73, 八六頁。
(19) Quesnay 1757a, p. 245, 二二一―二二二頁, 1757b, pp. 6-14, 二三〇―二四〇頁。

ら批判された。しかし政策論においては、ケネーは農業振興だけでなく、その他の産業や商業をも重視し、それら全体がうまく結合するための提言を行った。「人間」においてケネーは、こうした全体的な政策の展望を描き出そうとしている[20]。「人間」の項目で人口について、しかも経済政策との関係で考察するというのは、ケネーの視点の斬新さを物語っている。

「人間」の中で彼は、貧民を貧困のうちに置き最低限の生活の糧しか与えないことが彼らを働かせる唯一の動因であるという、重商主義的な考えを批判している。ケネーは、貧民に安楽を与えることが彼らをより勤勉にする唯一の方策であると考える。人間は欲望を満たすために労働する存在である。それは下層民であっても変わらない。このようにして、人口の自然性は欲望する存在としての人間を呼び込み、これ以降、自由と欲望と自然とはセットになって自由主義の統治の前提として機能するようになる。

四　人口の自然性（三）――欲望の組み込み

人口がさまざまな変数との関係で捉えられる以上、それを禁止や強制によって思うままに作りかえることはできない。自由主義者は強制に代えて、人口の唯一の原動力となるものに注目した。それが欲望である。人間の欲望に反した統治は必ず失敗する。これは逆に、欲望を尊重する統治はうまくいくことを意味する。欲望を放置するのではなく、それに反しない形で働きかけ、誘導することは可能だからだ。

ではその誘導はどこに向かうのか。ここには、個人の欲望を働かせることが全体の利益を生むという、自由主義にとってなじみ深い主張が関わっている。つまり自由主義の統治は、全体利益を実現するために個人の欲望に働きかけるのである。「問題は、この欲望をいかに肯定するかにあります。肉欲の限界や自分への愛としての利己心に限界を設けるのではなく、逆にこうした利己心や欲望を刺激し優遇し、それが必ず生み出すはずの利益をもたらす結果をきちんと生むようにすることが重要なのです」[21]。

欲望の肯定とそのしかるべき誘導によって全体の利益をもたらす。フーコーはこうした自由主義の構想を、功利主義哲学と結びつけている。功利あるいは有益性（ユティリティ）は、自由主義の統治が前提とする価値観、人間像、また法と統治との関わりという観点から一九七九年講義で再度取り上げられる。次章でこの問題を検討するので、ここでは一月二五日の講義で言及されている点だけを取り上げる。

フーコーは自由主義の統治における欲望の重要性について次のように述べる。「コンディヤックの観念学、また感覚主義なるものが規律の実践を支える理論的な道具であったように、功利主義哲学はこの時代における人口の統治を下支えする新製品だったのです」[22]。ここで言っていることの後半部分はよく理解できる。快楽と苦痛から出発して人間を捉え、個人を功利計算に基づいて合理的に行為する主体として捉える功利主義が、個人の欲望と合理的判断に基礎を置く自由主義の統治と人間観を共有していると言っているからだ。しかし、前半部分とあわせて読むとき、コンディヤックが規律と結びつけられ、他方で功利主義が人口の統治と結びつけられている点に違和感がある。ここは人口の自然性の問題とは直接関わらないようにも見える。だが、フーコーが自身の「知の考古学」と「権力の系譜学」をどのようにつなげて考えていたかに関係する、微妙な問題を含んでいる。

(20)　フーコーは「人間」を、「ケネーの根本的なテキストの一つ」(Foucault 1978, p. 79, 九三頁）であると評価している。たしかにこのテキストでケネーは、人口の問題にあらゆる角度から検討を加えている。
(21)　*ibid*., p. 75, 八九頁。
(22)　*ibid*., pp. 75-76, 八九―九〇頁。

ここでの問題はざっくり言うと次のようなものだ。フーコーは『監獄の誕生』でベンサムの「パノプティコン」を規律の技術の典型的な例として描いている。ベンサムはよく知られているように、人間の善悪を快楽と苦痛の量に還元し、「最大多数の最大幸福」をうたった功利主義哲学者である。そのベンサムは規律の装置の代表者で、なおかつ功利主義は講義では人口の統治、つまり自由主義の統治技法の下支えをする哲学であるということになる。ベンサムはいったい規律と自由のどちらに位置づけられるのだろうか。

もう一つはコンディヤックの問題である。フーコーは一九七三―七四年の講義ですでに、ベンサムのパノプティコンをコンディヤックの感覚主義哲学、またエルヴェシウスの「技術論的理想」と結びつけている。[23] そもそも、ベンサムの哲学を規律と結びつける『監獄の誕生』に見られるようなアイデアのあとに出てきた統治の議論において、功利主義と自由主義の統治とが結びつけられたために起こるねじれが問題となる。さらに、ベンサム自身の指摘を援用しながらコンディヤック哲学を規律と関連づけたことで、コンディヤックが『商業と統治』(Condillac 1776) で展開している効用価値説に基づく市場擁護論との関係も問題になる。

簡単に言うと、ベンサムとコンディヤックの思想が規律と結びつくのか自由主義の統治と結びつくのかがよく分からないということだ。もちろん、フーコーがベンサムやコンディヤックの思想全体を知らなかったなどと言うつもりはない。とくにコンディヤックについては、『言葉と物』の中でその観念論哲学だけでなく商業論あるいは効用価値説が詳しく検討されている。

結論から言うと、私は現在のところこの問題に明確な答えを出すことができない。また、自由主義の統治の特徴を論じていく上でこの問題の解決が不可欠というわけでもない。しかし、フーコーを研究する立場からすると、たとえば『言葉と物』での思想の扱い方と統治性研究におけるそれとの関係や違い、あるいは『監獄の誕生』での規律の描写と統治性研究におけるその内実とのずれ、といった点は気になるところである。

ベンサムとコンディヤックの位置づけの微妙さは、フーコー解釈の最も難しいところの一つともいえるこうした方法上の問題、あるいは彼にとって哲学史とはなんなのかといったテーマに切り込むための恰好の入口である。しかし先ほど述べたとおり答えが出ていないので、分かっていることを分かっている範囲で指摘しておく。

フーコーは一九七三年一一月二八日の講義で、コンディヤック『感覚論』における「影像」についての議論を示唆しながら、ベンサムがパノプティコンについての第一一の手紙（Bentham 1791）で述べていることを紹介している。ベンサムのこの手紙は「学校」という表題をもつ。学校へのパンプティコンの導入（inspection-school と呼ばれる）によって、「コンディヤックが思考実験として行った分析的手法による快苦の感覚から観念が出現するプロセスを、現実の実験によって確かめることができる。また、コンディヤックの発生論的な構想だけでなく、エルヴェシウスが「誰にでもどんなことでも教えることができる」という場合の彼の技術論的理想をも確かめることができる」[24]。フーコーはここで、生まれて間もない子どもを親から引き離して教育することで、彼らを

（23）Foucault 1973, p. 80, 九六頁。

（24）*ibid.*, p. 80, 九六―九七頁。ここでベンサムがエルヴェシウスに帰すことばは、死後出版された『人間論』（Helvetius 1773）の第一〇部第一章の表題「教育はすべてをなすことができる L'Éducaction peut tout から来ているようである（Foucault 1973, p. 93, n. 29, 一一二―一一三頁編者注29）。『人間論』のこの章でエルヴェシウスは人間が教育によって作られていることを示し、生まれつきであるかのように言われる卑賤や地域による人間の性質の違いを教育の違いに帰している（Helvetius 1773, Tome II, pp. 611–619）。

（25）Bentham 1791, p. 63. ただし、フーコーが引用している部分（Foucault 1973, p. 80, 九六―九七頁）のうち、エルヴェシウスに関する部分はベンサム自身がその名を挙げている（Bentham 1791, p. 120）が、コンディヤックについては名前を出していない（*ibid.*, p. 121）。

どんな存在にでもすることができるというベンサムのアイデアを、規律の実践と規律的な人間認識との交差地点に存するものとして描く。そしてそのアイデアの源泉として、コンディヤックの感覚論哲学、またそれを支える分析的（分解・構成的）な手法があったと捉えているのである。[25]

これは一方で、規律権力が人間の身体や動作を細部へと分解し、それを理想的な規範にしたがって再構成することで完璧な秩序へと到達しようとすることを示している。その点でたしかに、コンディヤックの影像の思考実験におけるプロセスは、規律の原型になりうるもののようにも読める。

しかし一方で、フーコーが『言葉と物』で指摘したとおり、コンディヤックは『商業と統治』で、人間の欲求充足行為としての交換において価値がいかに見出されるのか、それがいかに個人の欲望と結びついているのかを示している。こうした前提に立ってコンディヤックが描くのは、ポリスによる規制のモデルではなく、市場における自由な交換のモデルなのである。そしてこうした理論的なモデルを前提として、コンディヤックは穀物自由化論を熱烈に支持していた。[26]

また、ベンサムの規律と功利主義との関係については、さらに複雑な問題を提起するように思われる。たしかにベンサムは相手のすべてを見通し、見る側は隠されているパノプティコンを夢想した。すでに挙げたパノプティコンに関する手紙は、ぞっとするようなパノプティコンの実験計画をつぎつぎと、それも嬉々として描いている。しかしそれをもっと大きな「地」の上にある「図」として捉えた場合、どのように位置づけられるだろうか。ベンサムの功利主義思想、また彼の自然法批判を規律とどう関係づけるかは一つの難問である。その一方で、彼はある種の経済的自由主義を主張しており、自由化政策の支持者でもあった。それを彼の社会工学的あるいは「設計主義的」な発想、そして規律とどのように整合的に説明するのか、これもまた難しい。

つまり、一方でベンサムのパノプティコンとコンディヤックやエルヴェシウスの感覚論を結びつけ、他方で自由主義の統治と功利主義を結びつけることで、フーコーの議論はすっきりしないものになっている。しかし彼は、規律と自由主義の統治の関係を、これらの思想家への言及を通じて整理することはなかった。

このことはまた、『言葉と物』と統治性研究でのケネーの位置の変化という問題にも関わってくる。フーコーは『言葉と物』の中で、コンディヤックとケネーを同じコインの表と裏、富の分析の一つとして描いている（「第六章　交換すること」）。これに対して、一九七八年一月二五日の講義では、ケネーは人口という概念を導入することで、富の分析を政治経済学へと変えた人物として描かれている。[27] ケネーは「古典主義時代」の富の分析家なのか、近代の（労働と生産の）経済学者なのか。これは「考古学から系譜学へ」というフーコーの方法上の転換によって説明可能なのか、そもそもこの転換はいったいどういう内実を伴っているのか。このこととの関連では、次の点も指摘できる。フーコーは一九七八年の講義ではグルネーサークルのアベイユやフィジオクラットを「セキュリティの装置」の端緒の一つとして位置づけている。しかし一九七九年の講義ではフィジオクラットとの対比でスミスを政治経済学のはじまりとする発言がある。だがここではこれらの問題を指摘するにとどめ、ケネーとスミスについては次章四で、コンディヤック―エルヴェシウス―ベンサムについては次章五で、改めて検討する。

（26）　Condillac 1776, Seconde partie, とりわけ chap. 13–15. ここでコンディヤックはポリスと独占を批判し、穀物取引の自由を擁護している。コンディヤックの価値論と経済思想については、米田 2005, 第七章二を参照。

（27）　Foucault 1978, p. 79, 九三頁。

人口の自然性についてのフーコーの三番目の言及は、すでに第Ⅱ部で論じた人口固有の規則性についてである。ここでフーコーは、グラント『死亡表』を例に、ある特定の病気での死亡率の一定性などの規則性の認識が、人口の自然な現象として知覚されたとしている。こうして人口は、一方で生物学的な存在、あるいは「ヒトという種」として、他方で習慣や行為様式、また統治者への要求などによって「公衆」として捉えられるようになる。こうした人口についての指摘は、前者は人口統計学者たちにとっての人口、後者は穀物論争が展開された時期の為政者や文人たちにとっての民衆や公論に対応している。

フーコーはほかにも自由化論にいくつかの特徴を見出している。しかしそれらには重複も多く、すべて取り上げるとかえって彼の自由主義像の特徴が見えにくくなる可能性がある。そこで本章の最後に、「市場が真理の場となる」というフーコーの独特の理解だけを取り上げることにする。

五　真理の場としての市場

一九七九年一月一七日、この年の第二回目の講義において、フーコーはボワギルベールの「自然価格」、フィジオクラットの「よき価格 bon prix」、またのちの「正常価格 prix normal」について、次のように述べている。こうした価格理論においては、市場が「真理を明かす場」として捉えられている。市場価格が真理の基準なので、市場の自然なメカニズムに反する価格は間違った価格となる。たとえばポリスによる価格統制を通じて低く抑えられた価格は、この基準からすると間違いなのである。ここには当時の民衆が慣習と伝統に訴えて主張した正当価格 juste prix と、市場メカニズムに基づくよき価格（あるいは真正価格 vrai prix）との抗争を見てとれる。

自由主義者にとって「市場はそれが交換を通じて、生産、必要、供給、需要、価値、価格などを結びつけるかぎりで、真理の場を構成する」[28]。こうした市場という基準の絶対性によって、統治は今後市場を無視することはできなくなる。つまり、自然のメカニズムに反した統治は間違い faut で、それを尊重する統治は真なる vrai 統治ということになる。したがって、「よき統治とはもはや単に正義に基づく統治ではない」[29]。君主の統治に関して、これまで正しさとよさとの間にあった規範的な結びつきはほどかれる。古来の正しい統治とは、法に基づく統治、あるいは道徳的な鑑としての君主による徳ある統治であった。フーコーが強調するのは、政治経済学が発見した市場の自然性は、こうした規範と統治との直接的結びつきを切断するということである。

これ以降、正しい統治は道徳的に善き行いではなくなる。また、自然の法であれ神から授権された王の法であれ、法を守ることそのものでもなくなる。それは統治にとって直接は触れることのできないある種の真理、つまりは市場メカニズムの自然を観察した場合に自ずと明らかになる真理に合致する行いとなる。

フーコーはここで、それまで存在していなかった市場という場が現れ、それが徐々に成熟し規模を拡大したことで、統治が市場経済を無視できなくなったというような歴史理解をしていない。カール・ポランニーが明らかにしたように、市場は太古の昔からつねにあった。しかしその市場は、少なくとも中世から近世にかけてのヨーロッパでは、法的なやり方で構成されていたのである。市場でものを売ることができる人は限られており、誰がいつどこでどんな種類のものをどのくらいの量、またいくらで売ることができるかが厳密に決められていた。つまり市場は、さまざまな「特権」が交錯する場として構成されていたのだ。ふたたびポランニーの用語を借りると、市場は至るところにあったが、市場社会はどこにもなかったのである。自由化論者が統治にとっての真理の

(28)　Foucault 1979, p. 33, 四〇頁。
(29)　*ibid.*, 四〇頁。

基準という特別な役割を市場に負わせることができたのは、これもポランニーの用語でいうと、「社会への埋め込み」から解放された経済が出来したことを意味している[30]。

自由化論者がイメージした市場は、直接の規制や統制に服することはない。それは固有のメカニズムをもち、そのかぎりで統治者にとって外在的である。市場に直接統制を加えようとしても期待した結果を得ることはできない。自然のメカニズムを無視すると、市場は暴走し制御不能になるのだ。したがって、市場メカニズムの自然性はつねに尊重されなければならない。これが「なすがままにせよ」の意味である。ここで市場の自然性は、統治の外側に立ち、なにが正しくなにが間違っているかを外から統治に指示する基準となっている。

フーコーはこれを、たとえば権利侵害や法的な手続きを踏まないこと、あるいは法を蹂躙することを理由とする統治の批判とは異なる、統治批判の新たな道筋であるという。国王の専横に直面して、古来の国制や慣習法、また自然法や天賦の権利に依拠して対抗する伝統は、ヨーロッパで脈々と受け継がれてきた人権論の源流となる。彼はこれを「ルソーの道[31]」と呼んでいる。

これに対して、市場の真理性に訴えて統治の専横を批判する場合、正しさは法におけるそれとは異質なものとなる。そこでは、正しさが「よさ」から一旦切り離されて真理と結びつけられ、その結びつきを通じてよさの基準が再構成されるというプロセスをたどる。フーコーはここでさらに、正しさと法との直接の結びつきが解除されることによって、政治経済学と公法との関係が改めて問題になると指摘している[32]。この点についてはエコノミーの検討の中で取り上げる。章を改めて、まずはホモ・エコノミクスの概念から検討していくことにする。

(30) これらの点について、Polanyi 1977, 1944 を参照。
(31) *ibid.*, p. 40, 四九頁。
(32) フーコーはここで、スミス、ベッカリーア、ベンサムの名を挙げている。

第一四章　ホモ・エコノミクス

一　ホモ・エコノミクスの思想史

第Ⅱ部と第Ⅲ部では、フーコーが論じた一八世紀半ばの統治の転換を、基本的に彼の叙述の順序にしたがって解説してきた。しかし、ここから主に取り上げる一九七九年の講義では、ある程度歴史的順序に沿って講義が進む七八年とは異なり、フーコーは自由主義の特徴をトピックごとに取り上げるというスタイルをとっている。第Ⅰ部で簡単に述べたが、一八世紀と二〇世紀を行ったり来たりしながら、自由主義の統治がどのようなパターンで展開してきたのか、それらを時系列にとらわれずに紹介しているのである。

その中で本書のテーマとの関係で最も重要なのは、ホモ・エコノミクスとエコノミーという二つの概念である。そこで以下では、これら二つの概念についてフーコーが述べていることを、昨今の思想史・概念史研究の展開と照らし合わせながら検討していくことにする。

エコノミーについては、フーコーの政治経済学の理解、また市民社会の位置づけに関わるため、話が長くなる。そこで先にホモ・エコノミクスについて論じることにする。一九七八年講義にもこの概念への言及があるが、集中的に論じられるのは一九七九年三月二八日、つまり最後から二回目の講義においてである。

フーコーはこの講義の中で「実をいうと、ホモ・エコノミクスに関する理論はなく、この観念に関する歴史研究すらありません(1)」と述べている。これは新自由主義批判が一巡した感がある現在からすると意外に思われるかもしれない。現在では、ホモ・エコノミクスの中身については一定の了解があることを前提に、ホモ・エコノミクスをタイトルに冠した著書や論考が数多く出版されている。そこでは「人間はホモ・エコノミクスではない」あるいは「ホモ・エコノミクスと訣別しなければ人類は悲惨な終焉を迎える」といった問題提起がなされている。(2)だが、フーコーが講義をしていたのは新自由主義が最新の思想的・政策的選択肢として出てきた時期で、それについて反省的な議論がなされるには至っていなかった。ここでもまた、フーコーが取り上げたトピックがその後流行し、多くの書き手たちが論じるようになったという現象が見られる。

フーコーはこの概念がはっきり定式化されたのは限界革命のころだが、それよりずっと前からこの人間像は統治にとって重要な役割を果たしてきたと考えている。こうした議論は孤立したものだったのだろうか。それはもちろん先駆的な仕事である。しかし、彼の講義での論じ方についてよくよく考えてみると、同時代に別々のところで生じていたいくつかの潮流と問題意識を共有している。それはまず、アルバート・ハーシュマンというユニークかつ領域横断的な研究者の『情念の政治経済学』（Hirschman 1977）のテーマと重なる部分がある。そして、ハーシュマン自身が示唆しているとおり、彼のテーマは当時のケンブリッジ中心の思想史研究と大いに交錯するものである。(3)ポーコック『マキャヴェリアン・モメント』（1975）、スキナー『近代政治思想の基礎』（1978）、とりわけホント、イグナティエフ編の論文集『富と徳』（1986）に収録された諸論文に見られる近代における政治の語彙の変遷についての研究は、富が政治や道徳に与える影響というテーマに大きな関心を払ってきた。これは、フーコーのホモ・エコノミクスとエコノミーについての考察と興味関心を共有している。

また、これまで経済思想史の中で経済学生誕の前史として取り扱われることが多かった一八世紀の思想家たちを、その政治や統治の構想全体の中で、まさに「政治―経済学」として解読する試みは、ロザンヴァロン『ユートピア的資本主義』（Rosanvallon 1979）あたりにはじまるものであろう。彼はフーコーのコレージュ・ド・フランスのセミナーで報告したことがある。[4] 本書で参照してきた安藤裕介やラレールの研究も、こうしたテーマ系を発展させたものとして位置づけることができる。

また、これらとは系統が異なるが、市場経済の意義を歴史的に問い直す仕事の筆頭であるカール・ポランニーの『大転換』(Polanyi 1944) をはじめとする一連の研究は、ある意味でホモ・エコノミクスの起源とその帰結についての思想史になっている。近代経済学がどのような人間観、社会観によって成り立っているのかを、歴史

(1) Foucault 1979, 三三四頁。ただし、ホモ・エコノミクスはその概念が定式化されると同時に批判にさらされたという指摘がある (Persky 1995, p. 221)。この概念に相当するものを最初に述べたのはジョン・スチュアート・ミル (John Stuart Mill, 'On the definition of Political Economy: and on the Method of Investigation Proper to It,' in *London and Westminster Review*, October 1836, pp. 1-29) であるとされる。また、Persky 1995, p. 222 には、economic man の最初期の用例として一八八八年のイングラムの著書 (John Kells Ingram, *A History of Political Economy*, New York: Macmillan) を、homo economicus の方は一九〇六年のパレート (Vilfred Pareto, *Manuale di economia politica*, Milano: Societa Editorice) を挙げている。

(2) 最近のものでは、Daniel Cohen, *Homo Economicus: Prophète (égaré) des temps nouveaux*, Paris: Albin Michel, 2012, Peter Fleming, *The Death of Homo Economicus: Work, Debt and Myth of Endless Accumulation*, Plute Press, 2017 など。

(3) 主にケンブリッジ大学に集った思想史研究者たちによって主導されたため「ケンブリッジ学派」と呼ばれることがある。クェンティン・スキナー、ジョン・ポーコック、ジョン・ダン、イシュトヴァン・ホント、リチャード・タックなどを含む。彼らの多くは歴史学部の中の知性史 Intellectual History 専攻に属しており、政治・経済・哲学・歴史をまたぐ関心をもちやすい環境にあったと思われる。

(4) ただしロザンヴァロンの報告テーマはギゾーであった。*Le Moment Guizot* (Paris: Gallimard, 1985) の準備中であったと推測される。フーコーは一九七九年の講義要旨でロザンヴァロンの自由主義論に言及している (Foucault 1979, p. 326, 三九四頁)。

的・人類学的な相対化を通じて明らかにする手法は、フーコーの問題意識と共通する部分がある。もちろん、経済学における合理的経済人仮説への批判そのものはほかにも数えきれないほど存在する。だがそれを、歴史的にまた政治や統治との関係で行うという点から、ポランニーの思想は際立った重要性をもっている。

個別の思想家研究においても、たとえばアダム・スミスの学問体系を「統治の学」として捉えるホーコンセンの研究など、経済と政治と社会の連関の再定義として市場と資本主義の思想を考察するというテーマは、現在ではそれほど珍しいものではなくなっている(5)。

こうした研究は、本書でもその一部を参照してきたように、フーコーの統治性研究の足りない部分を補い視点を重層化し豊かにしてくれるものが多い。その意味で両者は相補的な関係にある。つまり、一七―一八世紀の政治・経済思想の読み直しによって「政治学」「経済学」などの境界を越えて統治と市場の関係を考える近年の試みの一つとして、フーコーの統治性研究も位置づけられるということだ。

他方で、フーコーのホモ・エコノミクスの考察は、哲学あるいは認識の領域と政治経済的な領域との関係についての言及を含んでいる。この点に関しては、たとえば功利主義哲学の最近の研究動向などを見ていくと、フーコーの議論によっては十分把握することができない複雑さに突き当たることになる。

これは、前章で指摘したコンディヤックとベンサムとの継承関係や、そもそも彼らの思想を認識論的―政治経済的に捉えるとどのように理解できるかという問題に関わっている。また、個々の思想家の全体的理解にとって、フーコーが統治性研究あるいはそれ以外の著作で示している読解はどのような位置関係にあるのかという問題でもある。

ある思想家について詳しく調べていると、「非専門家」からの通りすがりに見える言及はすべて誤読であるかのように捉えがちになる。もちろんこうした態度もまた往々にして「不毛な内在」でしかない。だがそれが分かっていても、一面的な読解を正したくなることは多い。こうした永遠の問題に答えが出せるわけではないが、コンディヤック―ベンサムさらにエルヴェシウス、ヒュームなどの思想を視野に入れて、感覚論哲学―功利主義倫理学―自由主義の統治の関係について、フーコーが講義で示した見方を検討してみると、そこには必ずしも整合的に説明できない部分があることが分かる。それをはっきり示すことによって、フーコーの統治の問題系における規律と統治の関係、またベンサムをはじめとする思想家たちを彼がどのように扱っているかについて、これまであまり問われてこなかった部分に照明を当てることができると考える。

二　情念の政治経済学

フーコーがホモ・エコノミクスについてまとまった議論を展開しているのは、一九七九年三月二八日だけである。この年は二〇世紀の新自由主義について長く話しすぎたために、近代について検討する時間が十分取れなかったのであろう。最後の二回にあたるこの回と四月四日の講義は説明にも十分な余裕がなくなっている。そのため一つの話題をいろいろな角度から検討するというより、論点を次々に提示して話を進めていく、かけ足の講義になっている。

(5)　Knud Haakonssen, *The Science of a Legislator: The Natural Jurisprudence of David Hume and Adam Smith*, Cambridge University Press, 1981.〔永井義雄他訳『立法者の科学――デイヴィド・ヒュームとアダム・スミスの自然法学』ミネルヴァ書房、二〇〇一年〕日本では、野原慎司『アダム・スミスの近代性の根源――市場はなぜ見出されたのか』京都大学学術出版会、二〇一三年など。

以下それを追っていくが、講義では、現代アメリカの新自由主義から近代におけるホモ・エコノミクスの誕生に突然話題が変わる。これは唐突に過ぎるので、本書では全く別の背景整理を行ってここまでの記述とのつながりをつけた上で、その展望の下にフーコーの議論を検討していきたい。以下で行う背景整理は、一で挙げた諸研究、とりわけ近年の政治思想史研究の展開の中に、フーコーのホモ・エコノミクス論を位置づけるというものである。

政治思想史という学問は、第二次大戦後から一九七〇年代ごろまでは「人民主権論」「民主主義論」の観点を特権的なものと見なすことが多かった。そこでの図式は、ヨーロッパでは中世の軛を破って近代が胎動してくる中で、人間の自由や権利が重視されるようになったが、絶対王政がその展開を阻んだというものだ。ここでは、契約論をはじめとする自由の守り手たちが王権の絶対性にどのように対抗したのか、その理論的・思想的な武器を探索することに、政治思想史の主眼が置かれていた。

こうした思想史に方法の点でも内容の点でも深刻な批判を投げかけたのが、歴史の文脈を重視する新たな思想史であった。こうした研究を生んだのは、言語と概念の歴史性に注目する思想史の展開であったと思われる。戦時期に思想形成したハンナ・アーレント、レオ・シュトラウス、マイケル・オークショットらの思想史、また第Ⅰ部で取り上げたドイツ概念史研究は、戦後世代の言語と歴史への関心を準備したといえる。そして、新たな思想史研究が明らかにした事柄の一つに、「経済社会の出現」が政治や法の言語にもたらしたインパクト、あるいはそれが政治と社会の語り方を根本的に変えてしまったことがある。一八世紀に生じた時代の切断、あるいは経済的利益の言語で社会規範を語ることは、たとえばすでに述べた古代近代論争、また富は徳を破壊するかというテーマの中に見られ、法と政治の言語で作られてきたそれまでの社会秩序の構想を根本から揺さぶった。

この劇的な変容の中心にあったのが「利益」という概念、あるいはホモ・エコノミクスの出現であった。利益の主体は既存の政治の言語をどのように変えたのか。以下ではそれについて、ハーシュマン『情念の政治経済学』によって見ていくことにする。ハーシュマンの著書を取り上げるのは、彼の関心がケンブリッジの思想史家たちと異なり、共和主義や法の理論、また一八世紀イギリスの複雑な政治史的状況にとらわれる必要がなかったことによる。また彼は一つのディシプリンに収まらない自由な研究者であるが、関心の中心が経済体制とそのオルタナティブの探求にあるため、フーコーの議論とつながりをつけやすいという点もある。(6)

『情念の政治経済学』は次のようにはじまる。「本書執筆のきっかけは、一つには政治に対する経済成長の影響を解明するのに現代の社会科学があまりにも無力であるという点にあり、もう一つより重要なのは、資本主義圏、社会主義圏、あるいは混合経済圏を問わず、経済成長が往々にして痛ましい政治的帰結をもたらしている点にある。経済と政治との連関についての議論は、経済発展の初期の段階、とくに一七、八世紀にすでに熟していたのではないか、というのが私の推測であった。当時はまだ経済学と政治学といった「学問分野」が存在しなかったため、学問分野間に越えるべき境界自体がなかった。その結果、思想家や国民経済学者は自由に闊歩し、たとえば平和のための商業の拡張や自由のための産業成長などの見通しについて忌憚なく意見を述べることができた。もしもっぱら専門分化の結果としてこの分野についてわれわれの方が知的に貧困だというなら、彼らの考えや推

(6) Albert Otto Hirschman (1915-2012) は、ベルリンに生まれ、ベルリン大学、パリ大学、LSE、トリエステ大学に学び、経済学の学位を取得した。スペイン市民戦争に参加したあとそこにとどまり、ナチス支配下のフランスからアメリカへの亡命者を支援する運動に加わった。文字通り「ピレネーを越えさせる」仕事に携わり多くの亡命者を助けた (Hirschman 1995)。自らも命の危険にさらされて一九四一年アメリカにわたり、軍務ののち戦後しばらく中南米で過ごす。アメリカに戻りハーヴァード大学、プリンストン大学などで教えた。開発経済学の専門家としても知られる。

(7) Hirschman 1977, p. 3, 一頁。

測をもう一度ふり返ってみるのは意味あることだと言えよう」(7)。

この引用は、自由主義あるいは資本主義経済が世界中の政治と社会に深刻なダメージを与えているという危機意識をもつ人が、なぜ思想史のうちに解答の糸口を見つけようとするかについて、ほぼすべてを語っている。たしかに、政治と経済の関係についての実りある考察が、一七、八世紀に驚くほどの豊穣さで現れた。とりわけモンテスキューやスミス、ルソーやヒューム、そしてこれまで本書で取り上げてきた思想家たちは、資源の最適配分の意味での経済や市場の問題を、人々の認識や言語や思考、倫理や道徳、社会的価値観、また法や政治、制度や体制、人口統計や確率、あるいは学問や技芸といった、ありとあらゆる人間事象と関連づけて捉えた。したがって、彼らの考察から学ぶべきことは数知れない。

ハーシュマンの議論は、彼が取り上げる思想家ごとに検討していくとかなりおもしろいのだが、本書ではその余裕がない。そこで概要だけを伝えることにする。彼はまず、一七世紀には人間の情念のもたらす集合的帰結が深刻な問題になっていたとする。一七世紀ヨーロッパ世界は宗教戦争の暗い経験から、情念の恐ろしさとそれを宗教で抑え込むことの難しさを同時に知ることになった。むしろ宗教的狂信が情念の噴出に結びつき、聖俗の秩序のもろさが露呈した。そのため情念を、懲罰、強制、抑圧とは別のやり方でコントロールする方法が模索されはじめる。

新しく試みられたのは、効果の薄い道徳を説いて回る代わりに、情念同士をぶつかり合わせてその悪しき効果を削ぐというものだった。その試みの先駆者はベイコンで、そこにホッブズ、スピノザ、一八世紀にはモンテスキュー、ヒューム、スミスなど多くの論者が付け加わる。ハーシュマンは、御し難い危険な情念に対抗する情念が、やがて「利益」ということばで総称されるようになるという。こうした情念のぶつかり合いという発想は、はじめは国家について唱えられ、次に個人へと移され、そこから再度政治体や統治の問題へと適用された。ハーシュマンはこうした議論を生み出すリアリスティックな国家観をもたらした思想家としてマキャヴェリを挙げている。そして、マキャヴェリからアンリ・ド・ロアン（本書第四章注26参照）に至る国家理性論の系譜の中で、利益と国家理性はほぼ同義に使われていたとする。

時代が下ると、利益はだんだんと個人間の関係にも応用されるようになった。たとえばホッブズにおいて、自然状態から政治社会が生成するプロセスは、まさに情念同士のぶつかり合いによる秩序形成のダイナミズムを描いている。それは空しい情念である虚栄 vain glory に、死の恐怖という別の情念を対抗させている(8)。ちなみに、第四章で取り上げたタックは、一七世紀には「主権国家」に適用されていたこうした見方（これはウェストファリア的秩序とも言い換えられる）を個人にも当てはめた最初の思想家はグロティウスであるとしている(9)。

ハーシュマンはさらに、利益概念そのものの意味内容の変遷をたどる。利益は一六世紀には経済的なものだけでなく、より広く人間のさまざまな願望とそれを追求する方法を含んでいたという。利益は、一方で金銭や富の追求に限らない多様な情念を含んでいた。他方でそれは激情とは異なり、それを満たすための計算、妥協、予見といった要素を含むと考えられたのである。つまりこの概念は、たとえばホッブズにおける情念と推論（理性）とを包括するものだったということになる(10)。政治においては、それはとりわけ政治権力や影響力として、すなわち名誉や栄光 glory として、王侯貴族や廷臣たちの関心を引いた。

だが、リシュリューの時代にはすでに、このことばの意味は富や経済的利益に偏りはじめていた。ハーシュマ

(8)　こうした理解による古典的読解として、Strauss 1952, chap. 2 を参照。
(9)　Tuck 1999, chap. 3.
(10)　ホッブズにおける情念（欲求）と推論 reasoning、また意志との関係については、重田 2011, 第一章で考察した。

ンが推測する理由は、利益は長らく利子の意味でも用いられており、また合理的計算という含意が経済的な連想を呼んだというものである。こうした経過ののち、「強欲、貪欲、金銭欲などとしてこれまで知られてきた一連の情念は、野心、権力欲、色欲のような情念に対抗し、それらを抑制するために有効に利用できるようになった」[11]。この結果をマキャヴェリが知ったらどう思っただろう。というのも利益に重きを置く考えは、マキャヴェリにとっては非政治的で私的な情念であり、「貪欲を特権的な情念の地位に昇格させ、その貪欲が荒っぽい情念を調教することによって国政術に決定的な貢献をするという考え[12]」だったからである。

キリスト教道徳のみならずマキャヴェリの共和主義にとっても、利益による情念のコントロールという考えはかなりがっかりするものだったはずだ。祖国のために身を捧げる共和主義的な徳のみならず、目的のために手段を選ばないがその結果を引き受ける君主の徳をも、つまらない金勘定によってなだめられ飼いならされるというのだから。市場社会に英雄は不要ということだ。

しかし利益は、それを恃む人々にとっては便利な道具であった。というのは、すでに述べたように利益は情念でも理性でもなく、両者の中間あるいは結合と見られていた。それは、「理性によって格上げされ抑制された自己愛の情念、あるいは情念によって方向と力を与えられた理性と見なされた[13]」。こうした利益の性質を利用して統治をうまく行うというアイデアは、すでに指摘したとおり国際政治では勢力均衡論に見られるものである。だが国家間の利益はしばしば対立し、利益の調和はうまく働かなかった。国連のような組織が強制力をもてないままである原点はここにある。そのため、国際関係はリヴァイアサン同士の闘争であるというホッブズが抱いた見方は、二〇世紀のリアリズム政治学に至るまで連綿と維持される。

一方、国内に目を転ずると、利益によって統治するというアイデアは国際関係におけるより有望であった。この場合には、個人が追求する利益が社会秩序をもたらすとされ、相互利益という考えによって社会にまとまりを見出すことが志向された。しかし利益が社会的に役立つという考えが広まるためには、それが他の情念より優れているか、あるいは他と異なる特性をもっている必要がある。たしかに利益が貪欲と捉えられるなら、それは醜く卑しい情念である。そこで利益を擁護する人々は、このイメージを変えようとした。それは商業や商人を高利貸しの悪しきイメージから切り離そうとする試みにも見てとれる。彼らは利益を「穏和な doux」ものとして、「野蛮な」武勇の徳と対比した。

ここに登場するのが、穏和な習俗、穏和な情念としての利益という考えである。利益は古代中世的な武家貴族の勇猛果敢と比べて、洗練され穏やかで恒常的な情念だとされた。古代近代論争がこうした対比に関わっていることは明らかだろう。グルネーサークルにおけるネゴシアンの知や商人階級の国民経済的意味の探求も、ヒュームの商業社会における洗練とぜいたく（奢侈）と社交の擁護も、すべてが武勇の徳に代わる新しい価値としての利益に関係している。

ハーシュマンはイギリスのシャフツベリからヒュームに至る利益対情念という図式の展開を記している。そして、このように一八世紀半ばまでありふれたものだった経済的利益による政治秩序の改善というテーマが、なぜその後忘却されたかに言及している。それはなによりスミスが、利益による行動がもたらす利点として政治秩序ではなく経済的な調和と繁栄を強調したからだという。しかしハーシュマン自身は、実際には一八世紀の思想家たちはスミス自身も含め、情念論から発した利益という概念を手がかりに、政治秩序と経済活動との関わりとい

---

(11) Hirschman 1977, p. 41, 三九頁。
(12) *ibid.*
(13) *ibid.*, p. 43, 四二頁。

うテーマを考えつづけたとしている。

三　究極の根拠としての利益

以上のようなハーシュマンの議論を念頭に置くと、ホモ・エコノミクスへのフーコーの言及の思想史的な位置づけがかなりはっきりしてくる。フーコーは、この新しい人間像が統治にもたらした変容を考察しているからである。これはハーシュマンの文脈で捉え返すなら、利益概念の出現によって政治と経済の関係についての語り方がどのように変化したかの考察である。フーコーの統治性研究は一七世紀の国家理性論以降の統治の言語の変容を扱っており、その点でもハーシュマンの時期区分や問題関心と重なっている。

だが講義では、フーコーはこうした思想史的な背景に訴える代わりに、哲学と認識の歴史の中にホモ・エコノミクスの登場を位置づけている。彼はホモ・エコノミクスの出発点をイギリス経験論哲学に置く。これを単純化した歴史像であると断っているが、利益と功利の人間像の出発点にイギリス経験論、とくにロックの哲学があるというのはごく一般的な理解だろう。「イギリス経験論に見られる主体の理論には、おそらく中世以来の西欧の思考に生じた最も重要な理論的変容の一つがある[14]」というのがフーコーの評価である。

ロックがもたらした新しい主体とは、「還元できないと同時に譲渡もできない個人的な選択の主体[15]」である。フーコーはここでロックではなく、ヒューム『道徳原理の研究』（Hume 1751）を取り上げてこの主体を説明している。ヒュームが挙げるのは、運動している人に「なぜ運動するのか」と尋ねる例である。その人が「健康を保ちたい」という理由を挙げるとする。そこで「なぜ健康になりたいのか」と尋ねる。「病気は辛いからだ」と答える。そこでさらに「なぜ辛いのがいやなのか」と尋ねられても、それ以上答えることはできないだろう。

「これは終局であり、ほかのどんな事柄にももはや訴えることができない[16]」からである。フーコーはここでのヒュームの議論を、人間がほかに還元しえない究極的な選択の主体であることの例証として読んでいる。もとの文章でヒュームが強調しているのは、人間の行動の究極目的を理性によって説明することは不可能で、それは快楽pleasureと苦痛painという感情に帰されるべきものだという点だ。つまり、人間はほかのなににも還元できない選択の主体であるだけでなく、その選択は快苦すなわち感覚的な情念（ここでは利益と同義である）によって決定されるということになる。

譲渡できないことの説明は次のとおりである。フーコーは、今度は『人間本性論』第二巻「情念について」の有名な例を挙げる。ここでももとの文章では、ヒュームは理性と情念を対比し、理性が情念に対して支配力をもたないことを示すために、選択の問題を取り上げている。「情念が誤った想定に基づいているのでも、目的に対する不十分な手段を選択しているのでもない場合は、知性はそれを正当化することも断罪することもできない。自分の指にひっかき傷をつくるくらいなら、全世界が破壊されることを選んだとしても、理性に反することではない。逆に私が、インド人か誰かまったく知らない人のわずかな不快uneasinessを防ぐために自分の完全な破滅を選択したとしても、理性に反するわけではない。また、私がより大きな善と認めているものより、より劣った善と認めている方を選び、前者より後者に対して熱烈な愛情を持つことも、理性に反するわけではない[17]」。こ

（14）Foucault 1979, p. 275, 三三四頁。
（15）*ibid.*, p. 276, 三三四頁。
（16）Hume 1751, pp. 162-163（Appendix 1）, 一六五頁。
（17）Hume 1739, p. 267, 一六四頁。

れについてフーコーは、たとえば誰かの死と自分の小指の傷との選択において、小指を傷つけろと命令され、強制されることはありうるという。だが、自分の小指を傷つけるくらいなら世界が破滅した方がましだと思うことをやめさせることはできないという。つまり、快苦の判断、あるいは自分がなにを好むかについての判断を、他人が代わりにすることも、あるいは情念の代わりに理性がすることもできない。その意味で情念あるいは快苦の感情による判断は、理性にも他者にも譲渡不可能なのである。

フーコーは、ではこの利益とはどこからくるのか、たとえば身体に発するのか魂を起源とするのかといった点は重要ではないという。むしろ、利益が人間の意志を形づくることに注目すべきである。ここでフーコーはもっぱらヒュームに拠っており、ヒュームの利益主体が法の主体といかに異なるかをブラックストンとの対比で語っている。ただしフーコーの説明は簡潔すぎて分かりにくいので、ここではあまりなじみのないブラックストンの代わりに、ヒュームの利益とルソーの権利との対比で再説しておく(18)。

フーコーがここで取り上げているのは、「自己利益が正義を作る」というヒュームの議論である(19)。ヒュームにとって、人が約束を守るのはそこに利益を見出すからだ。あるいは、人々が約束の遵守に利益を見出すように社会を設計することで、それが道徳的義務であると皆が信じるようになる。ヒュームはこのように、正義や自然法の源泉となるのは究極的には自己利益にほかならないと語る。そのことを前提として、道徳的義務や責務、あるいは契約がルール化されていくプロセスを示している。

一方、ルソーが『社会契約論』で行っていることはなんだろうか。ルソーにとっても、社会正義あるいは社会自体の出発点は、所有権や個人の利益を守ることにある。しかし、ルソーにおける社会契約はきわめて神聖なものである。契約が交わされる瞬間に、人は特殊利益から一般利益へと自らを飛翔させる。あるいは、人は自分自身のままでありながら、社会的な意志である一般意志を抱くようになる。このとき人は、自分自身とその権利の

すべてを社会へと譲渡するが、それはなにも譲り渡さないのと同じで、契約の後にも人は以前と同じように自由である。(20)

ここでルソーはいったいなにを言っているのだろう。ヒュームにおいて人間はずっと自己利益の主体のままである。約束を守るのは自分にとってメリットがあるからで、それが全く見出せなければ契約も正義も反故にされるだろう。その意味で、人が自己利益つまり特殊利益から離れ、別の存在になる必要はどこにもない。ところがルソーにとっては、人が特殊利益、あるいは存在として特殊なものである「この私」から離れなければ、社会契約は結ばれず秩序は形成できない。契約論に見られるこの主体の変容、あるいは法的な主体のフィクショナルな形成こそ、ヒュームが嫌ったものだった。

契約によって人間を法権利の主体として擬制すること。その主体に特別な法的地位を付与することで、秩序が一気に生成すること。つまり、契約こそが社会の基礎となり根拠となること。こうした思考法は、自己利益を行動原理とする人間たちが、自らにとっての利益を見出すが故に正義のシステムに同意し参画するというヒュームの秩序とは、およそ相容れないものであった。ヒュームにとって、人間たちは利益が見出せなくなれば正義に固

(18)　ブラックストン William Blackstone（1723–1780）はコモンロー学者でルソーとはかなり思想の系統が異なる。しかしここでのフーコーの議論を読むかぎり、法的な構築物が利益の主体をなにか別のものに変えることで法の主体と経済主体が並存するという論理は、ルソーを含め「法学的思考」に共通のものとして捉えられている。フーコーがブラックストンを挙げるのはヒュームの議論にしたがっているためである。

(19)　『人間本性論』第三巻「道徳について」第二部第五節、『道徳原理について』第三編第二部第九節、『政治論集』所収の「原始契約について」などで論じられている。

(20)　Rousseau 1762, Livre I, chap. 6. ルソーの社会契約における特殊と一般については、重田 2013, 第三、四章で考察した。

執する必要はない。フーコーが講義の中で行っている法権利の主体と利益の主体との対比は、このように理解できる。

フーコーは利益によって作られる秩序について、次のようにいう。「それは利己的な装置 mécanique égoïste であり、またまさに乗数的な装置でもあります。超越性が全くない装置、個々人の意志が自然にあるいは意識されずに他者の意志や利益と調和するような装置なのです[21]」。ここで「乗数的」とは、誰も自己利益を放棄し、あるいは自分の権利の一部を譲渡することなく、相互利益が昂進的に増大する社会の乗数的効果を意味していると思われる。フーコーは『監獄の誕生』では規律の主体と法の主体とを対比したが、ここでは経済主体（ホモ・エコノミクス）と法の主体（ホモ・ユリディクス）とを対照的なものとして描いている。

四　見えざる手と統治の限界

フーコーはさらに、ホモ・エコノミクスがもつ「全体」との関係が非常に特徴的であると指摘する。彼が取り上げるのは、コンドルセ『人間精神進歩史』（Condorcet 1793-1794）である。まず該当箇所をコンドルセから引用しておこう。「こうした労働、生産物、必要、資源の多様性の中で、また利益の極度の多様性の中で、一人の個人の生存と福祉を社会の一般システムへと結びつけ、また個人を自然のあらゆる出来事、政治のすべての事件へと関係づけ、自分自身の享受や忍耐の能力を地球全体へと拡張するといったことがどうして起こるのだろう。そして見かけの混沌に反して、道徳世界の一般法則によって各人の自分のための努力が全員の福祉の役に立つことを見出すのは驚きである。外面上は対立する利益の衝突があるにもかかわらず、共通利益は各人が邪魔されることなく自分のためにだけ行動することを求めるのはどうしたことだろう[22]」。

フーコーはこのテキストから、個人の利益について二つの指摘をする。一つは、ある人の利益はその人が与り知らない「世界の流れ」に結びついていることである。これはたとえば、私が店で買い物をして欲求を満たす場合、その行為が無数の人々の行為そして社会関係全体と結びついていることを指している。もう一つ身近な例を挙げるなら、天候不良で食料品が高騰すると買い物のパターンが変わること、通勤に電車でなくバスを使うこと、好む住居の形態や起床就寝時間、飼っているペットの種類に至るまで、個人のすべての利益とすべての好みが「制御することも特定することもできない一つの全体に依存している」[23]ことを指す。わたしたちは地球の反対側で起こることに対して直接なにかできるわけではないが、それは自己の利益と多種多様な経路で結びついている。

他方で、「個人の利益は、望んだわけでも制御できるわけでもないのに、これもまた当人の知らないうちに、自分にとって利益があることが他者の利益でもあるという一連の正の効果に結びついていることが分かる」[24]。個と全体、あるいはある人と別の人は、それと気づかれることなく無際限な相互依存の関係に置かれているのであ

(21) Foucault 1979, p. 279, 三三九頁。
(22) Condorcet 1793-1794, pp. 155-156, 一八九―一九〇頁。Marie Jean Antoine Nicolas de Caritat, marquis de Condorcet (1743-1794) は、フランス北部ベルギー国境に近いエーヌ県リブモンに生まれた。早くから数学の才能を発揮し、ダランベール派として王立科学アカデミーで活躍した。また、一七七〇年代には自由化政策においてチュルゴーを支えた（第一二章注67参照）。数学、哲学、物理化学、人文学、政治学、教育学など、あらゆる学問分野を横断して新領域を開拓する問題意識をもち、著作を発表した。数学では解析学の進展に尽くし、確率・統計の社会への適用の試みで知られる。陪審制度の数学的分析やのちの経済数学の原型を遺した。『人間精神進歩史』は恐怖政治下での潜伏生活の中で書かれたものだが、彼の関心の広さと文明史的な世界観を表しており、また人間社会の未来への希望に満ちている。
(23) Foucault 1979, p. 281, 三四一頁。
(24) *ibid.*

る。

フーコーは利益によって媒介されるこうした不可思議な関係を、アダム・スミスが「見えざる手」として表現したものと結びつける。フーコーはあまりに有名なこの表現が『国富論』では一回しか使われないこと、逆に『道徳感情論』では複数回使われていること、またこの表現の背後にある摂理神学的な含意が指摘されてきたことなどに言及する。見えざる手についての思想史研究はかなりの蓄積があるが、多くは摂理思想との関係で「手」の方に焦点を当てたものである。(25) フーコーは「しかし私には、もう一つの要素、つまり不可視性の方も、少なくとも同じくらい重要だと思われます」(26) と言う。フーコーは、スミスにとって「見えない」ことがいかに重要であったかに注意を向けている。見えざる手は利益の主体にとって見えないだけでなく、見えてはいけないものなのである。つまりこれは、先ほどコンドルセを引用して指摘した、経済主体の無知と全体とのつながりの言い換えである。人々の利益は全体と不可分に結びつき、また自己利益に基づく行為が知らないうちに他者と社会によい帰結をもたらす。しかしそれは、その人が全体利益や自己の行動の社会的意味を知らないかぎりで、あるいはそれを考慮しないかぎりでのことである。(27) これは、経済主体に対しては「全体を顧慮してはならない」ということが一種の命令、あるいは規範的要請となることを意味している。

フーコーはここからさらに進んで、それは経済主体のみならず、政治主体に対しても同じように命ずると指摘する。これがレッセフェールの要請である。政治主体あるいは統治の主体は、個々人が自分の利益にしたがって行為することを妨げてはならない。このことは、経済主体が自らと全体との関係を知らないだけでなく、政治主体もまたそれを知りえないことによる。つまり全体を見通しそれを思い通りに動かすことができる特権的な立場の主体はどこにも存在しないということだ。

「経済合理性はどうやってもプロセス全体を知りえないだけでなく、そのことに支えられてもいます。ホモ・

エコノミクスとは、経済プロセス内部に存在しうる合理性の孤島です。経済プロセスの制御不可能性は、ホモ・エコノミクスのアトム的ふるまいがもつ合理性に対立するどころか、それを支えるものなのです。そのため、経済世界は当然ながら不透明、不透過なものとなり、また全体化できないものとなります。それは本来的かつ決定的に、人々の多様性が互いに還元できないこと自体によって、その多様性が最終的には放っておけば一つにまとまっていくことを保証するような世界なのです。経済学は無神論的な学、神不要の学です。つまり全体性不在の学、主権者の視点を無益かつ不可能にし、統治する国家の全体性についての主権者の視点を不要とする学なのです。……近代的な一貫性をもった自由主義は、まさにこのとき、つまり一方で利益の主体あるいは経済主体に特徴的な全体化不可能な多様性と、他方で法的主権者の全体化可能な統一性とが、本質的に両立しないと知覚されたときにはじまったのです[28]」。

こうして自由主義は、経済における主権者の不可能性をいわば統治につきつける。ここでフーコーが自由主義を、政治が経済の領域に立ち入ることを禁じる、あるいは経済の領域の政治や法からの自立を主張するといった形で理解していないことに注意が必要である。彼は講義のはじめから、自由主義を統治の問題として提示している。このことは自由主義がたとえば法権利の言語に代えて、市場の自由という言語で、統治、つまりは政治を語りはじめることを意味している。自由主義経済学においては、合理的な統治について考えることは経済と市場の

(25)　Smith 1776, p. 456,（下）三一頁。フーコーはこの部分を講義でかなり長く引用している。
(26)　スミス以前の「摂理」と「見えざる手」についてはViner 1972を、スミスにおける摂理についてはHarrison 2011を参照。
(27)　Foucault 1979, p. 283, 三四四頁。
(28)　*ibid.*, pp. 285-286, 三四七頁。

問題を中心に据えることであり、それによってつねに統治はその不可能性、立ち入ることができない利益主体の相互行為からなる不透明な全体に突き当たることになる。

ここでフーコーが言っていることは、ロザンヴァロンが『ユートピア的資本主義』の中で強調していることに通じるものである。理解が難しいのでこれによって少し補足しておく。ロザンヴァロンは同書の中で、ハーシュマン『情念の政治経済学』に対して、問題関心を共有しながらもそこでの議論に同意しない点があるとする。それはハーシュマンが、「経済を「政治を補う力」にしてしまっている」[29]点である。ロザンヴァロンはスミスの市場観を取り上げて次のように言う。スミスに見られる「〔経済イデオロギーの誕生における中心問題は―引用者〕社会的調和を実現しうる唯一可能な空間としての経済的なものへと、社会全体が（還元されるのでなく）到達するという問題である。決定的転換は、政治および社会生活全体を経済的に理解することのうちにある。スミスにとって経済は……それ自身の内部で政治や社会調整の問題を解決するものなのである」[30]。

ここでのロザンヴァロンの「政治および社会生活全体を経済的に理解する」という表現は、フーコーによる自由主義の統治が国家理性とポリスの論理にいかに対抗したかの描写と重ねて読むと納得がいく。ロザンヴァロンはスミスの経済学を、政治から自立した経済領域の誕生を描いたものではなく、市場社会という明確なヴィジョンをもった、政治、社会、そして国際秩序をも含む包括的な秩序構想として捉えている。この理解は、自由主義経済学における秩序を統治のテクノロジーの一形態として捉えるというフーコーの見方と共通している[31]。市場とそこにおける経済主体の還元不可能性、また全体化不可能性は、それ以前の統治が役に立たないことを宣告する、新たな統治の構想として捉えられているのである。

もう一つ指摘しておかなければならないことがある。それは、経済世界の不可視性についてである。すでに何度か取り上げてきたケネーとフィジオクラットは、経済の自然性を強調し、それに沿った統治を行うことを君主に勧めた。この発想は一方で、経済循環全体を一覧表にする『経済表』へとつながったが、他方でその自然な循環を尊重する統治の要請に結びついた。それが有名なデスポティズム・レガル、つまり合法的専制である。これは権力の制度的な均衡と相互抑制を旨とするモンテスキューによる専制批判に対抗するために用いられたことばである。そもそも正反対に見える専制と合法性が結びつくこと自体語義矛盾に見える。しかしフィジオクラットにとってはそうではない。というのも、たしかに専制は君主の恣意と結びついた場合には堕落した政治形態かもしれないが、経済的「明証性 évidence」に基づく場合にはそれは法にかなったものとなるからだ。(32)

（29）Rosanvallon 1979, pp. 59–60, 七八頁。

（30）*ibid.*, pp. 60–61, 八〇頁。

（31）フーコーは一九七九年一月二四日の講義において、自由主義が提起する新しい国際秩序像に言及している。しかし海洋法、永遠平和と国際組織、ウィーン条約を例にここで彼が論じていることを理解するには、かなりの補足が必要となる。フーコーの議論では、一八世紀の市場社会の構想と新しい国際秩序像との関連づけが十分ではないからだ。ロザンヴァロンによる市場のユートピア構想についての議論は、こうした部分を補うもののように思われる。とりわけ Rosanvallon 1979, chap. 2–2-1, chap. 4 における自由主義者の世界市場イメージについての考察を参照。自由主義的な新たな国際秩序は、フーコーが講義で示唆するようにカントと結びつけるには、間にいくつもの補助線が必要だと思われる。カントは自己利益より法と権利義務の言語を用いる思想家だからである。カントの世界市民法論については、網谷 2018, 第四章、金 2017, 第五章を参照。

（32）安藤裕介によると、合法的専制ということばを最初に使ったのはフィジオクラットのメルシエ・ド・ラ・リヴィエール Pierre-Paul Lemercier de la Rivière de Saint-Médard（1719–1801）である。のちにデュポン・ド・ヌムールがフィジオクラットの標語として用いたことでよく知られるようになった（安藤裕介 2014, 第二章注20）。ケネー自身は合法的専制という用語ではないが、中国の政治を理想とする後見的権力としての専制君主を擁護している。フィジオクラットの中国像については、安藤裕介 2018 を参照。

（33）Foucault 1979, p. 289, 三五一頁。

フーコーはここに「経済と政治の間の透明性という理念」[33]を見出す。これはスミスと正反対になっている。スミスの場合は経済世界全体を一覧表にすることはできない。その意味で経済プロセスとは全体化不可能で不透明なものである。したがってそれを明証性に依拠して統治する主権者あるいは専制君主は存在しえない。つまり、経済世界には主権者の場所はなく、統治の対象がそうした経済世界によって占められている以上、統治は経済世界に独特の合理性をつねに自らの外部として考慮しなければならない。ここでフーコーはフィジオクラットを重視していた前年の講義とは異なり、政治経済学のはじまりをスミスに見ているように思われる。

統治性の講義の中でケネーとフィジオクラットの位置が揺れ動くのは、彼らの標語である「明証性」について、『言葉と物』の「富の分析」における理解をフーコーが踏襲しているからであろう。彼らは「タブロー（一覧表）」の思想家たちなのだ。他方で自由を活用するメカニズムの発明者として、フィジオクラットは自由主義の一部として捉えられている。富の分析における「タブロー」の透明性が破られるところに近代が出現するという図式で書かれた『言葉と物』では、ケネーとフィジオクラットだけでなく、チュルゴー、コンディヤック、またフォルボネ、ガリアニ、グラスラン（グララン）、さらにはヒュームも、古典主義時代の知の中に編入されている。ここではスミスは移行をしるす人物であり、リカードに至って労働という不透明性、タブローの上に載らない奥行きを伴った存在が経済分析の中心に据えられる。だが一九七八年の講義では、ケネーは「富の分析」がしてこなかったやり方で人口を対象化した、初期の経済学的思考であるとされている。[34]

フーコーは統治性の講義の中で何度か『言葉と物』に言及するが、そこで論じたこととの整合性や違いを問題にすることはなかった。この点をこれ以上掘り下げることはできないが、少なくとも経済思想史の観点からは、統治性の講義での論じ方は納得できるが、『言葉と物』での議論は特異な線引きをしているように思われる。そこでフーコーは、人間の主観的な欲求から出発して価値論を展開する学説、また国家間の金銀の移動を富の指標として重視する学説をまとめて「富の分析」としているように読める。そのため講義での重商主義／自由化論という対比とは異なる。このことはフーコー自身が「知の考古学」と「権力の系譜学」の着眼点の違いとして意識していたことであろう。

講義に戻ろう。一方で、経済世界においては政治的主権者はその万能性を失う。しかし経済世界が不透明で主権者不在の場であることから、経済学は統治の学になることはできない。それはつねに政治に外側から異議を唱えるものとなる。経済の世界では「手」は見えず、主権者は正しい統治の技法を経済学そのものから得ることはできない。フーコーはこのことを、「経済学は統治術との位置関係では側面的な学になる」[35]と表現している。

では統治はどうするのか。いったいなにを統治すればいいのか。フーコーは、統治にとっては一種の壁を形成し、その不透明性が直接的介入を拒む経済の領域に代わって、統治が関わる対象として「市民社会」が浮上してくると指摘している。したがって講義でフーコーは、ホモ・エコノミクスから経済世界の不透明、そして市民社会概念の出現へという流れで説明している。だが本書では、市民社会については「エコノミー」あるいは「エコノミーポリティーク」の概念史的考察からアプローチしたいと思う。つまり、政治経済学の出現の時期のエコノミー概念について検討する中で、なぜ市民社会が特定のやり方で理論化されるようになったのかを次章で位置づけたい。その前に前章で問題提起した、功利主義と規律、そして自由主義の関係について考察を加えておく。

（34）Foucault 1978, pp. 78-79, 九二―九三頁。
（35）Foucault 1979, p. 290, 三五二頁。

五　コンディヤックとエルヴェシウス

ここで思想史的に見た規律と自由主義の関係をめぐる難問を再検討する。前章四で指摘したとおり、一九七三年の講義でフーコーは、コンディヤックの感覚論、またエルヴェシウスの「技術論的理想」が、ベンサムのパノプティコン構想に影響を与えたことを指摘している。この年の講義は規律権力と精神医学との関係をテーマとするもので、人々を秩序づける技術としての規律権力のあり方とその社会への適用が検討されている。このころの講義の内容は『監獄の誕生』(1975) と直接結びついており、その中でフーコーの議論は一貫している。

しかし、それを統治の議論と照らし合わせてみると話が複雑になる。というのも、ここまで詳しく論じてきたように、フーコーは統治性研究において、国家理性－ポリスの統治の権力様式が「規律」であると言明している。そして規律的な権力技術を自由化論やセキュリティの装置における統治のあり方と対比することが、統治性の講義全体の最も大きな構図となっている。

他方でフーコーは、一九七九年の講義でベンサムに言及し次のように述べる。「十分強調しておいたことですが、個人のふるまいに日々最も些細な点に至るまで配慮する、例の有名な規律という偉大なテクニックは、自由の時代に社会全体で発達し、爆発的に広がり伝播しました。経済的自由、すなわち私が述べてきた意味での自由主義と規律のテクニックとは、固く結ばれた二つの事柄なのです。そしてかの有名なパノプティコンについては、当初つまり一七九二－九五年には、ベンサムはそれを学校、作業場、刑務所といった限定された制度の内部で、個人のふるまいを監視することでその活動から上がる収益や生産性を高めるものとして提示していました。しかし晩年には、ベンサムはパノプティコンをイギリス法の全般的な法典化計画の中に位置づけることで、統治全体を定式化するものとして示すようになるのです。彼は次のように言います。パノプティコン、それは自由主義的統治の定式そのものである」[36]。

ここでフーコーは規律を自由主義の統治の中に位置づけている。そしてそのことになんの矛盾もないかのように語っている。しかし、自由主義の統治がポリスと規律の統治に対抗して、それらの批判として出てきたという前年の講義の構成を見てきたあとでは、ここに違和感をもたずに読むことは難しい。たしかにフーコーは、法、規律、統治という三つの権力形態について、どれか一つが他のものに取って代わられ、消滅するというようなことはないと再三強調している[37]。しかしそれは、互いに異なる統治の様式が相互に利用し合い、また相互作用によって変形を加えられながら存続することを意味する。そうした相互作用を詳述しないまま、パノプティコンや規律と自由主義的統治、またベンサムにおける自由主義と規律とを結びつけることはできないと思われる。

この点について、まずは感覚論哲学─功利主義─経済的自由主義の結びつきの端緒として、コンディヤックを取り上げて簡単に見ておく。コンディヤック Étienne Bonnot de Condillac（1714-1780）は、ロックに影響を受け、フランスに感覚主義・経験論哲学をもたらした思想家とされる。彼は『人間認識起源論』（Condillac 1746）および『感覚論』（Condillac 1754）において、生得観念を否定したのみならず、ロックの経験主義哲学を徹底し、人間の精神に本来具わる能力は感覚だけであると主張した[38]。

（36）Foucault 1979, p. 68, 八二頁。
（37）とりわけ Foucault 1978, pp. 109-111, 一三〇―一三二頁。
（38）「判断、反省、情念など、要するに魂のあらゆる作用は、さまざまに形を変えた感覚にほかならない」（Condillac 1754, p. 11）

コンディヤックの感覚一元論は、人間と同じ肉体的な造りの「彫像」に五感を与えていくという思考実験を通じて、彫像が精神的な能力や機能をもつようになる過程を示す。彼はまず彫像に嗅覚だけを与え、また聴覚だけを与える。そののち嗅覚と聴覚を与える。次に味覚だけを与え、嗅覚と聴覚に味覚を付け加える。また視覚だけを与え、視覚に嗅覚と聴覚と味覚を付け加える。さらに触覚だけを与える。そののち触覚に嗅覚を付け加え、また触覚に視覚を付け加え、触覚に味覚を付け加える。最後に五感すべてを与える。このように感覚を孤立させたり結合したりすることでなにが起きるかを見る際、コンディヤックが用いたのが快楽と苦痛の原則であった。彫像はさまざまな感覚を、それが与える快楽と苦痛を基準として比較する。そのことによってあらゆる精神的能力や機能が得られるようになるプロセスを描写したのである。

フーコーは一九七三年の講義では、コンディヤックによる人間の精神的な能力や行為の徹底した分解を経た再構成が、規律における身体、時間、空間の分解と再構成と共通する発想に立つと考えていた。その意味でたしかに、『監獄の誕生』で執拗に描かれた要素への分解と再構成による身体の理想像の形成は、古典主義時代の知のあり方としての「分析的方法」と通じるものがある(39)。

コンディヤックの思想は言語論、記号論を含め、その後の哲学や認識論に大きな影響を与えたが、彼自身が規律的な発想に基づく議論を行った形跡はない。すでに指摘したとおり、彼は経済的には自由主義を支持し、チュルゴー失脚の年（一七七六年）にその経済政策を擁護する論考を発表した。ただしコンディヤックの議論は時事的なものではなく、ものの価値がどのように決まるかの原理から出発する「経済科学」を標榜するものであった。

コンディヤックの哲学と経済理論の関係について、米田は次のように言う。「快苦の原初的感覚は経験的知識の源泉であるばかりか、人間の行動を導く「欲求」の規定要因でもあったから、認識論としての感覚論哲学は、人間本性論における功利的人間観と交わり、さらに経済社会を功利的人間の織りなす「欲求の体系」とみる欲求の論理とも結びあう」(40)。すでに見たとおり、コンディヤックにおいて感覚論は快苦の原理と一体となって彼の哲学の根幹を形づくっていた。それは『商業と統治』において、経済社会を欲求の体系として捉えることにつながっていく。では欲求と市場との関係はどのように規定されているのか。コンディヤックの経済社会においては、人々がものの稀少性と欲求との量的関係において主観的に（独りで）形づくる価値は、市場での交換を通じてはじめて社会化される。つまり、ものの社会的な価値を決めるのは市場における交換なのである。人々は余剰を交換することで、より多くの欲求を充足しようとするが、自らの余剰がもつ社会的価値については知らない。市場における交換は、稀少性と他者の欲求とを媒介として人のもつ余剰に社会的価値を与え、交換を通じて欲求の相互的な充足がもたらされる。

こうしてコンディヤックにおいては、感覚論における分解と再構成の手続きから功利の原則を経て自由な市場の擁護までが、段階を経てつながっているということになる。

次にエルヴェシウス Claude=Adrien Helvétius（1715–1771）を検討する。エルヴェシウスの哲学はコンディヤ

(39)　コンディヤックは『人間認識起源論』で、「観念の構成と分解 composer & décomposer」を通じた比較を「分析 analyse」の定義とした（Condillac 1746, I-II-VII-§66, p. 80）。分析という方法を中心に据えてコンディヤックの謎に迫ろうとした著作に、山口 2002 がある。コンディヤックの分析概念は広く受け入れられたが、それは現在の分析（要素への分解）と綜合（そこからの全体の再構成）の両方を含んでいる。また古代ギリシア数学について書き記したパッポス『数学集成』からホッブズの時代まで用いられた分析（未知の命題を仮定することから推論する、遡及的方法）と綜合（既知の命題から未知の命題を推論する、自然的方法）の方法的区別とも異なる。また、コンディヤックの分析概念の不十分さをコンドルセが批判している（隠岐 2011, 二八三頁）。

(40)　米田 2005, 三二五頁。

ックをさらに徹底したものであることが指摘されている。森村 1993 によってこれについて見ておく。コンディヤックはその感覚主義哲学の傍らに、霊魂の不死と神の場所を取っておいた。人間はなぜ感覚し、思考することができるのか。これをたとえば脳科学におけるように脳の働きとするなら、感覚も思考も一気に物質化されることになる。だがコンディヤックはその道を取らず、物質とは別に魂の存在を認めることで唯物論を回避した。それと同時に熟慮に注目することで人間の意志の自由も認めた(41)。

これに対してエルヴェシウスは、コンディヤック哲学の帰結をいわば論理的に貫徹する。快苦原理による決定を熟慮によって変更することがあるとしても、それは長期的に見たより大きな快楽に目先の小さな快楽を従属させているのであって、そこに意志の自由を認める根拠はない。また、感覚や思考は物質の特性であって霊魂や精神など余分なものを導入する必要はない。エルヴェシウスはこうした議論によって唯物論的な快苦原理を徹底した。つまり、認識論において快楽と苦痛の一元的な支配を認めたのである。彼が功利主義的人間観の祖としてしばしば言及されるのはこうした理由による。

エルヴェシウスの人間はこのように快苦という単純な原理によってその思考と行動がすべて説明可能な存在となる。しかしだからといって、快苦が積み重なって生み出される社会的価値もまた単純で一元的であることにはならない。彼は誠実 probité や才知 esprit、また道徳性など、現に人々が称賛する多様な徳を、快苦原理によって説明する。たとえば、人は個人としても集団としても、自分（たち）の利益となる行動を誠実であると称する(42)。ただし、エルヴェシウスはこのことを暴露して満足しているのではない。人々が快苦原理に動かされるからこそ、それをうまくコントロールすることで、情念を社会全体にとって有益な utile 方向に導くことができる。つまり統治のやり方次第で、利己的な欲求に基づいて動く人間たちの中から全体にとって最も有益な秩序を作り出すことができるのである(43)。感覚論、快苦原理、社会的な有益性。こうした結びつきはベンサムにも通じるものである。

ところがエルヴェシウスは、コンディヤックが市場の自由を価値形成理論との関係で擁護したのとは異なった社会理論を展開する。エルヴェシウスはたしかに、人間が利己的で自らの欲求充足のみを基準として生活するという原則をあらゆる場面に適用した。しかしこのことは、人間社会を没道徳的な無法地帯にするわけではない。むしろ人間は他者関係の中に置かれるとき、自己に有利なふるまいの判断を通じて道徳や価値を形成し、その維持に寄与する。そのなかでエルヴェシウスが最も重視したのが名誉であった。「名誉心という欲望を満たすためには、公共利益に奉仕するしかない。つまり、エルヴェシウスは名誉心を媒介とすることで、個人的欲望の満足と、公共利益の実現とを調和させようとした(44)」。

これは、功利主義哲学が人間の思考と行動を快苦原理によって一元的に説明することが、それを立法や政治制度を通じてコントロールするという発想と結びつきうることを示している。個人にとっての有益性と社会にとっての有益性の基準が utilité の原則によって統一されているため、両者を調停することで果たされる公益の最大化という目指すべき目標が明確になる。これはベンサム以降の功利主義が明快な社会改革構想をもちえた原理的な理由である。

(41) コンディヤックにおける自由の奇妙な性格については、山口 2002, 第五章一、二で明らかにされている。熟慮における選択可能性の増大を自由と見なすコンディヤックの議論は、ホッブズの自由の議論に似ている。ホッブズについては重田 2013, 第一章を参照。
(42) Helvetius 1758, discours II, chap. II, chap. V.
(43) *ibid*., discours III, chap. XV.
(44) 森村 1993, 九六頁。

だがこの改革構想は、論者が求める理想社会がどのようなものか、つまりなにを公益と見なすかによって異なったものになる。興味深いことに、エルヴェシウスの場合それが奢侈批判に結びつくのである。彼は奢侈よりは平等、都市より田園、商業より農業、貧富の差の大きい国家より平等な国家を擁護する。その点ではルソーに近い(45)。

エルヴェシウスは日本ではほとんど読まれない思想家である。彼の思想は断片的にのみ知られ、現代では功利主義の祖として以外あまり言及されない。エルヴェシウスは無神論者として同時代には多くの敵対者に囲まれていた。しかも『精神論』の記述が『百科全書』にまで害を及ぼし高等法院に刊行停止にされたということで、百科全書派とその支持者からも恨まれた。このときの刊行停止のためにケネーの「人間」は公表されず、ダランベールは編集を降りた。だが少なくとも、エルヴェシウスの功利主義思想はレッセフェールの市場礼賛にはつながってはいなかった。むしろ名誉を軸とした政治社会の再構成と、またその名誉に与りたいと願う人々の欲求を利用した民主化と市民の政治参加を求めたのである。さらにエルヴェシウスは、前章四での引用のとおり、その感覚論と経験主義哲学ゆえに教育に多大な期待を抱き、公共善に満ちた市民による社会を構想した。そうした社会実現のために、奢侈、市場、商業はうまくつきあうべき現実ではあるが、積極的に称揚されるものではなかった。

エルヴェシウスについて長く述べてきたのは、感覚論の立場から快楽と苦痛の原則を通じて人間を捉える哲学が、必ずしもレッセフェールの経済思想に結びつくわけではないこと、その意味でホモ・エコノミクスとの結びつきは必然ではないことを指摘するためである。たしかに限界革命以降の経済学は、市場参加者としてのホモ・エコノミクスを導入した。それによって単純化された形で経済行動を予測し、市場メカニズムの自己調整機能の説明に役立てるためである。しかし功利の原理とホモ・エコノミクスとの結びつきは必然ではない。これはベンサムにも見てとれることである。理由は単純で、たとえ人間を快苦原理によって説明するとしても、快苦を与えるのは経済的・物質的利益とは限らないからである。

人間は、もっと複雑な価値基準にしたがって生きている。一八世紀の思想家たちは「利益」の働きにとくに注目したが、それが他の情念とどのような関係にあるのかを問題にし、また利益自体が他者関係の中で多様なしかたで知覚され選択されることを熟知していた。ハーシュマンが述べたとおり、彼らは二一世紀のわたしたちより、その点ではずっと鋭かった。彼らは豊かな歴史をもつ政治社会の言語とのつながりを失っておらず、また現実の人間観察に長けていた。功利主義と経済人の関係を考える際、この点は看過されてはならない。

六　ベンサム

ベンサムほどその像が歪められてきた思想家はいない。これはベンサム研究者の多くが感じていることだろう。もっともどの思想家でもその人に入れ込んだ研究者は同じような不満をもつのかもしれない。だがベンサムが最近まであまりいい印象をもたれてこなかったのは事実で、そこには悪口の天才マルクスの「自由、平等、博愛、ベンサム」から、フーコーのパノプティコンに至る、原因となる数多くのレッテル貼りがあった。たとえばハイエクは設計主義の代表者としてベンサムを非難し、オークショットは誤った合理主義の典型として嫌っていた。これらすべてが誤解でベンサムをきちんと読んでいないという批判は分かるが、ではきちんと読まれている思想家がどこにいるのだろうかとも思う。

(45)　ただしエルヴェシウスは『精神論』執筆後に富裕と平等の問題に再度取り組み、全員が豊かになることで富裕と平等が両立する社会の構想を模索した。これらの点については、森村 1993, 第三部第二章を参照。

いずれにせよ、ベンサムについてはまず長大な作品が多く主題が多岐にわたり、しかも書物にならなかった草稿があまりにも多いため、全貌が分かりにくいという理由がある。その上、彼の著作をヨーロッパや世界に広めたフランス語訳者エティエンヌ・デュモン Pierre Étienne Louis Dumont（1759-1829）の紹介は正確さに欠けていたという。さらにベンサムが遺言で草稿類を託したバウリング John Bowring（1792-1872）の手になる全集の編纂に問題があり、現在新版著作集が進行中である。この一大プロジェクトは完結すれば七〇巻に及ぶとのことであるが、編集自体が難航をきわめている。一九六〇年代からはじめられたがいまだ完結せず、新たな草稿研究によって既刊分が差し替えられたり、編集責任者が死去して交代するなど苦労が多いようである。[47]

たしかにベンサムは謎が多く、一部分を取り出して歪曲されたベンサム像が流布してきたのだろう。フーコーのパノプティコン論は読まれざる思想家ベンサムをあまりに有名にしてしまったため、そのベンサム像への批判は強い。たとえばフーコーは、『パノプティコン』のうちロシアからの「手紙」の部分だけしか取り上げておらず、ベンサムがイギリスに戻って付加した「補遺」は検討していない。[48]しかしこの点では上記のベンサムプロジェクトの中心的編纂者の一人であるスコフィールドの文章を読むと、どっちもどっちのような気もする。というのは、スコフィールドはフーコーの『監獄の誕生』全体の中でのパノプティコンの扱いを顧慮しているように思えないからである。フーコーはスコフィールドが彼に帰したように「監視の歴史はパノプティコンにはじまった」[49]とは言っていない。『監獄の誕生』では、むしろそれ以前にさまざまな場所に点在していた規律の技術が一七世紀以降広く用いられるようになり、それを一八世紀末に社会一般の秩序技術に用いようとした例としてパノプティコンが取り上げられているのである。またスコフィールドは、「フーコーはパノプティコンの考案者としてベンサムが意図していたことを全く気に留めておらず、実際に彼の説明からは、パノプティコンが建設されることはなかったこと、標準的な監獄の建築様式はベンサムによって提唱されたものとはかなり異なった方向に向かったこと、ベンサム自身がパノプティコンを国家のためのモデルとは捉えていなかったことを読み取ることはほとんど不可能であろう。フーコーが関心をもっているのは、近代国家の本質を理解することである」と述べている。[50]

フーコーが流布させたベンサム像については、少なからずフーコー自身に責任があるのだろう。たしかに彼はすでに引用した一九七三年の講義でも、教育の実験においてベンサムが子どもたちに「月がチーズであると信じさせる」[51]といった例を用いていたと紹介している。こうした例は規律の技術を揶揄したようにも取れるが、実際ベンサムはパノプティコンについての手紙で「月は緑のチーズでできているかもしれない」という例を用いている。[52]また、フーコーはパノプティコンがベンサムの計画通りに実現されたとは言っておらず、それが計画にとど

(46)　急進派の議員となりのちに香港総督となった人物である。
(47)　バウリング版全集の刊行経緯と問題点については、音無 1993 を参照。ユニヴァーシティカレッジロンドンに保管されている草稿をもとにしたベンサムプロジェクトのＨＰは http://www.ucl.ac.uk/bentham-project である。二〇一六年には『政治経済作品集』第一巻が刊行された。ベンサムプロジェクトの状況については、Schofield 2009, chap. 1, 深貝・戒能編 2015 を参照。
(48)　この点は、ベンサムの監獄改革への関わりとパノプティコン論を主題とした Semple 1993、また小松 2002 で指摘されている。フーコーの対談を冒頭に配した『パノプティコン』フランス語訳の復刻版（Foucault 1977a を参照）にも「補遺」は収録されていない（Semple 1993, p. 14, n. 34）。
(49)　Schofield 2009, p. 16, 二三頁。
(50)　*ibid.*, p. 70, 一〇〇頁。
(51)　Foucault 1973, p. 80, 九七頁。
(52)　Bentham 1791, p. 63（第二一の手紙）

まったとしている。なによりフーコーは、近代国家に本質はないことを強調している。そもそも、国家の本質論、それを「冷酷な怪物」であるとするイメージに抗するために、国家を統治という関係の束へと送り返してみるという試みが統治性研究であった[53]。フーコーによって歪められたベンサム像を批判するに際して、統治についての講義をくまなく読むことは求めないが、少なくとも『監獄の誕生』の内容構成は念頭に置いた方がよいだろう。「ベンサムを読まないフーコー」を、フーコーを読まずに批判するほど不毛なことはない。

ここで取り上げたいのは、フーコー自身の考察の中でベンサム像に不整合がある点である。フーコーの講義における「パノプティコン、それは自由主義的統治の定式化そのものである」という部分は、講義録の編者スネラールによっても、ベンサムのテキストの用い方に問題があると指摘されている[54]。原則としてフーコーの議論の再現を旨とする編集方針の下で、ここでのスネラールの書き方は異例のものである。スネラールは、まず「このフレーズはベンサムのものではなく、フーコーが一八一一年以降のベンサムの経済−政治的思考をかなり自由に解釈したもの」であると指摘している。さらにスネラールは、フーコーがベンサムの「政治経済制度論」(Bentham 1801–1804) におけるアジェンダ／ノン・アジェンダの区分と、統治に適用される監視といった監察 inspection の原理とを「近道してつなげ」てしまっているとする。また、ベンサムの『憲法典』(Bentham 1830) では、統治自体が「世論の法廷 the tribunal of public opinion」によって監察されることになっているが、フーコーはこうした構想に見られる「公開性」は強調せず、もっぱら「可視性」という特徴を強調している。最後に、本書のテーマにとって最も重要な点として、「ベンサムは『憲法典』においても経済学的著作においても、フーコーがここで示唆するような経済的自由放任の信奉者を自認していたかどうかは不確かである」と指摘している。

これらの指摘は、フーコーのベンサム理解における問題点をかなりの程度網羅していると思われる。そこで以下ではこれをふまえて、ベンサムにおける規律と自由主義の問題を一つ一つ見ていこう。まず、アジェンダ／ノン・アジェンダの区分について。これは「政治経済制度論」においてベンサムが導入した区別である。ベンサムの書き方はやや分かりにくいので、[55] スタークがまとめた定義を引いておく。ベンサムは政治経済に関わる事柄について、三つの行為を区別している。基本となるのはスポンテ・アクタで、これにアジェンダ／ノン・アジェンダが関係する。「スポンテ・アクタは共同体内の個人が行う自発的な経済活動のことである。これは政府からせき立てられたり干渉されたりすることのない活動である。アジェンダとノン・アジェンダは政府の経済的活動に関わる。政府の活動が幸福を増進するなら、それは望ましい、すなわちアジェンダとなる。逆の場合には望ましくない、つまりノン・アジェンダとなる[56]」。

スネラールの言及に戻る。ここでの編者注の表現はかなり短縮されているため真意が分かりにくい。しかしおそらく、ベンサムが個人の自由な経済活動とそれに資する政府の活動としてのアジェンダについて語った部分を、自由主義が規律と監視を必要とするというようにパノプティコンと直接つなげてしまうことはできないということであろう。たしかにベンサムは『政治経済制度論』では監視の話はしておらず、むしろ個人の幸福と全体の富裕（つまり公益）とが両立するような経済活動のあり方を制度的に支える方法を模索している。そして、個人の自発性を軸として統治がそれをいかに誘導するべきか、あるいはよけいなことをして邪魔しないようにするかについて語っている。これは自由主義の統治のベンサム的な構想であると思われる。

(53) Foucault 1978, p. 112, 一三八頁。「冷酷な怪物」はニーチェ『ツァラトストラ』「新しい偶像」における表現である。
(54) Foucault 1979, p. 75, n. 27, 八九—九〇頁編者注27。
(55) Bentham 1801-1804, p. 322.
(56) Stark 1954, p. 40.

ベンサムは経済がテーマの著作において、個人の自由な活動に任せることが公益にとって最もよい結果をもたらすという原則に立っている。そしてこうした原則から、禁止や強制を旨とする経済政策を批判する。ただし彼は自由主義経済学者ではなく法学者でありまた政策論者であった(57)。そのため経済的自由を支持することがそのまま自由放任の擁護になることはありえないように思われる。ベンサムにとって、自由は巧妙な設計と制度選択によってのみ与えられるものだからだ。彼はその政治経済論においても、制度設計の問題を中心に考察している。その中で、自由と規制、あるいはベンサムの用語では「安全」の問題が論じられる。しかしこれは監視や監察とは別系列の構成になっているため、スネラールがいうように経済的自由と監視の問題を直接つなげる理解には難がある。

スネラールが指摘するとおり、政府による統治がきちんとなされているかを監視するために監察やパノプティコンを応用するという考えは、晩年の『憲法典』で展開されたものである。ただし、板井 2015 はこのアイデアの萌芽は『パノプティコン』にすでに見られるという。ベンサムはここでパノプティコンについて、それが看守と囚人の間での見る―見られる関係を建築学的に作り出すだけでなく、情報公開を通じて制度そのものがチェックされるべきことを主張している。監獄経営は「世界（世間）の法廷という偉大なる公開委員会(58)」に大々的に開かれていなければならないというのである(59)。

スネラールは、経済主体の自由と公益との対立を調整するために導入される政府の行為についてのアジェンダ／ノン・アジェンダの区分と、政府の行為を制度上の公開性によって監視するというベンサム特有の民主主義論とを、パノプティコンの建築学的な面あるいは透明性と監視という側面のみに着目して結びつけることには無理があると考えたのだろう。実はここには、ベンサムが経済政策について述べている政府の役割についての議論と、『憲法典』に見られるような政府の行為への基本的な不信とその監視というアイデアとの整合的な理解は可能かという問題が潜んでいる。また、公開性を監視の装置に結びつけるベンサムの議論は、たとえば現代における公共性論とその端緒となったハーバーマス『公共性の構造転換』（1962）などでの公開性の論じられ方とは相当に異なっている。ベンサムの公開性は開かれた討議ではなく、監視によって支えられているからである。そして両者の違いを明らかにするためには、フーコーがパノプティコンに対して提示した懐疑的な視点が重要な手がかりになりうると思われる。

これとは別に、ベンサムはパノプティコンを民間の請負業者に契約委託するという前提で『パノプティコン』を書いている。したがって情報の開示は人道性ではなく経理上の問題を中心に捉えられており、きちんと採算が取れる経営をしているかどうかのチェックが最大の関心事である。ここには二〇世紀新自由主義における「刑務所民営化」の発想が先取りされているようにも読める。しかも民営論はたとえばハワードら当時の監獄改革論における国営公営路線とは正反対の主張であった。ベンサムの考えでは、会計上の公開性によって請負業者は経営効率化と合理化に励まざるをえないことから、政府にとっても費用の節約となる。『パノプティコン』にはもちろん建築学的な規律の形象がふんだんに出てくるが、その基本構想は経営とマネジメントの視点から費用に対する便益を最大化するという、ある種の功利（公益）主義的な関心である。[60]

（57）　永井 2000, 第三章において、「資本主義経済社会の体系的組織分析」（四七頁）の意味で経済学を捉えるなら、ベンサムは経済学者とはいえないことが指摘されている。

（58）　Bentham 1791, p. 46（第六の手紙）。

（59）　『憲法典』における監視、民主主義、公開性と統治のデザインについて、安藤馨 2015 を参照。

（60）　「手紙」は建築と運営（マネジメント）への言及が混在しているが、「補遺」では両者が第一部、第二部に分けられている。請負制による採算の重視については、小松 2002, 二二一—二四頁を参照。

さらに、フーコーによるベンサムの位置づけは、『監獄の誕生』と統治性講義とのつながりの点でも問題を含んでいる。それは刑法理論においてベンサムをどこに位置づけるかという点に関わる。一九七九年講義では、快苦と有益性（功利）の原理の登場によって公法の領域に新たな展開が生じた例として、ベッカリーアとベンサムが並んで名指されている。彼らはここでは功利主義＝公益主義＝一般予防説の提唱者として、応報主義と対比され、ホモ・エコノミクスの人間像に基づく自由主義の統治に連なる法学者として位置づけられている(61)。

このように、ベッカリーアとベンサムを、快苦原理に基づいて一般の人々が犯罪と刑罰の軽重をはかり犯罪行為を思いとどまるという一般予防説の支持者とすることは、刑法思想史においてもとくに問題なく受け入れられると思われる。しかしフーコーは『監獄の誕生』第二部「処罰」では、ベッカリーアの議論を犯罪と刑罰を行為者の表象の中で結びつける「第三の」議論、規律とも身体刑とも異なる啓蒙期特有の刑罰論として扱っている。派手派手しい身体刑とグロテスクな規律の間にはさまれてあまり目立たないが、身体刑から規律への移行に際して、規律とは別の処罰体制である「表象の体系」として、フーコーはベッカリーアに代表される啓蒙の身体刑批判を取り上げているのである(62)。表象の体系と規律との関係は『監獄の誕生』では論じられていないが、そこが焦点となるだろう。また刑法学説史上は、この論点は広い意味での功利主義と一般予防説との関係、あるいは経済的観点（利益やコストの考慮）と一般予防説との関係といった問いを提起する。

またベンサムは、その「間接立法」のアイデアや自由と統治についての議論の中で、禁止や強制ではなく個人の自由な行為選択を間接的に、つまり欲求や自己利益に訴えてコントロールするという手法を再三提案している(63)。さらにベンサムにおいては、安全と自由とが一体で論じられており、自由を安全の中に組み込んで論じるというやり方が見られる(64)。統治の仕組みによって建築学的工夫や環境設計、それ以外のさまざまな政策を通じて安全が保障されることで、人々は自由の領域を確保することができる。逆にいうと、安全の保障にとって障害となるような行為や人間が出てこないように間接立法によって予防し、経費を節約しながら社会秩序を守るのが政府の仕事なのである。

ここまで見てくると、フーコーが一九七九年講義で展開した安全と自由の一体性についての議論、もっといえば七八年講義の冒頭から用いられる「安全装置（セキュリティの装置）」という用語自体、ベンサムの自由と安全のアイデアから取られている可能性があることが分かってくる。フーコーは自由主義の統治実践が「自由を消費する」「自由を生産する」「自由を組織化する」といった表現をする。[65] そして、自由を破壊する可能性があるさまざまなリスクに囲まれて、自由を生産するために「途方もない法制と途方もない量の統治の介入を求める一種の吸引装置がここで働いており、それによって、まさしく統治に必要とされる自由の生産が保証される」[66] という。自由主義の体制において、自由は所与なのではなく、「つねに製造されるなにか」[67] なのである。自由を消費することで作動する自由主義は、自由を働かせ自由を組織化するために自由を製造しなければなら

(61)　Foucault 1979, p. 40, 四八頁。
(62)　フーコーは、古典主義時代から近代にかけて、身体刑、表象の体系、規律の三つの選択肢があったというプロットで『監獄の誕生』を構成している。重田 2011 を参照。
(63)　ベンサムの間接立法論は、バウリング版全集第一巻所収の「刑法の諸原理」にある。異なるテキストと編纂上の異同、またベンサムの議論の内容について、板井 2011 を参照。間接立法論から『パノプティコン』を経て『憲法論』へと、ベンサムの統治構想が一貫しており、その核心にパノプティコンの建築学的形象があることについて、安藤馨 2014 を参照。
(64)　ベンサムの統治構想における安全概念の重要性については、Rosen 1983 を参照。
(65)　Foucault 1979, p. 65, 七八頁。
(66)　*ibid.*, p. 66, 七九頁。
(67)　*ibid.*, p. 66, 八〇頁。

ない。そのためにかかるコスト計算に用いられる原理が「安全（セキュリティ）」である。フーコーはたとえば、集団的利益と個人の利益が対立する場合に、互いの利益のために両者を調停することを安全の問題とする。また、経済の自由が企業や労働者にとって危険なものにならないようにするのも安全の役割である。現在の例で言うなら、金融のグローバル化による資金移動が企業の計画的投資にとって危険をもたらすときには、それを規制しなければならない。また、過重労働と不安定雇用が著しく生産性を下げ、あるいは現在の日本のように出生率を低下させるような深刻な事態に陥ったならば、それもまた安全の対象となる。裏を返すと、経済世界における人々の自由はつねに危険を伴っている。病気や事故や老齢といった危険もまた、安全の問題として、社会的なセキュリティ（社会保障）の対象となる。

このようにフーコーは、自由と安全がつねにセットになっており、自由主義の統治の問題とはまさしく安全の配備、すなわちセキュリティの装置の配置であることを確認する。興味深いことに、自由と安全についてのこうした考察の直後に、フーコーは「ベンサムにおけるパノプティコンと自由」という、先ほど検討したテーマを論じているのである。

ベンサムにおいて、統治はつねに人の自由な行為、あるいはそれをもたらす快楽と苦痛の計算を考慮に入れている。その意味で、人々の自由な欲求に反しないやり方で、それを方向づけることこそ統治の技であるというのは当然の前提なのである。パノプティコンにおける契約請負制の導入、事後的処罰ではなく欲求を回路づけることで事前に人の行為を誘導する間接立法という発想、また自由を安全と表裏一体のものとして捉え、安全を統治の主要な課題としたことは、すべてフーコーによる自由主義の統治像と重なっている。この論点との関係では、フーコーが一九七九年講義で語った犯罪や治安問題への新自由主義的なアプローチとベンサムの建築学的統治論は、いずれも昨今の「アーキテクチャ」論との関係が指摘されている(68)。自己利益の主体と快苦原理を前提として、自由な行為に建築学的（物理的）に、あるいは人の欲求や選択を介して間接的に働きかける統治の原型として、ここでフーコーははっきりと言及しないままベンサムに依拠しているように思われる。

このように、ベンサムとフーコーというテーマで論じるべきことは数多く残されている。「法―規律―統治的管理の三角形」[69]とフーコーが呼ぶ近代統治の三つの合理性あるいは言語のすべてにベンサムの思想は関わっている。ベンサム理解という観点からも、パノプティコンという「図」をどのような「地」の上に位置づけるかを考える際、間接立法、世論法廷、監察制度、費用便益計算に基づく制度設計、快苦原理だけから導き出される法規範などを、「自由主義の統治」との関連で見ていくことは、実り多い結果をもたらすと思われる。

ただし、こうした功利主義に基づく社会工学的な構想の評価は、フーコーとベンサムでは正反対になっている。フーコーにとって「月はチーズでできている」と子どもに教え込んでその教育効果を実験するというのは、戦慄すべき事柄であった。間接統治によって費用を節約し強制性を逓減して統治の効率を高めることも同様である。ベンサムの問題とは独立に、フーコーが新自由主義の統治能力を高く評価し擁護していたという主張がなされることがあるが、これは首肯しがたい。また、パノプティコンあるいはアーキテクチャによる功利主義的統治の祖といえるベンサムの構想にフーコーは感嘆したであろうが、それを「価値」の次元で受け入れていたわけではない。論拠は、フーコーという哲学者の作品と生き方との間にある。フーコーの生涯の伝記的な事実やインタヴューでの発言などを通じて、彼の倫理的政治的立場を知ることができる。こうした意味でこそ、思想家の生と作品

(68)　アーキテクチャについて Lessig 1999, 安藤馨 2007 を、フーコーやベンサムとアーキテクチャ論との関係については、成原 2016 を参照。環境と犯罪については重田 2003a, 第七、八章を参照。

(69)　Foucault 1978, p. 111, 一三二頁。

は積極的に関連づけられるべきだと思われる。(70) それらを鑑みるとき、フーコーとベンサムが統治の効率化、あるいは近代国家の統治化に対してとる態度はきわめて対照的である。

ベンサムの感覚主義的人間観と分析的な手法は、教育によって人をどんなものにもすることができるというエルヴェシウスと考えを共有している。だが、エルヴェシウスはモラルと政治の領域の複雑さと伝統による規範構築の厚みに依拠して現実社会を眺め、変革を構想した。これに対してベンサムは感覚に基づく快苦という基準と分析の手法の徹底によって社会を再構成することを試みた。だからこそ彼は、思考実験でしかなかったコンディヤックの影像がたどるプロセスを、パノプティコンの装置を通じて現実に確かめることができると言いえたのである。月を緑のチーズと信じさせたり、2たす2は4より少し大きいと信じさせたりするベンサムの監察学校の叙述は、どこか人間離れしていて困惑させられる。それが一方で徹底した規律のモデルにつながり、他方で人間の利益と欲求を単純化・単位化して捉えるホモ・エコノミクスと市場のモデルにつながったことは、近代の人間像をあるしかたで徹底したらどこに行き着くかを示しているように思われる。

(70)　フーコーという思想家の生と作品というテーマについては、重田 2011, 第一三章を参照。

第一五章　統治とエコノミー

一　公的なものと私的なもの

ハンナ・アーレントは『人間の条件』（Arendt 1958）において、近代が喪失した「政治的なもの」の探索の出発点として、次のように問題を設定している。

「生における私的領域と公的領域との区別は、家の領分と政治の領分に対応している。両者は、少なくとも古代都市国家の勃興以来、区別され分離された存在であった。だが、近代とともに出現した、厳密に言って私的でも公的でもない社会的な領域は、その政治形態を国民国家のうちに見出す比較的新しい現象である。

この文脈で私たちの興味を引くのは、古代におけるこうした公的領域と私的領域の決定的な分割を理解することが非常に難しくなっている点である。この分割は、ポリスの領域と家および家族の領域との間、また最終的には共通世界に関わる活動と生命の維持に関わる活動との間にある。古代のあらゆる政治的思考において、この分割は自明の公理と考えられていた。だが現代では、分割線は全く不明瞭になってしまっている。なぜなら、私たちは人々の集合体や政治共同体を家族イメージで捉えてしまうからである。さらに、家族の日々の生活は、巨大な国家大の家政によって管理すべきものとなっている。……そのため、古代の思考に照らすなら、たとえば「政治経済学」が用語として矛盾に満ちているといったことは、現代ではなかなか納得しにくい。古代においては、なんであれ「経済的」なものとは、それが個人の生や種の生存に関係するかぎり、定義上非政治的な家政の領分にあったのである」[1]。

引用では、エコノミー（オイコノミア）を家政／経済と訳したためにやや分かりにくくなっている。しかしここで語られているのは、古代ギリシア世界に知られていた公的領域＝ポリスと私的領域＝オイコスの区別が、のちに「社会」という第三の領域によって破壊されてしまったということである[2]。アーレントは、国民国家単位での政治とは巨大な一つの家政にほかならず、政治が固有の領域を失いただ単に家族を大きくしたものになってしまったとする。

ここでは古代と現代の対比によって、政治的なものを喪失した現代を読者に印象づけるのがねらいであろう。そのため、国家が巨大な家政であるといったやや単純化された家、家族、家政、そして経済についての図式化が見られる。これらについては以下でもう少し丁寧に概念史を整理していく。アーレントの問題提起において注目すべきは、ポリスとオイコスという区別、つまり公的領域―光の世界と、私的領域―影の世界との区別が、政治経済学といった用語が使われる近代以降の文脈では全く意味をなさなくなっているという点である。この問題設定を承けて、以下ではエコノミーがポリティカルなものになるということ、このことの端緒がどこにあり、どのような知と権力の配置の中でそれが形をとり展開したのかを見ていきたいと思う。この章で取り上げるのは、本書全体を包括するキーワードである「統治」という語、またそれと不可分の語としての「エコノミー」である。

二　統治の語義の変遷

第一章で述べたとおり、一五世紀以前には、統治はかなり広い範囲をカバーすることばであった。ただしそれは、政治的な意味、つまり君臨する、命令する、法を作るなどとは異なった系列の語だった。統治は日常生活全般において、人を対象とする多様な行いを表現する語だったのである。一六世紀になってはじめて、「いかに統治するべきか」の問いが、君主による国家の統治、個人の魂とふるまいの統治、また子どもや生徒の統治に至るまで、連続性をもった主題として一斉に出現した。

では、それ以前の統治とはどのようなものだったのだろう。おそらくフーコーは、統治の系譜学を構想する中で、古代のヘブライズム、またとりわけ中世キリスト教の重要性にたどりついたと思われる。一九七八年講義の構成をこの観点からふり返っておこう。第Ⅱ部で見たとおり、一九七八年の講義冒頭では、一八世紀半ばの統治における断絶とセキュリティの装置の出現について、都市政策、食糧難、接種、そして人口の自然性といった話題が展開される（一月一一日、一八日、二五日）。そして、主権―規律―統治を対比して捉えるという全体の見取り図が示されたあと（二月一日）、統治概念の歴史を遡り、古代ギリシア・ローマ世界と比較しながらキリスト教の司牧が検討される。（二月八日、一五日、二二日、三月一日）。司牧の展開に沿って一六世紀まで時代を下ったところで、新たな統治の問題系として国家理性とポリスの検討に入る（三月八日、一五日、二二日、二九日）。最終回はポリスから人口をはさんで自由主義経済学への流れを改めて取り上げている（序章二の一覧を参照）。

このように見てくると、行きつ戻りつするように見えるこの年の講義は、順序を入れ替えると古代ギリシアから一八世紀半ばまで、ほぼ断絶なく統治の歴史をたどったものであることが分かる。そして、中世から近世にか

（1）　Arendt 1958, pp. 28–29, 五〇頁。
（2）　アーレントはこの破壊が、すでに中世の共通善の観念において（彼女はこれを単なる私的な利益の集まりと理解している）、あるいは兆しとしてはギリシア語の「ゾーン・ポリティコン」がラテン語で「アニマル・ソシアリス」に訳されたときにはじまっていたとする（*ibid.*, p. 35, p. 23, 五六頁、四四頁）。

けての司牧による魂の統治とそれへの対抗の歴史を描くことを通じて、フーコーは次のような発見をしている。「司牧を特徴づけるこうした技術および手続き全体に、ギリシア教父たち、とりわけナジアンゾスのグレゴリウスは、ある名前を与えています。この名前は注目すべきものです。というのはグレゴリウスは、司牧のことを *oikonomia psuchôn*、つまり魂のエコノミーと呼んでいるからです(3)」。

非常に重要な事柄なのでここで一旦引用を切っておく。この部分について、スネラールの編者注にしたがって注目すべき点を指摘する(4)。スネラールによると、ナジアンゾスのグレゴリウスの『講話集』に「魂のエコノミー」の表現はない。しかし、同書の「魂の医術」について書かれた部分で、フランス語訳者モッセ Justin Mossay がギリシア語 tēn oikonomian に「統治する gouverner」の訳語を充てているという。フーコーは「魂の医術について」というこの部分の主題と、オイコノミアに統治の訳語が充てられていることとを合わせて、魂のエコノミーという表現を用いたのではないかというのがスネラールの推測である。つまりここで、エコノミー（オイコノミア）と統治は入れ替え可能な語として、魂の世話をする司牧的統治のあり方を指していることになる。

先の講義の引用をつづける。「アリストテレスにおけるエコノミーのギリシア的概念において、それはとりわけ家族とその財産、また家族の富の管理を指し、奴隷や女性や子どもの管理と指導、またいわば主従関係のマネジメントを指していました。このようなエコノミーという概念が、司牧において全く異なる次元と関係領域を獲得するということです。異なる次元というのは、ギリシア人にとって根本的には家つまりオイコス（住まい）に関わっていたエコノミーが、人間全体、あるいは少なくともキリスト教徒全体に広がる次元を獲得するということです。魂のエコノミーは、キリスト教徒全員の共同体、また一人一人のキリスト教徒を対象とします。次元の変化と関係領域の変化。エコノミーは家族や家の繁栄や豊かさだけでなく、魂の救済にも関わるようになるのです(5)」。

つまり、古代ギリシア世界に知られていた家政としてのオイコノミアが、キリスト教の司牧において魂のエコノミー、魂の導きの意味でキリスト教徒全体に用いられるようになった。これがフーコーが注目する第一の変化であり、そこにおいて、子羊を導くように人を導くという司牧における統治が、エコノミーと語義の上で重なりあう契機が見られるということになる。(6)

そして、人を導くという意味でのエコノミー―統治の実践は、一六世紀以降、君主鑑、マキャヴェリによるその反転、また国家理性の諸言説を通じて、国家の統治という、それ以前には用いられていなかった場所に転用されるようになる。これについては第I部で述べたとおりである。

(3) Foucault 1978, p. 196, 二三八頁。Grēgorios ho Nazianzēnos (329-390) は四世紀の東ローマ帝国の神学者。二世紀以降ギリシャ語で著述した神学者をギリシア教父と呼ぶが、グレゴリウスはそのなかでも「カッパドキア三教父」の一人とされる。

(4) *ibid*., p. 220, n. 1, 二六六頁編者注1。

(5) *ibid*., p. 196, 二三八頁。

(6) ここでエコノミー概念の継承と発展として単純化して描いた事柄は、思想史を丹念に見ていけば当然ながら複雑で豊かな経緯をたどる。その一端はフーコーの一九七八年講義でも示されている。より新しい研究として、第I部でも挙げたAgamben 2007 のほか、日本でも『ニュクス』第一号所収の佐々木 2015, 土橋 2015, 星野 2015 がこのテーマを取り上げている。佐々木論文は、「オイコノミアを主題とする、現存する最古の著作」(一二頁)として、クセノフォンの『家政論』を挙げている。土橋論文はギリシア教父を、星野論文はラテン教父およびトマスとスコラ学を取り上げている。それらによると、クセノフォンから中世神学に至るまで、オイコノミアの背景にはつねに宇宙論的含意があった。

三　エコノミーの語義の変遷（一）――全き家

オイコスとポリスの区別の中でのエコノミーについては、アリストテレスを参照することが通例であろう。両者の違いがいつごろ注目されるようになったのかは、はっきりとは分からない。しかし、『人間の条件』ではこの区分が思想史において自明のものとして取り上げられてきたとはされていないことから、おそらくアーレント自身が両者の区別の政治的意味を最初に強調したのであろう。ギリシア世界においてその区別がどれほど根源的であったかを描く際、アーレントが依拠しているのは基本的にアリストテレスである。

というのは、ポリス―公／オイコス―私という区分に関しては、財産と家族の共有を主張し、実質的に公私の境界を不明瞭にしたプラトンの例がよく知られるからである。アーレントはもちろんプラトンを知っており、「その政治計画において、私有財産を廃止し私的生活全体を消滅させようとするところまで公的領域を拡張しようとしたプラトンでさえ、境界線の守護神であるヘルケイオスへの大いなる崇敬を語り、地所と地所のあいだにある境界線を、なんの矛盾も感じずに神聖なものと呼んでいるのである」(7)として、囲い込まれた境界の内と外の区別を古代ギリシア人がいかに尊重していたかを強調している。

こうしたアーレントのテーゼがどの程度古代ギリシア全体にあてはまるかは、スパルタにおける土地所有と共産制的傾向との関係の評価などと関わるので判断が難しいかもしれない。だがここではひとまず、一二世紀の受容を通じて中世盛期以降のヨーロッパに大きな影響を及ぼした、アリストテレスにおける公と私の区別を簡単に見ておこう。

『政治学』は次のようにはじまる。「国〔ポリス―引用者〕は、現にわれわれが見る通り、いずれも或る種の共同体《コイノーニアー》である、そして共同体はいずれもある種の善きものを目当に構成されたものである」(8)。ここで言われているのは、ポリスが善さを目的とした人々の集まりであるということである。つづいて彼は、コンディヤックにも似た分析の方法により、国を構成する単位である家（オイコス）のあり方を考察する。ポリスが家からなる以上、家の成り立ちを見ることが、ポリス理解の第一歩となるからである。アリストテレスによると、家は家長によって治められ、それらが集まると村になる。村が集まるとポリスになる。家や村が自然であるようにポリスも自然で、つまり人間はポリス的動物（ゾーン・ポリティコン）だということになる。

次にアリストテレスは家の中に目を向ける。完全な家は奴隷と自由人からなる。家内関係の内訳は主人と奴隷、夫と妻、父と子である。家に関わる知識、つまり家を治める方法が家政術（オイコノーケー）である。アリストテレスは主人と奴隷の支配－被支配の関係を、自然的な違いに基づくものとして正当化している。主人にとって奴隷は道具に近く、主人の役に立つために奴隷が支配されることは自然である。これは後世に物議を醸した部分で、たとえば戦争捕虜で奴隷となった元自由人などについては微妙であることを、アリストテレス自身も認めている。

こうした主人支配と対比されるのが、政治家による（つまり政治的な）支配である。家政術が独裁政治 monarchy であるのに対して、国政術（ポリティケー）は自由で等しい者たちの（相互）支配である。なお、主人の家における支配に必要な知識は、日常的な奴隷労働の中身に関するものではなく、奴隷を支配するための知識である。アリストテレスは「この知識は大したものでもなければ、感心するほどのものでもない」(9)としている。さらにつ

（7）　Arendt 1958, p. 30, 五一頁。
（8）　アリストテレス 1961, 三一頁。引用に当たっては英訳を参照した。

づけて、獲得術、つまり家の外から家政の材料を持ってくる術について、それを必要なものと有害なものに分けている。アリストテレスは、家政の運営のために必要な獲得術は認めるが、それが富のための富の獲得になることを強く警戒している。彼にとっては、富を獲得するために人生を捧げているような人間は、善く生きることを忘れてただ生きている低俗な人間なのである。彼はとりわけ貨幣欲を批判している。つまり家政としてのエコノミー（オイコノミア）は家の管理運営 household management 以外の商業的な要素（「商人術 retail trade」と呼ばれる）をその外に置く。しかもそれは善き生の妨げとなるような獲得行動として蔑まれていたのである。

アリストテレスがここで家政術に分類した知識は、ヨーロッパにおいて「家政学」として展開される。この家政学の伝統について、オットー・ブルンナーの著名な論文によって見ていこう。

はじめに、本章二で取り上げたキリスト教における魂のエコノミーと家政学におけるオイコノミアとのつながりについて、ブルンナーは次のように示唆している。「「オエコノミア」とは、テルトゥリアヌス以後のキリスト教教義学で用いられたことばでもあった、歴史を規定する神の世界支配、すなわち神の経綸を意味するのである。十七世紀の家父の書のなかでも主要著作の一つ、ヴォルフ・ヘルムハルト・フォン・ホーベルクの『篤農論』のはしがきには依然として、神は「人間を愛し給う天上の家長にして、偉大なる世界統治（Weltoeconomia）を倦むことなく永遠にみそなわす」ものである、と説かれている。このように、当時の人々は、神の「エーコノミー」（経綸）と人間の「エーコノミー」（家政）のあいだの連関をなおよく心得ていたのである」[10]。つまりブルンナーによると、永きにわたってヨーロッパ人たちは、神による世界統治になぞらえて人間による家政を理解してきたということになる。

では家政学の中身はどんなものかというと、これには上記のアリストテレスの奴隷を支配する知識とは内容的な相違がある。それは家とその外部との境界を自明のものとする点でアリストテレスと共通しているが、土地と農業に根ざしたヨーロッパ的な封建貴族の生活様式に合わせる形で、内実を変化させている。その違いの一部は、おそらく古代ギリシアにおける奴隷制とヨーロッパ中世の農奴制との所有形態と主従関係の相違に起因する。それと同時に、中世ヨーロッパにおける政治共同体が根本的に法的に規定されていたことによる差異に起因していると考えられる。

アーレントは古代ギリシアと中世ヨーロッパ社会との隔絶を強調したが、これは彼女がその政治共同体の特質の違いになにより関心をもったためである。中世ヨーロッパにおいて、古代ギリシア人にとってのポリスの対応物は、政治社会、すなわちソキエタス・キウィリスであった。アーレントはこれについて、中世のソキエタスを近代以降の社会への次なる転換を準備したものとして近代に寄せて理解している。これに対し、ブルンナーは中世の「全き家」と家政学を、古代ギリシアにおける家とポリス、あるいは哲学的な伝統全体との連続性のうちに見ている。これについてはおそらくいずれにも真実があるのだろう。しかしここで、両者のいずれでもなく中世の固有性を際立たせて理解することの歴史的重要性もあるように思われる。とりわけ、古代ギリシアのポリスの「政治的な」関係理解に対して、中世においては「法的な」共同体として政治社会が捉えられていた点をはさんで理解すると全体の見通しがよくなる。

アーレント自身が指摘したとおり、古代ギリシアのポリスは法とは異なる言語と構造によって規定されていた。彼女はそれを「活動」という行為様式として特徴づけ、活動がくり広げられる場こそがポリスであると考えた。これに対して、すでに第Ⅰ部、第Ⅱ部で見てきたように、中世ヨーロッパ社会の基本構造は法と特権に拠ってい

（9）同上、四七頁。
（10）Brunner 1956, 一八一―一八二頁。

た。ポリスの「活動」と中世政治社会の「法」という対比、あるいはポリスの市民と中世の封建貴族という対比は、古代とも近代とも異なる中世をはさんで、統治、エコノミー、市民社会がどのように展開していくかを見ていく上で重要である。

まずは中世ヨーロッパの家政学の内実を、ブルンナーに戻って検討しよう。ブルンナーはすでに引用部分で取り上げたホーベルク Wolf Helmhardt von Hohberg（1612-1688）『篤農訓』の内容を、次のように紹介している。「ホーベルク……の『篤農訓――貴族の農村生活』（*Georgica criosa oder Adeliges Land- und Feldleben*, 1682）は、十二巻から成っている。第一巻は「農場」、すなわち貴族の所領の構成を論じており、副業として水車、煉瓦窯、石切場等から、さらに塩坑、鉱山、冶金場における非農業的原料生産の叙述にまで及んでいる。第二巻は「家父」の活動、家父の神や妻子との関係を対象としている。教育、貴族的教養を身につける過程についてはここで詳細に論じられており、僕婢や従属農民との関係も同じくらい詳しく論じられている。そして、戦争や疫病の危難にさいしての対処のしかた、一種の気象学、家と菜園と畑における月々の作業を指示する正確な仕事暦によって、この第二巻は終わっている。第三巻は「家母」にあてられており、主婦の役目の範囲、すなわち子とくに娘の教育、料理、パン焼き、肉や果実や飲料の貯蔵、常備薬の整備のための手引き、および、家において医師の助力なしに施しえた限りでの医術についての詳細な説明を含んでいる。第四巻は葡萄栽培と酒蔵の管理、さらにその他の果樹栽培を論じており、第五巻と第六巻は蔬菜、薬草、花卉の園芸を、第七巻は農耕とその副業すなわち麦酒醸造、火酒製造および製粉を、第八巻は馬の飼育、第九巻は牛、羊、豚、家禽の飼育を論じている。この第八巻・第九巻はまた、詳細な獣医学的指示をも含んでいる。第一〇巻は養蜂と養蚕について、「水の楽しみ」と題された第一一巻は給水、水車のための引水、養魚、水禽、水辺の土地の利用について、最後の第一二巻は林業と狩猟について述べている」(11)。

長くなってしまったが、それだけ家政学の内容は幅広い。そしてここに、家政として捉えられたエコノミーの対象全体が網羅されているように思われる。この中に田園貴族の生活のすべてが含まれているように見える一方で、政治と法に関わる事柄、また商業に関わる事柄は一切出てこない。さらにこうした家父の書の目次は、第Ⅰ部、第Ⅱ部で取り上げたポリス論の目次と似ている。両者はともに、家政およびポリスに関係するあらゆることを含んでおり、現在から見ると体系性を欠いていて退屈させられる。しかし、生活のために必要な管理運営の知識やコツの伝授とは、えてして退屈なものなのだろう。ポリス学と家政学との違いは、前者がなによりも都市に関わるのに対し、後者が田園と農村に根ざしている点である。しかし両者は、ある場所における人々の生の統治という主題においては共通している。中世末期に公と区別された私としての家を囲む境界が崩れはじめ、田園貴族が没落するとともに法と特権の身分秩序から解放された農民が根を奪われて都市に流入する。これによって家政学がその基盤を失うとともに、ポリスによる都市の統治の役割が高まっていったともいえる。

ここで家政学の消長を簡単に述べておく。第五章二で紹介したとおり、近世ドイツで発達したカメラリズム（官房学）は、その内部に家政学、ポリツァイ学、そして財政学を含んでいた。これは国家学が君主の「家」についての学としてはじまったこと、国の運営が家の経営との相同性の下に捉えられていたことを示している。しかし、国家機構が君主とその家を離れて行政官僚と国家固有の制度によって担われるようになるにつれて、家政学は国家運営にとってモデルとして狭小で、時代遅れなものになっていく。それでも、たとえばドイツの代表的カメラリストであるユスティにおいて、家政学は国家の構成要素としての家の自立を保証するための重要な一部門として残存していた。

（11）Brunner 1956, 一五三頁。

また、封建領主の生業の中心であったため、家政学の中心の一つであった農業は、近代化の中で合理化と効率化を目指すものとなり、商品経済と市場を見据えて変化していく。たとえば土地を富の唯一の源泉として奢侈と製造業に対して田園と農業を優先したフィジオクラットは、大フェルミエ（借地農）による土地所有、また人の手による耕作よりも効率のよい家畜や道具の導入を提唱した。こうした農業の産業化と商品経済の浸透によって、土地と田園がもっていた自足した共同体＝家のコスモロジーは崩れ去った。

一方、ドイツにおけるカメラリズム衰退の理由として、一つは自然法と法権利に拠って立つ近代思想の導入によって、法治国家に枠づけられた行政の領域が確立し、カメラリズムが行政学へと変わっていくことが挙げられる。またもう一つは、ポリツァイの実践が英仏政治経済学、とくに『国富論』の紹介によって時代遅れのものになったことがある。

国家を一種の家として捉えるモデルはこうして衰退したが、では家の方はどうなったのだろうか。予想されるとおり、今日の家庭はかつての家共同体の名を引き継ぎ、人間の再生産過程の一部を担うものの、その構成はあまりに弱々しいものである。アーレントはこの事態を、公的領域の衰退という逆の側から、次のように表現している。「かつての偉大で栄光に満ちた公的領域の衰退以来、フランス人は「小さなものたち」のなかで幸福になる技術を完璧に身につけた。四方を壁に囲まれた小空間に、タンスとベッドとテーブルと椅子、そして犬とネコと植木鉢を配置し、これらの事物に配慮と優しさをふり向けている。この空間は、急速な産業化によって今日のものを作るために昨日のものがいつも殺される世界で、最後に残された純粋な人間らしい片隅なのかもしれない」(12)。

現在の家庭や「マイホーム」は、かつての家共同体とは似ても似つかない。その最も大きな理由は、かつての家に見られた自足と自律が現代では欠如しているからである。まず簡単に分かることとして、家政学が対象とした家、壁に囲まれ外部の視線を逃れる共同体は物理的にもかなり広々としていた。それは広大な土地を擁し、家畜が飼われ、屋敷には従僕や下女がおり、また人足や日雇い人夫が生活していた。自家製のワインや酒を貯蔵する醸造蔵、収穫した農作物を収納する納屋、また水車が音を立てるせせらぎがあり、境界線には森が広がっていた。こうしたなかで営まれた自足的田園生活に対して、近代以降のマイホームがいかに貧弱なものかは明らかだ。

自足した家共同体の時代は過ぎ去ってしまった。それを破壊した一番の要因は商品経済の浸透と都市化であろう。だがこれらが手を携えて「「全き家」と旧ヨーロッパの家政学」を追い払った時代に、旧き田園の理想をロマン派を先取りする恋愛物語の中に再現し、いまだ全貌を現していなかった市場社会とホモ・エコノミクスへの反撥において時代に先駆けた思想家がいる。それがジャン＝ジャック・ルソーであり、彼の『ヌーヴェルエロイーズ』（Rousseau 1761b）であった。

四　エコノミーの語義の変遷（二）——『ヌーヴェルエロイーズ』

『ヌーヴェルエロイーズ』は悲恋の物語である。お互いの想いを知り尽くしながら触れそうで触れられない恋の行方を、書簡体による心情吐露によって描いた長編である。著書のタイトルは、一二世紀のアベラールとエロイーズの有名な逸話から取られている。だがこの作品を、恋愛小説とは別の角度から読む試みがある。それは、田園に居を構えた家共同体の一つの理想を描いたものとして、言い換えればルソーにとっての家政あるいはéconomie domestique の理想型として、この作品を読み解く試みである。きっかけを作ったのは、スタロバンス

(12)　Arendt 1958, p.51, 七八頁。

キー『透明と障害』(Starobinski 1957) での、クララン(『ヌーヴェルエロイーズ』の主人公ジュリとその夫ヴォルマール男爵の所領の名) についての解釈であろう。以下では主にスタロバンスキーとスペクトール (Spector 2007) を参照しながら、ルソーが描く田園共同体と、それがなにに反撥して構想されたのかを見ていこう。

ルソーはこの書簡小説を通じて「安楽に暮らしている人々に田舎の生活と農耕には彼らの知りえない快楽があること、この快楽は彼らの思うほどつまらぬものでもないし、野卑なものでもないこと、そこでは趣味や選択や洗練が支配しうること、才能ある人が家族と一緒に田舎に引退して自ら百姓仕事をしようと思えば、都会の娯楽に囲まれていた時と同様に楽しい生活を送ることができるだろうということ……」(13) など、要するに田舎暮らしがいかにすばらしいものであるかを知らせたいと考えた。都会の奢侈と世評 opinion を崇める当時の社交家たちが無知のまま軽蔑してきた、よりよき世界の姿を届けようとしたのである。田園貴族の生活世界は、第四部および第五部でのクラランを舞台とする場面で描写されている。

クラランでのヴォルマール夫妻と使用人たちの生活は、スタロバンスキーが指摘するとおり不平等によって成り立っている(14)。これはアリストテレス以来の、家共同体にとって根本的な支配と従属の関係、また家長と妻との違いを含むあらゆる構成員の役割の違いを忠実になぞっている。だが、彼らの間にある信頼と協働の関係を描くことで、こうした不平等はルソーによって正当化されているように読める。家においては、家長は家構成員に対して誠心誠意、あるいは徳をもって接しなければならない。十分な報酬を得て長い間同じ主人に仕えることを許され、人として尊重され愛されている使用人たちも、主人の厚意に応えることを期待されている。そこにあるのは互いの思いやりと愛情、そして恩義と忠誠という情緒的な絆である。根源的な関係の非対称を前提として思いやりや愛の関係を築くという点で、クラランにおいて人々はケアの関係を取り結んでいるともいえる(15)。

もう一つ重要な点は、クラランが商品経済や市場からできるかぎり離れていられるように、ルソーが苦心して制度設計をしている点である。これは家共同体の自足を公的領域が成立する前提条件とする、アーレントの描く世界に重なるものである。ここには、公的でも私的でもない空間、つまり社会的あるいは市場の空間の入り込む余地はない。というより、それが入り込んだとたんにクラランという理想郷は崩壊せざるをえない。

これについてはスペクトールが詳細な検討を加えている。まず、クララは主人の富を増やすことではなく、家構成員全員の生存を保証することを目的とする。ルソーにとって、共同体全体の繁栄 prospérité と豊富 abondance は、主人の富 richesse の増大や富裕 opoulence よりもはるかに重要である[16]。「最も富める者は最も幸福なのでしょうか。富裕であることは幸福になんの役に立つのでしょう[17]」。ここに、生存対富裕という ポリスと自由化論の対立が再度現れる。

ただしルソーにとっては、富裕は生存を超えた豊かさを意味しない。そのため富裕を通じて生存が与えられれば、結果的には生存という目的が達成されるという自由化論者の理屈は拒絶される。なぜなら、富の増大が自己目的化することによって、人は真の豊かさを喪失するからである。ルソーにおいては、富裕のための富裕はなんの意味もないものであった。たとえば貨幣獲得へと邁進する人は、手段でしかないものを目的にし、生の意味を貶める不幸な人である。これはアリストテレスのいう、善く生きるのではなくただ生きる人でもある。

では生の目的とはなにか。『ヌーヴェルエロイーズ』においては、それは獲得した富や財産を適切なしかたで

(13) Rousseau 1761b, p. 21,（一）二九頁（第二の序文）。
(14) Starobinski 1957, pp. 121-129, 一五六―一六六頁（第五章「平等」）。
(15) 藤井 2004 は、クラランにおける共同性のあり方をケアの関係として読み解いている。
(16) Spector 2007, p. 31.
(17) Rousseau, 1761b, p. 466,（三）一二一頁（第四部書簡一〇）。

使用することで得られる喜び jouissance であり、言ってみれば享受する快楽である。「人の財宝は金庫の中にはなく、それをいかに使用するかにあります。したがって所有の喜びは消費の多さでなく、消費をよりよく秩序立てる mieux ordonner ことによるのです[18]」。ルソーはこの喜びの中に多くの事柄を含めている。たとえばジュリにとっては、貧民や物乞いに生活の糧を施すことも苦しみの除去という意味では享楽の一つである[19]。クラランにおいて、人は自己利益をエゴイスティックなものとして捉えることができない。生活共同体における他者の苦しみは自分の苦しみでもある。人に善をなすことは自分にとっての快楽である。信頼と協働はエゴイズムと敵対とは正反対のやり方で人々を結びつけ、真の豊かさをもたらす。困っている人を助けることは、相手にとってと同時に自分にとっての喜びなのである。

ルソーは、重要なのは富を蓄えることではなく、もっている富をいかに用いるかであると考えている。それを真に価値あるしかたで役立てることができるかどうかは、家長の家運営の手腕にかかっている。そしてまた節制も快楽と結びつけられている。ルソーは『学問芸術論』ですでに、無限に欲望を昂進させていく人間が陥る底なしの不安を描いていた。クラランの人々はそうした不安や意味喪失とは無縁である。ヴォルマール夫妻は、その「エコノミーと配慮[20]」を通じて、自分たちの欲望を満たす機会を限定している。ここでエコノミーは、「事物の正しい配置と循環」という意味で用いられている。彼らは節制によってむしろ享受がもたらす喜びの強度が高まることを知っているのである。

つまり、多くもつこと、より多く所有しようと欲することによっては、人はいつまでたっても欲望を充足させることはできない。それは資本の無限運動にも似た終わり（＝目的）のなさという特徴をもつ。そのためクラランでは欲望が肥大化のループに入らないよう配慮がなされている。その最たるものが市場を遠ざけること、貨幣使用を排除すること、外の物品をできるだけ入れないことである。クラランでは物々交換が推奨され、貨幣は使用されない。これは商人による中間搾取や貨幣獲得の自己目的化を排するためである[21]。そして奢侈を遠ざけるために、生活物資をできるかぎり所領の内部で生み出すことが目指される。土地は配慮をもって耕され、規模の増大による効率化よりは大地と耕作とが一体となり豊かさを生み出すことが重視される[22]。これはフィジオクラットの農業効率化の議論とは対照的である。

スペクトールはルソーのエコノミーを次のようなものであるとする。「エコノミーとは、豊かさを生み出すために物質的・精神的資源を管理する技法である[23]」。これは、市場という匿名性の高い場で自らの余剰を交換することでもうけを得る人々の集合的行為という経済の理解とは遠く隔たっている。ルソーのエコノミーは、生活が営まれる場としての土地、情愛によって結ばれた信頼関係、人的物的資源の思慮に満ちた配置、節度ある享楽によって成り立っている。ここでは、ものの価値は見知らぬ人の集まりからなる市場の評価によってではなく、生活と結びついた使用、そしてその使用が具体的な他者にとってもつ意味によって決まる。つまりエコノミーとは、クラランとして描かれた家共同体の小宇宙における人々の交歓と生の営みの全体、またそれを運営する手腕を指すのである。

（18）*ibid.*, p. 466,（三）一二〇―一二一頁（同上）。
（19）*ibid.*, pp. 539-540,（三）二三三―二三四頁（第五部書簡二）。
（20）*ibid.*, p. 551, 二四九頁（同上）。
（21）*ibid.*, p. 548,（三）二四五―二四六頁（同上）。
（22）*ibid.*,（三）第四部書簡一〇、（四）第五部書簡七。
（23）Spector 2007, p. 36.

五　エコノミー概念の錯綜

以上のような『ヌーヴェルエロイーズ』におけるエコノミーは、まぎれもなく家のエコノミーであった。ところがルソー自身が『百科全書』で「政治経済」の項目を執筆したように、一八世紀にはエコノミーは「政治的なもの」と結びついて使用されるようになっていく。ルソーから引用する。「「エコノミーまたはオイコノミー（道徳・政治）」。この語はオイコスつまり家と、ノモスつまり法から来ており、もともとは家族全体の公共善のための賢明で法にかなった家の統治だけを指していた。その後この語は大家族、つまり国家の統治にも使用されるようになった。こうした二つの受容を区別するために、後者を一般的または政治的な経済と呼び、前者を家政的あるいは個別（特殊）経済と呼ぶ。この項目で問われているのは前者だけである。家政経済については「家父」の項目を参照されたい[24]」。

まずは引用部分を解説しておこう。économie に対して œconomie は古い綴りである[25]。ルソーが書いた項目はのちに「政治経済論」（1758）として出版されたため「政治経済 Œconomie politique」だと思われているが、Économie *ou* Œconomie である。Œconomie politique の項目は一七六五年に出版されたブーランジェ Nicolas-Antoine Boulanger（1722–1759）によるものである[26]。また、『百科全書』の中で「道徳・政治」の分類は「道徳」の下位区分となる。ダランベールによる『百科全書』「序論」の分類表によるなら、道徳の中に一般と個別があり、一般は善悪と徳に関わる（つまり倫理学）。個別は法学に関わり、その中に自然的なものとエコノミー的なものと政治的なものがある。さらに、エコノミー的な法学と政治的な法学は共通して、「国内・外国および陸上・海上の商業」であると説明されている。道徳の項目には「自由」「幸福」「社会（社交）」などが含まれ、「道徳・

政治」には「人口」「暴君」などが含まれる。つまり、ダランベールの分類ではエコノミーと政治は同等の資格であるが、本文ではルソーが書いた「エコノミー」が「道徳・政治」分類中の一項目として置かれている。『百科全書』の項目は七万四千超とされ、出版も長期にわたったため、この例に見られるように分類基準が必ずしも統一されていない。なかでもエコノミー関連の分類はきわだって錯綜しており、それ自体この時代にエコノミーの語が担った意味の多様性を示している。

こうした混乱の中、ディドロの『百科全書』内の「百科全書 Encyclopédie」という項目での分類の整理にしたがって、Oの項目ではエコノミー（オイコノミー）は三種類に分けられる。一つ目は「神学的考証 Critique sacrée」に属するオイコノミーで、これは新旧約聖書に見られるオイコノミアが主題である（執筆者はジョクール）[27]。もう一つは医学分野の「動物のエコノミー」（執筆者はムニュレ・ド・シャンボー）[28]で、最後に「歴史、政治、古代近代の宗教」分野のブーランジェによる政治経済である。また、ジョクールによる項目の前に執筆者不明のŒconomie の項目があり、そこではオイコノミーが政治経済と農村経済 œconomie rustique の二つに分けられている。政治経済についてはルソーの項目への参照指示があり、農村経済については項目内で説明がなされている[29]。さらに、Œconomique（道徳）の項目があり、これは「家事および家と家族に関わる事柄の統治の方法を教

（24）Rousseau 1755b, p. 241, 六三頁。
（25）隠岐 2011 によると、œconomie の綴りは一七八〇年代には「すっかり消え去った」（二二〇頁）ようである。
（26）'Economie politique,' in *L'Encyclopédie*, XI, pp. 366-383.
（27）'Œconomie,' in *L'Encyclopédie*, XI, p. 360.
（28）'Œconomie Animale,' in *L'Encyclopédie*, XI, pp. 360-366.
（29）'Œconomie,' in *L'Encyclopédie*, XI, pp. 359-360. なお、Economie Rustique は第五巻に独自の項目がある。

える道徳哲学の部門[30]」とされた上で、ルソーの項目への参照指示がある[31]。これらの項目から、政治経済、家政、農村経済の間で領域や対象の錯綜があり、項目間の対応関係が明確でないことが確認される。

また、エコノミーの対象領域として当時広く受け入れられていたものに、動物のエコノミーがある。これについて述べるに際して、話がさらに複雑になるのだが、もう一度古代ギリシア語以来のオイコノミアの用法について検討しておく必要がある。

オイコノミアの語義については、実はさまざまな先行研究がある。たとえば杉山 2015 は、ラローシュ『古代ギリシア語における語根 Nem- の歴史』（Laroche 1949）を参照し、古典ギリシア語におけるオイコノミアについて次のように整理している。それによると、nemein という「配分する」の意味の語が「支配する」また管理や統治へと意味を広げ[32]、紀元前六世紀ごろにオイコノミアという語が現れる。つまり、オイコノモスは oikos（家）に nomos（法）が直接結びついたというよりは、名詞 nomos のもとになる動詞 nemein から派生した -nomos ／ -nomia が oikos と結びついてきた語である。そのためオイコノミアは、統治や管理、配分の意味をはじめからもっていた。つまり、家の管理のみならず、家以外のさまざまな領域における管理運営を古典ギリシア期にすでに指示していたことになる。たとえばヒポクラテスは、患者の管理に関してオイコノミアの語を用いているという。ラローシュによってオイコノミアの対象は以下の四つにまとめられている。一つは「生理学と医学」で、これは生命体の管理運営である。ここに「自然はよきオイコノモスである」というアリストテレスの言明が引かれている。次に修辞学における弁論の秩序や諸部分の配置がある。三番目が政治で、管理 administration や統治の意味で用いられる。最後が宗教あるいは世界観で、これは世界全体が一つのオイコノミアによって構成されているという宇宙論的な見方である[33]。

つまりオイコノミアは、その語のギリシアにおける使用がはじまったときからすでに、多様な領域において全体と部分を関わらせることで秩序をもたらすための管理や統治、そしてそれによって実現された秩序の状態を指していたことになる。人を取り囲む自然とは広い意味での「家」にほかならず、宇宙の調和と同じように家や人体や動物の身体もまた小宇宙としての秩序を形成すると考えれば、こうしたコスモロジーに不自然なところはない。一七―一八世紀の「動物のエコノミー」についても、このような文脈で理解すると分かりやすくなる。

動物のエコノミーは、ケネーの『動物のエコノミーに関する自然学的試論』(Quesnay 1736) および先ほど挙げた『百科全書』における項目 (Menuret 1765) によって知られている。animal ということばは、本来「アニマ＝魂」をもつという意味を含んでいる。これはもともと生気論的な世界観と結びついており、生き物を動かすエネルギーや魂にあたるものの考察と考えてよい[34]。一八世紀の動物のエコノミーは、古い生気論と近代医学の間にあるように見える不思議な分野で、ケネーの著書も動物を取り巻きまた構成する諸要素、血液循環や気質などを取り上げている。ムニュレによると、「動物のエコノミーとは、最も正確でかつよく用いられる意味では、動物

(30) 'Économie,' in *L'Encyclopédie*, XI, p. 383.
(31) こうした分類の複雑さに関しては、Piguet 2002, Salvat 2006 が有益である。前者は語彙統計学を用いた研究で、後者は前者をふまえて『百科全書』エコノミー項目の前史にあたる辞典での記述や、主な項目の内容を検討している。
(32) Laroche 1949 によってもう少し詳しく述べるなら、ホメロス時代に動詞 nemein は能動態では「食糧を配分する」の意味、中動態では「利用する、享受する、所有する」の意味があり、ヘシオドスからヘロドトス時代に意味の広がりを見る。能動態では「導く、操る」「統治する、管理する」の意味が、中動態では「居住する」「草を食む」の意味が付け加わり、この動詞は食糧の配分、他者の指導、統治・管理、また居住や動物の牧養に関わる語義をもつようになる。
(33) 杉山 2015, 二八―三〇頁。
(34) 同上、四〇頁注34を参照。

の生命を維持する機能と運動の秩序、メカニズム、総体を指している」[35]。つまり動物の体内における秩序維持のための働き全体ということになる[36]。

また『百科全書』には、第一二章で述べたとおり、ケネーやフォルボネ、チュルゴーなど、グルネーサークルやフィジオクラット周辺の人々が政治経済学関連項目を寄稿していた。ブーランジェがOの項目に書いたオエコノミーポリティークの参照指示からたどっていくと、これらの主題群が互いに結びつけられていることが分かる。また、農村経済や税の項目にもたどり着くようになっており、やはりエコノミーが多様な領域を網羅していたことがうかがわれる。ブーランジェの項目の内容そのものは、政体論に基づく君主制擁護論になっており、これによって『百科全書』におけるエコノミーポリティークの統一的理解はさらに難しくなる。

あまりにも錯綜しているので、ここでエコノミーについて一旦まとめる。一般的には、エコノミーとはあるシステムの中で全体と部分が調和的に結びつき統一されていること、すなわち秩序が成り立っていることおよびそこで作用している諸機能を指す[37]。そのため動物の生命機能は生き物のエコノミーであり、人の魂のエコノミーもあれば、国家のエコノミーもあるということになる[38]。

以上のように、エコノミーの用例は一八世紀後半にはさまざまなものが入り乱れていた。これらを念頭に置いて、政治と経済が結びつくとはどういうことかという観点から、ルソーの用例に先立つ「政治経済」の使用例を見ていきたい。第一章で述べたとおり、国家の統治を家の統治と類比的に捉え、その重要性を指摘した人としてしばしば挙げられるのはボダンである。『国家論六篇』第一篇には次のような一節がある。「家政 ménagerie という語は、家族の正しい統治と、家長が自分のものに対してもつ権力と、彼に対する服従を意味する。これらの点はアリストテレスやクセノフォンの論では全く触れられていない。うまく運営されている家族が国家の真の像 image であり、家父長権が主権に似ているように、家の正しい統治は国家統治の真のモデルである」[39]。国家統治のさまざまな術を経験的基礎をもとに理論的に考察するという興味関心は、ボダンやベイコンに顕著に見られるものであった。しかし、「政治経済」の語をセットで使った最初の人は、第五章五で取り上げたテュルケ・ド・マイエルヌであるとされる(40)。テュルケの『貴族的君主的な民主制』から引用しておく。

「ここで、主権権力が自由人に公平に行使されているとはどういうことかを示そう。人々の中には高貴な人とそうでない人、つまりまだその開化 civil が十分な度合いに達していない人がおり、それぞれ徴を帯びている。そうした政治体 œconomie politique における市民にとって最もよい状態は、それぞれの人が徳によって達することができる目的と手段を与えられていること、つまり誰にとっても扉が閉ざされ妨害されるようなことがあっ

(35) Menuret 1765, p. 360.
(36) カンギレムによると、「動物のエコノミー」ということばを最初に使ったのはイギリスのチャールトン Walter (Gualtero) Charleton (1619–1707) である (Canguilhem 1977, p. 87, 一〇二頁)。
(37) 一九七六年の『知への意志』で、フーコー自身がこのような意味でエコノミーの語を用いている。たとえば Foucault 1976a, p. 203, 一九四頁。
(38) 一八世紀後半の用例の錯綜ぶりを『百科全書』とともに示すのが、王立科学アカデミーの例である。さらに複雑になるので詳細は割愛するが、隠岐 2011 で網羅的に考察されている。それによると「木炭作製法」「毛織物の改良比較」「劇場照明法」「皮革のなめし方」「穀物の保存法」「りんごの発泡酒の混ぜ物について」「でんぷん製造法」「繭の脱色」「人口調査」「監獄の環境」「パンの公定価格および税率」「病院移転」「屠畜場移転」が、一七八〇年代の王立科学アカデミーにおいてエコノミー研究主題群に分類されていた。
(39) Bodin 1576, p. 66.
(40) Barthas 2011, p. 104, n. 8. それによると、テュルケの用例をモンクレティアンに先立つものとして挙げたのは、一九四八年のジェイムズ・キングの論文である。

てはならないということだ。つまり誠実な責務と公務に関して、能力と知性に応じて人が自己の条件を改善できること。これが父なる王による真の統治において要求される平等である。王の意向と政府の運営は自分だけの便宜のためであってはならず、また少数の人の好みを満足させるものであってはならない。すべての人の安楽と利益のため、つまり命令者と服従者全員のためでなければならない」[41]。

ここでテュルケは一種独特のメリトクラシーに基づく混合政体を指して、œconomie politique と言っている。しかもこの一箇所でしか使っていないとされる。テュルケは、理想の政体について論じるユートピア的な政治論の中で、エコノミーポリティークを政治共同体あるいはポリテイア、ソキエタス・キウィリスと同義に用いていると考えてよいだろう。第五章で述べたとおり、その中にポリス論や行政機構といったトピックが入っている点に特徴があり、これが回顧的に見れば政治経済学へとつながっていく契機となっている。

テュルケに次いで、はじめて著書のタイトルに「政治経済」を冠した人としてモンクレティアンが挙げられる。モンクレティアンの試みは、国家の統治を経験的な次元で捉え、力と秩序を同時に強めようとする点で、ボダンを継承しているとされる[42]。モンクレティアンは第一三章で取り上げたとおり、しばしばフランス重商主義の代表的人物として挙げられてきた。彼は『政治経済論』において商業とくに外国貿易を重視し（第二篇）、また製造業を尊重するが、農業を軽視していたわけではない。一種のナショナリスト的なフランス礼賛によって農業を基軸とする自給可能性にも言及している。一方で同書は、「君主の鑑」論の伝統を汲む統治論を含んでもいる（第四篇）。またそもそも、モンクレティアンがなぜ『政治経済論』というタイトルをつけたのかもはっきりしないようである。「新語である「政治経済 œconomie politique」は一六一一年〔つまりテュルケの著書―引用者〕以来活字で確認されているが、『政治経済論』の本文には一度も出てこない」[43]。そしてタイトル自体直前に変更されたようで、国王の出版許可に伴い初版に付された自薦文では、タイトルは『取引の経済論 Traicté œconomique du Trafic』となっていた[44]。いずれにしても、それは商業や貨幣、海運と貿易、手工業や農業をはじめとする産業、また国家については財政やサンスュールにかなりの紙幅を割いている点で、重商主義から政治経済学へとつながるテーマや対象を数多く含んでいる。

六　ルソーのエコノミーポリティーク

以上のように、エコノミーポリティーク概念の歴史的形成と変遷は、詳しく述べるほどに混迷を究める。こうした錯綜した経緯ののちに、一八世紀半ば以降「政治経済学」にあたる用例が徐々に浸透することになる。だがすでに見たように、一七五〇年代はいくつもの用例が並存していた。そのなかでルソーのエコノミーポリティーク論はどのように位置づけられるだろうか。ここではルソーの試みが、エコノミーポリティークが経済学によって簒奪され占有されることを、いわば萌芽的な段階で察知し、それを防ごうとした議論として解釈する。ルソーは、政治経済学が旧秩序を破壊する力を熟知し、それに抗して、エコノミーポリティークを契約と意志と法の政治論の下に置こうとした。ただしここで強調しておくべきは、彼が最新科学であった政治経済学に対して、古き伝統を守ろうとしたのではないということだ。ルソーは彼自身が作り出した契約論的政治理論という基本構造の

(41)　Turquet 1611, p. 558.
(42)　Barthas 2011, p. 115.
(43)　*ibid.*, p. 104.
(44)　*ibid.*

下に、エコノミーポリティークを置こうとした。その意味で新しい政治理論に依拠した政治による経済のコントロールを通じて、経済が政治に「真理の基準」を与えるフィジオクラットのような体系に対抗したのである。

ルソーの経済が意味するところについては、一九九〇年代以降集中的に研究が進められている。フレーデン『ルソーの経済哲学』（Fridén 1998）が出版されたときには、まだこの主題は目新しいものであったようだ。その後、年報『ルソー研究』の「政治経済特集」（Bach 1999）、また Spector 2003, 2007, Larrère 2007, Pénigaud 2015 など、一八世紀後半の政治経済学的な言説空間の中にルソーの議論を位置づける研究が数多く見られるようになっている。これらの研究は、当時の経済言説に対するルソーの反駁のやり方や、『学問芸術論』『人間不平等起源論』「政治経済論」『ヌーヴェルエロイーズ』『エミール』『社会契約論』『ポーランド統治論』『コルシカ憲法草案』などでのエコノミー像について考察している。これらを念頭に私がここで行いたいのは、「政治経済論」の検討によって、ルソーにとっての政治社会が全体としてどのように構成されているのか、そのなかでエコノミーポリティークがいかに位置づけられているのかを示すことである。さらにエコノミーポリティーク全体の中で、現代でいう「経済・財政政策」がどのように位置づけられているのかを、その理由とともに示したい。それを通じて、ルソーが政治経済学とは異なるエコノミーの体系をどのように構想したかを明らかにする。

「政治経済論」の冒頭はすでに引用したとおり、家の経済と政治経済との区別にはじまる。ルソーは家における家長の絶対性と支配－服従関係に対して、政治体の構成員が自由で平等な関係にあることを確認する。ここで彼が依拠しているのは、アーレントがいう古代ギリシア的な公私の区別、つまり自由人の相互支配と家の支配服従関係との違いである。ルソーはこの項目で扱う事柄を、政治経済、一般経済、公経済（三者は同義である）であるとして、家の経済 œconomie domestique（家政）を考察から除外すると宣言する。彼がここで、「しかし国家の統治が、その基礎が全く異なる家族の統治と似ているなどということがありうるだろうか[45]」と言っているのは、「家の正しい統治は国家統治の真のモデルである」というボダンの言明の批判的反転であろう。

このように前置きした上で、ルソーはエコノミーポリティークを三つの角度から考察する。一つ目が一般意志―法―行政の関係、二つ目が成人および子どもの徳を育成する習俗や教育、三番目が経済財政である。この並び順からしてすでに、ルソーがエコノミーポリティークの目的を富裕とは別のところに置いていたことを示している。ルソーにおいて、エコノミーポリティークとは法に基づく統治の適切なあり方についての学および実践なのである。

政治体について彼がなにより重視するのは、それが一般意志を生み出すような社会契約によって作られることである。これがすべての出発点となる。契約による一般意志の形成をめぐる考察は『社会契約論』で展開されるが、「政治経済論」はルソーがはじめて一般意志に基づく政治体の構想を説いた論説である。このなかでルソーははっきりと、自由な者たちの契約によって一般意志が生まれ、その一般意志が法を作ること、そして法に基づいた統治や行政だけが正しい統治であることを描いている。つまり、契約→一般意志→法→統治と行政という順番になっている。エコノミーポリティークは、このなかで最後の統治や行政に関わる領域である。

こうした構成からも分かるとおり、ルソーにとって統治の最も重要な仕事は一般意志にしたがった政治運営がなされることである。それはとりわけ、一般意志に自己の意志を一致させることができる人間、つまり徳ある人間を作り出すことによって実現される。ルソーによって統治や行政と互換的に用いられるエコノミーポリティークは、経済循環でも市場でも富裕でもなく、なによりも徳ある人を作り出すための習俗と教育のあり方に関心をもつ。この時点で、ルソーのエコノミーポリティークがグルネーサークルやケネーによる自由化論といかに異な

(45) Rousseau 1755b, p. 241, 六三頁。

っているかは明らかである。契約、自由、平等、法、権利、一般意志などの用語で構築されるルソーの政治体は、たしかに私有財産をはじめとする個人の幸福の条件を守るために存在する。だがそれは、真の幸福のために経済制度を政治的目的に従属させるものになっている。それが許されるのは、人の幸福が財産や富裕の獲得ではなく、自足と自律によって最もよく実現されるというルソーの価値観による。本章四で述べたように、ルソーにとっての理想郷は自足的で相互扶助的な田園共同体にある。それらの存立を支えるのが平等者からなる政治体で、それは自由人相互の合意によって作られる一般意志に基礎づけられている。ルソーの政治体は、一方で集合体を作る人々による契約と合意という近代的な人民主権論の構成をとるが、他方で公と私の区別を自由と支配服従の区別と重ねるような、古代の枠組に則っているのである。

徳ある市民を作るには、財産の極端な不平等は避けなければならない[46]。というのは、国家が金持ちと貧乏人に分かれる場合、公共の利益とはしばしば金持ちの利益にほかならないからである。人間が自己利益や身近な利益を公益より優先する傾向は、ルソーによって当然とされている。だからこそ、制度の工夫によってそれが公的な場面に持ち込まれるのを避けるのが重要である。この点で、名誉欲という別種の欲求を働かせることで、商業によって危うくされる社会規範を維持しようとするエルヴェシウスとは異なる。ルソーの場合、公的な場面（一般性の次元）に私的利益がそのまま入り込むことは許されない。両者を別々の領域に区分することが、ルソーの理論的な核を形づくっている。

また、公正な統治を支持する可能性をもつ人間とは、金持ちと貧乏人の中間の人々だけである。ルソーが中間層に期待し、彼らだけが徳を保つことができると考えていたことは興味深い。中間層に厚みがある国家こそが安定的で節度ある体制となりうるという考えは、現代においても説得力をもっている。金持ちと貧乏人に分裂した国家は、国民の間に共通する利益や正義を見出すことができない。したがって、中間層の増大が果たされず不平等が拡大しつづけると、国家に亀裂が入り憎悪と敵対によって政治と行政に特殊利益が蔓延する。これが現実と符合することは誰の目にも明らかだろう。

徳ある市民を作りまた彼らを保護することは、統治の重要な仕事である。ここでやっと経済財政政策の話題が出てくる。つまり市民の権利としての所有権保障と、彼らの生活を守るための経済政策との関係である。ここでルソーは、第一に「生存」という目的を掲げる。想像されるとおり、彼が提案するのは富裕によって生存を保障する「財産の道」ではなく、生存を通じて市民の自由と公正を守る「徳の道」である。財産の極端な不平等が生じない制度を設計し、市民の生存を保障するための国家の財政運営について、ルソーは次のように述べる。まず、国家財政をどこから調達し、どのような使途に充てるのか。ルソーは財源として、公有地と租税という二つの選択肢を挙げる。このうち公有地が優れているが、租税を用いる場合には人頭税より物品課税が、また生産者より消費者への課税が望ましい。こうしたことはすべて、不平等をなくし、税を支払う者に選択可能性を残すという発想に基づいている。

また、これらによって得られた資金の運用に関しては、商業と生産物の配分、また軍隊の維持について述べている。ルソーにとって、商工業が歓迎すべきものでなかったことはすでに述べた。彼は必需品と奢侈品とをつねに分けて考え、必需品が皆の手に届く国こそ豊かで繁栄した国であると考えた。これに対して不要なものへの欲望はとどまるところを知らず、商業によって生じる貧富の差が国家にとって不幸であるだけでなく、奢侈に溺れる人々はまたたく間に幸福から遠ざかる。ここにルソーの商品フェティシズム批判、あるいは市場における自己疎外の考えを見てとることができる。軍隊についても、常備軍は武勇の徳を失わせ財政を圧迫するとして批判し

(46)　*ibid.*, p. 258, 八二頁。

ている。市民の徳との関係で常備軍を批判し民兵を擁護する手法は、ルソーの中にある人文主義的な共和主義から来ている。

このほかにルソーは、貨幣と国富について、課税に向く物品について、また政府の穀物倉についてなど、いくつかのことを述べている。しかしいずれにしても、富の源泉が土地なのか労働なのか、一国の経済循環はどのような仕組みで生じているのか、より大なる富裕に達するための商業政策はどのようなものかといったテーマは論じられていない。これはルソーが経済学を知らなかったというより、当時の経済学者の構想も目的も受け入れていなかったことによる。[47] 彼にとって富裕はエコノミーポリティークの目的ではない。ルソーは個人が自己の経済的利害にしたがって行為することを自明とせず、欲望の無限昂進を文明と社会によって強いられた不幸と考えた。同様に、国家が他国に対抗して富の獲得を目指すことを目的とするというのは、ルソーにとっては理解不能であっただろう。

ここで二つの点を指摘しておく。まず、ルソーにとって国家とは、家とは異なり同じ状態を保つべきものである。家長の責務は財産を維持するだけでなく増やすことだが、国家の責務は維持することだけである。[48] 契約と一般意志と法によって作られた国家のコンスティテューション（国法 droit politique でもある）は、同じままで保たれることが重要である。これは増殖と分解という家の論理とは異なっている。このことは、たとえばアーレントが『全体主義の起源』において語った、国民国家という政治体の境界を区切る構造と、資本と全体主義の「運動」という無限増殖の原理とが相容れないという指摘に通じるものである。政治体とは、家の具体的・情緒的関係やおわりのない運動ではなく、はじまりにおいて構造を作ること、またそれを維持することのうちにあるのだ。

ルソーにとってエコノミーポリティークとは、こうした政治体の内部で、その構造を保ち市民という活力源を生み出すための統治技術であった。そのためそれははじめからおわりまで、一般意志と法によって規制された国家の内部にあり、無限増殖や富裕の無限定な追求を自己目的化する余地はない。経済システムが政治から自立したメカニズムとなること自体、政治によってコントロールできない運動を政治体の中に抱えることを意味する。ルソーはこれを容認することができない。このことが、ルソーのエコノミーポリティーク論が少しも政治経済論に似ておらず、国家の統治と行政に関わるいくつかの技法について述べたものになっている理由である。

もう一つは、交換と必要と欲求の関係についてである。前章で見たとおり、コンディヤックは『商業と統治』で、市場における交換が価格を決定するというモデルを提示していた。ここでは自己にとっての余剰をもつ人は、市場における他の人々の余剰を欲し、自己の余剰に対する他者の需要からその価値（つまり交換価値）を知る。こうして一般化された交換において、市場参加者はできるだけ得をしたいと考えている。コンディヤックに限らず、当時商業自由化論を支持した人たちはみな、「もっと欲しい」「できるだけ少ない元手でより多く満足を得たい」という欲求、あるいはホモ・エコノミクスの行動様式を自明としていた。ルソーが違和感をもつのは彼らの発想の根本的なところにある「もっと欲しがる人間」という前提である。

もちろん、ルソーは聖人君子や徳の人をモデルとして政治社会を構想したわけではない。彼自身が、自分や身近な人を優先する人間本性を前提としている。そもそも聖人君子に政治は不要である。しかしルソーが現実社会の中で見ている場所は、市場擁護論者とは根本的に異なっていた。たとえば彼は、「貧乏人の損失は金持ちの損失よりはるかに償いがたい」と言う。そして「貨幣は貨幣の種子であり、最初の一ピストル〔当時の貨幣単位—

（47）　彼がミラボーに勧められてメルシエ・ド・ラ・リヴィエールの著書を読み、また『ポーランド統治論』執筆に際して再びフィジオクラットの著作を読んだことについて、Spector 2003, Larrère 2007 を参照。

（48）　Rousseau 1755b, p. 242, 六四頁。

引用者〕を得ることは、ときには次の百万ピストルを得ることより困難である」[49]とも言う。ここでのルソーの立ち位置は注目に値する。彼にとって、ものの価値は「もっと欲しい」というホモ・エコノミクスの非文脈化された欲求によってではなく、今日を生き延びることが困難な現実の貧民の視点によって定められている。彼が目にしていたのは、今日の食べ物に事欠くために、政治や公的な事柄について考える余裕など全くもてない人々である。

ルソーの言っていることはとてもシンプルだ。生存を脅かされるような貧困にあえぐ人は公共的ではありえない。彼らには余裕がないのだ。現代においてなら、労働に忙しい多くの職業人も同じである。彼らには暇がないから、政治への参加どころか、公的なことについて考えるゆとりは一切ない。生活はすべてやるべきことで埋まっている。そして、金持ちもまた「ネゴシアン」、つまり「余暇を欠いた人」である。ルソーはこれが奇妙な事態であり、豊かさに関して本末顚倒に陥っていると考えた。その顚倒を元に戻そうとして彼が出発点に据えたのが、自由人による契約としての政治社会であった。この政治体は巧妙に維持されなければ滅びてしまうので[50]、それを支えるためのエコノミーポリティーク、つまり統治の技法が必要になる。それは欲求の無限昂進を肯定する市場の目的論に基づく「政治経済学」とは、出発点も到達点もまるで異なるものであった。

（49）*ibid.*, p. 272, 九七頁。
（50）『社会契約論』（Rousseau 1762）第三篇第一一章「政治体の死について」。

第一六章　市民社会

一　統治性と市民社会

統治性の講義における「市民社会」概念への言及は、唐突なもののように見える。というのは、市民社会ということば自体、一九七九年四月四日、つまり最終回の講義で突然出てくるからだ。その前の三月二八日の講義では「ホモ・エコノミクス」概念が検討されるが、これについては二〇世紀の新自由主義と一八世紀の自由主義をつなぐ形で言及がなされている。ホモ・エコノミクスは一八世紀に市場経済が発見されて以来自由主義の統治を根底で支えつづける人間像であるというフーコーの主張は、とくに突飛なものではない。

これに対して市民社会の方は、講義で取り上げられてきた市場の統治の補完物として位置づけられている。そのため市民社会は市場からある程度独立した領域をなすとされているものの、その内実についての説明は十分ではない。これは部分的にはフーコーが新自由主義に時間を割きすぎたせいで、説明のための時間的余裕がなくなってしまったことによるだろう。そのため市民社会概念が導入されることによる統治へのインパクト、あるいは自由主義の統治におけるその位置づけを講義だけから理解するのは難しい。つまり彼が本当のところなにを言いたかったのかが分かりにくいのだ。フーコーは残されたたった一回の講義で、一八世紀における市民社会概念の新しさ、ファーガスンの読解、さらに市民社会がドイツ、イギリス、フランスでそれぞれ異なった文脈で論じられたことなど、多くの話題に言及している。そのため以下では、彼の議論の背景を補足しながら、フーコーの意図を解釈し、統治性の講義における市民社会の位置を見定めることを目指す。

市民社会についていは、いくつかの論点を掘り下げる余裕がないままポイントだけが提示されているが、それでもフーコーの市民社会読解の独自性は十分に示されている。なかでも注目されるのが、彼がファーガスンと当時のスコットランドにおける市民社会論を一つの画期と見なしていることである。フーコーにとってファーガスンは、自由主義的な統治のテクノロジーの一部をなす市民社会を定式化した人物である。後述のように、ファーガスン自身は商業の発展や市場社会の進展に懐疑的な態度をとっていた。フーコーはこのことを知らずに、市民社会論とは人間社会の進歩と発展を商業社会に見出す楽観的で進歩主義的な議論であると考えていたわけではない。ここは理解が難しいところなのだが、ファーガスンが商業の社会的インパクトやそれが政治的徳に与える影響にどのような価値判断を下すとしても、そもそも彼が主題化し描き出す社会生活の特定の次元、あるいは領域の切り取り方そのものが、それ以前の時代には見られないものであった。フーコーが着目するのはこの新たな次元、あるいは人間の生活空間の切り出し方そのものである。そしてそれを自由主義の統治の相関物として把握するのである。

その意味でフーコーのファーガスン読解はきわめて独創性の高いものである。それは市民社会の概念史の一階梯としてファーガスンを位置づけるのでもなければ、最初の市民社会史の叙述者でありかつ商業社会の批判者でもあるという彼の立場の両義性を強調するものでもない。フーコーにとってファーガスンはヒュームとスミスの同時代人で、彼らと共通するやり方で社会を論じた人物である。ただしここでの共通性は、市場を擁護するか批判するか、商業社会を肯定するか徳の政治を擁護するかといった価値判断の次元に見出されるのではない。商業社会の評価において、ファーガスンにはヒュームと対立する部分があり、また議論の主要な対象をスミスとは異なった領域に設定している。

だが彼らは、人間の生のどのような側面、あるいは社会のどのような営みを根底的かつ普遍的なものとして歴史と現在を見るかにおいて共通していた。たしかにヒュームにはファーガスンのような市民社会史の叙述はない。しかし彼の古代と近代の比較論、あるいは商業社会における新しい徳や人間的な価値の問題についての議論は、その背景に市民社会と文明化の歴史についての明確な見解があることではじめて成り立っている。この点については、坂本達哉『ヒュームの文明社会』(坂本 1995)が、ヒューム思想の展開を「文明社会」を鍵概念として一貫して読み解いている。

また、スミスは歴史を生産様式と社会的分業の変容過程として、あるいは富の生産と分配のあり方の変化として描いた。そして彼らに多大な影響を与え、こうした論じ方を可能にした一八世紀最大の政治社会についての書物が、モンテスキュー『法の精神』であった。[1] こうした知的状況の中で、ファーガスンは、人間とは本来社会性を有する生き物であるというアリストテレス以来の考え方を、人間はつねに社会に生まれ、社会の中で一生を過ごすという意味に解釈した。では人間がその中に生きる以外ない社会とはどんな存在なのか。ファーガスンは社会そのものが人々の生活様式や結合形態の変化を伴って変遷していくと考えた。これを文明化の歴史として、また市民社会史として描き出したのが『市民社会史』なのである。

ここにあるのは、一方でばらばらの個人から政治社会を創造するという、社会契約論的、あるいは法─政治的な社会構成の言語の拒絶である。社会は人工的なものではなく、非社会的な自然状態から突如として形成されるものでもない。社会は人間にとって所与で必然であるという意味で、ある種の自然である。他方でそれは、人間

(1) 古代、近世におけるこうした歴史像(ミークによれば「四段階理論」)の先駆者たち、また一七五〇年代フランスとスコットランドの先駆的作品については、Meek 1976 を参照。

社会の変遷を誕生から死に至る円環のくり返しとして捉える循環史観とも異なる。社会とは人間の自然であるが、その自然は不変ではなく、つねに変動していく。だがその変動は始原へと回帰するのではなく、次の社会形態、新たな生存様式を準備する。社会の営みとそこでの人間活動そのものによって社会形態は変化し、それはやがて商業社会、つまりファーガスンが生きる時代へと至る。

ただし、ファーガスンはこの展開を人類の進歩として手放しで評価してはいない。そこには徳の衰退や社会の紐帯の危機という深刻な問題が潜んでいる。だがそれは、いずれにしても文明化の歴史であり、市民社会史とは文明史である。それは文明と野蛮、あるいは中心と周縁を地理的・空間的な差異として捉えてきた伝統の中に、文明「化」と歴史という動態的な時間軸を導入する。円環ではなく過去から未来への直線的な時間観念によって、市民社会史はたとえば古代と近代の比較のうちにそれまでになかった評価の軸を招き入れる。

以上が一八世紀スコットランドにおける文明化論の概略的位置づけである。以下では、まず市民社会概念について、一八世紀までの用例を簡単に検討する。次に近代的な市民社会概念の生誕を、ファーガスン『市民社会史』を中心に説明する。その際、古代、中世、近代それぞれの社会構造がいかに市民社会概念に反映したかに注目する。それらをふまえて、フーコーが講義で言及する市民社会と自由主義の統治の関係を検討する。

二　古代から近世へ——政治社会としての市民社会

これまで書かれた市民社会の概念史の中では、リーデル Manfred Riedel（1936–2009）による『概念史辞典（歴史基礎概念辞典）』所収の「市民社会」（Riedel 1975）が日本でもよく知られている。リーデルの叙述は、近世自然法論以降のこの概念の変遷を詳細に追っている点、またドイツ、イギリス、フランスの比較に注意が払われている点で優れている。その反面、この項目では古代ローマから中世、またとりわけイタリア人文主義への言及が少ない。さらに近代以降についても、辞典の趣旨に合わせてドイツ中心に描かれているため、イギリスやフランスから見た場合とは力点の置き方が異なっている。

そこで以下では、リーデルの叙述に加えて、古代から二〇世紀までのこの概念の歴史を詳細にたどったColas 1992、またその英語版の序文および付録（Colas 1997）、日本でこの概念を研究してきた植村邦彦の論考（植村 2010a, 2010b）、これまでの成果をふまえたサーヴェイであるTerrier, Wagner 2006を参照しながら、ファーガスンの時代に至る市民社会の概念史を見ていくことにする。

これらの先行研究でつねに指摘されてきたのは、市民社会civil society / société civile / bürgerliche Gesell-schaftが、ラテン語societas civilisの訳語であり、この語がさらにアリストテレス『政治学』におけるpolitike koinonia（koinonia politike）のラテン語訳の一つであるということである。つまり市民社会という用語をたどっていくとアリストテレスに行き着き、それがラテン語を介して他のヨーロッパ語に伝わったということになる。civil societyが対立概念としてなにを想定していたかは、論者あるいは時代ごとに異なる。コラは「家／市民社会、市民社会／神の国、自然状態／市民社会、市民社会／国家」という対比を主なものとして挙げている[2]。

アリストテレス『政治学』におけるポリティケ・コイノニア（政治共同体）は、国家（ポリス）を意味している。しかしそれは（最善の）国制の意味を含んだポリテイアとは異なり、最も大きな共同体としての国家という意味で用いられている。ここで国家は、もう一つ別のコイノニアである「家」の集まりとして捉えられる。すでに述べたように、家は主人と奴隷、父と子、夫と妻という非対称な支配従属関係によって成り立っている。こう

（2）　Colas 1997, p. xvi.

した家という自立的共同体が集まってできる、より大きな、またアリストテレスの定義では最大の共同体がポリティケ・コイノニアということになる。つまりアリストテレスの政治共同体＝国家は、すでに見たようにポリスとオイコスとの区別に依拠し、相互支配と支配服従という二つの異なる原理に基づく領域、あるいは平等性・相互性と非対称性という異質な関係のあり方を内に含みながら、それら全体を包括する単位となっている。

ここから、古代ローマ期、また初期キリスト教におけるこの概念の継承と変容について、リーデルの叙述を参照する。それによると、ギリシア都市国家という政治的条件が失われることによって、アリストテレスのポリティケ・コイノニア概念を継承する基盤もまた失われた。というのは、アリストテレスにおいて家共同体の集まりであり最大の共同体でもあった国家とは、ギリシア都市国家をモデルとして考えられていたからである。これに対して、ストア主義は都市国家モデルよりも普遍的で、都市国家の狭い枠を越えた「自然法」の思想を次世代に伝えた。こうした世界観は、都市国家間の抗争に明け暮れたギリシアとは異なり、植民地や征服地を次々と獲得して帝国化するローマにおいては、異なる種族や地域間で共通して適用される法、またすべての人間に適用される法としての万民法の理念をもたらすことになる。

古代ローマから初期キリスト教における共同体および法の理念の展開と、そこでポリティケ・コイノニアの概念がどのように換骨奪胎されつつ継承されていくかについて、ここでキケロを例に検討する。一般的にいうなら、ローマによってもたらされたのは帝国という政治モデルであり、これは私人間の関係の法による調停とそれに倣った公法の分化・整備を促した。ローマは世界を法と制度によって規律したのである。また、キリスト教における教会の普遍性という考えは、都市という古代ギリシア的な枠組を揺るがしただけでなく、神の国の優越によってギリシアにおける異教的市民宗教の価値観を過去のものとした。それによってギリシア的なポリティケ・コイノニアも支持基盤を失っていったということになるのかもしれない。

リーデルはキケロ『国家論 De re publica』（54-51 B. C.）において、ポリティケ・コイノニアのラテン語訳として sociatas civilis / communitas civilis が充てられていると指摘している。[3] この書は、ギリシアの政治理論をローマ共和国の文脈に導入する初の試みとされる。キケロによる市民社会の語について、Black 2001 は次のように述べている。「societas civilis という用語は、キケロによる国家の定義、すなわち成員間の平等な法的地位を伴う法による共同（すなわち societas）としての国家（すなわち civitas）という定義から、前近代ヨーロッパに導入された」[4]。キケロの叙述を引いておく。「法は市民社会の紐帯であり、法の下の諸権利は平等なのだから、市民の地位が同等でないなら、いったいどんな権利が市民からなる社会を一つにまとめることができるだろうか。たとえ財産の平等を求めえず、また精神能力がすべての人において平等でありえないとしても、一つの国家に属する市民すべての諸権利は平等でなければならない。法の下での市民の結合でないとしたなら、国家とはなんでありえようか[5]」。

ここでのキケロの国家あるいは市民社会の定義は、法的な語彙でなされている。つまり古代ローマ世界は、アリストテレスのポリティケ・コイノニアということばを導入するにあたって、国家を法と諸権利が織りなす絆であると想定していた。これは古代ギリシア世界にはなじみのない用語と発想であったが、これこそがローマ以降、市民社会―国家―政治社会が捉えられる際の特徴となっていくのである。また、ここでのキケロの用例は、civitas と societas civilis とを同じ意味内容の言い換えとして用いており、これはアリストテレスによる politeia と

（3）Riedel 1975, 二一頁。
（4）Black 2001, p. 33.
（5）Cicero 54-51 B.C., I, 49. 英訳 pp. 21-22 から訳出した。

politike coinonia の等置を踏襲している。[6] つまりこの時代には、いまのことばでいう国家と市民社会の分離も、あるいはポリティカルなものとシヴィルなものとの相違も認識されていなかったのである。

時代が下り、ヨーロッパに市民社会概念が広く知られるようになったきっかけは、アリストテレス『政治学』『ニコマコス倫理学』の翻訳とそれに対するスコラの注釈を通じてであるとされる。最初の翻訳者はメルベケ Willem van Moerbeke / Gulielmus de Moerbecum（1215?–1286?）で、[7] この翻訳では polis は civitas と、koinonia politike は communitas / communicatio politica あるいは civilis communitas となっている。[8] リーデルはここで、まず civilis と politicus、また communitas と societas が類義語として認識されたこと、次にこれらを重ねた表現がしばしば見られること、最後に「人の集まり＝共同体」を意味する communitas と societas は、神的 divina なものと政治的（世俗的）なものとに区別され、後者が civilis や politicus とされたことを指摘している。また、メルベケの同時代人として後世に最も影響を与えたのは、トマス・アクィナスの用例であった。トマスはアリストテレス『政治学』の注釈および『神学大全』において、politicus と civitas の両方の語を communitas と結びつけて用いた。[9] この概念は、神の国と地の国の区別と両者の媒介というトマス思想の核心に関わる。

アリストテレスの翻訳者として最もよく知られているのは、フィレンツェの人文主義者ブルーニ Leonardo Bruni（1370?–1444）であろう。[10] ブルーニの翻訳では politeia を respublica とし、politike koinonia には civilis societas / societas civilis の訳語が採用された。[11] ブルーニの翻訳は長い間広く流布し、後世に大きな影響を残した。それによって政治共同体をシヴィル・ソサエティとして理解し、政治的なものとシヴィルなもの、国家とシヴィリティとを結びつける（あるいは civilis を国家や政治と同義に用いる）用例が普及することになった。

これ以降、アリストテレス『政治学』の各国語への翻訳などを通じて、[12] 一六世紀末には、société civile や civil society ということばが「国家（政治）共同体」を意味する語として定着していく。イタリア人文主義、メランヒトン、ベイコン、ボダン、ボシュエ、ホッブズ、スピノザ、ライプニッツ、また英語ではじめてこの語を用いたとされるフッカー、アリストテレスのフランス語訳者ル・ロア、そしてやや時代が下ってロックなど、さまざまな用例が確認される。[13] コラはこの中でメランヒトン Philipp Melanchton（1497–1560）の重要性、[14] とりわけ彼が市民社会（地の国）と「狂信 fanatisme」との間に設けた区別に注目している。[15] また、一五四六年に出版されたメランヒトンのフランス語訳が société civile のはじめての用例であるとする。[16] これとは別にこの時代に一つの焦点となるのは、政治共同体について、「大衆 multitude の集まり」という側面に着目するのか、あるいは「国

（6）Riedel 1975, 二二―二三頁を参照。
（7）出身はオランダ、フランドル系のドミニコ会修道士で、東ローマ帝国支配下のギリシア地域で僧職についていた。トマス・アクィナスに近しい人物であった。
（8）Riedel 1975, 二一頁、植村 2010a, 二一頁。
（9）Hallberg, Wittrock 2006, p. 36.
（10）ブルーニの思想とアリストテレスの翻訳については、Skinner 1978, 第二部 iv 章、Pocock 1975, pp. 86–91, 八一―八五頁、Colas 1992, pp. 35–38 で紹介されている。
（11）植村 2010a, 二三頁。
（12）Colas 1992, pp. 33–34 に、アリストテレスの翻訳・注釈における koinonia politike と polis の訳語の一覧があり、一二五〇年ごろから一九九〇年までの二七の文献が参照されている。増補版は Colas 1997, Appendix B.
（13）Colas 1992, pp. 18–19 に、アリストテレスからヨハネ―パウロ二世に至る主な著者と著書名一覧がある。増補版は Colas 1997, Appendix A.
（14）メランヒトンはルターの盟友で宗教改革の知的後ろ盾となり、「アウクスブルグ信仰告白」を起草した人物である。ドイツ南西部のブレッテン Bretten（現バーデン―ヴュルテンベルグ州）出身で、ドイツ姓である Schwartzerdt のギリシア語訳を筆名としたことから分かるように、古典の教養をもつ人文主義者でギリシア語教授であった。

家機構としての統一性・主権性」に着目するのかである。これは契約論と自然法思想をめぐる近世近代政治思想の一大論点に関係している[17]。しかし論者がどのような立場を取る場合にも、国家とシヴィル・ソサエティは同義に捉えられていた。言い換えれば、市民社会を国家や政治共同体と区別し、両者の対立関係を問うといった「ヘーゲル・マルクス」的な構図は見られなかったのである。

こうした用例がつづいたのは、古代から近世に至る社会構造に一定の共通性が見られることによる。このことについては、リーデルが見事に要約している。彼はハイネッキウス『自然法と万民法の原理』（1738）を参照し、次のようにいう。「人間の身分は自由身分、市民権身分、家族身分（status libertatis, civitatis, familiae）からなる。人間は、第一の自由身分によって自由人であるか隷従者であり、第二の市民権身分によって市民であるか非市民かであり、第三の家族身分によって自権者であるか他権者であるか（sui iuris - alieni iuris）である。そこから市民社会《ソキエタス・キウイリス》内部にさまざまな権利の段階が生まれる。すなわち、自由人は市民権をもたない隷従者とは別の権利を有し、市民は外人、居留民、臣従者とは別の権利を有し、家子 filius familias は家長 pater familias とは別の権利を有する。そのさいこれら〔三つの―引用者〕対立の第一項が、つねに市民社会《ソキエタス・キウイリス》の基本姿勢にかかわっている。すなわち自由人は市民であると同時に家長《パーテル・ファミリアス》として自己自身の支配者〔自権者―引用者〕であるのに対し、居留民や外人はなるほど自由人ではあるが市民ではなく、家子《フィリウス・ファミリアス》はなるほど市民ではあるが、自権者《スイ・ユリス》ではない」[18]。つまり、一八世紀に至っても依然として法的には、自由人―市民―家長のすべてを満たす者だけが、市民社会＝政治社会における自立した構成員となりえたのである。市民社会が家の集まりであるということは、それが家長を単位として構成されていることを意味した。ここでは、市民的な社会とはすなわち政治的な社会であった。市民社会と政治社会（国家）の間に乖離や異質性が見られるようになるとは、政治社会と家とが法制度上も実態としても二分され、両者の相補的な役割分担によって国が運営されるという古くからの社会構造（これは中世においては身分制社会と重ねられる）が動揺し、ヨーロッパで永きにわたって通用してきた社会のあり方そのものが劇的に変化することを意味した。そしてこの変化を概念上最もよく示すのが、前章で取り上げたエコノミーポリティークといま取り上げている市民社会という、二つの用語の意味内容の一八世紀半ばにはじまる変容なの

（15）コラがこうした研究をはじめた経緯についての次の一節は興味深い。「一九九五年〔正しくは九四年―引用者〕に *Dits et écrits* 四巻本からなる完全版の論集が刊行されるまで、一九六九年にミシェル・フーコーが、私がこの本で言及している一七世紀の文献のいくつかを読んでいたこと、また、神学と精神分析の言説の関係という論点について私の議論を先取りしていたこと〔Foucault 1969 を指す―引用者〕に気づかなかった。もっともこの一致には驚くべき点はない。というのも、私も他の多くの人と同様、ミシェル・フーコーと彼の『狂気の歴史』に、精神医学への興味と理解の多くを負っているからだ。さらに、フーコーの「狂信」への関心は、部分的にはカント『実用的見地からの人間学』フランス語訳がきっかけかもしれない〔Foucault 1961b―引用者〕。……同書でドイツの哲学者カントは「狂信 *Schwärmerei*」を「熱狂」との対比で用いている。しかしフーコーの本書執筆への影響はもっと直接的でもあった。というのは、レーニンの「ヒステリア」の用例についての私の論文を読んだフーコーは、この主題に関する研究を進めるよう励ましてくれたからだ」（Colas 1997, p. xxv）。ここで言及されているカントの熱狂について、フーコーは一九八三年一月五日の講義で取り上げている。狂信と市民社会の二概念の対比に着目するコラの試みは、フーコーの統治性研究が中世神学と司牧を扱うやり方を考える上で興味深い。「媒介」を嫌う狂信に対して統治と司牧がなにを対置するのかは、フーコーが「自己への配慮」のテーマ系で追求したものを新たに意味づける際のヒントにもなる。

（16）Colas 1997, p. xvii. この著書は『ロキ・コンムネス』の訳で、Philipp Melanchthon, *Somme de théologie ou lieux communs, reueuz et augmentez pour la dernière foys*, Genève: Jean Girard, 1546 である。フランス語訳者は不明であるが、初版にはカルヴァンによる序文がついている。

（17）ドイツの場合には、ここに封建的支配権あるいは領主支配権の問題が付加される。

（18）Riedel 1975, 四四頁。

である。

ただし、国家と市民社会という用語の互換的な使用は、ファーガスンの時代に至ってもしばしば見られた。これについて知らずに読むととても戸惑うのだが、ルソー『人間不平等起源論』やヒューム『政治論集』において、société civile / civil society の語は国家あるいは政治共同体の意味で用いられており、政治機構と区別される市民社会を意味する用例を、明確に識別することは難しい。もちろんルソーもヒュームも文明史に大いに関心を抱いていた。しかし彼らは、市民社会ということばを法的・制度的な保障に基づく政治体としての国家 Etat / 政府 government の意味で用いているのである。

たとえばヒューム「統治の起源について」に次の一節がある。「……自由は civil society の完成であることが認められねばならない。しかしなお、権威はその存続自体にとって本質的であることも認めねばならない」[19]。ここでヒュームは統治（政府）における自由と権威の対照的な役割を論じており、civil society は政治体あるいは政府を指している。しかも「統治の起源について」は、ヒュームがその『政治論集』の生前最後の改訂版に付け加えた論考で、晩年に至るまで彼が政治社会の意味で civil society の語を用いていたことが分かる。

ルソーについては、『人間不平等起源論』において、たとえば「配分的正義は自然状態の厳密な平等とは対立する。配分的正義は société civile においては実現可能なのだが、これは、国家の全成員が自分の才能に比例するしかたで奉仕し、他方で市民はその奉仕に応じて区別され優遇されることによって成り立つ[20]」と述べている。ここでルソーは société civile を国家 Etat と言い換えているのが分かる。また、「société civile が父権に由来するという代わりに、後者の権力の方がむしろ前者からその主要な力を引き出していると言わねばならない[21]」という箇所では、政治体あるいは国家が父権に由来するという考えの批判の中で、家父長権との対比で政治的領域を意味する語として société civile が用いられている。『社会契約論』には société civile の用例はないようだが[22]、同書の契約理論は、とりわけ第一編第八章「社会状態 état civile について」に見られるような、自然状態と社会状態の区別を基礎として成立している。そしてここでのシヴィルな状態とは、社会契約の締結によって作り出される政治共同体成立後の状態を指している。つまりここで、自然に対するシヴィルの成立とは、政治体の設立と法の制定、それによる正義の規則の発効を指しているのである。

ここまでをまとめると、この時代に至るまでの市民社会は、第一に家と対比され、第二に神の国や宗教共同体と対比され、第三に自然と対比される、政治社会と同義であったということになる。

（19） Hume 1777, p. 42, 三三頁。
（20） Rousseau 1755a, p. 222, 一四〇頁。
（21） *ibid.*, p. 182, 九八頁。
（22） 『社会契約論』と同時期に書かれ、同年に出版された『エミール』第五編には「社会契約はあらゆる société civile の基礎である」という表現がある。また、ルソーは一七五五年から五六年に遡る「ジュネーヴ草稿」の段階で、のちの『社会契約論』の表題として De la Société Civile を考えていた時期がある。ジュネーヴ草稿の表題は何度か書き換えられた跡が見られるが、その中に De la Société Civile の文字を読み取ることができる。ジュネーヴ図書館所蔵の草稿を http://institutions.ville-geneve.ch/fileadmin/user_upload/bge/manuscrits/rousseau/ms_fr_225/index.html で見ることができる。ヴラン社刊行のジュネーヴ草稿の編者バコフェンらは、ルソーが『社会契約論』の表題を De la Société Civile→Du Contrrat Social→du Contrat Social の順で変えたと主張している（Bachofen, Bernardi, Olivo 2012, pp. 11–12）。この主張には反論も提起されている（Meier 2013, p. 124, n. 12）。

三　ヒュームとルソーにおける市民社会と文明

すでに述べたように、ヒュームやルソーにおいて、市民社会の語が市民社会というよりむしろ政治社会を指し、つまりは古典的な用例を踏襲していたとしても、だからといって彼らの思想のうちに、後の時代に見られる「市民社会的な」発想がなかったわけではない。この論点に関連しては、時代を少し遡るが、とりわけ日本では、戦後「市民社会派」の隆盛の中でロックの着想に注目が集まってきた。

これには正当な理由がある。というのは、ロックが『統治論』で展開した社会契約についての議論には、第一に、政治体を構成する結合契約（社会契約）と政府設立の信託（統治契約）への分離の契機が存在する。前者の結合契約はたとえばロールズによる解釈のように、これを政治体の創設契約を行う憲法制定権力の形成であると解することもできる[23]。また、松下圭一のように、それを政府設立の前提となる「社会」の形成と捉えることもできる[24]。そうなるとここには、少なくとも論理的には政府への統治の信託に先立って、人々のなんらかの結合体、あるいは信託について決定する合議体が存在することになる。これを政府や統治と区別される一種の市民社会と解するなら、そこにはルソーの人民主権論における政府設立の基礎となる一般意志の担い手とも通底する、法共同体設立以前の自立的主体の存在を見出すことができる。リーデルはこれに似た二段階性をモンテスキューに見出し、彼の理論がその後の市民社会論に多大な影響を与えたことを示唆している[25]。また、これとは別の系譜として、契約的構成をとるモナルコマキの抵抗権論における結合契約のうちに、身分制的な装いの下にある市民社会概念の萌芽を見出すことができるかもしれない。

もう一つは、ロックが社会契約の目的かつ動機として、所有権の保護を第一に挙げていることと関係する。彼はこの目的について、契約締結および政府設立以前においても、不十分ながら所有権が認められる社会が存在することを示唆している。だが保護の不十分と不確実という限界に直面して、人々は合意によって信託を行い、政府を樹立するのである。そうなると、社会契約による政府設立以前に存在するそれなりに平和なこの状態（ロックのいう natural Community）とはいったいなんなのかという問題が出てくる。これを政治体あるいは国家の基礎としての一種の市民社会と理解しても不思議ではない。このように、用語の問題を離れて概念あるいは理論の構造の問題として捉えるなら、ロックのうちに国家あるいは政治共同体とは区別される「市民社会」の契機を見出すことができるのである。

ヒュームとルソーについては、話はもっと複雑になる。まずヒュームについて、坂本達哉はその思想を「市民社会」ではなく「文明社会 civilized society」をキーワードとして捉えている。たしかにヒュームの議論の中には civilized という語が頻出し、また civility についても、近代社会に見られるマナーや気の利いた会話など、粗雑さや野卑さの対極にある近代的価値を指して用いている。(26) 社交 society や洗練 politeness、そして礼儀 manners は、ヒュームにとっては古代の武勇の徳にも勝る、近代の豊かな商業・産業がもたらす新たなふるまいの作法なのである。そしてこうした洗練された立ち居ふるまいや社交の世界は、安定した法と政治制度に支えられてはじめて成立する。

（23）Rawls 2009, ロック講義Ⅱ、とくに第五節。
（24）松下 1987, 第四章二。
（25）Riedel 1975, 四八—四九頁。
（26）たとえば Hume 1742. これに対して civil society ということばはあまり使われない。

ヒュームがこうした文明社会、あるいは文明化 civilization に見出したものは、政治と市民生活とを区別しない近代以前のシヴィル・ソサエティとは一線を画する。文明社会とは、物理的経済的生活と法政治制度、そしてそれを基礎にして市民たちが織りなす社会生活を、それぞれ別箇の領域としながら一体的に捉えたものである。そしてその根底に、古代と近代との比較の中で近代の豊かさと洗練、また近代的自由の方に高い価値を見出す、当時は目新しかった進歩史観を垣間みることができる。ヒュームには野蛮から文明への発展図式に基づく明確な四段階論はないとされるが、人々の生活の物質的基礎から文化的繁栄、また政治的な平和と安定に至るまで、近代文明が社会生活全般に及ぼした影響について、彼ほど深く広く理解し描き出した思想家はほかに見当らない。ヒュームは、商業と富を背景とする「文明の進展」という、この時代にはじめて発見されたテーマを存分に展開しているのである。

ルソーの場合はさらに話がややこしい。『人間不平等起源論』の文明批判は徹底しており、「あなたの本を読むと四つ足で歩きたくなる」と、そのあまりの文明嫌悪をヴォルテールから揶揄されたことでも知られる。ディジョンのアカデミーへの懸賞論文として書かれたこの「第二論文」（第一論文は「学問技芸論」）において、ルソーは最もよく知られた箇所で société civile の語を用いている。「土地に囲いをして「これは私のものだ」と言い出し、他の人たちがそれを信じるほど単純だと理解した最初の人こそ、société civile の真の創始者である」(27)。リーデルはこの箇所を、「商業とマニュファクチャーという物質的領域に、教養的関心ではなく、取引上の占有と所有の利害関心で結びついている市民的私人の諸連関網」(28)としての市民社会の用例として取り上げている。リーデルは社交や教養を強調する市民社会をめぐる議論を、道徳哲学的な起源とつながりをもち、ある種の公的空間の表現であるとしている。これはドイツにおける「教養市民層」の存在を意識しての見方であろう。その上でそれを、より新しい時代に属する商業的・経済的な意味での市民社会概念と区別し、後者を一八世紀西ヨーロッパに特徴的な概念展開として、ルソーとヒュームを例に説明しているのである。

ここでリーデルが経済的な市民社会概念の指標とするのは、所有権と市民社会を結びつける点である。彼はそのことを、文明化と進歩の観念と関連づけて理解している。しかしここで注意しなければならないのは、ルソーにおいては、ヒュームにおいてと同様に、所有権の保護が政治社会設立の目的とされている点である。ルソーやヒュームにおいては、ヘーゲルやマルクスとは異なり、人間の私的な欲求や所有に関わる利害がそのまま表出されるのが société civile なのではない。所有の保護という目的のために所有を「権利」として、また他者の所有権を侵害しないことを「義務」として法―政治的に定立することではじめて、société civile が成り立つのである。この点は先ほど述べた、ルソーにおいてシヴィルな状態が自然状態との対比で把握されるということばも遣いからも説明される。

しかし一方で、『人間不平等起源論』全体のテーマや構成に目配りし、そこで頻出する civilisé や société という用語に注目するなら、ルソーのうちに、リーデルがいう新たな市民社会を含んだ社会理解が存在することも明らかである。『人間不平等起源論』は人類史の叙述となっており、そこにあるのは頽落の歴史でありながら、文明化の歴史でもある。société civile は、はじめは孤立していた自然人たちが家族を作り、やがて集まって暮らすようになるプロセス、道具とりわけ鉄の使用、農耕の発達と定住、そして貧富の差の拡大と固定化、政治社会の設立といった人類史を描いている。そのなかに société civile の形成が埋め込まれている以上、これを経済的な次元での人間生活を下敷きにした国家社会の形成史として読む以外にない。つまりルソーの société civile ある

（27）　Rousseau 1755a, p. 164, 九五頁。講談社学術文庫版でも白水社の全集版でも「政治社会」と訳されている。
（28）　Riedel 1975, 五一頁。

いはシヴィルなものとは、一方で契約による政治社会の形成と法の定立という国家固有の特徴を備えた共同体（ソキエタス・キウィリス）を意味するが、他方でその存在理由は、人間社会の発達と文明化による所有権保護の必要性なのである。

この点に限っていうなら、ヒュームの文明社会も同じである。それは商業の発達と物質的な豊かさに基づく、ブルジョア的な社交と会話の美徳の世界を指している。しかしそうした世界を可能にする条件として、法の支配を通じた自由と秩序と安全の保障、安定した政体と外交努力による平和など、国家あるいは政府の健全な制度と運営が不可欠なのである。

四　ファーガスン『市民社会史』

こうした一八世紀半ばの思想状況の中で、アダム・ファーガスン Adam Ferguson（1723-1816）『市民社会史』（1767）の重要性は次の点にある。この著作は商業とインダストリィの発展による生活の豊かさ、人々の作法の洗練と武勇の徳の喪失、また安定した政体と政治経済制度の確立、これらを歴史的展開の中で描き出している。そこでファーガスンは、ヒュームやルソーにおいては後景に退き、ときおり顔を出す舞台装置でしかなかった「四段階論」といわれる歴史像に近い歴史を冒頭に置いて議論を展開している。この点が、この時代の市民社会史の一つの典型としてファーガスンを取り上げる理由となる。もう一つは著書のタイトルから明らかなことだが、ファーガスンはこの歴史全体を「市民社会史」と名づけた。つまり彼は複雑な内容をもつこの書物を、「市民社会史」というタイトルで包んだのである。それによってこの著作は、市民社会がいかに多面的な様相を呈するかの例証となった。

もちろんフーコーが講義で取り上げたことが、ファーガスンを検討する第一の理由である。しかしそもそもフーコーがファーガスンによって市民社会概念について説明したのは、『市民社会史』の同時代における典型性、あるいはその議論の包括性によると考えられる。

以下、ファーガスン研究史とファーガスンの生涯について、主に天羽 1993, 青木 2010 に拠って見ていく。ファーガスンとその『市民社会史』は同時代にはスミス『国富論』に匹敵するほど、ヨーロッパで広く読まれたようである。(29) しかし一九世紀以降あまり読まれなくなった。『市民社会史』が再び注目されるようになったのは、一つには一九七〇年代ごろから、「スコットランド啓蒙」の括りで一八世紀のスコットランド思想に注目する研究が増えたことによる。もう一つは、一九九〇年代に入り「市民社会」とその歴史がヨーロッパで再度注目されたことによる。ここには時代背景として、冷戦の終焉と東側社会主義の消滅により、国家権力への対抗軸としての市民社会への期待が高まったことが挙げられる。ハーバーマスの公共性論、新しい社会運動の盛り上がり、そしてポーランド「連帯」などの活動は、市民社会をキーワードとしてこれらの思想や運動を捉え、支持しようという思想的・運動論的な流行を生んだ。

このように、新たな光の下で市民社会を捉えようとする際、市民社会論の古典であるファーガスンに立ち返るという動きも出てくる。ところがファーガスンの思想はこのあと見るようにとても複雑で錯綜しており、『市民社会史』は簡単に要約し、あるいは部分的に切り取って利用するのに便利な著書ではない。そのためファーガスンの思想は大流行することもスローガンとして使われることもなかった。その代わりに、さまざまな立場から彼

(29)　ドイツ語訳は *Versuch über die Geschihite der bürgerlichen Gesellschaft*, Leipzig: Junius, 1768, フランス語訳は *Essai sur l'histoire de la société civile*, Paris: Desaint, 1783. ドイツ語訳は英語版の翌年に出版されている。

の思想の全体像に迫ろうとする研究のきっかけとなり、議論が深まっていくことになった。基本的にこの傾向は現在までつづいている。

なお、日本では戦後長らく「市民社会」は特別な用語でありつづけた。それは日本の戦後啓蒙思想が市民社会論を一つの焦点として形づくられたこと、市民社会をめぐって独自の論争と言説空間が展開してきたことによる。日本の戦後啓蒙と市民社会派については、小野寺2015で詳細な研究がなされている。ここではファーガスンに関連して次の点だけを指摘しておく。まず、日本の市民社会研究の源流として、一つには戦前の講座派の流れを汲む「明治憲法体制＝絶対王政」説がある。ここから、戦後日本にいかに市民社会をもたらすか（二段階革命論）という問題意識の下に、独特の市民社会論が展開されることになった。もう一つは、昭和ファシズム期の日本ではマルクスの著書をおおっぴらに読むことができなかったことが関係している。そのためマルクスに接近するためにスミスとヴェーバーを経由するという一種の迂回が生じていた。それによって市民社会に積極的な意義を見出す研究が、戦前から戦後にかけて社会科学思想において成熟していったのである。

こうした文脈は明らかに日本独自のものであり、それを前提として成立した日本の市民社会論をファーガスンの市民社会概念と直接つなげることは難しい。とりわけ日本では、前述のスミスとヴェーバー、また前節で取り上げたロックの読み直しによって政治的な意義を担う市民社会概念が彫琢されたため、ファーガスンはあまり読まれないままであった。『市民社会史』の翻訳も一九四八年の大道安次郎訳[30]以来、二〇一八年まで新訳がなかった。ファーガスンが読まれてこなかった理由は、その市民社会論がスミスやヒュームのような商業社会の積極的擁護になっていないからだけではない。それと表裏にある特性として、進歩と文明化の歴史像と循環史観、富と徳、古代と近代、政治的腐敗、常備軍と市民軍などについての幾層にも重なる議論は複雑で、当時の歴史的文脈に置いてみなければ理解が難しいのである。市民社会概念一つとっても、いくつかの別の場面で多義的に用いられており、その思想や用語を論者が自らの目的のために切り取って利用するといったことが困難である。要するに、複雑で使いにくく、どのような立場を擁護しているかも分かりにくいため、市民社会論の理論的後ろ盾とするにはファーガスンは不向きなのである。

こうした複雑さは、ファーガスンの経歴にも関係していると思われる。彼はスコットランド中部、ハイランドに属するロジレイト Logierait 出身で、ヒュームやスミスのようなローランドの出ではなかった(31)。スコットランドはイングランドと比べると当時は経済的豊かさや政治的安定などの点で立ち遅れていたとされる。ヒュームやスミスはそうした自覚の下、ブリテンへの統合による発展を支持したが、ローランドはイングランドに近く、イングランド文化の流入も進んでいた。それに比べ、イングランドから地理的に遠く離れたハイランドとローランドの境に位置するロジレイトは、ゲール語が話される貧しい土地で、多くの住民にとって英語は外国語であったという。ハイランドにはジャコバイトゆかりの地が多く、イングランドとの隔たりと武勇への愛着は、タメル川のほとりに位置する田舎町の人々の心性を形づくっていたと思われる(32)。ファーガスンはこの地の長老派の教区牧師の子として生まれた。

『市民社会史』について、概要の説明が難しいので、彼が提起する諸テーマを同書の章立てにしたがって挙げることにする。まず特徴的なのは、彼が市民社会の歴史を人間本性についての叙述からはじめていることである。

(30)　この訳書は一九五四年に河出文庫に収録された。
(31)　ヒュームはエディンバラ、スミスはそこから約一〇マイル離れた、フォース湾（Firth of Forth / Foirthe）の対岸に位置するカコーディ Kirkcaldy の出身である。
(32)　天羽 1993 によると、当時のロジレイトの人口は二〇〇〇人前後であった（四一頁）。イギリス国民統計によると、現在人口は九五人にまで減少している。

これは非常に古典的なアプローチで、一九世紀以降、不変の人間本性がもはや信じられなくなると見られなくなる。『市民社会史』は人類史のうちに人間の活動を位置づける著作でありながら、普遍的な人間本性について論じるという点で、古典と現代の狭間にある。ここでファーガスンは、すでに指摘したとおり自然状態における人間の孤立という想定を批判し、見出されるかぎりの人類はつねに社会の中に生きてきており、人間の歴史とは社会の歴史であるとした。

ここから『市民社会史』の歴史叙述がはじまる。彼は人類史を大きく未開 rudeness と文明 civilization に分け、未開からはじまる文明化の歴史を描き出す。未開はさらに野性 sauvage と野蛮 barbarous に分けられる。なお、civilization の語をはじめて英語で用いたのがファーガスンであるとされる(33)。印象深い『市民社会史』冒頭を引用しておく。「自然の産物は、一般に段階を追って形づくられる。植物は若芽から成長し、動物は幼年から大きくなる。幼い生き物は活動し、力を増すにつれて行動範囲を広げることを運命づけられている。できることと能力は進歩を見せる。人間の場合、進歩はどんな動物よりも広範囲にわたる。個人が幼少から成年へと前進するだけでなく、種そのものも未開から文明へと進歩する(34)」。

ファーガスンは、当時までさまざまな旅行記や報告の中で記されていた人間生活の地理的な相違に着目する。そしてとりわけアメリカインディアンの生活形態が、ヨーロッパの古代文明以前、あるいはいわゆる「蛮族」の生活形態に類似していると推測する。つまり、地理的な差異が歴史的時間軸へと移され、いわば「横倒し」の人類史が同時代の人類学的記述の中に見出されるのである。

ここで四段階論について、Meek 1976 によって簡単に説明しておく。人類史を四つの段階に分け、それぞれ狩猟採集、遊牧、農耕牧畜、そして商業を中心とする生存様式（生活様式）の違いによって区分する議論が、一八世紀後半に流行した。これは当時の「市民社会」概念の形成と密接に結びついており、また一九世紀にはマルクスに影響を与え、下部構造の重視による唯物史観の基礎を提供した。

ただし、ファーガスンは商業社会を明確な段階として区別しておらず、その点で典型的な四段階論とされるロバートスン、ケイムズ、ジョン・ミラーらとは異なっている。また、ファーガスンの議論においては、ミークが「生存様式」と呼ぶ生活の糧を得る手法の変容という時代区分に、所有権の有無という法的・政治的な区分が重ね合わされている。この点はルソー『人間不平等起源論』の議論とよく似ている。つまり、civil society の出現とは、一方で農耕による定住と社会組織の複雑化を意味するが、他方で社会の安定化のための所有権の保護、つまり法政治共同体の成立を意味している。後者の意味では古典的な政治社会のニュアンスで civil society が捉えられていることになる。

ファーガスンの議論のもう一つの特徴は、所有権の保障と豊かさの獲得によって促される農業社会の商品経済化に、両義的な評価を与えている点である。一方で彼は、分業の進展、人々の自己利害に基づいて意図せずして社会的分業が効率的に編成され、富が蓄積されていく過程を肯定的に描く。さらに、これと相即して生じる学問や文芸の発達と分化にも好意的な評価を下している。しかし他方で彼は、商業社会の爛熟に武勇の徳の喪失や国

(33)　天羽 1993, 一七九頁、Starobinski 1989, p. 16, 八頁。スタロバンスキーはファーガスンの使用を一七五二年としているが、この年にファーガスンの著作が出版された形跡はなく、一七六七年の『市民社会史』の間違いと思われる。なおスタロバンスキーによると、フランス語の civilisation はもともとラテン語起源の「刑事訴訟を民事に変える」の意味であった。civil には現在も民事の意味がある。古代ローマの市民法が市民のみに適用されたことから「民法」に関連するこの用例は直接理解可能である。civilisation は一八世紀半ばに「文明化」の意味で用いられるようになり、急速に広まったという。最初の用例はミラボー『人間の友』(1756) であるとされる。

(34)　Ferguson 1767, p. 7, 二頁。

民精神の弛緩、富の追求と濫費による頽廃といった、文明の影の部分を見出す。商業社会の進展は、ポーコックの図式でいうなら、一八世紀イギリスのシヴィック・ヒューマニスト（古典的共和主義者）たちが最も嫌った「政治的腐敗 corruption」に結びついてしまうのである。こうしてファーガスンは、未開から文明への洗練と繊細さの輝かしい歴史に、陰鬱な頽廃と没落を重ねていくのである。

スタロバンスキーは、一八世紀の文明化論はその光輝を描きはじめるのとほぼ同時に文明の頽廃と没落を予感し、当初から文明への危機意識と諦念に縁取られていたと指摘している。上昇と下降の世界観は古今東西共通するある種の無常観の表れとも言えるが、文明化そのものが不可避に没落をもたらすという歴史観はその後も受け継がれる。豊かさを頽落と見る歴史像はニーチェに見られるだけでなく、二〇世紀にはシュペングラー『西洋の没落』（1918-1922）、ハンチントン『文明の衝突』（1996）などへと引き継がれていった。

ファーガスンに特徴的なのは、一方に政治学の古い語彙、他方に生存様式と文明化の新しい語彙、この双方を重ね合わせることで文明の両義的性格を描いた点である。このことをもってファーガスンを「過渡期の」思想家と捉える必要はない。武勇の徳、市民軍の勇気、愛国心と公共性、そして政治社会の法権利と政体論の言語による構成は、未開から文明への人類史、商業と分業による物質的豊かさの発展、利己心の全面的な発動といった、人類学、経済学、社会学的な言語と鋭い対照をなす。人間社会を記述する際に複数の言語世界、あるいは文法を用いることで、ファーガスンはこの時代特有の複合的な社会のあり方をきわめて明瞭に示したのである。

五　フーコーにおける市民社会と統治

こうしたファーガスンの議論を、フーコーはどのように捉えているだろうか。彼は統治性という講義テーマのうちに市民社会の出現を位置づける。だがそれがどのような意味をもつかは、一読しただけでは理解が難しい。そして市民社会の位置づけが、フーコーのファーガスン読解と不可分に結びついているために、一九七九年四月四日、つまり最後の統治性の講義は慎重に検討しなければなにが言いたいのかよく分からない。しかしこれまでの講義の流れ、ファーガスン『市民社会史』のテーマの複雑さ、またエコノミーの概念史的な意味変容をふまえて考えてみると、この日の講義における市民社会についての議論が一連の講義の掉尾を飾るにふさわしいものであったことが分かってくる。それは統治と市民社会との関係という例を通じて、ある概念を権力テクノロジーの中で捉えるとはどういうことかを示している。また、ファーガスンがなぜあんなにも錯綜した議論を一つの本の中に取り込んだのかについての、秀逸な一解釈となっている(35)。

さらに最も重要なこととして、フーコーの市民社会についての議論は、一八世紀末から一九世紀にかけての「社会」の出現を統治の問題系の中で説明するものとなっている。政治でも経済でもない第三の領域としての「社会」が、いかにして知の対象となりリアルな実在として統治の主戦場となっていくのか。統治性の講義はそれを語るための長大な前置きであるとも言える。彼は一九七九年の講義タイトルに「生政治の誕生」を選んでいた。法―政治および経済と区別される社会あるいは市民社会の出現は、生政治の誕生をしるす出来事である。またそれは、市民社会の内実をなす人間の生の対象化が、古典主義時代から一八世紀にかけて、本書で取り上げてきたような統治に関する知と実践を通じて準備されてきたことを示している。

フーコーはまず、これまでの講義を次のようにまとめている。エコノミーが経済になるとは、「主権空間が経

(35) フーコーはファーガスンが civil society / civilized nation / polished nation / commercial state などと呼んだ存在を、一括して société civile として考察している。

済主体に住まわれ占められている」[36]という事態である。そのため統治は、これまでの法的な介入様式によっては経済主体が場を占める新たな領域に関わることができない。これが一八世紀にレッセ・フェールの主張として現れたことはすでに見たとおりである。それでは統治はどうすればよいのか。ホモ・エコノミクスは法の主体とは異なった行動原理に従い、別の世界に生きている。それによって古いタイプの統治は無力となり、介入不能な広大な領域が広がることになってしまう。ここでの問題は、それをふまえて統治の新たな存在理由を見出すこと、つまり「統治術が経済学に対してその種別性と自律性を維持する」[37]ための方策を見つけることとして定式化される。

そこで登場するのが「市民社会」である。市民社会は「いかにして、経済的なものと法的なものの異質性を対象とする統治実践を、法によってでも経済学の支配によってでもなく枠づけるような合理性を発見するか」[38]という問いへの答えとなる。そのため、「市民社会とは哲学的理念ではありません。私が思うに、それは統治のテクノロジーの一概念、あるいはその相関物です。その統治のテクノロジーの合理的尺度は、生産と交換のプロセスとしての経済の変動に法的に対応します。つまり経済的経済学に対応する統治性の法的経済学ということになります。これこそが市民社会の問題であり、しかも、市民社会はまもなく社会と呼ばれはじめ、一八世紀末にはナシオンと呼ばれるようになります……。最適化された統治、なにものも逃さない統治、法の規則に従いつつ経済の種別性を尊重する統治、これが市民社会を管理し、またナシオン、社会、社会的なものを管理するための統治なのです」[39]。

フーコーはこうした独特の市民社会概念を掲げる。ざっくりいうとそれは、法権利と経済との間にあって、なんでも入れられる便利な容器のようなものである。あるいは二つの領域の異質性を仲介し、統治の場を提供するための発明品である。こうしたかなり特異な市民社会像を説明するために彼がとるのは、迂回的な道ではない。

むしろ正面から突破するようなやり方である。フーコーはここで、市民社会についての「最も根本的な、いわばお約束の文献」[40]、つまりファーガスン『市民社会史』を取り上げるのである。しかし考えてみると、統治術、国家理性から経済学、市民社会に至るまで、彼が取り上げるのはつねにその分野の代表的な文献ばかりともいえる。そのなかから、「薄い格子」を通じて彼の眼に映る特定の編み目だけを拾っていくと、フーコー独自の歴史ができあがるのだろう。

フーコーのファーガスン読解が秀逸なのは次の点による。『市民社会史』のように一見相対立する要素が一つの作品に織り込まれ、別の場所での主張が互いにどう関係するのか不分明に見える著作の場合、解釈者は通常、相異なる要素を腑分けした上でどのような対立や異質な主張が見られるかを示す。こうした読解を精確に行い、またそれらのうちの特定の傾向に着目してファーガスン思想に新たな光を当てようとする試みが、これまでもなされてきた。シヴィック・ヒューマニストとして、あるいは「最後のローマ人」としてのファーガスンを強調する読解も、こうした試みの一つといえる。

だがフーコーは、むしろ対立する諸要素の並存を契機として、ファーガスンが議論を動かしていく、対立構図自体に起因するダイナミックな展開に注目している。市民社会はその発展そのものを通じて、人々を一つの状態にとめおくことを不可能にする。異質な要素が出現し対立や混在が生じることによって、社会そのものが新たに

(36) Foucault 1979, p. 298, 三六二頁。
(37) *ibid.*, p. 299, 三六四頁。
(38) *ibid.*, p. 300, 三六四頁。
(39) *ibid.*, p. 300, 三六四―三六五頁。
(40) *ibid.*, p. 301, 三六七頁。

分化した機能を必要とし、その発展を促す。道徳的な評価とは別の次元で、ファーガスンは社会発展の必然的かつ歴史的なダイナミズムを描写しているのである。これこそが一九世紀に引き継がれる「市民社会の歴史」あるいは「社会進歩の歴史」、さらには「史的唯物論」の原型となる、歴史叙述の方法なのである。

雑駁な言い方になるが、この点でのファーガスンの独自性は次のように整理できるかもしれない。ヒュームとスミスにおいては、この歴史は進歩と発展の側に寄っている。彼らにとって新たな商業社会と対立する古い価値や制度は、善かれ悪しかれ置き去りにされるほかないものである。一方ルソーにおいては、この歴史は堕落の歴史である。彼にとって堕落と破滅への道を抑制するのは社会発展そのものではなく、比喩的にいうなら一旦歴史を止めることである。歴史を静止し仮構的な契約の場に立つことによって、約束によって構築され、半神のごとき立法者に導かれる政治共同体が形成される。これは社会の自然な展開とは次元が異なる人工的な構成物としての政治体である。神が世界を作るように、人間はその意志によって政治共同体を作ることができる。これがホッブズから引き継いだルソーの社会契約論の世界であった。

これに対してファーガスンは、対立する諸要素、古いものと新しいもの、互いに異質な社会的価値と諸階層の存在を、歴史を動かす要因として扱う。これを形式化したものがヘーゲルの精神の旅の歴史（『精神現象学』）であり、それを物質的な次元の生において展開したのがマルクスの史的唯物論だともいえる。ここにあるのは新たな歴史哲学である。フーコーは『市民社会史』の錯綜した記述の中から、こうしたダイナミズムを拾い出し、それを統治の新たな対象としての「社会」の出現として位置づけている。

フーコーは『市民社会史』に四つの特徴を見出す。以下一つ一つ取り上げていく。一つめは、市民社会を一つの所与であり不変項であるとする、ファーガスンの見方である。これはすでに指摘した、自然状態の否定として表現される。「人間 mankind とは集団をなす存在である」[41]。フーコーは「人間にとって社会は個人と同じくらい古く、言語の使用は手足の使用と同じくらいどこにでも見られる[42]」という部分を引用し、ファーガスンが社会を人間の自然として示していると指摘する。未開人は自然に近いわけではなく、人類史全体が社会の歴史なのである。

二つめは、ではその社会はなんのためにあるかに関係する。それは、社会における個と全体との関係、あるいは社会の目的そのものに関わる。ファーガスンによると、全体の幸福とは一人一人の幸福であり、一人一人の幸福は全体の幸福があってはじめて成り立つ。つまりここには個と全体との相互性がある。そして両者の幸福は、個人が社会の中できちんとした役割を果たすことによって成り立つ。

フーコーはこれについて、契約的・主権的構成とは異なる「直接的増殖のメカニズム[43]」である点で、経済の領域に似ている部分があると指摘する。その上で、経済領域との違いを次のように述べる。「ファーガスンがいうには、個人を市民社会に結びつけるのは、本能であり、感情であり、共感、そして互いの厚意bienveillance[44]、同情です。それはまた、他者への嫌悪、自分の不幸への嫌悪、あるいは自分とは切り離された他人の不幸にときおり感じる快感です。……ここにあるのは、自分中心でない利益、非エゴイスティックな利益、エゴイズムよりずっと大きな、自己利益とは異なる利益の働きなのです[45]」。

ここでフーコーが述べていることは興味深い。ファーガスンのみならず、当時社会について考察した多くの思

（41）Ferguson 1767, p. 10, 六頁。
（42）*ibid*., p. 12, 九頁。
（43）Foucault 1979, p. 304, 三七〇頁。
（44）benevolence のフランス語。スミスが『道徳感情論』で鍵概念の一つとして用いている。
（45）Foucault 1979, p. 305, 三七一頁。

想家たちが、人間の複雑な感性や情緒の存在に目を向けていた。人間が単に自己利益の最大化を求めるホモ・エコノミクスではないことは、モラリストの伝統を受け継いで人間観察を行った当時の思想家にとって当然のことであった。ただしフーコーはこうした人間観を、ホモ・エコノミクスのヘゲモニーに対抗する豊かな人間像であるとは考えていない。それは、経済の自然性やホモ・エコノミクスと共存し、それらを内に含みながら新たな統治を可能とするための一つの概念装置なのである。

市民社会における個と全体の問題に関連して、フーコーはもう一つ指摘している。それはここでの社会の単位に関わる。ファーガスンにとって社会は世界大の存在ではなく、もっと具体的なもの、つまりあるまとまりと境界をもったものである。人類学的記述に刺激された文明史にはつねに当てはまることだが、社会は家族にはじまり部族集団や村落共同体を経て国民へと至る。社会は自然に発生するからこそ、成員は物理的にも意識の上でもそこに帰属している。

フーコーがなぜこの点を強調するかというと、他方で経済領域はもっと普遍的で抽象的なものだからである。ホモ・エコノミクスが活動する市場の取引において、人は匿名の存在である。市場は原理上境界をもたず、無限に広がっていく。そのため経済的な絆は、市民社会の具体的で局地的な絆、複雑な共感と反感の組合せによって保たれる絆を、つねに脅かすことになる。これは、市場のグローバル化が社会組織の流動性を高め不安定にする、あるいは帰属を曖昧かつ希薄にするという、現代にも広く当てはまる事態を指している。ファーガスンは、商業的な関係において人々は他者を手段として利用し互いに競争することによって孤独になると指摘している。市民社会への具体的帰属と市場の普遍性・抽象性とはこのように対比されている。

市民社会の三つめの特徴は、それが政治権力を必然的に生み出すことである。フーコーはここで、ファーガスンが分業論の一部として、政治活動に携わる特別な人々を位置づけていると指摘する。人間が集まれば、集団を運営することは不可避である。集団の中には人の上に立つことに秀でた人々がおり、彼らによって社会の方向性が討議され選択される。法および支配の事実はそれに後からつけ加わるものである。つまり、先に支配者と従属者がおり、社会が支配者によって導かれる。それに伴って生じるさまざまな不都合（ここには暴政や簒奪などが含まれる）を回避するための装置として、法や規則が事後的に整備されるのである。

最後に四つめの特徴として、ファーコーは歴史の問題に言及する。彼はファーガスンの文明史を、市民社会の中に経済領域あるいは経済的な絆が存在することによって展開していくものとして捉えている。他者との複雑かつ具体的な絆によって成り立つ社会が、自己利益の主体からなる領域を抱え込んでいること。四段階論的な構成をとる文明史において、私的所有の確立とその範囲の拡大が社会の段階を変化させることはよく知られている。これをフーコーは、共同体のうちに自己利益が徐々に発現していくことによる社会のダイナミックな変化として理解するのである。「分離を含む結合原理〔経済主体間の絆—引用者〕は歴史的変容の原理でもあります。社会組織を統合するものが、同時に歴史的変容の原理をなし、社会組織に分裂をもたらしつづけるのです(46)」。

フーコーはここで二つのことを明らかにしている。一つは、政治と家との区別による社会構成を過去のものとしたエコノミー＝経済の出現は、社会という新たな領域の形成を伴っていたということである。ファーガスンが生きたのは、商業とインダストリィの発展と自由化論の形成、そして政策における自由化の試みの時代であった。これはまた、経済的利益主体の相互関係からなる市場の理論としての経済学の生誕期でもある。それと同時期に、経済社会を内に含みつつそれとは異質な原理に拠って立つ市民社会についての、最初の歴史的かつ理論的なテキストが書かれた。それが『市民社会史』であった。つまり、経済領域の政治からの自立の要求、統治にとってそ

(46)　*ibid.*, p. 310, 三七七頁。

の自然を尊重しなければ触ることができないある種の聖域としての経済の誕生は、同時に統治の新たな対象である社会の誕生でもあったということだ。

もう一つは、人類の歴史のダイナミズムの源泉を経済と社会の領域における人間活動に求める歴史像の誕生である。経済は社会に豊かさと活力をもたらすエネルギー源でありながら、同時に社会的絆を脅かしもする。これ以降、両者の軋轢を調整することが統治のテクノロジーの主要な目的となる。市民社会の領域とは生政治の領域であり、経済の動態や発展を妨害することなく社会の分裂と破壊を防ぐことこそ、一八世紀末以降、統治の基本的な役割となるのである。

一九七九年講義の最後のことばを引用し、統治性の講義をたどる本書の長い記述を終えることにする。「結局政治とはなんでしょうか。それがさまざまな指標を伴う統治の技法であると同時に、こうした統治の技法の数々によって喚起される議論でないとしたら。ここにこそ、政治が生まれる場があるのです。つまりそういうことです。ありがとうございました[47]」。

（47）*ibid.*, p. 317, 三八五頁。

おわりに——哲学と歴史について

苦しい今に慣れた僕らは
真実はどこにもあるってことを知ってる
—GLIM SPANKY

フーコーは歴史に不思議な魅力を感じていた。彼は生涯にわたってさまざまな対象に関心を広げていったが、そのアプローチはつねに歴史的であった。歴史というのは複数性をもたざるをえず、新しい歴史が書かれる可能性へといつも開かれている。正史を確定し固定しようとする試みはおそらく文字の発明以来、伝承の正史化として永らくつづいてきたのだろう。しかしそれは、人の生と共同のあり方が多数や多様性と切り離せない以上、決して完成することはない。歴史は過去であるはずなのにつねに動きつづける。つまり現在の鏡なのである。

歴史はまた、それを描こうとする人の鏡でもある。フーコーが描く歴史は、彼の来歴と思想、そしてその価値観を映し出している。本書でたどってきた彼の歴史像は、一九七〇年代におけるフーコーのポートレートのようなものかもしれない。六〇年代のフーコーが知と言語に憑かれていたとするなら、七〇年代のフーコーはずっと権力に取り憑かれていた。彼は「知−権力」や「権力の系譜学」といった新奇なことばを使って自らの試みを説明しようとした。本書執筆を通じて気づかされたのは、それが想像以上に「概念の歴史」を中心に展開されていたということであった。

もちろん、フーコーが概念あるいは語の用例に注目して歴史を描いていることは既知の事実だろう。だが私自身はとくに七〇年代について、制度や実践の歴史、あるいは出来事の歴史に重心を移しているという印象をもっていた。「講義」という思考が醸成される現場に近いところに接近することで、この印象はかなり変わった。それはやはり科学認識論的な着眼による、概念と語の歴史を核心とするものであった。だが一方でそれは、六〇年代に展開された「知の考古学」とはかなり異質な要素を含んでいる。権力という観点から見た概念史とは、さまざまな立場の人々や思考が、概念と語をめぐって闘争し、奪還しあう歴史だからである。

ある語に特定の意味を与えること。これは日常の言語実践から学術的著作、ジャーナリズム、あるいは翻訳など、ことばを使うさまざまな場面でいつも行われている。ではここで人はなにをしているのか。それは語の意味の同定であるとともにその刷新であり、とくに学術的な営みとは、ある語を概念にまで高め、それに真理性を付与することにほかならない。統治性の歴史を通じてフーコーが描いたのは、このようにして意味が付与され用例が広まり、あるいはそれが刷新され、奪われた意味を再び奪い取ろうとする、そうしたプロセスだった。フーコーは一九七八—七九年の講義では「真理の言明 veridiction」という語を用いて、真理を語ることが正しい統治の基準となるという、一八世紀半ばに自由主義の政治経済学がもたらした特別な効果を描き出している。自分たちこそ真理の担い手であり、対抗する言説や古い言説は時代遅れの虚偽である、あるいは端的に間違いである。これはとりわけ、自由化論者が穀物ポリスを攻撃する際に用いた論法である。

こうした主張に見られる真理の占有への志向を、フーコーは「知への意志」と呼んだのだろう。そして「知—権力」ということばで、彼は知への意志がぶつかり合うことで巻き起こされる権力闘争を名指した。つまり、フーコーにとって概念史とは、単に新しい概念が重要な語句として、あるいは術語として使用されるようになる過程ではない。さまざまな意味や用例が競い合う中で、ある特定の意味が自己主張し、意味を占有し、他の意味を駆逐する。それに対して別の用例や意味が自己主張を行い、簒奪された語の奪還を求める、終わりなき闘争なのである。

たとえば国家理性ということばを振り返ってみよう。「身分」や「状態」といった静的な秩序を表現していたétat / state/ staat という語が、国家という複雑な運動体を意味するようになる。そのこと自体が時代と社会の変化を映しており、こうした変化に伴って、国家理性、国家の利益、国家の本質とはなにかについて、さまざまな見解が現れる。マキャヴェリを批判することで自らを正当化した一七世紀の理論家たちは、「よき国家理性」を提唱した。また、タキトゥスという古典に託して、多くの思想家たちが互いに異なる国家理性論を紡ぎ出した。こうした言説を見れば、宗教的・地政学的な関心の下になされたそれぞれの論者の主張が、だんだんと国家なるものをめぐる理論と実践を形成し改変していくプロセスをたどることができる。

また、人口という語に内実が与えられ、それがリアルな実体として捉えられるには、人々の数え上げとデータの蓄積、数値処理のための確率・統計の発達、人口をめぐる計量的な技術の洗練が必要であった。さらに、都市計画、食糧難、伝染病など、多くの都市問題とその解決の過程で、人口の次元に照準した統治が計画され実践された。これによって人口は、統治の対象となると同時に固有の実体となった。その帰結は、たとえば古代と近代のどちらが優れているかについて人口の多寡を一つの指標として捉えようとする試みが、現代では奇異にしか見えないことに表されている。時代の変化は言説のあり方を変え、最先端のトピックはいつのまにか古びて理解不能となる。

古代と近代のどちらの人口が多いのか。記述統計と政治算術と全数調査のどれが最も優れているのか。また統計調査や人口推計のために、数学をどのように用いるべきなのか。接種の有効性や意味は、どのような調査やデータをもとに判断されるべきか。そして社会の観点と個人の観点、短期的効果と長期的損益のどちらを優先すべきなのか。都市計画はいかにして都市の密集とそれがもたらす無秩序に対処すべきなのか。食糧管理と穀物政策は、自由と規制をどのように組合せればよいのか。都市の貧民の生存と耕作者や商人の豊かさのどちらを優先すべきなのか。国全体の豊かさの指標として、人の数と貴金属の量はどちらが適切なのか。どうすれば他国に優る繁栄を生み出し維持することができるのか。軍事的強さと商業の繁栄のどちらが国力にとって重要なのか。そもそも富とはなんであり、豊かさはどうすれば把握可能となるのか。こうしたトピックをめぐる数々の論争はすべて、人口の内実をリアルなものにし、人口に狙いを定めるさまざまな統治をもたらした。ここでの概念闘争は、社会を秩序立て人々を管理する統治のテクニックと直接結びついている。

エコノミーについては、家のエコノミー、魂のオイコノミアとは異質なものとして、国家のエコノミーが徐々に姿を現してくる。しかし国家のエコノミーは家や宗教的救済と無関係に生まれたわけではない。国家のエコノミーが概念化される過程で、家政や宗教領域でのエコノミーの語の含意が、世話と管理に関わる概念固有の奥行きと豊かさをもたらしたからである。そして国家のエコノミーは姿を変え、市場のエコノミー、つまり現在の意味での経済が出現する。ここでもまた、新しい意味は新しい統治実践と結びつき、古い意味の批判を通じて自己を主張する。しかし一つの意味が他の意味を駆逐し去るのではなく、相互の影響関係、また対抗関係そのものによって概念は豊かにされ、統治の対象を定めていく。

フーコーを通じて近代思想史を読みなおすと、思想家にとって著述するとはこのような概念闘争に参入することにほかならないことを理解できる。本書で取り上げた多くの思想家において、一つの語に複数の意味が込められ、あるいは錯綜したやり方で用例が混在するのは、こうしたことの例証である。それに自覚的な思想家の研ぎすまされた言語感覚は、書かれたものに複雑な陰影と謎による奥行きを与える。

マキャヴェリは共和主義者なのか君主制の擁護者なのか分からないとしばしば言われる。また彼は国家理性論の創始者なのか、それに対抗する政治ヴィジョンの持ち主なのかも解釈が分かれる。マキャヴェリのヴィルトゥの用例は変幻自在である。彼は道徳との関係で正反対に見えるような行動を、文脈次第で熱心に推奨する。そしてその語り方は、洋の東西を問わず古代から用いられた言説様式である、鑑の系譜に則ったものであった。歴史を範例とし、運命に対峙する人間たちの姿を描くマキャヴェリ自身の力量が、使い尽くされてきたはずの語彙に別の輝きを与える。そのマキャヴェリに表向きは反論し、あるいはあからさまにその支持を表明することで、後世の国家理論家たちもまた新たに概念を彫琢してきた。

マキャヴェリ、ボダン、ボテロ、ノーデ、ベイコン、そしてホッブズ。フーコーは国家理性という概念に斬り込んでいくことでこれらの思想家の新たな側面を見せてくれる。それらを一つずつ検討していくことで、一六―一七世紀の政治の言語の複雑さと豊かさが明らかになってくる。長い間、マキャヴェリの二面性は一種の謎として提示されてきた。ヴィルトゥとフォルトゥナの世界観からするとそれはとくに謎でも矛盾でもないということは、以前に鹿子生浩輝氏の労作を読みながら考えたことだった。今回国家理性論の語彙である「必要」を検討する中で、マキャヴェリの necessità との異質性に思い当たり、両者の言語の違いとともに、マキャヴェリの世界像の力強さを再確認した。同じことばが違った文法の下に置かれることによって、世界そのものが別のしかたで描出される。これはフーコーがノーデとベイコンをマキャヴェリに対置する注意深い議論のうちによく示されている。

また、マキャヴェリが法の言語を用いず、古代ローマからの範例の引き出し方が法的言語を駆使するボダンやホッブズとは異なる点についても、改めてその意味を考えさせられた。以下は文献上の根拠をもたない仮説であるが、本書の執筆を通じて、ホッブズの自然状態論について以下の着想を抱くに至った。それはホッブズの議論に、本書第四章で述べた「力」という一七世紀の自然学的な世界イメージだけではなく、ローマ法継受以来の「法のローマ」が投影されているということである。つまりホッブズは、一方でマキャヴェリにおける「紛争のローマ」と「争うフィレンツェ」に祖国の内乱を重ねてそれを嫌悪し、他方に自由意志と契約と法による秩序構築のモデルとして「法のローマ」を置いたのではないか。この意味で、ホッブズは人間像ではなく秩序像の面できわめて反マキャヴェリ的である。そして、そのホッブズが立ち入ることがなかった「統治」の問題を、ボダンは主権論とともにすでに論じていた。この「ともに」がいったいどのようなものなのかをめぐって、ボダンは後世に解釈の上でさまざまな難問を残すことになった。とりわけ法の言語と統治の言語の文字通りの並存がその理解を難しくしている。しかしそのいわば不協和音、あるいは現在では異なる領域や言語に見えるものを並置していることそのものが、ある時代と思想家の世界像の特徴を示しているのである。

ルソーは一八世紀半ばに流行した思想的語彙のほぼすべてを駆使しており、その網羅性には改めて驚かされる。サロンの役割が徐々に変化し、当時形成されつつあった論壇や言論界において用いられた流行りの概念やことばを、ルソーは意識的に用いている。そしてことごとくその意味や価値を反転させるのである。彼の近代批判へのパッションはときに自己コントロールを不可能にするほどの熱量を帯びるが、かといって単なる懐古趣味に陥ることは決してない。ルソーは政治的な語彙の伝統的・古典古代的な用法に忠実であるが、それがはめこまれる「地」は、頑ななほど原則的な近代性を帯びている。歴史の彼方にある虚構の原点に位置する自然人は、なぜだか孤独でひとりぼっちである。そこから偶然に翻弄され不可逆的に堕落の歴史が展開するが、支配者の欺瞞と不平等がきわまったところで時間が停止する。そこに出来する社会契約は、近代の輝かしい約束なのである。エコノミーもソシエテ・シヴィルも自由も、ルソーにおいては古くかつ新しい。虚構と断言される原初の幸福と決して到達することのない理想的共和国との間に位置する現在は、腐敗の中にありながら過去と未来という二つの「統整的」理念によって導かれている。

また、エルヴェシウスにおいては、人間が自己利益に基づいて行動することは変えることができないデフォルトの事実である。他方で、社会を善きものにするという目的設定もまた、彼にとっては自明である。そして、自己利益の主体としての人間たちが織りなす商業社会は、それを否定したところで不可逆的な現在であるだけではない。それはまた固有のメリットをもっている。しかし同時に、商業社会は全能ではなく、人々の紐帯にさまざまな問題をもたらす。デュルケムを想起させるようなこうした商業社会の両義的評価は彼の議論に陰影を与え、社会を構造的に捉える視点をもたらしている。しかしこの複雑さと著作の冗長さのために、いまではエルヴェシウスは自己利益の主体を徹底させた功利主義の祖としてのみ記憶されている。そして彼の議論における自己利益の主体という側面のみを強調することから、ホモ・エコノミクスの原型が作られていった。概念の歴史においては、複雑なものから単純なものを取り出し、それを著者の意図や思想体系とは両立しないやり方で利用することがつねに行われている。だがそれは、とくに目新しくもなく著者に不誠実なわけでもない。概念闘争とは本来そのようなものなのである。

ベンサムもまた、全体像が判然とせずつかみどころのない思想家である。彼はいつも単純な「功利主義者」であるかのように有名になりすぎたその標語でレッテルを貼られる。「自由、平等、博愛、ベンサム」、そして「パノプティコン」の偏執的推奨者として。だがこうした見方自体、取り上げる側（つまりマルクスやフーコー、彼らに追随する人々）の戦略の一部である。ベンサムの社会工学的な指向と欲望の自然主義とはどのように折り合うのか。それが顕著に表れるのが、経済的統治をめぐる制度設計に関するベンサムの議論である。このことは、本書ではパノプティズムと自由放任の関係、あるいは規律と自由主義の統治の関係として取り上げた。

異なった着想や秩序像が一人の思想家の中で共存しあるいは拮抗することがありうるというのは、思想史研究者ならみな気づくことだろう。だが、その共存や拮抗を歴史的文脈に置くことでなぜそのようなことになったかを示し、主張が必ずしも一つにまとまらず、また時代状況によって強調点が変化していくこと自体に思想家の独創性を見るというのは、私にとっては新鮮な読解手法であった。解釈者がその構図を鮮明に示し立体的な思想家像を作ることが思想史の一つのやり方で、イマジネーション喚起力の点できわめて優れていることは、森村敏己のエルヴェシウス論（森村 1993）から学んだ。

本書で取り上げた思想家たちは、同時代の思想家との間で概念の闘争をくり広げているだけでなく、一人の思想家の作品群中にもこうした闘争や対立、軋轢が存在し、あるいは逆に異なった用例間に調和と共存を見出そうとする努力が見られる。概念をめぐる闘争の歴史の中に思想家たちの言説を置いてみることで、矛盾して見える主張の背後に一貫した立場が現れる場合もある。だがそうでない場合の方が多く、結局謎は深まるばかりともいえる。

複雑なものを単純化するのではなく、複雑なままに絡まり合う歴史を再現すること。それによって謎が顕わになるが、それを解くことは至難である。しかし謎を解きほぐそうとする努力のプロセスを経ることで、問いそのものを以前とは違ったしかたで眺めるようになる。そのとき謎がもはや謎として知覚されなくなる瞬間がある。これはたとえばアドルノが「哲学のアクチュアリティ」において、哲学的営みによって謎が一瞬にして消え去るといったとき念頭に置いていたことかもしれない。また、ヴィトゲンシュタインが『論理哲学論考』で登ったはしごを棄てるよう勧めたとき、彼は哲学がなしうることをこのように表現したのかもしれない。しかしそこで哲学が終わるわけではない。ヴィトゲンシュタインはこのあとはしごを棄てたところから出発し、以前の問いと答えを再点検しはじめたのだから。

本書で試みたこと、またフーコーの思索自体に引きつけていうなら、これこそ概念史の醍醐味なのだろう。彼は哲学者らしくない題材を取り上げ、アプローチも変わっていたが、問いかけのしかたは哲学そのものだった。フーコーはしばしば、いままで見えていたものを別のしかたで見せることが自分の仕事であると言った。これは言い換えれば、謎が謎としての機能を終え、問いのステージそのものが変わることであろう。

そしてこうした哲学的強靭さをもって再説された歴史は、なにかの事実に忠実なのではなく、闘争の歴史を描く思想史家の視点や関心に縁取られた新しい物語となる。この意味で、フーコーの統治性の歴史は「統治」という概念をあるやり方で切り取り、これまでの用例に挑戦するものである。統治の観点から近代史を描くというフーコーの試みは、歴史の書き換え、あるいは読み換えを行い、歴史を通じて現在に新たな意味を付与するために行われた。『監獄の誕生』が時代錯誤の故事の掘りかえしでなく「現在に関係する過去の歴史」であることを記したときから、フーコーのスタンスは変わっていない。彼はその前もそのあともずっと、歴史叙述を通じて概念闘争をくり広げたのである。ではなんのために、なにに駆動されて、莫大な知的エネルギーを必要とするこうした行為がなされたのか。それは「苦しい今」を生きる人たちに、異なる歴史、別の真実を示すためであった。歴史はいつも開かれており、哲学的な問いかけを通じて謎は消え去り、問いのステージそのものが変わる。そして異なる歴史から別の真実を得た人たちが、新たなステージで生の意味をめぐって再び闘争をはじめるのである。

あとがき

ミシェル・フーコーになぜこんなにも魅了されるのか。この本を書きながら、私はその理由を何度も再発見した。彼の哲学的なテーマは、近代という時代がいかに複合的で重層的に作られてきたかを示すことであり、同時に近代が数多くの人間の生をわしづかみにしてきた、そのあり方を示すことでもあった。

近代とは、人間の数と格闘し、数の多さを利用し、その欲望を煽って膨張させつづける時代である。欲望の膨張を通じて支配が貫徹する。フーコーはその過程を執念深く、また力強くたどる。彼は権力と統治を描いているようでいて、実はその裏側に、対象となる人々の生を密かに再現しているのだ。掌握される人々、数としてカウントされる人々、欲望をかきたてられ、自己満足と自己膨張をくり返す人々。また、他者の欲望充足のために利用され、あるいは邪魔になり排除される人々、周縁化され抹消され忘れ去られた人々のうめき声の残響を描写するのだ。

横浜のランドマークタワーというところから地上を眺めたことがある。高さのせいで、曇りがちの日には上層階は靄というか雲の一部にかくされた状態になる。文字通り天空のタワーだ。エアコンの効いた最上階でソファに座って下を眺めることができる。再開発によってどこの国のどの時代にいるのか分からなくなるような建物が立ち並ぶ湾岸地区。巨大観覧車のイルミネーションには季節に合わせたキャラクターや色とりどりの図柄が踊っている。洋風とコロニアル風を合わせたハリボテのような結婚式場のライトアップ。渋滞する車のランプの帯。

埋め立て地のあいだの水場を行き交う船もピカピカの電飾をつけている。よく見ると蟻のように動く無数の人々の姿。光だらけの人工空間と人の群れ。

近代は欲望を刺激することで欲求対象をつぎつぎと生み出し、人々は貪るようにそれを消費してきた。地面を穴ぼこだらけにしてエネルギーを地中から取り出し、それを使用して大気を熱しつづける。欲望の放出は熱の放出でもある。気候は変動し地球は熱くなる。湾岸に達した欲望は海辺をべたべたと埋め、地形をかえてしまう。こうして作られた「海の風景」が人を吸い寄せ、欲望が水辺に漂う。

ダヴィッドの「雲海の旅人」には、切り立つ頂から自然の雄大な奇蹟を眺める黒い服を着た男の姿がある。カントが描写し、ニーチェが揺さぶられた崇高の風景。ランドマークタワーから見えるきらきらした都市は、手の届かない崇高を拒絶することによって作られている。そこにあるのは、頑強に見えながらすぐにも溶け出しかねない、欲望が具現化された街並である。夜景、イルミネーション、都市の灯り。夜の明るさは人間の欲望を視覚化し、その品位の欠如と影の忘却を示す指標である。いまの都市は明るすぎる。

フーコーが描くのは、横浜においてはアジア的模倣によってグロテスクの域に達した、近代が作られてきたプロセスである。君主の統治、国家理性、ヨーロッパの競合空間、ポリス、そして都市計画、公衆衛生、人口統計、経済学、市民社会。これらはうごめく人々をわしづかみにする技術であり、また複合的な近代を組み立ててきた部品の一部でもある。そしてそこにつねに幾多の人間たち、人の群れがいる。人々は競い合い、欲望を肥大化させ、満足を得るための新奇な回路を探し求める。模倣されたアジアのポストモダン都市を高いところから眺めるときに見えるのは、近代、その欲望、欲望を生み出しそれによって駆り立てられる統治のテクノロジーの果てにある、それらが凝集した姿である。そこには、伝統や古きもののひずみと不協和を壊しながら、その時々の欲望をぺたぺたと上塗りしてきた都市がある。ここに至るまでにどんな犠牲が払われ、どのくらいの風景と自然と人々が住まう場所を奪われ、消滅させられ、変形され、そして忘れ去られたのだろうか。近代が目指したもののフェイクが、痛ましいほどの毒々しさをはらんでそこにある。フーコーを読むとそのことが少しずつ、しかしおそろしくも哀しい姿で迫ってくる。

フランス一七世紀についての文献を参照していると、しばしば「偉大なる世紀 le grand siècle」という表現に出くわす。一七世紀がフランスにとって最も偉大な時代であったことは、さまざまな意味で自明なのだろう。フーコーはこの時代、つまり彼が古典主義時代と呼ぶ時代を起点として、近代の姿を描いてきた。偉大な世紀の欲望の行き着く先に、自由という最も安上がりなエネルギーによって駆動され膨張をつづける現代の統治がある。膨張の先の未来になにがあるかは分からない。しかしいまのところ、私たちは近代が発明したものに代わる統治の技法を知らないままである。

図15　リシュリューにあるリシュリュー枢機卿の立像

他者の欲望をコントロールし肥大化させて利用するのが、偉大なる世紀以来の統治者の慣わしであるなら、それに対抗するのは、自己の欲求を制御し、それと向き合うことを通じて他者と関わる、そうした自己統治でしかありえないということだろうか。一九八〇年以降のフーコーの「転回」は、統治性についての研究からはこのように位置づけられる。

図16　ナントのロワール川（右がナント島，左は旧マドレーヌ原）

アジア的ポストモダン都市がなんの衒いもなく無邪気に輝く近未来へと突っ走るのに対して、フランスの石畳の街は、こうした欲望を重苦しい灰色の街並みの下に隠している。二〇一八年三月に明治大学から特別研究費を得て出かけたフランスでは、本書をめぐっていくつかの新たな発見もあった。パリの下水道網の歴史を実際の下水道を見せながら示す「下水道博物館」では、薄暗がりの中すぐ下を流れる下水の轟音とともに、水道事業の難しさと危険、水道鉱夫たちの奮闘、また「下水道の英雄」ベルグランの肖像を見学した。下水道事業に情熱を賭し、死してなお下水のそばのじめじめした暗がりに銅像が建つというのも不思議な運命である。

トゥールから小さな支線の各駅停車の終点シノンで下車してリシュリューに向かう際には、駅前になにもなく、駅の窓口すら閉まっていてタクシーも呼べず途方に暮れた。一時間待ってタクシーに乗りこみ、三〇分かけてリシュリューの街の入口に着いたときには、見事なまでに左右対称の市門からの眺めに感歎した。リシュリューは街の対称性に比して城の庭園は部分的に方形と半円との組合せが見ら

図17　サンマロのかもめ

れるものの、それほど技巧的ではなく、どこまでもつづく芝生は広々としていた。庭園の入口に肖像画でよく見るのと似た顔のリシュリューの立像がある。半身を夕陽に輝かせていたこの立像もまた、なにを思って高いところから寂れた翳りある街を見渡しているのだろう。

ナントでは暗渠となった運河のあとをトラムが走り、往時の栄光を伝える旧フェイドー島のブルジョア邸宅群の傾きに、この土地の地盤の弱さと砂地であったことが思い出された。ナントには二〇一二年にヨーロッパではじめて作られたという「奴隷制廃止記念館」があり、この街の富の薄暗い起源を記憶にとどめようとしている。右岸に見られる伝統的な建物や城そして石畳の街並と、ナント島から左岸に広がる二〇世紀的な建築との異質性が、街の発展史を物語るようであった。

圧巻はグルネーの故郷サンマロで、海にそびえ立つ市壁とその中にひときわ高い教会の塔、そして石造りの建物と石畳の舗道は、街全体が軍事要塞あるいは空母のように美しかった。西側の城壁の外に広がるひなびた漁港と、東側の長い海岸線を埋めるドーヴィルにも似たマリンリゾート地の全体が、街の色彩を変化に富んだものにしている。それらが一体となって、威厳に満ちていながら開放的な街を形づくっていた。第二次世界大戦で壊滅的な打撃を受けた都市を再建したとは思えない、時間が止まったかのような市壁内の都市風景だけでなく、かもめが飛び交う港の情景は、やはりこうしたところから商業の自由の思想が海風に乗ってやってくるのだと納得させられた。とりわけ夜には、満天の星と石造りの街の組合せに心を動かされ、グルネーのこだわりのない人づきあいやパーソナリティもまた、サンマロの気風から来たのではないかと想像した。

二〇一一年に書いた『連帯の哲学I』のつづきを書くつもりで構想を練りはじめたのが、本書のはじまりである。最初の一章でフーコーを取り上げようとしたのだが、途中でそれが一冊の本の重さになっていることに気づいた。本書はそのようにして生まれた。

偶然生まれたと言っても、私がこれまで書いたどの本よりも長い経緯がある。大学院入学当時、修士論文に満足できなければ研究者を諦める以外ないと考えていた。約二年後の一九九五年一月に修士論文「ミシェル・フーコーの統治性研究」を東京大学大学院に提出し、そのテーマが今回の本のはじまりになっている。修論に満足したわけではないが、そこで長期にわたって考察すべき研究対象を見出した。その後はイアン・ハッキングの影響を受けて確率・統計史と現代の統治へ、また政治思想史そして社会連帯へと関心が広がっていった。そうした中でもフーコーについては少しずつ書き、考えつづけたが、結局博士論文としてまとめる機会をもたなかった。

今回思いがけず運が降ってきたため、私にとってこの作品は二〇年遅れで書いた博士論文のようなものである。研究は自由にやるべきで、修論から博論へと数年間で二つの大きなアウトプットを義務づけられるいまの大学院の仕組みにはずっと疑問をもっている。それなりに仕事をまとめることができても、その先に大きな構想を抱けないのではないかという思いからである。私はやりたいようにやってきて、今になってこの本をまとめられて幸運である。

寄り道に見えたこれまでのさまざまな勉強や興味関心、また大学での講義の準備なども含め、今回の本で役に立たなかったことはなに一つないように思う。それくらいフーコーの関心は広く、こちらが注意して読めば深く掘り下げうる可能性をいたるところに秘めている。一行一行読んでいきながら、その着想の豊かさと思わぬところを関係づけ全体を結びなおす思索の力に圧倒された。これまで二年の講義を誰よりも聞き、読んできたつもりでいたが、すべてが新しい発見の連続だった。私はまたフーコーに魅了された。そしてこんな長い本を読ませておいて恐縮なのだが、本書での読みはまだまだ雑だと思う。

博士論文を書かずにおいたのは、いつか統治性について書くべきときが来るという思いもあったからだ。書いてしまうのがもったいないという気持ちもあり、またフーコーだけを読んでも出てこない視野で、統治について捉えられる日がやがて来るだろうと漠然と考えてもいた。今回は想像していたのとは違ったきっかけがあった。というのは、本書での私の書き方を決したのは、自分の中のアイデアでも蓄積でもなく、資料収集が飛躍的に容易になった昨今のネット事情によるからだ。

フランス語の書籍や雑誌論文のネット上での検索の性能は、フランス国立図書館のプロジェクトであるガリカgallicaなどのおかげで、修論を書いたころとは比較にならない水準に達している（ガリカは一九九八年にはじまったフランス文化政策の一大プロジェクトである。服部麻央「フランス国立図書館の電子図書館Gallicaの二〇年」『カレントアウェアネス』三三三号（二〇一七年）、五―七頁参照）。著作権が切れた古いものほど検索にかかり、いまでは一七世紀の貴重書の初版の数々をオンラインで読むことができる。ネット検索の充実ぶりは、家に大図書館を持つに匹敵するものになっている。日本語・英語を含めネット上で読むことができる資料はここ一〇年で急速に充実してきている。たとえば一六世紀の法王庁初の禁書目録が図像でネットに上がっているのには驚かされた。こうした古い貴重な資料がアクセスしやすいのに対して、新しい著作の多くはネット上では読むことができない。それについては大学図書館ネットワークを活用し、日本中の大学が所蔵する著書や論文を閲覧することができた。明治大学図書館スタッフの方々には、この一年で百冊近くの本を全国の大学図書館から借りていただき、ほんとうに感謝している。閲覧した著作の中には、筑波大学に二宮宏之氏が寄贈された本がいくつもあり、他では手に入らないそれらの本に助けられた。

フーコーが言及したテーマやトピックのいちいちについて、関連文献を探索し紹介するという本書のスタイルは、こうした環境によって生まれた。しかし、読み物としての取っつきやすさと資料や情報としての価値との両立は難しい。本書では前者がある程度犠牲になったと思う。それでもやはり、フーコーの講義録を読む際の辞書のような著作というのはこれから先もあまり書く人はいないだろう。またこうした書き方でしか伝えられないおもしろさもあると考えている。

筑摩書房から出ているフーコー講義録を読むための著書を勁草書房から出版することになり、また勁草書房の『連帯の哲学Ⅰ』のつづきにあたるテーマの一部は、ちくま新書の『社会契約論』に書いた。ちぐはぐになってしまったが、予想外に書くべきときがやってきて、どちらも書いてしまった。こうした気まぐれなやり方を寛大にも許容し、前著以来七年間も続編を待ってくれた（そして続編にならなかった）勁草書房の関戸詳子さんには、ずっと世話になってきた。はじめて会ったときは編集者になったばかりだった彼女は、いまではどのような本をなぜ作るかに関して明確なヴィジョンをもつ優れた編集者となり、横道に逸れがちな私を軌道修正し、いつもあたたかく見守りまた後押ししてくれた。不思議なことに、関戸さんはとても几帳面なのに計画どおりにいかないことをいつも許してくれるのだ。計画することに窮屈さと恐怖を感じ、目次すら作らず作っても反古にして本を書く私の手法（とは言えなそうだが）でも、いつか大きな作品が生まれるとなぜか信じて待ってくれた。
また、そもそも明治大学から一年間のサバティカルを与えられなければ、こうした集中力のいる研究をまとめることはとうていできなかった。明治大学に奉職し一九年が経つが、つねに恵まれた環境を与えてくれることに感謝する。

本書をめぐってはさまざまな方にお世話になった。ヨーロッパの観念について、同僚の川嶋周一さんに文献をご教示いただいた。木村俊道さんはベイコンについて、大久保健晴さんは日本における国家理性の語について、突然の問いかけに親切に応じてくださった。また、人口の誕生については森政稔さんとの共同研究会で報告する機会をもった。そのとき森さんがマルサス思想を「裏返しのモラル・フィロソフィー」と評されたことが、人口学と神学について改めて考えるきっかけとなった。ルソー全集に人口についての断章があることは、卒業生の白根薫くんが教えてくれた。コンディヤック『商業と統治』とルソーにおける市民社会や文明についても彼に教わった。ルソー読解全般については、飯田賢穂さんからとても大きな刺激を受けた。同僚の前田更子さんは、日本におけるフランス近代歴史学研究の動向を教えてくださった。カントの「統整的」理念のイメージについては、網谷壮介さんから助言を受けた。また、ダランベールの確率への懐疑的態度や関連文献について、隠岐さや香さんから貴重な意見と文献についてご教示いただいた。安藤裕介さんからは、フランスでのエコノミーポリティーク研究の動向について教えていただいた。とりわけ隠岐さんと安藤さんの著書からは、関連部分について本書の構想自体が大きな影響を受けている。また、本書の刊行直前に西迫大祐『感染症と法の社会史――病がつくる社会』（新曜社、二〇一八年）が出版された。同書は病、衛生、確率そして統治などをキーワードに近代パリを描いており、本書と重なるテーマを扱っている。とくに病の表象と統治をめぐって、本書で十分掘り下げられなかった点にも分け入っている。そして、非常に悩ましいアンシャン・レジーム期の官職や法律についての訳語は、高澤紀恵先生にご教示いただいた(個々の訳語について逐一うかがったわけではなく、思い違いや訳し間違いはすべて著者の調査不足によるものである)。他にもたくさんの人たち、とくに明治大学の学生たちとの熱く楽しい交流がつねに私を励まし、勇気を与えてくれた。

分厚く難解になってしまった本書を、できるだけ多くの読者に手にとってもらうため、財団法人櫻田会からの出版助成を受けた。学術書の出版事情が厳しい中、こうした援助の存在は心強い。

この本を、自由に考えたいと願うすべての人に捧げたい。自由奔放な一人の思想家と向き合い対話しながら、好きなように考えつづけることの喜びを、多くの人と分かち合うことが著者の第一の望みである。

人名索引

あ　行

アーレント　Hannah Arendt　97, 256, 257, 333, 380, 417-419, 422, 425, 428, 431, 442, 446

アウグスティヌス　Aurelius Augustinus　23, 37, 334

明石欽司　84, 87, 108

アクィナス　Thomas Aquinas　39, 456, 457

アッヘンヴァル　Gottfried Achenwall　243, 244, 245

アベイユ　Louis-Paul Abeilles　xiii, 301, 303, 327-332, 337, 340, 351, 353-355, 369

アリエス　Philippe Ariès　106

アリストテレス　Aristote　23, 28, 116, 295, 333, 361, 420, 422-424, 430, 431, 436, 438, 451, 453-457

アルチュセール　Louis Althusser　101

安藤裕介　313, 323, 343, 345, 347, 377, 395

アンミラート　Scipione Ammirato　65

アンリ４世（アンリ・ド・ナヴァル）　Henri IV　87, 88, 91, 111, 112, 123, 166, 334

イソクラテス　Isocrates　29

ヴァッテル　Emmerich de Vattel　94

ヴィニー　Pierre Vingné de Vigny　157, 158, 161, 162, 168, 293, 294

ヴェーバー　Max Weber　118, 119, 468

ヴォーバン　Sébastien de Vauban　197, 199, 222, 335

ウォリス　John Wallis　98

ウォレス　Robert Wallace　210, 211, 214, 217, 220, 221

ヴォルテール　Voltaire　108, 190, 191, 219, 240, 241, 276, 277, 322, 323, 464

ヴォルフ　Christian Wolff　84, 114, 424

ウルピアヌス　Gnaeus Domitius Ulpianus　258, 259

エクスピリ　Jean-Joseph Expilly　223

エスターライヒ　Maria d'Autriche　88

エストライヒ　Gerhard Oestreich　44, 45, 48, 50, 51, 106, 119

エピクロス　Epikouros　101

エリアス　Norbert Elias　106, 119, 141

エルヴェシウス　Claude Helvetius　xiv, 321, 366-369, 379, 398, 401-405, 416, 444

エルベール　Claude-Jacques Herbert　307, 318, 319, 331

エワルド　François Ewald　12, 13, 107

オークショット　Michael Oakeshott　380, 405

緒方春朔　178

隠岐さや香　186, 187, 237, 276, 277, 279, 281, 283, 285, 287, 401, 435, 439

オスマン　Georges Haussman　163, 178, 220

オトマン　François Hotman　74

か　行

カール五世　Karl V　41, 88

ガウス　Friedrich Gauß　268

ガッサンディ　Pierre Gassandi　101

カプラン　Steven Kaplan　260, 311, 313, 320, 321, 327-329

ガリアニ　Ferdinando Galiani　307, 323, 396

ガリレイ　Galileo Galilei　41

カルヴァン　Jean Calvin　118, 269, 459

カルダノ　Gerolamo Cardano　248, 249, 263

カンギレム　Georges Canguilhem　v, vii, 117, 237, 239-241, 294-439

カンティロン　Richard Cantillon　214, 307, 334, 335, 360

カント　Immanuel Kant　46, 61, 92, 94, 395, 459

ギヨテ　Guillauté / Guillotte　137

グイッチャルディーニ　Franscesco Guicciardini　40, 83, 85, 88

クセノフォン　Xenophon　29, 421, 438

クラウセヴィッツ　Carl von Clausewitz

83
グラティアヌス　Flavius Gratianus　41, 57
クラプマリウス　Arnoldus Clapmarius (Klapmeier)　42, 43, 64
グラント　John Graunt　188, 198, 200-204, 217, 222, 225, 227, 245, 261, 356, 370
クリュセ　Émeric Crucé　88
グルネー　Vincent de Gournay　308, 319, 328, 331, 332, 333, 335-342
　グルネーサークル　Cercle de Gournay　iv, xiii, 307, 308, 319, 328, 332, 333, 336, 338-342, 352, 353, 369, 385, 438, 443
クローチェ　Benedetto Croce　44
グロティウス　Hugo de Groot　46, 94, 95, 101, 383
ケトレ　Adolphe Quetelet　244, 267, 269-273, 279
ケネー　François Quesnay　214-217, 234, 318-322, 328, 332, 333, 335, 338, 341, 353, 356, 359, 361, 363-365, 369, 394-396, 404, 437, 438, 443
ケプラー　Johannes Kepler　40, 248
コッホ　Robert Koch　86, 167, 179
コミーヌ　Philippe de Comines　88, 89
コペルニクス　Nicolaus Copernicus (Kopernik)　40
コラ　Dominique Colas　453, 456, 457, 459
ゴルトン　Francis Galton　202, 203
コルベール　Jean-Baptiste Colbert　134, 135, 196, 197, 212, 328, 331, 332, 334, 335, 346, 358, 359
コワイエ　Gabriel-François Coyer　339
コント　Auguste Comte　296, 298
コンディヤック　Étienne Bonnot de Condillac　xiv, 365-369, 378, 379, 396, 398-403, 416, 423, 447
コンドルセ　Nicolas de Condorcet　232, 279, 288, 323, 347, 390, 392, 401
コンリング　Hermann Conring　244, 245

さ　行
サン＝ピエール　Charles Saint-Pierre　92, 93
佐々木毅　44, 48, 55, 57, 65
佐々木力　98, 101
柴田寿子　100, 101
シャプタル　Jean-Antoine Chaptal　197
ジャンティエ　Innocent Gentillet　55
ジュースミルヒ　Johann Peter Süßmilch　193, 199, 222, 225, 229, 234, 237, 244-246
シュタイン　Lorenz von Stein　109
シュトライス　Michael Stolleis　23, 28, 40, 41, 47, 92, 99, 105, 108
シュトラウス　Leo Strauss　47, 380
シュミット　Carl Schmitt　35, 83
シュリー　Maximilien de Sully　81, 84, 87, 90-92, 152, 153, 244, 334, 335, 346
ジュリン　James Jurin　190, 191
シュンペーター　Joseph Schumpeter　205
ジョン（ソールズベリのジョン）　John of Salisbury　29, 40
ジョンクール　Elias de Joncourt　211
スキナー　Quentin Skinner　45, 376, 377
スタロバンスキー　Jean Starobinski　429, 430, 471, 472
スネラール　Michel Senellart　3, 15, 23, 28, 29, 37, 41, 42, 45-47, 53, 61, 65, 84, 113, 149, 155, 214, 294, 307, 319, 408-410, 420
スピノザ　Baruch de Spinoza　99, 100, 258, 259, 382, 457
スミス　Adam Smith　6, 9, 116, 117, 214, 230, 232, 233, 241, 308, 359, 369, 373, 378, 379, 382, 385, 392-394, 396, 450, 451, 467-469, 476, 477
ゼッケンドルフ　Veit Ludwig von Seckendorff　109, 114, 116, 244, 245
セルダ　Ildefons Cerdà　141
セネカ　Lucius Annaeus Seneca　57
ソー＝タヴァン　Gaspard de Saulx-Tavannes　88, 89
ゾネンフェルス　Joseph von Sonnenfels　26, 113

た　行

タウンゼント　Joseph Townsend　230-234, 241
高澤紀恵　109-112, 143, 167
タキトゥス　Cornelius Tacitus　40, 42, 43, 46, 64, 65, 67, 93, 95, 217
タック　Richard Tuck　x, 40, 46, 94, 95, 96, 101, 377, 383
タッソーニ　Alessandro Tassoni　213
ダミラヴィル　Étienne-Noël Damilaville　217
ダランベール　Jean Le Rond d'Alembert　xii, xiii, 188, 192-194, 196, 262, 275-280, 282-289, 295, 298, 391, 404, 434, 435
ダルジャンソン（父）　Marc-René d'Argenson　124, 134, 135
ダルジャンソン（子）　René d'Argenson　332
ダントレーヴ　Alexandre d'Entrèves　44
チャールトン　Walter Charleton　439
チャイルド　Josiah Child　332, 333
チュルゴー　Anne-Robert-Jacques Turgot　xiii, 91, 163, 313, 322, 323, 332, 335, 338, 341-345, 347, 348, 352, 391, 396, 400, 438
ディドロ　Denis Diderot　193, 194, 276, 277, 320, 322, 323, 435
デ・ウィット　Jan de Witt　190, 245, 258-262, 264
デカルト　René Descartes　3, 39, 50, 98, 99, 195, 284, 287
デモステネス　Dēmosthénēs　261
テュオー　Étienne Thuau　40, 44, 45, 65, 84, 87, 88
デュモン　Étienne Dumont　406
デュパン　Claude Dupin　307
デュプレシス＝モルネ　Philippe Duplessis-Mornay　88
デュポン・ド・ヌムール　Pierre du Pont de Nemours　91, 321, 322, 340, 395
テュルケ・ド・マイエルヌ　Louis Turquet de Mayerne　iii, 8, 120, 122-125, 358, 439, 440
デラム　William Derham　237, 280
デルラ・カサ　Giovanni Della Casa　40
ドゥフェール　Daniel Defert　3, 5, 12, 13, 73
ドストエフスキー　Feodor Dostoyevsky　256
トドハンター　Issac Todhunter　193, 248, 251, 259, 271, 275, 288
ドパルシュー　Antoine Deparcieux　203, 205, 222, 261
ドマ　Jean Domat　124, 138, 139
ド・メレ　Antoine de Méré　248, 249
ド・モワブル　Abraham de Moivre　267, 269
トライブ　Keith Tribe　24, 26, 112, 116, 117
ドラマール　Nicolas Delamare　iii, 2, 5, 8, 110, 111, 124, 126-128, 134-139, 301, 303, 305, 309-311, 314

な　行

ナジアンゾスのグレゴリウス　Grēgorios ho Nazianzēnos　420, 421
ニーチェ　Friedrich Nietzsche　74, 409, 472
ニッコリ　Niccolò Niccoli　43
二宮宏之　33
ニュートン　Isaac Newton　97, 205, 238, 239, 294-296, 328
ネッケル　Jacques Necker　xiii, 307, 309, 323, 328, 335, 341, 345-347
ノーデ　Gabriel Naudé　iii, ix, 8, 43, 54, 63-66, 78, 79
ノイマン　Casper Neuman　199, 205, 225

は　行

ハーシュマン　Albert Hirschman　376, 381-383, 385, 386, 394, 405
ハーバーマス　Jürgen Habermas　411, 467
バウリング　John Bowring　406, 407, 413
パスカル　Blaise Pascal　xii, 12, 107, 139, 248-257, 259, 263
パスキーノ　Pasquale Pasquino　12, 13,

15, 47, 107
パストゥール　Louis Pasteur　167, 179
ハッキング　Ian Hacking　12, 14, 41, 97, 186, 187, 203, 246-249, 253, 254, 266, 280, 281, 286
パラケルスス　Paracelsus　39
パラッツォ　Antonio Palazzo　iii, 8, 58, 60, 61
ハレー　Edmond Halley　190, 193, 199, 203, 205, 225, 245, 260, 261, 263
ハント　Alan Hunt　14, 15, 51
ピアソン　Karl Pearson　202, 203, 247
ヒッポダモス　Hippodamus de Miletus　153
ヒューム　David Hume　xv, 9, 93, 209-211, 214-219, 221, 241, 308, 338, 339, 379, 382, 385-389, 396, 450, 451, 460, 462-466, 468, 469, 476
ビュフォン　Georges-Louis de Buffon　179, 193, 262, 276, 280, 285, 294-296, 298
ビュルラマキ　Jean-Jacques Burlamaqui　84, 85
プーフェンドルフ　Samuel von Pufendorf　36, 46, 94, 101, 108
ブーランヴィリエ　Henri de Boulainvillers　74
ブーランジェ　Nicolas-Antoine Boulanger　434, 435, 438
ファーガスン　Adam Ferguson　xv, 9, 308, 449-453, 460, 466-473, 475-479
ファルジュ　Arlette Farge　106, 107
フィヒテ　Johan Gottlieb Fichte　149
フェルナンデス　Jua n Fernández　230, 232
フェルマー　Pierre de Fermat　248-251, 259, 263
フォルボネ　François Forbonnais　216, 218, 307, 319, 321, 328, 338-341, 360, 396, 438
フッカー　Richard Hooker　457
フッデ　Johannes van Hudde　259, 260, 262
プライス　Richard Price　214, 215, 264
フラカストロ　Girolamo Fracastoro　167
ブラックストン　William Blackstone　388, 389
ブラッチョリーニ　Poggio Bracciolini　43
プラトン　Plato　25, 29, 70, 422
フランソワ一世　François I　88, 89
フリードリヒ二世　Friedrich II　48, 49, 115, 118
ブルーニ　Leonardo Bruni　456, 457
ブルンナー　Otto Brunner　47, 424-426
フレマンヴィル　Christophe-Paulin de Fréminville　138, 139
ベイコン　Francis Bacon　iii, ix, 8, 54, 63, 67-70, 78, 88, 89, 91, 195, 208, 217, 226, 227, 382, 439, 457
ベイズ　Thomas Bayes　215, 256
ペイリー　William Paley　237
ベッカリーア　Cesare Beccaria　373, 412
ペティ　William Petty　99, 188, 190, 197, 200-203, 217, 227, 245, 246, 260
ペトラルカ　Francesco Petrarca　43
ヘムニッツ　Philipp von Chemnitz　iii, 8, 40, 41, 58, 60, 61, 64
ベルタン　Henri Bertin　320-322
ベルヌイ（ダニエル）　Daniel Bernoulli　91, 188, 190-194, 196, 257, 275-285
ベルヌイ（ヤコブ）　Jacob Bernoulli　191, 265-267, 269-271
ベルヌイ（ヨハン）　Johan Bernoulli　191
ペロ（ジャン＝クロード）　Jean-Claude Perrot　186, 213, 222
ペロ（ミシェル）　Michelle Perrot　106, 107
ペロー　Charles Perrault　210-213
ベンサム　Jeremy Bentham　xiv, 366-369, 373, 378, 379, 398, 399, 402-416
ヘンリー8世　Henry VIII　88
ポーコック　John Poocock　46, 376, 377, 472
ホーベルク　Wolf von Hohberg　114, 424, 426
ホーヘンタール　Peter von Hohenthal

124, 125
ホィートン　Henry Wheaton　86
ホイヘンス　Christiaan Huygens　205, 259
ボシュエ　Jacques-Bénigne Bossuet　313, 457
ボダン　Jean Bodin　iii, 24, 31, 33, 34, 42, 45, 48, 88, 114, 120, 207, 213, 297, 438-440, 443, 457
ボッカチオ　Giovanni Boccaccio　42, 43
ホッブズ　Thomas Hobbes　iv, ix, 3, 24, 46, 50, 71-75, 94-101, 139, 200, 231, 232, 250, 382-384, 401, 403, 457, 476
ボテロ　Giovanni Botero　iii, 47, 48, 55, 58, 59, 63-65, 204-207, 217, 218
ポランニー　Carl Polanyi　230-233, 371, 372, 377, 378
ボワギルベール　Pierre le Pesant de Boisguilbert　307, 331, 333-335, 370
ポワソン　Siméon-Denis Poisson　266, 270, 271, 273
ボワロー　Nicolas Boileau-Despréaux　211-213
ホント　Istvan Hont　46, 47, 376, 377

ま　行
マイネッケ　Friedrich Meinecke　40, 42, 44, 46, 47, 49-53, 55, 65, 89
マキャヴェリ　Niccolò Machiavelli　iii, ix, 7, 8, 28, 39, 41, 45, 46, 48-59, 63, 66-71, 77, 78, 85, 121, 207, 297, 304, 360, 376, 383, 384, 421
マザラン　Jules Mazarin　43, 65, 154, 346
マリッセ　Simon-Pierre Malisset　327
マルクス　Karl Marx　86, 101, 203, 405, 458, 465, 468, 470, 476
マルサス　Robert Malthus　206, 214, 215, 218, 230, 232, 233, 240-242
マルブランシュ　Nicolas de Malebranche　39
マンデヴィル　Bernard de Mandeville　334
丸山眞男　47, 52
南充彦　33, 48, 55
南亮三郎　59, 204-207
ミラボー　Victor Mirabeau　214, 447, 471
ムーラン　Anne-Marie Moulin　12, 15, 189, 191
村上淳一　33
ムロン　Jean François Melon　307, 334, 335, 340, 360
メサンス　Louis Messance　223
メランヒトン　Philipp Melanchton　456, 457
メルシエ・ド・ラ・リヴィエール　Pierre-Paul Lemercier de la Rivière　395, 447
メルセンヌ　Marin Mersenne　92, 94, 200
メルベケ　Willem van Moerbeke（Guillaume de Moerbeke）　456
メンガー　Carl Menger　281
モオー　Jean-Baptiste Moheau　188, 200, 214, 222-229, 234, 296, 297, 356
モンクレティアン　Antoine de Montchrétien　120, 124, 129, 358, 359, 439, 440
モンテスキュー　Charles de Montesquieu　210, 211, 213-215, 218, 221, 227, 233, 296, 297, 335, 339, 340, 382, 395, 451, 462
モンタギュー夫人　Lady Montagu　178, 190
モンティヨン　Jean-Baptiste de Montyon　223-227, 297, 356

や　行
ユスティ　Johann von Justi　iii, 109, 112-115, 124, 136, 427

ら　行
ライプニッツ　Gottfried Leibniz　96, 97, 99, 205, 239, 240, 249, 254, 259, 267, 457
ラインキング　Dietrich Reinkingk　24, 25
ラヴェルディ　François de l'Averdy　322, 327
ラ・コンダミンヌ　Charles de la Condamine　190

事項索引

あ　行

アナール学派（アナール派）　l'école des Annales　105, 106, 108, 144

アンシャン・レジーム（旧体制）　Ancien régime　xvi, 3, 71, 138, 167, 186, 223, 321, 326, 345

安寧　sureté　33, 76, 127, 129, 226, 233, 246, 305, 360

家　famille　xv, 24, 28-34, 37, 39, 109, 112, 114-116, 165, 166, 172, 173, 181, 187, 198, 200, 201, 226, 228, 231, 237, 269, 336, 339, 341, 417, 418, 420, 423-430, 434-438, 442, 443, 446, 453, 454, 458, 461, 479, 484

異教　païen　41, 51, 53, 54, 66, 304, 454

イギリス経験論　99, 386

意思決定理論　decision making theory　253, 254, 256

一般意志　volonté générale　388, 443, 444, 446, 462

一般施療院　hôpital général　4, 107

一般法則　39, 390

因果　causalité　98, 188, 239, 278, 288

ヴィルトゥ　virtù　51, 304

ウェストファリア神話　ix, 83, 84, 87

ウェストファリア条約　Pax Westphalica　81, 83-87, 92, 93, 108

ウェストファリア的秩序　i, ix, 81, 84, 87, 96, 383

運動　mouvement　14, 16, 72, 98, 100, 174, 326, 333, 341, 381, 386, 432, 438, 446, 447, 467

運動幾何学　kinematic geometry / géométrie dynamique　98

運動論　93, 467

運命（フォルトゥナ）　fortuna　41, 51, 242, 304, 470

エーテル　éther　294, 295

永遠平和　paix éternelle / Ewigen Frieden　8, 395

栄光　gloire　21, 66, 253, 383, 428

衛生　hygiène　ii, xi, 76, 126, 127, 143, 148, 156, 159, 163-165, 168, 175, 185, 194-196

疫病　épidémie　35, 36, 160, 166, 167, 426

エコノミー　économie　ii, iv, viii, xiii, xiv, xv, 27-32, 36, 37, 87, 90, 109, 112, 116, 159, 187, 240, 291, 309, 313, 358, 372, 375, 376, 397, 417, 418, 420-422, 424, 426, 427, 429, 432-439, 442, 473, 479

エコノミーポリティーク　économie politique　xv, 187, 358, 397, 438, 440-443, 446-448, 459

エピステーメ　épistémè　70, 180, 183

オートノミー　autonomie　27

王位継承　succesion　33, 111

王の穀物庫　blés de roi / king's grain　319, 326, 327

王冠　couronne　33, 57

王立科学アカデミー　Académie des sciences　190, 275-278, 280, 283, 284, 391, 439

王立協会　Royal Society　99, 190, 191, 200, 201

王令　ordonnance / édit / décret　22, 133-136, 139, 148, 318, 320-323

臆見　opinion　68, 70, 71, 408, 430

オルド自由主義　ordoliberalismus　iii, 11

か　行

外交－軍事装置　appareil diplomatico-militaire　11, 21, 79, 81, 82, 83, 89, 92, 94, 100, 104, 466

解析　analyse　97-99, 249, 268, 279, 283, 286, 287, 391, 401

海上保険　assurance maritime　261, 262, 264, 286

概念史　Begriffsgeschichte / conceptual history　i, ii, 30, 117, 121, 358, 375, 380, 397, 418, 450, 452, 453, 473

快楽（快楽と苦痛）　pleasure / plaisir　365, 366, 387, 400, 402, 404, 414, 430, 432

科学認識論（エピステモロジー） épistémologie　i, 15, 117, 119
鑑　miroir / speculum　23, 27, 28, 226, 371
確率・統計　probabilité-statistique　ii, xii, 186, 188, 203, 242, 243, 246, 247, 257, 263-267, 273, 276, 277, 288, 391
家産　patrimonie　30
家政学　œconomie / Oekonomiken　109, 113-115, 216, 424-429, 434, 435, 437, 439, 440, 442
下層民　peuple, populace　72, 173, 306, 312, 364
家族　famille　4, 7, 13, 28-30, 37, 104, 106, 107, 172, 199, 264, 265, 363, 417, 418, 420, 422, 430, 434, 435, 438, 442, 458, 465, 478
家長　chef　24, 30, 31, 264, 423, 424, 430, 432, 438, 442, 446, 458
カトリック　catholique　56, 59, 91, 112
家父　père familier / pater familias　28-30, 39, 426, 434, 460
家父鑑（家父の書）　Hausväterliteratur　29, 424, 427
神の国　pays de Dieu / civitate dei　10, 23, 37, 66, 453, 454, 456, 461
神のデザイン　design　41, 238, 239
カメラリズム（官房学）　Kameralismus / Kameralwissenschaft　105, 108, 109, 113-117, 149, 244, 245, 427, 428
環境　milieu　xiii, 162, 166, 185, 222, 293-299, 354, 412, 415, 439
監禁　détention　2, 72, 73, 104, 107, 135
監獄　prison　4, 10, 107, 135, 406, 407, 410, 439
監獄情報グループ　le Groupe d'information sur les prisons (GIP)　13, 72
『監獄の誕生』　*Surveiller et punir*　2-4, 10, 34, 71-74, 106, 111, 118, 135, 155, 168, 169, 171, 172, 175, 176, 263, 297, 366, 390, 398, 400, 406, 408, 412, 413
監察官　censor　120, 187
監視　surveillance　16, 26, 60, 73, 76, 78, 112, 114, 118, 120, 124, 158, 168, 171, 173, 175, 239, 307, 308, 310, 311, 313, 326, 330, 363, 398, 406, 408-411
感情　émotion, affection, sentiment　98, 104, 142, 233, 387, 388, 392, 477
間接立法　indirect legislation　412-415
官吏　25, 29, 32, 81, 87, 104, 105, 107, 113, 117, 118, 122, 125, 134, 147, 186
官僚　48, 66, 117, 134, 135, 187, 196, 226, 227, 245, 246, 310, 325, 327, 338, 427
機械論　mécanisme　94, 180
幾何学　géométrie　97-99, 155, 251, 252, 283, 286
幾何級数　série géométrique　215, 241
飢餓協定　pacte de famine / famine pacte　327
飢饉　famine　227, 245, 300, 301, 303
技術（テクニック，テクノロジー）　ii, iv, 2, 4, 7, 10, 22, 27, 36, 49, 50, 76, 79, 81, 83, 94, 100, 103, 104, 118, 119, 143, 154, 160, 170, 177, 178, 195, 226, 228, 246, 262, 264, 288, 296, 297, 299, 301, 306, 308, 317, 341, 351, 354, 362, 366, 367, 394, 398, 406, 407, 420, 428, 446, 450, 473, 474, 480
規制　réglementation　26, 103, 114, 118, 121, 126, 127, 136, 310, 311, 312, 314, 318, 320, 322, 324-326, 330, 331, 334, 341-349, 352, 357, 359, 360, 362, 363, 368, 372, 410, 414, 446
貴族　noblesse　32, 56, 57, 59, 68, 69, 75, 89, 118, 120, 122, 125, 223, 225, 226, 309, 338, 339, 383, 385, 425-427, 430, 439
貴族制（貴族政）　aristocracie　24, 82, 123
期待値　expectation　190, 250, 263, 277, 278, 281-283, 288
基本法　loi fondamental　86, 324
機密（アルカナ）　arcana　42, 43, 64, 186, 246, 338
義務　obligation, devoir　30, 85, 123, 181, 263, 310, 312, 313, 357, 388, 395, 465
騎馬警察（マレショセ）　maréchausée　109, 118, 136, 137
客観確率　probabilité objective　256, 288

宮廷　cour　15, 17, 24, 31, 32, 55, 57, 79, 89, 105, 115, 117, 118, 125, 147, 211, 221, 322, 339, 403
『狂気の歴史』　*L'histoire de la folie à l'âge classique*　iv, 2, 3, 9, 51, 61, 73, 106, 126, 168-170, 459
教会　église　28, 96, 117, 125, 133, 142, 211, 215, 223, 231, 454
教会法　ius ecclesiasticum　33
教区簿冊　parish register / registre paroissiel　187, 227, 245, 247
教皇　pape　28, 43, 52, 53, 55, 56, 88, 92
共和主義　républicanisme　45, 46, 51, 56, 57, 66, 67, 381, 384, 446, 472
共和制ローマ　212
キリスト教　chrétien　5, 7, 9-11, 13, 22, 41, 49, 54, 58, 82, 89, 125, 187, 263, 304, 358, 384, 419, 420, 421, 424, 454
規律　discipline　i, iv, 2, 4, 6, 10, 16, 34, 45, 49, 50, 51, 60, 72, 76, 78, 104, 108, 116, 118, 119, 153, 155, 159, 162, 168-170, 173-176, 181-183, 232, 235, 296, 297, 299, 306, 308, 309, 325, 356, 365, 366, 368, 369, 379, 390, 397-400, 406-409, 411-413, 415, 416, 419, 454
紀律　disziplin（ドイツ法制史・公法史の訳語）　44, 45, 50, 51, 106, 114
儀礼　rite　73
禁止　26, 33, 35, 51, 68, 115, 121, 127, 143, 149, 165, 172, 213, 299, 308, 310, 318, 326, 329, 330, 341, 352, 357, 360, 364, 410, 412
偶然　41, 51, 235, 236, 246, 251, 263, 266, 269, 270, 283, 286, 294, 317
クーデタ　coup d'État　i, iii, ix, 43, 56, 63-67, 69, 71, 72, 76, 77, 79, 96, 207
偶発事　aléatoire　6, 35
君主　prince　8, 10, 22, 25, 27-29, 32, 34, 36, 55-57, 59, 60, 65, 66, 68-70, 76, 82, 88, 89, 116, 205, 232, 245, 357, 360, 361, 371, 384, 394, 395, 396, 419, 427, 439, 440
君主（の）鑑　miroir des princes　viii, 21-23, 27-29, 57, 70, 225, 245, 421, 440
君主制（君主政）　monarchie　48, 120, 122, 124, 220, 438
軍隊　armée　49, 83, 92, 120, 445
経済　économie　iv, 2, 8, 12, 25, 29, 37, 47, 70, 77, 78, 91, 117, 120, 136, 141, 143, 146, 149, 156, 157, 179, 186, 187, 205, 211, 218, 219, 221, 233, 264, 286, 306-308, 312, 317, 318, 321, 328, 332-334, 337-345, 349, 351, 354-356, 358-360, 363, 364, 368, 369, 371, 372, 376-378, 380-386, 389-401, 404, 405, 407-412, 414, 417, 418, 428-430, 433-436, 438-440, 442-447, 449, 464-466, 469, 471, 473, 474, 477-480
経済学　science économique / économie politique　iv, xiii, xiv, 8, 11, 23, 36, 37, 69, 78, 94, 103, 104, 117, 125, 129, 140, 146, 160, 162, 186-188, 215, 216, 219, 221, 230, 232, 308, 317, 332-334, 336, 340, 343, 359-361, 376-378, 381, 393, 394, 396, 397, 404, 408, 410, 411, 419, 441, 446, 472, 474, 475, 479, 492
刑罰　peine　16, 169, 412
契約　contrat　30, 31, 58, 59, 100, 120, 121, 214, 219, 261, 263, 380, 388, 389, 411, 414, 441-444, 446, 448, 451, 458, 460-462, 463, 466, 476, 477
劇場　théâtre　26, 74, 76, 78, 79, 439
決定論　décisionisme　269, 284
血統　75
行政　administration　2, 29, 32, 34-36, 48, 60, 71, 77, 87, 104, 105, 108, 109, 112, 114, 117, 120, 123, 128, 134-136, 141, 142, 145, 148, 165, 175, 196, 197, 219, 225, 227, 304, 305, 327-330, 333, 336-338, 428, 436, 440, 443, 445, 447
行政官　magistrat　10, 27, 60, 133, 134, 197, 226, 227, 250, 303, 308, 312, 332, 333, 338, 342, 427
行政国家　État administratif　32, 104, 142
クラートス（力）　kratos　50, 51, 63
クララン　Clarens　430-433
経営　31, 201, 246, 319, 410, 411, 427
経済表　tableau économique　353, 395
警視　commissaire　107, 118, 127, 134,

135, 323
警視総監（ポリス総代官） lieutenance de police 106, 118, 134, 135, 137, 320, 332
下水道 égout 148, 163, 164, 341
権威 autorité 70, 71, 75, 119, 129, 172, 232, 321, 326, 460
検閲 censure 71, 120, 121, 213
限界革命 revolution marginaliste 281, 376, 404
ケンブリッジ学派 Cambridge School 45-47, 57, 67, 117, 377
権利 droit 8, 16, 30, 33, 35, 46, 85, 86, 94, 95, 100, 116, 117, 123, 133, 144, 313, 346, 372, 380, 388, 390, 395, 444-446, 455, 458, 465
権力 pouvoir i, 1, 2, 4, 8-11, 16, 22, 25, 31-33, 35, 36, 42, 47, 50, 54, 60, 63, 69, 70, 72-78, 86, 100, 112, 116-119, 133, 139, 145, 154, 162, 170, 176, 187, 197, 213, 235, 296, 317, 323, 344, 348, 354, 361, 365, 368, 383, 384, 395, 397-399, 418, 438, 439, 460, 462, 467, 473, 478
語彙統計学 lexicostatistique 224, 437
公開状（開封状） lettres patentes 320, 321
光学 optique 286
公共善 bien publique 26, 56, 64, 65, 78, 114, 326, 404, 434
構成的 constitutif / konstitutiv 61, 368
皇帝 empereur 28, 56, 86, 92, 212
公定価格 prix imposé (contrôle des prix) 149, 311, 318, 439
合法的専制（デスポティズム・レガル） despotisme légal 395
公的 le public xiv, 60, 117, 119, 148, 194, 326, 417, 418, 422, 428, 431, 444, 448, 464
公有地 domaine public 445
効用価値説 théorie de la valeur-utilité 366
功利主義 utilitalianisme 365, 366, 368, 369, 378, 379, 397, 399, 402-405, 412, 415
合理性 rationalité 11, 39, 45, 52, 145, 152, 174, 179, 193, 194, 236, 253, 279, 288, 347, 355, 392, 393, 396, 415, 474
国債 dette publique 258, 261
国益 intérêt national 46, 78
国王行政官 prévôt 133, 137
国際政治学 sciences politiques internationals 87
国際法 droit international 85-87, 94, 100
国情学 Statistik 243-245
国制 constitution 13, 31, 42, 44, 47, 48, 85, 105, 117, 324, 372, 453
国制史 31, 44, 48, 85, 105, 117
戸口調査 census 120, 187, 198
国富 richesse des nations 94, 214, 221, 306, 392, 428, 446, 467
国民経済 économie nationale 149, 264, 381, 385
国民国家 État-nation / Nation-state 97, 417, 418, 446
国務会議裁決 arrêt du conseil 318, 320, 343
穀物 grains 146, 187, 214-216, 301, 302, 304-307, 309-314, 317-332, 335, 338, 341-346, 351-354, 357, 362, 363, 369, 370, 439, 446
穀物自由化論 libération du commerce des grains ii, xiii, 317, 318, 351, 358, 368
穀物条令 Corn Law 318, 319
穀物ポリス police des grains ii, xiii, 126, 162, 186, 293, 302, 304, 306-309, 311-315
誤差曲線 courbe d'erreur 266-270, 273
コスモロジー cosmologie 39, 40, 46, 428, 437
古代ギリシア Grèce antique 7, 10, 11, 13, 25, 29, 70, 141, 153, 167, 195, 204, 249, 295, 304, 401, 418, 419, 421, 422, 425, 436, 442, 454, 455
古代ローマ Rome antique 43, 66, 120, 145, 152, 155, 187, 212, 258, 453-455, 471
古代近代論争 querelle des Anciens et des Modernes ii, xi, 188, 208-210, 212, 218, 221, 222, 226, 363, 380, 385
国家 État ix, 2-4, 8-10, 13, 22-25, 27-37, 39-43, 45, 47, 48, 50, 52, 56-67, 69-71, 74,

76-78, 81-83, 85-88, 92, 93, 95, 97, 99, 100, 103-105, 108, 109, 114-120, 122-125, 128, 129, 138, 139, 142, 147-149, 159, 174, 182, 193-195, 199, 200, 204-208, 217-221, 233, 243-245, 258, 260, 276, 284, 285, 303, 324, 326, 327, 334, 335, 337, 338, 340, 344, 357-360, 363, 382-384, 393, 396, 404, 407, 408, 416-419, 421, 427, 428, 434, 438, 440-447, 453-458, 460, 461, 463, 465-467, 475
国家理性　raison d'État　i-iv, viii, ix, 3, 8, 9, 11, 19, 21, 23, 25, 26, 31, 34, 35, 37, 39-56, 58-67, 69-71, 76-78, 81, 82, 85, 89, 91, 92, 94-96, 98, 103-105, 128, 205, 207, 208, 242, 243, 245, 260, 356, 357, 383, 394, 398, 419, 421, 475
国家理性論　iii, iv, ix, 8, 40, 42, 44-48, 50-56, 58-60, 63, 64, 66, 71, 77, 78, 81, 95, 104, 114, 118, 204, 206-208, 244, 383, 386
国家論　iv, 24, 31, 42, 57, 81, 88, 105, 120, 149, 213, 438, 455
古典古代　Antiquité classique　13, 43
古典主義時代　l'âge classique　ii, 2-4, 21, 39, 97, 100, 104, 150, 237, 250, 369, 396, 400, 413, 473
『言葉と物』　*Les mots et les choses*　3, 7, 40, 41, 51, 94, 180, 237, 248, 295, 366, 368, 369, 396
コナトゥス　conatus　93, 97-100, 101
碁盤目　damier　152, 153, 172, 173
小麦粉戦争　Guerre des farines　300, 306, 323, 328, 345, 346
顧問官　conseilleur / councilor　32
コレージュ・ド・フランス　Collège de France　i, 1, 4, 5, 12-15, 71, 376
コレラ　choléra　164, 166
混合数学　mathématique mixte　286, 287
混合政体　régime mixte　124, 440
混合的な思慮　prudence mêlée / prudential mixta　64
コンセイユデタ（国王諮問会議）　Conseil d'État　57, 133, 224
コンタギオン（接触感染）　contagion　167, 177
コンテクスト主義　contextualisme　45

さ　行

細菌，病原菌　microbe / germ　135, 173, 177, 179
最小二乗法　méthode des moindres carées　268, 269
財政　finance　25, 77, 114, 117, 123, 125, 260, 322, 326, 338, 342, 345, 346, 427, 441-443, 445
裁判権　32, 34, 116, 142, 145
財務総監　contrôleur general des finances　163, 320, 322, 327, 342, 345
財務評定官　conseiller des finances　345
算術級数　série arithmétique　241
算術三角形　triangle arithmétique　250, 251
サンスゥール（センサス）　censure / census　71, 120, 121, 187, 213
ジェスイット　jésuite　249, 335
シカゴ学派　Chicago School　iii
資源　ressource　35, 69, 70, 120, 125, 234, 241, 340, 360, 382, 390, 433
事後確率　probabilité postérieur　268
自己への配慮　souci de soi　13, 459
自己保存　self-preservation　95
市場　marché　xiv, 8, 10, 11, 37, 46, 72, 78, 103, 104, 123, 124, 126, 136, 138, 140, 160, 186, 230, 260, 306, 310, 311, 314, 325, 326, 331, 343, 352, 353, 355, 360, 363, 366, 368, 370-372, 377-379, 382, 384, 393-395, 401, 403, 404, 416, 428-433, 443, 445, 447-450, 478, 479
事前確率　probabilité préarable　261, 268, 271
自然科学　science naturelle　71, 96, 191, 238, 262, 317
慈善作業所　bureaux et ateliers de charité　344
自然状態　état de nature / state of nature　ix, 71-74, 94, 98, 100, 101, 383, 451, 453, 460, 461, 465, 470, 476
自然神学　natural theology / théologie

naturelle　231, 236-281
自然性　naturalité　xiv, 162, 228, 242, 296, 297, 351, 356, 362-365, 370-372, 394, 419, 478
自然法　loi naturel, droit naturel　39, 41, 45-47, 66, 84, 94, 95, 100, 114, 117, 286, 360, 368, 372, 379, 388, 428, 452, 454, 458
死の恐怖　fear of death　383
至福　félicité　39, 60, 128, 129, 207, 208
司法　justice　27, 30, 32-34, 48, 65, 107, 110, 123, 134, 321
司法権　32
死亡表　bill of mortality / table de mortalité　xi, xii, 188, 190, 193, 195, 196, 198-205, 208, 222, 223, 225, 227-229, 245, 258-264, 273, 283, 284, 370
司牧　pastorat　iv, viii, 7-10, 21, 22, 25-27, 66, 419-421, 459
市民　citoyen　28, 57, 86, 98, 108, 111, 112, 116, 123, 142-144, 148, 149, 167, 194, 206, 225, 258, 276, 284, 305, 321, 381, 395, 404, 426, 439, 444-446, 454, 455, 458, 460, 464, 468, 471, 472
市民社会　société civile / civil society　ii, xv, 9, 24, 25, 30, 31, 375, 397, 426, 449-453, 455-480
社会工学　social engineering　368, 415
社会秩序　ordre social　2, 16, 74, 168, 169, 324, 380, 384, 413
社会物理学　physique social　267
爵位喪失法　loi de dérogeance　339
借地農（フェルミエ）　fermier　214-216, 310, 318, 319, 428
奢侈　luxe　51, 68, 121, 127, 220, 225, 233, 305, 334, 335, 385, 404, 428, 430, 433, 445
シャトレ　Châteret　133, 134, 224
社団　corps　111, 112, 117, 133
ジャンセニズム　jansénisme　249
種　espèce / species　213-215, 218, 231, 236, 237, 239, 240, 296-298, 470
宗教改革　réforme religieuse　22, 28, 53, 245, 247, 457
集合性　collectivité　27, 143, 247, 354
自由主義　libéralisme　ii-iv, xiv, 8-11, 13, 23, 27, 103, 140, 159, 160, 162, 168-170, 182, 183, 186, 242, 247, 276, 293, 299, 306, 307, 309, 332, 333, 335, 341, 342, 349, 351-356, 360-366, 368-370, 375, 377, 379, 382-400, 408-415, 419, 449, 450, 452
重商主義　mercantilisme　iv, xiv, 36, 69, 70, 91, 92, 103, 149, 162, 200, 202, 246, 306, 307, 312, 313, 319, 333, 334, 340, 341, 356-364, 397, 440, 441
終身年金　rente viagère　xii, 205, 245, 258, 262, 345
習俗　mœurs　35, 51, 120, 127, 200, 213, 220, 221, 225, 227, 385, 443
修道院　monastère　28, 104
一七世紀の危機　crise générale　300
主観確率　probabilité subjective　256, 269, 277, 287, 288
主権　souveraineté　iii, iv, 8, 24, 31, 33-37, 42, 45, 56, 57, 85, 101, 116, 121, 147-149, 152, 162, 168-170, 182, 296, 419, 438, 439, 458, 473, 477
主権国家　État souvrain　22, 82, 86, 149, 383
主権者　souverain　21, 32, 57, 60, 93, 123, 147-149, 222, 393, 396, 397
主権論　ii, 31, 34, 45, 380, 444, 462
出生率　taux de natalité　187, 228, 229, 296, 298, 354, 357, 363, 414
種痘　vaccination　177, 189, 190
商業の自由　liberté du commerce　xiii, 89, 187, 331, 332, 334, 344
商業局　Bureau du commerce / Conseil du commerce　318, 319, 329
瘴気　miasme　126, 158, 161, 166, 167, 305
証拠　preuve, evidence　70, 219, 236, 263
上水道　eau courante　163
商人頭　prévôt des marchands　133, 148, 163, 341
商人貴族　noblesse commerçante　339
情念　passion　xiv, 376, 379, 381-385, 387, 388, 394, 399, 402, 405
常備軍（民兵）　armée de métier　49, 82,

445, 446, 468
植民地　colonie　17, 82, 92-97, 201, 202, 205, 216, 225, 246, 454
食糧　vivres, nourriture, provisions, subsistance　35, 36, 68, 126-128, 136, 146, 166, 172, 206, 215, 217, 218, 226, 231-233, 240-242, 302, 305, 306, 309-314, 324, 326, 327, 330, 331, 351, 357, 362, 437
食糧難　disette　xiii, 6, 136, 140, 162, 180, 182, 185, 293, 299-308, 311, 314, 319, 327, 329-331, 347, 351, 353, 355, 419
諸国家の競合　concurrence des États　ix, 8, 81-83, 86, 87, 120, 200, 340, 360
人口　population　ii, iv, x-xiv, 5-7, 15, 17, 21, 26, 29, 36, 37, 58, 59, 75, 78, 89, 111, 118, 120, 131, 140, 143, 145, 159, 163, 167, 168, 171, 177, 179, 180, 182, 183, 185, 186-188, 190, 192, 194-200, 204-230, 232, 234-237, 241-247, 257, 273, 275, 293, 294, 296-301, 303, 304, 312, 338, 339, 351, 353-357, 359, 362-366, 369, 370, 396, 419, 435, 439, 469
人口学（人口統計，人口統計学）　démographie　xi, xii, 186-188, 201, 202, 204-207, 214, 215, 218, 220, 222-225, 227, 228, 234, 237, 244, 257, 260, 264, 270, 273, 370, 382
人口減少　dépopulation　186, 214, 216, 218, 219, 222
親裁座　lit de justice　321
新自由主義　néolibéralisme　7-9, 11, 12, 16, 17, 375, 376, 379, 380, 411, 414, 415, 449
新ストア主義　néo-stoïcisme　iii, 41, 44, 49, 50, 118
真正価格　vraie prix　313, 370
神聖ローマ帝国　Saint Empire romain germanique　41, 84, 85, 108
人痘接種　inoculation / variolisation　177, 178, 180, 191, 277
人文主義　humanisme　40, 43, 45-47, 59, 66, 67, 85, 93, 94, 121, 304, 446, 453, 456, 457
人民　peuple　xiv, 58, 59, 68, 69, 72, 73, 75, 93, 197, 200, 207, 213, 214, 216, 218, 220, 226, 243, 305, 312, 351, 353-355
人民主権　souvenaineté du peuple　121, 380, 444, 462
真理　vérité　xiv, 8, 31, 41, 207, 248, 253, 288, 347, 348, 355, 370-372, 442
人類　genre humain　15, 192, 210, 220, 232, 234, 236, 376, 378, 452, 465, 470, 472, 477, 478, 480
神話　mythe　ix, 33, 51, 74, 83-87, 178, 304
推論　reasoning　93, 98, 99, 220, 222, 252-267, 269-271, 278-280, 283-286, 383, 401
数学　mathèmatique　xiii, 76, 98, 99, 161, 190, 191, 193, 196, 200, 203, 204, 221, 226, 234, 247-252, 258-264, 267-269, 271, 272, 275, 277-289, 295, 391, 401
スコラ　scolastique / schola　66, 94, 421, 456
正義　justice　56, 65, 66, 82, 83, 238, 314, 321, 326, 329, 340, 371, 388, 389, 444, 460, 461
正規分布　distribution normale　266-268, 271, 272, 273
生権力　biopouvoir　16, 17, 76, 235, 296, 298
政治経済学　économie politique　iv, xiv, 8, 11, 36, 37, 69, 78, 94, 103, 104, 125, 140, 146, 162, 187, 219, 230, 293, 299, 369, 371, 372, 375, 376, 379, 381, 394, 396, 397, 417, 418, 428, 438, 440-442, 448
政治思想史　histoire de la pensée politique　i, 40, 67, 94, 105, 124, 380
政治社会　i, xv, 13, 24, 25, 30-34, 73, 87, 110, 224, 283, 298, 339, 383, 404, 405, 425, 426, 442, 447, 448, 451, 452, 455, 458, 460-462, 465, 466, 471, 472
正常　normal　176, 182, 183, 370
精神医学　psychiatrie　14, 73, 398, 459
生政治　biopolitique　5, 8, 10, 11, 15, 17, 75, 76, 104, 159, 234, 296, 298, 473, 480
製造業　manufacture　68, 127, 136, 220, 339, 340, 358, 428, 440
生存　survie　100, 129, 176, 228, 260, 284, 298, 312, 314, 318, 324, 326, 329, 336, 346,

348, 360, 361, 390, 417, 431, 445, 448
生存協約　pacte de survie　313
生存様式　way of life　220, 221, 452, 470, 471, 472
正当価格　juste prix　313, 370
正統性　légitimité　ii, iv, 33, 59, 74-76
生命保険　assurance vie　xii, 257, 258, 261, 263, 264
聖バルテルミの虐殺　massacre de la Saint-Barthélemy　55, 91, 122, 123, 143
政府　gouvernement　i, 15, 25, 28, 37, 42, 64, 68, 78, 113, 125, 174, 232, 267, 302, 319, 321, 322, 326, 327, 331, 332, 337, 342, 409-411, 413, 440, 446, 460, 462, 463, 466
静力学　statique　97
生理学　physiologie　183, 232, 436
勢力均衡　équilibre des puissances / balance of power　82, 83, 86, 88, 92, 93, 104, 384
セキュリティ（安全，保障）　sécurité　5, 6, 15, 16, 76, 159-162, 168, 169, 176, 180-183, 293, 414
セキュリティの装置　mécanismes de sécurité　6, 9, 160, 176, 180-183, 185, 297, 299, 317, 352, 354, 369, 398, 413, 414, 419
接種　inoculation / vaccination　ii, xi, xiii, 176-181, 185, 186, 188-194, 208, 267, 275-277, 282, 283, 285-287, 419
絶対主義　absolutisme　33
摂理　providence　xii, 13, 219, 277, 280, 281, 392, 393
世俗　seculier　8, 22, 456
世論　opinion publique　70, 71, 107, 121, 207, 343-345, 347, 408, 415
全数調査（悉皆調査）　recensement　196, 197, 199, 225, 247
専制　despotisme　213, 220, 232, 395, 396
戦争　guerre　1, 46, 59, 71, 72, 74, 75, 82, 83, 88, 89, 91, 92, 94-97, 112, 121, 217, 225, 229, 245, 258, 260, 300, 306, 322, 323, 326, 328, 345, 346, 381, 382, 423, 426
船舶艤装申告書　armement　157
占有　occupation　31, 95, 441, 464
洗練　politesse, police / refinement　140, 209, 251, 279, 288, 385, 430, 463, 464, 466, 472
綜合　synthèse　99, 100, 401
創設　13, 54, 58, 59, 65, 74, 134, 137, 200, 211, 224, 260, 267, 328, 345, 462
壮麗さ　splendeur　122, 139, 221
ソキエタス・キウィリス　societas civilis　24, 31, 425, 440, 453, 455, 456
祖国　patrie　66, 384
祖国愛　amour de la patrie　66

た　行

代数　algèbre　97-99, 200, 250, 251
大数の法則　loi des grands nombres / law of large numbers　257, 266, 267, 269-273, 279, 280
対抗　rivalité　75, 82, 83, 86
怠惰　oisiveté　68, 357
大陸自然法論　66
タブロー　tableau　39, 75, 94, 163, 217, 228, 237, 396
魂のオイコノミア（魂のエコノミー）　œconomie de l'âme　iii, 13, 21, 420, 421, 424, 438
地政学　géopolitique　86, 104
『知への意志』　*La volonté du savoir*　1, 71, 76, 159, 187, 230, 234, 361, 439
中央集権　centralisation　32, 35, 133, 142, 323
中世　Moyen âge　iii, iv, 2, 7, 13, 23, 24, 28, 30-35, 39-41, 44, 46, 48, 56, 75, 81, 85, 106, 121, 139, 141, 142, 144, 145, 163, 168, 171, 175, 245, 262, 295, 304, 333, 357, 360, 371, 380, 385, 386, 419, 421, 422, 425-427, 452, 453, 458, 459
調整　régulation　27, 68, 159, 231, 234, 235, 239-241, 353, 362, 394, 404, 410, 480
調整器　régulateur　239
地理学　géographie　3, 296, 297, 299
通商　commerce　68, 69, 76, 81, 82, 89, 120, 123, 149, 158, 186, 187, 318, 319, 328,

333
帝国主義　impérialism　94, 97
出来事　événement　161, 162, 266, 270, 294, 300, 390, 473
伝染病　épidémie　6, 126, 140, 162, 166, 168-171, 181, 182, 186, 187, 195, 273, 299, 302, 305
天然痘　variole　xi, 166, 168, 169, 173, 176, 177, 179-181, 185, 188-192, 194, 283, 284
統計学　statistique　xii, 36, 41, 45, 70, 78, 103, 118, 120, 121, 140, 199, 201, 202, 243-246, 265-267, 269, 272, 273, 279
統整的　régulateur / regulative　60, 61, 62, 239
闘争　lutte　16, 71, 72, 75, 76, 88, 101, 250, 344, 384
等族　stände　84, 85, 86, 110
統治性　gouvernementalité　ii-iv, vi-viii, xv, 1, 2, 4, 5, 7, 8, 11, 12, 14-17, 22, 23, 25-27, 31, 46, 47, 78, 94, 103, 104, 119, 140, 168, 170, 204, 266, 267, 317, 360, 366, 369, 378, 386, 396, 398, 408, 412, 449, 450, 459, 472-474, 480
統治術　art de gouverner　i, viii, 4, 8, 21, 28, 29, 31, 36, 37, 41, 45, 46, 49-51, 56, 58, 60-62, 103, 114, 122, 397, 474, 475
統治のテクノロジー　technologie gouvernementale　ii, 7, 27, 36, 50, 103, 118, 119, 160, 297, 308, 317, 351, 354, 394, 450, 474, 480
道徳　moral　26, 29, 51, 54, 58, 148, 149, 170, 215, 225, 233, 241, 245, 263, 270, 273, 284, 286, 309, 314, 329, 351, 355, 356, 362, 371, 376, 382, 384, 386, 388-390, 392, 402, 403, 434-436, 464, 476, 477
動物のエコノミー　économie animale　435-437, 439
動力学　dynamique　93, 96, 97, 100, 193
徳　vertu / virtù　28, 29, 57, 70, 123, 209, 245, 304, 371, 376, 380, 384, 385, 402, 430, 434, 439, 443-447, 450-452, 463, 466, 468, 471, 472
独占　monopole　8, 24, 312-314, 325, 326, 343, 369
都市　x, xi, 13, 84, 86, 103, 105, 106, 108, 111, 112, 115-117, 119, 126, 128, 133, 134, 136-150, 153-161, 163-172, 175, 181, 182, 185, 190, 198, 206, 207, 217, 219, 220, 225, 227, 240, 244, 245, 257, 294, 296, 297, 300, 302-307, 312, 325, 329, 330, 336, 337, 346, 404, 419, 427, 429, 454
都市計画　urbanisme　ii, x, 6, 91, 133, 140, 141, 146, 152-154, 158, 162, 168, 170, 180, 181, 197, 293, 294, 296-299
都市国家　cité-État　56, 175, 212, 417, 454
特権　privilège　x, 30, 31, 68, 103, 133, 142, 144, 145, 221, 302, 324, 371, 380, 384, 392, 425, 427
富　richesse　6, 30, 35, 36, 60, 69, 125, 128, 200, 213, 215, 221, 233, 234, 261, 327, 329, 334, 335, 346-348, 353, 356-360, 362, 363, 369, 376, 380, 383, 396, 397, 409, 420, 424, 428, 431, 432, 446, 451, 464, 468, 471, 472
奴隷貿易　commerce des esclave　156, 157, 178, 337
トンチン年金　tontine　264
貪欲　avidité　304, 312, 314, 344, 384, 385

な　行

内戦　guerre civile / civil war　ix, 71-74, 76
ナチス　Nazi　75, 381, 421
ナント　Nantes　xi, 147, 152, 156-158, 160-162, 168, 293, 297, 337
ナントの勅令　Édit de Nantes　146, 147, 156, 269
二項分布　distribution binominale　265-267
認識枠組　cadre de connaissance　ii
ネゴシアン　négociant　327-329, 331, 332, 336, 338, 339, 385, 448
熱狂　Begeisterung / enthousiasme　246, 459
ノルム（規範）　norme　6, 27, 51, 87, 144, 146, 181-183, 233, 368, 371, 380, 392, 415, 416, 444

は　行
媒体　véhicule　121, 294, 295, 296
パノプティコン（一望監視）　panoptique　4, 8, 168, 366-368, 398, 399, 405-411, 413-416
パリ改造　transformation de Paris　163
パルルマン（高等法院）　parlement　133, 134, 139, 309, 320-326, 343, 404
犯罪　7, 9, 15, 16, 72, 73, 107, 137, 140, 158, 168, 169, 273, 412, 414, 415
繁殖　propagation　126, 207, 213, 214, 218, 234, 235, 240
反宗教改革　contre reforme　53
反マキャヴェリ　anti-Machiavelli　8, 49, 53, 55-58
万民法　droit des gens / ius gentium　84, 85, 92, 454, 458
反乱　sedition / sédition　iii, ix, 36, 54, 56, 63, 67-69, 71-73, 76, 77, 111, 112, 143, 148, 207, 208, 217, 302, 303, 312, 326, 353, 359
非常時の思慮　prudence extraordinaire　64
羊飼い　berger　7, 10
必然性　necessité　99
必要　necessité / neccesità　2, 50, 51, 56, 57, 65, 66, 166, 301, 302, 346, 357, 370, 390, 424, 447
ヒトという種　espèce humaine　xii, 159, 219, 222, 231, 234-236, 296, 298, 299, 354, 370
百科全書　Éncyclopèdie　193, 214, 216, 218, 219, 282, 286, 294, 318, 320, 321, 335, 338, 340, 342, 404, 434, 435, 437-439
頻度　fréquence　217, 256, 272, 304
貧民　pauvres　3, 4, 70, 122, 128, 168, 232, 305, 326, 364, 432, 448
フィジオクラット　physiocrate　xiv, 116, 308, 311, 318, 322, 328, 332, 333, 338, 340, 342, 343, 356, 362, 363, 369, 370, 394-396, 428, 433, 438, 442, 447
フィロゾーフ　philosophe　276, 277, 323
封印状　lettre de cachet　4, 104, 106, 107, 321
フォブール　faubourg　111, 143
福祉国家　État providence　13, 129
物理学　physique　96, 100, 205, 247, 249, 262, 267-269, 276, 278, 286, 295
富裕　opulence　206, 361, 405, 409, 431, 443-447
分析　analyse　100, 286, 367, 400, 416
文明化　civilisation　106, 220, 221, 451, 452, 464-466, 468, 470-472
平均余命　espérance de vie　188, 191-194, 203, 205, 258-260, 284, 287
ペスト　peste / plague　xi, 166, 168, 169, 171-173, 175, 181, 186, 199, 213, 227, 229, 245, 300
ペスト医師　medico della peste　172, 173
ベルヌイ試行　processus de Bernoulli　265
ベルヌイ分布　distribution de Bernoulli　265
弁神論　théodicée / Theodizee　239
法的　30, 32-36, 100, 141-144, 170, 262, 263, 296, 306, 313, 362, 371, 372, 389, 393, 425, 455, 458, 460, 471, 474
暴君放伐論（モナルコマキ）　monarchomachi　66, 462
封建制　feodalité　22
法権利　droit　ii, 85, 389, 390, 393, 428, 446, 472, 474
法制史　histoire de droit　xvi, 44, 105, 106, 108
法創造　32
法治国家　État de droit　109, 116, 428
法典化　codification　398
法の主体　homo iuridicus　388-390, 474
保険　assurance　xii, 257, 258, 260-264, 282, 284-287
保険数理士　actuaire　262
保護貿易　protectionnisme　319, 340
（国家の）保守　conservation　ix, 58-60, 81, 122
ポストモダン　postmodern　99
ポピュレーショニスト　populationiste　206

ホモ・エコノミクス（経済人） homo economicus ii, xiv, 9, 353, 355, 356, 372, 375-380, 386, 390, 392, 393, 397, 404, 405, 412, 416, 429, 447-449, 474, 478
ポリティケ・コイノニア politikē koinonia 453-455
ポリス police i-iv, x, 2, 3, 5, 8, 9, 11, 21, 25, 27, 36, 37, 45, 51, 52, 55, 60, 71, 78, 79, 81, 82, 94, 96, 100, 103-112, 117-129, 133-141, 143, 145, 175, 181, 182, 226, 240, 242-245, 260, 304-306, 308-314, 318, 320, 322-326, 330, 341, 343, 344, 347, 348, 351, 352, 356-358, 361, 368-370, 394, 398, 399, 417-419, 422, 423, 425-427, 431, 440, 453, 454
ポリツァイ Polizei x, 26, 36, 45, 104-106, 108-110, 114-118, 127, 245, 428
　善きポリツァイ Gutepolicey 120, 121
ポリツァイ学 Polizeiwissenschaft 9, 26, 44, 104, 105, 108, 109, 114-117, 121, 244, 427
ポリツァイ条令 Polizeiordnung 108, 115, 134, 136
ポリティーク（政治家） politiques 42, 43, 45, 92

ま 行
マキャヴェリズム（権謀術数） Machiavélisme 50, 51, 54-56, 63, 69, 77
全き家 ganze Haus xv, 422, 425, 429
魔女狩り chasse aux sorcières 31
マナー manner 35, 463
マルクス主義 marxisme 86
見えざる手 invisible hand / main invisible xiv, 390, 392, 393
身分 état 13, 24, 30, 34, 40, 42, 65, 68, 89, 114, 119, 121, 123-125, 144, 147, 149, 153, 202, 324, 338, 339, 427, 458, 459, 461, 462
身分制 30, 34, 149, 459, 462
民衆 plèbe, peuple 10, 56, 59, 72, 76, 107, 112, 116, 143, 169, 221, 238, 241, 259, 303, 306, 312-314, 318, 324-326, 329-331, 336, 344-347, 354-356, 370
民主制（民主政） démocracie 24, 439
無限 infini 251-256, 259, 267, 270-272, 281-283
無神論 athéisme 43, 393, 404
無秩序 désordre 7, 10, 26, 72, 73, 106, 107, 143, 175, 239, 302
物事 choses viii, 32, 35-37, 56, 60, 70, 78, 89
モラルエコノミー moral economy / économie morale 308, 309, 313, 347

や 行
野営地 castra 152, 155
優生学 eugenics 203
優生思想 174, 203
ユグノー Huguenot 55, 89, 118, 122, 341, 359
ユティリティ（功利，効用，有益性） utilité 8, 213, 365, 403
輸出関税 319
輸入関税 318, 319, 352, 362
抑圧 dépression 1, 26, 68, 74, 76, 308, 314, 326, 352, 382
欲望 désir xiv, 98, 99, 241, 329, 334, 352, 356, 364, 365, 368, 403, 432, 445, 446
四段階理論（四段階論） four stages theory 220, 221, 451, 464, 466, 470, 471, 479

ら 行
癩 lèpre xi, 168-171, 173-176
らい予防法 174
race （民族，種族，人種） 75, 232
ラプラスの魔 intelligence de Laplace 269
リーグ league 111
リヴァイアサン Leviathan 24, 72-74, 98, 100, 139, 384
利益 intérêt xiv, 8, 88, 89, 116, 117, 194, 307, 308, 314, 318, 324-326, 328, 329, 331, 346, 353, 357, 364, 365, 380, 382-395, 402, 403, 405, 412, 414, 416, 419, 432, 440, 444, 445, 477-479
力学 mécanique 93, 96, 97, 100, 191, 193, 234, 267, 286, 294-296, 298, 390
リシュリュー（都市） Richelieu x, 111,

152-155, 158, 160, 168
理神論　déisme　238
リスク　risque　13, 15, 16, 187-196, 262, 264, 275, 283, 284, 308, 330, 340, 413
立法　législation　32, 33, 48, 115, 345, 379, 403, 412-415, 476
立法権　32
流通　circulation　29, 120, 126-128, 136, 138, 143, 146, 147, 149, 158, 159, 186, 294, 300, 302, 305, 311, 314, 318, 320, 323, 342-344, 351, 352, 354, 358, 362
領域権　ius territorial / Landeshoheit　85, 86
領国　principauté　28, 55, 56, 59, 66, 69, 119, 357, 360
領主　seigneur　27, 32, 89, 116, 138, 142, 319, 428, 459
良心　conscience　45, 49
領土　territoire　5, 6, 15, 22, 32, 33, 35, 56, 58-60, 69, 89, 104, 125, 137, 138, 141, 145, 147-149, 153, 162, 217, 296, 362
領邦（ラント）　Lande, Territorium　29, 45, 84-86, 104, 108, 110, 113, 114, 116, 188, 198, 200-204, 217, 222, 225, 227, 244, 245, 261, 356, 370
倫理（エートス）　ethos, éthique　26, 41, 47, 49-53, 63, 66, 69, 99, 100, 189, 256, 286, 289, 379, 382, 415, 434, 456
ルネサンス　renaissance　3, 27, 39, 41, 42, 57, 67, 70, 88, 167, 175, 195, 212, 221, 248, 249
レッセフェール（自由放任）　laissez-faire　242, 331, 344, 352, 392, 404, 408, 410
ローマ法　droit romain　33, 41
ローマ法継受　réception du droit romain　66

参考文献

＊文献表記について，著者ごとに刊行・発表年順の配列にすることを優先した．著書は初版刊行年（遺された草稿や刊行が遅れた書物については推定されている執筆年），講義は実際に開講された年を著者名のあとに記した．本文中の引用箇所の指示では，引用した版ではなく初版の年（または推定執筆年）を示し，引用した版を文献表の中で明記した．文献表内の出版地と出版社は，調査できた範囲で記し，同一の版について出版地が3カ所以上に上る場合は出版地名を略した．日本語訳が複数ある場合は，主に参照した版を記載した．フーコーのコレージュ・ド・フランス講義については，同年の文献の最初に配列し，a，b等の記号から除外した．また，18世紀までの著作について，原題がおそろしく長く説明的なものが多い．それらについては適宜省略して記載した．

外国語文献

Abeille, Louis-Paul（1763）*Lettre d'un négociant sur la nature du commerce des grain*s, Marseille, [s. n.].（23頁の小冊子）

Agamben, Giorgio（2007）*Il regno e la gloria. Per una genealogia teologica dell'economia e del governo*, Vicenza: Neri Pozza.〔高桑和巳訳『王国と栄光――オイコノミアと統治の神学的系譜学のために』青土社，2010年〕

Arendt, Hannah（1951）*The Origins of Totalitarianism*, Shocken Books.〔大久保和郎・大島通義・大島かおり訳『全体主義の起原』1-3，みすず書房，1972-74年〕（訳書の底本は1962年のドイツ語版）

――――（1958）*The Human Condition*, Chicago, London: The University of Chicago Press.〔志水速雄訳『人間の条件』中央公論社，1973年〕（訳書の底本は初版．引用は第二版より．日本語訳引用参照頁はちくま学芸文庫版より）

Bach, Reinhard ed.（1999）*Rousseau: économie politique, Les études Jean- Jacques Rousseau, Revue annuelle*, 11.

Bachofen, Blaise, Brune Bernardi, Gilles Olivo（2012）'Introduction,' in Rousseau, *Du contrat social ou Essai sur la Forme de la République (Manuscrit de Genève)*, Paris: Vrin.

Bacon, Francis（1625）*The Essays of Counsels, Civill and Morall*, London: John Haviland.〔渡辺義雄訳『ベーコン随想集』岩波文庫，1983年〕（原著第3版．引用はMichael Kiernan ed., Oxford University Press, 1985より）

Barry, Andrew, Thomas Osborne, Nikolas Rose ed.（1996）*Foucault and Political Reason*, London: UCL Press.

Barthas, Jérémie（2011）'Le Traicté de l'œconomie politique est-il anti-Machiavel? Note philologique, historiographique et critique,' in Alain Guery ed., *Montchres-*

tien et Cantillon: Le commerce et l'émergence d'une pensée économique, Lyon: ENS Édition, pp. 103-130.

Beaumont, Charles de (1894) 'Pierre Vigné de Vigny, architecte du roi (1690-1772),' in *Réunion des sociétés savantes des départements à la Sorbonne. Section des beaux-arts, Ministère de l'instruction publique*, pp. 610-652.

Beddall, Barbara G. (1957) 'Historical Notes on Avian Classification,' in *Systematic Zoology*, 6-3, pp. 133-134.

Behar, Cem L. (1994) 'Moheau et l'analyse de la fécondité et de la mortalité,' in Moheau, *Recherches*, pp. 457-468.

Behar, Yves Ducel (2003) 'L'arithmétique politique d'Antoine Deparcieux,' in *Arithmétique politique dans la France du XVIIIe siècle*, Paris: INED, 2003, pp. 147-162.

Bentham, Jeremy (1791) *Panopticon: Or, the Inspection-House*, Dublin: Thomas Byrne.（引用は John Bowring ed., *The Works of Jereny Bentham*, IV, Edinburgh: Tait, 1843, pp. 64-123 より．1786-87 年に執筆された）

——— (1801-1804) *Method and Leading Features of an Institute of Political Economy*.（引用は Werner Stark ed., *Jeremy Bentham's Economic Writings*, London: The Royal Economic Society, pp. 303-380 より．同書のスターク「序文」によると，この原稿は生前にベンサムが刊行を望んだが実現せず，草稿としてユニヴァーシティカレッジロンドンに遺されたもの．2 つの部分に分かれ，1 つめは 1800 年 10 月から翌年 10 月に，2 つめは 1804 年に書かれた（Stark, 1954, p. 38）．初出年の表記はスタークにしたがった）

——— (1830) *Constitutional Code for the use of All Nations and All Governments professing Liberal Opinions*, I, London: Robert Heward.（引用は Frederick Rosen, J. H. Burns ed, Oxford: Clarendon Press, 1983 より）

Bernardi, Bruno (2008) 'Commentaire,' in Rousseau, *Principes du droit de la guerre*, Genève: Droz, pp. 131-330.

Bernoulli, Daniel (1735) *Recherches physiques et astronomiques, sur le problème proposé pour la seconde fois par l'Académie Royale des sciences de Paris...*, in *Récueil des pièces qui ont emporté le prix de l'Académie Royale des Sciences*, III, Paris: 1752, pp. 93-122.（ダニエルが 1734 年の王立科学アカデミー大賞に選ばれた作品．自身の手になるフランス語版とラテン語版がある．彼が敬意をもって論文内で用いた父のヨハンと同時受賞であった．引用は第 2 版（Paris: Bachelier, 1808）より）

——— (1738) 'Specimen Theoriae Novae de Mensura Sortis,' in *Commentarii Academiae Scientiarum Imperialis Petropolitanae*, V, pp. 175-192.（引用は Louise Sommer tr., 'Exposition of a New Theory of the Measurement of Risk,' in *Econometrica*, 22-1 (Jan. 1954), pp. 23-36 より）

——— (1760) 'Essai d'une nouvelle analyse de la mortalité causée par la petite vérole, & des avantages de l'inoculation pour la prévenir,' in *Mémoires de l'académie royale des sciences, année 1760*, Paris: L'imprimerie royale, pp. 1-45. (年報の刊行は 1766 年．本編のうしろに *Les mémoires de mathématique & de physique* が付いており，ベルヌイの論文はそこに収録されている．本編とは別に 1 頁から頁づけがなされている)

Bernoulli, Jakob (1713) *Ars conjectandi, opus posthumum*. Basel: Thurneysen. (死後甥のニコラスによって出版された．1680 年代に書かれたとされる)

Billacois, François (1999) 'Introduction, 《economie politique》,' in Montchrestien, *Traicté de l'œconomie politique*, pp. 7-33.

Black, Anthony (2001) 'Concepts of civil society in pre-modern Europe,' in Sudipta Kaviraj, Dunil Khilnani ed., *Civil Society: History and Possibilities*, Cambridge University Press, pp. 33-38.

Bodin, Jean (1576) *Les six livres de la respublique*, Paris: Juré. (引用は Gérard Mairet ed., Paris: Librairie Générale Française, 1993 より)

Boileau, Nicolas-Despréaux (1694-1710) *Réflexions critiques sur quelques passages du Rhéteur Longin*, in *Œuvres complètes de Boileau-Despréaux*, II, Paris: Mame, 1810, pp. 243-349.

Bondois, Pierre (1935) 'Le commissaire Delamare et le *Traité de la police*,' in *Revue d'histoire moderne*, 19, pp. 313-351.

Botero, Giovanni (1588) *Delle cause della grandezza e magnificenza della città*, Venetia: Gioliti. (翌年出版の『国家理性論』(Botero 1589) に付録として収録された．日本語訳はないが，Robert Peterson tr., *The Reason of State*, London: Routledge & Kegan, 1956 に含まれている)

——— (1589) *Della ragion di Stato libli dieci*, Venetia: Gioliti.〔石黒盛久訳『国家理性論』風行社，2015 年〕(訳書の底本は初版．引用も同じ)

Boudon, Philippe (1978) *Richelieu, ville nouvelle: essai d'architecturologie*, Paris: Dunod.

Brian, Éric (1994a) *La mesure de l'état: Administrateurs et géomètres au XVIIIe siècle*, Paris: Albin Michel.

——— (1994b) 'La science administrative du baron de Montyon,' in Moheau, *Recherches*, 1994, pp. 367-381.

——— (1994c) 'Moyens de connaître les plumes. Étude lexicométrique,' in Moheau, *Recherches*, 1994, pp. 383-396.

——— (1996) 'L'objet du doute. Les articles de D'Alembert sur l'analyse des hasards dans les quatre premiers tomes de l'Encyclopédie,' in *Recherches sur Diderot et sur l'Encyclopédie*, 21-1, pp. 163-178.

Brown, Horatio F. (1907) *Studies in the history of Venice*, II, London: J. Murray.

Brunner, Otto（1956）'Das "ganze Haus" und die alteuropäische "Ökonomik",' in *Neue Wege der Sozialgeschichte: Vorträge und Aufsätze*, Göttingen: Vandenhoeck & Ruprecht, pp. 33-61.〔石井紫郎他訳「「全き家」と旧ヨーロッパの「家政学」」『ヨーロッパ――その歴史と精神』岩波書店，1974 年，151-189 頁〕（訳書の底本は増補改訂第 2 版にあたる *Neue Wege der Verfassungs und Sozialgeschihite*, 1968）

Buffon, Georges-Louis Leclerc de（1749-1789）*Histoire naturelle, générale et particulière*, Paris: Imprimerie royale.〔荒俣宏監修『ビュフォンの博物誌――全自然図譜と進化論の萌芽 :『一般と個別の博物誌』ソンニーニ版より』工作舎，1991 年〕（この訳書は 127 巻からなるソンニーニ版からの抜粋．カラー図版が大半を占める）〔菅谷暁『自然の諸時期』法政大学出版局，1994 年〕（この訳書は，*Des époques de la nature*, Paris: Imprimerie royale, 1778（『博物誌』第 34 巻）の日本語訳）（人間，四足動物，鳥類，鉱物，大地と生物と自然の歴史などを記述した『博物誌』初版は，ビュフォンの死の翌年に完結した．補巻として爬虫類，魚類，鯨類をラセペード Lacépède が 1804 年までに刊行し，全 54 巻となった）

Burchell, Graham, Colin Gordon, Peter Miller ed.（1991）*The Foucault Effect: Studies in Governmentality*, Chicago, London: The University of Chicago Press.

Canguilhem, Georges（1952）*La connaissance de la vie*, Paris: Hachette.〔杉山吉弘訳『生命の認識』法政大学出版局，2002 年〕（訳書の底本は Paris: Vrin, 1965（増補第 2 版））

――――（1967）'Mort de l'homme ou épuisement du cogito?,' in *Critique*, 242, pp. 599-618.

――――（1977）*Idéologie et rationalité dans l'histoire des sciences de la vie: Nouvelles études d'histoire et de philosophie des sciences*, Paris: Vrin, 1977.〔杉山吉弘訳『生命科学の歴史――イデオロギーと合理性』法政大学出版局，2006 年〕

Cantillon, Richard（1755）*Essai sur la nature du commerce en général*, London: Gyles.〔津田内匠訳『商業試論』名古屋大学出版会，1992 年〕（原著の執筆年は不明．死後の出版年を記した）

Cardano, Gerolamo（circa 1530）*Liber de Ludo Aleœ*, in *Opera Omnia*, I, Lyon: Huguetan/Ravaud, 1663, pp. 262-276.（1663 年にリヨンではじめて出版された．英訳がある．*The Book on Games of Chance*, Holt, Rinehart and Winston, 1961）

――――（1576）*De vita propria Liber*, Paris: Naudaei, 1643.〔清瀬卓・澤井茂夫訳『カルダーノ自伝』海鳴社，1980 年〕（イタリア語からの訳）

Catteeuw, Laurie（2010）'Le paradoxe des mistères publiés: La raison d'État entre censure et publication, XVIe-XVIIe siècle,' in Armelle Lefebvre dir., *Comparaisons, raisons, raisons d'État: Les politiques de la république des lettres au tournant du XVIIe siècle*, München: R. Oldenbourg, pp. 178-205.

Cavaillès, Henri（1946）*La route française, son histoire, sa fonction: étude de géogra-*

phie humaine, Paris: Armand Colin.

Charles, Loïc (2011) 'Le cercle de Gournay: usages culturels et pratiques savants,' in Loïc Charles, Frédéric Lefebvre, Christine Théré, dir., *Le cercle de Vincent de Gournay: Savoirs économiques et pratiques administratives en France au milieu du XVIIIe siècle*, Paris: INED.

Charles, Loïc, Guillaume Daudin (2011) 'La collecte du chiffre au XVIIIe siècle: Le Bureau de la balance du commerce et la production des données sur le commerce extérieur de la France,' in *Revue d'histoire moderne et comtemporaine*, 58-1, pp. 128-155.

Charles-Daubert, Françoise (1993) 'Introduction,' in Naudé, *Considération*, pp. XIII-XXXIX.

Chemnitz, Bogislaw Philipp von (1640) *Dissertatio De Ratione Status In Imperio Nostro Romano-Germanico*...(Hippolitho à Lapideの筆名で出版．フランス語訳（1712）は『ドイツ君主の利益』のタイトル．刊年には 1642，43 年の異説がある．参照した版は 1647 年オランダのフライシュタットで出版されたラテン語版）

Choay, Françoise (1970) 'L'histoire et de la méthode en urbanisme,' in *Annales: Economies, Sociétés, Civilisations*, 25-4, pp. 1143-1154.〔福井憲彦訳「都市をみる眼——都市計画における歴史と方法」二宮宏之・樺山紘一・福井憲彦編『都市空間の解剖』新曜社，1985 年，35-60 頁〕

Church, William F. (1972) *Richelieu and Reason of State*, Princeton: Princeton University Press.

Cicero (54-51 B. C.) De re publica. (James E. G. Zetzel ed., *On the Commonwealth and On the Laws*, Cambridge University Press, 1999, pp. 1-104)

Cipolla, Carlo (1976) *Public Health and the Medical Profession in the Renaissance*, Cambridge University Press.〔日野秀逸訳『ペストと都市国家——ルネサンスの公衆衛生と医師』平凡社，1988 年〕

Clement, Alain (1999) *Nourrir le people: Entre Etat et marché, XVIe-XIXe siècle, Contribution à l'histoire intellectuelle de l'approvisionnement alimentaire*, Paris: L'Harmattan.

Colas, Dominique (1992) *La glaive et le fléau: Généalogie du fanatisme et de la société civile*, Paris: Grasset.

——— (1997) 'Preface to the English Edition,' 'Appendix A,' 'Appendix B,' in Amy Jacobs trans., *Civil Society and Fanaticism: Conjoined Histories*, Stanford: Stanford University Press, pp. xvii-xxx, 359-364, 365-367.

Colbin, Alain (1982) *Le miasme et la jonquille: L'odorat et l'imaginaire social 18e-19e siècle*, Paris: Aubier-Montaigne.〔山田登世子・鹿島茂訳『においの歴史——嗅覚と社会的想像力』藤原書店，1990 年〕

Cole, Charles Woolsey (1931) *French Mercantilist Doctrines before Colbert*, New York: R. R. Smith.（引用は復刻版 New York: Octagon, 1969 より）

Condillac, Étienne Bonnot de (1746) *Essai sur l'origine des connoissances humaines*, I–II, Amsterdam: Pierre Mortier.（引用は *Œuvres complètes*, I, Genève: Slatkine, 1970 より．Paris: Lecointe et Durey, 1821–22 の復刻版）

——— (1754) *Traité des sensations*, London, Paris: De Bure（引用は *Œuvres complètes*, III より）

——— (1776) *Le commerce et le gouvernement, considérés relativement l'un à l'autre*, Amsterdam, Paris: Jombert & Cellot.（引用は *Œuvres complètes*, IV より）

Condorcet, Marie Jean Antoine Nicolas de Caritat, marquis de (1793–1794) *Esquisse d'un tableau historique des progrès de l'esprit humain*, Paris: Agasse, 1795.〔渡辺誠訳『人間精神進歩史』（上）（下）岩波文庫，1951 年〕（引用は Jean-Marie Tremblay, ed., Paris: Vrin, 1970 より．訳書の底本は 1847–49 年のコンドルセ著作集第 6 巻）

Csergo, Julia (1988) *Liberté, Égalité, Propreté: La morale de l'hygiène au XIXe siècle*, Paris: Albin Michel.〔鹿島茂訳『自由・平等・清潔――入浴の社会史』河出書房新社，1992 年〕

d'Alembert, Jean Le Rond (1754) 'Croix ou pile,' in *L'Encyclopédie ou Dictionnaire raisonné des sciences, des arts et des métiers*, IV, Paris: Briasson, David, Le Breton, Durand, pp. 512–513.

——— (1759) *Essai sur les éléments de philosophie, ou sur les principes de connaissances humaines, avec les éclaircissemens.*（引用は *Œuvres de d'Alembert*, I, Paris: Belin, 1821, pp. 115–348 より）

——— (1760–1761) 'Sur l'application du calcul des probabilités à l'inoculation de la petite vérole,' in *L'Assemblée publique de l'Académie Royale des Sciences*, Le 12 Novembre 1760.（引用は 'Notes（注釈）' を付した *Opuscules mathématiques, ou Mémoires sur différens sujets de géométrie, de méchanique, d'optique, d'astronomie & c.*, II (onzième mémoire), Paris: David, 1761, pp. 20–95 より）

——— (1765) 'Milieu,' in *L'Encyclopédie*, X, pp. 509–510.

——— (1767) 'Doutes et questions sur le calcul des probabilités,' in *Mélanges de littérature, d'histoire et de philosophie*, 5, pp. 273–304, Amsterdam: Chatelain.（引用は *Œuvres de d'Alembert*, I, pp. 463–514 より）

d'Argenson, René Louis de Voyer de Paulmy (1751) 'Lettre à l'Auteur du Journal Œconomique, au sujet de la dissertation sur le commerce de M. le Marquis Belloni,' in *Journal Œconomique, ou Memoires, notes et avis sur l'Agriculture, les Arts, le Commerce, & tout ce qui peut avoir rapport à la santé, ainsi qu'à la conservation & à l'augmentation des biens des Familles, & c*, avril 1751, pp. 107–117.

Darmon, Pierre（1986）*La longue traque de la variole: les pionniers de la médecine préventive*, Paris: Perrin.

———（1999）*L'homme et les microbes: XVIIe-XXe siècle*, Paris: Fayard, 1999.〔寺田光徳・田川光照訳『人と細菌——17—20 世紀』藤原書店，2005 年〕

Daston, Lorraine（1979）'D'Alembert's Probability Critique Theory,' in *Historia Mathematica*, 6, pp. 259-279.

———（1987）'The domestication of risk: mathematical probability and insurance, 1650-1830,' in Krüger *et al.* ed., *The Probabilistic Revolution*, I, pp. 237-260.

———（1988）*Classical Probability in the Enlightenment*, Princeton: Princeton University Press.

David, Florence N.（1962）*Games, Gods and Gambling*, Oxford University Press.〔安藤洋美訳『確率論の歴史——遊びから科学へ』海鳴社，1975 年〕

Defert, Daniel（1994）'Chronologie,' in Michel Foucault, *Dits et écrits*, I, Paris: Gallimard, pp. 13-64.〔石田英敬訳「年譜」『ミシェル・フーコー思考集成 I』筑摩書房，1998 年，3-76 頁〕

———（2015）'Er kämpfte immer mit der Polizei,' in *die Tageszeitung*, 13 Oct 2015, http://www.taz.de/! 5238682/（三浦公道による日本語訳を参照した．http://luegenlernen.de/2015/10/23/interviewdanieldefert/）

Delamare, Nicolas（1705-1719）*Traité de la police, où l'on trouvera l'histoire de son établissement, les fonctions et les prérogatives de ses magistrats, toutes les loix et tous les règlements qui la concernent. On y a joint une description historique et topographique de Paris*, I-III, Paris: Cot（I-II）Paris: Brunet（III）（第 3 分冊までがドラマールが執筆したもので，第 4 分冊はドラマールの死後ル・クレール・デュ・ブリエ Le Clerc du Brillet によって刊行された．第 1 分冊（1705）には第 1 巻「ポリス総論」第 2 巻「宗教」第 3 巻「習俗」第 4 巻「健康」が，第 2 分冊（1710）には第 5 巻「食糧」が，第 3 分冊（1719）には「食糧」のつづきが，第 4 分冊（1738）には第 6 巻「道路」が収録されている．1729 年刊行の Amsterdam: Aux Dépen de la Compagnie 版もしばしば参照される．Musart 1921, Kaplan 1976 はこの版を参照している．Bondois 1935 によるとこの版は海賊版である（p. 322, n. 3）．2 冊本で第 1 分冊が第 1・2 部，第 2 分冊が第 3 部である．大きさはフォリオ版で初版と同じだが，ページの体裁とページ付けが異なっている．第 1 分冊前半は第 3 巻「習俗」までが収録され，第 1 巻「ポリス総論」第 1 編中の「エジプトのポリス」が第 2 編に移され，順次繰り下がって第 1 巻が第 16 編まで（初版は 15 編まで）に変わっている．第 1 分冊後半には第 4 巻「健康」から第 5 巻「食糧」第 17 編「肉屋の食肉」までが収録されている．第 2 分冊前半は初版第 2 部第 5 巻第 18 編「獣肉の露天商」から第 40 編「淡水魚」までが，第 2 分冊後半は第 5 巻第 41 編「菜物野菜，根菜，球根，玉葱類，果物」から第 50

編「干し草」までが収録されている．各部の表紙に「ドラマール氏による増補改訂第 2 版」とあり，版組上の修正が見られる．初版の目次は辞典の体裁で abc 順の配列だが，アムステルダム版は書籍の体裁で頁順になっている．Gallica で初版，明治大学図書館でアムステルダム版を参照した．引用はフーコー講義録でのスネラールの参照指示にならい，初版による）

Delaporte, François（1989）*Histoire de la fièvre jaune: Naissance de la médecine tropicale*, Paris: Payot.〔池田和彦訳『黄熱の歴史――熱帯医学の誕生』みすず書房，1993 年〕

Delattre, Léon（1911）'Memoire sur le projet de 1755, de l'architecte de Vigny concernant l'embellissement de Nantes,' in *Bulletin de la société archéologique de Nantes et du département de la Loire-Inférieure*, 52, pp. 75–108.

d'Entrèves, Alexander P.（1967）*The Notion of the State: An Introduction to Political Theory*, Oxford: Clarendon Press, 1967.〔石上良平訳『国家とは何か――政治理論序説』みすず書房，2002 年〕

Deparcieux, Antoine（1746）*Essai sur les probabilités de la durée de la vie humaine: d'où l'on déduit la manière de déterminer les rentes viagères, tant simples qu'en tontines...*, Paris: Guerin.（末尾に終身年金額の表と死亡率表がある）

Depitre, Edgard（1910）'Introduction,' in CL. -J. Herbert, *Essai sur la police générale des grains: sur leurs prix et sur les effets de l'agriculture*, 1755 et J. G. Montaudouin de la Touche, *Supplément à l'Essai sur la police générale des grains*, 1757, Paris: Paul Geuthner, pp. V–XLIII.

Descendre, Romain（2009）*L'État du monde: Giovanni Botero entre raison d'État et géopolitique*, Genève: Droz.

Desroisières, Alain（1993）*La politique des grands nombres: Histoire de la raison statistique*, Paris: La Découverte.

Devlin, Keith（2008）*The Unfinished Game: Pascal, Fermat, and the Seventeenth-Century Letter that Made the World Modern*, Basic Books.〔原啓介訳『世界を変えた手紙――パルカス，フェルマーと〈確率〉の誕生』岩波書店，2010 年〕

De Witt, Jan（Johan）（1671）*Waerdye van lyf-renten naer proportie van los-renten, acobus Scheltus*.（ウェブ上で閲覧できる．http://dbnl.nl/tekst/witt001waer01_01/witt001waer01_01.pdf）

Domat, Jean（1697）*Le droit public, suite des loix civiles dans leur ordre naturel*, I–V, Paris: J. B. Coignard.

Dupâquier, Jacques（1994）'Preface,' in Moheau, *Recherche*, 1994, pp. IX–XXI.

Dupâquier, Jacques, Michel Dupâquier（1985）*Histoire de la démographie: La statistique de la population des origines à 1914*, Paris: Perrin.

Duval, Jules（1868）*Mémoire sur Antoine de Montchrétien*, Paris: Guillaumin.

Dyonet, Nicole（2004）'Le commissaire Delamare et son Traité de la police（1639–

1723),' in Claire Dolan ed., *Entre justice et justiciables: les auxiliaires de la justice du Moyen Age au XXe siècle*, Le presses de l'Universitaire de Laval, pp. 101-119.

Eribon, Didier (1989) *Michel Foucault*, Paris: Flammarion.〔田村俶訳『ミシェル・フーコー伝』新潮社, 1991年〕

Esmonin, Edmond (1958) 'Montyon, véritable auteur des «Recherches et considérations sur la population» de Moheau,' in *Population*, 13-2, pp. 269-282.

Ewald, François (1992) 'Michel Foucault et la norme,' in *Michel Foucault: Lire l'œuvre*, Grenoble: Jérome Millon, pp. 201-221.

Expilly, Jean-Joseph (1780) *Tableau de la population de la France*, Nice. (35頁の小冊子. 冒頭に年齢階級別, 男女別の人口一覧表がある)

Farge, Arlette, Michel Foucault ed. (1982) *Le désordre des familles: Lettres de cachet des Archives de la Bastille*, Paris: Gallimard/Julliard.

Faure, Edgar (1961) *12 Mai 1776: La disgrâce de Turgot*, Paris: Gallimard.〔渡辺恭彦訳『チュルゴーの失脚――1776年5月12日のドラマ』(上)(下) 法政大学出版局, 2007年〕

Febvre, Lucien (1944-1945) *L'Europe: genèse d'une civilisation, cours professé au Collège de France en 1944-1945*, Paris: Perrin, 1999.〔長谷川輝夫訳『"ヨーロッパ"とは何か――第二次大戦直後の連続講義から』刀水書房, 2008年〕

Fenet, Alain (2004) 'Emeric Crucé aux origins du pacifisme et de l'internationalisme modern,' in *Miskolc Journal of International Law*, 1-2, pp. 21-34.

Ferguson, Adam (1767) *An Essay on the History of Civil Society*, Edinburgh, London, Dublin.〔天羽康夫・青木裕子訳『市民社会史論』京都大学学術出版会, 2018年〕(訳書の底本は初版. 引用は, Fania Oz-Salzberger ed., Cambridge University Press, 1995より)

Ferrari, Giuseppe (1860) *Histoire de la raison d'État*, Paris: Michel Lévy.

Fichte, Johann Gottlieb (1800) *Der geschlossene Handelsstaat*, Tübingen: Cotta, 1800.〔神山伸弘訳「閉鎖商業国家――法論の附録および将来に実施されるべき政策の試論としての一つの哲学的な構想」『フィヒテ全集16　閉鎖商業国家・国家論講義』哲書房, 2013年, 5-165頁〕(訳書の底本はI. H. フィヒテ版全集とバイエルン科学アカデミー版全集)

Fontenelle, Bernard le Bovier de (1688) 'Digression sur les anciens et les modernes,' in *Œuvres complètes*, II, Paris: Fayard, 1991, pp. 413-431.

Foucault, Michel (1961a) *Folie et déraison, histoire de la folie à l'âge classique*, Paris: Plon.〔田村俶訳『狂気の歴史――古典主義時代における』新潮社, 1975年〕(フィリップ・アリエス選「昨日と今日の文明」叢書の一冊. 日本語訳は, メインタイトルと序文の変更, 二つの補遺を含む *Histoire de la folie à l'âge classique, Suivi de Mon corps, ce papier, ce feu et de La Folie, l'absence d'œuvre*, Paris:

Gallimard, 1972 から．フーコーによる変更の主な理由は，1963 年のジャック・デリダによる批判（「コギトと狂気の歴史」合田正人・谷口博史訳『エクリチュールと差異』法政大学出版局，2013 年所収）であろう）
――― （1961b） 'Introduction à l'Anthropologie,' in *Anthropologie du point de vue pragmatique & Introduction à l'Anthropologie*, Paris: Vrin, 2008, pp. 11-79.〔王寺賢太訳『カントの人間学』新潮社〕（博士論文の副論文でタイプ原稿のまま未刊であった．訳書はフーコーによる序論だけを日本語に訳したもの）
――― （1963） *Naissance de la clinique*, Paris: Presses Universitaires de France.〔神谷美恵子訳『臨床医学の誕生』みすず書房，1969 年〕
――― （1966） *Les mots et les choses: une archéologie des sciences humaines*, Paris: Gallimard.〔渡辺一民・佐々木明訳『言葉と物――人文科学の考古学』新潮社，1974 年〕
――― （1969） 'Medicins, juges et sorciers au XVIIe siècle,' in *Médécins de France*, 200, pp. 121-128.〔松村剛訳「一七世紀の医師，裁判官，魔法使い」『ミシェル・フーコー思考集成Ⅲ』筑摩書房，1999 年，173-187 頁〕
――― （1971） '(Manifeste du G. I. P.),' in *Dits et écrits*, II, Paris: Gallimard, 1994, pp. 174-175.〔大西雅一郎訳「GIP［監獄情報グループ］の宣言書」『ミシェル・フーコー思想集成Ⅳ』1999 年，62-64 頁〕（監獄情報グループの活動に関連して，1971 年 2 月 8 日，フーコーがモンパルナスのサン-ベルナール礼拝堂で読み上げた文書）
――― （1973） *La société punitive, Cours au Collège de France, 1972-1973*, Paris: Gallimard/Seuil, 2013.〔八幡恵一訳『処罰社会――コレージュ・ド・フランス講義 1972-73 年度』筑摩書房，2017 年〕
――― （1973a） *Moi, Pierre Rivière, ayant égorgé ma mère, ma sœur et mon frère ..., Un cas de parricide au XIXe siècle*, Paris: Gallimard.〔慎改康之他訳『ピエール・リヴィエール――殺人・狂気・エクリチュール』河出文庫，2010 年〕
――― （1975） *Les anormaux, Cours au Collège de France, 1974-1975*, 1999.〔慎改康之訳『異常者たち――コレージュ・ド・フランス講義 1974-75 年度』2002 年〕
――― （1975a） *Surveiller et punir: Naissance de la prison*, Paris: Gallimard.〔田村俶訳『監獄の誕生――監視と処罰』新潮社，1977 年〕
――― （1976） *Il faut défendre la société, Cours au Collège de France, 1975-1976*, 1997.〔石田英敬・小野正嗣訳『社会は防衛しなければならない――コレージュ・ド・フランス講義 1975-76 年度』2007 年〕
――― （1976a） *Histoire de la sexualité*, I, *La volonté du savoir*, Paris: Gallimard.〔渡辺守章訳『性の歴史Ⅰ　知への意志』新潮社，1986 年〕
――― （1977a） 'L'œil du pouvoir,' in Jeremy Bentham, *Le Panoptique*, Paris: Belfond, 1977, pp. 9-31.〔伊藤晃訳「権力の眼」『ミシェル・フーコー思考集成Ⅵ』

2000 年，256–276 頁〕
———（1977b）'La naissance de la médecine sociale,' in *Revista centroamericana de Ciencias de la Salud*, 6, pp. 89–108.〔小倉孝誠訳「社会医学の誕生」『ミシェル・フーコー思考集成Ⅵ』277–300 頁〕（初出は Reynié（国家理性論の研究者）によるスペイン語訳）
———（1977c）'La vie des hommes infâmes,' in *Les Cahiers du chemin*, 29, pp. 12–29.〔丹生谷貴志訳「汚辱に塗れた人々の生」『ミシェル・フーコー思考集成Ⅵ』314–337 頁〕
———（1978）*Sécurité, territoire, population, Cours au Collège de France, 1977–1978*, 2004.〔高桑和巳訳『安全・領土・人口――コレージュ・ド・フランス講義 1977-1978 年度』2007 年〕
———（1978a）*Herculine Barbin dite Alexina B.*, Paris: Gallimard.
———（1979）*Naissance de la biopolitique, Cours au Collège de France, 1978–1979*, 2004.〔慎改康之訳『生政治の誕生――コレージュ・ド・フランス講義 1978-1979 年度』2008 年〕
———（1979a）'"Omnes et Singulatim": Toward a Criticism of Political Reason,' in Sterling Mcmurrin ed., *The Tanner Lectures on Human Values*, II. Salt Lake City: University of Utah Press, 1981, pp. 223–254.〔北山晴一訳「全体的なものと個的なもの――政治的理性批判に向けて」『ミシェル・フーコー思考集成Ⅷ』2001 年，329–368 頁〕（スタンフォード大学講演，1979 年 10 月 10 日，16 日．引用はフランス語 *Dits et écrits*, IV, pp. 134–161 より．初出は P. E. Dauzat による英訳）
———（1980）*Du gouvernement des vivants, Cours au Collège de France, 1979–1980*, 2012.〔廣瀬浩司訳『生者たちの統治――コレージュ・ド・フランス講義 1979-1980 年度』2015 年〕
———（1980a）'La poussière et le nuage,' in Michelle Perrot ed., *L'impossible prison: Recherches sur le système pénitentiaire au XIXe siècle*, pp. 29–39.〔栗原仁訳「塵と雲」『ミシェル・フーコー思考集成Ⅷ』148–161 頁〕
———（1980b）'Table ronde du 20 mai 1978,' in Perrot, ed., *L'impossible prison*, pp. 40–56.〔栗原仁訳「一九七八年五月二〇日の会合」『ミシェル・フーコー思考集成Ⅷ』162–182 頁〕
———（1980c）'Postface,' in Perrot ed., *L'impossible prison*, pp. 316–318.〔栗原仁訳「あとがき」『ミシェル・フーコー思考集成Ⅷ』183–186 頁〕
———（1982）'Space, Knowledge and Power,' in *Skyline*, March 1982, pp. 16–20.〔八束はじめ訳「空間・知そして権力」『ミシェル・フーコー思考集成Ⅸ』2001 年，67–86 頁〕（ポール・ラビノウによるインタヴュー．統治性講義の内容と関係する建築や空間についての重要な発言がある．ギーズのファミリステールに言及している）

——— (1989) *Résumé des cours 1970–1982*, Paris: Julliard.

——— (2018) *Histoire de la sexualité, IX, Les aveux de la chair*, Paris: Gallimard.

Frambach, Hans (2017) 'The Decline of Cameralism in Germany,' in Sppel, Tribe ed., *Cameralism in Practice*, pp. 239–261.

Franklin, Alfred (1890) *L'hygiène: état des rues-égouts-voiries-fosses d'aisances-épidémie-cimetières*, Paris Plon.〔高橋清徳訳『排出する都市パリ——泥・ごみ・汚臭と疫病の時代』悠書館，2007 年〕

Frédéric II (1740) *L'Anti-Machiavel ou Examen du Prince de Machiavel*.〔大津真作監訳『反マキャヴェッリ論』京都大学学術出版会，2016 年〕（この書はヴォルテールによって大幅に削除加筆がなされた．その事情は日本語訳の大津真作による解説の 495–501 頁にある）

Fréminville, Christophe-Paulin de La Pois de (1775) *Dictionnaire ou traité de la police générale des villes, bourgs, paroisses, et seigneuries de la campagne...*, Paris: Gussey.

Fridén, Bertil (1998) *Rousseau's Economic Philosophy: Beyond the Market of Innocents*, Springer.〔鈴木信雄他訳『ルソーの経済哲学』日本経済評論社，2003 年〕

Friedrich, Carl J. (1956) *Constitutional Reason of State: The Survival of the Constitutional Order*, Providence: Brown University Press, 1957.（1956 年のブラウン大学コルヴァーレクチャーにおける講演）

Fumaroli, Marc (2001) 'Les abeilles et les araignées,' in Lecoq ed., *La querelle*, pp. 1–218.

Funck-Brentano, Théophile (1889) 'Introduction, L'économie politique patronale,' in Montchrétien, *L'œconomie politique*, Paris: Plon, pp. I–CXVII.（同書は Montchrestien 1615 の抜粋版）

Gigerenzer, Gerd *et al.* (1989) *The Empire of Chance: How Probability Changed Science and Everyday Life*, Cambridge University Press.

Gorski, Philip (2003) *The Disciplinary Revolution: Calvinism and the Rise of the State in Early Modern Europe*, Chicago, London: University of Chicago Press.

Gournay, Jacques-Claude-Marie Vincent, marquis de (1983) *Traités sur le commerce de Josiah Child avec les remarques inédites de Vincent de Gournay*, Takumi Tsuda ed., Tokyo: Kinokuniya.

——— (1993) *Mémoires et lettres de Vincent de Gournay*, Takumi Tsuda ed., Tokyo: Kinokuniya.

Graunt, John (1662) *Natural and Political Observations, Mentioned in a following Index, and made upon the Bills of Mortality*, London: John Martin.〔久留間鮫造訳『死亡表に関する自然的及政治的考察』栗田書店，1941 年〕（本書で参照したのは初版．訳書の底本はペティによる増補改訂版である原著第 5 版（1676）．訳書は原著の付録となる各種の表を再現している他，ハル Henry Hull の復刻版

(1899) における注の多くを収録し，訳注を付加している．末尾には「著者詮議」として，グラントとペティのいずれを真の著者とするかについての論争史の詳細なサーヴェイ，王立協会『死亡表』出版をめぐる時代状況に関する「余論」，『死亡表』の「諸版目録」が付されている．優れた選択で知られる大原社会問題研究所の統計学古典選集の一冊．巻末の高野岩三郎による「統計学古典選集発刊の辞」(1940) を併せ読むと，統計学と国策をめぐる当時の困難と，この学問が官僚技術に留まらない可能性を秘めていることが想起される)

Greengrass, Mark (2007) 'The Calvinist and the Chancellor: the Mental World of Louis Turquet de Mayerne,' in *Francia-Forschungen zur wasteuropäischen Geschichte*, 34-2, pp. 1-23.

Grmek, Mirko E. (1996) 'Les premières étapes de la vaccination: Mythe et histoire,' in Anne-Marie Moulin dir., *L'aventure de la vaccination*, Paris: Fayard, pp. 41-56.

Gruman, Gerald J. (2003) *A History of Ideas about the Prolongation of Life*, New York: Springer.

Guerrand, Roger-Henri (1985) *Les lieux: histoire des commodités*, Paris: Découverte.〔大矢タカヤス訳『トイレの文化史』筑摩書房，1987年 (ちくま学芸文庫に再録)〕

Guicciardini, Francesco (1561) *Storia d'Italia*, Firenze: Lorenzo Torretino.〔末吉考州訳『イタリア史』第1巻，太陽出版，2001年〕(引用は Torino: Giulio Einaude, 1971 より)

Hacking, Ian (1975) *The Emergence of Probability: A Philosophical Study of Early Ideas about Probability, Induction and Statistical Inference*, Cambridge University Press.〔広田すみれ・森元良太訳『確率の出現』慶應義塾大学出版会，2013年〕

——— (1979) 'Michel Foucault's Immature Science,' in *Noûs*, 13-1, pp. 39-51.〔渡辺一弘訳「ミシェル・フーコーの未熟な科学」『知の歴史学』岩波書店，2012年，187-208頁〕

——— (1987) 'The Inverse Gambler's Fallacy: The Argument from Design: The Anthropic Principle Applied to Wheeler Universes,' in *Mind*, 96 (383), pp. 331-340.

——— (1990) *The Taming of Chance*, Cambridge University Press.〔石原英樹・重田園江訳『偶然を飼いならす——統計学と第二次科学革命』木鐸社，1999年〕

——— (2014) *Why is There Philosophy of Mathematics At All?*, Cambridge University Press.〔金子洋之・大西琢朗訳『数学はなぜ哲学の問題になるのか』森北出版，2017年〕

Hallberg, Peter, Björn Wittrock (2006) 'From *koinonìa politikè* to *societas civilis*: Birth, Disappearance and First Renaissance of the Concept,' in Peter Wagner

ed., *The Language of Civil Society*, New York, Oxford: Berghahn Books, pp. 28-51.

Halley, Edmond (1693) 'An estimate of the degrees of the mortality of mankind,' in *Philosophical Transactions of the Royal Society of London*, 196, pp. 596-610. (599 頁の死亡表の数字の並びが謎となっている)

Harrison, Peter (2011) 'Adam Smith and the History of the Invisible Hand,' in *Journal of the History of Ideas*, 72-1, pp. 29-50.

Hasquin, Hervé (1994) 'Le débat sur la dépopulation dans l'Europe des Lumières,' in Moheau, *Recherches*, 1994, pp. 397-424.

Helvetius, Claude Adrien (1758) *De l'esprit*, Paris: Durand.

——— (1773) *De L'homme, de ses facultés intellectuelles et de son éducation*, I-II, London: La Société Typographique.

Hendriks, Frederick (1852) 'Contribution to the History of Insurance, and of the Theory of Life Contingencies, with a Restoration of the Grand Pensionary De Witt's Treatise on Life Annuities,' in *The Assurance Magazine*, 2-3, pp. 222-258. (ウィットの論考は pp. 232-250 にある．論文全体は保険史のサーヴェイで，同誌の前号 (2-2) pp. 121-150 掲載分のつづき．訳者はグローブ保険会社の保険数理士)

Herbert, Claude Jacques (1755) *Essai sur la police générale des grains, sur leur prix et sur les effets de l'agriculture*, Berlin. (初版には版元の記載がない)

Hirschman, Albert O. (1977) *The Passions and the Interests: Political Arguments for Capitalism before Its Triumph*, Princeton: Princeton University Press.〔佐々木毅・旦祐介訳『情念の政治経済学』法政大学出版局，1985 年〕(引用は 2013 年の新版より)

——— (1995) *A Propensity to Self-Subversion*, Cambridge, Massachusetts: Harvard University Press.〔田中秀夫訳『方法としての自己破壊――〈現実的可能性〉を求めて』法政大学出版局，2004 年〕

Hobbes, Thomas (1651) *Leviathan or the Matter, Forme and Power of a Commonwealth Ecclesiasticall and Civill*, London: Andrew Crook.〔水田洋訳『リヴァイアサン』(一)－(四)，岩波文庫 1982-1992 年〕(訳書の底本は初版および Cambridge University Press: 1904, Oxford University Press, 1909. 引用は Herbert W. Shneider ed., *Leviathan: Parts One and Two*, Prentice Hall, 1958 より)

——— (1655) *De Corpore: elementorum philosophiæ sectio prima*, London: Andrew Crooke.〔伊藤宏之・渡部秀和訳『哲学原論／自然法および国家法の原理』柏書房，2012 年〕(引用は上記のラテン語版より．訳書の底本は 1656 年の英語版)

Hont, Istvan (2005) *Jealousy of Trade: International Competition and the Nation-State in Historical Perspective*, Cambridge Massachusetts: Harvard University

Press.〔田中秀夫監訳『貿易の嫉妬——国際競争と国民国家の歴史的展望』昭和堂，2009 年〕

Hume, David（1739）*A Treatise of Human Nature: Being an Attempt to introduce the experimental Method of Reasonoing into Moral Subjects,* II, 'Of the Passions,' London: Noon.〔石川徹他訳『人間本性論　第 2 巻　情念について』法政大学出版局，2011 年〕（引用は Norton, Norton ed., Oxford University Press, 2001 より）

———（1741）'The Politics may be reduced to a Science,' in *Essays, Moral and Political*, I, Edinburgh: Kincaid, pp. 27-48.〔田中敏弘訳「政治は科学になりうる」『道徳・政治・文学論集』名古屋大学出版会，2011 年，11-24 頁〕（訳書の底本はミラー版（Eugene F. Miller ed., *Essays, Moral, Political, and Literary*, Indianapolis: Liberty Fund, 1985）で，これは 1777 年までのヒュームによる拡充を反映したもの．引用はミラー版より）

———（1742）'Of the Rise and Progress of the Arts and Scineces,' in *Essays, Moral and Political,* II. Edinburgh.〔田中敏弘訳「技芸と学問の生成・発展について」『道徳・政治・文学論集』98-124 頁〕

———（1751）*An Enquiry concerning the Principles of Morals*, London: Millar, 1751.〔渡辺峻明訳『道徳原理の研究』哲書房，1993 年〕（引用は Tom L. Beauchamp ed., Oxford University Press, 1998 より）

———（1752a）'Of the Balance of Power,' in *Political Discourses*, Edinburgh: Kincaid & Donaldson, pp. 101-114.〔「勢力均衡について」『道徳・政治・文学論集』268-276 頁〕（引用はミラー版より）

———（1752b）'Of the Populousness of Ancient Nations,' in *Political Discourses*, pp. 155-262.〔「古代諸国民の人口について」『道徳・政治・文学論集』306-374 頁〕（引用はミラー版より）

———（1777）'Of the Origin of Government,' in *Essays and Treatises on Several Subjects*, I, London: Cadell.〔「政府の起源について」『道徳・政治・文学論集』30-33 頁〕（引用はミラー版より）

Hunt, Alan（1996）*Governance of the Consuming Passions: A History of Sumptuary Law*, Macmillan.

Hunt, Alan, Gary Wickham（1994）*Foucault and Law: Toward a Sociology of Law as Governance*, London: Plute Press.〔久塚純一・永井順子訳『フーコーと法——統治としての法の社会学に向けて』早稲田大学出版部，2007 年〕

Jackson, Lee（2014）*Dirty Old London: The Victorian Fight Against Filth*, New Haven, London: Yale University Press.〔寺西のぶ子訳『不潔都市ロンドン——ヴィクトリア朝の都市浄化大作戦』河出書房新社，2016 年〕

Jacob, François（1970）*La logique du vivant, une histoire de l'hérédité*, Paris: Gallimard.〔島原武・松井喜三訳『生命の論理』みすず書房，1977 年〕

John, Vincenz（1884）*Geschichte der Statistik: Ein quellenmässiges Handbuch für*

den akademischen Gebrauch wie für den Selbstunterricht, I, Stuttgart: Enke.〔足利末男訳『統計学史』有斐閣，1956 年〕

Jordan, Jeff ed. (1994) *Gambling on God: Essays on Pascal's Wager*, Lanham: Rowman & Littlefield.

Jurin, James (1724) *An account of the success of inoculating the small pox in Great Britain: With a comparison between the miscarriages in that practice, and the mortality of the natural small-pox...*, London: Peele.

Kantorowicz, Ernst (1957) *The King's Two Bodies: A Study in Medieval Political Theology*, Princeton: Princeton University Press.〔小林公訳『王の二つの身体――中世政治神学研究』平凡社，1992 年（ちくま学芸文庫に再録）〕

Kaplan, Steven (1976) *Bread, Politics and Political Economy in the Reign of Louis XV*, I-II, Springer.（引用は合冊となった第 2 版（Anthem Press, 2015）より）

――― (1981) 'Note sur les commissaires de police de Paris au XVIIIe siècle,' in *Revue d'histoire moderne et contemporaine*, 28-4, pp. 669-686.

Kawade, Yoshie (2018) 'Peace through commerce or jealousy of commerce? Jean-Bernard Le Blanc on Great Britain in the mid-eighteenth century,' in Ryuzo Kuroki, Yusuke Ando ed., *The Foundations of Political Economy and Social Reform: Economy and Society in Eighteenth Century France*, Routledge, pp. 24-44.

Kelves, Daniel (1985) *In the Name of Eugenics: Genetics and the Uses of Human Heredity,* New York: Knopf.〔西俣総平訳『優生学の名のもとに――「人類改良」の悪夢の百年』朝日新聞社，1993 年〕

Krebs, Christopher B. (2011) *A Most Dangerous Book: Tacitus's Germania from the Roman Empire to the Third Reich*, New York, London: Norton.

Krüger, Lorenz, Lorraine Daston, Michael Heidelberger ed., (1987) *Probabilistic Revolution*, I-II, MIT Press.〔近昭夫他訳『確率革命――社会認識と確率』梓出版社，1991 年（第 1 巻の抄訳）〕

Laboulinière, Pierre (1821) *De la disette et de la surabondance en France*, I, Paris: Le Normant.

Lagrange, Jacques (1994) 'Complément bibliographique établi par Jacques Lagrange,' in *Dits et écrits*, IV, Gallimard, pp. 829-838.

Laroche, Emmanuel (1949) *Histoire de la racine* NEM- *en grec ancien*, Paris: Klincksieck.

Larrère, Catherine (1992) *L'invention de l'économie au XVIIIe siècle: Du droit naturel à la physiocratie*, Paris: Presses Universitaires de France.

――― (2007) 'Pourquoi faudrait-il faire de Rousseau un économiste?' in *Cahiers d'économie politique*, 53, pp. 115-134.

――― (2011) 'Système de l'intérêt et science du commerce: François Forbon-

nais, Lecteur de Montesquieu,' in Charles *et al.* dir., *Le cercle de Vincent de Gournay*, pp. 259–280.

Lavedan, Pierre (1975) *Histoire de l'urbanisme à Paris*, Paris: Association pour la publication d'une histoire de Paris.〔土居義岳訳『パリ都市計画の歴史』中央公論美術出版，2002 年〕(訳書の底本は 1993 年に「新しいパリ市史」シリーズの一冊として刊行された新版．ジャン・バスティエによる「追補」と参考文献の改訂があるが本文は変わっていない．新版は全体に大きく，光沢紙が用いられ，見返し部分に印刷されている『三人像の都市図（ルティティア，通称パリ，ガリア最大の都市）』(1576)（本書カバー参照）がカラーになっている．引用は初版より）

Lazzeri, Christian, Dominique Reynié ed. (1992a) *La raison d'État: politique et rationalité*, Paris: Presses Universitaires de France.

——— (1992b) *Le pouvoir de la raison d'État*, Paris: Presses Universitaires de France. (Post 1964 のフランス語訳が収録されている)

Le Bras, Hervé (2000a) *Naissance de la mortalité: L'origine politique de la statistique et de la démographie*, Paris: Gallimard/Seuil.

——— (2000b) 'Introduction. Peuples et populations,' in Le Bras, dir., *L'Invention des populations: Biologie, idéoligie et politique*, Paris: Odile Jacob, pp. 9–54.

Le Bret, Cardin (1642) *Les œuvres de messire C. Le Bret, Conseiller ordinaire du roy en ses conseils d'Estat et privé*, Paris: Jacques Quesnel.

Lecoq, Anne Marie ed. (2001) *La querelle des anciens et des modernes: XVIIe–XVIIIe siècles*, Paris: Gallimard.

Lecuir, Jean (1979) 'Deux siècles après: Montyon véritable auteur des《Recherches et Considérations sur la population de la France》, de Moheau,' in *Annales de démographie historique*, 1979, pp. 195–249.

Leguay, Jean-Pierre (1984) *La rue au Moyen Age*, Rennes: Editions Ouest-France, 1984.〔井上泰男訳『中世の道』白水社，1991 年〕

Leibniz, Gottfried Wilhelm (1670) in *Sämtliche Schriften und Briefe. Herausgegeben von der Berlin-Brandenburgischen Akademie der Wissenschaften und der Akademieder Wissenschaften in Göttingen*, Ak II, 1, pp. 90–94.〔伊豆蔵好美訳・解説「ホッブズ宛書簡 1670–1674」酒井潔・佐々木能章監修『ライプニッツ著作集第 II 期 1　哲学書簡』工作舎，2015 年，55–68 頁〕

Lelièvre, Pierre (1988) *Nantes au XVIIIe siècle: Urbanisme et architecture*, Paris: Picard. (1939 年の学位論文『一八世紀のナント』の増補改訂版．*Revue française d'histoire d'outre-mer*, vol. 77 の Henri Brunschwig による紹介に「学位論文の単なる再版ではなく，2 倍の分量と 10 倍の図版を含み，独自の考察に富む」(p. 222) とある)

Le Maître, Alexandre (1682) *La métropolitée, ou de l'établissement des villes capi-*

tales, de leur utilité passive et active, de l'union de leurs parties et de leur anatomie, de leur commerce, etc., Amsterdam: B. Bockholt.

Le Mée, René (1994) 'Jean-Baptiste Moheau (1745–1794) et les *Recherches* ... : un auteur énigmatique ou mythique?,' in Moheau, *Recheches*, 1994, pp. 313–365.

Lessig, Lawrence (1999) *Code: And Other Laws of Cyberspace*, Basic Books.〔山形浩生・柏木亮二訳『CODE——インターネットの合法・違法・プライバシー』翔泳社，2001 年〕

Letaconnoux, Joseph (1907) 'La question des subsistances et du commerce des grains en France au XVIIIe siècle,' in *Revue d'histoire moderne et contemporaine*, VIII, pp. 409–445.

Leuilliot, Paul (1957) 'De la disette de 1816–1817 à la famine du Coton (1867),' in *Annales: Economies, Société, Civilisation*, 12–2, pp. 317–325.

Leung, Angela Ki-Che (1996) 'Variolisation et vaccination dans la Chine prémoderne (1570–1911),' in Moulin ed., *L'aventure de la vaccination*, pp. 57–70.

Lévy, Claude (1957) 'Un plan d'aménagement du territoire au XVIIe siècle.《La Métropolitée》d'Alexandre Le Maître,' in *Population*, 12–1, pp. 103–114.

Linné, Carl von (1735) *Systema naturæ per regna tria naturæ, secundum classes, ordines, genera, species, cum characteribus, differentiis, synonymis, locis*, Leyden: Haak's.（ラテン語名は Calorus Linnaeus. これが語尾変化し，Caroli Linnæi. 参照した版は初版と 1766 年の第 10 版）

——— (1981) *Nemesis Divina*, Wolf Lepenies, Lars Gustafsson, ed., München: Hanser.〔小川さくえ訳『神罰』法政大学出版局，1995 年〕（はじめて出版されたのはスウェーデン語で 1878 年）

Macey, David (1993) *The Lives of Michel Foucault*, Pantheon.

Machiavelli, Niccolo (1516) *Il Principe*.〔池田廉訳『君主論』中公文庫，1995 年〕（刊行は 1532 年．また原典には書名がない）

——— (1517) *Discorsi sopra la prima deca di Tito Livio*.〔永井三明訳『ディスコルシ——ローマ史論』ちくま学芸文庫，2011 年〕（刊行は 1531 年）

Malthus, Thomas Robert (1798) *An Essay on the Principle of Population: as it Affects the Future Improvement of Society with Remarks on the Speculations of Mr. Godwin, M. Condorcet, and Other Writers*, London: J. Johnson.〔大淵寛他訳『人口の原理［第 6 版］』中央大学出版部，1985 年〕（初版は匿名で，序文に「ゴドウィン氏による『探求者』中のエッセイ「吝嗇と浪費」について友人と交わした会話がきっかけ」（p. i）で書かれたとある（友人とは実は父ダニエル）．初版はウォレス，コンドルセ，ゴドウィン，スミスへの批判中心の 19 章立ての小さな本であったが，1803 年の第 2 版以降はゴドウィンの批判を受けて大幅拡充され，副題も *or, A view of Its Past and Present Effects on Human Happiness; with an Inquiry into our Prospects Respecting the Future Removal or Miti-*

gation of the Evils which It Occasions に変更された．訳書の底本は著者最後の改訂版である第 6 版）

Martin, Thierry（2003）'L'arithmétique morale et politique de Buffon,' in Martin dir., *Arithmètique politique*, pp. 163–194.

Mayr, Ernst（1982）*The Growth of Biological Thought: Diversity, Evolution, and Inheritance*, London: Belknap.

Meek, Ronald L.（1976）*Social Science and Ignoble Savage*, Cambridge University Press.〔田中秀夫他訳『社会科学と高貴ならざる未開人――18 世紀ヨーロッパにおける四段階理論の出現』昭和堂，2015 年〕

Meier, Hans（1966）'Ältere deutsche Staatslehre und westliche politische Tradition,' in *Recht und Staat in Geschichte und Gegenwart*, Tübingen: Mohr Heft 321.〔石部雅亮訳「旧ドイツ国家論と西洋の政治的伝統」成瀬治編訳『伝統社会と近代国家』岩波書店，1982 年，147–174 頁〕

Meier, Heinrich（2013）*Politische Philosophie und die Herausforderung der Offenbarungsreligion,* München: C. H. Beck.（引用は英訳 Robert Berman trans., *Political Philosophy and the Challenge of Revealed Religion*, Chicago, London: The University of Chicago Press, 2017 より）

Meinecke, Friedrich（1924）*Die Idee der Staatsräson in der neueren Geschichte*, München, Berlin: Oldenbourg〔菊盛英夫・生松敬三訳『近代史における国家理性の理念』みすず書房，1960 年〕

Melon, Jean François（1734）*Essai politique sur le commerce.*〔米田昇平・後藤浩子訳『商業についての政治的試論』京都大学学術出版会，2015 年〕（初版には出版地，出版社の記載がない．訳書の底本は 1736 年の増補版）

Menuret（de Chambaud）, Jean-Joseph（1765）'Œconomie animale,' in *L'Encyclopèdie*, XI, pp. 360–366.

Mercier, Louis-Sébastien（1782–1788）*Tableau de Paris,* I–XII, Amsterdam.〔原宏編訳『十八世紀パリ生活誌――タブロー・ド・パリ』（上）（下）岩波文庫，1989 年〕（原著は 1781 年に 2 巻までが Neuchâtel: Samuel Fauche から匿名で出されたが，著者自身の手で増補改訂がなされ，1782，83，88 年に順次刊行された．アムステルダム版には版元の記載がない．原著は項目数が 1052 におよび配列もでたらめに見える．著者の目に映る順に都市を点描することで，パリという都市の雑多性をそのまま表現しているともいえる．日本語訳は内容によって六つのセクションに分けた抄訳で，配列もわかりやすい．また，原著にはない豊富な挿絵がつけられている）

Messance, Louis（1766）*Recherches sur la population des généralités d'Auvergne, de Lyon, de Rouen et de quelques provinces et villes du royaume, avec des Réflexions sur la valeur du bled tant en France qu'en Angleterre depuis 1674 jusqu'en 1764...*, Paris, Durand.（付録の論文末尾にフランス諸都市の穀物価格の表があ

る)

Meusnier, Norbert (2003) 'Vauban: arithmétique politique, Ragot et autre *Cochonnerie,*' in Martin ed., *Arithmétique politique*, pp. 91–132.

Meyer, Arnold O. (1950) 'Zur Geschichte des Wortes Staat,' in *Die Welt als Geschichte*, Stuttgart: W. Kohlhammer, Jg. 10.〔平城照介訳「Staat〔国家〕という言葉の歴史に寄せて」『伝統社会と近代国家』27–50 頁〕

Mignot, Claude (1979) 'Philippe Boudon, *Richelieu ville nouvelle, essai d'architecturologie,*' (revue) in *Bulletin Monumental,* 137–2, pp. 186–187.

Moheau, Jean-Baptiste (1778) *Recherches et considérations sur la population de la France,* Reine: Moutard. (初版の刊行年は著書扉には 1778 年とあるが，実際には 1777 年．原稿は数年前から存在し，版元に保管されていたようである．引用は，Paris: Geuthner, 1912 より．注釈と論考がついた Eric Vilquin ed, Paris: INED, 1994 も参照した．両版ともに初版の対照頁が本文内に記載されている)

Montchrestien, Antoine de (1615) *Traicté de l'œconomie politique, dédié en 1615 au roy et à la reyne mère du roy.* (引用は François Billacois ed., Genève: Droz, 1999 より．初版の出版事情は Billacois 1999, pp. 9–10 を参照．現存する初版は 7 部のみで，3 部はパリにある．国立図書館 Bibliothèque nationale にあるものには出版地，出版社，日付がない．あとの 2 部は Rouen: Jean Osmont, 1615 となっている．しかしサン＝ジュヌヴィエーヴ図書館所蔵のものは篇の順序が異なり，マザラン図書館所蔵のものもさらに篇順が違っている．同書は 1889 年に抜粋編集版が出され (Funck-Brentano 1889 を参照．復刻版は Genève: Slatkine, 1970)，1999 年に上記の完全版が出版された．この版の編纂については Barthas 2011 が「校訂版というより統合版」であるとして批判している．新版として Marc Laudet ed., Paris: Classiques Garnier, 2017 が刊行されている)

Montesquieu, Charles-Louis de Secondat, Baron de La Brède et de (1721) *Lettres Persanes,* Amsterdam: Desbordes.〔大岩誠訳『ペルシア人の手紙』(上)(下) 岩波文庫，1950–51 年，根岸国孝訳「ペルシャ人の手紙」『世界文學体系 16』筑摩書房，1960 年〕(引用は Paul Vernière ed., Paris: Garnier, 1975 より)

——— (1748) *De l'ésprit de lois,* I–IV, Genève: Barrillot & Fils.〔野田良之訳『法の精神』(上)(中)(下) 岩波文庫，1989 年〕(引用は，*Œuvres complètes,* II, Bibliothèque de la Pléiade, Paris: Gallimard, 1958 より)

——— (1754) 'Lettre à M. L'Abbé Le Blanc,' in *Œuvres complètes*, VII, Édouard Laboulaye ed., Paris: Garnier, 1879, pp. 434–435.

Moulin, Anne-Marie (1996) 'La variolisation en Occident,' in Moulin ed., *L'aventure de la vaccination*, pp. 71–81.

Mousnier, Roland (1955) 'L'opposition politique bourgeoise à la fin du XVIe siècle et au début du XVIIe siècle: L'œuvre de Louis Turquet de Mayerne,' in *Revue historique*, 213, pp. 1–20.

Musart, Charles (1921) *La réglementation du commerce des grains en France au XVIIIe siècle, La théorie de Delamare: Étude économique*, Paris, Champion.(モンペリエ大学法学部博士論文)

Napoli, Paolo (2003) *Naissance de la police moderne*, Paris: Découverte.

Naudé, Gabriel (1639) *Considérations politiques sur le coup d'État*, Rome.(これは12部限定と主張された初版の一冊で,ヴァチカン図書館に所蔵されているものの複写である.著者は匿名でG. N. P. とある.引用はFrançoise Charles-Daubert, ed., Georg Olms, 1993より.この版には1667年版に付されたノーデのラテン語の引用のフランス語訳もついている)

Necker, Jacques (1773) *Éloge de Jean-Baptiste Colbert*, Paris: Brunet & Demonville.

——— (1775) *Sur la législation et le commerce des grain,* I-II, Paris: Pissot.(引用は*Œuvres complètes de M. Necker*, I, Paris: Treuttel et Wultz, 1820より.ネッケルの娘スタール夫人編の全集で,冒頭に編者による長大な解題が付されている)

Oestreich, Gerhard (1969a) *Geist und Gestalt des frühmodernen Staates*, Berlin: Duncker & Humblot.(この著書の中から,阪口修平・千葉徳夫・山内進訳「近代的権力国家の理論家 ユストゥス・リプシウス」「ドイツにおける身分制と国家形成」『近代国家の覚醒——新ストア主義・身分制・ポリツァイ』創文社,1993年,7-79頁,99-116頁,石川武訳「帝国国制とヨーロッパ諸国家体系(1648年—1789年)」『伝統社会と近代国家』203-232頁の3編の日本語訳がある)

——— (1969b) 'Strukturprobleme des europäischen Absolutismus,' in *Vierteljahrschrift für Sozial- und Wirtschaftsgeschichte*, Leipzig: C. L. Hirschfeld, 55, pp. 329-347.〔阪口修平・平城照介訳「ヨーロッパ絶対主義の構造に関する諸問題」『伝統社会と近代国家』233-258頁〕

——— (1980) 'Policey und Prudentia Civilis in der barocken Gesellschaft von Stadt und Staat,' in *Strukturprobleme der frühen Neuzeit*, Berlin: Duncker & Humbolt, pp. 367-379.〔阪口修平他訳「ポリツァイと政治的叡知——ドイツ・バロック時代の都市と国家における社会・政治思想の展開」『近代国家の覚醒』127-145頁〕

Olivier-Martin, François (1948) *Histoire du droit français des origins à la Révolution*, Paris: Domat Montchrestien.〔塙浩訳『フランス法制史概説』創文社,1986年〕

Ore, Øystein (1953) *Cardano, the gambling scholar,* Princeton: Princeton University Press.〔安藤洋美訳『カルダノの生涯——悪徳数学者の栄光と悲惨』東京図書,1978年〕

Pascal, Blaise (1665) *Traité du triangle arithmétique, avec quelques autres petits traiteez sur la mesme matière*, Paris: Desprez.〔原亨吉訳「数三角形論」伊吹武彦他編『パスカル全集』第1巻,人文書院,1959年,704-735頁〕(有名な算術

三角形の図は冒頭にある．Michel Le Guern ed., *Œuvres complètes de Pascal,* II, Bibliothèque de la Pléiade, Paris: Gallimard, 2000 に全文がある．上記の日本語訳では，初版 p. 14 以下，プレイヤード版 p. 319 以下は訳されていない．プレイヤード版では，初版ではフランス語版の後ろにあるラテン語版のフランス語訳が先にある）

——— (1670) *Pensées,* Paris: Desprez.〔松浪信三郎訳『パンセ』(『パスカル全集』第 3 巻）人文書院，1959 年〕（引用は Léon Brunschvicg ed., Paris: Garnier, 1964 より．ポール・ロワイヤル版のタイトルは，*Pensées du M. Pascal sur la religion et sur quelques autres sujets, qui ont esté trouvées après sa mort parmy ses papiers* である．また 1669 年の "préoriginal" 版があるため，表紙に「第 2 版」とある）

Pasquino, Pasquale (1992) 'Police spirituelle et police terrienne: D. Reinkingk et V. L. von Seckendorff,' in Lazzeri, Reynié ed., *La raison d'état,* pp. 83–115.

——— (1993) 'Political Theory of War and Peace: Foucault and the History of Modern Political Theory,' in *Economy and Society,* 22, pp. 77–88.

Paty, Michel (2005) 'D'Alembert et les probabilités,' in HAL, https://halshs.archives-ouvertes.fr/halshs-00004289.（もとの論文は Roshdi Rashed, ed., *Sciences à l'époque de la Révolution française: Recherches historiques,* Paris: Blanchard, 1988, pp. 203–265 にある．ウェブ版では小見出しが異なり内容も増補拡充されているが，経緯は不明で但し書きもない．引用はウェブ版より）

Pénigaud, Théophile (2015) 'The political opposition of Rousseau to Physiocracy: government, interest, citizenship,' in *European Journal of History of Economic Thought,* 22–3, pp. 473–499.

Perrault, Charles (1687) *Le ciècle de Louis le Grand,* Paris: Coignard.

——— (1688–1697) *Paralelle des anciens et des modernes en ce qui regarde les arts et les sciences,* I–IV, Paris: Coignard.

Perrot, Jean-Claude (1968) 'Rapports sociaux et villes au XVIIIe siècle,' in *Annales: Economies, Sociétés, Civilisation,* 23–2, pp. 241–267.〔工藤光一・二宮宏之訳「十八世紀における社会関係と都市」『都市空間の解剖』111–154 頁〕

——— (1975) *Genèse d'une ville moderne: Caen au XVIIIe siècle,* I–II, Paris: EHSS.

——— (1976) 'L'âge d'or de la statistique régionale française (An IV–1804),' in *Annales historiques de la Révolution française,* 224–1, pp. 215–276.

——— (1992) *Une histoire intellectuelle de l'économie politique, XVIIe–XVIIIe siècle,* Paris: EHSS.

Perrot, Michelle ed. (1980) *L'impossible prison: Recherches sur le système pénitentiaire au XIXe siècle,* Paris: Seuil.

Persky, Joseph (1995) 'The Ethology of *Homo Economicus,*' in *Journal of Economic*

Perspectives, 9-2 (Spring 1995), pp. 221-231.

Petoletti, Marco (2018) 'Boccaccio, the Classics and the Latin Middle Ages,' in Igor Candido ed., *Petrarch and Boccaccio: The Unity of Knowledge in the Pre-modern World*, Berlin, Boston: Walter de Gruyter, pp. 226-243.

Petrina, Alessandra (2016) *Machiavelli in the British Isles: Two Early Modern Translations of* The Prince, Routledge.

Petty, William (1662) *A Treatise of Taxes & Contributions*, London: Brooke.〔大内兵衛・松川七郎訳「租税貢納論」『租税貢納論他一篇』岩波書店，1952 年，13-164 頁〕(初版は匿名．訳書の底本は 1889 年のハルによる復刻版)

——— (1690) *Political Arithmetick, or A Discourse concerning, The Extent and Value of Lands, People, Buildings...*, London: Clavel and Mortlock.〔大内兵衛・松川七郎訳『政治算術』岩波文庫，1955 年〕(執筆時期は不明であるが，1671-76 年ごろとされる．訳書の底本はハルによる初版の復刻版)

——— (1691) *The Political Anatomy of Ireland*, London: Brown and Roger.〔松川七郎訳『アイァランドの政治的解剖』岩波文庫，1951 年〕(執筆時期には諸説ある．1672 年に執筆をはじめ，数次の加筆を経て死後出版された．訳者解題参照．訳書の底本は初版で，ペティが執筆したか執筆したとされる部分を訳したもの)

Piguet, Marie-France (2002) 'Œconomie/Économie (politique) dans le texte informatisé de l'Encyclopédie,' in *Recherches sur Diderot et sur l'Encyclopédie*, 31-32, pp. 123-137.

Pocock, John G. A. (1975) *The Machiavellian Moment: Florentine Political Thought and the Atlantic Republican Tradition*, Princeton: Princeton University Press.〔田中秀夫他訳『マキャヴェリアン・モーメント——フィレンツェの政治思想と大西洋圏の共和主義の伝統』名古屋大学出版会，2008 年〕

Poisson, Siméon (1836) 'Note sur la loi des grands nombres,' in *Comptes rendus hebdomadaires des séances de l'Academie des sciences*, II, pp. 377-384.

Polanyi, Karl (1944) *The Great Transformation: The Political and Economic Origins of Our Time*, New York: Farrar & Rinehart.〔野口建彦・栖原学訳『[新訳] 大転換—市場社会の形成と崩壊』東洋経済新報社，2009 年〕(訳書の底本は Boston: Beacon Press, 2001．引用も同版から)

——— (1977) Harry W. Pearson ed., *The Livelihood of Man*, New York: Academic Press.〔玉野井芳郎・栗本慎一郎・中野忠訳『人間の経済』Ⅰ・Ⅱ，岩波書店，1998 年〕

Porter, Theodore M. (1986) *The Rise of Statistical Thinking, 1820-1900*, Princeton: Princeton University Press.〔長屋政勝他訳『統計学と社会認識——統計思想の発展　1820-1900 年』梓出版社，1995 年〕

——— (1995) *Trust in Numbers: The Pursuit of Objectivity in Science and Pub-*

lic Life, Princeton: Princeton University Press.〔藤垣裕子訳『数値と客観性——科学と社会における信頼の獲得』みすず書房，2013年〕

Post, Gaines (1964) *Studies in Medieval Legal Thought: Public Law and the State, 1100–1322,* Princeton: Princeton University Press, 1964.（同書所収の 'Ratio publicae utilitatis, ratio status, and "Reason of State"' は，ドイツ語訳が先に *Die Welt als Geschihite,* Bd. 21 (1961), pp. 8–28 に掲載された）

Pradier, Pierre-Charles (2003) 'D'Alembert, l'hypothèse de Bernoulli et la mesure du risque: à propos de quelques lignes des *Opuscules,*' in Martin dir., *Arithmétique politique,* pp. 231–247.

Price, Richard (1769) 'Observations on the Expectations of Lives, the Increase of Mankind, the Influence of Great Towns on Population, and Particularly the State of London with Respect to Healthfulness and Number of Inhabitants,' in *Philosophical Transactions,* 59, pp. 89–125.

Puharré, André (2002) *L'Europe vue par Henri IV et Sully: d'après le grand dessein des Economies royales,* Pau: Monhélios.

Quesnay, François (1736) *Essai physique sur l'œconomie animale,* Paris: Guillaume Cavalier.

——— (1756) 'Fermiers,' in *Encyclopédie,* VI, pp. 527–541.〔坂田太郎訳「借地農論」『ケネー『経済表』以前の諸論稿』春秋社，1950年，79–133頁〕（訳の底本は Auguste Oncken ed., *Œuvres économiques et philosophiques de F. Quesnay,* Francfort: Joseph Baer, Paris: Jules Peelman, 1888, pp. 159–192. 引用もオンケン版より）

——— (1757a) 'Grains,' in *Encyclopédie,* VII, pp. 812–833.〔坂田太郎訳「穀物論」『ケネー『経済表』以前の諸論稿』135–228頁〕（訳の底本は Oncken ed., *Œuvres économiques,* pp. 193–249. 引用もオンケン版より）

——— (1757b) 'Hommes'.（この論考は『百科全書』の出版が中断されたことで国立図書館に保管されたまま未刊行となった．初出は Etienne Bauer ed., 'L'article《Hommes》de François Quesnay,' in *Revue d'histoire des doctrines économiques et socials,* 1, 1908, pp. 3–136.〔坂田太郎訳「人間論」『『経済表』以前の諸論稿』，229–347頁〕（訳の底本は上記の初出）

Quetelet, Adolphe (1845) 'Sur l'appréciation des documents statistiques, et en particulier sur l'appréciation des moyennes,' in *Bulletin de la commission centrale de statistique,* II, pp. 205–286.（1844年2月のベルギー統計委員会向けの論文）

Rawls, John (2009) *Lectures on the History of Political Philosophy,* Samuel Freeman ed., Cambridge Massachusetts, London: Harvard University Press.〔齋藤純一他訳『ロールズ政治哲学史講義』I・II，岩波書店，2011年〕（ハーバード大学で1962年から1995年まで行われた講義の一部）

Ray, John (1686–1704) *Historia plantarum species, hactenus editas allasque insper*

mustas noviter inventas & descriptas complectens, & c, I–III, London: Clark.（第1巻が1686年，第2巻が1688年，第3巻が1704年に出版された．初版の著者名はラテン語でJoanne Raioとある）

Reynié, Dominique (1992) 'Le regard souvrain,' in Lazzeri, Reynié ed., *La raison d'État*, pp. 43–82.

Reinert, Erik S. (2009) 'Johann Heinrich Gottlob von Justi: The Life and Times of an Economist Adventurer,' in Jürgen Backhaus ed., *The Beginning of Political Economy: Johann Friedrich Gottlob von Justi*, Springer, pp. 33–74.

Riedel, Manfred (1975) 'Gesellschaft, Bürgerliche,' in Otto Brunner, Werner Conze, Reinhart Kozelleck ed., *Geschichitliche Grundbegriffe*, II, Stuttgart: Klett-Cotta, pp. 719–800.〔河上倫逸・常俊宗三郎訳『市民社会の概念史』以文社，1990年，11–135頁〕

Rohrbasser, Jean-Marc (2003a) 'Montesquieu, l'arithmétique politique et les questions de population,' in Martin dir., *Arithmétique politique*, pp. 133–145.

——— (2003b) 'Les recherches et considerations sur la population de la France: arithmétique politique et démographie,' in Martin dir., *Arithmètique politique*, pp. 309–324.

——— (2011) 'Les hasards de la variole,' in *Astérion*, 9. https://asterion.revues.org/2143

Roman, Alain (2003) *Saint-Malo au temps des négriers*, Paris: Karthala.

Rosanvallon, Pierre (1979) *Le capitalism utopique: Histoire de l'idée de marché*, Paris: Seuil.〔長谷俊雄訳『ユートピア的資本主義——市場思想から見た近代』国文社，1990年〕（訳の底本は1989年の第2版．この版以降，タイトルが*Le libéralisme économique*に改められた）

——— (1982) 'Boisguilbert et la genèse de l'État moderne,' in *Esprit*, 61 (janvier 1982), pp. 32–52.

Rosen, Frederick (1983) 'Constitutional Rights and Securities,' in *Jeremy Bentham and Representative Democracy: A Study of the Constitutional Code*, Oxford: Clarendon Press, pp. 55–75.〔小畑俊太郎訳「憲法上の権利と安全」深貝保則・戒能通弘編『ジェレミー・ベンサムの挑戦』225–248頁〕

Rothkrug, Lionel (1965) *Opposition to Louis XIV: The Political and Social Origins of French Enlightenment*, Princeton: Princeton University Press.

Roumy, Franck (2006) 'L'origine et la diffusion de l'adage canonique *Necessitas non habet legem* (VIIIe–XIIIe s.),' in Wolfgang P. Müller, Mary E. Sommar ed., *Medieval Church Law and the Origins of the Western Legal Tradition*, Washington D. C.: The Catholic University of America Press, pp. 301–319.

Roussel, Diane (2017) 'Limites vécues et pratiques sociales des marges de Paris au XVIe siècle,' in Anne Conchon, Hélène Noizet, Michel Ollion dir., *Les Limites de*

Paris: XIIᵉ-XVIIᵉ siècles, Paris: Presses Universitaires du Septentrion, pp. 131-147.

Rousseau, Jean-Jacques（1755a）*Sur l'origine, et les fondaments de l'inégalité parmi les hommes*, Amsterdam: Marc-Michel Rey.〔坂倉裕治訳『人間不平等起源論——付「戦争法原理」』講談社学術文庫，2016 年〕（訳の底本は *Œuvres complètes*, III, Bibliothèque de la Pléiade, Paris: Gallimard, 1964, pp. 109-237. 引用も同じ）

———（1755b）'Économie ou Œconomie,' in *Encyclopédie*, V, pp. 337-349.〔阪上孝訳「政治経済論」『ルソー全集』第 5 巻，白水社，1979 年，61-104 頁〕（訳の底本はプレイヤード版第 3 巻．引用も同じ）

———（1761a）*Extrait du projet de paix perpétuelle de Monsieur l'abbé de Saint-Pierre*.〔宮治弘之訳「サン＝ピエール師の永久平和論抜粋」『ルソー全集』第 4 巻，1978 年，311-349 頁〕（訳の底本はプレイヤード版第 3 巻．1760 年 12 月 5 日付ルソーの手紙と，バスティードによる序文がついた初版には出版社の表示がない．引用は Blaise Bachofen, Céline Spector dir., *Principes du droit de la guerre, Écrits sur la paix perpétuelle*, Paris: Vrin, 2008, pp. 83-114 より）

———（1761b）*Julie, ou la Nouvelle Héloïse*, Amstrdam: Rey.〔安士正夫訳『新エロイーズ』（一）－（四），岩波文庫，1960 年〕（訳の底本はプレイヤード版第 2 巻，引用も同じ）

———（1762）*Du contrat social ou Principes du droit politique*, Amsterdam: Rey.〔作田啓一訳『社会契約論』白水Ｕブックス，2010 年〕（『社会契約論』には多数の版がある．現在定本として用いられるのはガリマール社のプレイヤード版全集第 3 巻で，引用はこの版によるが，版ごとの編者の注釈などに有益なものが多い．近年ではルソー生誕 300 年を記念して，Classiques Garnier から執筆年代順の全集が刊行中で，また Slatkine の電子版全集がウェブ上で閲覧可能である．日本語訳も多数ある）

Rowen, Herbert H.（2015）*John de Witt, Grand Pensionary of Hollannd, 1625-1672*, Princeton: Princeson University Press.

Ruffié, Jacques, Jean-Charles Sournia（1984）*Les épidémies dans l'histoire de l'homme*, Paris: Flammarion.〔仲澤紀雄訳『ペストからエイズまで——人間史における疫病』国文社，1988 年〕

Rusnock, Andrea A.（1995）'The Weight of Evidence and the Burden of Authority: Case Histories, Medical Statistics and Smallpox Inoculation,' in Roy Porter ed., *Medicine in the Enlightenment*, Amsterdam: Rodopi, pp. 289-315.

Saint-Germain, Jacques（1962）*La Reynie et la police au grand siècle: d'après de nombreux documents inédits*, Paris: Hachette.

Salvat, Christophe（2006）'Les articles 'Oe/Economie' et leurs désignants dans l'Encyclopédie,' in *Recherches sur Diderot et sur l'Encyclopédie*, 40-41, pp. 107-126.

Sauvigny, Guillaume de Bertier de (1970) 'Liberalism, Nationalism, Socialism: The Birth of Three Words,' in *The Review of Politics*, 32-2, pp. 147-166.

Schmitt, Carl (1945) *Das Internationalrechtliche Verbrechen des Angriffskrieges und der Grundsatz* "Nullum crimen, nulla peona sine lege", Helmut Quaritsch ed., Dunker & Humblot, 1994.〔新田邦夫訳『攻撃戦争論』信山社，2000年〕（シュミットが1945年に執筆した戦争犯罪に関する鑑定書で，依頼者は戦争当時ドレスデン銀行監査役のフリードリヒ・フリックであった）

——— (1950) *Der Nomos der Erde im Völkerrecht des Jus Publicum Europæum*, Köln: Greven.〔新田邦夫訳『大地のノモス——ヨーロッパ公法という国際法における』慈学社，2007年〕

Schofield, Philip (2009) *Bentham: A Guide for the Perplexed*, London, New York: Continuum.〔川名雄一郎・小畑俊太郎訳『ベンサム——功利主義入門』慶應義塾大学出版会，2013年〕

Séglard, Dominique (1992) 'Foucault et le problème du gouvernement,' in Lazzeri, Reynié ed., *La raison d'État*, pp. 117-140.

Semple, Janet (1993) *Bentham's Prison: A Study of the Panopticon Penitentiary*, Oxford: Clarendon Press.

Senellart, Michel (1989) *Machiavélisme et raison d'État: XIIe-XVIIIe siècle*, Paris: Presses Universitaires de France.

——— (1992) 'La raison d'État antimachiavélienne,' in Lazzeri, Reynié ed., *La raison d'État*, pp. 15-42.

——— (1995) *Les arts de gouverner: Du* regimen *médiéval au concept de gouvernement*, Paris: Seuil.

——— (2002) 'Censure et estime publique chez Rousseau,' in *L'anthropologique et le politique selon Jean-Jacques Rousseau*, (les Cahiers Philosophiques de Strasbourg, printemps 2002), pp. 67-105.

——— (2004) 'La population comme signe du bon gouvernement,' in André Charrak, Jean Salem ed., *Rousseau et la philosophie*, Paris: Publications de la Sorbonne, pp. 189-212.

Seppel, Marten, Keith Tribe, ed. (2017) *Cameralism in Practice: State Administration and Economy in Early Modern Europe*, Woodbridge: Boydell Press.

Shapin, Steven and Simon Schaffer (1985) *Leviathan and the Air-Pump: Hobbes, Boyle, and the Experimental Life*, Princeton: Princeton University Press.〔柴田和宏・坂本邦暢訳『リヴァイアサンと空気ポンプ——ホッブズ，ボイル，実験的生活』名古屋大学出版会，2016年〕

Skinner, Quentin (1978) *The Foundations of Modern Political Thought*, I-II, Cambridge University Press.〔門間都喜郎訳『近代政治思想の基礎——ルネッサンス，宗教改革の時代』春風社，2009年〕

Small, Albion (1909) *The Cameralists: The pioneers of German Social Polity*, New York: Franklin.

Smith, Adam (1759) *The Theory of Moral Sentiments*, London: Millar.〔水田洋訳『道徳感情論』(上)(下) 岩波書店, 2003 年〕(引用は W. B. Todd ed., Oxford University Press, 1976 より)

——— (1776) *An Inquiry into the Nature and Causes of the Wealth of Nations*, London: Millar.〔山岡洋一訳『国富論——国の豊かさの本質と原因についての研究』(上)(下) 日本経済新聞社出版局〕(訳書の底本は原著第 6 版 (1791). 引用は W. B. Todd ed., Oxford University Press, 1976 より)

Smith, David Kammerling (2011) 'Le discours économique du Bureau du commerce, 1700-1750, in Charles *et al*., ed., *Le cercle de Vincent de Gournay*, pp. 31-61. (Lefebvre による英語からの仏訳)

Société générale Néerlandaise d'assurances sur la vie et de rentes viagères (1898) *Mémoires pour servir à l'histoire des assurances sur la vie et des rentes viagères aux Pays-Bas*, Amsterdam. (ウィットからフッデに宛てた手紙 4 通, ホイヘンスの「サイコロ遊びにおける計算について」(原典ラテン語), フッデの死亡表, また 13 世紀以降の年金支払い義務に関する公的文書が翻訳されている)

Soltau, Roger (1926) 'La monarchie aristo-démocratique de Louis Turquet de Mayerne,' in *Revue du seizième siècle*, XIII, pp. 78-94.

Spector, Celine (2003) 'Rousseau et la critique de l'économie politique,' in Bernadette Bensaude-Vincent, Bruno Bernardi ed., *Rousseau et les sciences*, Paris: L'Harmattan, pp. 237-256.

——— (2007) 'Rousseau: éthique et économie. Le modèle de Clarens dans La Nouvelle Héloïse,' in *Cahiers d'économie politique*, 53, pp. 28-53. (Spector 2017, pp. 103-130 に再録)

——— (2017) *Rousseau et la critique de l'économie politique*, Bordeaux: Presses Universitaires de Bordeaux.

Spell, Marten, Keith Tribe ed. (2017) *Cameralism in Practice*, Woodbridge, Rochester: Boydell Press.

Stark, Werner (1954) 'Introduction,' in Bentham, *Economic Writings*, pp. 7-59.

Starobinski, Jean (1957) Jean-Jacques Rousseau, La transparence et l'obstacle, Paris: Plon.〔山路昭訳『透明と障害——ルソーの世界』みすず書房, 1973 年〕(訳の底本は Gallimard: 1971. 引用も同版より. 日本語訳新装版のタイトルは『ルソー 透明と障害』)

——— (1989) *Le remède dans le mal: Critique et légitimation de l'artifice à l'âge des Lumières*, Paris: Gallimard.〔小池健男・川那部保明訳『病のうちなる治療薬——啓蒙の時代の人為に対する批判と正当化』法政大学出版局, 1993 年〕

Stigler, Stephan M. (2017) 'Richard Price, the First Baysian,' in https://www.

e-publications.org/ims/submission/STS/user/submissionFile/32442?confirm=860162b0.

Stolleis, Michael ed. (1977) *Staatsdenker im 17. und 18. Jahrhundert: Reichspublizistik, Politik, Naturrecht*, Frankfurt am Main: Alfred Metzner.〔佐々木有司・柳原正治訳『一七・一八世紀の国家思想家たち——帝国公（国）法論・政治学・自然法論』木鐸社，2000 年〕（訳書の底本は 1987 年版）

Stolleis, Michael (1981) 'Friedrich Meineckes "Die Idee der Staatsräson" und die neuere Forschung,' in *Staat und Staatsräson in der frühen Neuzeit: Studien zur Geschichte des öffentlichen Rechts*, Berlin: Suhrkamp, 1990, pp. 136–164.（論文初出は 1981 年．マイネッケ逝去 25 年のシンポジウム（1979 年 4 月 5，6 日）の記録として．フランス語訳は 'L'idée de la raison d'État de Friedrich Meinecke et la recherche actuelle,' in Zarka ed., *Raison et déraison d'Etat*, pp. 13–39）

———— (1988) *Geschichte des öffentlichen Rechts in Deutschland Band 1: Reichspublizistik und Policeywissenschaft 1600 bis 1800*, München: C. H. Beck.（引用はフランス語訳より．M. Senellart trans. *Histoire du droit public en Allemagne: La théorie du droit public impérial et la science de la police 1600–1800*, Paris: Presses Universitaires de France, 1998）

Strauss, Leo (1952) *The Political Philosophy of Hobbes: Its Basis and Its Genesis*, Chicago, London: The University of Chicago Press.〔添谷育志他訳『ホッブズの政治学』みすず書房，1990 年〕（訳書の底本は 1965 年のドイツ語版）

Strayer, Joseph (1970) *On the Medieval Origins of the Modern State*, Princeton: Princeton University Press.〔鷲見誠一訳『近代国家の起源』岩波新書，1975 年〕

Sully, Maximilien de Béthune, duc de (1638) *Mémoires des sages et royalles œconomies d'Estat domestiques, politiques et militaires de Henry le Grand... et des servitudes utiles obeissances convenables & administrations loyales de Maximilian de Bethune l'un de ses confidens...*（初版は 1638 年．この版はシュリー城で少部数が刷られたのみ．海賊版が出回った．回想は 1570 年代からはじまるが，推敲は 1616 年の引退後と推測される．参照した版は，*Collection complète des mémoires relatifs à l'histoire de France, depuis le règne de Philippe-Auguste, jusqu'au commencement du dix-septième siècle* に含まれる *Œconomies royales*, Tome I–IX, Paris: Foucault, 1820–21）

Süßmilch, Johann Peter (1741) *Die Göttliche Ordnung in den Veränderungen des menschlichen Geschlechts, aus der Geburt, dem Tode und der Fortpflanzung desselben erwiesen*, Berlin: Spener.〔高野岩三郎・森戸辰男訳『神の秩序』第一出版，1949 年〕（改訂版が 1761 年に出版された．訳書の底本は初版．異なる版と異本について，日本語訳の末尾で高野岩三郎が考察している．改訂版には人口政策の視点が含まれており，人口現象を自然＝神の秩序として捉える初版とは異なる要素が見られるという．大原社会問題研究所および京都大学が「稀覯書」と

される初版を所蔵する）
Terrien, Marie-Pierre（2006）*La cité idéale et la château de Richelieu: un programme architectural savant,* Tours: Graphème.
Terrier, Jean, Peter Wagner（2006）'Civil Society and the Problématique of Political Modernity,' in Wagner ed., *The Languages of Civil Society,* New York, Oxford: Berghahn Books, pp. 9–27.
Teschke, Benno（2003）*Class, Geopolitics, and the Making of Modern International Relations,* Verso.〔君塚直隆訳『近代国家体系の形成——ウェストファリアの神話』桜井書店，2008年〕
Théré, Christine, Jean-Marc Rohrbasser（2002）'L'emploi du terme《population》dans l'Encyclopédie,' in *Recherches sur Diderot et sur l'Encyclopédie,* 31–32, pp. 103–122.
———（2011）'L'entrée en usage du mot《Population》au milieu du XVIIIe siècle,' in Charles *et al.* dir., *Le cercle de Vincent de Gournay,* pp. 133–159.
Thuau, Étienne（1966）*Raison d'État et pensée politique à l'époque de Richelieu,* Paris: Almand Colin.
Thompson, Edward Palmer（1971）'The Moral Economy of the English Crowd in the Eighteenth Century,' in *Past and Present,* 50（Feb. 1971）, pp. 76–136.
Todhunter, Issac（1865）*A History of the Mathematical Theory of Probability: From the Time of Pascal to That of Laplace,* Cambridge and London: Macmillan.〔安藤洋美訳『確率論史——パスカルからラプラスの時代までの数学史の一断面』（新装版）現代数学社，2017年〕（日本語訳は原典にない豊富な図版と，原典を補足する数学的・伝記的な注がある）
Townsend, Joseph（1786）*A Dissertation on the Poor Law,* London.（初版は匿名で，著者はby a Well-Wisher to Mankindとなっている．引用はUniversity of California Press, 1971より）
Tribe, Keith（1988）*Governing Economy: The Reformation of German Economic Discourse 1750–1840,* Cambridge University Press.
———（1995）*Strategies of Economic Order: German Economic Discourse, 1750–1950,* Cambridge University Press.〔小林純他訳『経済秩序のストラテジー——ドイツ経済思想史1750–1950』ミネルヴァ書房，1998年〕
Tuck, Richard（1993）*Philosophy and Government, 1572–1651,* Cambridge University Press.
———（1999）*The Rights of War and Peace: Political Thought and the International Order from Grotius to Kant,* Oxford University Press.〔萩原能久監訳『戦争と平和の権利——政治思想と国際秩序：グロティウスからカントまで』風行社，2015年〕
Turgot, Anne-Robert-Jacques, baron de（1759）*Éloge de Vincent de Gournay,* in

Gustave Schelle ed., *Œuvres de Turgot et documents le concernant*, I, Paris,: Félix Alcan, 1913, pp. 595-623.〔津田内匠訳「ヴァンサン・ド・グルネー賛辞」『チュルゴ経済学著作集』41-60 頁〕(訳の底本は上記のシュル版)

——— (1769-1770) ‘Lettres au contrôleur general I-VII,’ in *Œuvres de Turgot*, III, 1919, pp. 111-154.

——— (1774) ‘Arrêt du conseil établissant la liberté du commerce à l'intérieur du royaume et la liberté de l'importation,’ in *Œuvres de Turgot*, IV, 1922, pp. 201-210.

Turquet de Mayerne, Louis (1611) *La monarchie aristodémocratique, ou Le gouvernement composé et meslé des trois formes de légitimes républiques: aux Estats-généraux des provinces confédérées des Pays-Bas*, Paris: Jean Berjon.

Vauban, Sébastien Le Prestre, marquis de (1686) *Méthode générale et facile pour faire le dénombrement des peuples*, Paris: Veuve. (15 頁の小冊子で，末尾に「印刷許可，1686 年 5 月 14 日，署名ド・ラ・レニ」とある)

Vilquin, Éric (1994) ‘Avertissement,’ in Moheau, *Recherches*, 1994, pp. 1-36.

Viner, Jacob (1972) *The Role of Providence in Social Order, An Essay in Intellectual History*, Philadelphia: American Philosophical Society.〔根岸隆・根岸愛子訳『キリスト教と経済思想』有斐閣，1980 年〕

Viroli, Maurizio (1992) *From Politics to Reason of State: The Acquisition and Transformation of the Language of Politics 1250-1600*, Cambridge University Press.

Wakefield, Andre (2009) *The Disordered Police State: German Cameralism as Science and Practice*, Chicago, London: The University of Chicago Press.

Wallace, Robert (1753) *A Dissertation on the Numbers of Mankind, in Ancient and Modern Times: in which superior Populousness of Antiquity is maintained*, Edinburgh: Hamilton and Balford. (副題に「古代の人の数の優位を支持する」とウォレスの立場が表明されている．また，長大な「補遺」と「ヒューム氏の『政治論集，古代諸国民の人の数について』への所見」を収録している)

Walter, Gérard (1961) ‘Préface,’ in Fauré, *12 Mai 1776*, pp. vii-xvi.〔『チュルゴーの失脚』(上) v-xxxiii 頁〕

Weulersse, Georges (1910) *Le mouvement physiocratique en France (de 1756 à 1770)*, Paris: Félix Alcan.

Zarka, Yves Charles, ed. (1994) *Raison et déraison d'Etat: Théoriciens et théories de la raison d'Etat aux XVIe et XVIIe siècles*, Paris: Presses Universitaires de France.

——— ed. (2000) *Michel Foucault: de la guerre des races au biopouvoir* (*Cités: philosophie, politique, histoire*, vol. 2).

Zeller, Gaston (1956) ‘Le principe d'équilibre dans la politique internationalle avant

1789,' in *Revue Historique*, CCXV, pp. 25-37.

日本語文献

青木裕子（2010）『アダム・ファーガスンの国家と市民社会――共和主義・愛国心・保守主義』勁草書房.
明石欽司（1992-1995）「ウェストファリア条約の研究――近代国家・近代国家系成立過程の検証」（一）－（六），中央学院大学『法と行政』第3巻1号，1-36頁，2号，1-35頁，第5巻1号，1-32頁，2号，1-32頁，第6巻1号，1-30頁，2号，1-32頁.
――――（2009）『ウェストファリア条約――その実像と神話』慶應義塾大学出版会.
阿河雄二郎（1986）「十八世紀パリの穀物政策――「国王の穀物」と「飢饉の陰謀」」中村賢二郎編『歴史のなかの都市――続　都市の社会史』ミネルヴァ書房，1986年，119-139頁.
足利末男（1966）『社会統計学史』三一書房.
厚見恵一郎（2007）『マキァヴェリの拡大的共和国――近代の必然性と「歴史解釈の政治学」』木鐸社.
阿部大輔（2010）「イルデフォンソ・セルダの著書「都市計画の一般理論」に至る計画概念についての試論」日本都市計画学会『都市計画論文集』第45巻3号，211-216頁.
網谷壮介（2018）『カントの政治哲学入門――政治における理念とは何か』白澤社.
天羽康夫（1993）『ファーガスンとスコットランド啓蒙』勁草書房.
アリストテレス（1961）山本光雄訳『政治学』岩波文庫.（Benjamin Jowett tr. *Politics*, Kitchener: Bachet Books, 1999を参照した）
安藤馨（2007）『統治と功利――功利主義リベラリズムの擁護』勁草書房.
――――（2014）「功利主義者の立法理論」井上達夫編『立法学のフロンティアI　立法学の哲学的再編』ナカニシヤ出版，76-102頁.
――――（2015）「統治と監視の幸福な関係――ベンタムの立憲主義を巡るひとつの非歴史的随想」深貝・戒能編『ジェレミー・ベンサムの挑戦』310-331頁.
安藤隆穂（2007）『フランス自由主義の成立――公共圏の思想史』名古屋大学出版会.
安藤洋美（1992）『確率論の生い立ち』現代数学社.
――――（2007）『確率論の黎明――確率論前史　パスカル以前の確率概念の系譜』（新装版）現代数学社（引用は2017年の新装版より）.
安藤裕介（2014）『商業・専制・世論――フランス啓蒙の「政治経済学」と統治原理の転換』創文社.
――――（2018）「18世紀フランスにおける統治改革と中国情報――フィジオクラットからイデオローグまで」『立教法学』第98号，302-320頁.
石原俊時（2007）「スウェーデンにおける人口統計の生成」安元稔編『近代統計制度の国際比較――ヨーロッパとアジアにおける社会統計の成立と展開』日本経済評

論社，1-51 頁.
伊豆蔵好美（2012）「ホッブズと若き日のライプニッツ――十七世紀に「大陸合理論」の哲学は存在したのか？」佐藤徹郎他編『山本信の哲学――形而上学の可能性を求めて』工作舎，224-234 頁.
板井広明（2011）「ベンサムの間接立法論」音無通宏編『功利主義と政策思想の展開』中央大学出版部，3-30 頁.
――――（2015）「ベンサムにおける功利主義的統治の成立――パノプティコンと輿論法廷」深貝・戒能編『ジェレミー・ベンサムの冒険』249-272 頁.
伊藤誠一郎（2012）「経済ナショナリズムと国家理性論についての再検討――『貿易の嫉妬』にみるリアリズムの意味」経済学史学会『経済学史研究』第 53 巻 2 号，76-99 頁.
植村邦彦（2010a）『市民社会とは何か――基本概念の系譜』平凡社新書.
――――（2010b）「16 世紀の「市民社会」：〈civil society〉という用語の初出と語義について」『関西大学経済論集』第 59 巻 4 号，289-305 頁.
浦田昌計（1997）『初期社会統計思想研究』御茶の水書房.
海老原明夫（1981-83）「カメラールヴィッセンシャフトにおける『家』――J・H・G・フォン・ユスティの思想を中心として」『国家学会雑誌』第 94 巻 7・8 号，1-53 頁，9・10 号，1-57 頁，第 95 巻 7・8 号，39-99 頁，11・12 号，1-47 頁.
大竹弘二（2018）『公開性の根源――秘密政治の系譜学』太田出版.
大橋由起夫（2010）「電気力学と熱力学はなぜ「力学」なのか」日本科学史学会『科学史通信』第 400 号，5-8 頁.
大峰真理（2013）「18 世紀前半フランス・ナントの海運業――史料「船舶艤装申告書」を手がかりに」社会経済史学会『社会経済史学』第 79 巻 1 号，63-83 頁.
大森弘喜（2008a）「研究動向「都市空間論」の射程」成城大学『経済研究所年報』第 21 号，77-113 頁.
――――（2008b）「なぜパリジャンはかくも長いあいだ悪臭に耐え，汚物と共存したのか――アルフレッド・フランクラン著／高橋清徳訳『排出する都市パリ――泥・ごみ・汚臭と疫病の時代』」『成城大学経済研究』第 182 号，209-224 頁.
――――（2012）「19 世紀パリの水まわり事情と衛生」「19 世紀パリの水まわり事情と衛生（続）」『成城大学経済研究』第 196 号，1-58 頁，第 197 号，1-68 頁.
岡崎勝世（2006）「リンネの人間論：ホモ・サポエンスと穴居人（ホモ・トログロデュッテス）」埼玉大学『教養論集』第 41 巻 2 号，1-63 頁.
岡田實（1984）『フランス人口思想の発展』千倉書房.
小川浩三（2016）「中世の「国家理性」？　――status の概念史に寄せて　その 1」『専修大学法学研究所紀要（政治学の諸問題Ⅸ）』第 41 号，41-76 頁.
小川眞理子（2016）『病原菌と国家――ヴィクトリア朝時代の衛生・科学・政治』名古屋大学出版会.
隠岐さや香（2010）「数学と社会改革のユートピア――ビュフォンの道徳算術からコ

ンドルセの社会数学まで」金森修編『科学思想史』勁草書房，127-186頁.
――――（2011）『科学アカデミーと「有用な科学」――フォントネルの夢からコンドルセのユートピアへ』名古屋大学出版会.
――――（2015）「『百科全書』と啓蒙思想からみた「エコノミー」」『ニュクス』第1号，82-95頁.
音無通宏（1993）「いわゆるバウリング版『ベンサム全集』の成立経過と編集者問題」『経済学史学会年報』第31号，14-26頁.
小野紀明（1988）『精神史としての政治思想史――近代的政治思想成立の認識論的基礎』行人社.
小野寺研太（2015）『戦後日本の社会思想史――近代化と「市民社会」の変遷』以文社.
重田園江（1996a）「自由主義の統治能力――ミシェル・フーコーのオルド自由主義論」『自由な社会の条件』（ライブラリ相関社会科学第3号）196-222頁.
――――（1996b）「ミシェル・フーコーの統治性研究」『思想』第870号，77-105頁.
――――（2003a）『フーコーの穴――統計学と統治の現在』木鐸社.
――――（2003b）「戦争としての政治――一九七六年講義」『現代思想』第31巻16号，184-205頁.
――――（2007）「戦争から統治へ――コレージュ・ド・フランス講義」芹沢一也・高桑和己編『フーコーの後で――統治性・セキュリティ・闘争』慶應義塾大学出版会，11-40頁.
――――（2008）「監視と処罰の変貌」『現代思想』第36巻13号，212-224頁（『隔たりと政治――統治と連帯の思想』青土社，2018年，第1章に再録）.
――――（2011）『ミシェル・フーコー――近代を裏から読む』ちくま新書.
――――（2013）『社会契約論――ホッブズ・ヒューム・ルソー・ロールズ』ちくま新書.
――――（2015）「暴力・テロル・情念――『革命について』に見る近代」『現代思想』第43巻1号，216-226頁（『隔たりと政治』第12章に再録）.
――――（2018）「大学改革における統治性――官僚制と市場のレトリックをめぐって」福井憲彦編『対立する国家と学問』勉誠出版，47-91頁（『隔たりと政治』第4章に再録）.
鹿子生浩輝（2013）『征服と自由――マキァヴェリの政治思想とルネサンス・フィレンツェ』風行社.
門井昭夫（2015）「ジョン・レイの『天地創造の御業に明示された神の英知』」『健康科学大学紀要』第11号，3-23頁.
川出良枝（1996）『貴族の徳，商業の精神――モンテスキューと専制批判の系譜』東京大学出版会.
――――（2001）「内戦の記憶――「国家理性」論再考」日本政治学会『年報政治学』第51号，3-14頁.

――――（2014）「リスボン地震後の知の変容」『別冊アステイオン　災後の文明』阪急コミュニケーションズ，131-151 頁.
菊池英里香（2007）「ジャン・ボダンにおける家と国家――『国家論』から『悪魔的狂気』へ」中世哲学会『中世思想研究』第 49 号，129-143 頁.
菊盛英夫（1948）「譯者の序」マイネッケ，菊盛訳『近世史における國家理性の理念（上巻）』近藤書店，1-4 頁.
北田了介（2001）「ミシェル・フーコーにおけるポリス論の展開――「統治性」研究を中心に」『関西学院経済学研究』第 32 号，211-227 頁.
近藤和彦（1993）『民のモラル――近世イギリスの文化と社会』山川出版社.
木村俊道（2003）『顧問官の政治学――フランシス・ベイコンとルネサンス期イングランド』木鐸社.
喜安朗（2009）『パリ――都市統治の近代』岩波新書，2009 年.
金慧（2017）『カントの政治哲学――自律・言論・移行』勁草書房.
清末尊大（1990）『ジャン・ボダンと危機の時代のフランス』木鐸社.
久保正幡先生還暦記念準備会編（1979）「帝国ポリツァイ条令」『西洋法制史料選Ⅲ――近世・近代』創文社，74-88 頁（ポリツァイ条例原文は 30-34 頁）.
栗城壽夫（1968-1976）「一八世紀ドイツ国法理論における二元主義的傾向」（七）－（一一）大阪市立大学『法学雑誌』第 14 巻 4 号，37-73 頁，第 15 巻 2 号，69-99 頁，第 17 巻 1 号，60-99 頁，3 号，28-46 頁，第 22 巻 4 号，529-557 頁.
クレッシェル，カール（1982）村上淳一訳「司法事項とポリツァイ事項」『法学協会雑誌』第 99 巻 9 号，122-144 頁（1980 年 10 月 1 日の東京大学法学部における講演）.
ケネー（1950）坂田太郎訳『『経済表』以前の諸論考』春秋社.
小林昇（1977）『イギリス重商主義研究（2）』（小林昇経済学史著作集Ⅳ）未來社.
小松佳代子（2002）「J. ベンサム『パノプティコン』再考」『流通経済大学論集』第 37 巻 2 号，19-29 頁.
阪上孝（1999）『近代的統治の誕生――人口・世論・家族』岩波書店.
坂本達哉（1995）『ヒュームの文明社会――勤労・知識・自由』創文社.
佐久間弘展（2006）「ドイツ中近世史におけるポリツァイ研究の新動向」比較都市史研究会『比較都市史研究』第 25 巻 1 号，57-70 頁.
佐々木毅（1970）『マキアヴェッリの政治思想』岩波書店.
――――（1973）『主権・抵抗権・寛容――ジャン・ボダンの国家哲学』岩波書店.
――――（1986）「政治的思慮についての一考察――J・リプシウスを中心にして」佐々木毅・有賀弘編『民主主義思想の源流』東京大学出版会，3-31 頁.
佐々木力（1990）「リヴァイアサン，あるいは機械論的自然像の政治哲学」（上）（下）『思想』第 787 号，55-100 頁，第 788 号，19-62 頁（引用は，『近代学問理念の誕生』岩波書店，1992 年，第 2 章より）.
佐々木雄大（2015）「〈エコノミー〉の概念史概説――自己と世界の配置のために」

『ニュクス』第 1 号，10-37 頁.
塩川徹也（2015）「解説一　『パンセ』とはいかなる〈書物〉か」『パンセ』（上）岩波文庫，2015 年，437-481 頁.
篠田英朗（2014）「国際社会の立憲的性格の再検討」国際法学会『国際法外交雑誌』第 113 巻 3 号，74-96 頁.
柴垣聡（2012）「ドイツ中近世の地域社会における秩序形成をめぐる研究状況」大阪大学文学部西洋史学研究室『パブリック・ヒストリー』第 9 号，37-46 頁.
柴田寿子（2000）『スピノザの政治思想――デモクラシーのもうひとつの可能性』未來社.
柴田三千雄（1983）『近代世界と民衆運動』岩波書店.
柴田平三郎（1987-1993）「《君主の鑑》」（一）―（八）『獨協法学』第 25 号，25-72 頁，第 26 号，43-86 頁，第 27 号 97-110 頁，第 29 号，75-88 頁，第 30 号，59-87 頁，第 31 号，59-123 頁，第 33 号，49-125 頁，第 34 号，141-172 頁，第 37 号，49-98 頁.
――――（2002）『中世の春――ソールズベリのジョンの思想世界』慶應義塾大学出版会.
将基面貴巳（2013）『ヨーロッパ政治思想の誕生』名古屋大学出版会.
白石嘉治（2002）「新旧論争とラシーヌ『エステル』」『上智大学仏語・仏文学論集』第 36 号，139-156 頁.
白水浩信（2004）『ポリスとしての教育――教育的統治のアルケオロジー』東京大学出版会.
杉山吉弘（2015）「エコノミー概念の系譜学序説」『札幌学院大学人文学会紀要』第 97 号，25-42 頁.
高澤紀恵（2008）『近世パリに生きる――ソシアビリテと秩序』岩波書店.
高遠弘美（2004）「フランスにおける入浴の歴史」『明治大学人文科学研究所紀要』第 54 冊，193-209 頁.
田中敏弘（1971）『社会科学者としてのヒューム――その経済思想を中心として』未來社.
田中祐理子（2013）『科学と表象――「病原菌」の歴史』名古屋大学出版会.
玉井克哉（1991）「ドイツ法治国思想の歴史的構造」（二）（三）『国家学会雑誌』第 103 巻 11・12 号，1-73 頁，第 104 巻 1・2 号，1-63 頁.
チュルゴー（1962）津田内匠訳『チュルゴ経済学著作集』岩波書店.
千葉県立中央博物館（2008）『リンネと博物学――自然誌科学の源流【増補改訂】』文一総合出版.
塚田富治（1993）「ベイコンにおける政治と宗教――同時代人とホッブズとの比較をとおして」花田圭介編『フランシス・ベイコン研究』御茶の水書房，121-146 頁.
――――（1996）『ベイコン』（イギリス思想叢書 2）研究社出版.
津田内匠（1982）「1750 年代のフランス経済学の動き ――“Economistes” 直前の

Economistes」『一橋大学古典資料センター Study Series』第 1 巻，1-21 頁.
土橋茂樹（2015）「教父哲学におけるオイコノミア」『ニュクス』第 1 号，38-51 頁.
永井義雄（2000）『自由と調和を求めて――ベンサム時代の政治・経済思想』ミネルヴァ書房.
長尾龍一（1992）『アメリカの世紀の落日――「極東文明化」の夢と挫折』PHP 研究所.
中島潤（2017）「新旧論争におけるフォントネルとシャルル・ペロー『古代近代人比較論』」桃花学園大学保育学部研究紀要，第 15 号，137-146 頁.
中野力（2016）『人口論とユートピア――マルサスの先駆者ロバート・ウォーレス』昭和堂.
永見瑞木（2018）『コンドルセと〈光〉の世紀――科学から政治へ』白水社.
成瀬治（1985）「ジャン＝ボダンにおける「国家」と「家」」法制史学会『法制史研究』第 34 号.（引用は『絶対主義国家と身分制社会』山川出版社，1988 年，49-71 頁より）
成原慧（2016）「情報社会における法とアーキテクチャの関係についての試論的考察――アーキテクチャを介した間接規制に関する問題と規律の検討を中心に」東京大学大学院学際情報学府『情報学研究』第 81 号，55-69 頁.
西村三郎（1997）『リンネとその使途たち――探検博物学の夜明け』朝日選書.
二宮宏之（1979）「フランス絶対王政の統治構造」吉岡昭彦・成瀬治編『近代国家形成の諸問題』木鐸社，183-234 頁.（『全体を見る眼と歴史家たち』木鐸社，1986 年，平凡社ライブラリー，1995 年に再録）
林文孝（2018）「中国歴史思想における鏡の比喩」立教大学『境界を越えて――比較文明学の現在』第 18 号，91-104 頁.
林田伸一（2003）「解題」二宮宏之・阿河雄二郎編『アンシャン・レジームの国家と社会――権力の社会史へ』山川出版社，末尾の文献目録 35-48 頁.
深貝保則・戒能通弘編（2015）『ジェレミー・ベンサムの挑戦』ナカニシヤ出版.
藤井達夫（2004）「ルソーの政治思想における秩序の問題についての一解釈――クラランの共同体における「ケア」と歓待の視点から」『早稲田政治公法研究』第 75 号，367-393 頁.
福井憲彦（1985）「近代生成史から都市空間の解剖へ」二宮・樺山・福井編『都市空間の解剖』7-34 頁.
星野太（2015）「修辞学における「エコノミー」――実践・配置・秩序」『ニュクス』第 1 号，70-81 頁.
正本忍（2012）「フランス絶対王政期の騎馬警察」林田敏子・大日方純夫編『警察』（近世ヨーロッパの探求 13）ミネルヴァ書房，71-108 頁.
松下圭一（1987）『ロック『市民政府論』を読む』岩波書店.
松浪信三郎（1959）「訳者序」『パスカル全集』第 3 巻，人文書院，11-18 頁.
松本尚子（2012）「地域から広域へ――近世ドイツの治安イメージとポリツァイ」林

田・大日方編『警察』17-70 頁.
――――（2016）『ホイマン『ポリツァイ法事始』と近世末期ドイツの諸国家学』有斐閣.
松本礼子（2013）『一八世紀後半パリのポリスと反王権的言動』（一橋大学大学院社会学研究科博士論文）.
マホーニィ，マイケル，佐々木力編訳（1982）『歴史における数学』勁草書房（増補版はちくま学芸文庫から『歴史の中の数学』として 2007 年に刊行）.
丸山眞男（1949）「近代日本思想史における国家理性の問題（一）」『展望』，1949 年 1 月号，4-15 頁（『忠誠と反逆』筑摩書房，1992 年，197-229 頁に補注を付して再録）
松川七郎（1958）『ウィリアム・ペティ』（上）岩波書店.
南博士祝賀論文集刊行委員会編（1973）『人口と経済と社会』千倉書房.
南充彦（2007）『中世君主制から近代国家理性へ』成文堂.
南亮三郎（1963）『人口思想史』千倉書房.
三宅理一（2010）『パリのグランドデザイン――ルイ十四世が創った世界都市』中公新書.
宮崎洋（1990）「18 世紀のフランスにおける旅について」成城大学『経済研究所年報』第 3 号，107-128 頁.
村上淳一（1973-1974）「『良き古き法』と帝国国制」（一）－（三）『法学協会雑誌』第 90 巻 10・11 号，25-74 頁，第 91 巻 2 号，1-44 頁.
――――（1979a）「国家の概念史における帝国と領邦」吉岡・成瀬編『近代国家形成の諸問題』127-153 頁.
――――（1979b）『近代法の形成』岩波書店.
森村敏己（1993）『名誉と快楽――エルヴェシウスの功利主義』法政大学出版局.
――――（2004）「アンシャン・レジームにおける貴族と商業――商人貴族論争（1756～1759）をめぐって」『一橋大学社会科学古典資料センター Study Series』第 52 巻.
山口裕之（2002）『コンディヤックの思想――哲学と科学のはざまで』勁草書房.
山内一也（2009）『史上最大の伝染病牛疫――根絶までの四〇〇〇年』岩波書店.
山川義雄（1976）「アントワヌ・ド・モンクレティアンの「政治経済論」」『早稲田政治経済学雑誌』第 244・245 号，29-48 頁.
吉田耕太郎（2005）「善き秩序――ポリツァイ概念史研究の可能性と課題」東京外国語大学海外事情研究所『クァドランテ』第 7 号，381-392 頁.
吉田靜一（1962）『フランス重商主義論』未來社.
米田昇平（2005）『欲求と秩序――18 世紀フランス経済学の展開』昭和堂.
――――（2016）『経済学の起源――フランス　欲望の経済学』京都大学学術出版会.

図版出典一覧

図 1　Robert Badinter, *Michel Foucault, Une histore de la vérité*, Paris: Syros, 1985.

図 2　©Francine Fruchaud et Marie-France Tricon Foucault, フランス国立図書館所蔵.

図 3　Bayerische Staatsbibliothek München, Germ. g. 283 m, Bildnr. 60, urn: nbn: de: bvb: 12-bsb00031795-0

図 4　© Bibliothèque nationale de France

図 5　カルナヴァレ美術館所蔵

図 6　国立美術史研究所（フランス）所蔵

図 7　著者撮影

図 8　著者撮影

図 9　著者撮影

図 10　ヴェルサイユ宮殿所蔵

図 11　https://commons.wikimedia.org/wiki/File:Paul_Fürst,_Der_Doctor_Schnabel_von_Rom_(Holländer_version).png

図 12　著者撮影

図 13　著者撮影

図 14　https://ja.m.wikipedia.org/wiki/ファイル：Plan_de_Turgot_-_1739_-_Extrait_Île_de_la_Cité.jpg

図 15　著者撮影

図 16　著者撮影

図 17　著者撮影

著者略歴
1968年兵庫県西宮市生まれ．早稲田大学政治経済学部卒業．日本開発銀行を経て，東京大学大学院総合文化研究科博士課程単位取得．現在は明治大学政治経済学部教授．専門分野は政治思想史，現代思想．著作に『フーコーの穴――統計学と統治の現代』（木鐸社，2003年），『連帯の哲学Ⅰ――フランス社会連帯主義』（小社，2010年）『ミシェル・フーコー――近代を裏から読む』（ちくま新書，2011年），『社会契約論――ホッブズ，ヒューム，ルソー，ロールズ』（ちくま新書，2013年），『隔たりと政治――統治と連帯の思想』（青土社，2018年）ほか．訳書にイアン・ハッキング『偶然を飼いならす――統計学と第二次科学革命』（共訳，木鐸社，1999年）．

統治の抗争史
フーコー講義 1978-79

2018年11月20日　第1版第1刷発行
2024年 5 月20日　第1版第3刷発行

著　者　重《おも》田《だ》園《その》江《え》

発行者　井村寿人

発行所　株式会社　勁《けい》草《そう》書房

112-0005　東京都文京区水道2-1-1　振替　00150-2-175253
（編集）電話　03-3815-5277／FAX　03-3814-6968
（営業）電話　03-3814-6861／FAX　03-3814-6854
大日本法令印刷・松岳社

ISBN978-4-326-30271-0　Printed in Japan

重田園江　連帯の哲学Ⅰ　フランス社会連帯主義　四六判　三一九〇円　35154-1

B・ゴールダー・P・フィッツパトリック　関 良徳 監訳　フーコーの法　四六判　三三〇〇円　15431-9

関 良徳　フーコーの権力論と自由論　その政治哲学的構成　四六判　三六三〇円　35123-7

三浦信孝 編　自由論の討議空間　フランス・リベラリズムの系譜　四六判†　三九六〇円　98424-2

C・ルフォール　渡名喜庸哲・太田悠介・平田 周・赤羽 悠 訳　民主主義の発明　全体主義の限界　A5判　五七二〇円　30254-3

J・ウルフ　大澤 津・原田健二朗 訳　「正しい政策」がないならどうすべきか　政策のための哲学　四六判　三五二〇円　15440-1

＊表示価格は二〇二四年五月現在。消費税10％が含まれております。
＊ＩＳＢＮコードは一三桁表示です。
†はオンデマンド版です。

勁草書房刊